SCHRIFTENREIHE ZUR BAYERISCHEN LANDESGESCHICHTE

Herausgegeben
von der Kommission für bayerische Landesgeschichte
bei der Bayerischen Akademie der Wissenschaften

BAND 131

Die wirtschaftliche Integration Bayerns in das Zweite Deutsche Kaiserreich

Studien zu den wirtschaftspolitischen Spielräumen eines deutschen Mittelstaates zwischen 1862 und 1875

von

ANGELIKA FOX

C.H. BECK'SCHE VERLAGSBUCHHANDLUNG
MÜNCHEN 2001

ISBN 3 406 10712 5

© 2001 by Kommission für bayerische Landesgeschichte
bei der Bayerischen Akademie der Wissenschaften

Satz: Percy Berktold, München
Druck: EOS, St. Ottilien

VORWORT

Die vorliegende Arbeit wurde im Sommersemester 1998 mit dem Titel „Die wirtschaftliche Integration Bayerns im Zeitalter der Reichsgründung. Studien zu den wirtschaftlichen Spielräumen eines deutschen Mittelstaates zwischen 1862 und 1875" von der Philosophischen Fakultät an der Ludwig-Maximilians-Universität in München als Dissertation angenommen und für die Drucklegung geringfügig überarbeitet.

Es ist sicherlich keine bahnbrechende Erkenntnis, daß zum Gelingen wissenschaftlicher Arbeiten zahlreiche helfende und unterstützende Hände unverzichtbar sind. Deshalb freut es mich, an dieser Stelle all jenen zu danken, die an der Entstehung des vorliegenden Werkes Anteil haben und mich über Jahre hinweg begleitet und angespornt haben. In besonderem Maße zu Dank verpflichtet bin ich

meinen akademischen Lehrern Professor Dr. Walter Ziegler und Professor Dr. Hermann-Joseph Busley, die meinen wissenschaftlichen Werdegang stets aufmerksam verfolgten und mit Beharrlichkeit, Interesse und Offenheit das Dissertationsvorhaben unterstützten;

den Mitarbeiterinnen und Mitarbeitern in den Bibliotheken und Archiven, hier besonders Frau Dr. Margit Ksoll-Marcon im Bayerischen Hauptstaatsarchiv, für ihre Hilfe und Unterstützung;

der Kommission für Bayerische Landesgeschichte bei der bayerischen Akademie der Wissenschaften und ihrem Vorsitzenden Professor Dr. Alois Schmid für die Aufnahme der Dissertation in die Schriftenreihe für Bayerische Landesgeschichte und Herrn Professor Dr. Ludwig Holzfurtner für die Betreuung der Drucklegung;

der Hanns-Seidel-Stiftung für die finanzielle Förderung mit einem Promotionsstipendium.

Außerdem möchte ich mich bedanken bei meinen Freunden, die vor allem in den letzten Monaten vor Abschluß der Arbeit in besonderem Maße Rücksicht auf mich nahmen, und bei meinen Studienkollegen und -kolleginnen, besonders Lydia Schmidt, Sabine Schlögl und Karl Borromäus Murr, die in der „heißen Phase" unkompliziert halfen und für aufmunternde Gespräche immer Zeit hatten.

Schließlich gilt mein herzlichster Dank meinen Eltern, besonders meiner Mutter, die mit Geduld und Interesse mein Studium ermöglichten und mit großem Interesse verfolgten. Ohne ihre Unterstützung hätte diese Arbeit nicht entstehen können.

München, im Juni 2000   Angelika Fox

INHALT

Vorwort V
Quellen- und Literaturverzeichnis XI
   1. Ungedruckte Quellen XI
   2. Gedruckte Quellen und Literatur XI
Abkürzungsverzeichnis XL

I.   Einführung 1
     1. Literaturüberblick 2
        a) Die deutsche Reichsgründung 2
        b) Die Bedeutung des Zollvereins für die Reichsgründung 9
        c) Die Forschungslage für das Königreich Bayern 17
     2. Zum Inhalt 23

II. Bayern und der deutsche Zollverein bis zur Beilegung der
     „ersten Zollvereinskrise" 1853 31
     1. Vorläufer des Deutschen Zollvereins 31
     2. Der deutsche Zollverein von 1833/34 38
     3. Der deutsche Zollverein bis zum Abschluß des
        preußisch-österreichischen Handelsvertrages von 1853 44
        a) Die Zollunionspläne Österreichs und das Scheitern der Dresdner
           Konferenzen 44
        b) Rückschläge und erneute Annäherung 56
        c) Der preußisch-österreichische Handelsvertrag von 1853
           und die Beendigung der Zollvereinskrise 64

III. Bayerische Wirtschaftspolitik zwischen 1860 und 1866 70
     1. Der deutsche Zollverein um 1860: Freihandel contra Schutzzoll 70
        a) Die wirtschaftspolitische Ausgangssituation 70
        b) Der Handels- und Schiffahrtsvertrag zwischen Preußen
           und Frankreich von 1862 75
           Die Verhandlungen mit Frankreich und die Reaktion der Zollver-
           einsstaaten 75 / Der Abschluß des preußisch-französischen Han-
           delsvertrages 82 / Reaktionen auf den Vertragsabschluß 85
     2. Bayern zwischen Preußen und Österreich 92
        a) Die Ablehnung des preußisch-französischen Handelsvertrages
           durch Bayern 92
        b) Reaktionen auf die ablehnende Haltung der Münchner Regierung . . 101
        c) Die XV. Generalzollkonferenz in München 106
        d) Von München nach Berlin: Die Kündigung der Zollvereinsverträge
           im Dezember 1863 115

3. Die Verlängerung des Zollvereins 1864/1865 120
　　　　　a) Die Berliner Konferenzen bis zum Tode Maximilians II. 120
　　　　　b) Ludwig II. und die Zollvereinsfrage im Jahre 1864 124
　　　　　c) Die Erneuerung der Zollvereinsverträge 129
　　　　　d) Der Handelsvertrag mit Österreich von 1865 138

IV. Wirtschaftspolitische Entscheidungen Bayerns 1866 bis 1870 145
　　1. Die Neuordnung des Zollvereins nach 1866 145
　　　　a) Der Krieg von 1866 145
　　　　b) Die Neuordnung des Zollvereins 1866/1867 150
　　　　　Erste Pläne 150 / Die Wirtschaftspolitik Bayerns im Frühjahr 1867
　　　　　154 / Die Zollvereinsverträge von 1867 160
　　2. Die Folgen der Zollvereinsverträge von 1867 166
　　　　a) Die Ratifizierung der Zollvereinsverträge im bayerischen Landtag . . 166
　　　　b) Die Wahlen zum Zollparlament im Frühjahr 1868 174
　　　　c) Die neuen Zollvereinsgremien Zollbundesrat und Zollparlament,
　　　　　ihre Organisation und Besetzung 178
　　3. Der Einfluß Bayerns auf Handel-, Zoll- und Steuerfragen 1868 bis 1870　188
　　　　a) Steuerharmonisierung im Zollverein nach 1867 188
　　　　　Die Beseitigung von Monopolen: Die Einführung der Salzsteuer 190
　　　　　/ Die Einführung einer gemeinsamen Tabaksteuer 196
　　　　b) Die Neuordnung des Handelsvertrages mit Österreich 201
　　　　c) Die Reform des Zolltarifes 207

V. Politische Entscheidungen und wirtschaftliche Verhältnisse
　　in der Reichsgründungszeit 217
　　1. Wirtschaftspolitische Entscheidungen der bayerischen Könige im Überblick　217
　　　　a) König Maximilian II. und der preußisch-französische
　　　　　Handelsvertrag von 1862 217
　　　　b) König Ludwig II. und die bayerische Wirtschaftspolitik
　　　　　bis zur Reichsgründung 220
　　2. Bayerische Wirtschaftspolitik und ihre Entscheidungsträger 223
　　　　a) Die leitenden Minister 223
　　　　　Ludwig von der Pfordten (1849-1859 und 1864-1866) 224 / Karl
　　　　　Freiherr von Schrenck-Notzing (1859-1866) 228 / Chlodwig Fürst
　　　　　zu Hohenlohe-Schillingsfürst (1866-1870) 230 / Otto Graf von
　　　　　Bray-Steinburg (1870/71) 234
　　　　b) Handelsminister Gustav von Schlör (1866-1871) 236
　　　　c) Maßgebliche Mitarbeiter im Staatsministerium des Handels
　　　　　und der öffentlichen Arbeiten nach 1862 244
　　　　　Wilhelm von Weber 245 / Weitere wichtige Mitarbeiter: Georg
　　　　　Ludwig Carl Gerbig, Karl von Meixner und Karl Kleinschrod 248

VI. Die Reichsgründung 252
　　1. Allgemeiner Überblick 252
　　　　a) Die innenpolitische Entwicklung 1866 bis 1870 252
　　　　b) Bayern und der deutsch-französische Krieg 255

2. Bayerns Weg ins Reich 261
   a) Die Verhandlungen in Versailles und die Unterzeichnung der
      Versailler Verträge 261
   b) Die Annahme der Versailler Verträge im bayerischen Landtag 267
   c) Die Verfassung des Deutschen Reichs vom 16. April 1871 und
      die wirtschaftspolitischen Veränderungen 272
3. Das Staatsministerium des Handels und der öffentlichen Arbeiten
   und seine Auflösung im Zuge der Reichsgründung 281
   a) Das Staatsministerium des Handels und der öffentlichen Arbeiten
      und seine Aufgaben 281
   b) Das Staatsministerium des Handels und der öffentlichen Arbeiten
      1848 bis 1871 285
      Die Leitung des Handelsministeriums 285 / Die Mitarbeiter des
      Handelsministeriums 288
   c) Die Auflösung des Staatsministerium des Handels und
      der öffentlichen Arbeiten zum 1. Januar 1872 293

VII. Harmonisierungen des Geld-, Maß- und Gewichtswesens nach 1871 301
  1. Die Harmonisierung im Geldwesen: Die Währungsumstellung
     aus bayerischer Sicht 301
     a) Das Münzwesen bis zur Reichsgründung 301
        Die Währungsverhältnisse vor 1834 301 / Abstimmungsversuche
        im Zollverein 303
     b) Die Währungsvereinheitlichung im Zuge der Reichsgründung 308
        Die Frage des Währungssystems 308 / Das Reichsgesetz vom 4. Dezember 1871 312 / Die Beratungen zum Münzgesetz von 1873 314
     c) Abschluß der Währungsfrage im Deutschen Reich 317
        Das Münzgesetz vom 9. Juli 1873 und seine Folgen für Bayern 317 /
        Die endgültige Einführung der Reichswährung in Bayern zum Jahre
        1876 322
  2. Die Reform des Papiergeld- und Bankwesens 324
     a) Das Papiergeld- und Bankwesen vor 1871 324
        Einführung 324 / Das bayerische Bankwesen vor der Reichsgründung 326
     b) Die Reformen im Zuge der Reichsgründung 330
        Die Ordnung des Staatspapiergeldes nach 1871 330 / Das Bankgesetz von 1875 333 / Die Gründung der Bayerischen Notenbank 338
  3. Die Vereinheitlichung von Maßen und Gewichten 344
     a) Maßnahmen vor der Reichsgründung bis zur Maß- und
        Gewichtsordnung von 1869 344
     b) Die Vereinheitlichung des Maß- und Gewichtssystems nach 1871 . . 354

VIII. Zusammenfassung: Die wirtschaftspolitischen Spielräume Bayerns
   im 19. Jahrhundert 357

IX. Anhang 370

Personenregister 381

QUELLEN- UND LITERATURVERZEICHNIS

1. Ungedruckte Quellen

Bayerisches Haupstaatsarchiv, München, Abt. II (BayHStAM)

Gesandtschaft Berlin (MA Gesandtschaft Berlin)
Staatsministerium des Äußern (MA)
Staatsministerium der Finanzen (MF)
Staatsministerium des Innern (MInn)
Staatsministerium der Justiz (MJu)
Staatsministerium des Handels und der öffentlichen Arbeiten (MH)
Staatsrat

Bayerisches Haupstaatsarchiv, München, Abt. V: Geheimes Hausarchiv (GHAM)

Kabinettsakten Maximilian II.
Kabinettsakten Ludwig II.

Staatsarchiv, München (StAM)

Regierung von Oberbayern (RA)

Bayerisches Wirtschaftsarchiv, München (BayWiA)

K1: Industrie- und Handelskammer für München und Oberbayern

Politisches Archiv des Auswärtigen Amtes, Bonn (PA)

Schriftwechsel mit Bayern
Gesandtschaftsberichte aus München

2. Gedruckte Quellen und Literatur

ABELSHAUSER, Werner/PETZINA, Dietmar (Hg.), Deutsche Wirtschaftsgeschichte im Industriezeitalter. Konjunktur, Krise, Wachstum, Königstein 1981.
AEGIDI, Ludwig K./KLAUHOLD, Alfred (Hg.), Das Staatsarchiv. Sammlung der offiziellen Aktenstücke zur Geschichte der Gegenwart, 15 Bde, Hamburg bzw. Berlin 1861–1868.
AEGIDI, Ludwig K./KLAUHOLD, Alfred (Hg.), Die Krisis des Zollvereins urkundlich dargestellt, Hamburg 1862.
ALBER, Georg, Zollverwaltung und Zollerträgnisse in Bayern seit dem Jahre 1819, Diss. München 1919.

ALBRECHT, Claudia, Bismarcks Eisenbahngesetzgebung. Ein Beitrag zur „inneren" Reichsgründung in den Jahren 1871–1879 (Rechtsgeschichtliche Schriften 6), Köln/Weimar/Wien 1994.
ALBRECHT, Dieter (Bearb.), Joseph Edmund Jörg. Briefwechsel 1846–1901 (Veröffentlichungen der Kommission für Zeitgeschichte A/41), Mainz 1988.
ALBRECHT, Dieter, Die Sozialstruktur der bayerischen Abgeordnetenkammer 1869–1918, in: BRACHER, Karl Dietrich/u.a. (Hg.), Staat und Parteien. Festschrift für Rudolf Morsey zum 65. Geburtstag, Berlin 1992, 427–452.
ALBRECHT, Dieter, König Ludwig II. von Bayern, in: ZBLG 50 (1987), 153–166.
ALLMANN, Ludwig, Die Wahlbewegung zum 1. deutschen Zollparlament in der Rheinpfalz, Diss. Leipzig 1913.
ANDRIAN-WERBURG, Klaus Frhr. von, Das Königreich Bayern 1808–1918, in: SCHWABE, Klaus (Hg.), Die Regierungen der deutschen Mittel- und Kleinstaaten 1815–1933 (Deutsche Führungsschichten in der Neuzeit 14), Boppard a. Rhein 1983, 47–62.
ARENDT, Otto, Die internationale Zahlungsbilanz Deutschlands in den letzten Jahrzehnten der Silberwährung, Berlin 1878.
ARMANSBERG, Roswitha Gräfin von, Graf Joseph Ludwig von Armansberg. Ein Beitrag zur Regierungsgeschichte Ludwigs I. von Bayern (MBM 67), München 1976.
ARNING, Hilde, Hannovers Stellung zum Zollverein, Diss. Göttingen 1930.
AUBIN, Hermann/ZORN, Wolfgang (Hg.), Handbuch der Deutschen Wirtschafts- und Sozialgeschichte, Bd. 2, Stuttgart 1976.
AUER, Alois (Hg.), Krauss-Maffei. Lebenslauf einer Münchner Fabrik und ihrer Belegschaft. Bericht und Dokumentation von Gerald Engasser, Bd. I, Kösching 1988.
BABEL, Ernst, Der innere Markt bei List und Bismarck (Hessische Blätter zur Staats- und Wirtschaftskunde 3), Leipzig 1929.
BADENDIECK, Ewald, Geschichte der pfälzischen Handelsvertretungen, masch. Diss. Heidelberg 1921.
BAMBERGER, Ludwig, Die fünf Milliarden, in: Preußische Jahrbücher 31 (1873), 441–460.
BARTH, Ernst, Entwicklungslinien der deutschen Maschinenbauindustrie von 1870 bis 1914 (Forschungen zur Wirtschaftsgeschichte 3), Berlin 1973.
BARTON, Irmgard von, Die preußische Gesandtschaft in München als Instrument der Reichspolitik in Bayern von den Anfängen der Reichsgründung bis zu Bismarcks Entlassung (MBM 2), München 1976.
BAUMANN, Kurt, Probleme der pfälzischen Geschichte im 19. Jahrhundert, in: Mitteilungen des Historischen Vereins der Pfalz 51 (1953), 231–272.
BAYERISCHE HANDELSZEITUNG. Organ für die Interessen des Handels, des Verkehrs und der Industrie, hg. von der HANDELS- UND GEWERBEKAMMER FÜR OBERBAYERN, Jg. 1–4, München 1871–1875.
BAYERISCHES INDUSTRIE- UND GEWERBEBLATT, hg. vom AUSSCHUSSE DES POLYTECHNISCHEN VEREINS in München, 7 Bde, München 1869–1875.
BAYERISCHES LANDESAMT FÜR STATISTIK UND DATENVERARBEITUNG (Hg.), 150 Jahre amtliche Statistik in Bayern von 1833 bis 1983, München 1983.
BECKER, Josef, Zum Problem der Bismarckschen Politik in der Spanischen Thronfrage 1870, in: HZ 212 (1971), 529–607.
BEER, Adolf, Die Finanzen Österreichs im 19. Jahrhundert, Prag 1877.
BEER, Adolf, Die österreichische Handelspolitik im 19. Jahrhundert, Wien 1891.

BEIKE, Heinz, Die deutsche Arbeiterbewegung und der Krieg von 1870/1871. Mit einem Dokumentenanhang (Beiträge zur Geschichte und Theorie der Arbeiterbewegung 10), Ost-Berlin 1957.

BENAERTS, Pierre, Les origines de la Grande Industrie allemande, Paris 1933.

BENEDIKT, Heinrich, Der Deutsche Zollverein und Österreich, in: Der Donauraum 6 (1961), 25–34.

BENEDIKT, Heinrich, Die wirtschaftliche Entwicklung in der Franz-Joseph-Zeit (Wiener Historische Studien 4), Wien 1958.

BERDING, Helmut/u.a. (Hg.), Vom Staat des Ancien Regime zum modernen Parteienstaat. Festschrift für Theodor Schieder zu seinem 70. Geburtstag, München 1978.

BERDING, Helmut (Hg.), Wirtschaftliche und politische Integration in Europa im 19. und 20. Jahrhundert (Geschichte und Gesellschaft, Sonderheft 10), Göttingen 1984.

BETTGES, Addy, Die Meinungen über die Münz- und Zettelbankreform von 1857 bis zu den Gesetzentwürfen von 1871 bzw. 1874, Diss. Köln, Barmen 1926.

BEUST, Friedrich Ferdinand Graf von, Aus drei Viertel-Jahrhunderten. Erinnerungen und Aufzeichnungen, 2 Bde, Stuttgart 1887.

BIEFANG, Andreas, Politisches Bürgertum in Deutschland 1857–1868. Nationale Organisationen und Eliten (Beiträge zur Geschichte des Parlamentarismus und der politischen Parteien 102), Düsseldorf 1994.

BIENENGRÄBER, Alfred, Statistik des Verkehrs und Verbrauchs im Zollverein für die Jahre 1842–1864, Berlin 1868.

BIERNER, Magnus, Die deutsche Handelspolitik des 19. Jahrhunderts, Greifswald ²1899.

BINDER, Hans-Otto, Reich und Einzelstaaten während der Kanzlerschaft Bismarcks 1871–1890. Eine Untersuchung zum Problem der bundesstaatlichen Organisation (Tübinger Studien zur Geschichte und Politik 29), Tübingen 1971.

BINDER, Paul, Geschichte der Tabakbesteuerung im Zollverein, Diss. Tübingen 1934.

BISMARCK, Otto Fürst von, Gedanken und Erinnerungen, ungekürzte Ausgabe, München/Berlin 1982.

BISMARCK, Otto von (verschiedene Bearb.), Die gesammelten Werke, 15 Bde, Berlin ²1924–35.

BISSING, W. Frhr. von, Der Deutsche Zollverein und die monetären Probleme, in: Schmollers Jahrbuch für Gesetzgebung, Verwaltung und Volkswirtschaft im Deutschen Reich 79 (1959), 71–86.

BITTERMANN, Eberhard, Die landwirtschaftliche Produktion in Deutschland 1800 bis 1950. Ein methodischer Beitrag zur Ermittlung der Veränderungen des Umfanges der landwirtschaftlichen Produktion und der Ertragssteigerungen in den letzten 150 Jahren (Kühn-Archiv. Arbeiten aus der landwirtschaftlichen Fakultät der Martin-Luther-Universität Halle-Wittenberg 70/1), Halle 1956.

BLÄNSDORF, Agnes, Österreich und die Nation der Deutschen im 19. und 20. Jahrhundert, in: BOOCKMANN Hartmut/JÜRGENSEN, Kurt (Hg.), Nachdenken über Geschichte. Beiträge zur Ökumene der Historiker. In memoriam für Karl D. Erdmann, Neumünster 1991, 521–544.

BLAICH, Fritz, Staat und Verbände in Deutschland zwischen 1871 und 1945 (Wissenschaftliche Paperbacks/Sozial- und Wirtschaftsgeschichte 14), Wiesbaden 1979.

BLUMBERG, Horst, Die deutsche Textilindustrie in der industriellen Revolution (Veröffentlichungen des Instituts für Wirtschaftsgeschichte an der Hochschule für Ökonomie Berlin-Karlshorst 3), Berlin 1965.

BÖHM, Max, Bayerns Agrarproduktion 1800–1870 (Studien zur Wirtschafts- und Sozialgeschichte 10), St. Katharinen 1995.

BÖHME, Helmut, Deutschlands Weg zur Großmacht. Studien zum Verhältnis von Wirtschaft und Staat während der Reichsgründungszeit, 1848 bis 1881, ³1974 (1966).

BÖHME, Helmut, Prolegomena zu einer Sozial- und Wirtschaftsgeschichte Deutschlands im 19. und 20. Jahrhundert, Frankfurt 1968.

BÖHME, Helmut, Thesen zur Beurteilung der gesellschaftlichen, wirtschaftlichen und politischen Ursachen des deutschen Imperialismus, in: MOMMSEN, Wolfgang J. (Hg.), Der moderne Imperialismus, Stuttgart/Berlin/Köln/Mainz 1971, 31–59.

BÖHME, Helmut (Hg.), Vor 1866. Aktenstücke zur Wirtschaftspolitik der deutschen Mittelstaaten (Hamburger Studien zur neueren Geschichte 7), Frankfurt 1966.

BÖHME, Helmut (Hg.), Die Reichsgründung (dtv-dokumente 428), München 1967.

BÖHME, Helmut (Hg.), Probleme der Reichsgründungszeit 1848–1879, Köln 1968.

BONDI, Gerhard, Zur Vorgeschichte der „kleindeutschen Lösung" 1866–1871. Eine wirtschaftshistorische Betrachtung, in: Jahrbuch für Wirtschaftsgeschichte 2 (1966), 11–33.

BONNIN, Georges (Hg.), Bismarck and the Hohenzollern Candidature for the Spanish Throne, London 1957.

BORCHARDT, Knut, Währung und Wirtschaft, in: BUNDESBANK, Deutsche (Hg.), Währung und Wirtschaft in Deutschland 1876–1975, Frankfurt 1976, 3–56.

BORCHARDT, Knut, Wachstum, Krisen und Handlungsspielräume der Wirtschaftspolitik. Studien zur Wirtschaftsgeschichte des 19. und 20. Jahrhunderts (Kritische Studien zur Geschichtswissenschaft 50), Göttingen 1982.

BORCHARDT, Knut, Zur Geschichte des Bayerischen Staatsministeriums für Wirtschaft und Verkehr (Beiträge zur Wirtschafts- und Sozialgeschichte 34), Stuttgart 1987.

BORN, Karl Erich, Bismarck-Bibliographie. Quellen und Literatur zur Geschichte Bismarcks und seiner Zeit, Köln/Berlin 1966.

BOSL, Karl (Hg.), Bosl's Bayerische Biographie. 8000 Persönlichkeiten aus 15 Jahrhunderten, Regensburg 1983.

BOSL, Karl, Die „geminderte" Industrialisierung in Bayern, in: GRIMM, Claus (Hg.), Aufbruch ins Industriezeitalter I: Linien der Entwicklungsgeschichte (Veröffentlichungen zur Bayerischen Geschichte und Kultur 3/85), München 1985, 22–39.

BOSL, Karl, Die deutschen Mittelstaaten in der Entscheidung von 1866. Zur 100. Wiederkehr der Schlacht von Königgrätz, in: ZBLG 29 (1966), 665–679.

BRANDENBURG, Erich, Briefe und Aktenstücke zur Geschichte der Gründung des Deutschen Reichs (1870/71) (Quellensammlung zur Deutschen Geschichte 5), 2 Bde, Leipzig/Berlin 1911.

BRANDENBURG, Erich, Der Eintritt der süddeutschen Staaten in den Norddeutschen Bund, Berlin 1910. = BRANDENBURG, Erich, Der Eintritt der süddeutschen Staaten in den Norddeutschen Bund, in: Studien und Versuche zur neueren Geschichte. Festschrift für Max Lenz zum 60. Geburtstag, Berlin 1910, 337–420.

BRANDENBURG, Erich, Die Reichsgründung, 2 Bde, Leipzig ²1923 (1916).

BRANDT, Harm-Hinrich, Der österreichische Neoabsolutismus: Staatsfinanzen und Politik 1848–1860, 2 Bde (Schriftenreihe der Historischen Kommission bei der Akademie der Wissenschaften 15), Göttingen 1978.

BRANDT, Otto, Mittelstaatliche Politik im Deutschen Bund nach der Revolution von 1848, München 1929.

BRAUN, Karl, Die Männer des Zollvereins, Berlin 1899.

BRAY-STEINBURG, Otto Graf von, Denkwürdigkeiten aus meinem Leben, hg. von HEIGEL, K[arl] Th[eodor], Leipzig 1901.

BRODNITZ, Georg, Bismarcks nationalökonomische Anschauungen (Sammlung nationalökonomischer und statistischer Abhandlungen 31), Jena 1902.

BRUNNER, Max, Die Hofgesellschaft. Die führende Gesellschaftsschicht Bayerns während der Regierungszeit König Maximilians II. (MBM 144), München 1987.

BUCK-HEILIG, Lydia, Die Gewerbeaufsicht – Entstehung und Entwicklung (Studien zur Sozialwissenschaft 87), Opladen 1987.

BUECK, H[enry] A., Der Centralverband Deutscher Industrieller und seine dreißigjährige Arbeit 1876 bis 1906, Berlin 1906.

BUECK, H[enry] A., Der Centralverband Deutscher Industrieller 1876–1901, 3 Bde, Berlin 1902–1905.

BUNDESBANK, Deutsche (Hg.), Das Papiergeld im Deutschen Reich 1876–1948, Frankfurt a. M. (1965).

BUNDESBANK, Deutsche (Hg.), Deutsches Papiergeld 1772–1870, Frankfurt a. M. 1963.

BUNDESBANK, Deutsche (Hg.), Deutsches Geld- und Bankenwesen in Zahlen 1876–1975, Frankfurt a. M. 1976.

BUNDESGESETZBLATT des Norddeutschen Bundes, Berlin 1867–1871.

BURG, Peter, Die deutsche Trias in Idee und Wirklichkeit. Vom Alten Reich zum Deutschen Zollverein (Veröffentlichungen des Institutes für Europäische Geschichte Mainz, Abt. Universal-Geschichte 136), Stuttgart 1989.

BUSCH, Wilhelm, Die Kämpfe um Reichsverfassung und Kaisertum 1870–1871, Tübingen 1906.

BUSCH, Wilhelm, Württemberg und Bayern in den Einheitsverhandlungen 1870, in: HZ 109 (1912), 161–190.

BUSLEY, Hermann-Joseph, Bayern und die deutsche Einigung 1870/71 (Ausstellungskatalog der staatlichen Archive Bayerns 6), München 1971.

BUSLEY, Hermann-Joseph, Das pfälzisch-bayerische Verhältnis in der Revolutionszeit 1848/49, in: FENSKE, Hans (Hg.), Die Pfalz und Bayern 1816–1956, Speyer 1998, 67–102.

BUSSMANN, Walter, Zwischen Preußen und Deutschland. Friedrich Wilhelm IV. Eine Biographie, Berlin 1990.

CARELL, Erich, Die bayerische Wirtschaftspolitik und ihre Auswirkungen auf die wirtschaftliche Entwicklung Unterfrankens von 1814 bis zur Gründung des Deutschen Reiches, in: Festschrift Unterfranken im 19. Jahrhundert (Mainfränkische Heimatkunde XIII), Würzburg 1965, 177–209.

CARR, William, The origins of the wars of German unification (Origins of Modern Wars), London/New York 1991.

CHARMATZ, Richard, Minister Freiherr von Bruck. Der Vorkämpfer Mitteleuropas. Sein Lebensgang und seine Denkschriften, Leipzig 1916.

CHRISTIANSEN, Ragnvald, Vom deutschen Zollverein zur Europäischen Zollunion (Schriftenreihe des Bundesministeriums der Finanzen 26), Bonn 1978.

CHROUST, Anton (Bearb.), Berichte der französischen Gesandtschaften (Schriftenreihe zur bayerischen Landesgeschichte 18), München 1935.

COHN, Samuel, Die Finanzen des Deutschen Reiches seit seiner Begründung. In den Grundzügen dargestellt, Berlin 1899.

CONZE, Werner/GROH, Dieter, Die Arbeiterbewegung in der nationalen Bewegung. Die deutsche Sozialdemokratie vor, während und nach der Reichsgründung (Industrielle Welt. Schriftenreihe des Arbeitskreises für moderne Sozialgeschichte 6), Stuttgart 1966.

CURTIUS, Friedrich (Hg.), Denkwürdigkeiten des Fürsten Chlodwig zu Hohenlohe-Schillingsfürst, 2 Bde, Stuttgart/Leipzig 1906.

DELBRÜCK, Rudolph von, Lebenserinnerungen 1817–1867. Mit einem Nachtrag aus dem Jahr 1870, 2 Bde, Leipzig $^{1+2}$1905.

DEMEL, Walter, Der bayerische Adel von 1750–1871, in: WEHLER, Hans-Ulrich (Hg.), Europäischer Adel 1750–1950 (Geschichte und Gesellschaft, Sonderheft 13), Göttingen 1990, 126–143.

DER ANSCHLUSS SÜDDEUTSCHLANDS an die Staaten der preußischen Hegemonie, sein sicherer Untergang bei einem französisch-deutschen Kriege. Mahnung an alle Patrioten. Mit wissenschaftlichen Gründen dargethan von einem deutschen Offizier, Zürich 1869.

DER ÖSTERREICHISCH-UNGARISCHE AUSGLEICH von 1867. Seine Grundlagen und Auswirkungen (Buchreihe der Südostdeutschen Historischen Kommission 20), München 1968.

DESTOUCHES, Ernst von, Fünfzig Jahre Münchner Gewerbegeschichte 1848–1898, München 1898.

DEUERLEIN, Ernst (Hg.), Die Gründung des Deutschen Reiches 1870/71 in Augenzeugenberichten, München 1970.

DEUERLEIN, Ernst, Der Bundesratsausschuß für die auswärtigen Angelegenheiten 1870–1918, Regensburg 1955.

DEUTSCHER HANDELSTAG (Hg.), Der deutsche Handelstag 1861–1911, 2 Bde, Berlin 1911–1913.

DIE ERSTE SESSION des deutschen Zollparlaments, in: Deutsche Vierteljahresschrift 31,2 (1968), 253–347.

DIENEL, Hans L., Aufstieg des Kunstgewerbes: die Münchener Wirtschaft in der Regierungszeit von Maximilian II. und Ludwig II. 1848–1886, in: Münchner Wirtschaftschronik, Wien 1993, 103–143.

DIENEL, Hans/u.a., Bayerns Weg in das technische Zeitalter. 125 Jahre Technische Universität München 1868–1993, München 1993.

DIETERICI, C[arl] F. W., Statistische Uebersicht der wichtigsten Gegenstände des Verkehrs und Verbrauchs im Preußischen Staate und im deutschen Zollverbande (mit 5 Fortsetzungen), Berlin/Posen/Bromberg 1838–1857.

DIRRIGL, Michael, Maximilian II. König von Bayern 1848–1864, 2 Bde, München 1984.

DITTRICH, Jochen, Bismarck, Frankreich und die spanische Thronkandidatur der Hohenzollern. Die „Kriegsschuldfrage" von 1870, München 1962.

DOBMANN, Franz, Georg Friedrich von Zentner als bayerischer Staatsmann in den Jahren 1799–1821 (Münchener Historische Studien, Abt. Bayerische Geschichte 6), Kallmünz 1962.
DOEBERL, Michael, Bayern und das preussische Unionsprojekt (Bayern und Deutschland), München/Berlin 1926.
DOEBERL, Michael, Bayern und die Bismarcksche Reichsgründung (Bayern und Deutschland), München/Berlin 1925.
DOEBERL, Michael, Bayern und die deutsche Frage in der Epoche des Frankfurter Parlaments, München 1922.
DOEBERL, Michael, Bayern und die wirtschaftliche Einigung Deutschlands (Abhandlungen der Königlich Bayerischen Akademie der Wissenschaften, phil.-hist. Klasse 29/2), München 1915.
DOEBERL, Michael, hg. von Max SPINDLER, Entwicklungsgeschichte Bayerns, Bd. III, München 1931.
DOERING-MANTEUFFEL, Anselm, Die deutsche Einheit und das europäische Staatensytem 1815–1871 (Enzyklopädie deutscher Geschichte 15), München 1993.
DREYER, Alois, Aus den Tagebüchern des Königs Maximilian II. von Bayern (Westermanns Monatshefte 3,2), Braunschweig 1911/12.
DRUCKSACHEN zu den Verhandlungen des Deutschen Zoll- und Handelsvereins, Sessionen 1868–1870, 3 Bde, Berlin 1868–1870.
DÜLFFER, Jost/u.a. (Hg.), Otto von Bismarck. Person–Politik–Mythos, Berlin 1992.
DUMKE, Rolf H., German Economic Unification in the 19th Century: The Political Economy of the Zollverein (Diskussionsbeiträge der Universität der Bundeswehr München), München 1994.
EDSALL, Nicolas C., Richard Cobden, independent radical, Cambridge (Mass.)/London 1986.
EIBERT, Georg, Unternehmenspolitik Nürnberger Maschinenbauer (1835–1914) (Beiträge zur Wirtschaftsgeschichte 3), Stuttgart 1979.
EICHMANN, Joachim von, Der deutsche Zollverein von 1834–67, Diss. Göttingen 1931.
EISNER, Fritz, Die bayerische Textilindustrie, ihre geschichtliche Entwicklung und heutige Bedeutung, Diss. Würzburg 1920.
ELLERBROCK, Karl P., Geschichte der deutschen Nahrungs- und Genußmittelindustrie 1750–1914 (Zeitschrift für Unternehmensgeschichte, Beiheft 76), Stuttgart 1993.
ENGEL, Ernst, Die Deutsche Industrie 1875 und 1861. Statistische Darstellung der Verbreitung ihrer Zweige über die einzelnen Staaten des Deutschen Reiches mit Hervorhebung Preussens (Soziologie und Sozialphilosophie 4), Berlin 1880.
ENGELBERG, Ernst, Bismarck. Das Reich in der Mitte Europas, München 1993 (1990).
ENGELBERG, Ernst, Bismarck. Urpreuße und Reichsgründer, München 1991 (1985).
ENGELBERG, Ernst, Die politische Strategie und Taktik Bismarcks von 1851 bis 1866, in: BARTEL, Horst/ENGELBERG, Ernst, (Hg.), Die großpreußisch-militaristische Reichsgründung. Voraussetzungen und Folgen, 2 Bde (Deutsche Akademie der Wissenschaften zu Berlin. Schriften des Zentralinstituts für Geschichte I, 36, A/B), Berlin-Ost 1971.
ENTSCHEIDUNGSJAHR 1866. Aus Politik und Zeitgeschichte. Beilage zur Wochenzeitung „Das Parlament" 24 (1966).

ERDMANN, Manfred, Die verfassungspolitische Funktion der Wirtschaftsverbände in Deutschland 1815–1871 (Sozialwissenschaftliche Abhandlungen 12), Berlin 1968.

ERICHSEN, Ernst, Die deutsche Politik des Grafen Beust im Jahre 1870. Ein Beitrag zur Geschichte der Reichsgründung, Diss. Kiel 1927.

FABER, Karl-Georg, Die nationalpolitische Publizistik Deutschlands von 1866–1871. Eine kritische Bibliographie, 2 Bde (Bibliographien zur Geschichte des Parlamentarismus und der politischen Parteien 4,1), Düsseldorf 1963.

FACIUS, Friedrich, Wirtschaft und Staat. Die Entwicklung der staatlichen Wirtschaftsverwaltung in Deutschland vom 17. Jahrhundert bis 1945 (Schriften des Bundesarchivs 6), Boppard a. Rhein 1959.

FAULENBACH, Bernd, Ideologie des deutschen Weges. Die deutsche Geschichte in der Historiographie zwischen Kaiserreich und Nationalsozialismus, München 1980.

FEHRENBACH, Elisabeth, Die Reichsgründung in der deutschen Geschichtsschreibung, in: Aus Politik und Zeitgeschichte 6 (1970), 3–25.

FEHRENBACH, Philipp (Bearb.), Die Produktion des deutschen Bergbaus 1850–1914 (Quellen und Forschungen zur historischen Statistik in Deutschland 13), St. Katharinen 1989.

FESTENBERG-PACKISCH, Hermann von, Deutschlands Zoll- und Handelspolitik 1873–1877. Die zoll- und handelspolitischen Debatten im deutschen Reichstag während der ersten Legislaturperioden, Berlin 1879.

FESTENBERG-PACKISCH, Hermann von, Geschichte des Zollvereins mit besonderer Berücksichtigung der staatlichen Entwicklung Deutschlands, Leipzig 1869.

FINCK VON FINCKENSTEIN, Hans W., Die Entwicklung der Landwirtschaft in Preußen und Deutschland 1800–1930, Würzburg 1960.

FISCHER, Franz, Fürst Bismarck und die Handelskammern, Köln 1882.

FISCHER, Wolfram, Der deutsche Zollverein, die Europäische Wirtschaftsgemeinschaft und die Freihandelszone. Ein Vergleich ihrer Motive, Institutionen und Bedeutung, in: Europa-Archiv 16/5 (1961), 105–114.

FISCHER, Wolfram, Der deutsche Zollverein. Fallstudie einer Zollunion, in: DERS. (Hg.), Wirtschaft und Gesellschaft im Zeitalter der Industrialisierung. Aufsätze–Studien–Vorträge (Kritische Studien zur Geschichtswissenschaft 1), Göttingen 1972, 110–128.

FISCHER, Wolfram, Der Staat und die Anfänge der Industrialisierung in Baden 1800–1850. Bd. I: Die staatliche Gewerbepolitik, Berlin 1962.

FISCHER, Wolfram/KUNZ, Andreas (Hg.), Grundlagen der Historischen Statistik von Deutschland. Quellen, Methoden, Forschungsziele (Schriften des Instituts für sozialwissenschaftliche Forschung der Freien Universität Berlin 65), Opladen 1991.

FISCHER, Wolfram, Materialien zur Statistik des deutschen Bundes 1815–1870, München 1982.

FISCHER, Wolfram/u.a., Sozialgeschichtliches Arbeitsbuch I: Materialien zur Statistik des Deutschen Bundes 1815–1870 (Statistische Arbeitsbücher zur neueren Geschichte), München 1982.

FLETCHER, Willard A., The Mission of Vincent Benedetti to Berlin 1864–1870, Nijoff 1965.

FORKEL, Otto, Fürst Bismarcks Stellung zur Landwirtschaft (1847–1890), [Diss. Erlangen] Bamberg 1910.

FRANZ, Eugen, Der Entscheidungskampf um die wirtschaftspolitische Führung Deutschlands (1856–1867) (Schriftenreihe zur bayerischen Landesgeschichte 12), München 1933.
FRANZ, Eugen, Die Vorgeschichte des preußisch-französischen Handelsvertrages von 1862, in: VSWG 25/1 (1932), 1–27.
FRANZ, Eugen, Graf Rechbergs deutsche Zollpolitik, in: MIÖG 46 (1932), 142–187.
FRANZ, Eugen, König Max II. und seine geheimen politischen Berater, in: ZBLG 5 (1932), 219–242.
FRANZ, Eugen, Wilhelm von Doenniges und König Max II. in der Deutschen Frage, in: ZBLG 5 (1932), 445–476.
FRANZ, Eugen, Ludwig Frhr. von der Pfordten (Schriftenreihe zur bayerischen Landesgeschichte 29), München 1938.
FRANZ, Eugen, Ludwig Freiherr von der Pfordtens Kampf gegen den preußisch-französischen Handelsvertrag vom 29. März 1862, in: Forschungen zur brandenburgischen und preußischen Geschichte 44 (1932), 130–155.
FRANZ, Eugen, Persönlichkeiten um Ludwig Frhr. v.d. Pfordten. Eine Untersuchung auf Grund neuer Quellen, in: ZBLG 12 (1939), 137–162.
FRANZKE, Jürgen, Farbenherstellung und Bleistiftproduktion in Nürnberg um die Mitte des 19. Jahrhunderts. Ein Beispiel für wirtschaftlich-technologischen Transfer zwischen Frankreich und Deutschland, in: COHEN, Yves/MANFRASS, Klaus (Hg.), Frankreich und Deutschland. Forschung, Technologie und industrielle Entwicklung im 19. und 20. Jahrhundert. Internationales Kolloquium in München im Oktober 1987, München 1990, 217–233.
FREMDLING, Rainer, Eisenbahnen und deutsches Wirtschaftswachstum 1840–1879. Ein Beitrag zur Entwicklungstheorie und zur Theorie der Infrastruktur (Untersuchungen zur Wirtschafts-, Sozial- und Technikgeschichte 2), Dortmund ²1985.
FREMDLING, Rainer, Regionale Differenzierung in Deutschland als Schwerpunkt wirtschaftshistorischer Forschung, in: DERS./u.a. (Hg.), Industrialisierung und Raum. Studien zur regionalen Differenzierung im Deutschland des 19. Jahrhunderts, Stuttgart 1979, 9–26.
FREMDLING, Rainer/FEDERSPIEL, Ruth/KUNZ, Andreas (Hg.), Statistik der Eisenbahnen in Deutschland 1835–1989 (Quellen und Forschungen zur historischen Statistik in Deutschland 17), St. Katharinen 1995.
FRENINGER, Franz Xaver, Die Kammern des Landtags des Königreiches Bayern – Matrikel oder Verzeichniß der Direktorien und Mitglieder der beiden Hohen Kammern von 1819 bis 1870, München 1870.
FREYE, Georg, Motive und Taktik der Zollpolitik Bismarcks, Diss. Hamburg 1926.
FRIEDJUNG, Heinrich, Der Kampf um die Vorherrschaft in Deutschland, 2 Bde, Stuttgart/Berlin ⁵1901 (1897/98).
Friedrich Benedikt Wilhelm von Hermann (1795–1868). Ein Genie im Dienste der bayerischen Könige. Politik, Wirtschaft und Gesellschaft im Aufbruch (Ausstellungskataloge der Staatlichen Archive Bayerns 39, hg. von der GENERALDIREKTION DER STAATLICHEN ARCHIVE BAYERNS), München 1999.
FRIESEN, Richard Frhr. von, Erinnerungen aus meinem Leben, 2 Bde, Dresden 1882.
FRISCH, Erich, Die Einigung Deutschlands 1870/71 im Lichte der bayerischen Publizistik, [Diss. Leipzig] Hohenstein-Ernstthal 1915.

FRITZ, Carl, München als Industriestadt, Berlin 1913.
FUCHS, Konrad, Die Bedeutung des deutschen Zollvereins als Institution zur Austragung des preußisch-österreichischen Gegensatzes 1834–1866, in: Nassauische Annalen 78 (1967), 208–215.
FUCHS, Walther P., Die deutschen Mittelstaaten und die Bundesreform 1853–1860 (Historische Studien 256), Berlin 1934.
GAERTNER, Alfred, Der Kampf um den Zollverein zwischen Österreich und Preußen von 1849 bis 1853 (Straßburger Beiträge zur neueren Geschichte IV/1,2), Straßburg 1911.
GALL, Lothar, Staat und Wirtschaft in der Reichsgründungszeit, in: HZ 209 (1969), 616–630.
GALL, Lothar (Hg.), Das Bismarckproblem in der Geschichtsschreibung nach 1945 (Neue Wissenschaftliche Bibliothek 42), Köln/Berlin 1971.
GALL, Lothar, Bismarcks Süddeutschlandpolitik 1866–1870, in: KOLB, Eberhard (Hg.), Europa vor dem Krieg von 1870. Mächtekonstellation – Konfliktfelder – Kriegsausbruch (Schriften des Historischen Kollegs. Kolloquien 10), München 1987, 23–32.
GALL, Lothar, Bismarck. Der weiße Revolutionär, Berlin 1987 (1980).
GALL, Lothar/u.a., Die Deutsche Bank. 1870–1995, München 1995.
GEBEL, Willibald, Die deutsche Freihandelspolitik von 1861 bis 1876 und Bismarcks Beziehungen zu ihr, Diss. Breslau 1921.
GEHLER, Michael/u.a. (Hg.), Ungleiche Partner? Österreich und Deutschland in ihrer gegenseitigen Wahrnehmung. Historische Analysen und Vergleiche aus dem 19. und 20. Jahrhundert (Historische Mitteilungen, Beiheft 15), Stuttgart 1996.
GEISSLER, Gerhard, Zeitgenössische Kritik an der Bismarckschen Reichsgründung, Diss. Leipzig 1930.
GERHARD, Hans J./KAUFHOLD, Karl H. (Hg.), Preise im vor- und frühindustriellen Deutschland. Grundnahrungsmittel. (Göttinger Beiträge zur Wirtschafts- und Sozialgeschichte 15), Göttingen 1990.
GEORGES, Dirk, 1810/11–1993. Handwerk und Interessenpolitik. Von der Zunft zur modernen Verbandsorganisation (Europäische Hochschulschriften III/552), Frankfurt a. M. 1993.
GERLOFF, Wilhelm, Die deutsche Zoll- und Handelspolitik von der Gründung des Zollvereins bis zum Frieden von Versailles (Gloeckners Handels-Bücherei 55/56), Leipzig 1920.
GERLOFF, Wilhelm, Die Finanz- und Zollpolitik des Deutschen Reiches nebst ihren Beziehungen zu Landes- und Gemeindefinanzen von der Gründung des Norddeutschen Bundes bis zur Gegenwart, Jena 1913.
GERSCHENKRON, Alexander, Wirtschaftliche Rückständigkeit in historischer Perspektive, in: BRAUN, Rudolf/u.a. (Hg.), Industrielle Revolution. Wirtschaftliche Aspekte (Neue Wissenschaftliche Bibliothek 50), Köln/Berlin 1972.
GIERSBERG, Robert I., The Treaty of Frankfurt. A Study in Diplomatic History September 1870–September 1875, Philadelphia 1966.
GLASER, Hubert, Zwischen Großmächten und Mittelstaaten. Über einige Konstanten der deutschen Politik Bayerns in der Ära v.d. Pfordten, in: LUTZ, Heinrich (Hg.), Österreich und die deutsche Frage im 19. und 20. Jahrhundert, Wien 1982, 140–188.

GOLDINGER, Walter, Geschichte der Organisation des Handelsministeriums, in: BUNDESMINISTERIUM FÜR HANDEL UND WIEDERAUFBAU (Hg.), Hundert Jahre im Dienste der Wirtschaft 1, Wien 1961, 301–363.

GOLLWITZER, Heinz, Die politische Landschaft in der deutschen Geschichte des 19./20. Jahrhunderts. Eine Skizze zum deutschen Regionalismus, in: ZBLG 27 (1984), 523–552.

GOLLWITZER, Heinz, Fürst und Volk. Betrachtungen zur Selbstbehauptung des bayerischen Herrscherhauses im 19. und 20. Jahrhundert, in: ZBLG 50 (1987), 723–747.

GOLLWITZER, Heinz, Ludwig I. von Bayern. Königtum im Vormärz. Eine politische Biographie, München ²1987.

GÖMMEL, Rainer, Entwicklungsprobleme der ostbayerischen Eisenindustrie vom Ende des Alten Reiches bis 1918, in: BERGBAU- UND INDUSTRIEMUSEUM OSTBAYERN (Hg.), Die Oberpfalz – ein europäisches Eisenzentrum. 600 Jahre Große Hammereinung, Theuern 1987, 371–382.

GÖMMEL, Rainer, Wachstum und Konjunktur der Nürnberger Wirtschaft (1815–1914) (Beiträge zur Wirtschaftsgeschichte 1), Stuttgart 1978.

GOOD, David F., Der wirtschaftliche Aufstieg des Habsburgerreiches 1750–1914 (Forschungen zur Geschichte des Donauraumes 7), Wien/Köln/Graz 1986.

GÖTSCHMANN, Dirk, Das Bayerische Innenministerium 1825–1864. Organisation und Funktion, Beamtenschaft und politischer Einfluß einer Zentralbehörde in der konstitutionellen Monarchie (Schriftenreihe der historischen Kommission bei der Bayerischen Akademie der Wissenschaften 48), Göttingen 1993.

GRAF, Kurt, Die zollpolitischen Zielsetzungen im Wandel der Geschichte (Schweizerisches Institut für Außenwirtschafts- und Marktforschung an der Hochschule St. Gallen 23), Zürich/St. Gallen 1970.

GRASSER, Walter, Deutsche Münzgesetze 1871–1971, München 1971.

GRASSER, Walter, Johann Freiherr von Lutz. Eine politische Biographie 1826–1890 (MBM 1), München 1967.

GREBENAU, Heinrich, Tabellen zur Umwandlung des bayerischen Maßes und Gewichtes in metrisches Maß und Gewicht und umgekehrt, nebst dazu gehörigen Preisverwandlungen. Auf Grund der mit allerhöchster Verordnung vom 13. August 1869 amtlich bekannt gemachten Verhältnißzahlen, München 1870, ²1871, ³1872.

GRUBER, Hansjörg, Die Entwicklung der Pfälzischen Wirtschaft 1816–1834 unter besonderer Berücksichtigung der Zollverhältnisse (Veröffentlichungen des Instituts für Landeskunde des Saarlandes 6), Saarbrücken 1962.

GEBHARDT, Bruno, hg. von Herbert GRUNDMANN, Handbuch der deutschen Geschichte III, Stuttgart 1973.

GRUNER, Wolf D., Die bayerischen Kriegsminister 1805–1885, in: ZBLG 34 (1971), 238–315.

GRUNER, Wolf D., Die Würzburger Konferenzen der Mittelstaaten in den Jahren 1859–1861 und die Bestrebungen zur Reform des Deutschen Bundes, in: ZBLG 36 (1973), 181–253.

GRUNER, Wolf D., Bayern, Preussen und die süddeutschen Staaten 1866–1870, in: ZBLG 37 (1974), 799–827.

GRUNER, Wolf D., Die deutsche Frage. Ein Problem der europäischen Geschichte seit 1800 (Becksche Schwarze Reihe 267), München 1985.

GRUNER, Wolf D., Die Rolle und Funktion von „Kleinstaaten" im internationalen System 1815–1914: Die Bedeutung des Endes der deutschen Klein- und Mittelstaaten für die europäische Ordnung, Hamburg 1985.

GRUNER, Wolf D., Der Deutsche Bund als Band der deutschen Nation 1815–1866, in: WENDT, Bernd J., Vom schwierigen Zusammenwachsen der Deutschen. Nationale Identität und Nationalismus im 19. und 20. Jahrhundert, Frankfurt a. M./u.a. 1992, 49–80.

GRUNER, Wolf D., Die deutsche Frage in Europa 1800–1990 (Serie Piper 1680), München/Zürich 1993.

GRÜNEWALD, Max, Darstellung der bayerischen Reservatrechte, Borna/Leipzig 1908.

GÜNTHER, Adolf, Geschichte der älteren bayerischen Geschichte, in: Beiträge zur Statistik des Königreichs Bayern 77 (1910).

GUTSCHMIDT, Hans-Ulrich, Der Aufbau und die Entwicklung des Notenbankwesens in Bayern (1834–1881) unter Berücksichtigung der wirtschaftlichen Verhältnisse, Diss. Köln 1969.

HAHN, Hans-Werner, Geschichte des deutschen Zollvereins, Göttingen 1984.

HAHN, Hans-Werner, Wirtschaftliche Integration im 19. Jahrhundert. Die hessischen Staaten und der Zollverein (Kritische Studien zur Geschichtswissenschaft 52), Göttingen 1982.

HAHN, Karl E., Die Territorialpolitik der süddeutschen Staaten Baden, Bayern und Württemberg und ihr Einfluß auf die Verkehrsleitung und die Linienführung der Verkehrswege insbesondere der Eisenbahnen, Diss. München 1929.

HAHN, Ludwig, Zwei Jahre preußisch-deutscher Politik. 1866–1867. Sammlung amtlicher Kundgebungen und halbamtlicher Äußerungen von der schleswig-holsteinischen Krise bis zur Gründung des Zollparlaments, Berlin 1868.

HALLGARTEN, Georg W.F./RADKAU, Joachim, Deutsche Industrie und Politik von Bismarck bis heute, Frankfurt a. M./Köln 1974.

HAMEROW, Theodore S., Restauration, Revolution, Reaction: Economics and Politics in Germany 1815–1871, Princeton 1958.

HAMEROW, Theodore S., The Social Foundation of German Unification 1858–1871, 2 Bde (I: Ideas and Institutions, II: Struggles and Accomplishments), Princeton 1969/72.

HÄMMERLE, Karl, Gustav von Schlör. Ein Beitrag zur bayerischen Geschichte des 19. Jahrhunderts (Wirtschafts- und Verwaltungsstudien mit besonderer Berücksichtigung Bayerns 68), Leipzig/Erlangen 1926.

HÄNDEL, Fred, Die Wahl des deutschen Zollparlaments, in: Kulturwarte 2 (1968), 52–54.

HANISCH, Manfred, Für Fürst und Vaterland. Legitimitätsstiftung in Bayern zwischen Revolution 1848 und deutscher Einheit, München 1991.

HANSEMANN, David, Die wirthschaftlichen Verhältnisse des Zollvereins. Insbesondere in Beziehung auf die Leinen-, Baumwollen- und Wollen-Industrie, Berlin 1863.

HANSEN, Georg, Die exekutierte Einheit. Vom Deutschen Reich zur Nation Europa, Frankfurt a. M./New York 1991.

HANSMEYER, Karl-Heinrich/KOPS, Manfred, Die wechselnde Bedeutung der Länder in der deutschen Finanzverfassung seit 1871, in: Blätter für deutsche Landesgeschichte 125 (1989), 63–85.

HANTSCH, Hugo, 1866 – Die Folgen, in: Der Donauraum 12 (1867), 1–12.

HARDACH, Karl W., Die Bedeutung wirtschaftlicher Faktoren bei der Wiedereinführung der Eisen- und Getreidezölle in Deutschland 1879 (Schriften zur Wirtschafts- und Sozialgeschichte 7), Berlin 1967.

HARTMANN, Eugen, Statistik des Königreichs Bayern, München 1866.

HARTMANN, Stefan (Bearb.), Als die Schranken fielen. Der Deutsche Zollverein. Entwicklung vom Wiener Kongreß 1815 bis zur Vollendung der deutschen Zolleinheit von 1890. Ausstellung des Geheimen Staatsarchivs Preußischer Kulturbesitz zur 150. Wiederkehr der Gründung des deutschen Zollvereins 1834, Berlin-Dahlem 1984.

HARTMANNSGRUBER, Friedrich, Die Bayerische Patriotenpartei 1868–1887 (Schriftenreihe zur bayerischen Landesgeschichte 82), München 1986.

HAUFF, Ludwig, Leben und Wirken Maximilian II., König von Bayern. Ein Volksbuch, München 1864.

HAUNFELDER, Bernd/POLLMANN, Klaus E. (Bearb.), Reichstag des Norddeutschen Bundes 1867–1870. Historische Photographien und biographisches Handbuch (Photodokumente zur Geschichte des Parlamentarismus und der politischen Parteien 2), Düsseldorf 1989.

HAUSCHILD, Johann F., Zur Geschichte des deutschen Maß- und Gewichtswesens in den letzten sechzig Jahren, Frankfurt a. M. 1861.

HECHT, Felix, Bankwesen und Bankpolitik in den süddeutschen Staaten 1819 bis 1875. Mit statistischen Beilagen, Jena 1880.

HEIGEL, Karl Th. von, Maximilian II. von Bayern (Historische Vorträge und Studien 3), Wien/München 1887.

HEIL, Karl, Die Reichsbank und die bayerische Notenbank in ihrer gegenseitigen Entwicklung in Bayern 1876–1899 (Wirtschafts- und Verwaltungsstudien mit besonderer Berücksichtigung Bayerns IX), Leipzig 1900.

HEIMANN-STÖRMER, Uta, Kontrafaktische Urteile in der Geschichtsschreibung. Eine Fallstudie zur Historiographie des Bismarck-Reiches (Europäische Hochschulschriften, Reihe III: Geschichte und ihre Hilfswissenschaften 463), Frankfurt a. M./Bern/New York/Paris 1991.

HELFFERICH, Karl, Die Reform des deutschen Geldwesens nach der Gründung des Reiches, 2 Bde (Geschichte der deutschen Geldreform I, II), Leipzig 1898.

HELFFERICH, Karl, Die Folgen des deutsch-österreichischen Münz-Vereins von 1857. Ein Beitrag zur Geld- und Währungstheorie (Abhandlungen aus dem staatswissenschaftlichen Seminar zu Straßburg 12), Straßburg 1894.

HELLER, Eduard, Mitteleuropas Vorkämpfer Fürst Felix zu Schwarzenberg, Wien 1933.

HELLMANN, Rainer, Das Europäische Währungssystem. Kritische Einführung mit Dokumentation, Baden-Baden 1979.

HENDERSON, William O., The rise of German industrial power 1834–1914, Berkeley/Los Angeles 1975.

HENDERSON, William O., The State and the Industrial Revolution in Prussia 1740–1870, Liverpool 1958.

HENDERSON, William O., The Zollverein, London ²1959.
HENDERSON, William O., Die Industrielle Revolution. Europa 1780–1914, Wien/ München/Zürich 1971.
HENNING, Friedrich W., Deutsche Wirtschafts- und Sozialgeschichte im 19. Jahrhundert (Handbuch der Wirtschafts- und Sozialgeschichte Deutschlands 2), Paderborn/München/Wien/Zürich 1996.
HENNING, Friedrich W., Die Industrialisierung in Deutschland 1800–1914, Paderborn 1973.
HENTSCHEL, Volker, Deutsche Wirtschafts- und Sozialpolitik 1815–1945, Königstein 1980.
HENTSCHEL, Volker, Die deutschen Freihändler und der volkswirtschaftliche Kongreß 1858 bis 1885 (Industrielle Welt 16), Stuttgart 1975.
HENTSCHEL, Volker, Wirtschaft und Wirtschaftspolitik im Wilhelminischen Deutschland. Organisierter Kapitalismus und Interventionsstaat, Stuttgart 1978.
HERMES, Gertrud, Statistische Studien zur wirtschaftlichen und gesellschaftlichen Struktur des zollvereinten Deutschlands, in: Archiv für Sozialwirtschaft und Sozialpolitik 63 (1930), 121–162.
HERTZKA, Theodor, Währung und Handel, Wien 1876.
HERRE, Franz, Der bayerische Gesandte in Berlin, Freiherr Pergler von Perglas, und die Bismarcksche Regierung, in: Historische Jahrbuch 74 (1955), 532–545.
HESSE, Horst, Die sogenannte Sozialgesetzgebung Bayerns Ende der sechziger Jahre des 19. Jahrhunderts (MBM 33), München 1971.
HESSE, Horst, Gesetzgeber und Gesetzgebung in Bayern 1848–1870, 2 Bde, Weilheim 1984/1987.
HETZER, Gerhard, Die bayerischen Konsulate und ihre archivalische Überlieferung, in: Archivalische Zeitschrift 80 (1997) (=Festschrift Walter Jaroschka zum 65. Geburtstag, hg. von LIESS, Albrecht/RUMSCHÖTTEL, Hermann/UHL, Bodo), 139–155.
HIERSEMENZEL, E., Die Verfassung des Norddeutschen Bundes, Teil 2: Das Verfassungs- und Verwaltungsrecht des Norddeutschen Bundes und des Zoll- und Handelsvereins, Berlin 1868/1870.
HILDEBRAND, Klaus, Das vergangene Reich. Deutsche Außenpolitik von Bismarck bis Hitler 1871–1945, Stuttgart 1995.
HILLGRUBER, Andreas, Bismarcks Außenpolitik, Freiburg 1972.
HILLGRUBER, Andreas, Otto von Bismarck. Gründer der europäischen Großmacht Deutsches Reich (Persönlichkeit und Geschichte 101/102), Berlin ²1980.
HISTORISCHE REICHSKOMMISSION (Hg.), Die auswärtige Politik Preussens 1858–1871. Diplomatische Aktenstücke, 9 Bde, Oldenburg 1932–1936.
HOCQUET, Jean-Claude, Harmonisierung von Maßen und Gewichten als Mittel zur Integrierung in Deutschland im 19. Jahrhundert, in: SCHREMMER, Eckart (Hg.), Wirtschaftliche und soziale Integration in historischer Sicht. Arbeitstagung der Gesellschaft für Sozial- und Wirtschaftsgeschichte in Marburg 1995 (VSWG, Beihefte 128), Stuttgart 1996, 110–123.
HOF- UND STAATSHANDBUCH des Königreichs Bayern, München 1859–1875.
HOFFMANN, Kurt L., Die bayerische Publizistik und das preußische Unionsobjekt, Diss. masch. München 1922.

HOFFMANN, Walter G., Das Wachstum der deutschen Wirtschaft seit der Mitte des 19. Jahrhunderts, Berlin/Heidelberg/New York 1965.
HOFFMANN, Walther G./MÜLLER, Heinz J., Das deutsche Volkseinkommen 1851–1957, Tübingen 1959.
HOFFMANN, Walther G. (Hg.), Untersuchungen zum Wachstum der deutschen Wirtschaft, Tübingen 1971.
HOFMANN, Rainer, Max von Neumayr (1810–1881), München 1974.
HOHORST, Gerd/u.a., Sozialgeschichtliches Arbeitsbuch II: Materialien zur Statistik des Kaiserreiches 1870–1914 (Statistische Arbeitsbücher zur neueren Geschichte), München ²1978.
125 Jahre Bayerische Handelsbank in München 1869–1994. Festschrift. Geschichten aus der Geschichte der Bayerische Handelsbank, München 1994.
125 Jahre Vereinsbank. Das Entstehen einer Bankengruppe, o.O. o.J.
HUBATSCH, Walther, Entstehung und Entwicklung des Reichswirtschaftsministeriums 1880–1933. Ein Beitrag zur Verwaltungsgeschichte der Reichsministerien. Darstellung und Dokumentation, Berlin 1978.
HÜBENER, Erhard, Die deutsche Wirtschaftskrise von 1873 (Rechts- und Staatswissenschaftliche Studien 30), Berlin 1905.
HUBER, Ernst R. (Hg.), Deutsche Verfassungsgeschichte seit 1789, II: Der Kampf um Einheit und Freiheit 1830 bis 1850, Stuttgart ²1975.
HUBER, Ernst R. (Hg.), Deutsche Verfassungsgeschichte seit 1789, III: Bismarck und das Reich, Stuttgart/Berlin/Köln/Mainz ²1970.
HUBER, Ernst R. (Hg.), Dokumente zur deutschen Verfassungsgeschichte I: Deutsche Verfassungsdokumente 1803–1850, Stuttgart ³1978.
HUBER, Ernst R. (Hg.), Dokumente zur deutschen Verfassungsgeschichte II: Deutsche Verfassungsdokumente 1851–1900, Stuttgart ³1978.
HÜTTL, Ludwig, Ludwig II. König von Bayern. Eine Biographie, München 1986.
INDUSTRIE- UND HANDELSKAMMER ASCHAFFENBURG (Hg.), Die Wirtschaft am bayerischen Untermain, Aschaffenburg [1956].
INDUSTRIE- UND HANDELSKAMMER MÜNCHEN (Hg.), COHEN, Arthur/SIMON, Edmund (Bearb.), Geschichte der Handelskammer München. Seit ihrer Gründung 1869. Beitrag zur Wirtschaftsgeschichte der letzten Jahrzehnte, München 1926.
JACOBS, Alfred/RICHTER, Hans L., Die Großhandelspreise in Deutschland von 1792 bis 1934, in: Vierteljahreshefte zur Konjunkturforschung, Sonderheft 37 (1935).
JAEGER, Hans, Geschichte der Wirtschaftsordnung in Deutschland (Neue Historische Bibliothek, NF 529), Frankfurt a. M. 1988.
JAEGER, Kurt, Die deutschen Münzen seit 1871. 100 Jahre Markwährung mit Prägezahlen und Bewertungen, Basel ⁹1971.
JÄGER, Erich, Wirtschaftsgeographische Grundlagen der preußischen Zollvereinspolitik, in: Geographische Zeitschrift 28, 9/10 (1922), 297–315.
JAHRESBERICHTE der Kreis-Gewerbe und Handelskammer für Mittelfranken 1860–1872, Nürnberg 1861–1873 [Titel bis 1862: Verhandlungen der Kreis-Gewerbe- und Handelskammer für Mittelfranken].
JAHRESBERICHTE der Kreis-Gewerbe- und Handelskammer von Niederbayern 1860–1875, Passau 1861–1876 [Titel bis 1861: Verhandlungen der Kreis-Gewerbe- und Handelskammer von Niederbayern, 1867/1868 nicht erschienen].

JAHRESBERICHTE der oberbayerischen Kreis-Gewerbe- und Handelskammer 1860–1875, München 1861–1876 [1866–1868 nicht erschienen].

JAHRESBERICHTE der Kreis-Gewerbe- und Handelskammer der Oberpfalz und von Regensburg 1863–1873, Regensburg 1864–1874 [1867/1868 nicht erschienen].

JAHRESBERICHTE der Kreis-Gewerbe- und Handelskammer für Oberfranken 1863–1872, Bayreuth 1864–1873 [1867–1869 nicht erschienen].

JAHRESBERICHTE der Kreis-Gewerbe- und Handelskammer der Pfalz 1860–1875, Ludwigshafen 1861–1876.

JAHRESBERICHTE der Kreis-Gewerbe- und Handelskammer für Schwaben und Neuburg 1860–1875, Augsburg 1861–1876 [1867/1868 nicht erschienen].

JAHRESBERICHTE der Handels- und Gewerbekammer für Unterfranken und Aschaffenburg 1860–1872, Würzburg 1861–1873.

JERSCH-WENZEL, Stefi/KRENGEL, Jochen (Bearb.), Die Produktion der deutschen Hüttenindustrie 1850–1914. Ein historisch-statistisches Quellenwerk (Einzelveröffentlichungen der Historischen Kommission zu Berlin, Quellenwerke 43), Berlin 1984.

JESERICH, Kurt G.A./u.a. (Hg.), Deutsche Verwaltungsgeschichte II: Vom Reichsdeputationshauptschluß bis zur Auflösung des Deutschen Bundes, Stuttgart 1983.

JESERICH, Kurt G.A./u.a. (Hg.), Deutsche Verwaltungsgeschichte III: Das Deutsche Reich bis zum Ende der Monarchie, Stuttgart 1984.

JUNGMANN-STADLER, Franziska, Die Anfänge der Bayerischen Hypotheken- und Wechselbank, München 1985.

KAERNBACH, Andreas, Bismarcks Konzepte zur Reform des Deutschen Bundes. Zur Kontinuität der Politik Bismarcks und Preußens in der deutschen Frage (Schriften der Historischen Kommmission bei der Bayerischen Akademie der Wissenschaften 41), Göttingen 1991.

KALTENSTADLER, Wilhelm, König Ludwig II. von Bayern und Bismarck (1871–1886). Persönliche und politische Beziehungen zwischen Ludwig II. und Bismarck nach der Reichsgründung, in: ZBLG 34 (1971), 715–728.

KAPPEL, Ruth, Bemühungen des Königreichs Württemberg um die deutsche Zolleinigung nach 1815, Diss. Tübingen 1991.

KAUP, Gertraud, Die politische Satire in München von 1848–1871. Mit einer Bibliographie der politisch-satirischen Zeitschriften in München von 1848–1900, Diss. München 1937.

KAUSCH, Hans-Joachim, Die Pläne des Fürsten Hohenlohe zur deutschen Frage in den Jahren 1866–1868, Diss. Breslau 1930.

KELLENBENZ, Hermann, Deutsche Wirtschaftsgeschichte II: Vom Ausgang des 18. Jahrhunderts bis zum Ende des Zweiten Weltkrieges, München 1981.

KELLENBENZ, Hermann/SCHNEIDER, Jürgen/GÖMMEL, Rainer (Hg.), Wirtschaftliches Wachstum im Spiegel der Wirtschaftsgeschichte (Wege der Forschung 376), Darmstadt 1978.

KERNBAUER, Hans/MÄRZ, Eduard, Das Wirtschaftswachstum in Deutschland und Österreich von der Mitte des 19. Jahrhunderts bis zum Ersten Weltkrieg – eine vergleichende Darstellung, in: SCHRÖDER, Wilhelm K./u.a. (Hg.), Historische Konjunkturforschung (Historisch-Sozialwissenschaftliche Forschungen 11), Stuttgart 1980, 47–59.

KERWAT, Michael, Die wechselseitige wirtschaftliche Abhängigkeit der Staaten des nachmaligen Deutschen Reiches im Jahrzehnt vor der Reichsgründung, Diss. wiso. (Teildruck) München 1976.

KEYNES, John M., Die wirtschaftlichen Folgen des Friedensvertrages, München 1921.

KIESEWETTER, Hubert, Erklärungshypothesen zur regionalen Industrialisierung in Deutschland im 19. Jahrhundert, in: VSWG 67 (1980), 305–333.

KIESEWETTER, Hubert/FREMDLING, Rainer (Hg.), Staat, Region und Industrialisierung, Ostfildern 1985.

KIESEWETTER, Hubert, Industrialisierung und Landwirtschaft. Sachsens Stellung im regionalen Industrialisierungsprozeß Deutschlands im 19. Jahrhundert (Mitteldeutsche Forschungen 94), Köln/Wien 1988.

KIESEWETTER, Hubert, Industrielle Revolution in Deutschland 1815–1914, Frankfurt a. M. 1989.

KIESEWETTER, Hubert, Regionale Industrialisierung im Zeitalter der Reichsgründung, in: VSWG 73 (1986), 38–60.

KIESEWETTER, Hubert, Zur Dynamik der regionalen Industrialisierung in Deutschland im 19. Jahrhundert – Lehren für die europäische Union?, in: Jahrbuch für Wirtschaftsgeschichte 1 (1992), 79–112.

KIESEWETTER, Hubert, Wehlers Mythos der „Deutschen Doppelrevolution" und seine Folgen, in: Jahrbuch für Wirtschaftsgeschichte 2 (1997), 95–102.

KIESEWETTER, Hubert, Industrialisierung in Deutschland. Ein Literaturbericht 1945–1985, ungedrucktes Manuskript, Eichstätt 1985.

KIRCHHAIN, Günter, Das Wachstum der deutschen Baumwollindustrie im 19. Jahrhundert. Eine historische Modellstudie zur empirischen Wachstumsforschung, Diss. Münster 1971.

KISTLER, Helmut, Der bayerische Landtag 1871/72, Diss. masch. München 1957.

KITTLER, Karl, Deutsche Währungsgeschichte von 1866 bis 1875, Diss. wiso Nürnberg 1953.

KLIMPERT, Richard, Lexikon der Münzen, Maße, Gewichte, Zählkarten und Zeitgrößen aller Länder der Erde, Berlin ²1896 (unveränderter Nachdruck: Graz 1972).

KLOEBER, Wilhelm von, Die Entwicklung der deutschen Frage 1859–1871 in großdeutscher und antiliberaler Beurteilung (Die Zeitläufe Dr. Jörgs in den Historisch-Politischen Blättern für das katholische Deutschland), Diss. München 1932.

KOBELL, Luise von, Die bayrische Mobilisierung und die Anerbietung der Kaiserkrone im Jahre 1870, in: Deutsche Revue 24,1 (1899), 18–34.

KOBELL, Luise von, König Ludwig II. und Fürst Bismarck im Jahre 1870, Leipzig 1899.

König Maximilian II. von Bayern 1848–1864, hg. vom HAUS DER BAYERISCHEN GESCHICHTE, Rosenheim 1988.

KOEPPEL, Ferdinand, Bayern und die französische Pfalzpolitik 1866, in: ZBLG 8 (1935), 425–444.

KOLB, Eberhard, Der Kriegsausbruch 1870: Politische Entscheidungsprozesse und Verantwortlichkeiten in der Julikrise 1870, Göttingen 1970.

KOLB, Eberhard (Hg.), Europa und die Reichsgründung. Preußen-Deutschland in der Sicht der großen europäischen Mächte 1860–1880 (HZ-Beiheft, NF 6), München 1980.

KÖLLMANN, Wolfgang, Zur Bedeutung der Regionalgeschichte im Rahmen struktur- und sozialgeschichtlicher Konzeptionen, in: Archiv für Sozialgeschichte 15 (1975), 43–50.

KOLLMER-VON OHEIMB-LOUP, Gert, Zollverein und Innovation. Die Reaktion württembergischer Textilindustrieller auf den Deutschen Zollverein 1834–1874 (Beiträge zur deutschen Wirtschafts- und Sozialgeschichte 22), St. Katharinen 1996.

KÖNIGLICHE NORMAL-EICHUNGS-KOMMISSION, Sammlung von Gesetzen und Erlassen betr. das Mass- und Gewichts-Wesen des Königreiches Bayern, München 1889.

KÖRNER, Günther, Bismarcks Finanz- und Steuerpolitik. Ein Instrument seiner Reichspolitik, Diss. Leipzig 1944.

KÖRNER, Hans-Michael/KÖRNER, Ingrid (Hg.), Leopold Prinz von Bayern. 1846–1930. Aus den Lebenserinnerungen, Regensburg 1983.

KOHLER, Alfred/STOURZH, Gerald (Hg.), Die Einheit der Neuzeit. Zum historischen Werk von Heinrich Lutz (Wiener Beiträge zur Geschichte der Neuzeit 15), München 1989.

KOTELMANN, Albert, Vergleichende statistische Übersicht über die landwirtschaftlichen und industriellen Verhältnisse Österreichs und des deutschen Zollvereins sowie seiner einzelnen Staaten, Berlin 1852.

KRAUS, Antje (Bearb.), Quellen zur Berufs- und Gewerbestatistik Deutschlands 1816–1875: Süddeutsche Staaten (Quellen zur Bevölkerungs-, Sozial- und Wirtschaftsgeschichte Deutschlands 1815–1875. Forschungen zur deutschen Sozialgeschichte 2/V), Boppard a. Rhein 1995.

KRAUS, Kläre, Der Kampf in der bayerischen Abgeordnetenkammer um die Versailler Verträge 11.–21. Januar 1871, Diss. Köln 1935.

KREMER, Hans-Jürgen (Bearb.), Das Großherzogtum Baden in der politischen Berichterstattung der preußischen Gesandten, erster Teil: 1871–1899 (Veröffentlichungen der Kommission für geschichtliche Landeskunde in Baden-Württemberg, Reihe A, Quellen 42), Stuttgart 1990.

KUHLO, Alfred (Hg.), Geschichte der bayerischen Industrie, München 1926.

KUNISCH, Johannes, Bismarck und seine Zeit (Forschungen zur Brandenburgischen und Preussischen Geschichte, NF, Beiheft 1), Berlin 1992.

KÜNTZEL, Georg, Bismarck und Bayern in der Zeit der Reichsgründung (Frankfurter Historische Forschungen 2), Frankfurt a. M. 1910.

KUNZ, Andreas (Hg.), Statistik der Binnenschiffahrt in Deutschland seit 1835 (Quellen und Forschungen zur historischen Statistik in Deutschland 20), St. Katharinen 1992.

LAIBLE, Helene, Wilhelm Dönniges und König Max II., Diss. masch. München 1947.

LAMBI, Ivo N., Free Trade and Protection in Germany 1868–1879 (VSWG, Beihefte 44), Wiesbaden 1963.

LÁNG, Ludwig, Hundert Jahre Zollpolitik, Wien/Leipzig 1906.

LANGEWIESCHE, Dieter, Liberalismus und Demokratie in Württemberg zwischen Revolution und Reichsgründung (Beiträge zur Geschichte des Parlamentarismus und der politischen Parteien 52), Düsseldorf 1974.

LANGEWIESCHE, Dieter, Liberalismus in Deutschland (Neue Historische Bibliothek 286), Frankfurt a. M. 1988.

LEBEN und Arbeiten im Industriezeitalter. Eine Ausstellung zur Wirtschafts- und Sozialgeschichte Bayerns seit 1850. Ausstellungskatalog, Nürnberg 1985.

LEBER, Marianne, Die italienische Frage in Bayerns Sicht und Politik 1859–1865, Diss. München 1957.

LENK, Leonhard, Vorkämpfer der Eisenbahngesetzgebung. Gustav von Schlör, der letzte Handelsminister des Königreichs Bayern, in: Unser Bayern (1957), 10–12.

LENZ, Max, König Wilhelm und Bismarck in ihrer Stellung zum Frankfurter Fürstentag (Sitzungsberichte der Preußischen Akademie der Wissenschaften, Phil.-Hist. Klasse 7, Sonderausgabe), Berlin 1929.

LEONHARDY, Friedrich, Gliederung der bayerischen „Handels- und Gewerbekammern" und späteren „Handelskammern" bis zur Gegenwart, Nürnberg [Diss. Erlangen] 1926.

LIEBHART, Wilhelm, Bayern zur Zeit König Ludwigs II., in: Blätter für deutsche Landesgeschichte 123 (1987), 185–223.

LIEBL, Anton J., Die Privateisenbahn München–Augsburg (1835–1844), München 1982.

LILL, Rudolf, Italien im Zeitalter des Risorgimento (1815–1870), in: SCHIEDER, Theodor (Hg.), Handbuch für europäische Geschichte V, Stuttgart 1981, 827–885.

LIPGENS, Walter, Zum geschichtlichen Standort der Reichsgründung 1870/71, in: Geschichte in Wissenschaft und Unterricht 22 (1971), 513–528.

LIPPERT, Stefan, Felix Fürst zu Schwarzenberg. Eine politische Biographie (Historische Mitteilungen, Beiheft 21), Stuttgart 1998.

LOEHR, August, Die deutsch-österreichische Münzkonvention von 1857, in: MIÖG 45 (1931), 154–183.

LÖFFLER, Bernhard, Die bayerische Kammer der Reichsräte 1848 bis 1918. Grundlagen, Zusammensetzung, Politik (Schriftenreihe zur bayerischen Landesgeschichte 108), München 1996.

LORETH, Hans, Das Wachstum der württembergischen Wirtschaft 1818–1918, Stuttgart 1974.

LOTZ, Walther, Die Ideen der deutschen Handelspolitik von 1860 bis 1891 (Schriften des Vereins für Sozialpolitik 50), Leipzig 1892.

LOTZ, Walther, Geschichte und Kritik des deutschen Bankgesetzes vom 14. März 1875, Leipzig 1888.

LÖWENSTEIN, Theodor, Die bayerische Eisenbahnpolitik bis zum Eintritt Deutschlands in die Weltwirtschaft 1835–1890, Berlin [Diss. Frankfurt] 1927.

LUEBECK, Julius, Die wirtschaftliche Entwicklung Bayerns und die Verwaltung von Handel, Industrie und Gewerbe. Denkschrift der Handelskammer München über die zukünftigen Aufgaben des Staatsministeriums für Handel, Industrie und Gewerbe, München/Leipzig 1919.

LÜTGE, Friedrich, Deutsche Sozial- und Wirtschaftsgeschichte, Berlin ³1966.

LUTZ, Heinrich, Österreich-Ungarn und die Gründung des Deutschen Reiches. Europäische Entscheidungen 1867–1871, Frankfurt a. M./Berlin/Wien 1979.

LUTZ, Heinrich, Zwischen Habsburg und Preußen. Deutschland 1815–1866 (Die Deutschen und ihre Nation 2), Berlin 1985.

MALLESON, George B., The refounding of the German empire, London 1992.

MAMROTH, Karl, Die Entwicklung der Österreichisch-Deutschen Handelsbeziehungen vom Entstehen der Zolleinigungsbestrebungen bis zum Ende der ausschliesslichen Zollbegünstigungen (1849–1865), Berlin 1887.

MARCKS, Erich, Aufstieg des Reiches. Deutsche Geschichte von 1807–1871/78, 2 Bde, Stuttgart/Berlin 1936.
MARTIN, Bernd, Industrialisierung und regionale Entwicklung. Die Zentren der Eisen- und Stahlindustrie im Deutschen Zollgebiet, 1850–1915, Diss. Berlin 1983.
MASCHKE, Erich, Industrialisierungsgeschichte und Landesgeschichte, in: Blätter für deutsche Landesgeschichte 103 (1967), 71–84.
MATSCHOSS, Alexander, Die Luxemburger Frage von 1867, Breslau 1902.
MAST, Peter, Bayern – Land und Leute: Wie Bayern ins Reich eintrat. Die Jahre zwischen 1866 und 1871, (Manuskript des BR), München 1991.
MATIS, Herbert, Österreichs Wirtschaft 1848–1913. Konjunkturelle Dynamik und gesellschaftlicher Wandel im Zeitalter Franz Josephs I., Berlin 1972.
MATIS, Herbert, Grundzüge der österreichischen Wirtschaftsentwicklung 1848–1914, in: RUMPLER, Helmut (Hg.), Innere Staatsbildung und gesellschaftliche Modernisierung in Österreich und Deutschland 1867/71–1914. Historikergespräch Österreich – Bundesrepublik Deutschland 1989, Wien/München 1989, 107–124.
MATLEKOVITS, Alexander von, Die Zollpolitik der österreichisch-ungarischen Monarchie von 1850 bis zur Gegenwart, Budapest 1877.
MAUERSBERG, Hans, Bayerische Entwicklungspolitik 1818–1923. Die etatmäßigen bayerischen Industrie- und Kulturfonds (Schriftenreihe zur Bayerischen Landesgeschichte 85), München 1987.
MAUERSBERG, Hans, Deutsche Industrien im Zeitgeschehen eines Jahrhunderts. Eine historische Modelluntersuchung zum Entwicklungsprozeß deutscher Unternehmen bis zum Stand von 1960, Stuttgart 1960.
MAYER, Hans, Hundert Jahre österreichische Wirtschaftsentwicklung 1848–1948, Wien 1949.
MEGERLE, Klaus, Württemberg im Industrialisierungsprozeß Deutschlands. Ein Beitrag zur regionalen Differenzierung der Industrialisierung (Geschichte und Theorie der Politik 7), Stuttgart 1982.
MEIBOOM, Siegmund, Studien zur deutschen Politik Bayerns in den Jahren 1851–1859 (Schriften zur bayerischen Landesgeschichte 6), München 1931.
MEYER, Arnold Oskar, Bismarck: Der Mensch und der Staatsmann, Leipzig 1949.
MEYER, Alfred, Der Zollverein und die deutsche Politik Bismarcks. Eine Studie über das Verhältnis von Wirtschaft und Politik im Zeitalter der Reichsgründung (Europäische Hochschulschriften III/288), Frankfurt a. M./Bern/New York 1986.
MORSEY, Rudolf, Die oberste Reichsverwaltung unter Bismarck 1867–1890 (Neue Münstersche Beiträge zur Geschichtsforschung 3), Münster 1957.
MORSEY, Rudolf, Die Hohenzollerische Thronkandidatur in Spanien, in: HZ 158 (1958), 573–588.
MÖSSLE, Wilhelm, Bayern auf den Dresdener Konferenzen 1850/51 (Münchener Universitätsschriften. Jurist. Fakultät, Abhandlungen zur rechtswissenschaftlichen Grundlagenforschung 5), München 1972.
MÜLLER, Günther, König Max II. und die soziale Frage, Diss. München 1964.
MÜLLER, Hans P., Das Großherzogtum Baden und die deutsche Zolleinigung 1819–1835/36, Frankfurt a. M./u.a. 1984.
MÜLLER, Heinz/GEISENBERGER, Siegfried, Die Einkommensstruktur in verschiedenen deutschen Ländern 1874–1913 unter Berücksichtigung regionaler Verschieden-

heiten (Schriften zu regional- und Verkehrsproblemen in Industrie- und Entwicklungsländern 10), Berlin 1972.

MÜLLER, Jürgen (Bearb.), Die Dresdner Konferenz und die Wiederherstellung des Deutschen Bundes 1850/51 (Quellen zur Geschichte des Deutschen Bundes IV/1), München 1996.

MÜLLER, Karl A. v., Bayern im Jahre 1866 und die Berufung des Fürsten Hohenlohe. Eine Studie (Historische Bibliothek 20), München/Berlin 1909.

MÜLLER, Karl A. v., Bayern im Jahre 1866 und die Berufung des Fürsten Hohenlohe, in: HZ 109 (1912).

MÜLLER, Karl A. v., Bismarck und Ludwig II. im September 1870, in: HZ 111 (1913), 89–136.

MÜLLER, Karl A. v., Die Tauffkirchensche Mission nach Berlin und Wien 1867. Bayern, Deutschland und Österreich im Frühjahr 1867, in: DERS. (Hg.), Riezler-Festschrift. Beiträge zur bayerischen Geschichte, Gotha 1913, 352–441.

NATHAN, Paul (Hg.), Ludwig Bamberger: Erinnerungen, Berlin 1899.

NAUJOKS, Eberhard, Bismarcks auswärtige Pressepolitik und die Reichsgründung 1865–1871, Wiesbaden 1968.

NEBENIUS, C.F., Der deutsche Zollverein, sein System und seine Zukunft, Karlsruhe 1835.

NEUMARK, Fritz, Die Finanzpolitik in der Zeit vor dem I. Weltkrieg, in: BUNDESBANK, Deutsche (Hg.), Währung und Wirtschaft in Deutschland 1876–1975, Frankfurt a. M. 1976, 57–113.

NICKELMANN, Volker, Beitrag zur Darstellung der Entwicklung der eisenschaffenden Industrie in der Oberpfalz, in: Verhandlungen des Historischen Vereins der Oberpfalz 97 (1956), 13–162.

NIPPERDEY, Thomas, Deutsche Geschichte 1800–1866. Bürgerwelt und starker Staat, München 1994 (1983).

NIPPERDEY, Thomas, Deutsche Geschichte 1866–1918 II: Machtstaat vor der Demokratie, München ³1995.

NIPPERDEY, Thomas, Die deutsche Einheit in historischer Perspektive, in: NIPPERDEY, Thomas, Nachdenken über die deutsche Geschichte. Essays, München 1986, 206–217.

NORTH, Michael, Das Geld und seine Geschichte. Vom Mittelalter bis zur Gegenwart, München 1994.

OHNISHI, Takeo, Zolltarifpolitik Preußens bis zur Gründung des Deutschen Zollvereins. Ein Beitrag zur Finanz- und Außenhandelspolitik Preußens, Göttingen 1973.

ONCKEN, Hermann/SAEMISCH, F.E. (Hg.), EISENHART ROTHE, W. v./RITTHALER, A. (Bearb.), Vorgeschichte und Begründung des Deutschen Zollvereins 1815–1834. Akten der Staaten des Deutschen Bundes und der europäischen Mächte, 3 Bde (Veröffentlichungen der Friedrich List-Gesellschaft 8–10), Berlin 1934.

ONCKEN, Hermann, Die Rheinpolitik Kaiser Napoleons III. von 1863 bis 1870 und der Ursprung des Krieges von 1870/71. Nach den Staatsakten von Österreich, Preußen und den süddeutschen Mittelstaaten, 3 Bde, Stuttgart/Leipzig/Berlin 1926.

ÖSTERREICHISCHES OST- UND SÜDOSTEUROPA-INSTITUT (Hg.), Die Protokolle des österreichischen Ministerrates 1848–1867, mehrere Bände, Wien 1984–1997.

OTRUBA, Gustav, Der Deutsche Zollverein und Österreich, in: Österreich in Geschichte und Literatur 15,3 (1971), 121–134.

PAPE, Walter (Hg.), 1870/71–1989/90. German Unifications and the Change of Literary Discourse (German Cultures. Studies in Literature and the Arts 1), New York 1993.

PERSIJN, Alexander/JUNGMANN-STADLER, Franziska, Kostbarkeiten aus der Hypo-Geldscheinsammlung, Regenstauf 1994.

PFLANZE, Otto, Bismarck and the Development of Germany I: The Period of Unification, 1815–1871, Princeton/New Jersey 1990.

PFLANZE, Otto, Bismarck. Der Reichsgründer, München 1997.

PHILIPPI, Hans, König Ludwig II. von Bayern und der Welfenfonds, in: ZBLG 23 (1960), 66–111.

PIX, Manfred (Hg.), Friedrich Benedikt Wilhelm von Hermann (1795–1868). Ein Genie im Dienste der bayerischen Könige. Politik, Wirtschaft und Gesellschaft im Aufbruch (Zeitschrift für Bayerische Sparkassengeschichte, Beihefte 2 = Sparkassen in der Geschichte 1,18), München 1999.

POHL, Hans (Hg.), Gewerbe- und Industrielandschaften vom Spätmittelalter bis ins 20. Jahrhundert (VSWG, Beihefte 78), Stuttgart 1986.

POHL, Hans (Hg.), Die Auswirkungen von Zöllen und anderen Handelshemmnissen auf Wirtschaft und Gesellschaft vom Mittelalter bis zur Gegenwart. Referate der 11. Arbeitstagung der Gesellschaft für Sozial- und Wirtschaftsgeschichte vom 9.–13. April 1985 (VSWG, Beihefte 80), Stuttgart 1987.

POLLARD, Sidney (Hg.), Region und Industrialisierung. Studien zur Rolle der Region in der Wirtschaftsgeschichte der letzten zwei Jahrhunderte (Kritische Studien zur Geschichtswissenschaft 42), Göttingen 1980.

POSCHINGER, Heinrich Ritter von, Bankgeschichte des Königreichs Bayern 1498–1876, 4 Lieferungen, Erlangen 1874–1876.

POSCHINGER, Heinrich Ritter von, Dokumente zur Geschichte der Wirtschaftspolitik in Preußen und im Deutschen Reiche, Bd. 1–3: Fürst Bismarck als Volkswirt, Bd. 4: Aktenstücke zur Wirtschaftspolitik des Fürsten Bismarck, Berlin 1889/91.

POSCHINGER, Heinrich Ritter von, Fürst Bismarck als Volkswirth, 2 Bde, Berlin 1889.

POSCHINGER, Heinrich Ritter von (Hg.), Preußen im Bundestag 1851–1859. Dokumente der Königlich Preußischen Bundestagsgesandtschaft, 4 Bde, Leipzig 1884.

POSCHINGER, Heinrich Ritter von, Fürst Bismarck und das Tabaksmonopol, in: Schmollers Jahrbuch für Gesetzgebung, Verwaltung und Volkswirtschaft im Deutschen Reich 35 (1911).

POTTHOFF, Heinrich, Die deutsche Politik Beusts. Von seiner Berufung zum österreichischen Außenminister Oktober 1866 bis zum Ausbruch des deutsch-französischen Krieges 1870/71 (Bonner Historische Studien 31), Bonn 1968.

PREISSER, Karl-Heinz, Die industrielle Entwicklung Bayerns in den ersten drei Jahrzehnten des Deutschen Zollvereins (Beiträge zur Wirtschafts- und Sozialgeschichte 2), Weiden 1993.

PREISSER, Karl-Heinz, Die Stellung Bayerns bei der Steuerharmonisierung im Deutschen Zollverein 1834–1871 (Wirtschafts- und sozialwissenschaftliche Forschungsbeiträge 10), Regensburg 1991.

PREISSER, Karl-Heinz, Gustav von Schlör – Wirtschaftspolitiker und Vordenker der deutschen Einheit, in: Oberpfälzer Heimat 34 (1990), 172–188.

PRICE, A. H., The Evolution of the Zollverein. A Study of Ideas and Institutions leading to German Economic Unification between 1815 and 1833, Ann Arbor 1949.
PROBSZT, Günther, Österreichische Münz- und Geldgeschichte. Von den Anfängen bis 1918, Wien/Köln/Graz 1973.
PROTOKOLLE über die Verhandlungen des Bundesrathes des Deutschen Zoll- und Handelsvereins, Sessionen 1868–1870, 3 Bde, Berlin 1868–1870.
RALL, Hans, Bayern und Bismarcks Lösung in der Deutschen Frage, in: ZBLG 22 (1959), 331–347.
RALL, Hans, Bismarcks Reichsgründung und die Geldwünsche aus Bayern, in: ZBLG 22 (1959), 396–497.
RALL, Hans, König Ludwig II. und Bismarcks Ringen um Bayern 1870/71. Unter Auswertung unbekannter englischer, preußischer und bayerischer Quellen dargestellt (Schriftenreihe zur bayerischen Landesgeschichte 67), München 1973.
RAPP, Adolph, Großdeutsch und Kleindeutsch. Stimmen aus der Zeit von 1815 bis 1914, München 1922.
RATTELMÜLLER, Paul E. (Hg.), Joseph Friedrich Lentner: Bavaria. Land und Leute im 19. Jahrhundert in Oberbayern, 2 Bde, München 1988.
RAUTENBERG, Hans-Werner, Der polnische Aufstand von 1863 und die europäische Politik im Spiegel der deutschen Diplomatie und der öffentlichen Meinung (Quellen und Studien zur Geschichte des östlichen Europa 10), Wiesbaden 1979.
REHLINGEN-HALTENBERG, H. Frhr. von, Berufliche und soziale Gliederung der Bevölkerung des Königreiches Bayern vom Jahre 1840 bis 1907, Weiden 1911.
REININGHAUS, Wilfried/u.a. (Hg.), Quellen zur Geschichte des deutschen Industrie- und Handelstages in Kammerarchiven 1861 bis 1918, Bonn 1986.
RENZING, Rüdiger, Die Handelsbeziehungen zwischen Frankreich und Deutschland von der Gründung des Zollvereins bis zur Reichsgründung, Diss. Frankfurt a. M. 1959.
RISCHBIETER, Henning, Der Handelsvertrag mit Frankreich und die Zollvereinskrisis 1862–1864 in der öffentlichen Meinung Deutschlands, Diss. Göttingen 1953.
RITTER, Gerhard, Dämonie der Macht, München ^{6}1948.
ROEDER, Elmar (Hg.), Wider Kaiser und Reich 1871. Reden der verfassungstreuen Patrioten in den bayerischen Kammern über die Versailler Verträge, München 1977 (Unveränderter Neudruck von 1871).
RÖHL, John C., Kriegsgefahr und Gasteiner Konvention: Bismarck, Eulenburg und die Vertagung des preußisch-österreichischen Krieges im Sommer 1865, in: GEISS, Imanuel/WENDT, Bernd J. (Hg.), Deutschland in der Weltpolitik des 19. und 20. Jahrhunderts, Düsseldorf 1973, 89–103.
ROLOFF, Gustav, Bismarcks Friedensschlüsse mit den Süddeutschen im Jahre 1866, in: HZ 146 (1932), 1–70.
ROSENBERG, Hans, Große Depression und Bismarckzeit. Wirtschaftsablauf, Gesellschaft und Politik in Mitteleuropa (Veröffentlichungen der Historischen Kommission zu Berlin beim Friedrich-Meinecke-Institut der Freien Universität Berlin 24. Publikationen zur Geschichte der Industrialisierung 2), Berlin 1967.
RUDSCHIES, Jochen, Die bayerischen Gesandten 1799–1870 (Materialien zur bayerischen Landesgeschichte 10), München 1993.
RUIDER, Hans, Bismarck und die öffentliche Meinung in Bayern 1862–1866 (Deutsche Geschichtsbücherei 1), München 1924.

RUMMEL, Fritz Frhr. von, Das Ministerium Lutz und seine Gegner 1871–1882. Ein Kampf um Staatskirchentum, Reichstreue und Parlamentherrschaft in Bayern (Münchener Historische Abhandlungen, 1. Reihe, 9), München 1935.

RUMPLER, Helmut (Hg.), Deutscher Bund und deutsche Frage 1816–1866. Europäische Ordnung, deutsche Politik und gesellschaftlicher Wandel im Zeitalter der bürgerlichen Emanzipation (Wiener Beiträge zur Geschichte der Neuzeit 16/17), Wien/München 1990.

RUMPLER, Helmut, Bayern – zwischen Deutschland und Österreich, in: ZBLG 56 (1993), 459–476.

RUMPLER, Helmut, Die deutsche Politik des Freiherrn von Beust 1848 bis 1850. Zur Problematik mittelstaatlicher Reformpolitik im Zeitalter der Paulskirche (Veröffentlichungen der Kommission für Neuere Geschichte Österreichs 57), Wien/Köln/Graz 1972.

RUPIEPER, Hermann-Joseph, Arbeiter und Angestellte im Zeitalter der Industrialisierung. Eine sozialgeschichtliche Studie am Beispiel der Maschinenfabriken Augsburg und Nürnberg (MAN) 1837–1914, Frankfurt a. M./New York 1982.

RUVILLE, Albert von, Bayern und die Wiederaufrichtung des Deutschen Reiches, Berlin 1909.

SALZER, Ernst, Fürst Chlodwig von Hohenlohe Schillingsfürst und die deutsche Frage (Historische Vierteljahresschrift 11), 1908, 40–74.

SARTORIUS FRHR. VON WALTERSHAUSEN, August, Deutsche Wirtschaftsgeschichte 1815–1914, Jena 1920.

SCHAMBACH, Karin, Städtische Interessenvertretungen und staatliche Wirtschaftspolitik, in: GALL, Lothar (Hg.), Stadt und Bürgertum im Übergang von der traditionalen zur modernen Gesellschaft (HZ, Beihefte, NF 16), München 1993, 367–390.

SCHAPER, Uwe, Krafft Graf von Crailsheim. Das Leben und Wirken des bayerischen Ministerpräsidenten (Nürnberger Werkstücke zur Stadt- und Landesgeschichte 47), Nürnberg 1991.

SCHARF, Alexander (Hg.), Otto BECKER: Bismarcks Ringen um Deutschlands Gestaltung, Heidelberg 1958.

SCHÄRL, Walter, Die Zusammensetzung der bayerischen Beamtenschaft von 1806 bis 1918 (Münchener Historische Studien, Abt. Bayerische Geschichte 1), Kallmünz 1955.

SCHENK, Karl, Die Stellung der europäischen Großmächte zur Begründung des deutschen Zollvereins, Düsseldorf 1939.

SCHIEDER, Theodor, Die kleindeutsche Partei in Bayern in den Kämpfen um die nationale Einheit 1863–1871 (Münchener Historische Studien, 1, 12), München 1936 (=SCHIEDER, Theodor, Die deutsche Fortschrittspartei in Bayern und die deutsche Frage 1863–1871, Diss. München 1936).

SCHIEDER, Theodor, Die Bismarckische Reichsgründung von 1870/71 als gesamtdeutsches Ereignis, in: RAUMER, Kurt von/SCHIEDER, Theodor (Hg.), Stufen und Wandlungen der deutschen Einheit, Stuttgart 1943, 342–402.

SCHIEDER, Theodor/DEUERLEIN, Ernst (Hg.), Reichsgründung 1870/71. Tatsachen, Kontroversen, Interpretationen, Stuttgart 1970.

SCHIEDER, Theodor, Die mittleren Staaten im System der großen Mächte, in: HZ 232 (1981), 583–604.

SCHMIDT, Jochen, Bayern und das Zollparlament. Politik und Wirtschaft in den letzten Jahren vor der Reichsgründung 1866/67–1870. Zur Strukturanalyse Bayerns im Industriezeitalter (MBM 46), München 1972.
SCHMITZ, Otto, Die Bewegung der Warenpreise in Deutschland von 1851 bis 1902, Berlin 1903.
SCHMÖLDERS, Günter, Der deutsche Zollverein als historisches Vorbild einer wirtschaftlichen Integration in Europa, Frankfurt a. M. 1953.
SCHMOLLER, Gustav/LENZ, Max/MARCKS, Erich (Hg.), Zu Bismarcks Gedächtnis, Leipzig 1899.
SCHMOLLER, Gustav, Zur Geschichte der deutschen Kleingewerbe im 19. Jahrhundert. Statistische und nationalökonomische Untersuchungen, Halle 1870.
SCHNABEL, Franz, Das Problem Bismarck, in: Das Hochland 42 (1949), 1–27.
SCHNABEL, Franz, Deutsche Geschichte im neunzehnten Jahrhundert III: Erfahrungswissenschaften und Technik, München 1937 (Nachdruck 1987).
SCHNEIDER, Oswald, Bismarck und die preußisch-deutsche Freihandelspolitik (1862–1876), in: Jahrbuch für Gesetzgebung, Verwaltung und Volkswirtschaft im Deutschen Reich 34,3 (1910), 1047–1108.
SCHNEIDER, Oswald, Bismarcks Finanz- und Wirtschaftspolitik. Eine Darstellung seiner volkswirtschaftlichen Anschauungen, München 1912.
SCHOEPS, Hans-Joachim, Der Weg ins Deutsche Kaiserreich, Berlin 1971.
SCHOMBURG, Walter, Lexikon der deutschen Steuer- und Zollgeschichte. Von den Anfängen bis 1806, München 1992.
SCHREIBMÜLLER, Hermann, Bayern und Pfalz 1816–1916, Kaiserslautern 1916.
SCHREMMER, Eckart (Hg.), Geld und Währung vom 16. Jahrhundert bis zur Gegenwart (VSWG, Beihefte 106), Stuttgart 1993.
SCHREMMER, Eckart, Die Wirtschaft Bayerns. Vom hohen Mittelalter bis zum Beginn der Industrialisierung. Bergbau–Gewerbe–Handel, München 1970.
SCHREMMER, Eckart, Währungsunionen und stabiles Geld in Münzgeldsystemen mit integriertem Papiergeld. Lehren aus der Geschichte?, in: Zeitschrift für Bayerische Sparkassengeschichte 13 (1999), 157–196.
SCHÜBELIN, Walter, Das Zollparlament und die Politik von Baden, Bayern und Württemberg 1866 bis 1870 (Historische Studien 262), Berlin 1935.
SCHULTHESS, Heinrich, Europäischer Geschichtskalender, mehrere Bände, Nördlingen 1862–1873.
SCHULZE, Hagen, Der Weg zum Nationalstaat. Die deutsche Nationalbewegung vom 18. Jahrhundert bis zur Reichsgründung (Deutsche Geschichte der neuesten Zeit vom 19. Jahrhundert bis zur Gegenwart), München ³1992 (1985).
SCHÜSSLER, Wilhelm, Bismarcks Kampf um Süddeutschland 1867, Berlin 1929.
SCHÜSSLER, Wilhelm, Das Geheimnis des Kaiserbriefes Ludwigs II., in: GÖHRING, Martin/SCHARFF, Alexander (Hg.), Geschichtliche Kräfte und Entscheidungen. Festschrift zum 65. Geburtstag von Otto Becker, Wiesbaden 1954, 206–209.
SEEBER, Gustav (Hg.), Bismarckzeit. Historische Streiflichter einer Epoche 1871–1895, Leipzig/Jena/Berlin 1991.
SEEBER, Gustav, Mit Eisen und Blut, Berlin ²1983.
SEEGER, Manfred, Die Politik der Reichsbank von 1876–1914 im Lichte der Spielregeln der Goldwährung (Volkswirtschaftliche Schriften 125), Berlin 1968.

SHORTER, Edward L., Social Change and Social Policy in Bavaria, 1800–1860, 3 Bde, Diss. Cambridge/USA 1967.
SING, Achim, Die Memoiren König Maximilians II. von Bayern 1848–1864. Mit Einführung und Kommentar (Schriftenreihe zur Bayerischen Landesgeschichte 112), München 1997.
SOMBART, Werner, Die deutsche Volkswirtschaft im neunzehnten Jahrhundert, Berlin ³1913 (1903).
SPIELHOFER, Hans, Bayerische Parteien und Parteipublizistik in ihrer Stellung zur deutschen Frage 1866–1870, in: Oberbayerisches Archiv 63 (1922), 143–233.
SPILKER, Ernst M., Bayerns Gewerbe 1815–1965, München 1985.
SPINDLER, Max (Hg.), Handbuch der bayerischen Geschichte IV/1, München ²1979.
SPINDLER, Max (Hg.), Handbuch der bayerischen Geschichte IV/2, München ²1979.
SPREE, Reinhard, Wachstumszyklen der deutschen Wirtschaft von 1840 bis 1880 mit einem konjunkturstatistischen Anhang (Schriften zur Sozial- und Wirtschaftsgeschichte 29), Berlin 1977.
SPREE, Reinhard, Wachstumstrends und Konjunkturzyklen in der deutschen Wirtschaft von 1820 bis 1913. Quantitativer Rahmen für eine Konjunkturgeschichte des 19. Jahrhunderts, Göttingen 1978.
SPRENGER, Bernd, Währungswesen und Währungspolitik in Deutschland von 1834 bis 1875 (Kölner Vorträge und Abhandlungen zur Sozial- und Wirtschaftsgeschichte 33), Köln 1981.
SPRENGER, Bernd, Geldmengenveränderungen in Deutschland im Zeitalter der Industrialisierung (1835–1913) (Kölner Vorträge und Abhandlungen zur Sozial- und Wirtschaftsgeschichte 36), Köln 1982.
SPRENGER, Bernd, Das Geld der Deutschen. Geldgeschichte Deutschlands von den Anfängen bis zur Gegenwart, Paderborn/München/Wien/Zürich 1991.
SRBIK, Heinrich Ritter von, Die Schönbrunner Konferenzen vom August 1864, in: HZ 153 (1936), 43–88.
SRBIK, Heinrich Ritter von (Hg.), Quellen zur deutschen Politik Österreichs 1859–1866, 5 Bde, Oldenburg/Berlin 1934–1938.
STAATSBANKDIREKTORIUM (Hg.), STEFFAN, Franz (Bearb.), Die Bayerische Staatsbank 1780–1930. Geschichte und Geschäfte einer öffentlichen Bank, München/Berlin 1930.
STAATSBANKDIREKTORIUM (Hg.), STEFFAN, Franz/DIEHM, Walter (Bearb.), Die Bayerische Staatsbank 1780–1955. Geschichte und Geschäfte einer öffentlichen Bank, o.O. (1955).
STAATSMINISTERIUM DER JUSTIZ (Hg.), Die Kgl. Bayer. Staatsminister der Justiz in der Zeit von 1818 bis 1918. Ihre Herkunft, ihr Werdegang und ihr Wirken. Mit einem Anhang: Die Staatsräte und die Referenten dieser Zeit, 2 Teile, München 1931.
STADELMANN, Rudolf, Das Jahr 1865 und das Problem von Bismarcks deutscher Politik, München/Berlin 1933.
STEFFAN, Franz, Bayerische Vereinsbank 1869–1969. Eine Regionalbank im Wandel der Jahrhunderte, München 1969.
STEITZ, Walter (Hg.), Quellen zur deutschen Wirtschafts- und Sozialgeschichte im 19. Jahrhundert bis zur Reichsgründung (Ausgewählte Quellen zur Deutschen Geschichte der Neuzeit. Freiherr von Stein-Gedächtnisausgabe 36), Darmstadt 1980.

STEITZ, Walter (Hg.), Quellen zur deutschen Wirtschafts- und Sozialgeschichte von der Reichsgründung bis zum Ersten Weltkrieg (Ausgewählte Quellen zur Deutschen Geschichte der Neuzeit. Freiherr von Stein-Gedächtnisausgabe 37), Darmstadt 1985.

STENOGRAPHISCHE Berichte über die Verhandlungen des durch die Allerhöchste Verordnung vom 13. April 1868 einberufenen Deutschen Zoll-Parlaments, 3 Bde, Berlin 1868–1870.

STENOGRAPHISCHE Berichte über die Verhandlungen des Reichstages des Norddeutschen Bundes, Berlin 1867–70.

STERN, Fritz, Gold und Eisen. Bismarck und Bankier Bleichröder, Reinbek ³1978 (1977).

STOLPER, Gustav, Deutsche Wirtschaft seit 1870; fortgeführt von HÄUSER, Karl und BORCHARDT, Knut, Tübingen 1966.

STÜRMER, Michael, Nicht mit Blut und Eisen, sondern Kohle und Stahl... Bismarcks Deutschland im Lichte der Sozial- und Wirtschaftsgeschichte, in: Militärgeschichtliche Mitteilungen 1 (1969), 165–177.

STÜRMER, Michael (Hg.), Das kaiserliche Deutschland. Politik und Gesellschaft 1870–1918, Düsseldorf 1970.

STÜRMER, Michael, Bismarck-Mythos und Historie, in: Aus Politik und Zeitgeschichte 3 (1971), 3–30.

STÜRMER, Michael, Die Reichsgründung. Deutscher Nationalstaat und europäisches Gleichgewicht im Zeitalter Bismarcks (Deutsche Geschichte der neuesten Zeit vom 19. Jahrhundert bis zur Gegenwart 2), München 1984.

STÜTZEL, Theodor, Das bayerische Münzwesen im Hinblick auf seine finanziellen Ergebnisse, Diss. München 1912.

SYBEL, Heinrich von, Die Begründung des Deutschen Reiches durch Wilhelm I., 4 Bde, München/Leipzig ⁴1892.

SYDOW, Helmut, Die Handelsbeziehungen zwischen Belgien und dem Zollverein 1830–1885 (Dissertationen zur neueren Geschichte 4), 2 Bde, Köln 1979.

SYWOTTEK, Arnold, Staatenbund und Bundesstaat in der deutschen Geschichte des 19. und 20. Jahrhunderts, in: WENDT, Bernd J., Vom schwierigen Zusammenwachsen der Deutschen. Nationale Identität und Nationalismus im 19. und 20. Jahrhundert, Frankfurt a. M./u.a. 1992, 25–48.

TABELLEN der Handwerker, Fabriken sowie Handels- und Transportgewerbe im Zoll-Vereine. Nach den Aufnahmen im Jahre 1861 vom Central-Bureau des Zoll-Vereins zusammengestellt, o.O. o.J.

TAYLOR, Alan J.P., Bismarck. Mensch und Staatsmann, München 1962 (1955).

THEURL, Theresia, Erfolgs- und Misserfolgsfaktoren von Währungsunionen: Historische Erfahrungen, in: Zeitschrift für Bayerische Sparkassengeschichte 13 (1999), 129–156.

THÜMMLER, Heinz-Peter, Zur regionalen Bevölkerungsentwicklung in Deutschland 1816 bis 1871, in: Jahrbuch für Wirtschaftsgeschichte 1 (1977), 55–72.

TILLY, Richard H., Vom Zollverein zum Industriestaat. Die wirtschaftlich-soziale Entwicklung Deutschlands 1834 bis 1914 (Deutsche Geschichte der neuesten Zeit vom 19. Jahrhundert bis zur Gegenwart 17), München 1990.

TREITSCHKE, Heinrich von, Deutsche Geschichte im neunzehnten Jahrhundert, Bd. I/II, Leipzig ⁹1922 bzw. Leipzig ¹¹1923.

TREUE, Wilhelm, Gesellschaft, Wirtschaft und Technik Deutschlands im 19. Jahrhundert (GEBHARDT, Bruno: Handbuch der deutschen Geschichte 17), München ^{10}1994/Stuttgart 1970.

VALENTIN, Veit, Bismarcks Reichsgründung im Urteil englischer Diplomaten, Amsterdam 1937.

VEH, Otto, Ludwig Freiherr von Brück. Generaldirektor der bayerischen Verkehrsanstalten 1851–1859, in: Archiv für Postgeschichte in Bayern 2 (1950), 46–53.

VERDENHALVEN, Fritz (Bearb.), Alte Maße, Münzen und Gewichte aus dem deutschen Sprachgebiet, Neustadt/Aisch 1968.

VERHANDLUNGEN der Generalkonferenz in Zollvereinsangelegenheiten, 15 Bde, Berlin/u.a. 1836–1863.

VERHANDLUNGEN der Kammer der Abgeordneten des bayerischen Landtages in den Jahren 1862 bis 1875, Stenographische Berichte und Beilagen, mehrere Bände, München 1862–1876.

VERHANDLUNGEN der Kammer der Reichsräte des Königreiches Bayern vom Jahre 1862 bis 1872, München 1862–1873.

VERTRÄGE und Verhandlungen über die Bildung und Ausführung des deutschen Zoll- und Handelsvereins, 5 Bde, Berlin 1845–1871.

VIEBAHN, Georg von (Hg.), Statistik des zollvereinten und nördlichen Deutschlands, 3 Bde, Berlin 1858/1862/1868.

VOGT, Carl, Politische Briefe an Friedrich Kolb, Kiel 1870.

VOMÁCKOVÁ, Vera, Österreich und der deutsche Zollverein, in: Historica 5 (1963), 109–146.

WAGENBLASS, Horst, Der Eisenbahnbau und das Wachstum der deutschen Eisen- und Maschinenbauindustrie 1835 bis 1860. Ein Beitrag zur Geschichte der Industrialisierung Deutschlands (Forschungen zur Sozial- und Wirtschaftsgeschichte 18), Stuttgart 1973.

WANDRUSKA, Adam, Schicksalsjahr 1866, Graz/Wien/Köln 1966.

WEBER, Wilhelm von, Der deutsche Zollverein. Geschichte seiner Entstehung und Entwicklung, Leipzig 1869.

WEHLER, Hans-Ulrich (Hg.), Geschichte und Ökonomie, Köln ^{2}1985 (1973).

WEHLER, Hans-Ulrich, Das Deutsche Kaiserreich 1871–1918, Göttingen ^{3}1977.

WEHLER, Hans-Ulrich, Krisenherde des Kaiserreichs 1871–1918. Studien zur Sozial- und Verfassungsgeschichte, Göttingen ^{2}1979 (1970).

WEHLER, Hans-Ulrich, Deutsche Gesellschaftsgeschichte 3: Von der Deutschen Doppelrevolution bis zum Beginn des Ersten Weltkrieges 1849–1914, München 1995.

WEHNER, Norbert, Die deutschen Mittelstaaten auf dem Frankfurter Fürstentag 1863 (Europäische Hochschulschriften R.3, 548), Frankfurt a. M. 1993.

WEIS, Eberhard, Vom Kriegsausbruch zur Reichsgründung. Zur Politik des bayerischen Außenministers Graf Bray-Steinburg im Jahre 1870, in: ZBLG 33 (1970), 787–810.

WERNER, Friedrich, Die Zollvereinspolitik der deutschen Mittelstaaten im Frühjahr 1852. Die Darmstädter Konferenz (Ein Beitrag zur Geschichte der deutschen Zolleinigung), Diss. Frankfurt a. M. 1934.

WILHELM, Rolf, Das Verhältnis der süddeutschen Staaten zum Norddeutschen Bund (1867–1870) (Historische Studien 431), Husum 1978.

WINDELL, George G., The Catholics and the German Unity 1866–1871, Minneapolis 1954.

WINKEL, Harald, Wirtschaft im Aufbruch. Der Wirtschaftsraum München-Oberbayern und seine Industrie- und Handelskammer im Wandel der Zeit, München 1990.
WITTHÖFT, Harald (Hg.), Handbuch der Historischen Metrologie, 4 Bde, St. Katharinen 1992–1994.
WYSOCKI, Josef, Das staatliche Salzmonopol im Deutschen Zollverein. Zur Frage der Behandlung von Finanzmonopolen in einem gemeinsamen Markt, Diss. Mainz 1968.
WYSOCKI, Josef, Süddeutsche Aspekte der räumlichen Ordnung des Zollvereins, in: Raumordnung im 19. Jahrhundert II (Forschungs- und Sitzungsberichte der Akademie für Raumforschung und Landesplanung 39), Hannover 1967, 151–178.
ZABEL, Ulf J., Die finanzielle Verknüpfung der bayerischen Wirtschaft außer Landes 1918–1933. Aufgezeigt am Beispiel ausgewählter Aktiengesellschaften, München 1989.
ZELLFELDER, Friedrich, Die Einführung der Reichsmark, in: SCHNEIDER, Jürgen/u.a. (Hg.), Währungen der Welt I,1: Europäische und nordamerikanische Devisenkurse 1777–1914 (Beiträge zur Wirtschafts- und Sozialgeschichte), Stuttgart 1991, 136–145.
ZIEGLER, Dieter, Eisenbahn und Staat im Zeitalter der Industrialisierung. Die Eisenbahnpolitik der deutschen Staaten im Vergleich (VSWG, Beiheft 127), Stuttgart 1996.
ZIEGLER, Hannes, Die Jahre der Reaktion in der Pfalz (1849–53) nach der Revolution von 1849 (Veröffentlichungen der Pfälzischen Gesellschaft zur Förderung der Wissenschaften in Speyer), Speyer 1985.
ZIMMERMANN, Alfred, Die Handelspolitik des Deutschen Reiches vom Frankfurter Frieden bis zur Gegenwart, Berlin 1899.
ZIMMERMANN, Alfred, Geschichte der preußisch-deutschen Handelspolitik aktenmäßig dargestellt, Oldenburg/Leipzig 1892.
ZORN, Wolfgang, Handels- und Industriegeschichte Bayerisch-Schwabens 1648–1870. Wirtschafts-, Sozial- und Kulturgeschichte des schwäbischen Unternehmertums (Veröffentlichungen der Schwäbischen Forschungsgemeinschaft bei der Kommission für Bayerische Landeskunde 1,6), Augsburg 1961.
ZORN, Wolfgang, Kleine Wirtschafts- und Sozialgeschichte Bayerns 1806–1933, München 1962.
ZORN, Wolfgang, Wirtschafts- und sozialgeschichtliche Zusammenhänge der deutschen Reichsgründungszeit 1856–1879, in: HZ 197 (1963), 318–342. [= ZORN, Wolfgang, Wirtschafts- und sozialgeschichtliche Zusammenhänge der deutschen Reichsgründungszeit 1850–1879, in: WEHLER, Hans-Ulrich (Hg.), Moderne deutsche Sozialgeschichte Köln ³1970, 254–270.]
ZORN, Wolfgang, Ein Jahrhundert deutscher Industrialisierungsgeschichte. Ein Beitrag zur vergleichenden Landesgeschichtsschreibung, in: Blätter für deutsche Landesgeschichte 108 (1972), 122–134.
ZORN, Wolfgang, Die wirtschaftliche Integration Kleindeutschlands in den 1860er Jahren und die Reichsgründung, in: HZ 216 (1973), 304–334.
ZORN, Wolfgang, Parlament, Gesellschaft und Regierung in Bayern 1870–1918, in: RITTER, Gerhard A. (Hg.), Gesellschaft, Parlament und Regierung. Zur Geschichte des Parlamentarismus in Deutschland, Düsseldorf 1974, 299–316.
ZORN, Wolfgang, Zwischenstaatliche wirtschaftliche Integration im Deutschen Zollverein 1867–1870. Ein quantitativer Versuch, in: VSWG 65 (1978), 38–76.

ABKÜRZUNGSVERZEICHNIS

AM	Bayerisches/r Staatsministerium/Staatsminister des königlichen Hauses und des Äußeren
APP	HISTORISCHE REICHSKOMMISSION (Hg.), Die auswärtige Politik Preussens 1858–1871. Diplomatische Aktenstücke, 9 Bde, Oldenburg 1932–1936
BayHStAM	Bayerisches Hauptstaatsarchiv, München
BayWiA	Bayerisches Wirtschaftsarchiv, München
Bearb.	Bearbeiter/in
Bd/Bde	Band/Bände
Berichte Zb 1–3	Protokolle über die Verhandlungen des Bundesrathes des Deutschen Zoll- und Handelsvereins, Sessionen 1868–1870, 3 Bde, Berlin 1868–1870
Berichte Zp 1–3	Stenographische Berichte über die Verhandlungen des durch die Allerhöchste Verordnung vom 13. April 1868 einberufenen Deutschen Zoll-Parlaments, 3 Bde, Berlin 1868–1870
Drucksachen Zb 1–3	Drucksachen zu den Verhandlungen des Deutschen Zoll- und Handelsvereins, Sessionen 1868–1870, 3 Bde, Berlin 1868–1870
EGK	SCHULTHESS, Heinrich, Europäischer Geschichtskalender, mehrere Bände, Nördlingen 1862–1873
fl	Gulden
Frhr.	Freiherr
FM	Bayerisches/r Staatsministerium/Staatsminister der Finanzen
GBl	Gesetzblatt für das Königreich Bayern
GHAM	Bayerisches Hauptstaatsarchiv, München, Abt. III: Geheimes Hausarchiv
GW	BISMARCK, Otto von (verschiedene Bearb.), Die gesammelten Werke, 15 Bde, Berlin ²1924–35
Hg.	Herausgeber/in
HM	Bayerisches/r Staatsministerium/Staatsminister des Handels und der öffentlichen Arbeiten
HOHENLOHE 1,2	CURTIUS, Friedrich (Hg.), Denkwürdigkeiten des Fürsten Chlodwig zu Hohenlohe-Schillingsfürst, 2 Bde, Stuttgart/Leipzig 1906
HZ	Historische Zeitschrift
IM	Bayerisches/r Staatsministerium/Staatsminister des Innern
IML	Bayerisches/r Staatsministerium/Staatsminister des Innern, Abteilung für Landwirtschaft, Gewerbe und Handel
IMKS	Bayerisches/r Staatsministerium/Staatsminister des Innern für Kirchen- und Schulangelegenheiten
JM	Bayerisches/r Staatsministerium/Staatsminister der Justiz
Kr	Kreuzer
MA	Ministerium des Äußern
MBM	Miscellanea Bavarica Monacensia

MF	Ministerium der Finanzen
MInn	Ministerium des Innern
Mio	Millionen
Mrd	Milliarden
PA	Politisches Archiv des Auswärtigen Amtes, Bonn
Pf	Pfennig
RGBl	Reichsgesetzblatt
RBl	Regierungsblatt für das Königreich Bayern
SCHÄRL	SCHÄRL, Walter, Die Zusammensetzung der bayerischen Beamtenschaft von 1806 bis 1918 (Münchener Historische Studien, Abt. Bayerische Geschichte 1), Kallmünz 1955
Sgr	Silbergroschen
Staatsarchiv	AEGIDI, Ludwig K./KLAUHOLD, Alfred (Hg.), Das Staatsarchiv. Sammlung der offiziellen Aktenstücke zur Geschichte der Gegenwart, 15 Bde, Hamburg bzw. Berlin 1861–1868
StAM	Staatsarchiv München
Tlr	Taler
VSWG	Vierteljahresschrift für Sozial- und Wirtschaftsgeschichte
ZBLG	Zeitschrift für Bayerische Landesgeschichte

I. EINFÜHRUNG

Am 1. Januar 1958 „traten die am 25. März 1957 zwischen Belgien, der Bundesrepublik Deutschland, Frankreich, Italien, Luxemburg und der Niederlande unterschriebenen „Römischen Verträge" in Kraft, die eine überstaatliche Gemeinschaft zum Zweck der wirtschaftlichen Integration begründeten[1]. Als erste Stufe war die Errichtung des gemeinsamen Marktes vorgesehen, als zweite eine nach einheitlichen Gesichtspunkten durchgeführte Wirtschaftspolitik und schließlich als dritte Stufe die Währungsunion mit gemeinsamer Währung und Währungspolitik. Darüber hinaus sollten die Römischen Verträge mit Hilfe der geplanten vollintegrierten Wirtschafts- und Währungsunion nach und nach eine politische Union Westeuropas ermöglichen. In Verbindung mit der europäischen Einigungsbewegung des 20. Jahrhunderts gewann die Konstruktion des deutschen Zollvereins des 19. Jahrhunderts wieder eine bevorzugte Aufmerksamkeit historischen Forscherinteresses; man suchte nach Gemeinsamkeiten zwischen der Europäischen Wirtschaftsgemeinschaft EWG, später der Europäischen Gemeinschaft EG und dem Zollverein, um Parallelen zu Gegenwartsfragen aufzudecken[2]. Der direkte Vergleich zwischen EWG/EG und dem Zollverein ist zwar nur eingeschränkt möglich, wurde aber seit den 1960er Jahren immer wieder als Argumentationsgrundlage für die Ausweitung der heutigen Europäischen Union EU

---

[1] Die EWG, Europäische Wirtschaftsgemeinschaft, ist seit 1967 integrierter Bestandteil der Europäischen Gemeinschaft, jetzt der Europäischen Union EU.

[2] SCHMÖLDERS, Günter, Der deutsche Zollverein als historisches Vorbild einer wirtschaftlichen Integration in Europa, Frankfurt a. Main 1953; FISCHER, Wolfram, Der deutsche Zollverein, die Europäische Wirtschaftsgemeinschaft und die Freihandelszone. Ein Vergleich ihrer Motive, Institutionen und Bedeutung, in: Europa-Archiv 16/5 (1961), 105–114; FISCHER, Wolfram, Der deutsche Zollverein. Fallstudie einer Zollunion, in: DERS. (Hg.), Wirtschaft und Gesellschaft im Zeitalter der Industrialisierung. Aufsätze–Studien–Vorträge (Kritische Studien zur Geschichtswissenschaft 1), Göttingen 1972, 110–128; CHRISTIANSEN, Ragnvald, Vom deutschen Zollverein zur Europäischen Zollunion (Schriftenreihe des Bundesministeriums der Finanzen 26), Bonn 1978. Auf die Debatte über die Möglichkeiten und Grenzen der Vergleichbarkeit des Zollvereins mit einem „gemeinsamen europäischen Markt" im 20. Jahrhundert soll hier nicht näher eingegangen werden: Dazu vor allem FISCHER, Zollverein, und DUMKE, Rolf H., Der Deutsche Zollverein als Modell ökonomischer Integration, in: BERDING, Helmut (Hg.), Wirtschaftliche und politische Integration in Europa im 19. und 20. Jahrhundert (Geschichte und Gesellschaft, Sonderheft 10), Göttingen 1984, 71–101 und zuletzt: KIESEWETTER, Hubert, Zur Dynamik der regionalen Industrialisierung in Deutschland im 19. Jahrhundert – Lehren für die europäische Union?, in: Jahrbuch für Wirtschaftsgeschichte 1 (1992), 79–112.

herangezogen³. Ähnliches gilt auch für die stufenweise Einführung der Währung „Euro" bis zum Jahre 2002. Die bei den diversen Währungsunionen im 19. Jahrhundert gemachten Erfahrungen sollen die Rahmenbedingungen für eine erfolgreiche Währungsunion in den beteiligten Mitgliedsstaaten der EU abstecken. Historische Gegebenheiten werden auf aktuelle Entwicklungen übertragen und im Idealfall bei den notwendigen Entscheidungen nicht außer acht gelassen⁴. Vor allem die integrative Kraft der Markwährung, die von 1871 bis 1876 in mehreren Stufen für alle Staaten des Deutschen Reiches verbindlich wurde, dient als Vorbild, um die Währungsunion an der Wende zum dritten Jahrtausend zu legitimieren.

Wachsende Märkte und die beginnende Integration von Wirtschaftsräumen prägten die wirtschaftliche Situation der deutschen Staaten im vergangenen Jahrhundert. Während Industrieller Revolution und Industrialisierung kam es zur Ausweitung des Handels, zum Ausbau der Infrastruktur, zur Beseitigung von Handelshemmnissen sowie Kapitalverkehrskontrollen und schließlich zur Intensivierung internationaler Kapitalverflechtungen. Diesen komplexer werdenden wirtschaftlichen Verzahnungen der deutschen Staaten untereinander folgte fast zwangsläufig auch die Einigung auf politischer Ebene und bildete ihrerseits wiederum die Voraussetzung für die bis 1876 durchgeführte Währungsunion.

1. Literaturüberblick

a) Die deutsche Reichsgründung

Die Literatur zur deutschen Reichsgründung von 1870/71 ist mittlerweile so umfangreich geworden, daß hier ein kurz skizzierter Überblick genügen soll⁵.

---

³ Als extremes Beispiel: HANSEN, Georg, Die exekutierte Einheit. Vom Deutschen Reich zur Nation Europa, Frankfurt a. Main/New York 1991, der auf S. 85 die Entwicklung Deutschlands im 19. Jahrhundert der im 20. Jahrhundert gegenüberstellt, ohne allerdings historisch-methodisch exakt zu arbeiten (Bsp.: Das Deutsche Reich wird unreflektiert als Oberbegriff für das gesamte 19. Jahrhundert verwendet).

⁴ Dazu beispielsweise das 25. Symposium „Bayerische Sparkassengeschichte" im Mai 1998 mit den Thema „Währungsunionen und Währungsreformen mit ihren Auswirkungen auf die Sparkassen": Zeitschrift für Bayerische Sparkassengeschichte 13 (1999), bes. die Beiträge von THEURL, Theresia, Erfolgs- und Misserfolgsfaktoren von Währungsunionen: Historische Erfahrungen, 129–156 und SCHREMMER, Eckart, Währungsunionen und stabiles Geld in Münzgeldsystemen mit integriertem Papiergeld. Lehren aus der Geschichte?, 157–196.

⁵ Einen Überblick mit zahlreichen Literaturangaben bieten: FEHRENBACH, Elisabeth, Die Reichsgründung in der deutschen Geschichtsschreibung, in: Aus Politik und Zeitgeschichte 6 (1970), 3–25 und in: SCHIEDER, Theodor/DEUERLEIN, Ernst (Hg.), Reichsgründung 1870/71. Tatsachen, Kontroversen, Interpretationen, Stuttgart 1970, 259–290: „Es können nicht alle Werke aufgrund der Fülle behandelt werden, so daß im Spiegel der repräsentativen Werke und Gesamtdarstellungen über die Reichsgründungszeit der Wandel des historisch-politischen Urteils aufgezeigt werden soll". Darüber hinaus: LIPGENS, Walter, Zum geschichtlichen Standort der Reichsgründung 1870/71, in: Geschichte in Wissenschaft und Unterricht 22 (1971), 513–528; DOERING-MANTEUFFEL, Anselm, Die

Charakteristisch für den historiographischen Deutungsanteil der kleindeutschnationalliberalen Richtung ist die Reichsgründungsgeschichte von Heinrich von Sybel (1817–1895)[6], dem einflußreichsten Vertreter der „preußischen Schule"[7]. Alle Arbeiten über die Reichsgründung der folgenden drei Jahrzehnte basierten auf diesem Werk, war es doch die erste aktengestützte Gesamtdarstellung. Die Publikation Sybels „malte das bürgerlich-nationale Selbstbestätigungsfresko einer als borussisch und konstitutionell zugleich begriffenen Reichseinigung, vorgestellt als Sinnerfüllung und Epochenschluß"[8]. Er räumte weder dem Zollverein noch dem Liberalismus, der Nationalbewegung und den Kräften im Süden Deutschlands die ihnen zukommende Bedeutung ein.

Sybels Darstellung stellte die amtliche deutsche Reichsgründungsgeschichte dar, die in der Reichseinigung das Ergebnis der genialen Politik des preußischen Ministerpräsidenten Otto von Bismarck sah. Mit der gleichen Einstellung schrieb auch Heinrich von Treitschke (1834–1896) seine Geschichte über das 19. Jahrhundert[9]. Die kleindeutsch-borussische Geschichtsschreibung, die in der preußischen und damit deutschen Geschichte vor 1871 nur ein Übergangsstadium für eine zwangsläufig kleindeutsche Lösung und deshalb Bayern und Württemberg als „die beiden boshaftesten Feinde der deutschen Einheit"[10] bezeichnete, gilt heute als widerlegt[11]. Sie legitimierte den Ausschluß Österreichs aus dem

deutsche Einheit und das europäische Staatensystem 1815–1871 (Enzyklopädie deutscher Geschichte 15), München 1993; STÜRMER, Michael, Die Reichsgründung. Deutscher Nationalstaat und europäisches Gleichgewicht im Zeitalter Bismarcks (Deutsche Geschichte der neuesten Zeit vom 19. Jahrhundert bis zur Gegenwart 2), München 1984, bes. 182–186; SEIER, Hellmut, Bismarck und die Anfänge des Kaiserreichs im Urteil der deutschen Historiographie vor 1914, in: KUNISCH, Johannes, Bismarck und seine Zeit (Forschungen zur Brandenburgischen und Preussischen Geschichte, NF, Beiheft 1), Berlin 1992.

[6] SYBEL, Heinrich von, Die Begründung des deutschen Reiches durch Wilhelm I. Vornehmlich nach den preußischen Staatsacten, 4 Bände, München/Leipzig 1889–1894. Die Fahnen des Werkes, das 1870 endet, korrigierte Bismarck eigenhändig.

[7] DOERING-MANTEUFFEL, Einheit, 53–54.

[8] SEIER, Bismarck, in: KUNISCH, Bismarck, 371.

[9] Einschlägig: TREITSCHKE, Heinrich von, Deutsche Geschichte im neunzehnten Jahrhundert II: Bis zu den Karlsbader Beschlüssen, Leipzig [9]1922.

[10] TREITSCHKE, Heinrich von, Deutsche Geschichte im neunzehnten Jahrhundert I: Bis zu den Pariser Verträgen, Leipzig [9]1922, 687.

[11] Dazu die Dissertation von Kaernbach, der als Hauptgegenstand seiner Arbeit die Reform des Deutschen Bundes durch Bismarck untersuchte: KAERNBACH, Andreas, Bismarcks Konzepte zur Reform des Deutschen Bundes. Zur Kontinuität der Politik Bismarcks und Preußens in der deutschen Frage (Schriften der Historischen Kommmission bei der Bayerischen Akademie der Wissenschaften 41), Göttingen 1991; HAHN, Hans-Werner, Wirtschaftspolitische Offensive mit deutschlandpolitischem Langzeiteffekt? Der Zollverein von 1834 in preußischer Perspektive, in: GEHLER, Michael/u.a. (Hg.), Ungleiche Partner? Österreich und Deutschland in ihrer gegenseitigen Wahrnehmung. Historische Analysen und Vergleiche aus dem 19. und 20. Jahrhundert (Historische Mitteilungen, Beiheft 15), Stuttgart 1996, 95–111, bes. 95–96. Über die kleindeutsche Einstellung Bismarcks des weiteren: MOMMSEN, Wilhelm, Bismarcks kleindeutscher Staat und das groß-

Deutschen Bund damit, daß die Donaumonarchie ohnehin seit dem Mittelalter schrittweise aus Deutschland herausgewachsen wäre[12]. Bei dieser Sichtweise der Reichsgründungszeit blieben sowohl dem Deutschen als auch dem Norddeutschen Bund als unrühmliche Zwischenstationen auf dem Weg zur deutschen Einheit die verdiente Würdigung als selbständige politische Einrichtungen versagt[13]. Der kleindeutschen Sichtweise Sybels konnte die damalige österreichische Geschichtsschreibung nichts entgegensetzen, zumal sie die Niederlage Österreichs von 1866 und damit die zwangsläufige kleindeutsche Lösung der Deutschen Frage akzeptierte[14].

Der Sturz Bismarcks 1890 verursachte in der nationalliberalen Historikerschule einen Umschwung, der nicht unwesentlich von der imperialistischen Zeitstimmung beeinflußt wurde. Mit der Entdeckung der „weltgeschichtlichen Perspektive der Reichsgründung" kehrte man zu Leopold von Ranke (1795–1886) als dem Vertreter objektiver und universalhistorischer Geschichtsbetrachtung zurück und entfernte sich gleichzeitig von der bisher betriebenen Parteihistorie Treitschkes und Sybels[15]. Beiden war aufgrund ihrer parteigebundenen Denkweise anders als den Neurankeanern eine realistischere Einschätzung der preußischen Großmachtpolitik nicht möglich. Die historische Schule betonte jetzt die außenpolitisch-staatliche und innenpolitisch-konservative Bedeutung der Reichsgründung: Außenpolitisch markierte sie das Ende der jahrhundertelangen Hegemoniestreitigkeiten zwischen Deutschland und Frankreich, innenpolitisch diente sie der Fortführung preußischer Traditionen. Die real- bzw. machtpolitische Komponente in der Entstehungsgeschichte des Reiches gewann zusammen mit der Außenpolitik an Dominanz, die innere Problematik des Nationalstaatsgedankens wurde nun zweitrangig. Aber – ob nun Treitschke als Vertreter der Politik-Historie oder die Anhänger der neurankeanischen Schule –, sie alle nahmen leidenschaftlich Partei für das große Einigungswerk Bismarcks. Kurz vor Ausbruch des ersten Weltkrieges erschien mit der noch immer unentbehrlichen Arbeit Erich Brandenburgs[16] die zweite bedeutende kleindeutsch geprägte Gesamt-

deutsche Reich, in: BÖHME, Helmut (Hg.), Probleme der Reichsgründungszeit 1848–1879, Köln 1968, 355–368.

[12] BLÄNSDORF, Agnes, Österreich und die Nation der Deutschen im 19. und 20. Jahrhundert, in: BOOCKMANN Hartmut/JÜRGENSEN, Kurt (Hg.), Nachdenken über Geschichte. Beiträge zur Ökumene der Historiker. In memoriam für Karl D. Erdmann, Neumünster 1991, 523–524.

[13] Ansätze, diese Meinung zu revidieren, finden sich u.a. in: HAUNFELDER, Bernd/POLLMANN, Klaus E. (Bearb.), Reichstag des Norddeutschen Bundes 1867–1870. Historische Photographien und biographisches Handbuch (Photodokumente zur Geschichte des Parlamentarismus und der politischen Parteien 2), Düsseldorf 1989. Siehe auch: KAERNBACH, Konzepte.

[14] Bekanntester Vertreter der österreichischen Geschichtsschreibung des 19. Jahrhunderts war FRIEDJUNG, Heinrich, Der Kampf um die Vorherrschaft in Deutschland 1859–1866, 2 Bde, Stuttgart/Berlin ⁵1901 (1897/8).

[15] FEHRENBACH, Reichsgründung, in: SCHIEDER/DEUERLEIN, Reichsgründung, 268.

[16] BRANDENBURG, Erich, Die Reichsgründung, 2 Bde, Leipzig ²1923. Brandenburg war ein Schüler des Neurankeaners Max LENZ.

darstellung nach Sybel, die neben einer Bilanz der bisherigen Forschungsergebnisse ihren Schwerpunkt auf Außenpolitik und Diplomatiegeschichte legte; Bismarck ist nun nicht mehr liberal, sondern deutsch. Ähnlich angelegt ist auch die Untersuchung Otto Beckers, die erst 1958 veröffentlicht wurde[17].

Der Erste Weltkrieg stellte zwar für die Geschichtsschreibung an sich eine Zäsur dar, für die Reichsgründungshistorie gilt dies jedoch nur bedingt[18], selbst wenn mit Krieg und Revolution zugleich auch „der Sinn der deutschen Geschichte"[19] zerstört schien. An die Reichsgründung von 1871 wurden vorübergehend neue Fragen gestellt: Die Forschung konzentrierte sich auf die Umstände, die zum Sturz des „Eisernen Kanzlers" Otto von Bismarck geführt hatten[20]. Die alte Faszination großer Politik verlor dennoch nicht an Bedeutung. In der Weimarer Republik wurde sie vielmehr für eine Rechtfertigung der deutschen Außenpolitik vor 1914 instrumentalisiert. Außerdem stellte man den genialen außenpolitischen Erfolgen mehr und mehr die mangelhaften innenpolitischen Maßnahmen gegenüber – an dem Primat der Außenpolitik für die Geschichtsschreibung der Reichsgründungszeit änderte sich damit kaum etwas. Die Reichsgründung war noch immer der genialen und persönlichen Diplomatie Bismarcks zu verdanken: Die außenpolitischen Gegebenheiten determinierten nicht nur Umfang und äußere Grenze des neuen kleindeutschen Staates, sondern auch seine innere verfassungspolitische Struktur[21].

Bei den beiden großen Gesamtdarstellungen aus der Zeit des Dritten Reiches zeigt sich dann die Annäherung des nationalkonservativen Denkens an den Nationalsozialismus[22]: Die Reichsgründung wurde zu einer „säkulären Heilsgeschichte", Bismarck erhielt messianische Züge, die an den Führerkult um Hitler erinnern. Obwohl sich in der Forschung erste Skepsis breitmachte, wurde auch jetzt noch die kleindeutsche Lösung als einzig mögliche Variante der Entwicklung des 19. Jahrhunderts gesehen. Erich Marcks und auch der Österreicher Heinrich Ritter von Srbik – mit deutlich großdeutschen Zügen – gingen trotz ihrer einseitigen Sichtweise über die bisherige methodische Aufarbeitung der Reichsgründungszeit hinaus: Neben die bisher rein etatistische, diplomatie-

---

[17] SCHARF, Alexander (Hg.), Otto BECKER: Bismarcks Ringen um Deutschlands Gestaltung, Heidelberg 1958. Eine Rezension und gleichzeitig ein Plädoyer gegen die preußischgefärbte Geschichtsschreibung in: RALL, Hans, Bayern und Bismarcks Lösung in der Deutschen Frage, in: ZBLG 22 (1959), 331–347.

[18] STÜRMER, Reichsgründung, 177.

[19] FEHRENBACH, Reichsgründung, in: SCHIEDER/DEUERLEIN, Reichsgründung, 274.

[20] MORSEY, Rudolf, Die oberste Reichsverwaltung unter Bismarck 1867–1890 (Neue Münstersche Beiträge zur Geschichtsforschung 3), Münster 1957, 1.

[21] MOMMSEN, Wolfgang J., Das deutsche Kaiserreich als System umgangener Entscheidungen, in: BERDING, Helmut/u.a. (Hg.), Vom Staat des Ancien Regime zum modernen Parteienstaat. Festschrift für Theodor Schieder zu seinem 70. Geburtstag, München 1978, 239–265.

[22] MARCKS, Erich, Aufstieg des Reiches. Deutsche Geschichte von 1807–1871/78, 2 Bde, Stuttgart/Berlin 1936; SRBIK, Heinrich Ritter von, Deutsche Einheit. Idee und Wirklichkeit vom Heiligen Reich bis Königgrätz, 4 Bde, 1935–42; MEYER, Arnold Oskar, Bismarck: Der Mensch und der Staatsmann, Leipzig 1949.

geschichtlich orientierte Darstellung traten nun auch geopolitische, wirtschafts- und sozialgeschichtliche Gesichtspunkte.

1945 brachen die nationalstaatlichen Prämissen des deutschen Geschichtsbildes zusammen: Deutschland war als europäischer Machtfaktor nicht mehr existent, so daß das nationalstaatliche Denkmuster überwunden werden mußte. In der Geschichtswissenschaft folgte daher eine kritische Distanzierung zu Bismarck, die Reichsgründung wurde jetzt – ausgehend von einem Aufsatz von Franz Schnabel[23] – nicht mehr als geschichtsnotwendiges und folgerichtiges Ereignis aufgefaßt. Darüber hinaus kam es in den Darstellungen zur Reichsgründungsgeschichte auch zur Einbeziehung strukturanalytischer Fragestellungen. Dies schärfte den Blick für überindividuelle Voraussetzungen politischen Handelns und die Spannungsverhältnisse von Politik, Staat, Wirtschaft sowie Gesellschaft. Im Mittelpunkt standen dabei die Erfolgsaussichten eines politischen Alternativprogrammes zur kleindeutschen Reichseinigung. Vor allem die wirtschafts- und sozialgeschichtlichen Zusammenhänge der Reichsgründungszeit verdeutlichen, daß der konservativ-monarchische Charakter der preußisch-deutschen Einigung nicht einem von vornherein determinierten Sinn entsprach. Gleichwohl schrieb Wolfgang Zorn noch Anfang der 1960er Jahre in seinem Aufsatz über die wirtschafts- und sozialgeschichtlichen Zusammenhänge der Reichsgründung, die „ganze Themenstellung wirkt auf das herkömmliche deutsche Geschichtsdenken etwas befremdlich"[24].

Als weitere Folge des deutschen Zusammenbruches 1945 verloren Bismarck und der Weg zur Reichsgründung vorübergehend ihre „pole-position", da man sich den innenpolitischen Entwicklungen des deutschen Kaiserreiches zuwandte und versuchte, die Entstehung des politischen Systems von seinen innen- und wirtschaftspolitischen Bedingungen her zu interpretieren. Während Theodor Schieder von einer „unvollendeten Reichsgründung" sprach[25], prägte Lambi mit dem innenpolitischen Umschwung von 1879 die Formel einer „zweiten Reichsgründung", die eine Stabilisation des Deutschen Reiches bewirkte[26].

Mit der Anerkennung der beiden deutschen Staaten unterschiedlicher gesellschaftlicher Ordnung gewann die deutsche Einigung und seine Vorgeschichte an

---

[23] SCHNABEL, Franz, Das Problem Bismarck, in: Das Hochland 42 (1949), 1–27. Dazu auch das Werk von Gerhard RITTER, Dämonie der Macht, München ⁶1948.

[24] ZORN, Wolfgang, Wirtschafts- und sozialgeschichtliche Zusammenhänge der deutschen Reichsgründungszeit 1856–1879, in: HZ 197 (1963), 318–342, zit. 318. Siehe zur Verbindung zwischen Reichsgründung und wirtschaftlichen Standpunkten Kapitel I.1.b) *Die Bedeutung des Zollvereins für die Reichsgründung* (S. 9).

[25] MOMMSEN, Kaiserreich, in: BERDING, Vom Staat, 241. Den Begriff prägte Theodor Schieder bereits in den 1960er Jahren.

[26] Diese These wurde aufgegriffen von BÖHME, Helmut, Politik und Ökonomie in der Reichsgründungs- und späten Bismarckzeit, in: STÜRMER, Michael (Hg.), Das kaiserliche Deutschland. Politik und Gesellschaft 1870–1918, Düsseldorf 1970, 34–40. [=BÖHME, Helmut, Politik und Ökonomie in der Reichsgründungs- und späten Bismarckzeit, in: SCHIEDER/DEUERLEIN, Reichsgründung, 26–50].

Aktualität[27]. Die Entwicklung des deutschen Nationalstaates erlangte wieder mehr Aufmerksamkeit, so daß die Erforschung der Außenpolitik gegenüber der Innenpolitik zurücktrat: Verbände, Parteien und Parlamentarismus fanden nun mehr Interesse, um die inneren Strukturen des Reiches transparenter zu machen[28]. Im Gegensatz dazu steht in den Arbeiten von Andreas Hillgruber[29] und Lothar Gall[30] die Außenpolitik im Vordergrund und auch die neueste Biographie Bismarcks von Otto Pflanze fühlt sich wieder dieser Tradition verpflichtet[31]. Eberhard Kolb will darüber hinaus die Einordnung der deutschen Reichsgründung in das europäische Umfeld stärker berücksichtigt wissen[32]. Daneben galt nun ein weiterer Schwerpunkt in der Forschung der Kriegsschuldfrage von 1870[33].

Thesenartig verkürzt kann die Literatur zur Reichsgründung in drei Kategorien eingeteilt werden[34]: In der überwiegenden Zahl der Arbeiten stehen die Beschreibung der militärischen Stationen, die Persönlichkeit Bismarcks und das diplomatische Taktieren, die geistesgeschichtliche Tradition und parteitaktische Erwägungen im Mittelpunkt; ökonomische Zusammenhänge werden entweder nur am Rande behandelt oder ganz übergangen. Eine weitere Gruppe bilden die Forschungen, die dem historischen Materialismus der ostdeutschen Geschichtswissenschaft verpflichtet sind[35]. Davon abzugrenzen ist die letzte Rubrik, die sich

[27] STREISAND, Joachim, Bismarck und die deutsche Einigungsbewegung des 19. Jahrhunderts in der westdeutschen Geschichtsschreibung, in: BÖHME, Probleme, 384–401.

[28] WEHLER, Hans-Ulrich, Das Deutsche Kaiserreich 1871–1918, Göttingen ³1977; DERS., Krisenherde des Kaiserreichs 1871–1918. Studien zur Sozial- und Verfassungsgeschichte, Göttingen ²1979 (1970).

[29] HILLGRUBER, Andreas, Otto von Bismarck. Gründer der europäischen Großmacht Deutsches Reich (Persönlichkeit und Geschichte 101/102), Berlin ²1980.

[30] GALL, Lothar, Bismarck. Der weiße Revolutionär, Berlin 1987.

[31] PFLANZE, Otto, Bismarck. Der Reichsgründer, München 1997.

[32] KOLB, Eberhard (Hg.), Europa und die Reichsgründung. Preußen-Deutschland in der Sicht der großen europäischen Mächte 1860–1880 (HZ-Beiheft, NF 6), München 1980; DERS. (Hg.), Europa vor dem Krieg von 1870. Mächtekonstellation–Konfliktfelder–Kriegsausbruch (Schriften des Historischen Kollegs, Kolloquien 10), München 1987. Einen historiographischen Überblick über „Europa und die Reichsgründung" bietet: DOERING-MANTEUFFEL, Einheit, 100–107.

[33] Die Beteiligung Bismarcks an der Kandidatur der spanischen Zweiglinie der Hohenzollern wird nicht mehr geleugnet, allein das Maß bleibt umstritten: Es spricht vieles dafür, daß er die Auseinandersetzung mit Frankreich zwar nicht bewußt herbeigeführt oder bis in die letzten Einzelheiten inszeniert hatte, einem Krieg aber auch nicht auswich: GALL, Lothar, Bismarcks Süddeutschlandpolitik 1866–1870, in: KOLB, Europa vor dem Krieg, 23–32, bes. 31. Ausführlich: GALL, Bismarck.

[34] BÖHME, Politik, in: SCHIEDER/DEUERLEIN, Reichsgründung, 26–50, hier 29.

[35] BEIKE, Heinz, Die deutsche Arbeiterbewegung und der Krieg von 1870/1871. Mit einem Dokumentenanhang (Beiträge zur Geschichte und Theorie der Arbeiterbewegung 10), Ost-Berlin 1957; BARTEL, Horst/ENGELBERG, Ernst, (Hg.), Die großpreußischmilitaristische Reichsgründung. Voraussetzungen und Folgen, 2 Bde (Deutsche Akademie der Wissenschaften zu Berlin. Schriften des Zentralinstituts für Geschichte I, 36, A/B), Berlin-Ost 1971.

in der Nachfolge der „Keynesianischen Formulierung" zuerst in England und Amerika ausbreitete und die wirtschaftlich bedingten Komponenten der nationalstaatlichen Entwicklung Deutschlands im 19. Jahrhundert stärker berücksichtigte[36].

Die deutsche Reichsgründung von 1870/71 ist bei allen Kategorien untrennbar mit der Person Otto von Bismarcks verbunden. Keine andere Persönlichkeit der deutschen Geschichte im 19. Jahrhundert stachelte den Historikerehrgeiz mehr an als der preußische Ministerpräsident und spätere Reichskanzler[37]. Die Biographien stehen dabei ganz im Banne des diplomatischen Handelns Bismarcks, so daß wirtschaftspolitische Ansichten und Maßnahmen oftmals als Mittel zum Zweck, d.h. nur im Hinblick auf die kleindeutsche Reichseinigung, Beachtung finden. Für die mittelstaatliche Politik sind die auf Bismarck und Preußen zugeschnittenen Lebensbeschreibungen leider meist wenig ergiebig. Ferner entsteht mitunter das Bild, der spätere Reichskanzler habe auch in der Zoll- und Handelspolitik herausragenderen Innovationsgeist bewiesen, als dies tatsächlich der Fall war[38]. Die Arbeiten des Reichskanzleimitarbeiters Heinrich Ritter von Poschinger aus den Jahren 1889 bis 1891 bieten demnach noch heute die umfassendste Zusammenstellung wirtschaftspolitischer Äußerungen Bismarcks, auch wenn ihm Parteinahme für die borussisch-bismarcksche Geschichtsschreibung unterstellt werden muß[39].

---

[36] Siehe dazu Kapitel I.1.b) *Die Bedeutung des Zollvereins für die deutsche Reichsgründung* (S. 9).

[37] Zu den Veröffentlichungen bis 1965: BORN, Karl Erich, Bismarck-Bibliographie. Quellen und Literatur zur Geschichte Bismarcks und seiner Zeit, Köln/Berlin 1966. Dann: HILLGRUBER, Bismarck; DÜLFFER, Jost/u.a. (Hg.), Otto von Bismarck. Person–Politik–Mythos, Berlin 1992. Die marxistische Geschichtsschreibung vertritt: ENGELBERG, Ernst, Bismarck. Das Reich in der Mitte Europas, München 1993 (1990); ENGELBERG, Ernst, Bismarck. Urpreuße und Reichsgründer, München 1991 (1985). Aspekte der Bismarckschen Politik behandeln unter anderem: SCHARF/BECKER, Ringen; KUNISCH, Bismarck. Darüber hinaus behandeln auch einige Untersuchungen das Bismarckbild in der historischen Forschung: STÜRMER, Michael, Bismarck-Mythos und Historie, in: Politik und Zeitgeschichte 3 (1971), 3–30; GALL, Lothar (Hg.), Das Bismarckproblem in der Geschichtsschreibung nach 1945, Köln 1971 bzw. GALL, Lothar, Bismarck in der Geschichtsschreibung nach 1945, in: ARETIN, Karl O. Frhr. von (Hg.), Bismarcks Außenpolitik und der Berliner Kongreß, Wiesbaden 1978.

[38] Siehe beispielsweise TAYLOR, Alan J.P., Bismarck. Mensch und Staatsmann, München 1962 (Orginalausgabe 1955), 61, der Bismarck den preußisch-französischen Handelsvertrag von 1862 abschließen läßt; dieser ging aber auf seinen Vorgänger Bernstorff zurück. Siehe dazu Kapitel III.1. *Der deutsche Zollverein um 1860: Freihandel contra Schutzzoll* (S. 70).

[39] HENNING, Wandel, 223–257; POSCHINGER, Heinrich Ritter von (Hg.), Aktenstükke zur Wirtschaftspolitik des Fürsten Bismarck, Berlin 1890; DERS., Dokumente zur Geschichte der Wirtschaftspolitik in Preußen und im Deutschen Reiche, Bd. 1–3: Fürst Bismarck als Volkswirt, Bd. 4: Aktenstücke zur Wirtschaftspolitik des Fürsten Bismarck, Berlin 1889/91; DERS., Fürst Bismarck als Volkswirth, 2 Bde, Berlin 1889; DERS., Otto von Bismarck: Die Ansprachen des Fürsten Bismarck 1848–1894, Stuttgart/Leipzig/Berlin/

Bald nach der Reichsgründung kam es zur Veröffentlichung erster Quellensammlungen zur preußischen Geschichte, die sich vorrangig auf die Genese des preußischen Triumphes in Deutschland konzentrierten und auch in dieser Form bis zum Beginn des Zweiten Weltkrieges fortgesetzt wurden. Obwohl sie ganz dem Primat der Außenpolitik verpflichtet sind und meist nur amtliche Akten enthalten, stellen sie eine wertvolle Zusammenstellung verstreut liegenden Quellenmaterials dar[40]. Hinzu kam die nach 1890 einsetzende Flut der Memoirenliteratur, die freilich keine grundlegende Änderung der kleindeutschen Interpretation der Reichsgründungszeit bewirkte. Sie diskutierte hauptsächlich das jeweilige persönliche Verdienst der beteiligten Staatsmänner[41]. Sie sind heute trotzdem als wichtige Ergänzungsquelle unentbehrlich.

b) Die Bedeutung des Zollvereins für die Reichsgründung

Entstehung und Geschichte des Zollverein einerseits und Verzahnung der Reichsgründung mit der ökonomischen und sozialen Entwicklung Deutschlands andererseits bilden die Eckpunkte, zwischen denen die wirtschaftliche Dimension der Deutschen Frage in der Geschichtsforschung behandelt wird[42]. Der 1834 ins Leben gerufene Zollverein reichte fraglos über rein wirtschaftlich begründete Fragen hinaus und tangierte vor allem nach 1848 auch Aspekte der nationalen Einigung[43]. Die Reichsgründung wurde zwar verhältnismäßig früh mit der kleindeutschen Zollunion in Verbindung gebracht, ohne aber aussagekräftige wirt-

Wien ²1895; DERS., Fürst Bismarck und das Tabaksmonopol, in: Schmollers Jahrbuch für Gesetzgebung, Verwaltung und Volkswirtschaft im Deutschen Reich 35 (1911).

[40] Dazu in erster Linie: ONCKEN, Hermann, Die Rheinpolitik Kaiser Napoleons III. von 1863 bis 1870 und der Ursprung des Krieges von 1870/71. Nach den Staatsakten von Österreich, Preußen und den süddeutschen Mittelstaaten, 3 Bde, Stuttgart/Leipzig/Berlin 1926; HISTORISCHE REICHSKOMMISSION (Hg.), Die auswärtige Politik Preussens 1858–1871. Diplomatische Aktenstücke, 9 Bde, Oldenburg 1932–1936; ONCKEN, Hermann/SAEMISCH, F.E. (Hg.), EISENHART ROTHE, W. v./RITTHALER, A. (Bearb.), Vorgeschichte und Begründung des Deutschen Zollvereins 1815–1834. Akten der Staaten des Deutschen Bundes und der europäischen Mächte, 3 Bde (Veröffentlichungen der Friedrich List-Gesellschaft 8–10), Berlin 1934. Die österreichische Sicht vertritt: SRBIK, Heinrich Ritter von (Hg.), Quellen zur deutschen Politik Österreichs 1859–1866, 5 Bde, Oldenburg/Berlin 1934–1938.

[41] Für Bayern einschlägig sind: BRAY-STEINBURG, Graf Otto von, Denkwürdigkeiten aus meinem Leben, hg. von HEIGEL, K[arl] Th[eodor], Leipzig 1901; CURTIUS, Friedrich (Hg.), Denkwürdigkeiten des Fürsten Chlodwig zu Hohenlohe-Schillingsfürst, 2 Bde, Stuttgart/Leipzig 1906. Darüber hinaus: FRIESEN, Frhr. von Richard, Erinnerungen aus meinem Leben, 2 Bde, Dresden 1882; BEUST, Friedrich Ferdinand Graf von, Aus drei Viertel-Jahrhunderten. Erinnerungen und Aufzeichnungen, 2 Bde, Stuttgart 1887; DELBRÜCK, Rudolph von, Lebenserinnerungen 1817–1867. Mit einem Nachtrag aus dem Jahr 1870, 2 Bde, Leipzig ¹⁺²1905 und BISMARCK, Otto von (verschiedene Bearb.), Die gesammelten Werke, 15 Bde, Berlin ²1924–35.

[42] DOERING-MANTEUFFEL, Einheit, 108–112.

[43] BERDING, Helmut, Die Entstehung des Deutschen Zollvereins als Problem historischer Forschung, in: BERDING, Vom Staat, 225–239.

schafts- oder sozialhistorische Analysen anzufertigen. In den zahlreichen Darstellungen des Zollvereins von seinen Anfängen bis zu seiner Neuorganisation im Jahre 1867 würdigte man zunächst ausschließlich die Bedeutung der wirtschaftlichen Entwicklungen als Hintergrundfolie für die militärischen und politischen Entscheidungen[44]. Nach der Reichsgründung 1871 wurde der Zollverein von der nationalliberalen Geschichtsschreibung usurpiert, die den wirtschaftlich motivierten Zusammenschluß in die borussische Geschichtslegende einbettete und als Wegbereiter der deutschen Einigung von 1871 feierte. Obwohl diese Auslegung nicht unumstritten blieb, konnte sich diese kleindeutsche Deutung lange Zeit halten: „Es ist fast eine nationale Legende, daß der Zollverein die politische Einigung Deutschlands im Sinne des späteren Bismarckreiches intendiert habe. (...) Es handelte sich zu diesem Zeitpunkt [=in den Anfangsjahren des Zollvereins, Anm. der Verf.] mehr um eine preußische Politik *in* Deutschland als um eine preußische Politik *für* Deutschland"[45].

Wichtige Impulse erhielt die Zollvereinsforschung im letzten Jahrzehnt des 19. Jahrhunderts durch die Arbeiten der sogenannten „Jüngeren Historischen Schule der Nationalökonomie" um Gustav Schmoller (1838–1917), die neben der Diplomatiehistorie auch wirtschafts- und sozialgeschichtliche Probleme stärker berücksichtigte[46]. Allerdings schuf auch Schmoller nur ein nationalökonomisches Pendant zu der zuvor politisch und geistesgeschichtlich motivierten Legende von der nationalen Mission der Hohenzollern. Außerdem verfestigte sich die Interpretation, der Zollverein wäre bewußt als eine gegen England gerichtete wirtschaftliche Verbindung ins Leben gerufen worden und hätte in dieser Funktion die politische Einigung Deutschlands unter Ausschluß Österreichs vorbereitet. Zur „kleindeutschen" Geschichtslegende gesellte sich somit die „Zollvereinslegende", die sich ebenfalls als sehr zählebig erwies[47]. Quantifizierendes Zahlen-

---

[44] FESTENBERG-PACKISCH, Hermann von, Geschichte des Zollvereins mit besonderer Berücksichtigung der staatlichen Entwicklung Deutschlands, Leipzig 1869. Für die Vorgeschichte und Begründung des Zollvereins existierte schon früh: NEBENIUS, C.F., Der deutsche Zollverein, sein System und seine Zukunft, Karlsruhe 1835. Des weiteren: EICHMANN, Joachim von, Der deutsche Zollverein von 1834–67, Diss. Göttingen 1931 und zuletzt als Zusammenfassung: HAHN, Hans-Werner, Geschichte des deutschen Zollvereins, Göttingen 1984. Aus bayerischer Sicht erschien 1869 die königliche Auftragsarbeit Webers, die als Darstellung gegen Festenberg-Packisch gedacht war (BayHStAM, MH 9654: Weber an AM, 26.1.1869): WEBER, Wilhelm von, Der deutsche Zollverein. Geschichte seiner Entstehung und Entwicklung, Leipzig 1869. Zur Herausgabe der Arbeit: BayHStAM, MH 9654, eine Zusammenfassung findet sich in: BayHStAM, MH 11.702. Zu Wilhelm von Weber siehe auch Kapitel V.2. c) *Maßgebliche Mitarbeiter im Staatsministerium des Handels und der öffentlichen Arbeiten nach 1862* (S. 244).

[45] FISCHER, Zollverein, Europäische Wirtschaftsgemeinschaft, 107. Hervorhebungen im Original.

[46] HAHN, Hans-Werner, Wirtschaftliche Integration im 19. Jahrhundert. Die hessischen Staaten und der Zollverein (Kritische Studien zur Geschichtswissenschaft 52), Göttingen 1982, 15.

[47] Die marxistische Sichtweise beispielsweise bei MOTTEK, Hans, Der Gründerzyklus von 1871 bis 1894, in: ABELSHAUSER, Werner/PETZINA, Dietmar (Hg.), Deutsche Wirtschaftsgeschichte im Industriezeitalter. Konjunktur, Krise, Wachstum, Königstein 1981,

material für die Zeit bis zur Reichsgründung fehlt oder reicht für eine exakte Bestimmung der wirtschaftlichen Entwicklung in den Zollvereinsstaaten nicht aus, so daß diese Geschichtsinterpretation weder bewiesen noch widerlegt werden kann[48].

Die Zollvereinsforschung erreichte in den 1930er Jahren, intensiviert durch die nationalpolitische Sichtweise, einen vorläufigen Höhepunkt. Mit dem Ende des Zweiten Weltkrieges fehlten zunächst neue Impulse, so daß die umfassenden Darstellungen der Nachkriegszeit vor allem aus der Feder englischer oder amerikanischer Forscher stammen[49]. Die noch immer grundlegende Gesamtdarstellung Hendersons über den deutschen Zollverein legte die Basis, alte Zollvereinsbilder der deutschen Nationalgeschichtsschreibung zu sprengen[50]: Für Henderson begünstigte die Institution Zollverein zwar eine kleindeutsche Lösung der Deutschen Frage, eine zwangsläufige Entwicklung ohne Alternative konnte er aber nicht erkennen. In Deutschland gewann der Zollverein dagegen erst wieder im Zusammenhang mit den europäischen Einigungsbestrebungen und Gründung der Europäischen Wirtschaftsunion an Aufmerksamkeit. Seit Mitte der 1960er Jahre versuchte man vermehrt, eine Verbindung zwischen wirtschaftlichen Zwängen und politischen Entscheidungen herzustellen, da man sich aus der Analyse der Struktur und Arbeitsweise der ersten Zollunion zwischen souveränen Staaten Erkenntnisse für die praktische Bewältigung von Gegenwartsfragen erhoffte[51].

Jetzt rezipierte die deutsche Forschung mehr die bereits 1919 formulierte These von John Maynard Keynes, wonach die deutsche Einheit weniger durch „Blut und Eisen" als durch „Kohle und Eisen" geschaffen worden war[52], eine Behauptung, die bereits Karl Marx und Friedrich Engels geäußert hatten. Ferner schärften die seit den 1920er Jahren entwickelten wirtschaftlichen Wachstumsmodelle („input" = Arbeit, Kapital und Know-How; „output" = Wachstumsrate) den Blick für innerwirtschaftliche Prozesse der deutschen Zollvereinsstaaten: Pierre

94–120 und LÜTGE, Friedrich, Deutsche Sozial- und Wirtschaftsgeschichte, Berlin ³1966 für die „bürgerliche" Interpretation.

[48] BERDING, Entstehung, in: BERDING, Vom Staat, 230. Als kritische Stimme bereits SARTORIUS FRHR. VON WALTERSHAUSEN, August, Deutsche Wirtschaftsgeschichte 1815–1914, Jena 1920.

[49] PRICE, A H., The Evolution of the Zollverein. A Study of Ideas and Institutions leading to German Economic Unification between 1815 and 1833, Ann Arbor 1949; HENDERSON, William O., The State and the Industrial Revolution in Prussia 1740–1870, Liverpool 1958; HAMEROW, Theodore. S., Restauration, Revolution, Reaction: Economics and Politics in Germany 1815–1871, Princeton 1958.

[50] HENDERSON, William O., The Zollverein, London ³1968 (Chicago 1939).

[51] BROCKERHOFF, Erna, Die Harmonisierung der Ausgabesteuern im Deutschen Zollverein mit einem Ausblick auf die Probleme der Ausgabensteuerharmonisierung in der EWG, Wiso Diss. Mainz 1963. Begrenzt auch: WYSOCKI, Josef, Das staatliche Salzmonopol im Deutschen Zollverein. Zur Frage der Behandlung von Finanzmonopolen in einem gemeinsamen Markt, Diss. Mainz 1968.

[52] KEYNES, John M., The economic Consequences of the Peace, London 1919; deutsch: Die wirtschaftlichen Folgen des Friedensvertrages, München 1921, 63–64.

Benaerts[53] schuf auf dieser linksliberalen, halbmarxistischen Grundlage eine Kausalreihe „Zollverein – wirtschaftliche Überlegenheit Preußens durch die Industrialisierung – politische Hegemonie". Dieser Tradition, die vor allem das Verhältnis von Politik und Wirtschaft in den Mittelpunkt stellte, sind die Publikationen von Ivo Lambi[54], Hans Rosenberg[55] sowie vor allem Helmut Böhme[56] verbunden. Für die Erforschung der deutschen Mittelstaaten trifft dies mit Einschränkungen auf die Arbeiten von Wolfgang Zorn zu[57]. Sie alle verweisen auf die Bedeutung der innerhalb des Zollvereins bestehenden wirtschaftlichen Beziehungen und deren Rückwirkungen auf politische Prozesse. Rosenberg versuchte, zwischen quantitativer wirtschaftlicher Analyse einerseits sowie politischer und gesellschaftlicher Geschichte andererseits eine Brücke zu schlagen, selbst wenn der Begriff der „Großen Depression" für Deutschland nicht ganz überzeugend ist[58]. Die umfangreiche Dissertation von Böhme will die Wirtschafts- und Handelspolitik Preußens und dann des kleindeutschen Nationalstaates als ein Mittel zur Erweiterung und gleichzeitig zur inneren Befestigung der politischen Macht verstanden wissen. Diese, auf dem neomarxistisch angelegten Ansatz des Primates der Innenpolitik beruhende Deutung muß zwar relativiert werden, da nun eine Art „Primat der Handels- und Wirtschaftspolitik" den Blick einer objektiven Untersuchung stark verengte und sich der Forschungsdisput auf eine „entweder-

---

[53] BENAERTS, Pierre, Les origines de la Grande Industrie allemande, Paris 1933. Dieser Sichtweise folgt auch: HAMEROW, Restauration.

[54] LAMBI, Ivo N., Free Trade and Protection in Germany 1868–1879 (VSWG, Beihefte 44), Wiesbaden 1963.

[55] ROSENBERG, Hans, Große Depression und Bismarckzeit. Wirtschaftsablauf, Gesellschaft und Politik in Mitteleuropa (Veröffentlichungen der Historischen Kommission zu Berlin beim Friedrich-Meinecke-Institut der Freien Universität Berlin 24. Publikationen zur Geschichte der Industrialisierung 2), Berlin 1967.

[56] BÖHME, Helmut, Deutschlands Weg zur Großmacht. Studien zum Verhältnis von Wirtschaft und Staat während der Reichsgründungszeit, 1848 bis 1881, ³1974 (1966). Allerdings weist die Arbeit neben vielem neuen Material im Detail zahlreiche Fehler und Unsauberkeiten auf. Weitere Arbeiten von BÖHME: Vor 1866. Aktenstücke zur Wirtschaftspolitik der deutschen Mittelstaaten (Hamburger Studien zur neueren Geschichte 7), Frankfurt a. Main 1966 und Prolegomena zu einer Sozial- und Wirtschaftsgeschichte Deutschlands im 19. und 20. Jahrhundert, Frankfurt a. Main 1968.

[57] ZORN, Zusammenhänge; ZORN, Wolfgang, Wirtschaft und Gesellschaft in Deutschland in der Zeit der Reichsgründung, in: SCHIEDER/DEUERLEIN, Reichsgründung, 197–225; DERS., Die wirtschaftliche Integration Kleindeutschlands in den 1860er Jahren und die Reichsgründung, in: HZ 216 (1973), 304–334. Zorn distanziert sich jedoch von der marxistischen Reichsgründungsthese, wonach die wirtschaftlichen Zwänge unabwendbar den Sieg des nationalistischen Industrie- und Agrarkapitalismus davontragen mußte, da sie „der Vielschichtigkeit des Fragenkreises und der zeitlichen Abfolge offenkundig nicht gerecht" wird: ZORN, Zusammenhänge, 342.

[58] STÜRMER, Michael, Nicht mit Blut und Eisen, sondern Kohle und Stahl... Bismarcks Deutschland im Lichte der Sozial- und Wirtschaftsgeschichte, in: Militärgeschichtliche Mitteilungen 1 (1969), 173–177.

oder"-These reduzierte[59]. Aber gerade mit dem wirtschaftspolitischen Ansatz für eine Untersuchung der Reichsgründungszeit, der über das Ereignis von 1870/71 hinausgeht, betrat Böhme sowohl methodisch als auch inhaltlich Neuland und gab dadurch der Forschung wichtige Denkanstöße.

Eine differenziertere Sicht der politischen Folgen ökonomischer Integration findet sich bei den Veröffentlichungen Wolfram Fischers, der darüber hinaus auf weitere wichtige Aspekte der inneren Struktur des Zollvereins hinwies[60]. Fischer war einer der ersten, der moderne ökonomische Forschungsansätze aus den angelsächsischen Ländern in Deutschland bekanntmachte und sie auf die Untersuchungen zur deutschen Industrialisierungsgeschichte übertrug. Diesen Ansatz verfolgten ebenfalls Richard Tilly[61] und Knut Borchardt[62]. Seither wurde die überwiegend wirtschaftspolitisch skizzierte Zollvereinsforschung durch zahlreiche Arbeiten ergänzt, die sich aber leider fast ausnahmslos auf Preußen und meist auf die Gründungs- und Anfangszeit der Zollunion beschränken[63].

Die revolutionären Begleiterscheinungen und gravierenden Folgen der deutschen Industrialisierung erregten genauso wie die „Institution" Zollverein das wissenschaftliche Interesse von Ökonomen, Soziologen und Historikern, so daß heute zahlreiche Detail- und Branchenuntersuchungen die Überblicks- und Gesamtdarstellungen ergänzen bzw. erweitern[64]. Bis zur Mitte der 1960er Jahre versuchte die wirtschaftshistorische Forschung in Deutschland gegenüber den angelsächsischen Ländern, den entstandenen Rückstand auf fast allen Gebieten aufzuholen[65]. Der Engländer William Otto Henderson hatte den wirtschaftspolitischen Aspekten in seinem Überblick zum deutschen Zollverein verhältnismäßig breiten Raum gewidmet[66]. Dieser Darstellungsweise folgten seit den 1970er Jah-

[59] Eine ausführliche Rezension von Lothar GALL, Staat und Wirtschaft in der Reichsgründungszeit, in: HZ 209 (1969), 616–630 bzw. STÜRMER, Blut und Eisen, 165–173.
[60] FISCHER, Zollverein. Fallstudie, 110–128.
[61] TILLY, Richard H., Vom Zollverein zum Industriestaat. Die wirtschaftlich-soziale Entwicklung Deutschlands 1834 bis 1914 (Deutsche Geschichte der neuesten Zeit vom 19. Jahrhundert bis zur Gegenwart 17), München 1990.
[62] BORCHARDT, Knut, Wachstum, Krisen und Handlungsspielräume der Wirtschaftspolitik. Studien zur Wirtschaftsgeschichte des 19. und 20. Jahrhunderts (Kritische Studien zur Geschichtswissenschaft 50), Göttingen 1982.
[63] Zu nennen sind hier u. a.: OHNISHI, Takeo, Zolltarifpolitik Preußens bis zur Gründung des Deutschen Zollvereins. Ein Beitrag zur Finanz- und Außenhandelspolitik Preußens, Göttingen 1973. Wesentliche neue Erkenntnisse bei DUMKE, Rolf H., German Economic Unification in the 19th Century: The Political Economy of the Zollverein (Diskussionsbeiträge der Universität der Bundeswehr München), München 1994.
[64] Einen ausführlichen, aber unveröffentlichten Literaturbericht „Industrialisierung in Deutschland. Ein Literaturbericht 1945–1985" bietet Hubert KIESEWETTER, der mir freundlicherweise zur Verfügung gestellt wurde. Eine Auswahl deutscher Monographien von Branchen und Sektoren im Literaturverzeichnis.
[65] KIESEWETTER, Manuskript „Industrialisierung", 11–14.
[66] HENDERSON, Zollverein. Des weiteren: HENDERSON, State; DERS., Die Industrielle Revolution. Europa 1780–1914, Wien/München/Zürich 1971; DERS., The rise of German industrial power 1834–1914, Berkely/Los Angeles 1975; DERS., Cobden-Vertrag und

ren die Werke deutscher Autoren in den einschlägigen Handbüchern[67]. Leider kommt es häufig vor, daß volkswirtschaftliche und politische Entwicklungen getrennt werden. So widmeten sich die Wirtschaftshistoriker nahezu ausschließlich den Wachstumszyklen Deutschlands, ohne auf die parallel verlaufenden oder sich überschneidenden politischen und selbst wirtschaftspolitischen Vorgänge näher einzugehen[68].

Die zeitliche Eingrenzung der Industrialisierung in Deutschland variiert in der deutschen Forschung stark: Die ältere Auffassung datiert den Anfang der Wachstumsdynamik auf die unmittelbare Zeit nach der Gründung des Zollvereins 1835, während man heute bevorzugt den Beginn in die späteren 1840er Jahre legt. Das Ende der Industrialisierungsperiode wird entweder mit der Gründerkrise nach 1872 festgelegt oder gar bis zum Ausbruch des Ersten Weltkrieges ausgedehnt. Zuletzt prägte Hans-Ulrich Wehler, ausgehend von der Vorstellung einer Überschneidung von industrieller und politischer Revolution in Deutschland seit der Revolution von 1848/49, den Begriff der „Deutschen Doppelrevolution"[69], nicht ohne damit Widerspruch zu provozieren[70]. Tatsächlich löste der deutsche Zollverein seit 1834 eine ökonomische Wachstumsdynamik aus, die erst um 1845 durch einen starken Einbruch bis etwa 1850 unterbrochen wurde[71]. Alle nationalstaatlich angelegten Periodisierungsbemühungen müssen jedoch aufgrund der 39 souveränen Staaten des Deutschen Bundes auf Schwierigkeiten stoßen; regionale Differenzierung tut Not, da selbst innerhalb von Einzelstaaten die wirtschaftliche

handelspolitischer Liberalismus, in: POHL, Hans (Hg.), Die Auswirkungen von Zöllen und anderen Handelshemmnissen auf Wirtschaft und Gesellschaft vom Mittelalter bis zur Gegenwart. Referate der 11. Arbeitstagung der Gesellschaft für Sozial- und Wirtschaftsgeschichte vom 9.–13. April 1985 (VSWG, Beihefte 80), Stuttgart 1987, 221–251.

[67] KELLENBENZ, Hermann, Deutsche Wirtschaftsgeschichte II: Vom Ausgang des 18. Jahrhunderts bis zum Ende des Zweiten Weltkrieges, München 1981; AUBIN, Hermann/ZORN, Wolfgang (Hg.), Handbuch der deutschen Wirtschafts- und Sozialgeschichte, Bd. 2, Stuttgart 1976 und zuletzt: HENNING, Friedrich W., Deutsche Wirtschafts- und Sozialgeschichte im 19. Jahrhundert (Handbuch der Wirtschafts- und Sozialgeschichte Deutschlands 2), Paderborn/München/Wien/Zürich 1996. Für die Kaiserzeit ab 1871: BORN, Karl Erich, Wirtschafts- und Sozialgeschichte des Deutschen Kaiserreichs (1867/71–1914) (Wissenschaftliche Paperbacks, Sozial- und Wirtschaftsgeschichte 21), Stuttgart 1985.

[68] Zu den Wachstumszyklen im 19. Jahrhundert siehe die, wenn auch mit theoretischem Ansatz, wirtschaftshistorischen Arbeiten: SPREE, Reinhard, Wachstumszyklen der deutschen Wirtschaft von 1840 bis 1880 mit einem konjunkturstatistischen Anhang (Schriften zur Sozial- und Wirtschaftsgeschichte 29), Berlin 1977; DERS., Wachstumstrends und Konjunkturzyklen in der deutschen Wirtschaft von 1820 bis 1913. Quantitativer Rahmen für eine Konjunkturgeschichte des 19. Jahrhunderts, Göttingen 1978.

[69] WEHLER, Hans-Ulrich, Deutsche Gesellschaftsgeschichte 3: Von der „Deutschen Doppelrevolution" bis zum Beginn des Ersten Weltkrieges 1849–1914, München 1995.

[70] KIESEWETTER, Hubert, Wehlers Mythos der „Deutschen Doppelrevolution" und seine Folgen, in: Jahrbuch für Wirtschaftsgeschichte 2 (1997), 195–207. Dort auch weitere kritische Stimmen zu diesem Interpretationsansatz.

[71] Kritischer zu den ökonomischen Auswirkungen des Zollbundes äußert sich dagegen: DUMKE, Economic.

Entwicklung sehr unterschiedlich verlief. Aktuelle Forschungsansätze lehnen deshalb eine Periodisierung der Industrialisierung, die sich auf den deutschen Nationalstaat ausrichtet, als unzulässig ab und plädieren für eine stärkere Beachtung regionaler Wachstumsimpulse[72]. Nur so kann der deutschen Eigenart, eine Folge der vielfältigen Lokal- und Territorialgewalten vor 1800, gebührend Rechnung getragen werden[73].

Grundlage für eine genauere regionale Untersuchung der Industrialisierung in den deutschen Einzelstaaten muß die Sammlung und Aufbereitung des vorhandenen statistischen Materials sein. Dieses ist jedoch so disparat und bedürfte der Klärung, der Normierung im Hinblick auf die Bezugsgrößen, der Aufschlüsselung und Reihung. Die meisten Autoren scheuen bei der Aufarbeitung statistischer Zahlen den Vergleich zwischen den Verhältnissen vor und nach der Reichsgründung; dies nicht zuletzt aufgrund der Inkonsistenz verwendeter Begriffe und wechselnder Erhebungsarten[74]. Obendrein macht die geringe statistische Erfassung vor der Gründung des Kaiserlichen Statistischen Amtes 1872 einen Vergleich anhand empirischer Daten äußerst schwierig[75], und auch mit dem Ausbau der Statistik nach 1873 bzw. 1877 wurde das Übergewicht der preußischen Provinzen nicht beseitigt[76]. Das Königreich Bayern erhielt erst 1912 aus einer Firmenbefragung die erste brauchbare Einzelstaaten-Statistik. Wertvolle Arbeiten leisten dennoch die Bände der Quellen und Forschungen zur historischen Statistik in Deutschland, die seit 1980 in loser Reihenfolge erscheinen[77].

[72] KIESEWETTER, Dynamik, 91; KIESEWETTER, Hubert, Industrialisierung und Landwirtschaft. Sachsens Stellung im regionalen Industrialisierungsprozeß Deutschlands im 19. Jahrhundert (Mitteldeutsche Forschungen 94), Köln/Wien 1988, 2–11.

[73] Ein Plädoyer für eine differenzierte Erfassung deutscher Geschichte gerade im wirtschaftspolitischen Bereich ist der Aufsatz von: KÖLLMANN, Wolfgang, Zur Bedeutung der Regionalgeschichte im Rahmen struktur- und sozialgeschichtlicher Konzeptionen, in: Archiv für Sozialgeschichte 15 (1975), 43–50; POLLARD, Sidney (Hg.), Region und Industrialisierung. Studien zur Rolle der Region in der Wirtschaftsgeschichte der letzten zwei Jahrhunderte (Kritische Studien zur Geschichtswissenschaft 42), Göttingen 1980.

[74] ZORN, Wolfgang, Zwischenstaatliche wirtschaftliche Integration im Deutschen Zollverein 1867–1870. Ein quantitativer Versuch, in: VSWG 65 (1978), 38–76. Einen gelungenen Versuch machte Michael Kerwat, dessen Dissertation jedoch nur im Teildruck erschienen ist: KERWAT, Michael, Die wechselseitige wirtschaftliche Abhängigkeit der Staaten des nachmaligen Deutschen Reiches im Jahrzehnt vor der Reichsgründung, wiso. Diss. München 1976.

[75] ZORN, Integration, 38–40. Dazu beispielsweise: SCHMITZ, Otto, Die Bewegung der Warenpreise in Deutschland von 1851 bis 1902, Berlin 1903.

[76] Dabei verwundert es, daß selbst das wenige zeitgenössische Material selten beachtet wird: VIEBAHN, Georg von (Hg.), Statistik des zollvereinten und nördlichen Deutschlands 1–3, Berlin 1858, 1862, 1868; BIENENGRÄBER, Alfred, Statistik des Verkehrs und Verbrauchs im Zollverein für die Jahre 1842–1864, Berlin 1868.

[77] FISCHER, Wolfram/KUNZ, Andreas (Hg.), Grundlagen der Historischen Statistik von Deutschland. Quellen, Methoden, Forschungsziele (Schriften des Instituts für sozialwissenschaftliche Forschung der Freien Universität Berlin 65), Opladen 1991; FEHRENBACH, Philipp (Bearb.), Die Produktion des deutschen Bergbaus 1850–1914 (Quellen und Forschungen zur historischen Statistik in Deutschland 13), St. Katharinen 1989;

Die Bedeutung der Regionalgeschichte wird bei wirtschaftlichen und wirtschaftspolitischen Untersuchungen zwar immer wieder betont, selten aber auch entsprechend umgesetzt[78]. Aufgrund der vorhandenen statistischen Daten ist ein internationaler Vergleich der Wirtschaftsleistung einzelner Staaten tatsächlich weitaus einfacher als der regionale innerhalb des Zollvereins[79]. Dennoch wurden einige Monographien zur industriellen Entwicklung einzelner deutscher Regionen sowohl von der angelsächsischen Diskussion über regionales Wirtschaftswachstum als auch von der Wiederaufnahme der deutschen Tradition der Landesgeschichtsschreibung inspiriert[80]. Ende der 1970er Jahre entstanden auf lokalhistorischer Ebene Einzeluntersuchungen, die das Problem des unterschiedlichen Industrialisierungstempos verschiedener Regionen betonten. Im Mittelpunkt des Interesses steht nach wie vor Preußen[81], die nicht-preußischen Staaten des Deutschen Bundes wurden unterschiedlich intensiv bearbeitet: Der Schwerpunkt liegt auf Baden[82], Sachsen[83] und Württemberg[84]. Für andere Länder fehlen dagegen

KUNZ, Andreas (Hg.), Statistik der Binnenschiffahrt in Deutschland seit 1835 (Quellen und Forschungen zur historischen Statistik in Deutschland 20), St. Katharinen 1992; FREMDLING, Rainer/FEDERSPIEL, Ruth/KUNZ, Andreas (Hg.), Statistik der Eisenbahnen in Deutschland 1835–1989 (Quellen und Forschungen zur historischen Statistik in Deutschland 17), St. Katharinen 1995 und schließlich für Süddeutschland einschlägig: KRAUS, Antje (Bearb.), Quellen zur Berufs- und Gewerbestatistik Deutschlands 1816–1875: Süddeutsche Staaten (Quellen zur Bevölkerungs-, Sozial- und Wirtschaftsgeschichte Deutschlands 1815–1875. Forschungen zur deutschen Sozialgeschichte 2/V), Boppard a. Rhein 1995.

[78] KÖLLMANN, Bedeutung: Die Beispiele stammen zwar aus Norddeutschland sind aber auch für die süddeutschen Staaten repräsentativ.

[79] Dazu beispielsweise: KELLENBENZ, Hermann/SCHNEIDER, Jürgen/GÖMMEL, Rainer (Hg.), Wirtschaftliches Wachstum im Spiegel der Wirtschaftsgeschichte (Wege der Forschung 376), Darmstadt 1978.

[80] KIESEWETTER, Hubert, Erklärungshypothesen zur regionalen Industrialisierung in Deutschland im 19. Jahrhundert, in: VSWG 67 (1980), 305–333. Bei einigen von ihnen steht der theoretische Ansatz regionaler Geschichtsschreibung im Vordergrund: FREMDLING, Rainer, Regionale Differenzierung in Deutschland als Schwerpunkt wirtschaftshistorischer Forschung, in: DERS./u.a. (Hg.), Industrialisierung und Raum. Studien zur regionalen Differenzierung im Deutschland des 19. Jahrhunderts, Stuttgart 1979, 9–26. In der Folge dann: KIESEWETTER, Hubert/FREMDLING, Rainer (Hg.), Staat, Region und Industrialisierung, Ostfildern 1985; KIESEWETTER, Hubert, Regionale Industrialisierung im Zeitalter der Reichsgründung, in: VSWG 73 (1986), 38–60.

[81] MARTIN, Bernd, Industrialisierung und regionale Entwicklung. Die Zentren der Eisen- und Stahlindustrie im Deutschen Zollgebiet, 1850–1915, Diss. Berlin 1983. Weitere Literatur bei KIESEWETTER, Manuskript „Industrialisierung", 15, Anm. 90–95. Die einzelnen preußischen Provinzen genossen dabei unterschiedliche Aufmerksamkeit.

[82] FISCHER, Wolfram, Der Staat und die Anfänge der Industrialisierung in Baden 1800–1850. I: Die staatliche Gewerbepolitik, Berlin 1962; MÜLLER, Hans P., Das Großherzogtum Baden und die deutsche Zolleinigung 1819–1835/36, Frankfurt a. Main/u.a. 1984.

[83] KIESEWETTER, Hubert, Bevölkerung, Erwerbstätige und Landwirtschaft im Königreich Sachsen 1815–1871, in: POHL, Auswirkungen, 89–106; KIESEWETTER, Industrialisierung.

spezifische wirtschaftlich oder wirtschaftpolitisch dominierte Untersuchungen. Dabei ist gerade für Bayern die stärkere Beachtung der regionalen Differenzierung ein wichtiges Anliegen, da sogar auf innenpolitischer Ebene beträchtliche Gegensätze herrschten: Die Münchner Regierung mußte für das rechtsrheinische Kerngebiet vollkommen andere politische Maßstäbe ansetzen als für die linksrheinische Pfalz[85].

c) Die Forschungslage für das Königreich Bayern

Für Bayern steht eine wirtschaftshistorische Zusammenfassung für das 19. Jahrhundert – ähnlich wie für Württemberg – aus. Die „Kleine Wirtschafts- und Sozialgeschichte" von Wolfgang Zorn[86], die Arbeit Schremmers[87] und Spilkers[88] sowie zwei Ausstellungskataloge aus dem Jahre 1985[89] bieten keinen wünschenswerten Ersatz und können nur Ausgangspunkt für weitere Untersuchungen sein. Ergänzt werden diese Arbeiten durch Detailuntersuchungen, von denen vor allem die Dissertation von Max Böhm[90] über die Agrarproduktion Bayerns und die Aufarbeitung der statistischen Daten zur Berufs- und Gewerbestatistik Deutschlands[91] zu nennen sind. Darüber hinaus liegen zu Teilbereichen der wirtschaftlichen Entwicklung Bayerns zwar regionale Einzelstudien vor, einen differenzierteren Einblick in die Wirtschaftsstruktur des Landes lassen sie aber selten zu[92]. Ein Grund mag im Fehlen wirtschaftshistorischer Datenreihen, die regionale

---

[84] Den Anfang machte LORETH, Hans, Das Wachstum der württembergischen Wirtschaft 1818–1918, Stuttgart 1974. Die neuesten Arbeiten stammen von: MEGERLE, Klaus, Württemberg im Industrialisierungsprozeß Deutschlands. Ein Beitrag zur regionalen Differenzierung der Industrialisierung (Geschichte und Theorie der Politik 7), Stuttgart 1982; KOLLMER-V. OHEIMB-LOUP, Gert, Zollverein und Innovation. Die Reaktion württembergischer Textilindustrieller auf den Deutschen Zollverein 1834–1874 (Beiträge zur deutschen Wirtschafts- und Sozialgeschichte 22), St. Katharinen 1996.

[85] Beispielsweise herrschte in der linksrheinischen Pfalz aufgrund des kaiserlich-französischen Dekretes vom 15. Oktober 1810 schon sehr früh Gewerbefreiheit.

[86] ZORN, Wolfgang, Kleine Wirtschafts- und Sozialgeschichte Bayerns 1806–1933, München 1962.

[87] Bei SCHREMMER, Eckart, Die Wirtschaft Bayerns. Vom hohen Mittelalter bis zum Beginn der Industrialisierung. Bergbau-Gewerbe-Handel, München 1970, wird nur der Anfang des 19. Jahrhunderts behandelt.

[88] SPILKER, Ernst M., Bayerns Gewerbe 1815–1965, München 1985.

[89] LEBEN und Arbeiten im Industriezeitalter. Eine Ausstellung zur Wirtschafts- und Sozialgeschichte Bayerns seit 1850. Ausstellungskatalog, Nürnberg 1985; AUFBRUCH ins Industriezeitalter, 4 Bde (Veröffentlichungen zur Bayerischen Geschichte und Kultur 3/85), München 1985.

[90] BÖHM, Max, Bayerns Agrarproduktion 1800–1870 (Studien zur Wirtschafts- und Sozialgeschichte 10), St. Katharinen 1995.

[91] KRAUS, Quellen, süddeutsche Staaten, 89–218; 606–607.

[92] Als Beispiele seien genannt, für die Oberpfalz: NICKELMANN, Volker, Beitrag zur Darstellung der Entwicklung der eisenschaffenden Industrie in der Oberpfalz, in: Verhandlungen des Historischen Vereins der Oberpfalz 97 (1956), 13–162; GÖMMEL, Rainer, Entwicklungsprobleme der ostbayerischen Eisenindustrie vom Ende des Alten Reiches bis

Unterschiede innerhalb Deutschlands berücksichtigen würden, zu suchen sein. So hält sich selbst in der neueren Forschung die borussische Dominanz, da die Analysen deutschlandweit durchgeführt oder Deutschland nicht selten sogar mit den preußischen Provinzen gleichgesetzt werden[93]. Bayern und die anderen Mittelstaaten finden in wirtschaftshistorischen Darstellungen oftmals nur am Rande Erwähnung, nahmen sie doch in den Augen vieler im Konzert der beiden Hegemonialmächte des Deutschen Bundes Preußen und Österreich nur eine Nebenrolle ein.

Was die Erforschung politischer oder gar wirtschaftspolitischer Entscheidungsprozesse im Bayern des 19. Jahrhunderts betrifft, so muß man nicht selten auf landesgeschichtliche Arbeiten aus den 1920er und 1930er Jahren zurückgreifen. Sigmund Meiboom legte 1931 seine Dissertation über die bayerische Politik zwischen 1851 und 1859 vor, deren Schwerpunkt auf den Führungsstilen König Maximilians II. und seines Ministers Ludwig von der Pfordten liegt, und demnach wirtschaftspolitischen Entscheidungen dieser Zeit nur wenig Aufmerksamkeit widmet[94]. In die gleiche Zeit fällt die Doktorarbeit Theodor Schieders, bei dem diese Fragestellungen ebenfalls lediglich am Rande Berücksichtigung fanden[95]. 1933 legte schließlich Eugen Franz als Vertreter der nationalökonomisch-historischen Schule seine Arbeit zu den zoll- und handelspolitischen Entscheidungen der bayerischen Regierung zwischen 1856 und 1867 vor[96]. Nach Franz

1918, in: BERGBAU- UND INDUSTRIEMUSEUM OSTBAYERN (Hg.), Die Oberpfalz – ein europäisches Eisenzentrum. 600 Jahre Große Hammereinung, Theuern 1987, 371–382; GÖMMEL, Rainer, Wachstum und Konjunktur der Nürnberger Wirtschaft (1815–1914) (Beiträge zur Wirtschaftsgeschichte 1), Stuttgart 1978; für Schwaben: ZORN, Wolfgang, Handels- und Industriegeschichte Bayerisch-Schwabens 1648–1870. Wirtschafts-, Sozial- und Kulturgeschichte des schwäbischen Unternehmertums (Veröffentlichungen der Schwäbischen Forschungsgemeinschaft bei der Kommission für Bayerische Landeskunde 1,6), Augsburg 1961; RUPIEPER, Hermann-Joseph, Arbeiter und Angestellte im Zeitalter der Industrialisierung. Eine sozialgeschichtliche Studie am Beispiel der Maschinenfabriken Augsburg und Nürnberg (MAN) 1837–1914, Frankfurt a. Main/New York 1982.

[93] Dazu beispielsweise: GERHARD, Hans J./KAUFHOLD, Karl H. (Hg.), Preise im vor- und frühindustriellen Deutschland. Grundnahrungsmittel. (Göttinger Beiträge zur Wirtschafts- und Sozialgeschichte 15), Göttingen 1990; ELLERBROCK, Karl P., Geschichte der deutschen Nahrungs- und Genußmittelindustrie 1750–1914 (Zeitschrift für Unternehmensgeschichte, Beiheft 76), Stuttgart 1993; MARTIN, Bernd, Industrialisierung und regionale Entwicklung. Die Zentren der Eisen- und Stahlindustrie im Deutschen Zollgebiet, 1850–1915, Diss. Berlin 1983.

[94] MEIBOOM, Siegmund, Studien zur deutschen Politik Bayerns in den Jahren 1851–1859 (Schriftenreihe zur bayerischen Landesgeschichte 6), München 1931.

[95] SCHIEDER, Theodor, Die kleindeutsche Partei in Bayern in den Kämpfen um die nationale Einheit 1863–1871 (Münchener Historische Studien, 1,12), München 1936 (=SCHIEDER, Theodor, Die deutsche Fortschrittspartei in Bayern und die deutsche Frage 1863–1871, Diss. München 1936).

[96] FRANZ, Eugen, Der Entscheidungskampf um die wirtschaftspolitische Führung Deutschlands (1856–1867) (Schriftenreihe zur bayerischen Landesgeschichte 12), München 1933. Daneben seine Aufsätze zum selben Themenkreis: Die Vorgeschichte des preußisch-französischen Handelsvertrages von 1862, in: VSWG 25/1 (1932), 1–27; Ludwig

bediente sich Preußen seit Beginn der 1860er Jahre des Zollvereins, um Österreich aus dem Deutschen Bund und damit de facto aus Deutschland hinauszudrängen. Damit folgte der Autor der herrschenden Forschungsmeinung, daß es keine Alternative zur kleindeutschen Lösung gegeben hätte. Der Abschluß des preußisch-französischen Handelsvertrages, der Kampf unter den deutschen Staaten um dessen Annahme und schließlich die Anerkennung des Kontraktes werden als Marksteine der allgemeinen Entwicklung in der zweiten Hälfte des 19. Jahrhunderts herausgestellt. Das bearbeitete und vor allem auch zitierte Quellenmaterial wählte Franz aber gemäß der eigenen vorgefaßten Argumentation aus, nach der Preußen die Widerstandskraft Bayerns gegen den Handelsvertrag gewaltsam gebrochen hätte. Die Interpretation von Franz läßt die bayerischen Entscheidungen nicht selten in einem Licht kleinlicher Versuche des Souveränitätserhaltes erscheinen, so daß er selbst bei den Zeitgenossen, die den kleindeutschen Weg der Geschichte ebenfalls als den einzig wahren ansahen, nicht unumstritten war[97]. Noch stärker der nationalpolitischen Interpretation verhaftet ist die 1935 erschienene Untersuchung von Walter Schübelin über die süddeutschen Staaten im Zollparlament[98]. Schübelin gelangte zu der Erkenntnis, das Zollparlament hätte die ihm zugedachte Rolle als Wegbereiter der politischen Einigung Deutschlands unter Ausschluß Österreichs nicht ausfüllen können.

An der Nachkriegsdiskussion um die Frage nach Alternativen zur kleindeutschen Lösung im 19. Jahrhundert beteiligte sich die bayerische Geschichtsschreibung nicht, galt doch das Thema „Bayern und die Reichsgründung" wegen der gründlichen Auswertung der Archivalien durch Michael Doeberl[99] und Karl

---

Freiherrn von der Pfordtens Kampf gegen den preußisch-französischen Handelsvertrag vom 29. März 1862, in: Forschungen zur brandenburgischen und preußischen Geschichte 44 (1932), 130–155; Graf Rechbergs deutsche Zollpolitik, in: MIÖG 46 (1932), 142–187; Ludwig Frhr. von der Pfordten (Schriftenreihe zur bayerischen Landesgeschichte 29), München 1938. Die Ergebnisse von Eugen Franz sind mit Vorsicht zu verwenden, veränderte er doch Zitate oder übersah offensichtliche Fakten, wenn sie nicht in seinen Argumentationsstrang hineinpaßten.

[97] Dazu die Rezensionen in: HZ 160 (1939), 582–589; HZ 162 (1940), 326–333 und 551–556. Zur Diskussion um die Frage nach der großdeutschen Gesinnung Pfordtens: GLASER, Hubert, Zwischen Großmächten und Mittelstaaten. Über einige Konstanten der deutschen Politik Bayerns in der Ära v.d. Pfordten, in: LUTZ, Heinrich (Hg.), Österreich und die deutsche Frage im 19. und 20. Jahrhundert, Wien 1982, 149–150.

[98] SCHÜBELIN, Walter, Das Zollparlament und die Politik von Baden, Bayern und Württemberg 1866 bis 1870 (Historische Studien 262), Berlin 1935. Bezeichnend auch hier, daß der Zollbundesrat keine Erwähnung findet.

[99] DOEBERL, Michael, Bayern und die wirtschaftliche Einigung Deutschlands (Abhandlungen der Königlich Bayerischen Akademie der Wissenschaften, phil.-hist. Klasse 29/2), München 1915; DERS., Bayern und die Bismarcksche Reichsgründung (Bayern und Deutschland), München/Berlin 1925; DERS., Bayern und die deutsche Frage in der Epoche des Frankfurter Parlaments, München 1922 und auch: DOEBERL, Michael, hg. von Max SPINDLER, Entwicklungsgeschichte Bayerns, Band III, München 1931.

Alexander von Müller[100] in den 1920er und 1930er Jahren als erschöpfend behandelt. Ihr Vorgänger auf dem Lehrstuhl für Bayerische Geschichte an der Universität München, Sigmund von Riezler, sah in Bismarck einen Politiker, der aufgrund seiner „staatsmännischen Weisheit" den Bestand der süddeutschen Staaten als Bundesmitglieder des neuen Reiches gesichert hatte[101]. Michael Doeberl, wählte in den letzten 25 Jahren seines wissenschaftlichen Schaffens „Bayern und die deutsche Frage" als persönlichen Forschungsschwerpunkt. Doeberl begriff die Reichsgründung zwar als tiefe Erschütterung der bayerischen Eigenstaatlichkeit, stellte aber trotz allem die positive Einbeziehung Bayerns in das kleindeutsche Reich heraus, die er einerseits dem Einfühlungsvermögen Bismarcks und andererseits der Wiederannäherung Preußens an Österreich im Zweibund von 1879 zuschrieb[102]. Sein Nachfolger auf dem Lehrstuhl für Bayerische Geschichte, Karl Alexander von Müller, geprägt von der Reichstreue und bismarckschen Gesinnung seiner akademischen Lehrer, sah in der gescheiterten Revolution von 1848 den Wendepunkt in der Deutschen Frage, die mit der österreichischen Niederlage 1866 abgeschlossen war. Weitere Arbeiten zur Reichsgründung von 1870/71, die bereits kurz vor dem Ersten Weltkrieg erschienen waren, entsprachen bereits bei ihrem Erscheinen nicht mehr dem aktuellen Stand der Forschung und gerieten deshalb weitgehend in Vergessenheit[103].

Die Gedenkjahre 1966 und 1970 brachten für Bayern keine entscheidenden Neuveröffentlichungen, weder auf politischem und noch weniger auf wirtschaftspolitischem Terrain, eröffnete aber in einigen Teilbereichen neue Einsichten[104]. Während sich Karl Bosl darauf beschränkte, das Jahr 1866 für die imperialistische Politik Deutschlands bis zum Zweiten Weltkrieg verantwortlich zu machen[105], legte Eberhard Weis einen in der Landesgeschichtsschreibung zu wenig rezipier-

---

[100] MÜLLER, Karl A. v., Bayern im Jahre 1866 und die Berufung des Fürsten Hohenlohe, München 1909. Weitere Titel Müllers zum Komplex 1866/1871 im Literaturverzeichnis.

[101] GLASER, Zwischen Großmächten, 141.

[102] Ebd., 143. MOMMSEN, Wilhelm, Bayern und die deutsche Reichsgründung, in: Archiv für Politik und Geschichte, 4(9)/7,8 (1926), 161–193.

[103] KÜNTZEL, Georg, Bismarck und Bayern in der Zeit der Reichsgründung (Frankfurter Historische Forschungen 2), Frankfurt a. Main 1910. RUVILLE, Albert von, Bayern und die Wiederaufrichtung des Deutschen Reiches, Berlin 1909, arbeitet mehr mit Hypothesen und Möglichkeiten als mit Quellenmaterial. Dies trifft nicht auf die Arbeiten von Wilhelm BUSCH zu, bei denen aber immer Württemberg im Mittelpunkt des Interesses steht: Die Kämpfe um Reichsverfassung und Kaisertum 1870–1871, Tübingen 1906; Württemberg und Bayern in den Einheitsverhandlungen 1870, in: HZ 109 (1912), 161–190.

[104] Beachtenswert als Zusammenfassung ist: BUSLEY, Hermann-Joseph, Bayern und die deutsche Einigung 1870/71 (Ausstellungskatalog der staatlichen Archive Bayerns 6), München 1971. Des weiteren vor allem die einschlägigen Aufsätze in: SCHIEDER/DEUERLEIN, Reichsgründung.

[105] BOSL, Karl, Die deutschen Mittelstaaten in der Entscheidung von 1866. Zur 100. Wiederkehr der Schlacht von Königgrätz, in: ZBLG 29 (1966), 665–679.

ten Aufsatz über die Politik Otto Graf von Bray-Steinburgs im Jahre 1870 vor[106]. Hans Ralls Untersuchung über das Verhältnis zwischen König Ludwig II. und Bismarck[107], die weitgehend auf Gesandtschaftsberichten basiert, knüpft im wesentlichen an den schon in den 1950er Jahren formulierten Standpunkt an, wonach Preußen und vor allem Bismarck das bayerische Königreich in den Norddeutschen Bund gedrängt und damit die Eigenstaatlichkeit der süddeutschen Staaten vernichtet hätten[108]. Dieser Argumentation folgt auch die 1972 erschienene Dissertation von Jochen Schmidt über die Rolle Bayerns im Zollparlament, die allerdings weder volkswirtschaftlich-strukturelle Gegebenheiten noch die allgemeine Reichsgründungsliteratur berücksichtigt[109]. Schmidt stellt vielmehr die nationalpolitische Bedeutung des Zollparlaments und seine Rolle für die deutsche Einigung in den Vordergrund, was zwangsläufig zu einer negativen Beurteilung der Zollvereinsneugestaltung von 1867 führen mußte[110].

Demgegenüber kommt der Dissertation von Karl-Heinz Preißer über die Stellung Bayerns bei der Steuerharmonisierung im Zollverein das Verdienst zu, im Rahmen seiner Themenstellung über den nationalpolitischen Ansatz hinaus das Zollparlament entsprechend seiner vorrangigen Aufgabe zu würdigen, für alle Mitgliedsstaaten einen gemeinsamen zolltechnischen Standard durchzusetzen[111]. Anfang der 1970er Jahre eröffnete darüber hinaus Helmut Rumpler mit seiner Habilitationsschrift über den langjährigen Leiter der sächsischen Politik und späteren österreichisch-ungarischen Außenminister, Friedrich Ferdinand von Beust, eine Neubewertung der mittelstaatlichen Politik in der Zeit um 1848[112].

[106] WEIS, Eberhard, Vom Kriegsausbruch zur Reichsgründung. Zur Politik des bayerischen Außenministers Graf Bray-Steinburg im Jahre 1870, in: ZBLG 33 (1970), 787–810. Dieser Aufsatz wird bei RALL, Hans, Die politische Entwicklung von 1848 bis zur Reichsgründung 1871, in: SPINDLER, Max (Hg.), Handbuch der bayerischen Geschichte IV/2, München ²1979, 224–282, nicht erwähnt.

[107] RALL, Hans, König Ludwig II. und Bismarcks Ringen um Bayern 1870/71. Unter Auswertung unbekannter englischer, preußischer und bayerischer Quellen dargestellt (Schriftenreihe zur bayerischen Landesgeschichte 67), München 1973. Genauso: DERS., Entwicklung, 224–282.

[108] RALL, Hans, Bayern und Bismarcks Lösung in der Deutschen Frage, in: ZBLG 22 (1959), 331–347; DERS., Bismarcks Reichsgründung und die Geldwünsche aus Bayern, in: ZBLG 22 (1959), 396–497.

[109] SCHMIDT, Jochen, Bayern und das Zollparlament. Politik und Wirtschaft in den letzten Jahren vor der Reichsgründung 1866/67–1870. Zur Strukturanalyse Bayerns im Industriezeitalter (MBM 46), München 1972.

[110] Siehe dazu dagegen die Bewertung von Zollbundesrat und Zollparlament in Kapitel IV.2.c) *Die neuen Zollvereinsgremien Zollbundesrat und Zollparlament, ihre Organisation und Besetzung* (S. 178).

[111] PREISSER, Karl-Heinz, Die Stellung Bayerns bei der Steuerharmonisierung im Deutschen Zollverein 1834–1871 (Wirtschafts- und sozialwissenschaftliche Forschungsbeiträge 10), Regensburg 1991.

[112] RUMPLER, Helmut, Die deutsche Politik des Freiherrn von Beust 1848 bis 1850. Zur Problematik mittelstaatlicher Reformpolitik im Zeitalter der Paulskirche (Veröffentlichungen der Kommission für Neuere Geschichte Österreichs 57), Wien/Köln/Graz 1972.

Rumpler stellte für die sächsische Regierung heraus, daß der mittelstaatliche Partikularismus „zu keiner Zeit und in keiner Form eine die Einzelstaatlichkeit übergreifende staatliche Organisation verneint [hätte] oder sie aufzuheben versuchte, sondern zu ihr lediglich in einem Spannungsverhältnis stand"[113]. Diese, für die Zeit der Paulskirche relevante Haltung Sachsens, ist in Teilen auch für die bayerische Politik bis 1871 belegbar. Rumpler wies bereits zu diesem Zeitpunkt darauf hin, daß sozial- und wirtschaftsgeschichtliche Entwicklungen ebenfalls den Trend zum Einheitsstaat belegten. Neben diesen umfangreicheren Arbeiten wurden wichtige Einzelaspekte bayerischer Politik zwischen 1850 und 1870 erarbeitet, wirtschaftspolitische Überlegungen fanden dabei jedoch kaum Beachtung[114].

Eine epochenübergreifende, fundierte Darstellung zur Reichsgründungszeit aus bayerischer Sicht fehlt bis heute. Darüber hinaus wären kritische Biographien zu den beiden bayerischen Königen Maximilian II. und Ludwig II. wünschenswert. Die Arbeit Ludwig Hüttls zu Ludwig von 1986[115] stützt sich für die hier relevante Zeit im wesentlichen auf die Ergebnisse von Hans Rall aus den 1970er Jahren[116]. Beachtenswert sind lediglich die beiden kürzeren Aufsätze von Wilhelm Liebhart und Dieter Albrecht[117]. Intensivere Untersuchungen zu den leitenden Ministern Ludwig von der Pfordten[118], Karl Freiherr von Schrenck-Notzing, Chlodwig Fürst zu Hohenlohe-Schillingsfürst und Otto Graf von Bray-Steinburg stehen zwar noch aus, sind teilweise aber in Bearbeitung. Die vorhandenen Einzeluntersuchungen[119] geben bisher meist nur einen kleinen Einblick in die wirtschaftspolitischen Entscheidungsprozesse der leitenden Minister.

---

[113] Ebd., 327–328. Auf die Partikularismusforschung (RUMPLER, Politik, 318–339) soll hier nicht näher eingegangen werden.

[114] MÖSSLE, Wilhelm, Bayern auf den Dresdner Konferenzen 1850/51 (Münchener Universitätsschriften. Jurist. Fakultät, Abhandlungen zur rechtswissenschaftlichen Grundlagenforschung 5), München 1972; GRUNER, Wolf D., Bismarck, die süddeutschen Staaten, das Ende des Deutschen Bundes und die Gründung des preußisch-kleindeutschen Reiches 1862–1871, in: DÜLFFER, Bismarck, 45–81; DERS., Die Würzburger Konferenzen der Mittelstaaten in den Jahren 1859–1861 und die Bestrebungen zur Reform des Deutschen Bundes, in: ZBLG 36 (1973), 181–253; DERS., Bayern, Preussen und die süddeutschen Staaten 1866–1870, in: ZBLG 37 (1974), 799–827.

[115] HÜTTL, Ludwig, Ludwig II. König von Bayern. Eine Biographie, München 1986.

[116] RALL, Bayern.

[117] LIEBHART, Wilhelm, Bayern zur Zeit König Ludwigs II., in: Blätter für deutsche Landesgeschichte 123 (1987), 185–223 und ALBRECHT, Dieter, König Ludwig II. von Bayern, in: ZBLG 50 (1987), 153–166.

[118] Die vorhandene Biographie von Eugen FRANZ, Pfordten, ist weitgehend überholt, da er den Nachlaß nicht berücksichtigt, vor allem aber da er die Entscheidungen Pfordtens im allgemeinen zu positiv sieht. Eine neuere Biographie zu Pfordten ist in Bearbeitung.

[119] Dazu beispielsweise: WEIS, Kriegsausbruch.

2. Zum Inhalt

Die vorliegende Arbeit will mit einem von wirtschaftspolitischen Überlegungen des 19. Jahrhunderts und den daran beteiligten Personen bestimmten Ansatz die diplomatisch- bzw. militärhistorischen Untersuchungen zur Reichsgründungszeit ergänzen und es damit ermöglichen, den Weg hin zu einer kleindeutschen Lösung der Deutschen Frage aus einem neuen Blickwinkel zu betrachten. Weder die Zollvereinsgründung von 1834 noch die Fortentwicklung dieser wirtschaftlich motivierten Verbindung bis zur nationalstaatlichen Einigung 1870/71 kann allein mit der diplomatiehistorischen Rekonstruktion der zwischenstaatlichen Verhandlungen beantwortet werden. Das Problem läßt sich aber auch nicht allein mit wirtschaftshistorischen Argumenten lösen, da bei den Entscheidungsprozessen ganz offensichtlich auch außerökonomische Momente eine wichtige Rolle spielten[120]; erst die Berücksichtigung aller Faktoren läßt einen tieferen Blick in die Entscheidungsfindung der deutschen Einzelstaaten zu, sich dem Druck Preußens zu beugen und sich dem kleindeutschen Reich von 1870/71 anzuschließen. Das politische Handeln eines Staates basiert auf drei zentralen Betrachtungsebenen: dem nationalen, politisch-sozialen und ökonomischen System, der internationalen Ordnung sowie der Perspektive der politisch handelnden Persönlichkeit[121]. Ausgehend von dieser Überlegung will die Arbeit den wirtschaftspolitischen Möglichkeiten eines deutschen Mittelstaates im vorigen Jahrhundert nachgehen, wobei internationale Verflechtungen im wirtschaftlichen und wirtschaftspolitischen Bereich im Vordergrund stehen sollen, ohne aber die Hintergrundfolie politischer Entscheidungen zu negieren. Dabei werden die überwiegend bekannten außen- und innenpolitischen Vorgänge der Integration Bayerns ins Deutsche Kaiserreich, in das wirtschaftspolitische Kräftefeld Deutschlands seit der Gründung des Zollvereins und dann in die Zusammenhänge des österreichisch-preußischen Dualismus eingeordnet und auf die wirtschaftlichen Interessen der Münchner Regierung, auf deren Möglichkeiten und Strategien bezogen.

Am Beispiel des wichtigsten deutschen Mittelstaates, des Königreiches Bayern, soll im folgenden der Weg der wirtschaftlichen Eingliederung in das Zweite Kaiserreich über das Jahr 1871 hinaus nachgezeichnet werden. Motive und Ziele, Mittel und Erfolge einer zunehmend in den Sog der Ökonomie geratenden Politik werden ausführlich beschrieben, wobei die Frage im Vordergrund steht, inwieweit die damalige Kenntnis wirtschaftlicher Zusammenhänge den „schleichenden" Beitritt Bayerns in das spätere Deutsche Reich unterstützte, bedingte oder ob sie lediglich eine untergeordnete Bedeutung besaß. Die Untersuchung soll überdies aufzeigen, in welchem Umfang die bayerische Regierung als Mitglied des Zollvereins im 19. Jahrhundert überhaupt eine unabhängige Wirtschaftspolitik betreiben konnte, ohne politisch ins Abseits zu geraten und sich von den anderen deutschen Mittelstaaten zu trennen; die detaillierte Schilderung der

---

[120] BERDING, Entstehung, in: DERS., Vom Staat, 237.
[121] GRUNER, Wolf D., Die Rolle und Funktion von „Kleinstaaten" im internationalen System 1815–1914: Die Bedeutung der deutschen Klein- und Mittelstaaten für die europäische Ordnung, Hamburg 1985, 4–5.

Spielräume des Münchner Kabinettes bei wirtschaftspolitischen Entscheidungen ist in diesem Zusammenhang besonders wichtig. Zweifelsohne folgte die wirtschaftliche Integration Deutschlands eigenen, vom Politischen weitgehend unabhängigen Gesetzen, vermochte aber umgekehrt, diese zu beeinflussen[122]. Die Parallelität und damit bewußte Trennung der politischen und wirtschaftspolitischen Prozesse im vorigen Jahrhundert, die in den Quellen und Stellungnahmen der maßgeblichen Politiker immer wieder deutlich wird, wird differenziert nachgezeichnet.

Aus den Zollvereinskrisen der Jahre 1851 bis 1853, 1862 bis 1864 und schließlich 1866 bis 1867 entwickelte sich der Kampf um die wirtschaftliche Vorherrschaft in Deutschland[123]. Den Ursachen und Kennzeichen des preußisch-österreichischen Dualismus im Deutschen Bund, der ab 1848 offen zutage trat, soll mit Hilfe einer Kombination ökonomischer und politisch-gesellschaftlicher Interpretationen nachgegangen werden, um das Gesamtphänomen „Reichsgründung" zu erläutern. Die nachfolgende Untersuchung nutzt die zahlreichen Reformversuche innerhalb des Deutschen Bundes seit 1848 genauso wie die politischen Auseinandersetzungen zwischen Preußen und Österreich als Hintergrundfolie für die Entwicklung des deutschen Zollvereins. Dieses Vorgehen erscheint legitim, legten doch gerade die bayerischen Außenminister besonderen Wert auf die unabhängige Behandlung von Fragen, die die Wirtschaft einerseits und die Politik andererseits betrafen: So führte man wirtschaftspolitische Verhandlungen dezidiert als Mitglied des Zollvereins und nicht als Angehöriger des Deutschen Bundes. Nicht berücksichtigt werden die im 19. Jahrhundert verstärkt auftretenden gesellschaftlichen Veränderungen. Auf das offensichtliche Mißverhältnis zwischen den wirtschaftlichen Kräften, dem Wirtschaftsbürgertum, die erst allmählich über ein einflußreicheres politisches Sprachrohr verfügten, und den alten Eliten, die die politische Führungsriege stellten, wird hier lediglich kurz aufmerksam gemacht: Weder die Forschungen zum Bürgertum und Parlamentarismus noch die zur Mentalitätsgeschichte bilden einen Gegenstand der vorliegenden Untersuchung.

Die Arbeit verzichtet zwar nicht auf einige grundsätzliche Anmerkungen zur Gründung des Zollvereins, der Beilegung seiner „ersten Krise" 1851 bis 1853 und dem Abschluß eines Handelsvertrages mit Österreich im Jahre 1853, das Hauptgewicht liegt aber auf der Zeit zwischen 1862 (Abschluß des preußisch-französischen Handelsvertrages) und 1875 (Abschluß der Währungs- und Bankenfrage). Im Vordergrund stehen die Auseinandersetzungen um die Annahme des preußisch-französischen Handelsvertrages durch die bayerische Regierung in den Jahren 1862 bis 1864/65, des weiteren die erste Phase der wirtschaftlichen Integration Bayerns in Zollbundesrat und Zollparlament zwischen 1867 und 1870 sowie anschließend die wirtschaftspolitische Eingliederung in das Deutsche Reich nach 1871. Im Grunde waren die Weichen in diese Richtung bereits

---

[122] JAEGER, Hans, Geschichte der Wirtschaftsordnung in Deutschland (Neue Historische Bibliothek, NF 529), Frankfurt a. Main 1988, 59.

[123] Eine kurze und fundierte, wenn auch im Detail ungenaue Übersicht bietet jetzt: HENDERSON, Cobden-Vertrag, 221–251.

mit der Beilegung der „ersten Zollvereinskrise" 1853 gestellt, in deren Folge sich die politische Landschaft in Mitteleuropa zum „Kleindeutschland in der damaligen Terminologie"[124] entwickelte. Die wesentlichen wirtschaftspolitischen Zuständigkeiten gingen zwar erst mit der Gründung des Deutschen Reiches 1871 verfassungsrechtlich fixiert an die Zentralregierung in Berlin über, wirkliche Freiräume für eigenständige Entscheidungen waren aber schon lange zuvor nicht mehr gegeben; den endgültigen Wendepunkt hin zu einem kleindeutschen Wirtschaftsraum stellte fraglos die 1865 erfolgte Annahme des preußisch-französischen Handelsvertrages durch die Münchner Regierung und damit die weitgehend bedingungslose Ausrichtung der eigenen Wirtschaftspolitik auf das von Preußen propagierte System des Freihandels dar[125]. Diese folgenschwere Entscheidung, bedingt durch die zeitgenössisch überschätzten volkswirtschaftlichen Zwänge, schränkte die Bewegungsfreiheit Bayerns maßgeblich ein. Gerade deshalb müssen mögliche Alternativen mittelstaatlicher Wirtschaftspolitik im Hinblick auf einen Anschluß an den österreichischen, süddeutsch-selbständigen oder gar schweizerischen Wirtschaftsraum diskutiert und darf gleichzeitig die zoll- und handelspolitische Rolle Preußens im Deutschland des 19. Jahrhunderts nicht unkritisch verherrlicht werden[126]. So kann es zumindest aus wirtschaftspolitischer Sicht als überholt gelten, die entscheidende Zäsur für die Ausrichtung auf die kleindeutsche Lösung mit dem „Entscheidungsjahr 1866" oder gar erst mit der Reichsgründung[127] anzusetzen. Durch die Annahme des preußisch-französischen Handelsvertrages und die Verlängerung des Zollvereins in den Jahren 1862 bis 1865 verliert das Jahr 1866 einiges „von der Tragik schicksalhafter Wendung"[128], die in der älteren Literatur – vorzugsweise österreichischer Provenienz – immer wieder betont wurde. Vielmehr erscheint nach ökonomischen Gesichts-

---

[124] HENNING, Friedrich W., Der Wandel in den wirtschaftspolitischen Vorstellungen Bismarcks, in: KUNISCH, Bismarck, 238.

[125] Siehe dazu ausführlich das Kapitel III.3. *Die Verlängerung des Zollvereins 1864/1865* (S. 120).

[126] HAHN, Hans-Werner, Hegemonie und Integration. Voraussetzungen und Folgen der preußischen Führungsrolle im Deutschen Zollverein, in: BERDING, Integration, 70. Als Beispiel dieser unkritischen Forschungssicht: HARTMANN, Stefan, Als die Schranken fielen. Der deutsche Zollverein. Ausstellung des Geheimen Staatsarchivs Preußischer Kulturbesitz zur 150. Wiederkehr der Gründung des deutschen Zollvereins 1834, Berlin-Dahlem 1984.

[127] ENTSCHEIDUNGSJAHR 1866, in: Aus Politik und Zeitgeschichte, Beilage zur Wochenzeitung „Das Parlament" 24/25 (1966); NIPPERDEY, Thomas, Deutsche Geschichte 1800–1866. Bürgerwelt und starker Staat, München 1994 (1983), 790–792; BARMEYER, Heide, Bismarck zwischen preußischer und nationaldeutscher Politik, in: KUNISCH, Bismarck, 38. Der Beitrag behandelt allerdings die Deutsche Frage als nationales Problem aus der Sicht Hannovers. Zur Historiographie zum Jahr 1866: DOERING-MANTEUFFEL, Einheit, 96–100.

[128] KOCH, Einleitung, in: ÖSTERREICHISCHES OST- UND SÜDOSTEUROPA-INSTITUT (Hg.), MESSLER-BRETTNER, Horst/KOCH, Klaus (Bearb.), Die Protokolle des österreichischen Ministerrates 1848–1867. V. Abt. Die Ministerien Erzherzog Rainer und Mensdorff IV: 5.5.1862–31.10.1862, Wien 1986, XLI.

punkten die Niederlage Österreichs im deutsch-deutschen Krieg 1866 und die Auflösung des Deutschen Bundes als logischer Schlußpunkt einer Entwicklung und nicht als Ausgangspunkt für die kleindeutsche Einigung. Gerade für die deutschen Mittelstaaten sollte deshalb hinsichtlich von „Entscheidungsjahren" im 19. Jahrhundert differenzierter argumentiert werden. Deshalb ist es nur konsequent, den Kampf um den preußisch-französischen Zoll- und Handelsvertrag als Beginn der „heißen Phase" der wirtschaftlichen Integration Bayerns ausführlich nachzuzeichnen und mit bisher unveröffentlichtem Quellenmaterial ältere Forschungsergebnisse zu relativieren oder gar zu revidieren.

Die wirtschaftliche Integration der Zollvereinsmitglieder Bayern, Württemberg, Baden und Hessen-Darmstadt, die alle nicht dem Norddeutschen Bund angehörten, war mit der Restitution des deutschen Zollvereins 1867 keinesfalls abgeschlossen. Die Regierungen in München, Stuttgart, Karlsruhe und Darmstadt verzichteten zwar auf Kompetenzen in wirtschaftspolitischen Bereichen, von einem vollständigen Verlust ihrer Souveränität auf diesem Gebiet kann jedoch noch keine Rede sein. Während im Norddeutschen Bund die Währungsfrage gelöst sowie Maße und Gewichte verbindlich vereinheitlicht wurden, erfolgte die Harmonisierung für die süddeutschen Staaten erst nach der Reichsgründung. So bildete das Jahr 1871 zwar aus politischen, ökonomischen und sozialen Gründen eine Markscheide, die in Deutschland eine komplexe regionale Industrialisierungsgeschichte abschloß und eine nationalstaatliche Komponente eröffnete[129]. Im wirtschaftspolitischen Bereich war jedoch die Reichsgründung für Bayern, Württemberg, Baden und Hessen-Darmstadt nur die letzte Etappe und damit die Voraussetzung auf dem Weg zur endgültigen wirtschaftlichen Integration in ein Deutschland unter preußischer Führung.

Die Arbeit ist primär landesgeschichtlich angelegt und basiert auf vorwiegend ungedrucktem bayerischen Quellenmaterial ministerieller Provenienz. Um einen komperatistischen Ansatz zu gewährleisten, was im Rahmen dieser Untersuchung freilich nur in Ansätzen geleistet werden kann, werden die Entscheidungen der anderen süddeutschen Staaten, hier in erster Linie Württemberg, Baden und bis 1867 auch Sachsen, nicht aus den Augen verloren. Dies schärft den Blick für die Regierungsentscheidungen in München. Bayern selbst war aus dem Wiener Kongreß als geschlossener Flächenstaat mit 77.500 qkm und 3,5 Mio Einwohnern hervorgegangen, zeigte sich aber aufgrund der Gebietszuwächse in konfessioneller, ethnischer und auch wirtschaftlicher Hinsicht als sehr heterogen. Diese Vielfalt prägte die Politik, so daß eine regionale Differenzierung wünschenswert wäre, die jedoch aufgrund der Quellenlage nur teilweise berücksichtigt werden konnte. Erschwerend für die bayerische Regierung und ihre politischen Entscheidungen war dabei besonders die territoriale Trennung der rechtsrheinischen Gebiete von der linksrheinischen, volkswirtschaftlich weiter entwickelten Pfalz.

Die europäische Verfassungsordnung, basierend auf der Wiener Bundesakte von 1815, hätte den deutschen Klein- und Mittelstaaten die Möglichkeit geboten, sich politisch und ökonomisch unter einem Dach zu vereinigen. Eine Zusammenarbeit gelang jedoch nicht vor Ende der 1820er Jahre und dann nur auf wirt-

---

[129] KIESEWETTER, Industrialisierung, 45.

schaftlicher Ebene, wie in Kapitel II.1. (*Vorläufer des Deutschen Zollvereins*) überblicksartig dargestellt wird. Und auch mit der Gründung des deutschen Zollvereins zum Jahresbeginn 1834 glückte aufgrund volkswirtschaftlicher Überlegungen lediglich eine „kleindeutsche" Zusammenarbeit (Kapitel II.2. *Der Deutsche Zollverein von 1833/34*). Schon bei der ersten Zollvereinsverlängerung 1841 traten Differenzen um die wirtschaftspolitische Richtung, d.h. Freihandel oder Beibehaltung der Schutzzölle, auf, die aber noch einmal beigelegt wurden. Die unterschiedlichen Ansichten zwischen Preußen und den süddeutschen Staaten verschärften sich bis 1862 erheblich. Neben die wirtschaftspolitischen Unstimmigkeiten zwischen Nord und Süd traten politische Dispute zwischen den einzelnen Mittelstaaten, da sie sich weigerten, die in der Triasidee der Münchner Regierung angestrebte Führungsrolle Bayerns zu akzeptieren[130]. Hinzu kam nach der Revolutionszeit ein gespanntes Verhältnis zwischen Bayern und Baden, das durch die wiederholten Territorialwünsche Bayerns nach einer Landbrücke zwischen Unterfranken und der Rheinpfalz immer wieder neue Nahrung erhielt[131]. Angesichts der 1848er Bewegung brach sich in Bayern die Überzeugung Bahn, gegebenenfalls Souveränitätsrechte an eine Zentralmacht abzugeben, um sich in der Deutschen Frage ein Mitspracherecht zu sichern[132]. Aus dieser Einsicht resultierten schließlich erste, allerdings weitgehend gescheiterte, Versuche, das Handels- und Wechselrecht sowie das Maß-, Gewichts- und Münzsystem zu vereinheitlichen.

Seit der Mitte des 19. Jahrhunderts entwickelte sich die Wirtschaft zu einer der Dominanten gesellschaftlichen und politischen Lebens in Deutschland, so daß sich der Zollverein mehr und mehr zu einer Quelle politischer Integration unter Ausschluß Österreichs herauskristallisierte. Der Donaumonarchie gelang es zunächst nicht einmal, mit dem „kleindeutschen" Wirtschaftsgebiet einen Handelsvertrag abzuschließen (Kapitel II.3.c) *Der preußisch-österreichische Handelsvertrag von 1853 und die Beendigung der Zollvereinskrise*). Erst das Abkommen von 1853 zwischen Preußen und Österreich, das auf einem für beide Seiten sehr vorteilhaften Zolltarif basierte, räumte Wien eine handelspolitische Vorzugsstellung ein, die aber nach dem Abschluß des preußisch-französischen Handelsvertrages 1862 wieder verlorenging.

Die Rolle des Zollvereins für die wirtschaftliche Integration der deutschen Mittelstaaten seit 1860 läßt sich sehr deutlich an den Auseinandersetzungen um die Anerkennung des Handelsvertrages zwischen Preußen und Frankreich verfolgen, in deren Verlauf sich die Zollvereinsmitglieder mit einer möglichen Auflösung des wirtschaftlichen Bandes erneut konfrontiert sahen[133]. In Kapitel III.1.

---

[130] GRUNER, Konferenzen, 184–186. Für Baden: MEIBOOM, Studien, 126–127; für Sachsen: ebda., 108–119.

[131] FRANZ, Pfordten, 120; DOEBERL, Unionsprojekt, 57 und zuletzt GLASER, Zwischen Großmächten, 157–158.

[132] Ebd., 159.

[133] ZORN, Wolfgang, Wirtschaft und Gesellschaft in Deutschland in der Zeit der Reichsgründung, in: SCHIEDER/DEUERLEIN, Reichsgründung, 210, übersieht, daß diese Problematik bereits bei der sogenannten „ersten Zollvereinskrise" 1853 aufgetreten war.

(*Der deutsche Zollverein um 1860: Freihandel contra Schutzzoll*) steht deshalb der Abschluß dieses wirtschaftlich neuartigen Handelsvertrages, der in der Literatur auch als „handelspolitisches Königgrätz"[134] für Österreich bezeichnet wird, im Vordergrund (Kapitel III.1. b) *Der Handels- und Schiffahrtsvertrag zwischen Preußen und Frankreich von 1862*; er stellte für den Zollverein den wirtschaftspolitischen Wendepunkt vom Schutzzoll zum Freihandel dar. Obendrein machte das Abkommen den Eintritt der Donaumonarchie in den deutschen Zollverein unmöglich und lief daher faktisch auf die wirtschaftliche Trennung Österreichs von den übrigen Staaten des Deutschen Bundes hinaus. In den Kapiteln III.2. (*Bayern zwischen Preußen und Österreich*) und III.3. (*Die Verlängerung des Zollvereins 1864/1865*) wird darauf einzugehen sein, inwieweit der Vorwurf berechtigt ist, Berlin habe die deutschen Klein- und Mittelstaaten mit dem Handelsvertrag von 1862 und der Androhung, die Zollvereinsverträge zu kündigen, gezwungen, gegen ihren Willen „neue Zollvereinsverträge nach preußischen Bedingungen abzuschließen"[135]. Aufgrund der zentralen Bedeutung des Handesvertrages von 1862 für die wirtschaftspolitische Entwicklung des Deutschen Bundes scheint eine ausführliche Behandlung sinnvoll: Für Bayern kann zwar in Teilen auf ältere Literatur zurückgegriffen werden, die allerdings in einigen grundlegenden Einschätzungen zu überprüfen ist.

Die Verlängerung des Zollvereins im Mai 1865 wurde wegen des deutschdeutschen Krieges von 1866 obsolet. Die Auseinandersetzung zerschlug sowohl den Deutschen Bund als auch den deutschen Zollverein und machte eine Neuordnung des Verhältnisses zwischen Preußen und den deutschen Klein- und Mittelstaaten sowohl in politischer als auch in wirtschaftspolitischer Hinsicht notwendig. In Kapitel IV.1. (*Die Neuordnung des Zollvereins nach 1866*) soll deshalb deutlich gemacht werden, daß Mitte der 1860er Jahre ein Austritt Bayerns aus dem wirtschaftlichen Bündnis mit Norddeutschland undenkbar geworden war. Jetzt ging es für das Münchner Kabinett und vor allem für König Ludwig II. nur mehr um die Verteidigung eigenstaatlicher Rechte und die Wahrung seiner Souveränität. Die Versuche der bayerischen Regierungsvertreter, Österreichs Stellung im Deutschen Bund zu stützen, waren gescheitert. Die folgenden Unterpunkte des vierten Kapitels zeigen, daß mit der Restitution des Zollvereins 1867 in einem veränderten Gewand die vollständige Souveränität für die süddeutschen Staaten in wirtschaftspolitischen Fragen endete (Kapitel IV.2. *Die Folgen der Zollvereinsverträge von 1867*). Während jedoch mit der Gründung des Norddeutschen Bundes auch die wirtschaftliche Integration seiner Mitglieder abgeschlossen war, verblieben Bayern, Württemberg, Baden und Hessen-Darmstadt rechtlich festgelegte Entscheidungsfreiheiten; in der Realität kamen diese jedoch

---

[134] BENEDIKT, Heinrich, Die wirtschaftliche Entwicklung in der Franz-Joseph-Zeit (Wiener Historische Studien 4), Wien 1958, 58.

[135] LANGEWIESCHE, Dieter, Liberalismus in Deutschland (Neue Historische Bibliothek 286), Frankfurt a. Main 1988, 98. Franz (FRANZ, Entscheidungskampf, 350–351) formulierte es noch dezidierter: Bayern konnte sich demnach nicht gegen die „nationale Einigungsbewegung in Deutschland" wehren, da „kein Staat damals gegen Preußen Widerstand bis zum äußersten zu leisten wagte".

kaum mehr zum Tragen. Aus diesem Grund werden in Kapitel IV.3. (*Der Einfluß Bayerns auf Handel-, Zoll- und Steuerfragen 1868 bis 1870*) anhand exemplarischer Debatten in Zollbundesrat und Zollparlament[136] die Möglichkeiten ausgelotet, die der bayerischen Regierung zwischen 1867 und 1870 zur Verfügung standen, in ihrem Sinne auf wirtschaftlich motivierte Entscheidungen Einfluß auszuüben.

Das fünfte Großkapitel widmet sich den bayerischen Persönlichkeiten, die auf wirtschaftspolitische Entscheidungen maßgeblichen Einfluß nahmen. Anhand der Haltung der bayerischen Könige, Maximilian II. und Ludwig II., hinsichtlich der Zollvereinsfrage sollen die unterschiedlichen Auffassungen zur Deutschen Frage deutlich gemacht werden (Kapitel V.1. *Wirtschaftspolitische Entscheidungen der bayerischen Könige im Überblick*). Da der bayerische König das Recht hatte, die Minister zu berufen und zu entlassen, verfügte er über die Entscheidungsfindung bezüglich der ministeriellen Politik. Diese Abhängigkeit vom Monarchen verspürten die leitenden Minister zwischen 1862 und 1871 auch bei wirtschaftspolitischen Beschlüssen. Die Politik der Außenminister und Ministerratsvorsitzenden, die in Personalunion bis 1866 auch das Staatsministerium des Handels und der öffentlichen Arbeiten leiteten, offenbarte nicht selten deren mangelhaftes Verständnis für volkswirtschaftliche Zusammenhänge, agierten sie doch meistens ohne abwägende Rücksicht auf die ökonomische Entwicklung des eigenen Landes. Erst mit der eigenständigen Leitung des Handelsministeriums durch den volkswirtschaftlich versierten Juristen Gustav von Schlör schuf Ludwig II. einen Ausgleich (Kapitel V.2. *Bayerische Wirtschaftspolitik und ihre Entscheidungsträger*). Allerdings erfolgte die Ernennung eines eigenständigen Ressortleiters zu einem Zeitpunkt, als die zukunftsweisenden Entscheidungen im Hinblick auf die Verbindung zu Preußen und den norddeutschen Staaten bereits gefallen waren. Dabei darf jedoch nicht übersehen werden, daß vor 1866 die Ministerialräte im Handelsministerium nicht unerheblichen Einfluß auf die wirtschaftspolitischen Entscheidungen der bayerischen Regierung besaßen.

„Wer sich anheischig machen wollte, er könne bei diesem Thema [=der Vorgang der Reichsgründung 1870/71, Anm. der Verf.] mit frappierenden neuen Befunden aufwarten, der würde mit einer solchen Behauptung bekunden, daß er mit der reichhaltigen und höchst differenzierten Forschungsliteratur mangelhaft vertraut ist"[137]. Deshalb werden die Umstände um das „große Neujahr" von 1871 im Folgenden kaum berücksichtigt, zumal „wirtschaftliche Motive oder gar Zwänge" zu diesem Zeitpunkt nur mehr eine untergeordnete Rolle spielten[138]. Preußen ging auf die wenigen Forderungen hinsichtlich wirtschaftlicher bzw.

---

[136] Herangezogen wurden als Beispiele der Abgabenharmonisierung die Aufhebung des Salzmonopols in Bayern, die Einführung einer gemeinsamen Tabaksteuer und die grundlegende Reform des Zolltarifs.

[137] KOLB, Eberhard, Großpreußen oder Kleindeutschland? Zu Bismarcks deutscher Politik im Reichsgründungsjahrzehnt, in: KUNISCH, Bismarck, 12.

[138] BÖHME, Politik, in: SCHIEDER/DEUERLEIN, Reichsgründung, 33. Damit entfällt im wesentlichen auch die Betrachtung der Frage, ob die Reichsgründung das Ergebnis einer souverän geplanten und durchgeführten nationalen Einigungspolitik Bismarcks gewesen ist.

fiskalischer Sonderrechte, die Bayern und Württemberg als Gegenleistung zum Beitritt in den Norddeutschen Bund forderten, im wesentlichen ein. Die Sonder- und Reservatrechte für Bayern auf wirtschaftspolitischem Gebiet wurden in der Verfassung des Deutschen Reiches vom April 1871 fixiert (Kapitel VI.2. *Bayerns Weg ins Reich*). Mit dem Eintritt in den Norddeutschen Bund war die Deutschlandpolitik der bayerischen Regierung seit 1848 gescheitert: Es war weder gelungen, einen Ausgleich zwischen den beiden Hegemonialmächten im Deutschen Bund zu schaffen, noch ein autarkes Drittes Deutschland zu realisieren; „die Mediatisierung Bayerns, durch zwei Jahrzehnte hin als größte Gefahr bekämpft, wurde schließlich zur notdürftig verhüllten Wirklichkeit"[139]. Dies gilt auf politischer wie auf wirtschaftspolitischer Ebene, selbst wenn sich die bayerische Regierung nach 1871 ein gewisses Mitspracherecht bei wirtschaftspolitischen Entscheidungen sichern konnte und sich die Berliner Regierung nach wie vor mit dem süddeutschen Partikularismus auf diesem Gebiet auseinandersetzen mußte. Die im August 1871 festgelegte Auflösung des bayerischen Staatsministeriums des Handels und der öffentlichen Arbeiten ist dafür nur noch ein äußeres Zeichen, spielte hier doch neben innerbayerischen Umstrukturierungsmaßnahmen vor allem der Verlust wirtschaftspolitischer Rechte Bayerns eine gewichtige Rolle (Kapitel VI.3. *Das Staatsministerium des Handels und der öffentlichen Arbeiten und seine Auflösung im Zuge der Reichsgründung*).

Die seit 1867 von Preußen nachdrücklicher verfolgten Integrationsmaßnahmen auf wirtschaftspolitischer Ebene konnten erst mit Gründung des Deutschen Reiches auch auf die süddeutschen Staaten ausgedehnt werden. Im Mittelpunkt stand fraglos die Einführung einer einheitlichen Währung (Kapitel VII.1. *Die Harmonisierung im Geldwesen: Die Währungsumstellung aus bayerischer Sicht* und Kapitel VII.2. *Die Reform des Papiergeld- und Bankwesens*) sowie gleicher Maße und Gewichte (Kapitel VII.3. *Die Vereinheitlichung von Maßen und Gewichten*)[140], so daß zum Abschluß der Arbeit die Integrationskraft wirtschaftlicher und wirtschaftspolitischer Maßnahmen exemplarisch untersucht werden soll.

---

[139] GLASER, Zwischen Großmächten, 154.

[140] Das Budgetrecht der Zentralregierung in Berlin blieb unverständlicherweise auch weiterhin beschränkt, den einzelnen Bundesstaaten verblieb damit über den finanziellen Zugriff ein gewisser, nicht zu unterschätzender, wirtschaftspolitischer Spielraum.

II. BAYERN UND DER DEUTSCHE ZOLLVEREIN BIS ZUR BEILEGUNG DER „ERSTEN ZOLLVEREINSKRISE" 1853

1. Vorläufer des Deutschen Zollvereins

Die Wiener Bundesakte vom 8. Juni 1815 formulierte in Artikel 19 die Möglichkeit, „bey der ersten Zusammenkunft der Bundesversammlung in Frankfurth wegen des Handels und Verkehrs zwischen den verschiedenen Bundesstaaten, so wie wegen der Schiffahrt nach Anleitung der auf dem Kongreß zu Wien angenommenen Grundsätze in Berathung zu treten"[1]. Folglich erhofften sich die Teilnehmerstaaten des Wiener Kongresses nicht nur für die politische, sondern auch für die wirtschaftliche Zukunft des Deutschen Bundes eine Weichenstellung. Artikel 19 der Wiener Bundesakte erschwerte jedoch Einigungsbestrebungen, da die handelspolitischen Entscheidungen vorerst in den Händen der Bundesstaaten blieben.

Das geplante einheitliche deutsche Zollgebiet sollte demnach zwar die deutschen Besitzungen Österreichs, nicht aber die außerdeutschen Gebiete miteinbeziehen[2]. Zudem vertraten die beiden Großmächte von Anfang an vollkommen gegensätzliche Vorstellungen, was das anzustrebende Zollsystem betraf: Während Preußen zum Freihandel tendierte, gedachte Österreich am Schutzzoll festzuhalten. Bereits zu diesem Zeitpunkt waren damit die Grundprobleme wirtschaftspolitischer Einigungsbestrebungen sichtbar, die im Laufe des 19. Jahrhunderts bis zum Abschluß des deutsch-französischen Handelsvertrages im Jahre 1862 immer mehr zutage traten, im Rahmen des Deutschen Bundes und der Generalzollkonferenzen aber nicht zu lösen waren.

Mit der Aufhebung der Kontinentalsperre im Jahre 1813 hatte sich die wirtschaftliche Situation auf dem Festland geändert, die Konkurrenz aus dem Ausland, insbesondere durch die weiter entwickelte Textilindustrie in England und Frankreich, nahm stetig zu[3]. Dies bekam auch die erst am Anfang stehende Indu-

---

[1] Zitiert nach: HUBER, Ernst R. (Hg.), Dokumente zur deutschen Verfassungsgeschichte I: Deutsche Verfassungsdokumente 1803–1850, Stuttgart ³1978, Nr. 30, 84–100, bes. 90. Die national-preußische Geschichtsschreibung des 19. und frühen 20. Jahrhunderts führt Artikel 19 der Wiener Bundesakte auf die Bemühungen Preußens zurück, die Zahl der Mauten und Zölle im Deutschen Bund zu verkleinern. Dazu beispielsweise: EICHMANN, Joachim von, Der deutsche Zollverein von 1834–67, Diss. Göttingen 1931, 2.

[2] Der Antrag Bayerns, gegebenenfalls auch die außerdeutschen Besitzungen miteinzubeziehen, war von Anfang an erfolglos: BENEDIKT, Heinrich, Der Deutsche Zollverein und Österreich, in: Der Donauraum 6 (1961), 25–34, hier 25.

[3] ZORN, Handels- und Industriegeschichte, 6; GRUBER, Hansjörg, Die Entwicklung der Pfälzischen Wirtschaft 1816–1834 unter besonderer Berücksichtigung der Zollverhält-

strie in Deutschland und Bayern zunehmend zu spüren. Die bestehenden Zollschranken hatten die Weiterentwicklung der Spinnerei- und Webereibranche vor allem in Schwaben, die Eisenindustrie in der Oberpfalz[4] sowie die aufblühende Entwicklung der Industrie in der isolierten Rheinpfalz stark behindert. Einerseits verlor die Pfalz nach 1815 aufgrund der prohibitiven Zollpolitik Frankreichs ihr bis dahin wichtigstes Absatzgebiet, stellte aber andererseits für alle umliegenden Territorien und auch für die rechtsrheinischen Gebiete Bayerns zollpolitisches Ausland dar[5]. Die sehr allgemein gehaltenen Bestimmungen der Wiener Bundesakte für das Zoll- und Handelswesen führten lediglich zu ordnenden Maßnahmen einiger Territorien auf innerstaatlicher Ebene, während zwischenstaatliche Aktivitäten – vor allem von seiten Württembergs – ohne Erfolg blieben[6]. Neben Bayern (1807, aber ohne die Rheinpfalz) hatten nur Württemberg (1808) und Baden (1812) die Binnenzollschranken abgeschafft und die Zollinie an die Staatsgrenzen verlegt[7]. Die bayerische Zoll- und Mautordnung von 1811 bestätigte dann die getroffenen Maßnahmen für die rechtsrheinischen Gebiete und setzte Zollvergünstigungen für die Pfalz (mit Ausnahme von Salz und Glas) durch[8]. Dennoch litt der Handel im gesamten Gebiet des Deutschen Bundes unter Zwischenzollinien, Transitabgaben, Wege- und Brückengeldern sowie örtlichen Steuern und Abgaben, so daß an ein Unterbieten der ausländischen Konkurrenz nicht zu denken war. Die Grenzsysteme verschlangen hohe Geldbeträge, außerdem war das Schmuggelwesen weit verbreitet[9]. Insbesondere Preußen, dessen zoll- und steuerpolitische Situation aufgrund der Gebietszuwächse nach 1815 unübersichtlicher denn je geworden war, mußte handeln[10]: Das Zollgesetz vom 26. Mai 1818 schloß die geographisch getrennten Territorien auf der Basis eines gemäßigt-freihändlerischen Systems zu einem gemeinsamen Zollgebiet mit Außenzöllen und einem einheitlichen Zolltarif („Maaßen-Tarif") zusammen[11].

nisse (Veröffentlichungen des Instituts für Landeskunde des Saarlandes 6), Saarbrücken 1962, 102–105.

[4] NICKELMANN, Beitrag, 13–162, bes. 55–66.

[5] DOEBERL, Entwicklungsgeschichte III, 74. Zur Problematik der Pfalz bis zur Gründung des Zollvereins ausführlich: GRUBER, Entwicklung, bes. 116–124; BAUMANN, Kurt, Probleme der pfälzischen Geschichte im 19. Jahrhundert, in: Mitteilungen des Historischen Vereins der Pfalz 51 (1953), 248.

[6] EICHMANN, Zollverein, 4–5.

[7] ALBER, Georg, Zollverwaltung und Zollerträgnisse in Bayern seit dem Jahre 1819, Diss. München 1919, 4–11.

[8] Die Allgemeine Verordnung vom 23.9.1811 mit Beilagen in: RBl LXI (28.9.1811), 1345–1448.

[9] PREISSER, Steuerharmonisierung, 32.

[10] Zu den wirtschaftsgeographischen Gesichtspunkten aufgrund der unterschiedlichen wirtschaftlichen Entwicklung der verschiedenen Provinzen: JÄGER, Erich, Wirtschaftsgeographische Grundlagen der preußischen Zollvereinspolitik, in: Geographische Zeitschrift 28, 9/10 (1922), 297–315.

[11] ONCKEN/SAEMISCH, Vorgeschichte 1, Nr. 14, 71–78: Gesetz über den Zoll und die Verbrauchssteuer von ausländischen Waren und über den Verkehr zwischen den Provinzen des Staates. KIESEWETTER, Hubert, Preußens Strategien gegenüber Vorläufern des Deut-

Das preußische Zollgesetz wird in der deutschen Geschichtsschreibung allgemein als Kristallisationspunkt des Deutschen Zollvereins gesehen[12], in der Nationalgeschichtsschreibung des 19. Jahrhunderts sogar als bewußt vollzogener Beginn einer preußisch geführten deutschen Zolleinigung[13]. Diese Ansicht muß aber wohl dahingehend relativiert werden, daß die preußische Zoll- und Handelspolitik zunächst ausschließlich innerstaatlichen Zwängen folgte, auch wenn sie Auswirkungen auf die anderen deutschen Gebiete nach sich zog. Letztendlich schuf das Zollgesetz durch die grundsätzliche Zusammenlegung von Zoll- und Staatsgrenzen die Voraussetzung für eine rasche wirtschaftliche Entwicklung Preußens, das damit gegenüber Österreich einen entscheidenden Vorteil gewann[14].

Angesichts des preußischen Zollgesetzes ging die österreichische Handelspolitik zum Schutz der nationalen Einheit und mit Rücksicht auf die rückständige, gerade im Aufbau begriffene Industrie stärker zum Wirtschaftsprotektionismus über, dem sich Bayern zu diesem Zeitpunkt anschloß. In dieser Situation konstituierte sich 1819 in Frankfurt am Main unter der Führung von Friedrich List, Tübingen, Johann Jakob Schnell, Nürnberg, und Franz Miller, Immenstadt, der politisch neutrale, aber in der Öffentlichkeit äußerst wirksame „Deutsche Handels- und Gewerbsverein". Dessen Ziel war es, Handel und Gewerbe in Deutschland zu fördern und den wirtschaftlichen Zusammenschluß der Mittelstaaten zu forcieren[15]. Der Handelsverein konnte seine Vorstellungen jedoch nicht durchsetzen, da die Einzelstaaten, zu sehr auf ihre Eigenständigkeit bedacht, ein gemeinsames Vorgehen in der Zoll- und Handelsfrage ablehnten.

Infolge des sich schnell abzeichnenden Erfolges der preußischen Zollmaßnahmen mußten die anderen deutschen Staaten reagieren, so daß es im Rahmen des Deutschen Bundes zu intensiveren Auseinandersetzungen mit zolltechnischen Fragen kam. Im Anschluß an die Karlsbader Beratungen (1819) einigten sich Bayern, Württemberg, Baden, Hessen-Darmstadt, Nassau, die sächsischen Herzogtümer und die Fürstentümer Reuß und Schwarzburg, später dann auch Kurhessen, auf den Wiener Konferenzen am 19. Mai 1820 auf die sogenannte „Wiener Punktation", die Beratungen zu einem „rheindeutschen" Zollverein in

---

schen Zollvereins 1815–1835, in: POHL, Auswirkungen, 147–153 (mit ausführlicher Literatur in den Fußnoten). Zur preußischen Zollpolitik: OHNISHI, Zolltarifpolitik bzw. den zusammenfassenden Aufsatz: OHNISHI, Takeo, Vorläufer des Deutschen Zollvereins, in: POHL, Auswirkungen, 174–196.

[12] SCHÖNERT-RÖHLK, Frauke, Aufgaben des Zollvereins, in: JESERICH, Kurt G.A./u.a. (Hg.), Deutsche Verwaltungsgeschichte II: Vom Reichsdeputationshauptschluß bis zur Auflösung des Deutschen Bundes, Stuttgart 1983, 287.

[13] HAHN, Geschichte, 24. Dazu besonders: TREITSCHKE, Geschichte II, 610.

[14] BONDI, Gerhard, Zur Vorgeschichte der „kleindeutschen Lösung" 1866–1871. Eine wirtschaftshistorische Betrachtung, in: Jahrbuch für Wirtschaftsgeschichte, Teil 2 (1966), 12–13.

[15] ONCKEN/SAEMISCH, Vorgeschichte 1, Nr. 164, 320–324: Der Deutsche Handels- und Gewerbeverein an die Bundesversammlung. WEBER, Zollverein, 8–11.

Aussicht stellte[16]. Das despektierliche Verhalten Preußens während der Unterredungen hatte die Basis für die Übereinkunft der süddeutschen Staaten gelegt. Bayern vertrat in der Person Friedrich von Zentners[17] sogar die uneingeschränkte Handelsfreiheit im gesamten deutschen Bundesgebiet, ohne jedoch eine Mehrheit für diese Pläne mobilisieren zu können. Die erhoffte Errichtung einheitlicher Bundeszölle und eine gemeinsame Wirtschaftspolitik scheiterten am Ende einerseits an der kompromißlosen Haltung Österreichs, das unter keinen Umständen sein prohibitives Zollsystem aufgeben wollte, und andererseits an den ausgeprägten Partikularinteressen der süddeutschen Einzelstaaten[18].

So blieben auch die zoll- und handelspolitischen Vereinbarungen der „Wiener Punktation" nur Stückwerk, zumal es Preußen gelang, durch den Abschluß eines gemeinsamen Zollvertrages mit Hessen-Darmstadt die Punktation sofort zu unterlaufen. Die daraufhin einberufenen Darmstädter Zollkonferenzen (Herbst 1820 bis Juli 1823), auf denen Bayern eine maßvolle Zollpolitik vertrat, um den Schutzinteressen der heimischen Wirtschaft Rechnung zu tragen, endeten aufgrund der kleinlichen Ansichten der beteiligten Staaten weitgehend ergebnislos[19]. Die auf dem Treffen geknüpften hessisch-badischen Kontakte[20] veranlaßten Bayern auf Vorschlag Württembergs zur Aufnahme ernsthafter Gespräche, da beide als einzige Teilnehmer für eine Niedrigzollpolitik plädiert hatten. Während sich Bayern und Württemberg auf den Stuttgarter Konferenzen (1823–1825) grundsätzlich einigten, war dies mit den anderen süddeutschen Regierungen, die pedantisch an ihren Sonderinteressen festhielten, nicht möglich. Daraufhin entbrannte der Zollkrieg zwischen den süddeutschen Staaten in aller Schärfe[21].

---

[16] DOEBERL, Bayern und die wirtschaftliche Einigung, 12–18 und 60, Beilage Nr. 1; BENEDIKT, Zollverein, 26.

[17] *Georg Friedrich von Zentner* (1752–1835), Professor des Staats- und Fürstenrechtes an der Universität Heidelberg, 1823–1831 Justizminister, 1827/28 Minsterverweser im Staatsministerium des kgl. Hauses und des Äußern: RÖTSCH, Georg, Georg Friedrich von Zentner. Staatsminister der Justiz vom 14. Juni 1823 bis 30. Dezember 1831, in: STAATSMINISTERIUM DER JUSTIZ (Hg.), Die Kgl. Bayer. Staatsminister der Justiz in der Zeit von 1818 bis 1918. Ihre Herkunft, ihr Werdegang und ihr Wirken. Teil I, München 1931, 157–227; DOBMANN, Franz, Georg Friedrich von Zentner als bayerischer Staatsmann in den Jahren 1799–1821 (Münchener Historische Studien, Abt. Bayerische Geschichte 6), Kallmünz 1962.

[18] KOLLMER-V. OHEIMB-LOUP, Zollverein, 42. Das Prohibitivzollsystem gehört zu den außenwirtschaftlichen Maßnahmen, durch die bestimmte Einfuhren verhindert werden sollen, um Nachfrageeinschränkungen zu erzielen, indem hochwertige Güter angemessen verzollt werden müssen und gleichzeitig die Einfuhr von Waren mit niedrigem Warenwert nicht völlig verhindert wird.

[19] WEBER, Zollverein, 16–33.

[20] Baden und Hessen-Darmstadt schlossen am 8.9.1824 einen separaten Handelsvertrag: WEBER, Zollverein, 35.

[21] HAHN, Integration, 70–74 und ausführlicher PRICE, Evolution. Dazu auch die anklagenden Worte über die Uneinigkeit der deutschen Staaten bei WEBER, Zollverein, 34.

Dennoch intensivierten sich nach dem Tod König Maximilians I. im Jahre 1825 die Gespräche zwischen Bayern und Württemberg über eine Einigung in der Zollfrage. Die Wirtschaftspolitik seines Sohnes Ludwig orientierte sich an einem streng protektionistischen Kurs, der auf eine Annäherung an die süddeutschen Nachbarn unter Einbeziehung der bayerischen Rheinpfalz abzielte[22]. Im Jahre 1825 legte das bayerische Finanzministerium dem Landtag einen Gesetzentwurf vor, der für gemäßigtere Zölle plädierte, um Handelsverträge oder gar Zolleinigungen mit anderen Staaten zu ermöglichen. Das am 11. September 1825 verabschiedete Gesetz reduzierte sowohl die Durchgangs- als auch die Ausgangszölle, behielt aber die Eingangszölle des Zollgesetzes vom 22. Juli 1819 bei – und damit auch die erhebliche Benachteiligung der Rheinpfalz[23].

Zwei Jahre nach der Umgestaltung des Zolltarifes nahm die bayerische Regierung im Januar 1827 Verhandlungen mit Württemberg auf, die noch am 12. April zu einem stark föderalistisch gestalteten Präliminarvertrag führten, der den bilateralen Handel durch gegenseitige Zollvergünstigungen erleichtern sollte[24]. Am 18. Januar 1828 unterzeichneten die Regierungsvertreter ein weiterführendes Abkommen, dem sich die hohenzollerischen Fürstentümer anschlossen (Art. III und Art. IV des Zollvereinsvertrages)[25]. Allerdings mußte die bayerische Regierung trotz der betont pfalzfreundlichen Politik Ludwigs I. akzeptieren, daß die Rheinpfalz lediglich mit einigen wenigen Sondervergünstigungen im Zoll- und Handelsverkehr abgefunden wurde.

Ansonsten ersetzten Bayern und Württemberg zum 1. Juli 1828 alle Binnenzölle gegen Außenzölle. Der bayerische Zolltarif vom Dezember 1826 bildete die Grundlage für die gemeinsame Bemessung der Abgaben, die zwar unter jeweils eigenständiger Zollverwaltung erhoben, dennoch aber nach Bevölkerungszahl und Zollstationen gleichmäßig zwischen den beiden Partnern aufgeteilt wurden. Das neue Zollbündnis zwischen Bayern und Württemberg, das 15,6 Prozent der Einwohner und 15,3 Prozent des Gebietes des Deutschen Bundes zolltechnisch vereinigte, beinhaltete sowohl eine wirtschaftliche als auch eine politische Dimension[26]. Bayern hatte zwar kurz vor Abschluß des süddeutschen Zollvereins seine Tarife grundlegend geändert, sie aber dennoch als Grundlage für die Verhandlungen durchsetzen können. Trotzdem profitierte gerade die württembergische

---

[22] GOLLWITZER, Heinz, Ludwig I. von Bayern. Königtum im Vormärz. Eine politische Biographie, München ²1987, 311.

[23] ALBER, Zollverwaltung, 12.

[24] Der Vertrag wurde am 16.4.1827 ratifiziert: RBl 17 (28.4.1827), 289–308.

[25] RBl 5 (9.2.1828), 51–79. Die Kgl. Ratifikation des Zoll- und Handelsvertrages erfolgte am 31.1.1828. Zu den diplomatischen Verhandlungen, die dem bayerisch-württembergischen Vertrag vorausgingen aus bayerischer Sicht: WEBER, Zollverein, 48–53; aus württembergischer Sicht: KAPPEL, Ruth, Bemühungen des Königreichs Württemberg um die deutsche Zolleinigung nach 1815, Diss. Tübingen 1991. Der Zollvereinsvertrag hatte seine ideellen Vorläufer in dem Projekt einer süddeutschen Zollunion von 1795: BUSLEY, Bayern, 10 und Nr. 55.

[26] KIESEWETTER, Strategien, 154–158; KOLLMER-V. OHEIMB-LOUP, Zollverein, 49.

Textilindustrie von dem Vertrag, da sie aufgrund ihrer Überlegenheit gegenüber der bayerischen Produktion mit einer Exportsteigerung rechnen konnte[27].

Der allgemeine wirtschaftliche Aufschwung der 1820er Jahre in Süddeutschland war keine ausschließliche Folge des bayerisch-württembergischen Zollvereins, sondern eine Entwicklung, die mehrere dicht hintereinander und zeitlich ineinandergreifende Ereignisse voraussetzten. Gert Kollmer-v. Oheimb-Loup kommt sogar zu dem Ergebnis, daß der Gründung des bayerisch-württembergischen Zollvereins weniger wirtschaftliche als politische Argumente zugrunde gelegt werden müßten, da die beiden Bündnispartner lediglich den geforderten Beratungen über Handels- und Verkehrsfragen entsprachen, die bereits in Artikel 19 der Wiener Bundesakte festgelegt worden waren[28]. Gleichzeitig beabsichtigten die beiden Staaten Präventivmaßnahmen gegen Frankreich und Österreich und deren Schutzzollpolitik: Bayern und Württemberg erreichten durch die Zollunion mit wirtschaftlichen Mitteln eine politische Wirkung, die ihre Stellung gegenüber den beiden Großmächten im Bund, Preußen und Österreich, festigen half.

Ebenfalls im Jahre 1828, am 14. Februar, konstituierte sich zwischen Preußen und dem Großherzogtum Hessen der preußisch-hessische Zollverein[29]. Am 24. September dieses Jahres schlossen sich Sachsen, die Thüringischen Staaten, Nassau, Hannover, Braunschweig, Oldenburg, Kurhessen sowie die Städte Frankfurt am Main und Bremen als Gegengewicht zu den jeweiligen Bündnissen im Süden und Norden zum „Mitteldeutschen Handelsverein" zusammen[30]. Der Handelsverein war von Anfang an als Puffer zwischen Nord und Süd nicht lebensfähig, zumal der Vertrag den Partnern bis zum 31. Dezember 1834 gebot, „mit keinem auswärtigen, in dem Vereine nicht begriffenen Staate in einen Zoll- oder Mautverband zu treten (Art. 4)"[31]. Die wirtschaftlichen Erfolge des Handelsvereins blieben deshalb dürftig, Wilhelm Treue bezeichnet ihn in seinem Überblick über die Wirtschaft Deutschlands im 19. Jahrhundert sogar als „mehr destruktiv als konstruktiv"[32].

---

[27] KIRCHHAIN, Günter, Das Wachstum der deutschen Baumwollindustrie im 19. Jahrhundert. Eine historische Modellstudie zur empirischen Wachstumsforschung, Diss. Münster 1973, 39–40.

[28] KOLLMER-V. OHEIMB-LOUP, Zollverein, 70–74 sowie 369: Vor allem der württembergische König Wilhelm I. forcierte den süddeutschen Zollverein, um sich gegen hegemoniale Bestrebungen Preußens und Österreichs schützen zu können.

[29] ONCKEN/SAEMISCH, Vorgeschichte 2, Nr. 378, 196–207: Der Preußisch-Hessische Zollvereinsvertrag vom 14.2.1828; ebd., Nr. 379, 207–211: Geheimer Zusatzvertrag vom 14.2.1828.

[30] WEBER, Zollverein, 61–72; KIESEWETTER, Strategien, 162–167.

[31] ONCKEN/SAEMISCH, Vorgeschichte 2, Nr. 532, 499–504, zit. 500: Vertragsurkunde des Vereins mehrerer deutscher Bundesstaaten zur Beförderung des freien Handels und Verkehrs vom 24.9.1828.

[32] TREUE, Wilhelm, Gesellschaft, Wirtschaft und Technik Deutschlands im 19. Jahrhundert (GEBHARDT, Bruno: Handbuch der deutschen Geschichte 17), München [10]1994 (1970), 70.

Preußen forcierte in Zukunft weiterführende Unterredungen nicht zuletzt aus machtpolitischen Erwägungen[33]. Wenige Monate nach Inkrafttreten des bayerisch-württembergischen Zollbundes trafen sich der preußische Finanzminister Friedrich von Motz[34] und der bayerische Minister Joseph Ludwig von Armansperg[35] zu Verhandlungen über eine zollfreie bzw. zollbegünstigte Verbindung zwischen Nord und Süd. Am 27. Mai 1829 einigten sich Vertreter des bayerisch-württembergischen und des preußisch-hessischen Zollvereins auf einen umfassenden Handelsvertrag, dessen Ratifizierung am 12. Juli 1829 erfolgte und am 1. Januar 1830 in Kraft trat[36]. Für die wichtigsten Exportgüter wie Baumwoll-, Seiden- und Wollwaren, Leder und Lederwaren, Kupfer- und Messinggüter, verschiedene Eisenwaren, Tabak, Zucker, Sirup, Wein, Most, Bier, Branntwein, Likör und Essig wurden Zollermäßigungen von 20 bis 50 Prozent vereinbart, für alle übrigen Artikel – ausgenommen Spielkarten, Salz und durch Patente geschützte Waren – galt auf vorgeschriebenen Straßen Zollfreiheit. Das Abkommen eröffnete den süddeutschen Staaten durch die Erleichterung des Transitverkehrs den Zugang zu den norddeutschen Seehäfen. Der Handelsvertrag zwischen dem nord- und süddeutschen Zollverein versetzte dem Mitteldeutschen Handelsverein den tödlichen Schlag[37]. Kurhessen trat zum 1. Januar 1832 dem preußisch-hessischen Zollverein bei, wodurch nun eine direkte Verkehrsverbindung zwischen Nord und Süd entstand.

Scharfe Angriffe gegen den Handelsvertrag zwischen dem süddeutschen und preußisch-hessischen Zollverein kamen freilich in der Folgezeit aus der bayerischen Rheinpfalz, die befürchtete, von den Zollverhältnissen wieder einmal nicht profitieren zu können, obwohl König Ludwig I. schon 1828 auf eine zolltechnische Verbindung zwischen links- und rechtsrheinischen bayerischen Gebietsteilen gedrängt hatte[38]. Doch bis zur offiziellen Bekanntgabe des Abkommens im Dezember 1829 gelang es der bayerischen Regierung, für die Pfalz eine eigene Zollinie durchzusetzen, und den Rheinkreis somit in den bayerisch-württembergischen Zollverband zu integrieren; dies allerdings mit zahlreichen

---

[33] KIESEWETTER, Industrialisierung, 146–153; OTRUBA, Gustav, Der Deutsche Zollverein und Österreich, in: Österreich in Geschichte und Literatur 15,3 (1971), 121–134, hier bes. 126–127.

[34] *Friedrich von Motz* (1775–1839): 1825–1830 preußischer Finanzminister.

[35] *Graf Joseph Ludwig von Armansperg* (1787–1853): seit 1826 als Innen- und Finanzminister und ab 1828 Außen- und Finanzminister maßgeblich an dem Zustandekommen des Deutschen Zollvereins beteiligt, 1831 Sturz des Ministers und seit 1835 in Griechenland: ARMANSPERG GRÄFIN VON, Roswitha, Graf Joseph Ludwig von Armansperg. Ein Beitrag zur Regierungsgeschichte Ludwigs I. von Bayern (MBM 67), München 1976.

[36] RBl 31 (25.7.1829), 553–556. WEBER, Zollverein, 79, sieht in diesem Handelsvertrag bereits den Vorläufer des deutschen Zollvereins.

[37] DOEBERL, Bayern und die wirtschaftliche Einigung, 48–50. Zur Auflösung des Handelsvereins WEBER, Zollverein, 84–91.

[38] HAHN, Geschichte, 65; ONCKEN/SAEMISCH, Vorgeschichte 3, Nr. 730, 437.

Ausnahmen, die den pfälzischen Handel gravierend beeinträchtigten³⁹. So brachte die neue Grenzzollinie im Grunde mehr Nach- als Vorteile. Daher kam es der preußischen Regierung – und hier besonders dem preußischen Minister Motz – sehr gelegen, daß König Ludwig I. auf weitergehende Verhandlungen und einen möglichst baldigen Zusammenschluß zu einem gesamtdeutschen Zollverein drängte⁴⁰.

2. Der Deutsche Zollverein von 1833/34

„Auf allen Landstraßen Mitteldeutschlands harrten die Frachtwagen hoch beladen in langen Zügen vor den Mauthäusern, umringt von fröhlich lärmenden Volkshaufen. Mit dem letzten Glockenschlage des alten Jahres hoben sich die Schlagbäume; die Rosse zogen an, unter Jubelruf und Peitschenknall ging es vorwärts durch das befreite Land"⁴¹. So schilderte Heinrich von Treitschke Ende der 1880er Jahre das Ereignis der Zollvereinsgründung am 1. Januar 1834. Und weiter schreibt er: „Aus dem dunstigen Nebel des Deutschen Bundes traten schon unverkennbar die Umrisse jenes Kleindeutschlands hervor, das dereinst den Ruhm und die Macht des heiligen römischen Reiches überbieten sollte". Die national-liberal-kleindeutsche Geschichtsschreibung übersah dabei aber bewußt, daß der Zollverein aus der Not heraus geboren war, um der zunehmenden Bedeutung volkswirtschaftlicher Verbindungen Rechnung tragen zu können⁴².

Der Abschluß des Handelsvertrages zwischen dem preußisch-hessischen und dem bayerisch-württembergischen Zollverein hatte Preußen in die Lage versetzt, die wirtschaftspolitische Führung im Deutschen Bund zu übernehmen und im Rahmen des Möglichen die Bedingungen für eine Ausweitung der Zollunion zu diktieren⁴³. Die Klage einiger Mitglieder des Mitteldeutschen Handelsvereins vor dem Bundesgerichtshof in Wien gegen das Vorgehen Preußens unter Ausschluß Österreichs, das ein Verstoß gegen die Wiener Bundesakte darstellte, war zwar noch verhandelt worden, der Vertragsabschluß über die Gründung des deutschen Zollvereins machte jedoch ein Urteil überflüssig. Das Vertragswerk vom 23. März 1833 unterzeichneten Bayern und Württemberg auf der einen, Preußen, Kur-

---

³⁹ Die kgl. Verordnung vom 23.11.1829 in: RBl 49 (28.11.1829), 873–876: Die Pfalz wurde gemäß Artikel 17 des geschlossenen Handelsvertrages dem bayerischen Zollverband angeschlossen: GRUBER, Entwicklung, 140–153.

⁴⁰ ONCKEN/SAEMISCH, Vorgeschichte 3, 417. HAHN, Geschichte, 55–56: Motz vertrat die Auffassung, daß die wirtschaftlichen und finanziellen Vorteile eines gesamtdeutschen Zollvereins die beteiligten Staaten zwangsläufig auch zu einer politischen Einheit führen würde.

⁴¹ TREITSCHKE, Deutsche Geschichte, Bd. IV, Leipzig 1889, 379.

⁴² KIESEWETTER, Dynamik, 90.

⁴³ KIESEWETTER, Industrialisierung, 152–153. Von einer Dominanz Preußens bei der Zollpolitik bereits seit 1818 zu sprechen, wie z.B. DUMKE, Rolf H., Der Zollverein als Modell ökonomischer Integration, in: BERDING, Integration, 98, scheint genauso übertrieben, wie der „Beitritt" zu einem preußisch geführten deutschen Zollverein": BONDI, Vorgeschichte, 13.

hessen und das Großherzogtum Hessen auf der anderen Seite[44]. Am 30. März trat Sachsen bei[45], die Thüringischen Staaten, zusammengefaßt im Thüringischen Zoll- und Handelsverein, folgten am 11. Mai[46]. Der Deutsche Zollverein, der zum 1. Januar 1834 in Kraft trat, umfaßte danach neben den vier Königreichen Preußen, Bayern, Sachsen und Württemberg, Kurhessen, die Großherzogtümer Hessen-Darmstadt und Sachsen-Weimar-Eisenach, dann die Herzogtümer Sachsen-Meiningen, Sachsen-Coburg-Gotha, die Fürstentümer Schwarzburg-Sondershausen und Schwarzburg-Rudolstadt sowie die reußischen Fürstentümer Reuß-Schleitz, Reuß-Greitz, Reuß-Lohenstein und endlich die Enklave Ebersdorf. Bis 1836 schlossen sich darüber hinaus noch Baden[47], Nassau[48] und die Freie Stadt Frankfurt[49] an. Durch den Beitritt Badens und die damit hergestellte Landverbindung zwischen dem rechtsrheinischen und linksrheinischen Bayern, konnte die vollständige Integration der Rheinpfalz endlich verwirklicht werden[50]. Im Jahre 1842 waren 28 der 39 Bundesstaaten einschließlich Braunschweig (1841)[51] und Luxemburg (1842)[52] in einem zusammenhängenden Wirtschaftsgebiet vereint; lediglich die norddeutschen Flächenstaaten Hannover und Oldenburg verbündeten sich mit Schaumburg-Lippe zu einem eigenständigen „Steuerverein", dem anfangs auch Braunschweig angehörte. Darüber hinaus blieben mit den Hansestädten, dem Großherzogtum Mecklenburg und den Herzogtümern Holstein,

---

[44] Der Zollvereinsvertrag vom 22.3.1833 wurde am 23.5.1833 von Ludwig I. gegengezeichnet: RBl 42 (9.12.1833), 1023–1060; Zusatzartikel in: RBl 43 (11.12.1833), 1061–1174 sowie Beilagen in: RBl 44 (17.12.1833), 1175–1260.

[45] Zollvereinsvertrag vom 30.3.1833 zwischen Bayern, Württemberg, Preußen, den beiden Hessen und Sachsen: RBl 45 (20.12.1833), 1263–1300.

[46] Zollvereinsvertrag vom 11.5.1833 zwischen Bayern, Württemberg, Preußen, den beiden Hessen, Sachsen und dem Thüringischen Handelsverein: RBl 46 (23.12.1833), 1303–1342.

[47] Baden trat aufgrund der Streitigkeiten mit Bayern erst am 12.5.1835 dem Deutschen Zollverein bei: Vertrag vom 12ten Mai 1835 wegen Anschließung des Großherzogtums Baden an den Zoll-Verein mit Schlußprotokoll und Beilagen in: VERTRÄGE und Verhandlungen II aus dem Zeitraume von 1833 bis einschließlich 1836 über die Bildung und Ausführung des deutschen Zoll- und Handels-Vereins, Berlin 1845, 1–73; ausführlich MÜLLER, Großherzogtum.

[48] Vertrag vom 10ten December 1835 wegen Anschließung des Herzogtums Nassau an den Zollverein mit Separatartikeln und Schlußprotokoll in: VERTRÄGE und Verhandlungen II, 200–240.

[49] Vertrag vom 2ten Januar 1836 wegen Anschließung der freien Stadt Frankfurt an den Zollverein mit Separatartikeln und Schlußprotokoll und in: Ebd., 269–322.

[50] WYSOCKI, Josef, Süddeutsche Aspekte der räumlichen Ordnung des Zollvereins, in: Raumordnung im 19. Jahrhundert II (Forschungs- und Sitzungsberichte der Akademie für Raumforschung und Landesplanung 39), Hannover 1967, 151–178.

[51] WEBER, Zollverein, 199–205.

[52] Vertrag zwischen den Zollvereinsmitgliedern und Luxemburg vom 8.2.1842 in: VERTRÄGE und Verhandlungen III aus dem Zeitraume von 1833 bis einschließlich 1856 über die Bildung und Ausführung des deutschen Zoll- und Handels-Vereins, Berlin 1856, 364–407.

Lauenburg und Schleswig die gesamte Nordseeküste und auch Teile der Ostseeküste außerhalb des Deutschen Zollvereins, um das dortige hohe Handelsaufkommen nicht nachhaltig zu schädigen.

Für Österreich fiel die Gründung der deutschen Zollunion in eine Phase industriellen Aufbaus, in der die von der Regierung vertretenen prohibitiven Zölle die eigene Produktion vor dem Wettbewerb mit dem Ausland schützen sollten; an einen Anschluß an das Freihandelsprinzip war demnach nicht zu denken[53]. Aus diesem Grund machte die Donaumonarchie keine größeren Anstrengungen, in den Zollverein integriert zu werden, versäumte aber dennoch nicht, Seitenhiebe gegen den wirtschaftlichen Zusammenschluß großer Teile des Deutschen Bundes zu verbalisieren[54]. „Die wirtschaftliche Front des Zollvereins war gegen England, die politische gegen Österreich gerichtet"[55], urteilt die österreichische Geschichtsschreibung rückblickend und damit sicher auch eine Spur zu negativ über die Gründung des Zollvereins, war dieser doch nicht in erster Linie dazu gegründet worden, Österreich über wirtschaftliche Pressionen aus dem Deutschen Bund zu drängen.

Die Gründungsmitglieder des Zollvereins einigten sich 1834 auf eine vorläufige Dauer der Union von acht Jahren, die sich automatisch um weitere zwölf Jahre verlängerte, wenn bis 1840 kein Mitglied die Verträge aufkündigen sollte. Der Zusammenschluß besaß ähnlich dem Deutschen Bund eine staatenbündische Organisation[56]: Oberstes Organ war ein Gesandtenkongreß aus Länderbevollmächtigten mit Beratungs- und Beschlußrecht in Form von sogenannten Generalzollkonferenzen, der einmal jährlich und alternierend in verschiedenen deutschen Staaten tagen sollte; dies versuchte man wenigstens in den Anfangsjahren der Union einzuhalten, ohne es allerdings verwirklichen zu können[57]. Die Beratungen fanden lediglich dann statt, wenn Entscheidungen zolltechnischer Art anstanden oder berechtigte Eingaben von Mitgliedern vorlagen. Die erste Generalzollkonferenz tagte ab September 1836 in München, Bayern wurde dabei von dem Königlich Bayerischen Ministerialrat von Dresch vertreten[58]. Zwei Jahre später trafen sich die Bevollmächtigten in Dresden, Bayern ordnete den Königlich

---

[53] BENEDIKT, Zollverein, 29; BONDI, Vorgeschichte, 14–16; FUCHS, Konrad, Die Bedeutung des deutschen Zollvereins als Institution zur Austragung des preußisch-österreichischen Gegensatzes 1834–1866, in: Nassauische Annalen 78 (1967), 208–215.

[54] OTRUBA, Zollverein, 127: Die Hofkammer lehnte einen Handelsvertrag mit dem Zollverein ab, da „Zollbegünstigungen für Ein- und Ausfuhr nicht im Interesse Österreichs zu liegen scheinen".

[55] BENEDIKT, Zollverein, 27.

[56] HUBER, Ernst R. (Hg.), Deutsche Verfassungsgeschichte seit 1789, Bd. II: Der Kampf um Einheit und Freiheit 1830 bis 1850, Stuttgart ²1975, 300–305. Zur Frage der Organisation EICHMANN, Zollverein, 28–42, zu Aufbau, rechtlicher Natur und Verwaltung: Ebd., 14–28.

[57] VERHANDLUNGEN der ersten bis XV. General-Conferenz in Zollvereins-Angelegenheiten, 15 Bde, verschiedene Erscheinungsorte 1836–1862.

[58] VERHANDLUNGEN der ersten General-Conferenz in Zollvereins-Angelegenheiten, München 1836.

Bayerischen Generalzolladministrationsrat Carl von Bever[59] als Vertreter ab, der auch auf den folgenden vier Zusammenkünften dieses Amt bekleidete: 1839 und 1841 in Berlin, 1842 in Stuttgart und 1843 erneut in Berlin. In Verbindung mit der siebten Generalzollkonferenz in Karlsruhe im Jahre 1845 übernahm schließlich Karl von Meixner[60] die Aufgabe, die bayerischen Interessen zu vertreten. Weitere Zusammenkünfte folgten in Berlin (1846), Kassel (1850), Wiesbaden (1851), Berlin (1854), Darmstadt (1854), Hannover (1858), Braunschweig (1859), München (1863) und schließlich in Dresden (1866)[61].

Aufgabe des Gesandtenkongresses war die Abrechnung der gemeinsamen Einnahmen, Auslegung der Vereinsgesetze, Feststellung des Zolltarifes, Vereinbarungen über neue Einrichtungen und Anordnungen, und schließlich die Kontrolle über die gemeinsamen Einrichtungen des Vereins wie beispielsweise die Grenzkontrollpunkte zu den Nachbarländern, ohne allerdings über gesetzgeberische Befugnisse zu verfügen. Unter den gleichberechtigt auftretenden Mitgliedsländern mit Zustimmungs- und Vetorecht sowie der Möglichkeit zu Kündigung und Austritt führten die Thüringischen Staaten, vereinigt im Thüringischen Zoll- und Handelsverein, nur eine gemeinsame Stimme. Der Vorsitzende wurde jeweils zu Beginn der Konferenz aus allen anwesenden Regierungsvertretern gewählt. Jedes Mitglied besaß das Recht zu einem unabhängigen Abschluß von Handels- und Verkehrsabkommen mit Drittstaaten. De facto vereinbarte jedoch Preußen als Präsidium im Namen aller Mitglieder Zoll- und Handelsverträge sowie Schiffahrtsabkommen[62]. Bereits in den ersten Jahren des Zollvereins machte Preußen davon häufig Gebrauch und verständigte sich mit europäischen Nachbarstaaten auf wichtige Handelsverträge: 1837 bzw. 1839 mit Holland[63] und Griechenland, 1840 und 1862 mit der Türkei, 1841 mit England[64], 1842 mit Belgien[65] und 1844 mit Portugal. Der angestrebte Handelsvertrag mit Frankreich scheiterte dagegen 1841[66].

Der Zollverein baute gegenüber Drittländern ein gemeinsames Zollsystem auf, das auf einem komplizierten Gebäude verschiedener gemeinschaftlicher Ein-,

---

[59] Zu *Carl von Bever* siehe Kapitel VI.3.b) *Die Leitung des Handelsministeriums* (S. 285).

[60] Zu *Karl von Meixner* siehe Kapitel V.2.c) *Maßgebliche Mitarbeiter im Staatsministerium des Handels und der öffentlichen Arbeiten nach 1862: Weitere wichtige Mitarbeiter: Karl Kleinschrod, Karl von Meixner, Georg Ludwig Carl Gerbig* (S. 244).

[61] BayHStAM, MH 9751 (XVI. Generalzollkonferenz in Dresden, Februar–Juni 1866). Für die Generalzollkonferenz von 1866 gibt es keine gedruckten Unterlagen.

[62] HUBER, Verfassungsgeschichte II, 296–297.

[63] FISCHER, Staat, 138; WEBER, Zollverein, 151–167.

[64] Ebd. (Vertrag mit England, 168–173; Vertrag mit Griechenland, 173–174 und Vertrag mit der Türkei, 175–178).

[65] Zu den Handelsbeziehungen zwischen Belgien und dem Zollverein während des 19. Jahrhunderts: SYDOW, Helmut, Die Handelsbeziehungen zwischen Belgien und dem Zollverein 1830–1885 (Dissertationen zur neueren Geschichte 4), 2 Bde, Köln 1979. Zum Handel mit Belgien auch BayHStAM, MH 5379.

[66] ZIMMERMANN, Alfred, Geschichte der preußisch-deutschen Handelspolitik aktenmäßig dargestellt, Oldenburg/Leipzig 1892, 263–265.

Durch- und Ausfuhrabgaben basierte und zur Bildung eines größeren Binnenmarktes und zum Aufbau einer einheitlichen Zollverwaltung führte. Das gemeinsame Grenzzollsystem beseitigte grundsätzlich alle Binnenzollschranken zwischen den Mitgliedsstaaten, allerdings galt für außenzollpflichtigen Güterverkehr zwischen den Grenzen des alten Zollvereins weiterhin Meldepflicht. Der Vereinszolltarif enthielt 43 Warengruppen, die Ein[67]- oder Ausfuhrzöllen[68] unterlagen und für Fertigwaren eine durchschnittliche Zollbelastung von zehn Prozent vorsah, während Roh- und Halbfertigerzeugnisse weitgehend zollfrei waren[69]. Für Waren, auf denen Finanzmonopole (Salz und Spielkarten) oder innere Verbrauchssteuern (Tabak bis 1868, Branntwein bis zum 1. Oktober 1867, Bier und Wein) lasteten, mußten indessen bei der Einfuhr in andere Vereinsstaaten Ausgleichs- bzw. Ergänzungsabgaben geleistet werden[70]. Die Gegensätze zwischen den verschiedenen Steuersystemen der einzelnen Mitgliedsstaaten machte diese Regelung notwendig, die auch über die Gründung des Deutschen Reichs hinaus den Warenverkehr behinderte. Die Ausgleichssteuern sollten entsprechend der Differenz der inneren Verbrauchssteuer im Bestimmungsland zur Steuer im Herkunftsland bemessen werden. Das System der Ausgleichssteuern bewährte sich nicht, da die Erhebung viel zu kompliziert war und die Höhe der Abgaben zu stark differierte. Von einem freien Verkehr konnte also keine Rede sein, so daß die Ausgleichsabgaben bei der ersten Zollvereinsverlängerung 1841 abgeschafft und gegen sogenannte Übergangsabgaben ersetzt wurden. Präziser festgelegt erhob man jetzt beim Import den vollen gesetzlichen Steuerbetrag, der auf dem entsprechenden Artikel im Einfuhrland ruhte. Aufgrund der vorgeschriebenen Gleichbehandlung durften vereinsländische Artikel nicht mit Übergangsabgaben belastet werden, wenn sie im eigenen Produktionsland keiner inneren Steuer unterlagen; eine Ausnahme gewährte man jedoch bei Wein, der auch in Staaten, die keinen Weinbau betrieben, mit Abgaben belegt werden konnte[71].

---

[67] Die Einfuhr war der bedeutendste der Verzollung unterworfene Warenweg. Einfuhrzölle belasteten die abgabepflichtige Ware beim Eintritt in das Zollgebiet. Sie wurden unterschieden zwischen spezifischen Zöllen, die nach der Maßeinheit (Stück- oder Gewichtzoll) festgelegt wurden, und Wertzöllen, die nach dem deklarierten oder behördlich festgestellten Wert des Zollgutes bemessen wurden. Im Zollverein erfolgte die Bemessung der Abgaben auf die Waren nach dem Gewicht.

[68] Ausfuhrzölle treffen die Waren beim Verlassen des Zollgebietes. Der Freihandel bekämpfte vor allem diese Art der Zollabgabe. Die Wirkung des Zolles ist eine Preissteigerung, die möglicherweise zur Produktion von Ersatzmitteln im Ausland anregen könnte. Außerdem dienen Ausfuhrzölle der Verhinderung des Exportes gewisser Rohstoffe, deren Verarbeitung wünschenswert erscheint.

[69] CHRISTIANSEN, Zollverein, 16.

[70] PREISSER, Steuerharmonisierung, 115–117.

[71] Diese Ausnahmeregelung gab bis 1867 immer wieder Anlaß zu heftigen Diskussionen, da gerade Bayern mit seinen Weinbauregionen Pfalz und Franken besonders belastet war. Vor allem bei der Annahme des preußisch-französischen Handelsvertrages 1862 und der damit anstehenden Zollvereinsverlängerung spielten die Weinabgaben für Bayern eine große Rolle: ebd., 203–229.

Wie vom bayerisch-württembergischen Zollverein bekannt, wurden die Zolleinnahmen auf die Mitglieder im Verhältnis ihrer jeweiligen Einwohnerzahlen verteilt. Als Verrechnungsstelle für die eingenommenen Zölle fungierte das Zentralrechnungsbüro in Berlin. Ansonsten blieben Verwaltung und Überwachung bei den Landesbehörden, so daß es keinen eigenen Behördenapparat und keine Vereinsbeamten gab. Einzig Oldenburg, Hannover und Frankfurt genossen eine Ausnahmestellung, da sie kraft der Verträge vom April 1853 respektive vom Januar 1836 sogenannte Präcipuen beanspruchen konnten. Diese Ausgleichszahlung beinhaltete als preußisches Zugeständnis finanzielle Mehrleistungen der Zollvereinsstaaten über die Bevölkerungszahl hinaus. Das Präcipuum wurde erst mit den Verträgen über die Verlängerung und Neugestaltung der Zollunion vom Juli 1867 beseitigt[72]. Eine erfolgreiche Bekämpfung des Schleichhandels und die Aufrechterhaltung des Handels- und Zollsystems erhofften sich die Mitgliedsstaaten durch die Errichtung eines Zollkartells. Schließlich wurde im Zollvereinsvertrag von 1833 der Wunsch nach Vereinheitlichung des Steuerwesens sowie der Münz-, Maß- und Gewichtssysteme festgehalten, ohne daß diese jedoch bis zur Reichsgründung verwirklicht worden wäre.

Der Zollverein basierte auf einem Bündel bilateraler und multilateraler Verträge, deren Zahl sich auf insgesamt 130 belief, die – zu verschiedenen Zeiten abgeschlossen – als einzige Gemeinsamkeit die Ausrichtung auf das preußische Zollsystem aufwiesen[73]. Im großen und ganzen bedeuteten zwar die handels- und zollpolitischen Rechte sowie das gegenseitige Kontrollrecht eine Einschränkung einzelstaatlicher Kompetenzen, die Gleichwertigkeit aller Mitgliederstimmen und das absolute Vetorecht auf den Generalkonferenzen waren jedoch unmißverständlicher Ausdruck des Souveränitätsgedankens der Vertragspartner. Dementsprechend bezeichnete Wilhelm von Weber in seiner königlichen Auftragsarbeit über die Geschichte des deutschen Zollvereins die Generalkonferenzen weniger als „administrative", denn als „rein politische Behörde", deren Mitglieder „ausschließend auf die Instructionen ihrer Regierungen gebunden waren"[74]. Alle Bemühungen, den lähmenden Einstimmigkeitsgrundsatz abzuschaffen, scheiterten bis 1866. Ungeachtet der sorgsam gewahrten Gleichberechtigung aller Beteiligten ist die Hegemonie Preußens im Deutschen Zollverein kaum anzuzweifeln, zumal sich Österreich frühzeitig aus diesem wichtigen Feld mitteleuropäischer Politik zurückzog, und Preußen dieses seinerseits immer nachhaltiger für sich proklamierte[75]: Auf Dauer konnte die preußische Regierung mit ihren wiederholten Kündigungs- oder Austrittsdrohungen den anderen Vereinsmitgliedern ihre Vorstellungen besser aufzwingen als umgekehrt. Die mit Preußen verbundenen Ver-

---

[72] Artikel 10 und 11 des Vertrages: Bundesgesetzblatt des Norddeutschen Bundes 9 (1867), 81–124.

[73] Zur Klassifizierung dieser Verträge: FISCHER, Zollverein. Fallstudie, 115–119.

[74] WEBER, Zollverein, 144.

[75] NIPPERDEY, Thomas, Deutsche Geschichte 1800–1866. Bürgerwelt und starker Staat, München ²1994 (1983), 361; HAHN, Hegemonie, in: BERDING, Integration, 47. Nach OTRUBA, Zollverein, 127–128, wurde auf innerösterreichische Stimmen, die den Anschluß an den Zollverein in welcher Form auch immer proklamierten, von seiten der Wiener Regierung nicht eingegangen.

einsstaaten schätzten, je länger der Zollverein bestand, umso offenkundiger die Vorteile, die bei einem preußischen Rückzug nicht mehr auszugleichen gewesen wären. Berlin entwickelte sich, wenn nicht offiziell, so doch faktisch zum Zentrum des Deutschen Zollvereins. In wirtschaftlicher Hinsicht stellte Preußen, das mehr als 50 Prozent der Vereinsbevölkerung umfaßte, für die meisten Staaten den wichtigsten Absatzmarkt dar. Außerdem profitierten kleinere Staaten bei der Verteilung der Zolleinnahmen von den überdurchschnittlichen Ergebnissen der preußischen Zollverwaltung. In Bayern stiegen so bereits im ersten Jahr der Mitgliedschaft die Zolleinnahmen von 2,1 auf 3,9 Mio fl[76].

3. Der Deutsche Zollverein bis zum Abschluß des preußisch-österreichischen Handelsvertrages von 1853

a) Die Zollunionspläne Österreichs und das Scheitern der Dresdner Konferenzen

In der ersten Periode des Zollvereins, die allgemein für die Zeit von der Gründung bis zum Jahre 1841, der ersten Verlängerung der Verträge, angesetzt wird, dominierte die Konsolidierung der 1833 vereinbarten Leitlinien[77]. Die Zollerträge, deren wichtigste Einnahmequellen die tropischen Importgüter wie Zucker, Tabak, Tee, Kaffee und Reis bildeten, gestalteten sich weitgehend positiv[78]. Auf der ersten Generalzollkonferenz in München 1836 einigten sich die Mitglieder auf ein umfassendes Zollgesetz, ein Zollstrafgesetz und eine Zollordnung[79]. Außerdem führte man ein amtliches Warenverzeichnis ein. Weitere Vereinheitlichungsmaßnahmen erfolgten im Dresdner Münzvertrag von 1838 und mit der Einführung des Zollzentners zu 500 kg[80]. Unterdessen darf in der ersten Phase des Zollvereins dessen wirtschaftspolitische Bedeutung nicht überschätzt werden, zumal die Berliner Regierung ihre Zollvereinspolitik im wesentlichen auf die Förderung der bestehenden Handelsbeziehungen beschränkte. Diese Entwicklung gab sowohl den Zollvereinspartnern als auch Österreich ein Gefühl der

---

[76] FISCHER, Zollverein. Fallstudie, 123. Über die Auswirkungen des Zollvereins auf Württemberg und Baden: KOLLMER, Gert, Folgen und Krisen des Zollvereins, in: POHL, Auswirkungen, 197–220. Zur wirtschaftlichen Entwicklung des Zollvereins bis 1866: BENAERTS, origines, 131–654.

[77] Dazu beispielsweise: EICHMANN, Zollverein, 10–11; PREISSER, Steuerharmonisierung, 38–39. JAEGER, Hans, Geschichte der Wirtschaftsordnung in Deutschland (Neue Historische Bibliothek, NF 529), Frankfurt a. Main 1988, 58, setzt die erste Periode des Zollvereins bis 1854 an.

[78] ALBER, Zollverwaltung, 55–58 und 90–92. Der Erlös aus industriellen Rohstoffen war dagegen bescheidener.

[79] Ebd., 40; VERHANDLUNGEN der ersten General-Conferenz. Die Zollordnung vom 17.11.1837 in: RBl 61 (7.12.1837), 825–894.

[80] Siehe dazu die Kapitel VII.1.a) *Abstimmungsversuche im Zollverein* (S. 303) sowie VII.3.a) *Maßnahmen vor der Reichsgründung bis zur Maß- und Gewichtsordnung von 1869* (S. 344).

Sicherheit, das einige Befürchtungen aus der Gründungszeit über eine mögliche politische Vorherrschaft Preußens im Deutschen Bund verstummen ließen[81].

Im Frühjahr 1841 verständigten sich die Zollvereinsmitglieder nach zähem, sechsmonatigem Ringen auf einen neuen Vertrag, der den Fortbestand der Union für weitere zwölf Jahre bis Ende Dezember 1853 sichern sollte und von allen Teilnehmerstaaten am 8. Mai 1841 in Berlin unterzeichnet wurde[82]. Die Disparität der verschiedenen Zollsysteme hatte die Verhandlungen merklich erschwert: Während die kleineren Staaten zum Schutzzoll tendierten, trat vor allem Preußen für einen weitergehenden Freihandel ein. Die unterschiedlichen Auffassungen über die einzuschlagende Handelspolitik prägten die zweite Zollvereinsperiode bis 1853 und lähmte aufgrund des Vetorechtes nahezu aller Mitgliedsstaaten die Handlungsfähigkeit der Generalzollkonferenzen[83].

Mit der Thronbesteigung des preußischen Königs Friedrich Wilhelm IV.[84] im Jahre 1840 und den daran anschließenden Vertragsverlängerungen gewannen die Anhänger einer offensiven, auf Machtzuwachs angelegten, preußischen Zollvereinspolitik an Boden. Gleichzeitig erhöhten sich in den vierziger Jahren in Teilen der deutschen Bevölkerung spürbar die Erwartungen an Preußen in bezug auf eine Konsolidierung der wirtschaftlichen Einheit. Mittlerweile waren selbst die süddeutschen Schutzzollvertreter bei aller Kritik an der Tarifpolitik Preußens nicht mehr an einer Auflösung des Zollvereins interessiert. Im Jahre 1844 wandte sich dennoch die Mehrheit der Vereinsstaaten vom uneingeschränkten Freihandel ab und trat gegen den Standpunkt der preußischen Regierung für Zollerhöhungen ein: Preußen, Sachsen und die Freie Stadt Frankfurt sprachen sich für eine Beibehaltung des Freihandels aus, Bayern und Württemberg plädierten dagegen aus Rücksicht auf ihre Textilindustrie für einen gemäßigten Schutzzoll. Diese Haltung der beiden wichtigsten süddeutschen Staaten ließ in Österreich die Hoffnung aufkeimen, Bayern und Württemberg doch noch für sich gewinnen zu können[85]. Am Ende einigten sich jedoch die Zollvereinsstaaten noch einmal ohne gravierendere Auseinandersetzungen auf eine Erhöhung der Zölle für veredelte

---

[81] HAHN, Hegemonie, 55–56.

[82] VERTRÄGE und Verhandlungen III, 1–169. Für Bayern in: RBl 35 (17.8.1841), 677–708. Gleichzeitig kam es zu einem Vertrag über die Erhebung einer Steuer für den im Inland produzierten Runkelrübenzucker: RBl 36 (26.8.1841), 709–728.

[83] Der sächsische Innenminister Richard Frhr. von Friesen bemängelte beispielsweise rückblickend in seinen Erinnerungen: „Mit der Zeit ergab sich jedoch, daß der Umstand, daß nach der Verfassung des Zollvereins zu allen Beschlüssen die Stimmeneinhelligkeit sämmtlicher Staaten nothwendig war, und daß daher insbesondere auch eine jede Abänderung einzelner Tarifsätze durch den Widerspruch selbst des kleinsten Staates gehindert werden konnte, viele und erhebliche Uebelstände mit sich bringe": FRIESEN, Richard Frhr. von, Erinnerungen aus meinem Leben, Bd. 1, Dresden 1882, 314.

[84] *Friedrich Wilhelm IV.* (1795–1861), preußischer König seit 1840, gab die Restaurationspolitik seines Vaters Friedrich Wilhelm III. auf, seit 1858 vertrat ihn sein Bruder Wilhelm (I.) als Regent in Preußen.

[85] BENEDIKT, Zollverein, 28.

Leinenfabrikate, Baumwollwaren und Roheisen[86]. Im Grunde genommen hatten sich die niedrigen Zollsätze von 1818 bzw. 1834 in einigen Fällen ohnehin in Schutzzölle gewandelt, ohne daß dafür Beschlüsse notwendig gewesen wären: Der Zollverein erhob die Abgaben auf Waren nicht nach ihrem Wert, sondern nach ihrem Gewicht, so daß angesichts des Preisverfalls in den späten 1840er Jahren vor allem bei Produkten der Großindustrie die Zollsätze von ursprünglich zehn Prozent bis auf 50 Prozent anstiegen[87].

Bis weit in die 1840er Jahre hinein war Österreich bei den Streitigkeiten um Schutzzoll oder Freihandel eher abseits gestanden, auch wenn Wien am 19. November 1847 mit Preußen einen Handelsvertrag abschloß[88]. In ihm wurden Verkehrserleichterungen an der Grenze Böhmen-Mähren-Schlesien zu Preußen und Regelungen für den landwirtschaftlichen Grenzverkehr sowie dessen mögliche Ausdehnung vereinbart.

Die neue politische Konstellation der Revolution von 1848/49 stellte nachdrücklich die Frage nach der künftigen Wirtschafts- und Zollverfassung. Ausgehend vom Zollverein drängten die Volksvertreter in der Frankfurter Nationalversammlung auf ein einheitliches Wirtschaftsgebiet für den Deutschen Bund[89]. In zahlreichen Sitzungen wurde über die Errichtung eines gesamtdeutschen Zoll- und Wirtschaftssystems diskutiert; das im Dezember 1848 entworfene Reichsgesetz über die kommerzielle Einheit Deutschlands sollte den Wünschen des Handels- und Gewerbestandes Rechnung tragen. Es sah die Vereinigung der Einzelstaaten des Deutschen Reichs zu einem Zoll- und Handelsgebiet mit gemeinschaftlicher Zollgrenze vor. Eine revolutionäre Neuerung war darüber hinaus die geforderte Erhebung von einheitlichen Produktions- und Verbrauchssteuern im gesamten Reichsgebiet. Letztendlich trafen die revolutionären Ereignisse die Geschäfte des Zollvereins aber nur marginal, die Nationalversammlung konnte auch im wirtschaftlichen Bereich keine grundsätzlichen Veränderungen durchsetzen. Die aufflammenden Auseinandersetzungen zwischen den Vertretern von Schutzzoll und Freihandel infolge der politischen Radikalisierung schufen allerdings für die Zukunft ein nicht zu unterschätzendes Konfliktpotential.

Die zweijährige Revolutions-Episode zeigte, welches Gewicht Preußen mittlerweile im Zollverein errungen hatte: Es war gelungen, mehrere deutsche Regie-

---

[86] BIERNER, Magnus, Die deutsche Handelspolitik des 19. Jahrhunderts, Greifswald ²1899, 24.

[87] GRAF, Kurt, Die zollpolitischen Zielsetzungen im Wandel der Geschichte (Schweizerisches Institut für Außenwirtschafts- und Marktforschung an der Hochschule St. Gallen 23), Zürich/St. Gallen 1970, 147; LÁNG, Ludwig, Hundert Jahre Zollpolitik, Wien/Leipzig 1906, 146–147.

[88] OTRUBA, Zollverein, 130.

[89] Bereits im Vorfeld der Revolution waren Stimmen laut geworden, die den Zollverein als Ausgangspunkt für die Einigung Deutschlands sehen wollten. Dazu Beispiele bei: HAHN, Hegemonie, 60–61; ALBER, Zollverwaltung, 45. Zur Rolle Bayerns in Frankfurt: DOEBERL, Bayern und die deutsche Frage. Aus bayerischer Sicht spricht Weber im Rückblick von der „nationalen Kraft" des Zollvereins: WEBER, Zollverein, 237. Der bayerische Nationalökonom *Friedrich Benedikt von Hermann* forderte sogar eine Zollunion mit Österreich: RALL, Entwicklung, in: SPINDLER, Handbuch IV/1, 239.

rungen auf Ziele der eigenen Politik einzuschwören und preußischen Interessen zugänglich zu machen⁹⁰. In dieser Situation verstärkte Österreich seine Aktivitäten, die wirtschaftspolitische Führungsrolle des Rivalen im Deutschen Bund in Frage zu stellen, um am Ende nicht auch noch politisch ins Abseits zu geraten. Mit der Berufung von Fürst Felix zu Schwarzenberg[91] zum österreichischen Ministerpräsidenten im November 1848 rückte die „Deutsche Frage"[92] mehr in den Mittelpunkt: Die Revolution von 1848 hatte in Österreich einen zentral gelenkten Reformkurs eingeleitet, der von dem Ideal des spätjosephinischen Wohlfahrtsgedankens getragen war[93]. Schwarzenberg befürwortete deshalb genauso wie der neue Handelsminister Karl Ludwig Frhr. von Bruck[94] eine Zollunion mit dem deutschen Zollverein, die den Kern eines mitteleuropäischen Wirtschaftsblocks unter österreichischer Führung verkörpern sollte. Waren aber für Bruck die wirtschaftspolitischen Ziele einer Zolleinigung maßgeblich, so akzentuierte Schwarzenberg mehr die machtpolitischen Aspekte. Der österreichische Ministerpräsident scheute sich nicht, den eigenen Schutzzoll gegen den Widerstand von Industrie und Gewerbe zu ermäßigen, um anschließend mit Unterstützung der süddeutschen Staaten die Aufnahme in den Zollverein beanspruchen zu können[95]. Dabei war dem österreichischen Ministerpräsidenten der Einfluß Bayerns auf die Deutsche Frage sehr wohl bewußt: „Ich überzeuge mich jeden Tag mehr,

---

[90] HAHN, Hegemonie, 61. Dazu auch die rückblickende Einschätzung (1862) eines österreichischen Diplomaten in: BÖHME, Vor 1866, 49.

[91] *Fürst Felix zu Schwarzenberg* (1800–1852): Von November 1848 bis zu seinem überraschenden Tod im April 1852 österreichischer Ministerpräsident: HELLER, Eduard, Mitteleuropas Vorkämpfer Fürst Felix zu Schwarzenberg, Wien 1933; LIPPERT, Stefan, Felix Fürst zu Schwarzenberg. Eine politische Biographie (Historische Mitteilungen, Beiheft 21), Stuttgart 1998.

[92] Der Machtkampf zwischen Preußen und Österreich wurde in der europäischen Diplomatie seit 1849 als „Deutsche Frage" bezeichnet: DOERING-MANTEUFFEL, Einheit, 30.

[93] MATIS, Herbert, Grundzüge der österreichischen Wirtschaftsentwicklung 1848–1914, in: RUMPLER, Helmut (Hg.), Innere Staatsbildung und gesellschaftliche Modernisierung in Österreich und Deutschland 1867/71–1914. Historikergespräch Österreich – Bundesrepublik Deutschland 1989, Wien/München 1989, 119: Dazu zählten die Grundentlastung (1848), die Aufhebung der Zwischenzollinie zu Ungarn (1851) und die Einführung der Gewerbefreiheit (1859).

[94] BÖHME, Großmacht (1966), 14. *Karl Ludwig Frhr. von Bruck* (1798–1860): 1848–1855 österreichischer Minister für Handel und öffentliche Bauten, 1855–1860 österreichischer Finanzminister. Nach seiner Entlassung beging er Selbstmord: CHARMATZ, Richard, Minister Freiherr von Bruck. Der Vorkämpfer Mitteleuropas. Sein Lebensgang und seine Denkschriften, Leipzig 1916. Zu den Vorstellungen Brucks über die Neugestaltung des Zollvereins: GAERTNER, Alfred, Der Kampf um den Zollverein zwischen Österreich und Preußen von 1849 bis 1853 (Straßburger Beiträge zur neueren Geschichte IV/1,2), Straßburg 1911.

[95] Einen knappen Überblick über die österreichische Zollpolitik um 1850 bietet: GRAF, Zielsetzungen, 148–153.

welch unberechenbaren [=kaum zu überschätzenden, Anm. d. Verf.] Einfluß Bayerns Haltung zu üben berufen sei"[96].

Selbst wenn sich Bayern im Gegensatz zu Sachsen in der Öffentlichkeit zurückhaltender gegenüber den österreichischen Plänen verhielt, so ist doch zu diesem Zeitpunkt eine Hinwendung zur Donaumonarchie unverkennbar. Dies stand keineswegs im Widerspruch zur offensichtlichen Sympathie König Maximilians II für die Triaspolitik im bayerischen Sinne als Antwort auf den Dualismus der beiden Großmächte[97]: Maximilian sah Bayern als dritte Führungsmacht in Deutschland, unter dessen Leitung sich die Mittelstaaten zu einer eigenen Kraft zusammenschließen und gemeinsam ein Gegengewicht gegen die Großmächte bilden sollten, um durch einen förderativen Zusammenschluß die Sicherheit der einzelnen Staaten zu gewährleisten[98]. Aber selbst dann erklärte sich der bayerische Monarch nur zur Abtretung gewisser Befugnisse an eine deutsche Zentralgewalt bereit, wenn Bayerns Anteil in einem zu schaffenden Direktorium entsprechend Berücksichtigung gefunden hätte.

Bei der bayerischen Eigenart der Triaspolitik handelte es sich jedoch weniger um ein Programm als um einen politischen Grundgedanken, der sich den realpolitischen Möglichkeiten anpaßte und den Führungsanspruch Bayerns nötigenfalls zurückzustellen und eine vermittelnde Position einzunehmen wußte. Sinn der Triaspolitik war demnach, das Dritte Deutschland zu einem gemeinsamen Gegenpol gegen den Dualismus Preußen-Österreich aufzubauen[99].

Die Haltung Bayerns zur Deutschen Frage und damit auch zur Beteiligung Österreichs am Deutschen Zollverein prägte maßgeblich der Ministerratsvorsitzende Ludwig von der Pfordten, den Maximilian II. am 18. April 1849 zum Minister des königlichen Hauses und des Äußern ernannt hatte[100]. Er beharrte auf der Grundlinie der bisherigen bayerischen Politik, die den Austritt Österreichs

---

[96] Zitiert aus einem Schreiben Schwarzenbergs an den österreichischen Gesandten in München, Graf Thun, vom Mai 1849 in: DOEBERL, Bayern und das preussische Unionsprojekt, 105–108, zit. 106.

[97] GLASER, Hubert, Zwischen Großmächten und Mittelstaaten. Über einige Konstanten der deutschen Politik Bayerns in der Ära v.d. Pfordten, in: LUTZ, Heinrich (Hg.), Österreich und die deutsche Frage im 19. und 20. Jahrhundert, Wien 1982, 159; DOEBERL, Bayern und die deutsche Frage, 27–51. Zur ursprünglichen Triasidee: BURG, Peter, Die deutsche Trias in Idee und Wirklichkeit. Vom Alten Reich zum Deutschen Zollverein (Veröffentlichungen des Institutes für Europäische Geschichte Mainz, Abt. Universal-Geschichte 136), Stuttgart 1989.

[98] SCHIEDER, Theodor, Die mittleren Staaten im System der großen Mächte, in: HZ 232 (1981), 591–595. Schieder ist der Ansicht, daß die Triasidee ohne Absicherung durch eine Großmacht nicht realisierbar war.

[99] GLASER, Zwischen Großmächten, 158–160.

[100] *Ludwig Frhr. von der Pfordten* (1811–1880): 1848/49 sächsischer Innenminister, zeitweise auch Außenminister, 1849–1859 bayerischer Staatsminister des kgl. Hauses und des Äußern und Vorsitzender im Ministerrat, 1859–1864 bayerischer Gesandter in Frankfurt; 1864–1866 wieder Staatsminister des kgl. Hauses und des Äußern und Vorsitzender im Ministerrat. Zu von der Pfordten ausführlich: FRANZ, Pfordten und DOEBERL, Bayern und das preussische Unionsprojekt, 11–31. Siehe auch Kapitel V.2.a) *Die leitenden Minister: Ludwig von der Pfordten (1849–1859 und 1864–1866)* (S. 224).

aus dem Deutschen Bund zu verhindern und die beiden Hegemonialmächte Österreich und Preußen auf dem Boden des Bundesrechtes zusammenzuhalten suchte. Das dritte Deutschland sollte dabei mit Bayern an der Spitze als vermittelnder Ausgleich dienen. Anders als bei dem sächsischen Ministerpräsidenten Ferdinand Graf von Beust[101] war das Konzept von der Pfordtens eher defensiv ausgerichtet[102]. Dies gilt auch für die wirtschaftspolitischen Entscheidungen. So wollte von der Pfordten auf die Bindung zum Deutschen Zollverein nicht verzichten, bestand aber gleichzeitig auf intensivere Gespräche über die Vorschläge Österreichs und wies sich dabei selbst die Vermittlerrolle zwischen Preußen und der Donaumonarchie zu: „(...) glaube sie [=die bayerische Regierung, Anm. d. Verf.] gleichwohl in der Betrachtung der damaligen Zustände Gründe zu der Hoffnung finden zu können, daß es nicht unmöglich sein dürfte, diesen Vorschlägen [=die österreichischen Vorstellungen einer zentraleuropäischen Zollunion, Anm. d. Verf.], auch was die Annäherung in den Grundsätzen über die Tarifregulierung betreffe, Geltung zu gewähren, wenn von Seiten Österreichs den gegebenen Zusicherungen gemäß das bisherige Zollsystem aufgegeben und zu einem gemäßigten Schutzzollsystem übergegangen werde"[103]. Zweifelsohne zählte die Integration der Donaumonarchie in den deutschen Zollverein zu einem der Hauptziele Pfordten'scher Politik in dessen erster Amtsperiode bis 1859[104]. Beust seinerseits sah sich aufgrund der weiterentwickelten industriellen Wirtschaftsstruktur Sachsens in eine schwierige Situation gedrängt. Den Zollverband mit Preußen konnte die Dresdner Regierung ungeachtet aller Sympathien für Österreich nicht leichtfertig aufs Spiel setzen: „Auf der einen Seite die Nachtheile, ja die Unmöglichkeit, sich dem Zollverband mit Preussen zu entziehen, auf der andern die Nothwendigkeit, mit Oesterreich und den süddeutschen Staaten die politische Fühlung, ja die politische Verbindung zu erhalten und sich diese Faktoren nicht zu entfremden"[105]. Der Antagonismus zwischen den beiden leitenden Ministern der wichtigsten Mittelstaaten, dem überwiegend liberal eingestellten Pfordten und seinem Nachfolger in Sachsen, dem konservativen Beust, artikulierte sich in unterschiedlichen politischen Konzeptionen, aber auch im

---

[101] *Friedrich Ferdinand (Graf) von Beust* (1809–1886): seit 1849 sächsischer Außen- und Kulturminister, ab 1852 Außen- und Innenminister, ab 1858 auch Ministerpräsident. Oktober 1866–1867 österreichischer Außenminister, 1867–1871 Ministerpräsident; 1871–1878 österreichischer Botschafter in London, 1878–1882 in Paris. Zu Beust siehe seine Memoiren: BEUST, Aus drei Viertel-Jahrhunderten. Dann: RUMPLER, Politik. Zu seiner Zeit als österreichischer Außenminister: POTTHOFF, Heinrich, Die deutsche Politik Beusts. Von seiner Berufung zum österreichischen Außenminister im Oktober 1866 bis zum Ausbruch des deutsch-französischen Krieges 1870/71 (Bonner Historische Studien 31), Bonn 1968.
[102] DOEBERL, Bayern und die deutsche Frage, 140–141. Zum Verhältnis zwischen Beust und v. d. Pfordten: MEIBOOM, Studien, 108–119.
[103] Pfordten an den preußischen Gesandten in München, Bockelberg, 13.3.1850, zitiert nach: BEER, Handelspolitik, 92.
[104] FRANZ, Pfordten, 197.
[105] BEUST, Aus drei Viertel-Jahrhunderten 1, 167.

persönlichen Gegensatz, so daß alle Bemühungen um die Verwirklichung der Triasidee scheitern mußten[106].

Der Dualismus zwischen Preußen und Österreich verstärkte sich, als Ministerpräsident Fürst zu Schwarzenberg im März 1849 im Zusammenhang mit der neuen, konstitutionell angelegten Verfassung vom 4. März 1849 auf der Eingliederung des gesamten österreichischen Einheitsstaates einschließlich Ungarns in den Deutschen Bund und auch in den deutschen Zollverein bestand. Parallel dazu versicherte er Minister von der Pfordten, „binnen Jahresfrist" mit Bayern einen „Zoll- und Handels-Verein" abzuschließen, sollten in neu zu verhandelnden Zollvereinsverträgen die Nachteile für Bayern zu groß werden[107]. Das Münchner Kabinett wies nun seinerseits die österreichische Regierung auf die Gefahr hin, mit einem Beharren auf diesem Ansinnen in Verbindung mit einem offensichtlichen Ultimatum in erster Linie die kleindeutschen Parteigänger in den süddeutschen Staaten zu stärken. Die Gegner einer Zollunion mit der Donaumonarchie würden dann „auf die großen Schwierigkeiten aufmerksam machen, welche der Beitritt Oesterreichs zum Zollvereine"[108], vor allem bei der Verteilung der Zolleinkünfte, mit sich brächten. Das Ansinnen Schwarzenbergs beantwortete Preußen am 3. April 1849 mit einer Zirkulardepesche. Darin wurde neben Vorschlägen zur Neugestaltung des Deutschen Bundes auch die Freiheit und Einheit von Handel, Verkehr, Eisenbahn- und Postwesen, bei Münze, Maß und Gewicht in Aussicht gestellt. Einer engeren Union in Form eines kleindeutschen Bundesstaates sollte sich eine weitere Gemeinschaft mit Österreich und Ungarn anschließen.

Bayern lehnte die Frankfurter Reichsverfassung und ein preußisches Kaisertum genauso ab wie Österreich, Hannover und Sachsen. Allerdings gelang es Bayern nicht, eine echte mittelstaatliche Alternative zu präsentieren, so daß sich 28 der kleineren und mittleren Staaten für die bedingungslose Anerkennung der Reichsverfassung aussprachen, darunter Baden sowie die Hessischen und die Thüringischen Staaten; später beugte sich auch König Wilhelm von Württemberg dem Druck der öffentlichen Meinung. Am 9. Mai 1849 legte die Berliner Regierung im sogenannten preußischen Unionsprojekt das Konzept für eine Bundesreform vor, das aber kurz darauf erwartungsgemäß von Österreich abgelehnt wurde[109]. Die nach Stuttgart verlegte Nationalversammlung wurde am 18. Juni 1849 – überschattet vom Pfälzischen Aufstand[110] – aufgelöst. Währenddessen war von der

---

[106] GRUNER, Konferenzen, 184: Von der Pfordten sah den Hauptmangel im Deutschen Bund im Zwiespalt zwischen Preußen und Österreich, während Beust den Konflikt zwischen den beiden Großmächten in der bestehenden Verfassung begründet sah.

[107] Bayerische Aufzeichnung über die für Bayern nötigen Garantien und Sicherungen vom 2.4.1849: DOEBERL, Bayern und die deutsche Frage, 257–258, hier 258.

[108] Zitiert aus einer bayerischen Aufzeichnung für den österreichischen Gesandten in München, Graf Thun, vom 2.4.1849: ebd., 255–257, hier 256. Diese Situation verschärfte sich nochmals, als Schwarzenberg zum Juni 1850 die Zwischenzollinie zu Ungarn beseitigte: BONDI, Vorgeschichte, 22.

[109] DOEBERL, Bayern und das preussische Unionsprojekt.

[110] Zum Pfalzaufstand: ZIEGLER, Hannes, Die Jahre der Reaktion in der Pfalz (1849–53) nach der Revolution von 1849 (Veröffentlichungen der Pfälzischen Gesellschaft zur

Pfordten zu einer Vermittlungsmission aufgebrochen, die ihn zuerst nach Wien und dann nach Berlin führte[111]. Die Beratungen über das Unionsprojekt endeten jedoch ohne eine Annäherung der beiden Großmächte. Der bayerische Außenminister hatte vor Antritt seiner Reise eine Denkschrift vorgelegt, die sich in erster Linie auf die zukünftige politische Verfassung des Deutschen Bundes bezog und in handelspolitischen Fragen zu Konzessionen an eine Zentralgewalt bereit war. Dazu zählten unter anderem die Abtretung der Leitung des Zoll- und Handelswesens, die Aufsicht über die Verkehrsanstalten, Post, Eisenbahn, Telegraphen, Straßen und Flüsse. Dies allerdings nur unter der Bedingung, daß „der Eintritt Österreichs in das einheitliche Zollsystem als Ziel aufgestellt und sofort durch Übergangsmaßregeln angebahnt werden" sollte[112]. Die Vereinheitlichung von Münze, Maß und Gewicht wollte Pfordten dagegen den Einzelstaaten überlassen. Spürbare Auswirkungen auf die folgenden wirtschaftspolitischen Beratungen hatte das Memorandum des bayerischen Ministers aber nicht. Anfang September 1849 lehnte Bayern den von Preußen vorgelegten Verfassungsentwurf endgültig ab, es folgten die sogenannten „Münchner Punktationen" und das „Vierkönigsbündnis" zwischen den Monarchen von Hannover, Sachsen, Württemberg und Bayern, bei denen die wirtschaftlichen Gesichtspunkte in den Hintergrund traten und die politischen Verhältnisse die Oberhand gewannen[113]. Man konnte sich lediglich darauf einigen, einer geplanten Bundesmacht die Aufsicht über das Zoll- und Handelswesen zu übertragen.

Auf den ersten Blick scheint die Zollvereinsgeschichte der fünfziger Jahre eine Phase der Stagnation gewesen zu sein, aber gerade in diesem Jahrzehnt wurden entscheidende Weichen für den Ausbau der preußischen Hegemonie gestellt[114]. Bereits Anfang 1850 hatten sich die Fronten zwischen Österreich und Preußen verhärtet. Beide kämpften mehr denn je um die Gunst der Mittel- und Kleinstaaten. Der österreichische Handelsminister von Bruck hatte seit seinem Amtsantritt wiederholt in Verbindung mit der Ablehnung des preußischen Vertretungsrechtes im Zollverein, sowohl den Anschluß der gesamten Donaumonarchie an den Zollverein als auch die Anpassung des Verbandes an österreichische Bedürfnisse, d.h. eine stärkere Hinwendung zur Erhebung von Schutzzöllen, gefordert[115]. Die beiden Denkschriften Brucks vom 30. Dezember 1849 und 30. Mai 1850 beinhalteten im wesentlichen den Plan einer mitteleuropäischen Zollunion von der Nordsee bis zum Mittelmeer[116], der besonders bei den

Förderung der Wissenschaften in Speyer), Speyer 1985; BUSLEY, Hermann-Joseph, Das pfälzisch-bayerische Verhältnis in der Revolutionszeit 1848/49, in: FENSKE, Hans (Hg.), Die Pfalz und Bayern 1816–1956, Speyer 1998, 67–102.

[111] FRANZ, Pfordten, 127–133: Die königliche Vollmacht erhielt von der Pfordten am 12.6.1849, er traf am 14. Juni in Wien ein, am 22. Juni dann in Berlin.

[112] Ebd., 111, wonach die bei DOEBERL, Bayern und das preussische Unionsprojekt, 90–99, gedruckte Denkschrift des Ministers nicht das Programm vom 14.4.1849 beinhaltet.

[113] DOEBERL, Bayern und das preussische Unionsprojekt, 40–61.

[114] HAHN, Hegemonie, 63.

[115] GAERTNER, Kampf, 10–27; ausführlich BÖHME, Großmacht (1966), 20–49.

[116] Die Denkschriften in: CHARMATZ, Bruck, 163–177 bzw. 177–204. Zur ersten Denkschrift Brucks vom 30.12.1849 und die Beratungen in der Frankfurter Nationalversamm-

süddeutschen Fabrikanten Zustimmung fand, da sie sich die Öffnung des österreichischen Marktes für ihre Produkte erhofften[117]. Die vorgelegten Ideen des österreichischen Handelsministers, die sich 1850 von dem eigentlichen wirtschaftlichen Inhalt mehr zu einer politischen Kampfschrift entwickelten, entfachten die Gegenwehr Preußens, zumal nicht nur der Leiter des preußischen Kanzleramtes, Rudolf von Delbrück[118], Brucks Konzepte für die politische Vormachtstellung Preußens als gefährlich erkannte. Seiner Ansicht nach beraubten sie nicht zuletzt aufgrund der proklamierten Zollerhöhungen die preußische Regierung einer „selbständigen Handelspolitik" und trugen den „schutzzöllnerischen Bestrebungen in Süddeutschland und den politischen Tendenzen in den Mittelstaaten" Rechnung[119]. Aus dieser Einschätzung heraus forderte der Leiter des preußischen Kanzleramtes eine Veränderung des Zollvereins, die den schutzzöllnerischen Neigungen des Südens entgegenkommen sollte: „Eine solche Reform mußte in dem Maße, als sie die Interessen befriedigte, die Anziehungskraft abschwächen, welche die österreichischen Pläne ausübten"[120]. Im März 1850 reiste Delbrück zu Verhandlungen nach Wien, ohne jedoch eine für die Öffentlichkeit sichtbare Annäherung zwischen Nord und Süd zu erreichen.

So startete der bayerische Minister von der Pfordten seinerseits eine neue Initiative und brachte auf der Generalzollkonferenz in Kassel (Juli bis Oktober 1850) unter Berufung auf den Artikel 38 des Zollvereinsvertrages von 1833[121] anläßlich der Verhandlungen über die Revision des Zollvereinstarifes die Bruck'schen Zollunionspläne zur Sprache, jedoch ohne daß Preußen näher darauf

---

lung: GAERTNER, Kampf, 44–60. Zur zweiten Denkschrift: GAERTNER, Kampf, 81–98. Böhme sieht in dem zweiten Memorandum Brucks die Grundlage für die „deutschösterreichischen Auseinandersetzungen bis 1862": BÖHME, Großmacht (1966), 28.

[117] KELLENBENZ, Deutsche Wirtschaftsgeschichte II, 62. Zum Mitteleuropa-Plan Brucks: HENDERSON, Zollverein, 202–213.

[118] *Rudolf von Delbrück* (1817–1903) war seit 1849 leitender Beamter im preußischen Ministerium für Handel und Gewerbe und vertrat als solcher maßgeblich die Hinwendung Preußens zum Freihandel. 1867 wurde er Präsident des Bundeskanzleramtes des Norddeutschen Bundes, 1871 Präsident des Reichskanzleramtes. Nach BÖHME, Großmacht (1966) avancierte Delbrück nach 1866 bis zu seinem Rücktritt 1876 – offiziell aufgrund unüberbrückbarer Differenzen mit Bismarck, nach eigenem Bekunden jedoch aufgrund gesundheitlicher Probleme (BayHStAM, MA 2656 (Bericht Perglas, Nr. 147, 24.4.1876) – zum maßgeblichen Mann in der preußischen Wirtschaftspolitik. Siehe auch die eigenen Memoiren: DELBRÜCK, Lebenserinnerungen.

[119] DELBRÜCK, Lebenserinnerungen 1, 251. Zur Einschätzung der österreichischen Vorschläge auch: ZIMMERMANN, Alfred, Die Handelspolitik des Deutschen Reiches vom Frankfurter Frieden bis zur Gegenwart, Berlin 1899, 8–9.

[120] DELBRÜCK, Lebenserinnerungen 1, 258.

[121] Demnach sollten nur die unmittelbar an Österreich angrenzenden Territorien, Preußen, Bayern und Sachsen, stellvertretend für alle Zollvereinsstaaten, mit der Donaumonarchie weitergehende Verhandlungen führen: FRANZ, Pfordten, 199 und MAMROTH, Karl, Die Entwickelung der Österreichisch-Deutschen Handelsbeziehungen vom Entstehen der Zolleinigungsbestrebungen bis zum Ende der ausschliesslichen Zollbegünstigungen (1849–1865), Berlin 1887, 19–20.

eingegangen wäre[122]. Um Bayern auf ihre Seite zu ziehen, erneuerte die österreichische Regierung gegen die Interessen großer Teile der eigenen Industrie die Versprechen einer bayerisch-österreichischen Zolleinigung im Falle einer Kündigung der Zollvereinsverträge durch Preußen[123]. Österreich war sich der Tatsache bewußt, daß Preußen seine politische Stellung gegenüber den Zollvereinsstaaten über wirtschaftliche Zwänge zu stärken vermochte, und versuchte daher, über den Deutschen Bund Einfluß auf die preußische Zollpolitik zu gewinnen. Die verbissen geführten Diskussionen um die angestrebte Tarifreform, in denen Preußen die Verfechter eines höheren Schutzzolles – so auch Bayern – mit beträchtlichen Zugeständnissen für sich gewinnen wollte, drängten die Vorschläge Brucks in den Hintergrund. Das „Österreich-Problem" wurde auch auf der nächsten Zollkonferenz in Wiesbaden im Jahre 1851 nicht näher erörtert; die Gereiztheit, mit der der bayerische Ministerratsvorsitzende auf die entschiedene Ablehnung Preußens reagierte, machte bereits zu diesem Zeitpunkt die Aussichtslosigkeit seiner Vorstellungen deutlich, Österreich wirtschaftlich in den Deutschen Bund zu integrieren[124].

Die Olmützer Punktation[125] zwischen Preußen und Österreich vom November 1850 brachte demnach auch keine Lösung der Deutschen Frage, sondern lediglich einen Aufschub des Problems. Die Donaumonarchie konnte zwar die Aufnahme von Beratungen durchsetzen, die das zukünftige Verhältnis zwischen Wien und dem Zollverein festlegen sollten, die Berliner Regierung war aber ihrerseits nicht gewillt, nach dem Debakel von Olmütz Österreich in den Zollverband und damit nach Deutschland hineinzulassen. Im Anschluß an die gescheiterte Revolution wollte Preußen den seit 1834 erkämpften wirtschaftlichen Vorteil nicht aus der Hand geben. Zur gleichen Zeit erklärte Österreich die Zoll- und Handelseinigung mit Deutschland zur Staatsmaxime[126].

Die Olmützer Punktation hatte auch die bayerische Regierung brüskiert, sah man doch in der Übereinkunft, die zwischen Preußen und Österreich außerhalb des Deutschen Bundes zustandegekommen war, einen Vertrauensbruch der Donaumonarchie. Pfordten sprach nicht nur von einem Sieg Preußens und damit der kleindeutschen Partei, sondern auch davon, daß Bayern „einen Stoß erlitten,

---

[122] VERHANDLUNGEN der achten General-Conferenz in Zollvereins-Angelegenheiten, Kassel 1850.

[123] BEER, Handelspolitik, 89 und 97. Preußen drohte tatsächlich mit der Kündigung der Zollvereinsverträge: WEBER, Zollverein, 259. Zur ablehnenden Haltung der österreichischen Industriellen: MAMROTH, Entwickelung, 4–9.

[124] SCHMIDT, Zollparlament, 8; FESTENBERG-PACKISCH, Geschichte, 299–304; FRANZ, Pfordten, 202.

[125] Die Olmützer Punktation vom 24.11.1850 in: HUBER, Dokumente I, Nr. 223, 580–582. Die preußisch-österreichischen Auseinandersetzungen waren seit 1848 durch die Verfassungskrise in Kurhessen und den Streit um Schleswig-Holstein verschärft worden. Die neueste Zusammenfassung bei KAERNBACH, Konzepte, 41–70, bes. 50–51.

[126] BÖHME, Großmacht (1966), 33.

der schwer auszugleichen sein wird"[127]. Er sah Bayern „dem Spotte unserer Feinde preisgegeben". Diese auf der politischen Ebene erlittene Niederlage Bayerns wollten die Regierungsverantwortlichen nicht auch noch im wirtschaftspolitischen Bereich hinnehmen. Als Österreich auf den Dresdner Konferenzen vom 23. Dezember 1850 bis 15. Mai 1851[128] bestrebt war, seine Aufnahme in den Zollverein durchzusetzen, hatte die Donaumonarchie vor allem die bayerischen Unterhändler auf ihrer Seite[129]. In diesem Sinne bemühten sich demnach Ludwig von der Pfordten, Karl Maria Frhr. von Aretin und Wilhelm Doenniges[130] um die Einbeziehung Österreichs in eine neu zu gestaltende deutsche Staats- und Wirtschaftsorganisation[131]. Sie waren von König Maximilian angewiesen worden, die „Gemeinsamkeit der Zoll- und Handelsangelegenheiten (...) anzustreben"[132]. Pfordten hoffte dabei vergeblich auf ein Einlenken Preußens: Weder auf politischer noch auf wirtschaftlicher Ebene kamen sich die Parteien in den mehr als 50 Sitzungen näher. Berlin lehnte alle Verhandlungen über eine Revision des bestehenden Zolltarifes ab, Wien wollte auf vordergründige Zugeständnisse Preußens nicht eingehen. Die einzige praktische Errungenschaft der Beratungen war die Einsetzung eines handelspolitischen Ausschusses bei der restaurierten Bundesversammlung, dem seit August 1851 auf preußischer Seite der Gesandte und spätere Reichskanzler Otto von Bismarck angehörte, auf bayerischer Seite der Ministerialrat und Zollfachmann Friedrich Benedikt Hermann[133]. Ansonsten

[127] Schreiben von der Pfordtens an den bayerischen Gesandten in Wien, Graf von Lerchenfeld, vom 11.12.1850: DOEBERL, Bayern und das preussische Unionsprojekt, 162–165, hier: 163. Auch das folgende Zitat aus diesem Schreiben. SYBEL, Begründung 2, 89.

[128] Eine detaillierte Übersicht über die Dresdner Konferenzen bietet: MÜLLER, Jürgen (Bearb.), Die Dresdner Konferenz und die Wiederherstellung des Deutschen Bundes 1850/51 (Quellen zur Geschichte des Deutschen Bundes IV/1), München 1996.

[129] Siehe beispielsweise das Schreiben Schwarzenbergs an Graf Buol-Schauenstein vom 31.1.1851 in: LUTZ, Heinrich, Zwischen Habsburg und Preußen. Deutschland 1815–1866 (Die Deutschen und ihre Nation 2), Berlin 1985, 391. Eine Zusammenfassung der Konferenzen auch bei: BUSLEY, Bayern, 54–57.

[130] *Karl Maria Frhr. von Aretin* (1796–1868) war 1848 in Zusammenhang mit dem Rücktritt Ludwigs I. ebenfalls aus dem Staatsdienst ausgeschieden, genoß aber unter Maximilian II. eine Vertrauensstellung, die sich in diplomatischen Tätigkeiten äußerte. *Wilhelm Doenniges* (1814–1872) übte seit 1848 ebenfalls eine Beratertätigkeit aus und bestimmte in Zusammenarbeit mit v. d. Pfordten die bayerische Außenpolitik der Jahre nach 1848: FRANZ, Eugen, Wilhelm von Doenniges und König Max II. in der Deutschen Frage, in: ZBLG 2 (1929), 445–476; BRUNNER, Max, Die Hofgesellschaft. Die führende Gesellschaftsschicht Bayerns während der Regierungszeit König Maximilians II. (MBM 144), München 1987, 275. Gutachten Doenniges zu den Zollvereinsfragen vom 14.9.1852: GHAM, Kabinettsakten Maximilian II., No. 214a.

[131] WEBER, Zollverein, 262; GAERTNER, Kampf, 129–138; MÖSSLE, Bayern. Bei den Dresdner Konferenzen handelt es sich nicht um Zollkonferenzen, wie SCHMIDT, Zollparlament, 8, fälschlicherweise angibt.

[132] Instruktion für die K. Bevollmächtigten zu den freien Konferenzen in Dresden, 20.12.1850: DOEBERL, Bayern und das preussische Unionsprojekt, 165–168, hier: 167.

[133] MEYER, Alfred, Der Zollverein und die deutsche Politik Bismarcks. Eine Studie über das Verhältnis von Wirtschaft und Politik im Zeitalter der Reichsgründung (Europäische

stand die zukünftige politische Konstellation des Deutschen Bundes und damit die Reform der bestehenden Bundesverfassung im Vordergrund[134]. Der sächsische Ministerpräsident von Beust machte rückblickend in seinen Memoiren die preußische Regierung für das Scheitern der Dresdner Konferenzen und die daran anschließende erste Zollvereinskrise verantwortlich[135]. Auch nach Meinung der bayerischen Unterhändler blieben die Gespräche in Dresden in „bezug auf ihre handelspolitische Aufgabe ohne alles praktische Resultat"[136] und endeten de facto mit einem Mißerfolg Österreichs, da den süddeutschen Staaten bewußt geworden war, daß sie aufgrund ihrer wirtschaftlichen Interessen auf die Vergünstigungen des Zollvereins nicht mehr verzichten konnten. Pfordten wollte in Zukunft keinen „Prellbock für Österreich" abgeben und tröstete sich damit, daß beide Hegemonialmächte den alten Bundestag in der Form von 1848 akzeptierten[137]. Die Mittelstaaten befürworteten im Frühsommer 1851 aufgrund der politischen Lage schließlich nur mehr den Abschluß eines Handelsvertrages mit Österreich, eine vollständige Zolleinigung mit der Donaumonarchie war in den Hintergrund getreten[138]. Das für Österreich ungünstige Ergebnis der Dresdner Konferenzen veranlaßte Handelsminister von Bruck, noch am 23. Mai 1851 zurückzutreten.

Hochschulschriften III/288), Frankfurt a. Main/Bern/New York 1986, 25–29 und 38. *Friedrich Benedikt Wilhelm von Hermann* (1795–1868) habilitierte sich in Kameralwissenschaften und war seit 1833 Professor für Staatswissenschaften an der Münchner Universität, 1845 Ministerialrat im IM, 1848 großdeutsch gesinnter Abgeordneter der Fraktion „Württemberger Hof" im Frankfurter Parlament. 1852 reiste er als Vertreter Bayerns auf die Wiener Zollkonferenz; 1849–1855 Mitglied des bayerischen Landtages. In den 1850er und 1860er Jahren, mittlerweile zum Staatsrat ernannt, Leiter des Statistischen Büros und der Generalbergwerks- und Salinenadministration, verfaßte Hermann mehrere Gutachten über die Stellung Bayerns zum preußisch-französischen Handelsvertrag. Seine großdeutsche Haltung wurde immer wieder von rein wirtschaftlichen Überlegungen in Frage gestellt. Zu Herrmann jetzt: PIX, Manfred (Hg.), Friedrich Benedikt Wilhelm von Hermann (1795–1868). Ein Genie im Dienste der bayerischen Könige. Politik; Wirtschaft und Gesellschaft im Aufbruch (Zeitschrift für Bayerische Sparkassengeschichte, Beihefte 2 = Sparkassen in der Geschichte, 1,18), München 1999 (hier besonders der Abschnitt: Friedrich Benedikt Wilhelm von Hermann als Wirtschaftspolitiker und -praktiker); Friedrich Benedikt Wilhelm von Hermann (1795–1868). Ein Genie im Dienste der bayerischen Könige. Politik; Wirtschaft und Gesellschaft im Aufbruch (Ausstellungskataloge der Staatlichen Archive Bayerns 39, hg. von der GENERALDIREKTION DER STAATLICHEN ARCHIVE BAYERNS), München 1999. Siehe auch die Kapitel III.2.a) *Die Ablehnung des preußisch-französischen Handelsvertrages durch Bayern* (S. 92) sowie V.1.a) *König Maximilian II. und der preußisch-französische Handelsvertrag von 1862* (S. 217).

[134] Zu den Bundesreformplänen auf politischer Ebene: FUCHS, Walther P., Die deutschen Mittelstaaten und die Bundesreform 1853–1860 (Historische Studien 256), Berlin 1934: Im Mittelpunkt der Untersuchung stehen von der Pfordten in Bayern und Beust in Sachsen.

[135] BEUST, Aus drei Viertel-Jahrhunderten 1, 160–161.

[136] BayHStAM, MH 11.702 (Geschichte des Zollvereins, zusammengestellt aus W. Weber, Der deutsche Zollverein, 1869 und D. Robolsky, Der deutsche Zollverein, 1862).

[137] FRANZ, Pfordten, 164.

[138] ZIMMERMANN, Handelspolitik, 12.

Seine persönliche Niederlage bedeutete das endgültige Scheitern seines Planes einer mitteleuropäischen Zollunion, obwohl sich Ministerpräsident Schwarzenberg die Ideen seines ehemaligen Handelsministers zu eigen machte[139].

b) Rückschläge und erneute Annäherung

Preußen entwickelte nach dem politischen Mißerfolg von Olmütz auf dem handelspolitischen Feld größere Energie. Mit einer fast schon aggressiven Zollanschlußpolitik gegenüber den Nachbarstaaten bewerkstelligte die preußische Regierung eine Ersatzlösung für die im Bund nicht zu verwirklichende außenwirtschaftliche Einheit[140]. Anfang September 1851 schloß man im Namen aller Zollvereinsstaaten mit dem Königreich Hannover einen, vom Freihandel dominierten Anschlußvertrag zum 1. Januar 1854, den sogenannten „Septembervertrag", ohne allerdings Rücksprache mit allen Mitgliedern genommen zu haben[141]. Ende September 1851 traten Schaumburg-Lippe[142] und im März 1852 Oldenburg, also große Teile des „Deutschen Steuer-Vereins", dem Kontrakt bei[143]. Eine mögliche Auflösung des Zollvereins hätte jetzt die Gründung einer norddeutschen Zollunion mit absehbaren Nachteilen für Süddeutschland bedeutet. Preußen konnte durch diese neue handelspolitische Verbindung seine Stellung innerhalb des Zollvereins entscheidend festigen, da man nun von der belgisch-französischen bis zur russischen Grenze über eine einheitliche Zollinie verfügte, die den süddeutschen Staaten jeden Zugang zur Nord- und Ostsee verwehren konnte. Die Seehäfen in Triest und Venedig auf österreichischer Seite hatten diesem Druckmittel kaum etwas entgegenzusetzen, da deren internationale Stellung aufgrund ihrer Größe und auch die politischen Verhältnisse im

---

[139] GAERTNER, Kampf, 139–140. Zu den Mitteleuropaplänen Schwarzenbergs: LUCHTERHANDT, Manfred, Mitteleuropaprojektionen gegen die konstitutionelle Bewegung. Schwarzenberg und die preußische Einigungspolitik nach der Revolution 1848–1851, in: GEHLER, Ungleiche Partner?, 135–170.

[140] SYWOTTEK, Arnold, Staatenbund und Bundesstaat in der deutschen Geschichte des 19. und 20. Jahrhunderts, in: WENDT, Bernd J., Vom schwierigen Zusammenwachsen der Deutschen. Nationale Identität und Nationalismus im 19. und 20. Jahrhundert, Frankfurt a.Main 1992, 32.

[141] Der Vertrag zwischen Preußen und Hannover wegen Vereinigung des Steuervereins mit dem Zollverein vom 7ten September 1851 mit Separatartikeln und Schlußprotokoll in: VERTRÄGE und Verhandlungen III, 408–423. Preußen schloß diesen Vertrag nur für „sich und diejenigen Staaten, welche am 1. Januar 1854 sich noch im Zollverein mit Preußen befinden würden". Der sächsische Ministerpräsident von Beust sah in diesem Verhalten Preußens den Auslöser der Zollvereinskrise von 1851/53: BEUST, Aus drei Viertel-Jahrhunderten 1, 161. Ähnlich: FRIESEN, Erinnerungen I, 316–319.

[142] Vertrag, den Beitritt von Schaumburg-Lippe zum Vertrag zwischen Preußen und Hannover über die Vereinigung des Steuervereins mit dem Zollverein betreffend vom 25ten September 1851 mit Protokoll: VERTRÄGE und Verhandlungen III, 424–427.

[143] Vertrag zwischen Preußen und Hannover einerseits und Oldenburg andererseits, den Beitritt Oldenburgs zum Vertrag zwischen Preußen und Hannover über die Vereinigung des Steuervereins mit dem Zollverein betreffend vom 1ten März 1852 mit Protokollen: ebd., 428–442.

Mittelmeer den norddeutschen Häfen zu diesem Zeitpunkt weit unterlegen waren. Die süddeutschen Staatsmänner, allen voran von der Pfordten, weigerten sich aber trotz des drohenden Tones der preußischen Regierung, den Verträgen ohne Modifizierung zuzustimmen[144]. Daraufhin kündigte Preußen noch im November 1851 die Zollvereinsverträge zum 1. Januar 1854[145]. Eine Stellungnahme des bayerischen Königs Maximilian zum Septembervertrag klang im Gegensatz zur offiziell ablehnenden Haltung seines führenden Ministers gegen den preußischen Druck weniger bestimmt: „Nachdem die sämmtlichen Handelskammern Bayerns sich für die Fortdauer des Zollvereines mit Preußen ausgesprochen haben, so bin Ich der Ansicht, daß in vorliegender Sache mit aller Vorsicht verfahren werden müsse. (...) Eine Zolleinigung des Zollvereins mit Österreich scheint Mir für diesen Augenblick nicht wohl ausführbar. Darum wünsche Ich, daß die Verhandlungen mit Preußen so geführt werden, daß daraus für Bayern nicht die Gefahr hervorgehe, die bisherigen Vortheile des Zollvereins zu verlieren, ohne anderseits durch den Anschluß an Österreich hinreichenden Ersatz zu erhalten"[146]. Die auf Ausgleich bedachte Haltung des bayerischen Königs änderte sich auch in den folgenden Monaten nicht, so daß die Minister, primär von der Pfordten, einen gemäßigteren Ton gegenüber der preußischen Regierung anschlagen mußten.

Ungeachtet der von Maximilian II. befohlenen Zurückhaltung offizieller Stellungnahmen war es Österreich 1851 gelungen, vorübergehend einige deutsche Mittelstaaten für seine Pläne zu gewinnen. Auf dem Höhepunkt der Auseinandersetzungen zwischen Nord und Süd forderten die süddeutschen Staaten sogar die Integration Österreichs[147] in den Zollverein, was Preußen seinerseits strikt ablehnte. Gleichzeitig witterte Schwarzenberg in der Aufkündigung der Zollvereinsverträge die große Chance für sein Land, Preußen eine empfindliche Niederlage im Streit um die zoll- und handelspolitische Vorherrschaft beibringen zu können. Die Spaltung in ein nord- und ein süddeutsches (Österreich, Bayern und Württemberg) Wirtschaftsgebiet war vorstellbar, zumal sich die Donaumonarchie nicht mehr mit einer bloßen Annäherung an den Zollverein zufriedengab, sondern auf eine umfassende Zoll- und Handelseinigung mit Deutschland hinarbeitete[148]. Ungeachtet der offiziellen Verlautbarungen aus Wien glaubte die dortige Regierung zu diesem Zeitpunkt jedoch intern weder an die Möglichkeit eines

---

[144] GHAM, Kabinettsakten Maximilian II., No. 214a (Pfordten an Maximilian II., 31.10.1851).

[145] Ebd. (Pfordten an Maximilian II., 14.11.1851). Des weiteren auch: EICHMANN, Zollverein, 12; GAERTNER, Kampf, 147–149. Nach BÖHME, Großmacht (1966), 37, hatte Bayern mit diesem Schritt Preußens gerechnet.

[146] GHAM, Kabinettsakten Maximilian II., No. 214a (Handschreiben Maximilians vom 30.1.1852). Zu den Bedenken König Maximilians auch: FRANZ, Pfordten, 203–204.

[147] Bereits Ende 1850 waren zwischen Österreich und Ungarn die Zollschranken gefallen, ab 1851 existierte ein einheitlicher österreichischer Zolltarif, so daß bei einer Aufnahme der österreichischen Erblande auch Ungarn berücksichtigt werden mußte: PREISSER, Steuerharmonisierung, 41, Anm. 23; FESTENBERG-PACKISCH, Geschichte, 312.

[148] BEER, Handelspolitik, 89.

Eintrittes in den Zollverein noch an dessen Sprengung[149]; zu groß waren die Bedenken der süddeutschen Vertreter gegen eine Trennung von Preußen und dem Zollverein und dem damit verbundenen wirtschaftlichen Absatzgebiet[150]. Die Standortnachteile Österreichs hinsichtlich der immer wichtiger werdenden Rohstoffe Kohle und Eisen, der unterentwickelten Verkehrsverhältnisse, aber auch die geringere Produktivitätsrate im Agrarsektor[151] machten die Donaumonarchie zu keinem begehrenswerten Wirtschaftspartner. Unter diesen Gesichtspunkten forderte unter anderem der Speyerer Demokrat Georg Friedrich Kolb[152] die unbedingte Erhaltung der Zoll- und Handelsverbindung mit Preußen und warnte die Münchner Regierung vor einer mittelstaatlichen Politik in Verbindung mit Österreich.

Dennoch trafen sich auf Anregung Österreichs in Frankfurt am Main im September und Oktober 1851 unter dem Vorsitz Bayerns Sachverständige der Zollvereinsstaaten und der Donaumonarchie zu Beratungen über die Zukunft der wirtschaftspolitischen Konstellation im Deutschen Bund[153]. Während Preußen von Delbrück vertreten wurde, reiste für Österreich Karl Frhr. von Hock[154] und für Bayern der Nationalökonom von Hermann an den Main. Das Expertengespräch kam erneut zu keinem Ergebnis. Dies lag unter anderem daran, daß sich inzwischen Bayern, Württemberg, Baden und Hessen untereinander verständigt hatten, weder Preußen noch Österreich nachzugeben, während sich Sachsen weitgehend den wirtschaftlichen Zwängen gebeugt hatte und offen mit Preußen sympathisierte.

Nach den gescheiterten Unterredungen regte Schwarzenberg zwar wirtschaftspolitische Konferenzen in Wien an, die offizielle Einladung Österreichs erfolgte aber erst Ende November 1851 zusammen mit einem Vorentwurf des neuen österreichischen Zolltarifes. Dieser orientierte sich in den wesentlichen Punkten am Tarif des deutschen Zollvereins und verließ folglich das bisherige Prohibitivsystem, um die Kontaktaufnahme über eine Zoll- und Handelsvereinigung zu

---

[149] FRANZ, Pfordten, 202–203.

[150] BEER, Handelspolitik, 129.

[151] Nach LUTZ, Habsburg und Preußen, 328, betrug diese 40 fl pro Kopf in Österreich gegenüber 78 fl im Zollverein (1852).

[152] *Georg Friedrich Kolb* (1808–1884): Buchdrucker, Verleger und Redakteur, Bürgermeister, Landtagsabgeordneter und Mitglied im Zollparlament; Vertreter des Freihandels, lehnte aber sowohl die Erneuerung des Zollvereins 1867 als auch die Versailler Verträge von 1870 ab. Nach dem verlorenen Krieg von 1866 stemmte sich Kolb mit seinen linksliberal-großdeutschen Ideen auch weiterhin gegen den Zeitgeist in der Pfalz, der sich zugunsten der Kleindeutschen gewandelt hatte.

[153] GAERTNER, Kampf, 156.

[154] *Karl Frhr. von Hock* (1808–1869): ab 1849 Mitarbeiter im österreichischen Handelsministerium mit zentraler Stellung bei den Verhandlungen 1852/53, Verfechter des Freihandels, ab 1855 Ministerialrat im Finanzministerium, 1867 Mitglied der Verhandlungsdelegation beim Ausgleich mit Ungarn.

erleichtern[155]. In Wien sollte mit allen Teilnehmern auf der Basis eines Handelsvertrages zwischen dem deutschen Zollverein und der Donaumonarchie mit anschließender Zolleinigung bis 1859 verhandelt werden. Das vertrauliche Angebot Österreichs, bei keiner Einigung mit Preußen eine autonome Zollunion zu gründen, ging dagegen nur an Bayern, Sachsen, Württemberg, Baden und die beiden Hessen[156].

Währenddessen hatte Preußen am 11. November 1851 in Verbindung mit der Zollvereinskündigung zu Beratungen über eine Vertragsverlängerung und die Annahme des Septemberkontraktes nach Berlin geladen[157]. Pfordten setzte sich gegen das Postulat der preußischen Regierung zur Wehr, im Vorfeld von Verhandlungen über eine Verlängerung des Zollvereins den Vertrag mit dem Steuerverein anzuerkennen. In einem Schreiben an den preußischen Gesandten in München stellte der bayerische Ministerratsvorsitzende mit barschen Worten fest: „Die preußische Note vom 13. November [=Einladung zu Verhandlungen nach Berlin, Anm. d. Verf.] spricht von Eröffnung von Verhandlungen über die Fortsetzung des erweiterten Zollvereins [=Verhandlungen über den abgeschlossenen Vertrag mit Hannover, Anm. d. Verf.]. Die königlich bayrische Regierung kennt zur Zeit einen erweiterten Zollverein nicht. Sie kennt nur den bisherigen Zollverein und diesen als einen gekündigten, über dessen Erneuerung und Erweiterung Vorschläge in Aussicht gestellt sind. Nur als einen solchen Vertrag wird Bayern auch den Septembervertrag zu betrachten haben, wenn er zum Gegenstand von Verhandlungen gemacht werden will, deren Basis die zur Zeit noch bestehenden Zollvereinsverträge sein werden"[158]. Trotz dieser Vorbehalte erklärte sich Pfordten genauso wie Beust zu Gesprächen mit Berlin bereit, zumal das gesamte Jahr über die Drohung Berlins latent präsent blieb, aus dem Deutschen Bund auszutreten[159]. Ungeachtet der vorhandenen Spannungen zwischen den beiden Großmächten einerseits und den Mittelstaaten andererseits, reisten alle Staatsbevollmächtigten um die Jahreswende 1851/52 mit hohen Erwartungen zu den in der Donaumetropole stattfindenden Konferenzen[160].

Im April 1852 gingen die Gespräche in Wien ohne Preußen, die Thüringischen Staaten, Mecklenburg und Holstein, jedoch mit dem preußenfreundlichen König-

---

[155] FESTENBERG-PACKISCH, Geschichte, 311–312; MAMROTH, Entwickelung, 28–35; MATLEKOVITS, Alexander, Die Zollpolitik der österreichisch-ungarischen Monarchie von 1850 bis zur Gegenwart, Budapest 1877, 1–17.

[156] FRIESEN, Erinnerungen I, 323.

[157] Obwohl die Wiener Verhandlungen schon Anfang Oktober im Gespräch waren, erfolgte die offizielle Einladung erst am 25.11.1851, während die Einladung Preußens bereits am 1.11.1851 ausgesprochen worden war: GAERTNER, Kampf, 162–175. WERNER, Friedrich, Die Zollvereinspolitik der deutschen Mittelstaaten im Frühjahr 1852. Die Darmstädter Konferenz (Ein Beitrag zur Geschichte der deutschen Zolleinigung), Diss. Frankfurt a. Main 1934, 24, gibt dagegen an, daß die Einladung Preußens erst am 6.3.1852 erfolgt wäre.

[158] Note Pfordtens an den preußischen Gesandten in München, Bockelberg, vom 1.12.1851, zitiert nach: GAERTNER, Kampf, 181.

[159] KAERNBACH, Konzepte, 78–79.

[160] BEER, Handelspolitik, 118; GAERTNER, Kampf, 199 und sogar DELBRÜCK, Lebenserinnerungen 1, 302–303; anders dagegen WEBER, Zollverein, 303.

reich Hannover, zu Ende; das von Österreich vorgelegte Schlußprotokoll als Grundlage für die anschließenden Beratungen in Berlin wollte allerdings nur Bayern uneingeschränkt akzeptieren[161]. Wien hatte bereits den Einladungen an die Mittelstaaten drei vertrauliche Entwürfe über die neu zu gestaltenden Verhältnisse im Deutschen Bund auf handelspolitischer Ebene beigelegt: Danach sollte entweder ein Handelsvertrag zwischen dem Zollverein und Österreich (Entwurf A) oder eine weitergehende Zolleinigung (Entwurf B) vereinbart werden. Der geheime Entwurf C entsprach dem vertraulichen Angebot Österreichs vom November 1851 und schlug bei einem Bruch mit Preußen eine Zoll- und Handelseinigung zwischen Österreich und dem restlichen Zollverein, faktisch den süddeutschen Staaten, vor. Die an die Wiener Beratungen anschließenden Bamberger Ministerialkonferenzen der Mittelstaaten brachten aber ebensowenig eine Einigung wie die unmittelbar daran anschließenden geheimen Beratungen mit der österreichischen Regierung[162]. Besonders Sachsen wollte unter keinen Umständen eine Trennung von Preußen und dem deutschen Zollverein riskieren[163]: Aber auch die anderen beteiligten Staaten hegten Bedenken gegen die österreichischen Vorschläge, so daß das Modell C von Anfang an keine Chance auf Realisierung hatte[164]. Der bayerische König Maximilian II. lehnte den Plan ebenfalls ab; das Risiko einer Sprengung des Zollvereins war dem Monarchen zu groß[165]. Dennoch gewährte er seinem Ministerratsvorsitzenden für die Beratungen der Mittelstaaten in Darmstadt weitgehend freie Hand, behielt sich aber die persönliche Genehmigung aller Vereinbarungen vor.

Allerdings war bereits vor Beginn der sogenannten „Darmstädter Konferenzen" innerhalb der bayerischen Regierung die Entscheidung für die vorbehaltlose Bewahrung des Zollvereins gefallen, auch wenn in der Öffentlichkeit zurückhaltender argumentiert wurde. Auf eine Anfrage des Königs im Februar 1852 teilte das Staatsministerium des Handels und der öffentlichen Arbeiten mit, daß „die Entfaltung des Zollvereins als der erste und Cardinalpunkt für die Beförderung der kommerziellen und industriellen Interessen Bayerns zu betrachten sei"[166], da die größeren Fabriken, die erst in Verbindung mit dem Zollverein entstanden waren, dessen Existenz nicht mehr entbehren konnten. Auch der Handel im eigentlichen Sinn hätte „unter den nämlichen Einflüssen *bestimmte Richtungen* eingeschlagen (...), die sich nicht nach Gefallen verändern" ließen[167]. Die Leitung

---

[161] Zu den Wiener Konferenzen ausführlich: GAERTNER, Kampf, 202–217, der den Ausgang der Konferenzen aus österreichischer Sicht durchaus positiv bewertet.

[162] Zu den Bamberger Konferenzen und dem sog. Bamberger Protokoll vom 25.3.1852: WERNER, Zollvereinspolitik, 53–69 bzw. 144–147 (Druck des Bamberger Protokolls).

[163] ZORN, Integration, 332.

[164] FRIESEN, Erinnerungen I, 327–337; MEIBOOM, Studien, 49–51.

[165] Nach WERNER, Zollvereinspolitik, 75–76, erfolgte die kgl. Ablehnung gegen die Empfehlungen von der Pfordtens und des Ministerialdirektors und Leiters des Handelsministeriums, Carl von Bever.

[166] BayHStAM, MH 5105 (Antwort des HM auf das kgl. Handschreiben vom 4.2., 21.2.1852).

[167] Ebd. (Hervorhebung auch im Original. Das nächste Zitat stammt ebenfalls aus diesem grundlegenden Schreiben).

des Handelsministeriums plädierte demnach erst dann für eine sukzessive Erweiterung des Zollvereins, wenn dessen Fortbestand für eine weitere Periode gesichert war. Darüber hinaus dachte man weniger an eine vollständige Integration Österreichs in den deutschen Wirtschaftsraum als vielmehr an den Abschluß eines Zoll- und Handelsvertrages. Dieser sollte erst in fernerer Zukunft zu einer umfassenden Zolleinigung führen, da „sie [=Zollunion mit Österreich, Anm. d. Verf.] unter den Verhältnissen der Gegenwart den größten Schwierigkeiten, so wie selbst auch den erheblichsten Bedenken für die Interessen Bayerns unterliegen würde". Handels- und Gewerbekammern, weitere bayerische Handelsgremien sowie wichtige Unternehmer unterstützten diese Haltung des Handelsressorts. Fast alle von der Regierung eingeforderten Gutachten befürworteten zwar eine Ausweitung des Zollvereins auf Österreich, dies jedoch nur in Verbindung mit Preußen bzw. Norddeutschland, ein Bündnis Bayerns allein mit der Donaumonarchie wurde dagegen als „verderblich" angesehen. Demnach beurteilten sie den preußisch-hannoveranischen Vertrag vom 7. September durchaus als positiv[168].

So wiederholten die Außenminister von Bayern, Sachsen, Württemberg, Baden, Kurhessen, Hessen-Darmstadt und Nassau auf den Darmstädter Konferenzen Anfang April 1852 zwar ihre Forderung, mit Österreich einen Handelsvertrag abzuschließen und die Donaumonarchie zu den Berliner Konferenzen einzuladen, die radikalste Lösung aber, der Anschluß an den Deutschen Zollverein, wurde von allen abgelehnt[169]. Die allgemein gehaltenen Beschlüsse der „Darmstädter Koalition" zögerten am Ende eine Entscheidung über die zukünftige Gestaltung nur weiter hinaus[170]. Die Einigungspläne ohne Beteiligung Preußens, die vor allem von Schwarzenberg verfolgt worden waren, hatten, als dieser am 5. April 1852 überraschend verstarb, bei den Mittelstaaten jeden Zuspruch verloren[171]. Schwarzenbergs Nachfolger Karl Friedrich Graf von Buol-Schauenstein[172] verstand weniger von Handelsfragen als sein Vorgänger, so daß die Bemühungen Öster-

---

[168] GHAM, Kabinettsakten Maximilian II., No. 214a (Auszug aus den Berichten der Handelskammern, anderer Behörden und einzelner Gewerbetreibender über ihre Wünsche und Anträge zu den Verhandlungen wegen Fortsetzung der Zollvereinsverträge, 30.1.1852). In diesem Akt auch die ausführlicheren Berichte der Handels- und Gewerbekammern vom Herbst 1851). Gegen den Erhalt des Zollvereins sprachen sich nur einige kleinere Vereine in Franken und der Oberpfalz sowie ein paar Gewerbetreibende in München aus.

[169] BONDI, Vorgeschichte, 25; MEIBOOM, Studien, 51–53. Zu den Vorbereitungen und dem Verlauf der Konferenzen in Bamberg ausführlich: WERNER, Zollvereinspolitik, 73–133 bzw. 148–152 (Druck der Darmstädter Verträge).

[170] Erste Resulate der Darmstädter Konferenz in: GHAM, Kabinettsakten Maximilian II., No. 214a (Pfordten an Maximilian II., 9.4.1852). ZIMMERMANN, Handelspolitik, 13–14, wertet dagegen das Ergebnis der Darmstädter Konferenzen für Österreich als positiv.

[171] Dazu beispielsweise die Ansichten von Beust: BEUST, Aus drei Viertel-Jahrhunderten 1, 168; ZIMMERMANN, Handelspolitik, 12.

[172] *Karl Ferdinand Graf von Buol-Schauenstein* (1797–1865): 1828–1851 österreichischer Gesandter u.a. in Darmstadt, Turin, Petersburg und London; 1852–1859 österreichischer Außenminister und Ministerpräsident.

reichs, den Anschluß an das deutsche Wirtschaftsgebiet nicht zu verlieren, einen herben Rückschritt erlitten. Obwohl den süddeutschen Staaten die Fortführung der österreichischen Handelspolitik im Sinne Schwarzenbergs garantiert wurde, agierten sie in der Folge weitaus vorsichtiger bezüglich der Zoll- und Handelsfrage. Parallel zu den Darmstädter Konferenzen waren die Verhandlungen mit Österreich in Wien weitergeführt worden. Bedingt durch die zögerliche Politik Buols verließen die süddeutschen Staaten allerdings sofort nach Unterzeichnung des Schlußprotokolls am 20. April 1852 die österreichische Hauptstadt und traten in Beratungen mit Preußen über die Verlängerung des Zollvereins ein[173]. Das bayerische Handelsministerium rechtfertigte gegenüber Maximilian II. diesen Schritt mit dem Argument, „stets an demselben [= dem Zollverein, Anm. d. Verf.] festzuhalten u(nd) auf seine Ausbildung u(nd) Erweiterung im conservativen Sine beharrlich" hinzuwirken[174]. Die Erweiterung der Wirtschaftsunion sollte nach den Vorstellungen der bayerischen Regierungsleitung auf „sämtliche deutsche Bundesstaaten u(nd) vor Allem durch die Zoll- und Handels-Einigung mit Oesterreich" bewerkstelligt werden.

Am 19. April 1852, einen Tag vor Beendigung der Wiener Verhandlungen, eröffnete der preußische Ministerpräsident und Außenminister Otto Theodor Frhr. von Manteuffel[175] die Berliner Verhandlungen über die Verlängerung der Zollunion und die Anerkennung des Vertrages mit Hannover ohne Beteiligung Österreichs[176]. Schon bei den Einladungsmodalitäten nach Wien bzw. Berlin waren die Diskrepanzen zwischen den Vorstellungen Preußens und einem Teil der mittelstaatlichen Regierungen deutlich geworden: Während der preußische Bevollmächtigte Delbrück die Verlängerung des Zollvereins um weitere zwölf Jahre als Voraussetzung für die Aufnahme von Verhandlungen mit Österreich über einen Handelsvertrag ansah[177], forderten die süddeutschen Territorien die Sicherstellung des Abkommens mit Österreich, bevor die Frage der Zollvereinsverlängerung überhaupt thematisiert werden sollte. Einig waren sich die verschiedenen Parteien nur darin, den Fortbestand des Zollvereins nicht unnötig zu gefährden, so daß Minister von der Pfordten den bayerischen Abgesandten Karl

---

[173] Zum Wiener Schlußprotokoll: WERNER, Zollvereinspolitik, 113–115. BÖHME, Großmacht (1966), 41, gibt fälschlicherweise an, die Konferenz in Berlin im April 1852 wäre eine Generalzollkonferenz gewesen. Generalzollkonferenzen fanden jedoch lediglich 1851 in Wiesbaden und dann wieder 1854 in Berlin statt: VERHANDLUNGEN der neunten General-Conferenz in Zollvereins-Angelegenheiten, Wiesbaden 1851 bzw. VERHANDLUNGEN der zehnten General-Conferenz in Zollvereins-Angelegenheiten 10, Berlin 1854.

[174] BayHStAM, MH 5105 (HM an Maximilian II., 20.4.1852). Das folgende Zitat ebenfalls aus diesem Schreiben.

[175] *Otto Theodor Frhr. von Manteuffel* (1805–1882): 1848–1850 preußischer Innenminister, 1850–1858 preußischer Ministerpräsident mit einer streng konservativen Politik.

[176] WERNER, Zollvereinspolitik, 24–25 und 134, widerspricht sich, wenn er die Eröffnung der Konferenzen einmal auf den 14.4.1852 und einmal auf 19.4.1852 legt. Die Konferenz in Berlin war keine Zollkonferenz, wie WERNER, Zollvereinspolitik, 101 und BÖHME, Großmacht (1966), 41, behaupten. Zu den Berliner Konferenzen: WEBER, Zollverein, 309–316.

[177] DELBRÜCK, Lebenserinnerungen 1, 332.

von Meixner anwies, die bayerischen Positionen in diesem Sinne zu vertreten[178]. Der Starrsinn der verschiedenen Staatsregierungen trennte „über ein Jahr lang Deutschland in zwei feindliche Lager"[179] und gefährdete am Ende ernstlich die Weiterführung des Zollvereins. Die Gespräche führten zu keiner Einigung[180], im Gegenteil, zeitweise befürchtete sogar König Maximilian die Auflösung des Zollvereins. In dieser kritischen Phase beendete Preußen Ende September überraschend die Berliner Konferenzen und knüpfte eine Wiederaufnahme an die Bedingung, der Zollvereinsverlängerung innerhalb kürzester Zeit zuzustimmen, bevor Verhandlungen mit Österreich überhaupt ins Auge gefaßt werden könnten[181]. Derweil versuchte Preußen eine Annäherung an Österreich unter Ausschluß der Mittelstaaten zu erreichen. Otto von Bismarck war im Juni 1852 persönlich nach Wien gereist, um die Differenzen in der Handelsfrage zu besprechen, ohne jedoch den Ehrgeiz für eine praktikable Lösung zu besitzen[182]. Das Angebot eines Handelsvertrages zwischen Preußen und Österreich wurde in der Kaiserstadt abgelehnt. So führte die Wiener Mission des preußischen Bundestagsgesandten zu keiner Annäherung der beiden Positionen.

Parallel zu den Berliner Verhandlungen trafen sich die süddeutschen Staaten erst in Stuttgart (13. und 14. August 1852)[183] und dann in München (17. bis 19. September 1852) zu internen Beratungen über das weitere Vorgehen in der Zollvereinsfrage. Sie sanktionierten in der Stuttgarter Abschlußerklärung den preußisch-hannoveranischen Septembervertrag, beharrten aber bezüglich künftiger Verhandlungen über einen Zoll- und Handelsvertrag mit Österreich auf detaillierteren Zusagen der preußischen Regierung, die sich ihrerseits gegen derartige Forderungen verwahrte. Der preußische Ministerpräsident von Manteuffel ging obendrein in die Offensive und war jetzt nur noch zu Verhandlungen mit den Regierungen bereit, die alle preußischen Bedingungen uneingeschränkt anerkannten[184]. Die kritische Situation führte in den industriellen Kreisen zu einer hektischen Betriebsamkeit, die sich in zahlreichen Petitionen, aber auch in Zeitungsartikeln, Broschüren und Schriften verschiedener Art artikulierten[185]. In München zeigte sich schließlich, daß die unterschiedlichen Meinungen der Mit-

---

[178] MEIBOOM, Studien, 52 bzw. GAERTNER, Kampf, 233.

[179] FRIESEN, Erinnerungen I, 325.

[180] Der rege Schriftwechsel über die Berliner Konferenzen in: GHAM, Kabinettsakten Maximilian II., No. 214a. Darin auch die Vereinbarungen von Kissingen vom Juli 1852 über die zukünftige Haltung Bayerns, Sachsens, Nassaus sowie der beiden Hessen.

[181] GHAM, Kabinettsakten Maximilian II., No. 214a (Staatsrat Pelkoven an Maximilian II., 2.9.1852). MEYER, Zollverein, 85, gibt dagegen an, daß die Verhandlungen aufgrund der Abreise der Delegierten beendet wurden.

[182] KAERNBACH, Konzepte, 79–80. Besonders aufschlußreich dabei die Schilderung Bismarcks gegenüber dem dänischen Gesandten in Berlin. Zur Wiener Mission Bismarcks, die nach Meyer von Mai bis Juli 1852 dauerte: MEYER, Zollverein, 58–76.

[183] GHAM, Kabinettsakten Maximilian II., No. 214a (Neumayr an Maximilian II., 13.8.1852 und 14.8.1852 bzw. Pfordten an Maximilian II., 18.8.1852).

[184] MEIBOOM, Studien, 58–60; MEYER, Zollverein, 84–85.

[185] WEBER, Zollverein, 325–326. Eine Auswahl ihrer Veröffentlichungen siehe dort auf 326.

telstaaten, die sich noch in Darmstadt über ein gemeinsames Vorgehen verständigen konnten, keine Chance auf einen Kompromiß mehr beinhalteten. Während Österreich und Bayern den Abbruch der Verhandlungen mit Preußen forderten, versuchte der sächsische Ministerpräsident von Beust noch einmal vergeblich, in München zu vermitteln[186]. Die Münchner Abschlußprotokolle vom September 1852 stellten schließlich weitere Verhandlungen über eine Zolleinigung mit Österreich für die nahe Zukunft zurück[187].

c) Der preußisch-österreichische Handelsvertrag von 1853 und die Beendigung der Zollvereinskrise

Unter diesen Umständen waren die Beratungen Österreichs mit den süddeutschen Staaten Ende Oktober 1852 in Wien von Anfang an zum Scheitern verurteilt. Die österreichische Führung verzichtete auf die Herstellung eines ganz Deutschland umfassenden Zollgebietes und damit auf weitere Schritte, die zu einer möglichen Sprengung des Zollvereins geführt hätten[188]. Die Verhandlungen über die Ausarbeitung des österreichischen Vertragsentwurfes C zwischen Österreich und den Mittelstaaten wurden zwar am 22. Februar 1853 noch zu einem positiven Ende gebracht[189], waren aber durch den Abschluß des Handelsvertrages zwischen der Donaumonarchie und Preußen überflüssig geworden. Preußen hatte noch im Herbst 1852 die Gunst der Stunde genutzt, mit den Mittelstaaten gebrochen und separate Verhandlungen mit Österreich aufgenommen. Nicht zuletzt die anhaltende Wirtschaftskrise forderte zu einem entschlosseneren Handeln auf[190]. Österreich deutete Anfang Oktober 1852 seine Bereitschaft zu direkten Verhandlungen mit Preußen an, die Mitte November bei der preußischen Regierung auf fruchtbaren Boden fiel[191]. Der preußische Ministerpräsident Otto von Manteuffel schlug der Wiener Regierung Verhandlungen ohne Beteiligung der Mittelstaaten vor. Wien, das sich zuvor noch gegen Beratungen über einen einfachen Handelsvertrag mit Preußen gewehrt hatte, nahm Anfang Dezember 1852 den Vorschlag Berlins an, da sich immer mehr Stimmen in der österreichischen Regierung für ein derartiges Abkommen ausgesprochen hatten[192]. Vor allem Karl Ludwig Frhr. von Bruck, der ehemalige Handelsminister und damit genaue Kenner der wirtschaftspolitischen Verhältnisse, und Carl Frhr. von Hock rieten nachdrücklich zum Abschluß eines Handelsvertrages mit Preußen, in dessen Mittelpunkt Zollermäßigungen und -befreiungen stehen sollten. Beide hielten die Forderung einer Zolleinigung mit Deutschland in absehbarer Zukunft aufgrund

---

[186] FRIESEN, Erinnerungen I, 350–353; BEUST, Aus drei Viertel-Jahrhunderten 1, 168.

[187] FESTENBERG-PACKISCH, Geschichte, 323.

[188] ZIMMERMANN, Geschichte, 380–381.

[189] WEBER, Zollverein, 332–333. Der Vertragsabschluß wurde auf den 17.2.1853 zurückdatiert, so daß er auf dem Papier zwei Tage vor dem preußisch-österreichischen Handelsvertrag abgeschlossen wurde.

[190] HAMEROW, Restauration, 210.

[191] WEBER, Zollverein, 328; MATLEKOVITS, Zollpolitik, 28.

[192] Selbst der russische Zar machte sich für direkte Verhandlungen zwischen Österreich und Preußen stark.

der unterschiedlichen Zollsysteme für illusorisch. Außerdem war man sich durchaus bewußt, daß die finanziellen Erwartungen der süddeutschen Staaten niemals befriedigt werden konnten, somit eine nähere Verbindung nicht zu erwarten war.

Bruck reiste als österreichischer Unterhändler nach Berlin, wo er am 12. Dezember 1852 eintraf[193]. Auf preußischer Seite wurden Otto von Manteuffel, Johann Friedrich von Pommer-Esche[194], der Generaldirektor der Steuern, und Rudolf von Delbrück als Unterhändler ausgewählt. Die Verhandlungen, die anfangs nur zäh vorankamen[195], führten am 19. Februar 1853 doch noch zur Unterzeichnung eines Zoll- und Handelsvertrages, dem sogenannten „Februarvertrag", zwischen den beiden Großmächten[196]. Die preußische Regierung hatte zwar für die Verhandlungen ein Mitwirkungsverbot der 1852 unter den Mittelstaaten ins Leben gerufenen „Darmstädter Koalition"[197] durchsetzen können, die österreichischen Repräsentanten knüpften jedoch die Ratifikation des Handelsvertrages an die Zustimmung der süddeutschen Staaten. Die Zollvereinsstaaten traten dem Kontrakt dementsprechend wenig später bei. In Artikel 1 des preußisch-österreichischen Handelsvertrages verpflichteten sich die Partner zu einem gegenseitigen Handelsverkehr ohne Einfuhr-, Durchfuhr- oder Ausfuhrverbote; ausgenommen waren nur Monopolwaren, also Tabak, Salz, Schießpulver und Kalender. Zwischen dem Zollverein und Österreich galt fortan das Prinzip der Differentialzölle, d.h. die jeweils niedrigsten Abgabenleistungen wurden auch dem Vertragspartner garantiert. Im direkten Grenzverkehr profitierten darüber hinaus Niederbayern und die Oberpfalz von den im Zwischenzolltarif geltenden niedrigeren Abgaben.

Der Februarvertrag, der im wesentlichen mit dem ursprünglichen Vorschlag A der Donaumonarchie identisch war, besaß nicht nur wirtschaftliche, sondern auch weitreichende politische Folgen und barg für die Zukunft reichlich Konfliktpotential. Artikel 25 legte die Vertragsdauer – wie von der preußischen Regierung gefordert – zwar auf zwölf Jahre fest, ordnete aber die Aufnahme von Verhand-

---

[193] SCHÖNINGH, Franz Joseph, Karl Ludwig Bruck und die Idee „Mitteleuropa", in: Historisches Jahrbuch 56,1 (1936), 12. Zu den Verhandlungen zwischen Österreich und Preußen: GAERTNER, Kampf, 306–320; MEYER, Zollverein, 92–95.

[194] *Johann Friedrich von Pommer-Esche* (1803–1870): Jurist, ab 1835 Mitarbeiter des preußischen Finanzministeriums, ab 1849 dort leitende Funktion.

[195] Inwieweit ein Zusammenhang zwischen dem Besuch des österreichischen Kaisers in Berlin Anfang 1853 und dem Abschluß des Handelsvertrages zwischen Österreich und Preußen besteht, wird in der Literatur unterschiedlich bewertet: WEBER, Zollverein, 330, sieht darin einen stimulierenden Zusammenhang.

[196] Handels- und Zollvertrag zwischen Preußen und Oesterreich, vom 19ten Februar 1853 mit Separatartikeln, Schlußprotokoll und Anlagen: VERTRÄGE und Verhandlungen aus dem Zeitraume von 1833 bis einschließlich 1858 über die Bildung und Ausführung des deutschen Zoll- und Handels=Vereins IV, Berlin 1858, 227–269. EICHMANN, Zollverein, 12, gibt den 13.2.1853 und ZIMMERMANN, Handelspolitik, 16, den 20.2.1853 als Unterzeichnungsdatum an. Über den Vertragsabschluß: BEER, Handelspolitik, 136–172. Zur Unterzeichnung des Vertrages DELBRÜCK, Erinnerungen 1, 132–133.

[197] Siehe zur Darmstädter Koalition Kapitel II.3.b) *Rückschläge und erneute Annäherung* (S. 56).

lungen zwischen den beiden Großmächten über eine weiterführende Zolleinigung spätestens für das Jahr 1860 an: „Es werden im Jahre 1860 Kommissarien der kontrahirenden Staaten zusammentreten, um über die Zolleinigung zwischen den beiden kontrahirenden Theilen und den ihrem Zollverbande alsdann angehörigen Staaten oder, falls eine solche Einigung noch nicht zu Stande gebracht werden könnte, über weitergehende, als die am 1. Januar 1854 eintretenden und durch die im Artikel 3 erwähnten kommissarischen Verhandlungen nachträglich festzustellenden Verkehrs=Erleichterungen und über möglichste Annäherung und Gleichstellung der beiderseitigen Zolltarife zu unterhandeln"[198]. Damit hatte Österreich der preußischen Regierung als Gegenleistung für die gewünschte zwölfjährige Dauer des Handelsvertrages die Zusicherung abtrotzen können, im Jahre 1860 eine Kommission aus Vertretern beider Staaten über die Realisierbarkeit einer Zollunion oder wenigstens über weitergehende Verkehrserleichterungen ins Leben zu rufen[199].

Der preußisch-österreichische Vertrag, der am 8. Dezember 1853 in Kraft trat, wurde gleichzeitig mit dem neuen österreichischen Zolltarif vom 5. Dezember[200] veröffentlicht. Beide Papiere bestimmten die österreichische Handels- und Zollpolitik des folgenden Jahrzehnts. Der neue Tarif Österreichs besaß neben zahlreichen Zollermäßigungen auch den Vorzug größerer Einfachheit gegenüber seinem Vorgänger[201]: Anstatt 30 Einteilungsklassen zählte er nur mehr 22, die Anzahl der Abteilungen war von 105 auf 80, jene der Positionen von 340 auf 265 gesunken. Gleichzeitig verminderte sich der höchste Zollsatz von 600 auf 250 fl. Zunächst wirkte sich sowohl der Februarvertrag als auch die neuen, dem Tarif des deutschen Zollvereins angepaßten Zollerhebungen positiv auf die Wirtschaftsentwicklung der Donaumonarchie aus, auch wenn sie keinesfalls den hochgesteckten Wiener Erwartungen entsprach. Die österreichische Regierung war demnach in sich uneins über die Beurteilung des Handelsvertrages: Bruck sah in ihm den ersten Schritt zu einer deutsch-österreichischen Zollunion, Hock betrachtete ihn dagegen mehr als „notwendiges Übel"[202]. Tatsächlich stellte Delbrück als führender Mann im preußischen Handelsministerium fest, „daß vor dem Vertrage vereinsländische Gewerbserzeugnisse nur in geringen Mengen in Österreich eingeführt werden konnten, daß also die, unter Herrschaft des Vertrages erfolgten Einfuhren solcher Erzeugnisse, wenigstens in der Hauptsache, ohne denselben nicht erfolgt sein würden"[203]. Dabei handelte es sich vor allem um Rohstoffe wie Eisen, aber auch um Halbfertigwaren, wie Materialeisen und ande-

---

[198] Art. 25 des Handels- und Zollvertrages zwischen Preußen und Oesterreich vom 19.2.1853: VERTRÄGE und Verhandlungen IV, 227–269. Siehe zum Scheitern dieser Verhandlungen Kapitel III.1. *Der deutsche Zollverein um 1860: Freihandel contra Schutzzoll* (S. 70).

[199] Nach MAMROTH, Entwickelung, 57 und BONDI, Vorgeschichte, 32, wurde Art. 25 gegen den Willen Bismarcks in den Vertrag aufgenommen, um die süd- und mitteldeutschen Staaten zu beruhigen.

[200] MATLEKOVITS, Zollpolitik, 34–40.

[201] OTRUBA, Zollverein, 131.

[202] HENDERSON, rise, 105.

[203] DELBRÜCK, Lebenserinnerungen 1, 334.

re Eisen- oder Stahlprodukte. Außerdem verzeichnete man ein Ansteigen des Exportes von Baumwolle, Leder und Lederwaren über Süddeutschland und Sachsen[204]. Gleichzeitig erhöhte sich die österreichische Ausfuhr an landwirtschaftlichen Erzeugnissen sowie Glas- und Holzwaren in den Zollverein. Neben dem sich schnell entwickelnden Eisenbahnbau ist dafür das Verlassen des Prohibitivsystems verantwortlich. Delbrück mußte aber auch zugeben, daß die Zollvereinsregierungen die Aufnahmefähigkeit des österreichischen Marktes überschätzt hatten[205]. Lediglich beim kleinen Grenzverkehr und dem sogenannten Veredelungsverkehr traten die erwartet hohen Handelssteigerungen ein, da der Februarvertrag alle Abgaben für die zur Reparatur, Bearbeitung und Veredelung über die Grenze ausgeführten Waren, die anschließend wieder zurücktransportiert wurden, beseitigte. In den Zollvereinsländern waren vor allem die industriellen Kreise mit dem Vertrag zufrieden, da er weit über das allgemein übliche internationale Handelsverhältnis hinausging[206]: Die Industriellen konnten so ihren Absatzmarkt nicht unwesentlich erweitern.

Die sogenannte „Meistbegünstigungsklausel", d.h. kein anderer Handelspartner/Staat durfte bei der Erhebung von Zöllen günstiger behandelt werden als Österreich, tröstete über das Scheitern der österreichischen Mitteleuropapläne hinweg, zumal grundsätzlich der Weg zu einer Zollunion mit gemeinsamen Außenzöllen nicht vollkommen verbaut war. Einen echten Anschluß der Donaumonarchie an den Zollverein hatten Handel, Industrie und Gewerbe Österreichs aufgrund der unterschiedlichen wirtschaftlichen Entwicklung sowieso als derzeit unrealistisch abgelehnt[207]. Bereits seit einigen Jahren traten bestimmte Kreise der österreichischen Wirtschaft entschieden gegen eine „Zolleinigung mit Deutschland besonders wegen des daselbst mehr entwickelten Handelsgeistes" auf, da deren Vertreter „nirgends die grossen unmittelbaren materiellen Vorteile, welche uns durch diesen Anschluss in Aussicht gestellt werden"[208] erkennen konnten.

Preußen hatte im Zusammenhang mit dem Februarvertrag immer wieder betont, die Ratifikation des Kontraktes von der Verlängerung des Zollvereins abhängig zu machen. Die Berliner Regierung teilte deshalb den Vereinsmitgliedern noch am Tag der Unterzeichnung den Inhalt des Kontraktes mit und legte ihnen gleichzeitig nahe, die im September 1852 abgebrochenen Verhandlungen über die Erneuerung der deutschen Zollunion am 10. März 1853 in Berlin fortzusetzen. Zwei Tage später wurde die Konferenz mit dem preußischen Vorschlag

---

[204] MAMROTH, Entwickelung, 43.
[205] DELBRÜCK, Lebenserinnerungen 1, 338.
[206] MATIS, Herbert, Österreichs Wirtschaft 1848–1913. Konjunkturelle Dynamik und gesellschaftlicher Wandel im Zeitalter Franz Josephs I., Berlin 1972, 87; DELBRÜCK, Lebenserinnerungen 1, 332–333.
[207] Dazu unter anderem: MEYER, Zollverein, 19. Zur österreichischen Wirtschaftssituation in den 1850er Jahren: MATIS, Wirtschaft, 88–101.
[208] Schreiben des böhmischen Gewerbestandes vom 18.2.1850: MAMROTH, Entwickelung, 17–18.

eines Vertragsentwurfes eröffnet[209]. Als sich die Ländervertreter nach harten Diskussionen auf einen gemeinsamen Entwurf geeinigt hatten, stellte Sachsen auf einmal den Antrag, daß der neue Zollvereinsvertrag – wie beim Handelsvertrag mit Österreich – nicht nur von den preußischen Ministern, sondern auch von den Gesandten aller Zollvereinsregierungen unterschrieben werden müßte. Der preußische Ministerpräsident von Manteuffel wehrte sich entschieden gegen dieses Verlangen und konnte sich auch durchsetzen. So wurde der Verlängerungsvertrag für den deutschen Zollverein auf weitere zwölf Jahre am 4. April 1853 unterzeichnet[210]. Für Bayern gab letztendlich die Rücksichtnahme auf die steuerkräftige, wirtschaftlich führende Rheinpfalz den Ausschlag für die Erneuerung des Zollvereins[211].

Mit dem preußisch-österreichischen Ausgleich war die erste große Krise des Zollvereins zwar vordergründig überwunden, der Kampf um die Gestaltung der deutschen Zoll- und Handelsverhältnisse hatte aber nur ein vorläufiges Ende gefunden[212]. Die positive Entwicklung des deutsch-österreichischen Warenverkehrs war bereits Anfang 1854 wieder rückläufig. Der Krimkrieg und wesentlich verstärkt einige Jahre später vor allem der Italienische Einigungskampf bedeuteten für die Donaumonarchie einen gravierenden Einbruch für das sich langsam entfaltende Wirtschaftsleben[213]. Staatsschulden und Silberagio schnellten so in die Höhe, daß im wesentlichen nur Rohartikel exportiert werden konnten, während der Handel mit Fertigwaren stagnierte[214]. Darüber hinaus konnte Wien den Rückgang des Exportes in die Türkei und die Donaufürstentümer durch die ansteigende Nachfrage im eigenen Land nicht kompensieren[215]: Die hart erkämpfte Stellung gegenüber dem Zollverein, vor allem gegenüber Bayern und Württemberg, war damit wieder verloren. Gleichzeitig gelang es Preußen, seinen Hand-

---

[209] WEBER, Zollverein, 339.

[210] Vertrag wegen Fortdauer und Erweiterung des Zoll= und Handelsvereins, vom 4ten April 1853 mit Separatartikeln und Schlußprotokoll und Protokoll über die Auswechselung der Urkunden wegen Ratifikation des Vertrages, die Fortdauer und Erweiterung des Zoll- und Handelsvereins betreffend, d.d. Berlin, den 2ten Juni 1853: VERTRÄGE und Verhandlungen IV, 1–82. Siehe auch: GHAM, Kabinettsakten Maximilian II., No. 214a (Pfordten an Maximilian II., 26.4.1853).

[211] BAUMANN, Probleme, 266. Schon 1852 hatte das Handelsministerium darauf aufmerksam gemacht, daß eine Zerschlagung des Zollvereins den „blühenden Rheinverkehr in hohem Grade gestört und beschränkt, dagegen die gesammte Produktion der *Pfalz*, welche unter allen bayerischen Provinzen durch den Zollverein den höchsten Aufschwung genommen hat, nahebei vernichtet werden" würden: BayHStAM, MH 5105 (Antwort des HM auf das kgl. Handschreiben vom 4.2., 21.2.1852). Zu den Verhandlungen über den Vollzug des Handels- und Zollvertrages: BayHStAM, MH 12.250.

[212] WERNER, Zollvereinspolitik, 141; ZIMMERMANN, Handelspolitik, 17–19.

[213] Das bayerische Handelsministerium wies die Bezirksregierungen beispielsweise an, den Handel mit den kriegsführenden Mächten, also auch Österreich, unverzüglich einzustellen: StAM, RA 40.687 (HM an Reg. v. Obb., 21.5.1854).

[214] WEBER, Zollverein, 346–347.

[215] MATIS, Wirtschaft, 87; BÖHME, Großmacht, 53.

lungsspielraum als deutsche und europäische Großmacht zu erweitern[216]. Erst mit der Konsolidierung der Geldverhältnisse in der Donaumonarchie nach 1860 nahmen auch die Vorteile des Februarvertrages zu, die von dem Aufschwung infolge der im Dezember 1859 eingeführten Gewerbefreiheit unterstützt, aber mit dem preußisch-französischen Handelsvertrag zwei Jahre später wieder zunichte gemacht wurden[217].

---

[216] GRUNER, Süddeutsche Staaten, 52–53.
[217] MAMROTH, Entwickelung, 120.

III. BAYERISCHE WIRTSCHAFTSPOLITIK ZWISCHEN 1860 UND 1866

1. Der deutsche Zollverein um 1860: Freihandel contra Schutzzoll

a) Die wirtschaftspolitische Ausgangssituation

Der Krimkrieg von 1854 bis 1856 untergrub die nach 1850 wiederhergestellte zentraleuropäische Verfassung von 1814/15 mit den festgefügten Bündniskoalitionen und ließ damit auch im Deutschen Bund die fürstliche Souveränität hinter die nationalstaatliche zurücktreten[1]. Der Waffengang, der aus einer orientalischen Krise hervorgegangen war, weitete sich, gestützt auf die Neutralität Deutschlands, aus, blieb aber doch ein weitgehend regionaler Konflikt, wenn auch mit erheblichen Folgen für die europäische Bündnispolitik.

Am 20. April 1854 hatte Preußen mit Österreich eine Offensiv- und Defensivallianz geschlossen und war damit aus der seit dem Wiener Kongreß traditionellen freundschaftlichen Verbindung mit den östlichen Mächten ausgeschert. Daraufhin forderten Bayern, Württemberg, Baden, Sachsen, die beiden Hessen und Nassau auf der Bamberger Konferenz im Mai dieses Jahres die Neutralität des gesamten Deutschen Bundes, ohne diese jedoch durchsetzen zu können: Österreich schloß sich den Westmächten an. Im September 1855 war der bewaffnete Konflikt mit dem Fall der Schwarzmeerfestung Sewastopol zugunsten Englands und Frankreichs entschieden. Die Pariser Friedenskonferenz vom 25. Februar bis 17. April 1856 brachte den endgültigen Zerfall der europäischen Ordnung von 1815. Es folgte eine Verständigung zwischen den Königreichen Frankreich und Piemont-Sardinien, die zwei Jahre später, am 10. Dezember 1858, mit der Vereinbarung von Plombière zwischen Napoleon III.[2] und dem piemontesischen Ministerpräsidenten Camillo Graf Benso di Cavour[3], ihren Abschluß fand.

---

[1] DOERING-MANTEUFFEL, Einheit, 35. Dazu aus wirtschaftlicher Sicht: HAMEROW, Restauration, 238–251.

[2] *Napoleon III., Kaiser der Franzosen* (1808–1873): Nach vergeblichen Putschversuchen gegen König Louis Philippe 1840 zu lebenslänglicher Haft verurteilt, floh er 1846 nach London; 1848 gewann er in Frankreich die Präsidentschaftswahl mit 74% der Stimmen und wurde nach einem Plebiszit 1852 zum erblichen Kaiser der Franzosen ausgerufen; nach der Schlacht von Sedan zum Rücktritt gezwungen, geriet er in preußische Gefangenschaft (bis März 1871).

[3] Der stark anti-österreichisch eingestellte *Camillo Graf Benso di Cavour* (1810–1861) war von 1852 bis 1861 mit einer kurzen Unterbrechung Ministerpräsident von Piemont-Sardinien, dann des Königreiches Italien. Zur Einstellung Bayerns in bezug auf die italieni-

Nach dem Krimkrieg legten Bayern und Sachsen neue Pläne für eine Verfassungsreform des Deutschen Bundes vor, in denen auch konkrete wirtschaftliche Verbesserungen, etwa im Münzwesen und Handelsrecht, eine Rolle spielten[4]: Der bayerische Minister von der Pfordten beantragte beim Bundestag die Einführung eines Deutschen Handelsgesetzbuches für alle Staaten des Deutschen Bundes, was allerdings erst 1862 realisiert wurde. Im Juni 1856 unterbreitete der sächsische Ministerpräsident von Beust eine Denkschrift für eine Bundesreform, die aber selbst von bayerischer Seite abgelehnt wurde, und damit von Anfang an keine Aussicht auf Erfolg hatte; Ende 1857 legte man sie endgültig ad acta[5]. Inzwischen hatte in Preußen im Herbst 1858 Wilhelm (ab 1861 König, ab 1871 Deutscher Kaiser) für seinen Bruder Friedrich Wilhelm IV. die Regentschaft übernommen.

Infolge der weltweiten ökonomischen Umstrukturierungsprozesse betraf die allgemeine Wirtschaftskrise 1857 alle Staaten des Deutschen Bundes. In Österreich verschärfte sich jedoch die wirtschaftliche Talfahrt infolge der kriegerischen Auseinandersetzungen mit Italien[6]. Nach den entscheidenden Schlachten von Magenta und Solferino erzwang Piemont-Sardinien im April 1859 mit Unterstützung Frankreichs die Abtretung der Lombardei an den neu gegründeten italienischen Staat[7]. Preußen war dagegen der Gewinner aus Krimkrieg und dem italienischen Befreiungskampf; und dies ohne direkte Beteiligung an den Auseinandersetzungen. Berlin konnte seine Vormachtstellung im Deutschen Bund zwar nicht erweitern, jedoch maßgeblich festigen. Die politischen Entscheidungen in Europa bis 1859 und die damit verbundenen Machtverschiebungen betrafen den Deutschen Bund und damit auch die Staaten des „Dritten Deutschland" allenfalls am Rande. Aber gerade die Frage der militärischen Bundeshilfe während des Italienischen Krieges führte zu einem tiefen Zerwürfnis zwischen den beiden Großmächten Österreich und Preußen[8]. Durch das Aufflammen nationaler Gefühle im Zusammenhang mit der Einigung Italiens konnten die Mittel- und Kleinstaaten bei den Reformbestrebungen des Deutschen Bundes an Einfluß gewinnen[9]. Nach dem Ministerwechsel in Bayern – Karl Freiherr von Schrenck-Notzing[10] löste 1859 Ludwig von der Pfordten ab[11] – war es erneut der sächsische

---

sche Einigung: LEBER, Marianne, Die italienische Frage in Bayerns Sicht und Politik 1859–1865, Diss. München 1957.

[4] FUCHS, Mittelstaaten, 54–70.

[5] GRUNER, Konferenzen, 185–187.

[6] Einen Überblick über die neuen Wirtschaftsverhältnisse gibt BÖHME, Großmacht (1966), 57–83.

[7] Maßgeblich hier der Waffenstillstand von Villafranca vom 11.7.1859 und der Frieden von Zürich vom 10.11.1859. Zum Risorgimento grundlegend: LILL, Rudolf, Italien im Zeitalter des Risorgimento (1815–1870), in: SCHIEDER, Theodor (Hg.), Handbuch für europäische Geschichte V, Stuttgart 1981, 827–885.

[8] GRUNER, Wolf D., Die deutsche Frage. Ein Problem der europäischen Geschichte seit 1800 (Becksche Schwarze Reihe 267), München 1985, 96 = GRUNER, Wolf D., Die deutsche Frage in Europa 1800–1990 (Serie Piper 1680), München/Zürich 1993, 140.

[9] SYBEL, Begründung 2, 239.

[10] Zu *Karl Freiherr von Schrenck-Notzing (1859–1864)* siehe Kapitel V.2.a) *Die leitenden Minister: Karl Freiherr von Schrenck-Notzing (1859–1864)* (S. 228). In der Literatur

Ministerpräsident von Beust, der in der Deutschen Frage die Initiative ergriff. Seine Vorschläge für eine Bundesreform wurden auf den ersten Würzburger Konferenzen der Mittelstaaten im November 1859 erörtert, auf denen neben Bayern und Sachsen auch Württemberg, Kurhessen, Hessen-Darmstadt, Nassau, Mecklenburg-Schwerin, Sachsen-Altenburg und Sachsen-Meiningen, nicht aber Baden und Coburg vertreten waren[12]. Während es auf politischer Ebene zu keiner Einigung kam, verständigten sich die Ländervertreter im wirtschaftspolitischen Bereich auf einige Neuregelungen. Dazu zählten Vereinbarungen zum Heimat- und Ansässigmachungsrecht, zur Zivil- und Kriminalgesetzgebung sowie bezüglich gleicher Maße und Gewichte, eine Einigung über das Notenwesen und die Bankenfrage konnte dagegen nicht erzielt werden. Die abschließenden Schriftstücke waren dann freilich so allgemein gehalten, daß keine Aussicht auf ihre Umsetzung bestand[13]. Trotz der unbefriedigenden Verhandlungsergebnisse gelang es im Sommer 1860 auf einer zweiten Konferenz der nun als „Würzburger Staaten" bezeichneten Länder – mit Beteiligung Badens –, wenigstens eine Basis unter den Mittelstaaten für weitere Beratungen in der Bundesversammlung zu schaffen[14].

Als im Oktober 1860 die Ergebnisse dieser zweiten Tagung über eine Neuregelung der Bundeskriegsverfassung vorlagen, entschlossen sich Österreich und Preußen, außerhalb des Bundes bilaterale Verhandlungen aufzunehmen, die in den ersten Januartagen des Jahres 1861 zwar in Berlin begannen, aber schon drei Monate später abgebrochen wurden[15]. Eine mögliche Verständigung der beiden Großmächte wäre nur auf Kosten der übrigen deutschen Staaten möglich gewesen. Derweil konnten sich die deutschen Mittelstaaten untereinander nicht einigen, um ihre Bedeutung gegenüber Preußen und Österreich aufzuwerten. Baden, Coburg und Mecklenburg-Schwerin wollten der Würzburger Konvention über die angestrebte Bundesreform nicht beitreten, so daß auch die dritten Würzburger Konferenzen im September 1861 ohne greifbares Ergebnis zu Ende gingen[16]. Im Oktober 1861 versuchte es Beust noch einmal mit einem letzten Reformplan zur Lösung der „Deutschen Frage", konnte jedoch die Mittelstaaten nicht zu einem gemeinsamen Vorgehen bewegen[17].

wird der Minister nicht selten nur als Schrenk/Schrenck bezeichnet. Da der Minister auch seine offiziellen Schreiben lediglich mit „Schrenck" unterzeichnete, wird im folgenden diese Kurzfassung beibehalten.

[11] Siehe dazu die Kapitel V.2.a) *Die leitenden Minster: Ludwig von der Pfordten (1849–1859 und 1864–1866)* (S. 224) und *Karl Freiherr von Schrenck-Notzing (1859–1866)* (S. 228).

[12] GRUNER, Konferenzen, 204.

[13] Ebd., 206 und 211–212.

[14] In der zweiten Würzburger Konferenz im Sommer 1860 stand die Neuregelung der Bundeskriegsverfassung im Vordergrund und endete mit einer Militärkonvention der Mittelstaaten: GRUNER, Konferenzen, 227–238. Ebd., 211, wertet den Ausgang der Würzburger Konferenzen wesentlich positiver als FUCHS, Mittelstaaten, 165–166.

[15] GRUNER, Konferenzen, 214 und 242.

[16] Ebd., 250–253.

[17] Der Entwurf bei BEUST, Aus drei Viertel-Jahrhunderten 1, 298–302. Der Vorschlag zur Umgestaltung des Deutschen Bundes wurde den deutschen Regierungen in einer

Während auf dem politischen Feld hartnäckig um eine Neugestaltung des Deutschen Bundes gerungen wurde, folgte auf wirtschaftspolitischem Terrain nach der hart umkämpften Verlängerung der Zollvereinsverträge 1854 eine gewisse Stagnation; bis Ende der 1850er Jahre konzentrierten sich die Gespräche weitgehend auf die Bundesreform, ohne daß der Zoll- und Handelspolitik eine größere Bedeutung zugestanden worden wäre[18]. 1855 hatte sich Bayern von den österreichischen Absichten distanziert, mit dem Zollverein eine Zollunion zu schließen, um durch einen derartigen Bund die Autorität Preußens nicht noch mehr zu stärken: Die wirtschaftliche Überlegenheit des Nordens hätte die Donaumonarchie möglicherweise auch politisch in die Defensive gedrängt. Im Mai 1856 war eine Kabinettsorder des preußischen Königs Friedrich Wilhelm IV. ergangen, die sich stark an die vom Freihandel dominierten Thesen wirtschaftspolitischer Entscheidungen orientierte. Preußen forderte eine Senkung der bestehenden Zolltarife und verschärfte damit den Dualismus zwischen Preußen und Österreich auch auf wirtschaftlichem Gebiet[19].

Zum Ende des Jahrzehntes begann die österreichische Regierung verstärkt ihren Anspruch auf die Beratungen mit dem Zollverein über eine weitere wirtschaftliche Annäherung geltend zu machen, die mit Preußen im Handelsvertrag von 1853 festgelegt worden waren, obwohl dies im Widerspruch zu den Interessen der eigenen Industrie und Gewerbeentwicklung stand, da dann Zugeständnisse an die Freihandelsbewegung gemacht werden mußten. Während sich die Mittelstaaten wiederholt unter Ausschluß der beiden Großmächte berieten, nahmen auch Preußen und Österreich außerhalb des Bundes Gespräche auf, die auf eine Verständigung auf Kosten der anderen deutschen Staaten hinausgelaufen wären[20]. Diese scheiterten aber genauso wie Beratungen über die im deutschösterreichischen Handelsvertrag von 1853 beschlossene Weiterentwicklung der gegenseitigen Handelsbeziehungen zwischen Österreich und dem Zollverein[21]. Dabei gelang es Österreich im Frühjahr 1858, Preußen, Bayern und Sachsen als Unterhändler des Zollvereins zu Verhandlungen in Wien an den Verhandlungstisch zu bringen[22]. Preußen wurde von Rudolf von Delbrück, Österreich von Karl von Hock und Bayern von Karl von Meixner repräsentiert. Aber weder der preußische noch der sächsische Vertreter waren an weiteren Verkehrserleichterungen interessiert. Auch Bayern lehnte die österreichischen Vorschläge auf Parifizierung der Tarife ab und stimmte für die Ablösung der geltenden Durchfuhrzölle durch

---

Denkschrift vom 15.10.1861 mitgeteilt: Staatsarchiv 2, Nr. 175, 1–10. Nach FRANZ, Pfordten, 281, Anm. 3, gibt es von dieser Denkschrift drei unterschiedliche Versionen.

[18] EICHMANN, Zollverein, 12.
[19] BÖHME, Großmacht (1966), 55–57; FRANZ, Entscheidungskampf, 6–7; FRANZ, Vorgeschichte, 1–27.
[20] GRUNER, Konferenzen, 214.
[21] Zu den wirtschaftspolitischen Aktivitäten zwischen 1857 bis 1861 auf der Basis des Februarvertrages von 1853: BayHStAM, MH 12.252 und 12.253.
[22] BayHStAM, MH 12.252 (10.5.1858, mit Protokoll der Wiener Verhandlungen vom 10.4.1858); FRANZ, Entscheidungskampf, 13–15; ZIMMERMANN, Handelspolitik, 19–20; BÖHME, Großmacht (1966), 83–84.

allgemeine Ausgangsabgaben[23]; eine Forderung, der Österreich aufgrund seiner wirtschaftlichen Gegebenheiten und des Druckes seiner Industrie nicht nachgeben konnte. Außerdem weigerte sich der bayerische Bevollmächtigte von Meixner, einer Minderung der Weinzölle zuzustimmen[24]. Schließlich war Bayern mit den Anbaugebieten Pfalz und (Unter-)Franken der Zollvereinsstaat mit der höchsten Weinproduktion, so daß man darauf angewiesen war, einen Großteil des hergestellten Weines in diesem Gebiet auch abzusetzen[25]. Österreich seinerseits war daraufhin nicht mehr bereit, weiter zu verhandeln. Damit ruhten die Unterredungen über eine Annäherung Österreichs an das deutsche Wirtschaftsgebiet bis zum Jahre 1860, auch wenn auf der Generalzollkonferenz des Jahres 1858 die Mehrheit der Zollvereinsstaaten aus Rücksicht auf die Donaumonarchie nur noch für eine Ermäßigung der Durchfuhrzölle eintrat[26]. Den wirtschaftspolitischen Ressentiments von bayerischer Seite stand das offene Engagement von der Pfordtens für Österreich gegenüber, was in Preußen das Mißtrauen der Regierungsführung erregte[27].

Während sämtlicher Verhandlungen mit dem deutschen Zollverein mußte die österreichische Regierung an zwei Fronten kämpfen: außenpolitisch gegen einen wirtschaftlich überlegen Konkurrenten und innenpolitisch gegen die Interessen der eigenen Industrie. In der Donaumonarchie machten die Industriellen angesichts der Wirtschaftskrise von 1857 gegen den Februarvertrag von 1853 und die damit verbundene, vom Freihandel dominierte, Zollpolitik mobil[28]. Die Gegner der liberalen Wirtschaftspolitik fühlten sich aufgrund der eingetretenen Stagnation in ihrer Haltung bestätigt. Dennoch ließen die Regierungsvertreter das Ziel einer politischen und wirtschaftlichen Stabilisierung ihrer Position im Deutschen Bund nicht aus den Augen. Obwohl die Verhandlungen im Jahre 1858 ohne Resultat zu Ende gegangen waren, wollte der österreichische Ministerpräsident Johann Bernhard von Rechberg-Rothenlöwen[29] nach seiner Berufung im Sommer

---

[23] Durchfuhrzölle wurden als Abgabe für die Erlaubnis der Durchquerung eines fremden Zollgebietes erhoben. Die Intensivierung und Verbilligung des Verkehrs im 19. Jahrhundert legte es nahe, mehr und mehr auf diese Art von Zöllen zu verzichten. Ausfuhrabgaben führten demgegenüber zu Preissteigerungen im Einfuhrland und Einschränkungen beim Export von Rohstoffen, worauf aber gerade Österreich aufgrund seiner wenig industrialisierten Wirtschaftsstruktur in besonderem Maße angewiesen war.

[24] Siehe zur Sonderbehandlung von Wein, für den auch nach 1841 Ausgleichsabgaben erhoben werden durften Kapitel II.2. *Der deutsche Zollverein von 1833/34* (S. 38).

[25] BIENENGRÄBER, Statistik, 76: Um 1860 produzierte Bayern durchschnittlich mehr als 864.300 Eimer, im Vergleich dazu kam Preußen nur auf knapp 415.000 Eimer.

[26] VERHANDLUNGEN der 13. General-Conferenz in Zollvereins-Angelegenheiten, Hannover 1858. Eine Einigung auf der General-Conferenz scheiterte vor allem an der Haltung Badens: Denkschrift der Großherzoglich Badischen Regierung, Karlsruhe 1859, für die Konferenz: BayHStAM, MH 12.253.

[27] DELBRÜCK, Erinnerungen 2, 131–132.

[28] MATLEKOVITS, Zollpolitik, 46–56; MAMROTH, Entwicklung, 110–111.

[29] *Johann Bernhard von Rechberg-Rothenlöwen* (1806–1899): Sohn des bayerischen Gesandten unter Max IV. Joseph, Alois Rechberg, 1855 Bundespräsidialgesandter Österreichs in Frankfurt und damit Gesandtschaftskollege Bismarcks, 1859–1864 (Rücktritt)

1859 gegen die Interessen der eigenen Industrie die Zolleinigungspläne seines Vorgängers Schwarzenberg und des Handelsministers Bruck nicht aufgeben[30].
Aus diesem Grund blieb er weiterhin in regem Gesprächsaustausch mit den süddeutschen Königreichen, um sie gegebenenfalls auch bei der Bundesreformpolitik in seinem Sinne beeinflussen zu können[31].

Gemäß des Februarvertrages von 1853 brachte das Jahr 1860 den endgültigen Termin für die Aufnahme der Verhandlungen zwischen dem deutschen Zollverein und Österreich über weitergehende Beziehungen im zoll- und handelspolitischen Bereich. Versuche, im Januar 1860 ernstzunehmende Gespräche einzuleiten, scheiterten[32]. Das Jahr verstrich, ohne daß Beratungen über die Zukunft der handelspolitischen Verhältnisse zwischen dem Zollverein und Österreich in Angriff genommen worden wären. Es war schließlich die bayerische Regierung, die Ende März 1861 anläßlich der Aufhebung der Durchfuhrzölle im deutschen Zollverein (1860) die Wiederaufnahme von Unterredungen mit der Donaumonarchie anregte[33]. Das Wissen um die Verhandlungen zwischen Preußen und Frankreich über einen gegenseitigen Handelsvertrag hatte die Befürchtung geweckt, eine vollständige Ausgrenzung Österreichs könnte jetzt Realität werden. Schließlich hatte Preußen seit 1853 alles getan, um den Ausbau des ungehinderten Verkehrs zwischen Österreich und dem Zollverein zu verzögern, so daß auch dieses Mal die Vertagung weitergehender Gespräche eigentlich keine Überraschung darstellte[34].

b) Der Handels- und Schiffahrtsvertrag zwischen Preußen und Frankreich von 1862

Die Verhandlungen mit Frankreich und die Reaktion der Zollvereinsstaaten

Als Preußen im Jahre 1854 mit Belgien einen Handelsvertrag unterzeichnete, der im großen und ganzen das Prinzip des Freihandels vertrat, war dies ein erster Schritt zu einem westeuropäischen Warenaustausch ohne behindernde Zollschranken. Die entscheidende Wendung erfolgte jedoch erst durch den Abschluß des sogenannten Cobden-Vertrages zwischen Frankreich und England[35] im Jahre

österreichischer Außenminister und Ministerpräsident, der, in Anlehnung an seinen Lehrer Metternich, für einen Ausgleich mit Preußen eintrat.

[30] Bruck legte im Sommer 1859 nochmals eine Denkschrift über die „Aufgaben Österreichs" in bezug auf eine Zolleinigung vor; die Denkschrift in: CHARMATZ, Bruck, 241–281.
[31] MATLEKOVITS, Zollpolitik, 54–56.
[32] FRANZ, Entscheidungskampf, 29–40.
[33] ZIMMERMANN, Handelspolitik, 34.
[34] BÖHME, Großmacht (1966), 50.
[35] Die Bedeutung dieses Handelsvertrages auch für Bayern bei: WEBER, Zollverein, 367–371. Zur Handelspolitik Englands und Frankreichs: GRAF, Zielsetzungen, 174–180; zu Cobden und seinen wirtschaftlichen Maximen: EDSALL, Nicolas C., Richard Cobden, independent radical, Cambridge (Mass.)/London 1986. BÖHME, Großmacht (1966), 54: Der Vertrag wurde im Frühjahr 1863 umgestaltet und verlängert.

1860, der den Übergang zum reinen Fiskalzoll[36] vollzog und damit nur noch die ergiebigsten Finanzzölle bestehen ließ. Das Abkommen wurde in der französischen Öffentlichkeit keineswegs positiv aufgenommen, wovon sich jedoch Napoleon III. und seine Regierung nicht beirren ließen und weitere Vertragsabschlüsse auf dieser Grundlage in die Wege leiteten. In der Folgezeit kamen mehrere europäische Staaten gegen entsprechende Zugeständnisse in den Genuß der Konzessionen des Cobden-Vertrages.

Mittlerweile verlangten der ansteigende Außenhandel und die engeren binnenwirtschaftlichen Verflechtungen weitere Integrationsschritte, die über das System der bisherigen Zollunion hinausreichten[37]. Bereits seit Beginn der 1850er Jahre reifte zudem bei den maßgeblichen Führungskräften in Preußen, allen voran bei Delbrück, aber auch bei Ministerpräsident Manteuffel, Handelsminister August Frhr. von der Heydt und Finanzminister Karl von Bodelschwingh[38], die Idee, durch ein entschlosseneres Eintreten für den Freihandel dem Konkurrenten Österreich eine engere Bindung zum Zollverein zu erschweren bzw. unmöglich zu machen[39]. So griff die Berliner Regierung gerne die französischen Anregungen zu einem gemeinsamen Handelsabkommen auf. Napoleon hatte bereits drei Monate nach Abschluß des deutsch-österreichischen Februarvertrages 1853 die Verringerung der bestehenden Zölle vorgeschlagen. Eine Einigung zwischen den beiden Parteien war jedoch zu diesem Zeitpunkt nicht zustande gekommen, da der Krimkrieg zum Abbruch aller laufenden Gespräche über die Neuordnung der europäischen Handelsverhältnisse geführt hatte. Im Januar 1860 machte die Pariser Regierung der preußischen Führung eine erneute Offerte auf der Basis des Cobden-Abkommens. Der Beginn der Gespräche verzögerte sich zwar bis Januar 1861, machten dann aber schnell Fortschritte[40]. Die bayerische Regierung war darüber beunruhigt, da diese Verhandlungen Beratungen über die Handelsverbindungen zwischen dem Zollverein und Österreich maßgeblich erschwerten.

---

[36] Unter Finanzzöllen versteht man rein aus fiskalischen Gründen erhobene Abgaben, um Einnahmen für den Staatshaushalt zu sichern, d. h., hier erfolgte die Belastung des Waren- und Güterverkehrs nicht aus wirtschaftspolitischen, sondern aus finanziellen Gründen. Da Finanzzölle die inländische Produktion – anders als die Schutzzölle – nicht begünstigten, können sie in einigen Fällen auch als Einfuhrzölle auftreten: Die verzollte Ware wird im Inland nicht produziert (Kaffee und Tee) oder die verzollte Ware wird zwar im Inland produziert, aber mit einer Verbrauchsteuer belastet: Der Zoll dient dann als Kompensierung der Vorbelastung der heimischen Industrie.

[37] HAHN, Integration, 64.

[38] *August Frhr. von der Heydt* (1801–1874): 1848–1862 preußischer Minister für Handel, Gewerbe und öffentliche Arbeiten, 1862 Finanzminister, trat nach dem Amtsantritt Bismarcks zurück, 1866–1869 erneut Finanzminister. *Karl von Bodelschwingh* (1800–1873): 1851–1858 und 1862–1866 preußischer Finanzminister.

[39] ZIMMERMANN, Handelspolitik, 24.

[40] HENDERSON, Cobden-Vertrag, 234. Zu den preußisch-französischen Verhandlungen ausführlich, wenn auch stark wertend: FRANZ, Entscheidungskampf, 41–155; daneben auch: RENZING, Rüdiger, Die Handelsbeziehungen zwischen Frankreich und Deutschland von der Gründung des Zollvereins bis zur Reichsgründung, Diss. Frankfurt a. Main 1959, 87–95. Zur Aufnahme der Verhandlungen mit Frankreich: BayHStAM, MH 11.965 (Montgelas an AM, 16.1.1861).

Deshalb wies sie die Handels- und Gewerbekammern an, zu dem geplanten Vertragswerk Stellung zu nehmen. Die Handelsvertreter forderten in ihren Gutachten vor allem die Zollbefreiung für landwirtschaftliche Rohstoffe und Güter, eine Herabsetzung des Weinzolles wurde aus Rücksicht auf die Rheinpfalz[41] entschieden abgelehnt. Als Grundtendenz ist eindeutig die Forderung nach einem angemessenen Schutz der einheimischen Industrie und damit der Widerstand gegen zu viele Zugeständnisse an den Freihandel erkennbar. Deshalb forderte der bayerische Außenminister und Ministerratsvorsitzende Karl Freiherr Karl von Schrenck in einem internen Regierungsschreiben nachdrücklich mehr Transparenz für alle Zollvereinsregierungen, „wenn sie [=die preußische Regierung, Anm. der Verf.] sich nicht der Gefahr aussetzen will, daß das seinerseitige Ergebniß der Verhandlungen mit Frankreich bei anderen Vereinsregierungen Anständen finden und die Ratifikation nicht erlangen könnte"[42].

Noch im Winter 1861 gelangten erste Gerüchte über den Verhandlungsverlauf zwischen Preußen und Frankreich an die Öffentlichkeit. Preußen informierte die Zollvereinspartner offiziell aber erst im April 1861 in einer Zirkulardepesche, verbunden mit einer Denkschrift Delbrücks, über die erzielten Ergebnisse mit dem Unterhändler Alexandre de LeClercq, Wirtschaftsfachmann im französischen Außenministerium[43]. Daraufhin trafen sich am 27. Mai 1861 in München Regierungsmitglieder und Vertreter des Handels zu einer Besprechung, in der die Vorschläge der preußischen Regierung diskutiert wurden[44]: „Man erkannte dabei die preußischen Vorschläge im Allgemeinen als eine geeignete Grundlage für den Abschluß eines Vertrages mit Frankreich an und fand nur in den nachbezeichneten Punkten zu einer Bemerkung beziehungsweise Erinnerung Anlaß." Zu diesen zählten die weitere Herabsetzung des Lumpenzolles auf 2 Tlr und auch Zollermäßigungen auf Wein und Baumwolle wollte man nur unter klar abgesteckten Bedingungen zustimmen. Außerdem kam das Gremium zu dem Ergebnis, daß es vor Abschluß der Verhandlungen mit Frankreich zu einer Verständigung mit Österreich auf der Grundlage des Februarvertrages von 1853 kommen müßte. Ansonsten, so das Ergebnis der Unterredung, könnte die Donaumonarchie unter Berufung auf die geplante Meistbegünstigung alle an Frankreich zugestandenen Zollermäßigungen ebenfalls beanspruchen, ohne dafür Gegenleistungen erbrin-

---

[41] Dazu die Meinung der Pfalz: Königlich Bayerisches Kreis-Amtsblatt der Pfalz 35 (21.6.1861), 655–658, in: BayHStAM, MH 11.965.
[42] BayHStAM, MH 11.965 (HM an AM, 20.4.1861).
[43] Ebd. (48seitige preußische Denkschrift, April 1861) bzw. DELBRÜCK, Erinnerungen 2, 208–209. Laut einer Denkschrift Beusts vom 28.4.1862 hatte Preußen dagegen schon Ende 1860 die Zollvereinsregierungen von den Verhandlungen mit Frankreich informiert: BayHStAM, MH 11.966.
[44] BayHStAM, MH 11.965 (ministerielles Protokoll, 27.5.1861). Anwesend waren vom AM von Schrenck, Hermann, Weber, Gombart, vom FM von Pfretzschner, vom HM Meixner und Diepolder, von der Generalzolladministration der Generaladministrator von Plank und Oberzollrat Gerbig, vom „Handelsstand" die beiden Landtagsabgeordneten Neuffer und Ley, der Kaufmann Diß sowie Fabrikbesitzer und Handelstagsmitglied Leo Haehnle. FRANZ, Entscheidungskampf, 92–95, gibt dagegen an, die Fachkommission warnte nicht nur vor den wirtschaftlichen, sondern auch vor den politischen Folgen eines Vertragsabschlusses.

gen zu müssen[45]. Daher forderte das Gremium zwar Rücksichtnahme auf Österreich, dies aber weniger aus politischen denn aus wirtschaftlichen Gründen. Die offizielle Stellungnahme der bayerischen Regierung an Preußen erfolgte am 7. Juni 1861[46]. Darin wurde zwar die politische Dimension des angestrebten Vertrages – nämlich eine engere Bindung an Preußen – nicht übergangen, aber auch die wirtschaftlichen Zwänge seiner Anerkennung ausdrücklich festgestellt. Der bayerische Außenminister erklärte sich mit einer umfassenden Zolltarifreform einverstanden, lehnte indes einen übermäßigen Freihandel genauso ab wie die Übernahme der französischen Wertzölle[47]. Schrenck versäumte es auch nicht, die Konsequenzen des neuen Tarifes auf die Beziehungen zu den übrigen Nachbarstaaten, vor allem zu Österreich, anzusprechen. Schließlich schlug er zur Klärung der offenen Fragen und zur Beratung über die Veränderungen innerhalb des Zollvereins die Einberufung einer „Spezial-Conferenz der Vereinsstaaten" vor[48]. Damit war die Reaktion der bayerischen Regierung auf den beabsichtigten preußisch-französischen Handelsvertrag grundsätzlich nicht ablehnend, selbst wenn sie einige Veränderungen an den bislang ausgehandelten Zolltarifen für unerläßlich hielt[49].

Während Delbrück die Reaktionen aller deutschen Staaten trotz der geplanten Meistbegünstigungsklausel in weiten Teilen als positiv wertete[50], reagierte der preußische Außenminister von Schleinitz[51] auf die bayerische Antwort „sichtlich gereizt"[52]: Dem außerordentlichen Gesandten und Bevollmächtigten Minister in

[45] Die bayerische Regierung verwies dabei auf Art. 2 des Vertrages von 1853. Siehe dazu Kapitel II.3.c) *Der preußisch-österreichische Handelsvertrag von 1853 und die Beendigung der Zollvereinskrise* (S. 64).

[46] BayHStAM, MH 11.965 (AM an die Gesandtschaft in Berlin, Konzept, 7.6.1861); GHAM, Kabinettsakten Maximilian II., No. 26 (AM an die Gesandtschaft in Berlin, Abschrift, 7.6.1861).

[47] Die Wertzölle wurden entgegen den spezifischen Zöllen des deutschen Zollvereins nach dem deklarierten oder behördlich festgelegten Wert des Zollgutes bemessen. Die dazu notwendigen „Staffelzölle" vermehrten allerdings die Zahl der einzelnen Zollpositionen. Das Wertzollsystem hatte zwar den Vorzug der größeren Anpassung an die Tragfähigkeit des Zollgutes, war aber nur schwer zu berechnen.

[48] ZIMMERMANN, Handelspolitik, 30, schwächt die Forderung Bayerns ab, indem er angibt, man hätte nur auf einer Generalzollkonferenz bestanden.

[49] FRANZ, Entscheidungskampf, 92–93, will dagegen von Anfang an eine ablehnende Haltung Bayerns erkannt haben. Dagegen spricht, daß sich Schrenck im Juli 1862 beschwerte, Preußen wäre auf keinen der von bayerischer Seite formulierten Wünsche eingegangen: BayHStAM, MH 11.967 (AM an Maximilian II., 9.7.1862).

[50] DELBRÜCK, Erinnerungen 2, 210; SYBEL, Begründung 2, 439. Zu den Reaktionen der einzelnen Zollvereinsstaaten auch: FRANZ, Entscheidungskampf, 88–97. Die, wie Franz meint, distanzierte Haltung Bayerns ist dabei weniger auffallend, als er sie bewertet, zumal sich nahezu alle Forderungen zunächst auf rein wirtschaftliche Gesichtspunkte beschränkten.

[51] *Alexander Gustav Adolf Frhr. von Schleinitz* (1807–1885): 1848–50 mit einer Unterbrechung preußischer Außenminister, schied aus dem Amt, weil er sich seinem Konkurrenten und Nachfolger Radowitz nicht gewachsen fühlte; 1858–1861 nochmals preußischer Außenminister, anschließend Minister des Königlichen Hauses.

[52] BayHStAM, MH 11.965 (Montgelas an AM, 19.6.1861).

Berlin, Ludwig de Garnerin Graf von Montgelas[53], teilte er mit, daß die Forderung nach einer Spezialkonferenz „einen äußerst üblen Eindruck gemacht"[54] hätte. Schleinitz wehrte sich entschieden gegen die Verknüpfung des Verhältnisses zu Österreich mit dem zu Frankreich und forderte deshalb Bayern auf, „(...) solche Wünsche wegen der Handels-Verhältnisse zu Oesterreich erst später und gesondert vorzubringen, weil man bei Verhandlung zu vieler, strenge genommen nicht gerade zusammengehörender Gegenstände Gefahr liefe, gar Nichts zu Stande zu bringen." Montgelas schloß seinen Gesandtschaftsbericht mit der eindringlichen Warnung an den bayerischen Staatsminister des königlichen Hauses und des Äußern, sich nicht zu sehr von Preußen einwickeln zu lassen und statt dessen weiterhin auf einen Dialog mit der Donaumonarchie zu drängen: „Indem ich dieses thue, habe ich wohl nicht von Nöthen, Eure Excellenz auf die politische Wichtigkeit des Festhaltens an Unserem Antrage wegen Special-Conferenzen aufmerksam zu machen. Selbstverständlich liegt es in der Gesammt-Tendenz der gegenwärtigen Preussischen Regierung, das Ansehen der übrigen deutschen Regierungen sowohl in militärischer, als nicht minder in diplomatischer Beziehung möglichst geringe, das eigene desto gewichtiger erscheinen zu lassen." Der Handelsvertrag wäre seiner Meinung nach dafür ein passender Anlaß. Montgelas, der die politischen Gefahren des Abkommens weit mehr in den Vordergrund stellte als die Ministerriege Bayerns, war der Ansicht, daß nach einer Vertragsunterzeichnung Abänderungen kaum mehr durchsetzbar wären. Wenige Tage nach diesem alarmierenden Bericht des bayerischen Gesandten aus Berlin wies Schleinitz den preußischen Gesandten in München an, bei der bayerischen Regierung darauf zu drängen, den Antrag auf Einberufung einer Spezialkonferenz zur Klärung der Frage nach den zukünftigen Handelsbeziehungen des Zollvereins aufzugeben, um die Verhandlungen mit Frankreich nicht weiter zu verzögern[55]. Preußen konnte es sich also bereits zu diesem Zeitpunkt leisten, auf die Mittelstaaten Druck auszuüben. Die neugewonnene Stärke aufgrund der außenpolitischen Konstellation versetzte die Regierung sogar in die Lage, gleichzeitig auf „zwei Hochzeiten zu tanzen": Einerseits führte man seit Anfang 1861 mit Österreich Militär-, andererseits mit Frankreich Wirtschaftsverhandlungen[56]. In der Folgezeit entwickelte sich ein reger Schriftwechsel zwischen Hannover, Darmstadt, Stuttgart und München. Bayern hielt aus wirtschaftlichen Gründen an der

---

[53] *Ludwig de Garnerin Graf von Montgelas* (1814–1892): Sohn von Maximilian von Montgelas, 1854–1858 außerordentlicher Gesandter und Bevollmächtigter Minister in Berlin, anschließend Versetzung nach Petersburg, 16.6.1860–5.9.1867 wieder in Berlin: RUDSCHIES, Jochen, Die bayerischen Gesandten 1799–1870 (Materialien zur bayerischen Landesgeschichte 10), München 1993, 32 und 262–263; SCHÄRL, 327.

[54] BayHStAM, MH 11.965 (Montgelas an AM, 19.6.1861). Die folgenden beiden Zitate ebenfalls aus diesem Schreiben. Tatsächlich lehnte Preußen eine Spezialkonferenz von Anfang an ab: BayHStAM, MH 11.967 (AM an Maximilian II., 9.7.1862). Schleinitz monierte darüber hinaus, daß sich Bayern mit der Rückantwort auf die preußische Denkschrift vom April 1861 volle zwei Monate Zeit gelassen und damit den Abschluß des Vertrages mit Frankreich unnötig verzögert hätte.

[55] BayHStAM, MH 11.965 (Schleinitz an den preußischen Gesandten in München, von Loewenstein, 18.6.1861).

[56] BÖHME, Großmacht (1966), 100.

Forderung nach einer Verständigung mit Österreich vor (!) einem Vertragsabschluß mit Frankreich fest. Man wollte jede Gefahr ausräumen, daß die Donaumonarchie gemäß Artikel 2 des Februarvertrages die an Frankreich gewährten Zollermäßigungen auch für sich in Anspruch nahm. Da aber Österreich keine Alternativen bot und Preußen unzugänglich blieb, lenkte Schrenck im Juni 1861 aus Rücksicht auf die notwendige Zolltariferneuerung ein. Der bayerische Außenminister wollte jetzt sogar auf die beantragte Sonderkonferenz verzichten, sollte man sich mit diesem Vorschlag bei den restlichen Vereinsregierungen nicht durchsetzen können, und votierte für eine Verschiebung der anstehenden Generalzollkonferenz von 1861, um erst nach Abschluß des Handelsvertrages die neuen Tarife zu beraten[57].

Mitte des Jahres 1861 drängten die bayerischen Handels- und Gewerbekammern die Regierungsverantwortlichen einerseits dazu, alle Maßnahmen zu vermeiden, die den Fortbestand des Zollvereins gefährden könnten[58]. Andererseits warnten einige aber auch vor den Folgen eines möglichen Zoll- und Handelsabkommens mit Frankreich, wie es die preußische Regierung angekündigt hatte. Die Kreis-Gewerbe- und Handelskammer der Pfalz befürchtete allerdings den Ausschluß aus den „europäischen Culturstaaten"[59], sollte man nicht bedingungslos zum Freihandel übergehen. Und auch die mittelfränkische Kammer bedauerte es, daß der Handelsvertrag mit Frankreich noch nicht zu einem guten Ende geführt worden war[60]. Das preußisch-französische Vertragskonzept wurde dennoch von den meisten bayerischen Handelskammern noch vor dem Abschluß im Frühjahr 1862 prinzipiell abgelehnt. Die niederbayerischen Vertreter wünschten, „der Zollverein möge sich durch keinen Staatsvertrag binden, sondern sich freie Hand halten, durch beliebige Aenderungen des Zolltarifes, den wechselnden Bedürfnissen des Handels entsprechen zu können, ohne hierin durch andere Verpflichtungen gestört zu sein"[61]. Während für den Fortbestand der wirtschaftspolitischen Selbständigkeit Bayerns eingetreten wurde, stand für die oberbayerischen Handelspersonen das zukünftige Verhältnis zu Österreich im Vordergrund; demzufolge wies man auf die Gefahr hin, daß die „für Süddeutschland so höchst wichtige und längst mit Sehnsucht angestrebte Zolleinigung mit Oesterreich keineswegs ausgeschlossen"[62] werden dürfte. Schließlich forderte auch die Handelskammer von Schwaben und Neuburg den Erhalt des Zollvereins unter Angliederung des österreichischen Nachbarlandes[63]. Insbesondere die süddeutschen Textilunternehmer konnten sich nicht für eine weitere Annäherung an den Freihandel erwärmen, mußten sie doch bei einer Herabsetzung der Ein-

---

[57] BayHStAM, MH 11.965 (AM an Montgelas, 24.6.1861).
[58] Jahresbericht der oberbayerischen Kreis-Gewerbe und Handels-Kammer für 1861, 11, in: BayHStAM, MH 14.190.
[59] JAHRESBERICHT der Kreis-Gewerbe- und Handelskammer der Pfalz für 1862, 15.
[60] VERHANDLUNGEN der Kreis-Gewerbe- und Handelskammer für Mittelfranken 1862, 4.
[61] VERHANDLUNGEN der Kreis-Gewerbe- und Handelskammer von Niederbayern für 1861, 4.
[62] JAHRESBERICHT der oberbayerischen Kreis-Gewerbe und Handels-Kammer für 1861, 6.
[63] JAHRESBERICHT der Kreis-Gewerbe- und Handelskammer für Schwaben und Neuburg 1861, 5.

gangszölle mit einer Importsteigerung und dadurch mit einem Absatzrückgang rechnen[64]. In zahlreichen Eingaben an die bayerische Regierung verurteilten sie den Entwurf des Handelsvertrages und forderten die Minister auf, sich deutlicher an die Donaumonarchie anzulehnen[65]. Diese übergingen jedoch die Wünsche und Anträge großer Teile des Handels und der Industrie und bevorzugten erst einmal eine moderatere Vorgehensweise gegenüber Preußen. Darüber hinaus lehnte Schrenck den Antrag der Handels- und Gewerbekammer von Oberbayern ab, die eine „Beschickung der zu Berlin bereits eingeleiteten Verhandlungen zum Zwecke der Abschließung eines *Handelsvertrages* mit Frankreich durch Fachmänner aus Süd- und Mitteldeutschland"[66] beantragt hatte.

Während der Diskussionen über den möglichen Abschluß eines preußisch-französischen Zoll- und Handelsvertrages konstituierte sich im Mai 1861 in Heidelberg der Handelstag als Zentralorganisation für die Vertretung der zollvereinsländischen und österreichischen Handelsinteressen und formulierte als „Organ des gesamten deutschen Handels- und Fabrikantenstandes" zu wirtschaftsrelevanten Themen, wie der Zollpolitik, der Zollvereinsverfassung und der Vereinheitlichung von Maßen, Gewichten und Münzen, immer wieder Denkschriften, die den deutschen Regierungen zur Kenntnisnahme überreicht wurden[67]. In seiner ersten Resolution bestand der Deutsche Handelstag auf der Ausweitung des Zollvereins nach Süden und Südosten, folglich auf die Einbeziehung Österreichs in den deutschen Wirtschaftsverbund[68]. Das Eintreten für eine „großdeutsche" Handelspolitik kam keineswegs überraschend, standen doch an der Spitze dieser Organisation vor allem süddeutsche und österreichische Schutzzollrepräsentanten. Während also der Deutsche Handelstag zunächst den Freihandel und damit auch das Abkommen mit Frankreich nicht befürwortete, trat der Kongreß deutscher Volkswirte, eine im Herbst 1858 gegründete, vom unbedingten Freihandel geprägte Organisation, genau für dieses Ziel ein[69]. Nach der Unterzeichnung des Cobden-Vertrages zwischen England und Frankreich for-

---

[64] Dies vor allem nach Beendigung des amerikanischen Bürgerkrieges im April 1865, der den Handel mit Übersee stark eingeschränkt hatte: Die Jahresberichte der einzelnen Handelskammern seit 1863.
[65] BayHStAM, MH 11.965 (Eingaben vom 21.9.1861 und 3.12.1865).
[66] Jahresbericht der oberbayerischen Kreis-Gewerbe und Handels-Kammer für 1860, 20, in: BayHStAM, MH 14.190. Hervorhebung im Orginalschreiben.
[67] BÖHME, Großmacht (1966), 105; DEUTSCHER HANDELSTAG (Hg.), Der deutsche Handelstag 1861–1911, Berlin 1911–1913, 2 Bde, Bd. 1, 1–21; ERDMANN, Manfred, Die verfassungspolitische Funktion der Wirtschaftsverbände in Deutschland 1815–1871 (Sozialwissenschaftliche Abhandlungen 12), Berlin 1968, 104–119; BIEFANG, Andreas, Politisches Bürgertum in Deutschland 1857–1868. Nationale Organisationen und Eliten (Beiträge zur Geschichte des Parlamentarismus und der politischen Parteien 102), Düsseldorf 1994, 209–220, hier 209.
[68] DEUTSCHER HANDELSTAG, Handelstag 2, 339–340.
[69] Der volkswirtschaftliche Kongreß war einer der Vereine von Akademikern und anderen Angehörigen „gebildeter Berufe": HENTSCHEL, Volker, Die deutschen Freihändler und der volkswirtschaftliche Kongreß 1858 bis 1885 (Industrielle Welt 16), Stuttgart 1975, 34–38; ERDMANN, Funktion, 235–247; BIEFANG, Bürgertum, 49–65. Anders dagegen: HAHN, Geschichte, 170.

derte der Kongreß sofort in einer Resolution die Abschaffung aller Differentialzölle und sprach sich für das System allgemeiner Meistbegünstigung aus[70].

Der Abschluß des preußisch-französischen Handelsvertrages

Da Preußen die im Februarvertrag von 1853 festgelegten Beratungen mit Österreich im Jahre 1860 schroff abgelehnt hatte, sah sich Ministerpräsident von Rechberg im September 1861 zu einer offiziellen Stellungnahme der Donaumonarchie genötigt[71]. Er machte auf die Unvereinbarkeit zwischen dem Februarvertrag und den laufenden Verhandlungen Preußens mit Frankreich aufmerksam, gestand aber zu, daß der Kontrakt für die materiellen Interessen Österreichs nur von zweitrangiger Bedeutung war, würden doch geplante Zollermäßigungen auch Österreich zugute kommen[72]. Dagegen hätte aber die Frankreich zugestandene Meistbegünstigung für die österreichische Industrie unerfreuliche Auswirkungen. Als bedenklich bezeichnete Rechberg, daß der österreichisch-preußische Vertrag 1865 nur unter der Bedingung erneuert werden könnte, wenn die von Preußen gemachten Konzessionen an Österreich nun auch Frankreich gewährt würden[73]. Damit nahm man der Donaumonarchie jedoch, so der Ministerpräsident, den Vorteil, in Deutschland verzollte westeuropäische Industrieprodukte weitgehend abgabenfrei einführen zu können. Die österreichische Denkschrift war besonnen gehalten, zumal Rechberg bewußt war, daß er einen Beitritt Österreichs zum Zollverein 1861 nicht realisieren konnte. Dennoch zweifelte er nach wie vor nicht daran, daß „der ursprünglich in Deutschland mit allgemeiner Zustimmung aufgenommene Plan der allmählichen Annäherung und Vereinigung seiner grossen Handelsgebiete [mit Österreich, Anm. der Verf.], trotz aller Schwierigkeiten und mit manchen Opfern, allseits unverrückt festgehalten worden ist"[74].

Rechbergs Denkschrift entsprach kaum den Vorstellungen der preußischen Regierung. So wertete der „Hofgeschichtsschreiber" Sybel denn auch das Verhalten Berlins seit Herbst 1861 folgendermaßen[75]: „Bis dahin war die Frage lediglich nach national-ökonomischen Gesichtspunkten, mit Rücksicht auf das wirthschaftliche Gedeihen des deutschen Volkes, behandelt worden. Jetzt aber griff plötzlich die hohe Politik, anfangs mit sachter Berührung, dann mit derber Faust, in diese Erörterungen ein." Die preußischen Unterhändler, allen voran Rudolf von Delbrück, waren sich sehr wohl der Tatsache bewußt, daß „ein Vertrag mit Frankreich die deutsch-österreichische Zolleinigung in eine nicht absehbare Ferne rücken, der sogenannten Parifizierung der Tarife schwer zu überwindende Hindernisse bereiten und überhaupt die weitere Ausbildung des

---

[70] HENTSCHEL, Freihändler, 62–65.
[71] BayHStAM, MH 11.965; Staatsarchiv 3, Hamburg 1862, Nr. 424, 210–213. Die Denkschrift Rechbergs vom 4.9.1861 wurde dem bayerischen AM am 16.9.1861 übermittelt.
[72] Dies galt insbesondere für die geplante Ermäßigung der Weinzölle.
[73] Staatsarchiv 3, Nr. 424, 210–213, zit. 211–212.
[74] Ebd., 213. Die moderate Haltung wird auch von Delbrück betont: DELBRÜCK, Erinnerungen 2, 218–219.
[75] SYBEL, Begründung 2, 440. In der Forschung wird der preußisch-französische Handelsvertrag sehr unterschiedlich beurteilt. Die österreichfreundlichen Autoren sehen in dem Abschluß allein die Absicht Preußens, Österreichs Eintritt in den Zollverein für alle Zukunft zu vereiteln: MATIS, Wirtschaft, 100–101; EICHMANN, Zollverein, 12–13.

Februar-Vertrages erschweren"[76] würde. Delbrück wurde noch deutlicher, wenn auch sicherlich für die Veröffentlichung der Memoiren leicht überspitzt[77]: „(...) aber wir wollten keine deutsch-österreichische Zolleinigung, wir wollten keine Parifizierung der Tarife, wir wollten, wenigstens soweit es auf mich ankam, nur eine beschränkte Ausbildung des Februar-Vertrages." Die Reaktion des bayerischen Ministers Schrenck gegenüber der preußischen Regierung fiel nun infolge der österreichischen Denkschrift wesentlich bestimmter aus als alle bisherigen Schreiben. Er bezeichnete jetzt selbst die zolltechnischen Zugeständnisse an Frankreich als nicht mehr zustimmungsfähig[78]. Trotzdem hielt er aber an einer Zolltarifsrevision fest, die, so Schrenck, notfalls auch ohne die Beteiligung Frankreichs, dafür mit Österreich und der Schweiz verwirklicht werden sollte.

Parallel zum Rechberg'schen Memorandum hatte Delbrück die Zollvereinsregierungen Anfang September 1861 über den stockenden Fortgang in den Beratungen mit Frankreich unterrichtet[79]. In einer ersten Reaktion bedauerte Bayern diese Verzögerungen, begrüßte aber grundsätzlich Verhandlungen über einen Handelsvertrag mit Frankreich, selbst wenn Schrenck auf nähere Tarifeinzelheiten zu diesem Zeitpunkt nicht eingehen wollte[80]. Der bayerische Außenminister bezeichnete allerdings die Annahme der von französischer Seite geforderten Wertzölle genauso wie die Einführung ermäßigter Weinzölle als illusorisch[81]. Sollte in diesen beiden Punkten keine Einigung möglich sein, würde es nach Ansicht Schrencks keine Verständigung geben.

Im November 1861 rechnete selbst der französische Unterhändler nicht mehr mit einem Vertragsabschluß[82], wenngleich das persönliche Treffen zwischen Kaiser Napoleon und König Wilhelm im Herbst 1861 dem Zustandekommen des Kontraktes offensichtlich zuträglich gewesen war: Schon Anfang Januar 1862 schien ein Abschluß nur mehr eine Frage der Zeit zu sein, am 22. Januar einigten sich die zukünftigen Vertragspartner auf ein Präliminarabkommen[83]. Der bayerische Gesandte Montgelas versuchte deshalb verstärkt, von Berlin aus auf die Münchner Regierung Einfluß zu nehmen und die nachteilige politische Dimension des preußisch-französischen Handelsvertrages stärker zu betonen[84]. Ganz anderes reagierte, allerdings in der Rückschau, der sächsische Ministerpräsident

---

[76] DELBRÜCK, Erinnerungen 2, 216. Der Anschuldigung, Preußen hätte den Abschluß eines Handelsvertrages mit Frankreich nur aus politischen Gründen angestrebt, widerspricht Delbrück in seinen Memoiren: ebd., 221. Anders dazu: FRANZ, Entscheidungskampf, 137–139.

[77] DELBRÜCK, Erinnerungen 2, 216.

[78] BayHStAM, MH 11.965 (AM an HM, 24.9.1861). In einem eigenen Schreiben vom Juli 1862 datiert Schrenck das offizielle Schreiben an Preußen auf den 29.9.1861: BayHStAM, MH 11.967 (AM an Maximilian II., 9.7.1862).

[79] FRANZ, Entscheidungskampf, 109–116.

[80] GHAM, Kabinettsakten Maximilian II., No. 26 (AM an den preußischen Gesandten in München, 29.9.1861).

[81] Diese Meinung hatte die bayerische Regierung bereits im Juni 1861 vertreten.

[82] BayHStAM, MH 11.965 (Montgelas an AM, 21.11.1861) und genauso ebd. (Montgelas an AM, 6.12.1861).

[83] Ebd. (Montgelas an AM, 6.1.1862); BENEDIKT, Zollverein, 31.

[84] BayHStAM, MH 11.965 (Montgelas an AM, 14.2.1862).

Beust auf das preußisch-französische Handelsabkommen. Für ihn standen jetzt, anders als 1851/54, eindeutig volkswirtschaftliche Motive im Vordergrund[85]. In den nächsten Wochen trieb der preußische Außenminister Albrecht Graf von Bernstorff[86] angesichts der mit Ausnahme Sachsens stärker werdenden Opposition in Süddeutschland die Abschlußberatungen mit Frankreich voran: Am 29. März 1862 wurde der Zoll-, Handels- und Schiffahrtskontrakt zwischen Preußen und Frankreich vorläufig paraphiert[87] – obwohl zu diesem Zeitpunkt nur Sachsen, Oldenburg und die Thüringischen Staaten ihre Zustimmungsbereitschaft erkennen ließen – und am 2. August 1862 rechtsgültig unterzeichnet[88]. Das Abkommen sicherte Preußen den Zugang zum westeuropäischen Freihandelsraum, auf dessen Vorteile die Berliner Regierung unter keinen Umständen mehr zu verzichten gedachte[89].

Das endgültige Abkommen basierte nahezu vollständig auf den Prinzipien des Freihandels. Zahlreiche im Handel zwischen dem Zollverein und Frankreich umgesetzte Waren blieben grundsätzlich abgabenfrei, so daß der bestehende Zollvereinstarif einer grundlegenden Revision unterzogen werden mußte. Frankreich hatte die Einführung der Wertzölle durchgesetzt, obwohl diese für die deutsche Wirtschaft von Nachteil waren. Durchfuhrzölle sowie allgemeine Eingangsabgaben wurden beseitigt und Ausfuhrabgaben nur für Lumpen beibehalten[90]. Der Vorteil für den Zollverein fiel lediglich beim Import von Massenartikeln nach Frankreich ins Gewicht, der nun günstiger war als bei den bisher geltenden Gewichtszöllen. Der Handelsvertrag brachte der deutschen Wirtschaft beim Export von Eisen und Eisenwaren, Seide und Seidenwaren, Papier und Papierwaren sowie bei Textilien (Garne, Baumwolle, Wolle) Zollerleichterungen.

[85] BEUST, Aus drei Viertel-Jahrhunderten 1, 303–304.
[86] *Albrecht Graf von Bernstorff* (1809–1873): 1845–1848 preußischer Gesandter in München, anschließend in Wien, 1861–1862 preußischer Außenminister, ab 1862 preußischer Gesandter in London.
[87] BayHStAM, MH 11.965 (Telegramm Montgelas an AM, 29.3.1862 sowie Montgelas an AM, 30.3.1862); Staatsarchiv 3, Nr. 420, 170–174. Zur Geschichte des preußisch-französischen Handelsvertrages auch: RISCHBIETER, Henning, Der Handelsvertrag mit Frankreich und die Zollvereinskrisis 1862–1864 in der öffentlichen Meinung Deutschlands, Diss. Göttingen 1953; LOTZ, Walther, Die Ideen der deutschen Handelspolitik von 1860 bis 1891 (Schriften des Vereins für Sozialpolitik 50), Leipzig 1892, 33–71. Die bayerische Regierung wurde von dem vorläufigen Vertragsabschluß vollkommen überrascht: BayHStAM, MH 11.967 (AM an Maximilian II., 9.7.1862).
[88] Ebd. (Telegramm Bibra, Berlin, 2.8.1862). Der preußisch-französische Vertrag: Staatsarchiv 3, Nr. 434 und 435, 246–307; der Schiffahrtsvertrag: ebd., Nr. 436, 308–319. Eine gedruckte Version befindet sich außerdem: BayHStAM, MH 5381. RUIDER, Hans, Bismarck und die öffentliche Meinung in Bayern 1862–1866 (Deutsche Geschichtsbücherei 1), München 1924, 72, gibt fälschlicherweise den Abschluß des Handelsvertrages mit Frankreich erst für den 2.8.1862 an. Am 2.8. erfolgte jedoch nur noch die offizielle Unterzeichnung: Staatsarchiv 3, Nr. 433, 242–245: Protokoll über die Unterzeichnung des preußisch-französischen Handels- und Schiffahrtsvertrages vom 2.8.1862.
[89] BayHStAM, MA 2642 (Telegramm Montgelas, 2.10.1862).
[90] GERLOFF, Wilhelm, Die deutsche Zoll- und Handelspolitik von der Gründung des Zollvereins bis zum Frieden von Versailles (Gloeckners Handels-Bücherei 55/56), Leipzig 1920, 31.

Gegenüber dem ursprünglichen Kontrakt vom März 1862 wurde die im Zollverein existierende Übergangsabgabe auf Wein nicht nur ermäßigt, sondern gänzlich aufgehoben; dies geschah, wie Bernstorff nachdrücklich hervorhob, auf Wunsch der süd- und mitteldeutschen Staaten. Trotzdem befürchteten Bayern und Württemberg aufgrund der Minderung der Eingangszölle eine Überschwemmung des eigenen Marktes mit französischen Weinen. In der Realität stellte sich diese Befürchtung als vollkommen unbegründet heraus. Obwohl sich die Einfuhr französischen Weines in den Zollverein erhöhte, wurde dieser größtenteils in den nördlichen Teilen Deutschlands abgesetzt, während die süddeutschen Staaten nach wie vor wenig importierten Wein verzehrten und auf ihre ausreichende Eigenproduktion zurückgriffen[91]. Die wichtigste Folge des preußisch-französischen Handelsabkommens war jedoch die völlige Umgestaltung des vereinsländischen Zolltarifes. Dies erschien umso notwendiger, als die wenigsten zollpflichtigen Artikel finanzpolitische Bedeutung besaßen: Im Jahre 1862 machten gerade sieben Artikel (Zucker, Kaffee, Eisen- und Eisenwaren, Tabak, Baumwollgarne, Wollwaren und Wein) 75 Prozent aller Zolleinnahmen aus[92].

Reaktionen auf den Vertragsabschluß

Am 3. April 1862 teilte die preußische Regierung sämtlichen Zollvereinsstaaten die vorläufige Vertragsunterzeichnung mit, legte die damit verbundenen Zolltarifsänderungen ausführlichst dar und versuchte, mögliche Vorbehalte gegen die freihändlerische Grundtendenz des Abkommens mit dem Hinweis auszuräumen, die Zollermäßigung würde „stufenweise und allmählich" eintreten[93]. Bernstorff verteidigte den eigenmächtigen Vertragsabschluß damit, daß sich mit der Umgestaltung des Zolltarifes der Absatzmarkt für die zollvereinsländischen Erzeugnisse wesentlich erweitern würde. Der bayerische Außenminister und Ministerratsvorsitzende Schrenck bestätigte am 10. April den Empfang der Note, stellte aber von Anfang an klar, daß mit einer abschließenden Prüfung des Abkommens aufgrund der zahlreichen Einzelartikel innerhalb des geforderten Monates nicht zu rechnen war[94].

Am 7. April 1862, also einige Tage nach den Zollvereinsregierungen, unterrichtete die Berliner Regierung Österreich von dem Abschluß des Handelsvertrages mit Frankreich[95]. Die dazu nach Wien gesandte Denkschrift bildete den Versuch einer Rechtfertigung. Schließlich wäre die in Verbindung mit dem Handels-

---

[91] BIENENGRÄBER, Statistik, 85–87: Nach Bayern gelangten 1864 gerade einmal 4% des importierten Weines, nach Preußen 55%, nach Hannover 14% und nach Sachsen 5%.

[92] In Anlehnung an GERLOFF, Zoll- und Handelspolitik, 31 auch RENZING, Handelsbeziehungen, 100. Zu den Zollermäßigungen im Zuge des Handelsvertrages: ebd., 101–102.

[93] Staatsarchiv 3, Nr. 421 und 422, 174–205; BayHStAM, MH 11.966; DELBRÜCK, Erinnerungen 2, 223–227.

[94] BayHStAM, MH 11.966 (AM an preußischen Gesandten in München, 10.4.1862): Schrenck gab als Gründe die mangelnde Unterrichtung über die laufenden Verhandlungen die Einholung der Gutachten von den Handelskammern und die Zustimmung des Landtages an. Zu diesem Zeitpunkt erfolgte von Bayern noch keine eindeutige Absage; anders dazu: BÖHME, Großmacht (1966), 109.

[95] AEGIDI/KLAUHOLD, Krisis, Nr. VI, 47–48 (= Staatsarchiv 3, Nr. 423, 206–209). Eine Abschrift auch: BayHStAM, MH 11.966.

vertrag durchzuführende Tarifrevision und die Abschaffung des überholten Differentialzollsystems ohnehin längst überfällig gewesen[96]. Bernstorff versäumte es selbstverständlich nicht klarzustellen, daß die ganze Angelegenheit einzig und allein Sache des Zollvereins wäre. Obwohl Österreich seit dem Sommer 1860 von den Verhandlungen zwischen Berlin und Paris unterrichtet war, traf die Wiener Regierung der schließlich doch sehr zügig durchgefochtene Abschluß unvorbereitet[97]. Sollten die Mittelstaaten der Vereinbarung zustimmen, verschlechterte sich in Zukunft die Position Österreichs wesentlich gegenüber dem Zollverein und seiner Führungsmacht Preußen[98]. Deshalb fand am 18. April 1862 in Wien eine Grundsatzberatung der österreichischen Zollkommission unter dem Vorsitz Karl von Hocks statt. Dieses Gremium sprach sich weniger aus politischen denn aus wirtschaftlichen Gründen dafür aus, mit dem Zollverein ohne Rücksicht auf die heimische Industrie, jedoch unter Ablehnung des preußisch-französischen Handelsvertrages zu einer Einigung zu kommen. Einzig und allein der Fachmann von Hock warnte vor übereilten Schritten, da er für Österreich mehr Nach- als Vorteile befürchtete[99]. Die Wirtschaftsfachleute in der Regierung wiesen ebenfalls darauf hin, daß eine deutsch-österreichische Zollunion nur bei einer Weigerung aller deutschen Mittelstaaten, dem preußisch-französischen Handelsvertrag beizutreten, realisierbar wäre. Ansonsten müßte Österreich aufgrund des niedrigeren deutschen Zolltarifes auf eine weitere Annäherung an den Zollverein verzichten, um die eigene Wirtschaft nicht in den Ruin zu treiben. Dazu zählten sie auch die Verlängerung des Februarvertrages von 1853, der im Jahre 1865 auslief[100]. Der Ministerrat hielt trotzdem daran fest, in den Zollverein eintreten zu wollen, brachte aber in der entscheidenden Ratssitzung auch andere wirtschaftspolitische Alternativen zur Sprache, darunter eine autonome Zolleinigung mit Bayern und Württemberg[101]. Rechberg wies allerdings darauf hin, daß die Zustimmung wenig-

---

[96] Das Differentialzollsystem war im Februarvertrag 1853 mit Österreich beibehalten worden: Siehe dazu Kapitel II.3.c) *Der preußisch-österreichische Handelsvertrag von 1853 und die Beendigung der Zollvereinskrise* (S. 64).

[97] Rechberg hatte im September 1861 sogar in einer Denkschrift offiziell Stellung zu den laufenden Verhandlungen zwischen Preußen und Frankreich genommen: Siehe dazu Kapitel III.1.b) *Der Handels- und Schiffahrtsvertrag zwischen Preußen und Frankreich von 1862: Der Abschluß des preußisch-französischen Handelsvertrages* (S. 82).

[98] Zur Reaktion Österreichs auf den Handelsvertrag noch immer maßgeblich: BEER, Handelspolitik, 206–309.

[99] FRANZ, Entscheidungskampf, 184–185.

[100] Aufzeichnung Karl Viktor von Rieckes, betr. „Die Stellung Oesterreichs zu dem Zollverein und zu dem preußisch-französischen Handelsvertrage", 6.6.1862: BÖHME, Vor 1866, 53–62. Genauso: BENEDIKT, Zollverein, 31.

[101] Ministerratssitzung vom 23.4.1862: ÖSTERREICHISCHES OST- UND SÜDOST-EUROPA-INSTITUT (Hg.), MALFÈR, Stefan (Bearb.), Die Protokolle des österreichischen Ministerrates 1848–1867. V/3: 5.11.1861–6.5.1862, Wien 1985, 406–410. Die Sitzung des Ministerrates weicht von der Auffassung von FRANZ, Entscheidungskampf, 189, ab, Österreich wollte den Bruch des Zollvereins vermeiden und eine Zollunion mit einzelnen deutschen Staaten nur als „ultima ratio" ins Auge fassen. Eine Zollunion mit den süddeutschen Königreichen war jedoch durchaus eine ernsthafte Alternative für die österreichische Regierung.

stens einiger Zollvereinsstaaten zum preußisch-französischen Handelsabkommen verhindert werden müßte, um Österreich nicht jede wirtschaftliche Möglichkeit einer Zolleinigung mit Teilen des Deutschen Bundes zu nehmen – einen Anschluß an den gesamten Zollverein hielt er intern und persönlich für illusorisch. Um den Widerstand möglichst vieler süddeutscher Regierungen zu stärken, wollte der österreichische Ministerrat konkrete Maßnahmen ergreifen. Dazu zählte auch die Absicht des Außenministers und ehemaligen Ministerpräsidenten, finanzielle Nachteile der Territorien auszugleichen, die sich gegebenenfalls Österreich anschließen wollten, wogegen sich wiederum der Finanzminister vehement wehrte. Die Uneinigkeit in der Wiener Regierung, aber auch das Fehlen eines konkreten Gegenvorschlages führte in der Zukunft zu einer undurchschaubaren Politik, die die deutschen Mittelstaaten verunsicherte.

Trotz der Vorbehalte in der eigenen Regierungsmannschaft sandte Rechberg am 26. April 1862 ein vertrauliches Angebot an die Gesandten in München, Stuttgart und Darmstadt, das den Abschluß eines separaten Zollvertrages in Aussicht stellte. Außerdem gab er entgegen der Auffassung einiger Ministerkollegen die Zusage, bei einer möglichen Auflösung des Zollvereins für den entstehenden materiellen Schaden aufzukommen[102]. Parallel zu dieser Offerte antwortete Rechberg am 7. Mai 1862 auf die preußische Note vom 7. April mit einem Memorandum, in dem er erneut den Widerspruch zwischen dem preußisch-französischen mit dem preußisch-österreichischen Handelsvertrag zum Ausdruck brachte[103]: Der österreichische Ministerpräsident wies besonders auf Artikel 31, die Meistbegünstigungsklausel, hin, die alle bisherigen Vergünstigungen Österreichs zunichte machen und das Land zwingen würde, die Zwischenzölle als Ausgleich auf Zollermäßigungen so weit zu erhöhen, daß sich die Durchfuhr französischer Waren durch den Zollverein nach Österreich nicht mehr lohnte[104]. Das System der Differentialzölle, das 1853 zwischen dem Zollverein und Österreich ausgehandelt worden war, ließ sich mit der Frankreich gewährten Meistbegünstigung nicht in Einklang bringen, da die Donaumonarchie aus wirtschaftlichen Gründen seine eigenen Zölle dem niedrigen Zollsystem Frankreichs nicht anpassen konnte. Schließlich kritisierte Rechberg die gewaltige Senkung der Einfuhrzölle sowie die geplante zwölfjährige Vertragsdauer über den Geltungszeitraum der Zollvereinsverträge und des Februarvertrages von 1865 hinaus.

In den folgenden Monaten kam es zu einer wahren Flut von Denkschriften zwischen der österreichischen und preußischen Regierung, in denen man sich gegenseitig beschuldigte, die Entwicklung der Wirtschaftsverhältnisse im Deutschen Bund unnötig zu behindern[105]. Der Ton wurde zunehmend unfreundlicher: Am 28. Mai 1862 verwahrte sich Delbrück gegen jegliche Einmischungsabsichten

---

[102] FRANZ, Zollpolitik, 155–156; BEER, Handelspolitik, 229–231.

[103] Staatsarchiv 3, Nr. 426, 216–222. Dazu den Wortlaut der ersten Denkschrift Rechbergs vom 4.9.1861.

[104] Vgl. Art. 4 des Handelsvertrages von 1853: Kapitel II.3.c) *Der preußisch-österreichische Handelsvertrag von 1853 und die Beendigung der Zollvereinskrise* (S. 64).

[105] Der diplomatische Meinungsaustausch wurde teilweise veröffentlicht und als Propaganda eingesetzt, um die öffentliche Meinung und damit auch die Zollvereinsregierungen zu beeinflussen: HENDERSON, Cobden-Vertrag, 242.

Österreichs, was den Abschluß von Handelsabkommen mit anderen Staaten betraf[106]. Schließlich wandte sich Rechberg in einem offiziellen Rundschreiben an alle Zollvereinsstaaten sowie deren Handelsgremien. In dieser Grundsatznote vom 10. Juli 1862 prangerte er die wirtschaftlichen Nachteile des Freihandels mit Frankreich an und versuchte, mit dem Angebot eines neuen Zolltarifes für die Donaumonarchie und den Zollverein die Mittelstaaten von Preußen zu trennen[107]. Das Rundschreibens enthielt den Entwurf eines Präliminarvertrages über die Gründung einer gemeinsamen Zollunion zwischen Österreich und den Zollvereinsmitgliedern zum 1. Januar 1866. Dieser beinhaltete die Anerkennung aller Institutionen, Tarife und Gesetze des Zollvereins, vollständige Zoll- und Verkehrsfreiheit für alle Produkte, ausgenommen ausländische Waren und solche, die einem Staatsmonopol unterlagen, und geringe Zollabgaben auf eine kleine Anzahl von Erzeugnissen durch das Kaiserreich. Die Einkünfte sollten zwischen Österreich und dem Zollverein im Verhältnis drei zu fünf geteilt werden. Rechberg forderte außerdem aufgrund der engeren Bindung zwischen dem Zollverein und Österreich eine Neuregelung der Zoll- und Handelsverhältnisse zu England und Frankreich. Die österreichischen Vorschläge beabsichtigten also ein gemeinsames Zollgebiet mit Außenzöllen, in dessen Innern nahezu alle Industrieprodukte Verkehrsfreiheit genossen. Bei der Ablehnung des Freihandelsvertrages zwischen Preußen und Frankreich wußte die österreichische Regierung zwar die Unterstützung der einheimischen Industrie sowie des Handwerks und Gewerbes hinter sich, obwohl sich die Unternehmer darüber erregten, daß die Besprechungen mit den Mittelstaaten vor ihnen geheim gehalten worden waren[108]. Weit weniger erfreut zeigten sich die Industriellen über das Konzept der kaiserlichen Regierung, das „den Abschluss eines Präliminarvertrages behufs der Gründung eines den Kaiserstaat und das Zollvereinsgebiet umfassenden Handels- und Zollbundes"[109] auf der Grundlage der Bestimmungen und Tarife des Zollvereins in Aussicht stellte: Dies wurde mit allem Nachdruck abgelehnt.

Während sich Österreich und Preußen bis zur rechtsgültigen Unterzeichnung des preußisch-französischen Handelsvertrages Anfang August 1862, aber auch noch einige Wochen darüber hinaus, mit Bekanntmachungen und Denkschriften[110] bombardierten, prallten in der Öffentlichkeit ebenfalls die Emotionen auf-

---

[106] Staatsarchiv 3, Nr. 427, 223–225. Danach folgten noch ein Schreiben Österreichs (ebd., Nr. 428, 225–227) und eines Preußens (ebd., Nr. 429, 227).

[107] Staatsarchiv 3, Nr. 430, 228–234. Preußen lehnte eine Überarbeitung des Zolltarifes nach österreichischen Vorstellungen in seiner Funktion als Mitglied des Zollvereins am 20.7.1862 kathegorisch ab: Staatsarchiv 3, Nr. 431, 235–238. Dazu die österreichische Ministerratssitzung vom 9.7.1862: ÖSTERREICHISCHES OST- UND SÜDOSTEUROPA-INSTITUT, Protokolle V/4, 106. Auch der österreichische Reichsrat lehnte das Angebot später ab: ÖSTERREICHISCHES OST- UND SÜDOSTEUROPA-INSTITUT, Protokolle V/4, 284. Siehe auch Kapitel III.2.a) *Die Ablehnung des preußisch-französischen Handelsvertrages durch Bayern* (S. 92).

[108] Eingabe an den Ministerrat: Ministerratssitzung vom 6.5.1862: ÖSTERREICHISCHES OST- UND SÜDOSTEUROPA-INSTITUT, Protokolle V/3, 441–445.

[109] Staatsarchiv 3, Nr. 430, 228.

[110] Ebd., Nr. 431, 235–238 (Denkschrift Preußens, 20.7.1862); ebd., Nr. 432, 238–242 (Denkschrift Österreichs, 26.7.1862); ebd., Nr. 441, 356–358 (Denkschrift Preußens,

einander; man diskutierte mit aller Schärfe die Auswirkungen des Freihandels auf die zu erwartende Wirtschaftsentwicklung. Ähnlich wie in der Zeit der ersten Zollvereinskrise zwischen 1851 und 1854 kursierten ungezählte Flugschriften und Broschüren, die entweder für Berlin oder für Wien Partei ergriffen[111]. Sie bieten einen interessanten Einblick in die Zerrissenheit bei den wirtschaftlichen und politischen Interessen in Deutschland, zumal sich Wirtschaftsgremien aller Couleur zu Wort meldeten: Hatte der Deutsche Handelstag 1861 das Abkommen noch abgelehnt, plädierte das Kollegium im Oktober 1862 plötzlich für dessen Annahme, wenn auch nur mit einer knappen Mehrheit von 102 zu 93 Stimmen und unter der Bedingung, die Meistbegünstigungsklausel zu modifizieren[112]. Dabei sprachen sich die acht Vertreter des linksrheinischen Bayern ausnahmslos für den Handelsvertrag mit Frankreich aus, die Delegierten Altbayerns und Frankens traten dagegen überwiegend für eine Zolleinigung mit Österreich ein[113]. Weitaus eindeutiger verurteilte der Volkswirtschaftliche Kongreß alle Regierungen, die sich dem Vertrag widersetzten, eine Erneuerung des Zollvereins ohne Annahme des preußisch-französischen Handelsvertrages war für diese Institution unvorstellbar[114]. Die unterschiedlichen Ansichten zum preußisch-französischen Handelsvertrag spiegelt sich auch auf der Ebene der einzelstaatlichen Handels- und Gewerbekammern wider. Selbst bei den preußischen Handelskammern herrschte keine einheitliche Meinung vor[115]: Während die ostelbischen Gremien für den im Vertrag festgelegten Freihandel votierten, stimmten jene aus dem Ruhrgebiet für die Beibehaltung des Schutzzolles. Das Handwerk, dessen Verbandswesen weniger straff organisiert war als bei Handel und Industrie, besaß geringere Interventionsmöglichkeiten auf politische Entscheidungen[116]. Da aber gerade das bayerische Handwerk dem Liberalismus gegenüber kritisch eingestellt war, befürchtete man durch den Abschluß des Handelsvertrages eine weitergehende Einführung des Freihandels und damit eine Begünstigung der Industrie.

6.8.1862); ebd., Nr. 444, 369–370 (Denkschrift Österreichs, 21.8.1862); ebd., Nr. 451, 396–398 (Denkschrift Preußens, 19.9.1862).

[111] Auszüge sind gedruckt: MATLEKOVITS, Zollpolitik, 59–60 und RUIDER, Meinung, 76–78.

[112] Der Deutsche Handelstag tagte vom 14. bis 18. Oktober in München. DEUTSCHER HANDELSTAG, Handelstag 2, 353–372; ERDMANN, Funktion, 114–117. Die Schreiben an den bayerischen König: GHAM, Kabinettsakten Maximilian II., No. 26 (bes. AM an Maximilian II., 9.10.1862); FRANZ, Entscheidungskampf, 245–253, bes. 246. HAUFF, Ludwig, Leben und Wirken Maximilian II., Königs von Bayern. Ein Volksbuch, München 1864, 296–297, gibt die Stimmenzahl mit 104 zu 96 an.

[113] Das Abstimmungsergebnis: DEUTSCHER HANDELSTAG, Handelstag 2, 373. Von den bayerischen Vertretern stimmten 22 für eine Zolleinigung mit Österreich (insgesamt 80) und 13 dagegen (118), acht waren für den preußisch-französischen Handelsvertrag, 25 lehnten ihn ab.

[114] HENTSCHEL, Freihändler, 71–76.

[115] ZORN, Wirtschaft, in: SCHIEDER/DEUERLEIN, Reichsgründung, 210.

[116] GEORGES, Dirk, 1810/11–1993. Handwerk und Interessenpolitik. Von der Zunft zur modernen Verbandsorganisation (Europäische Hochschulschriften III/552), Frankfurt a. Main 1993, 79–81. Dazu auch Einschätzung von Zorn für die unmittelbare Reichsgründungszeit: ZORN, Wirtschaft, in: SCHIEDER/DEUERLEIN, Reichsgründung, 219.

Die Zollvereinsregierungen selbst waren in drei Lager gespalten: Bayern, Württemberg, Hessen-Darmstadt und mit Einschränkungen auch Nassau hielten den preußisch-französischen Handelsvertrag für unannehmbar. Hannover, Oldenburg, Kurhessen, Braunschweig und die Freie Stadt Frankfurt waren mit Vorbehalten vertragsfreundlich eingestellt, während die Thüringischen Staaten sowie Sachsen[117] und Baden[118] mit wenigen Einschränkungen das Abkommen akzeptierten. Badens Wirtschaft hing fraglos am stärksten vom deutschen, sprich preußischen, Kapital ab[119]. Sachsen war als überdurchschnittlich industrialisierter Staat auf den Export nach Preußen und den Handelsweg zur See angewiesen, Durchfuhrzölle hätten den Ruin für die Manufakturen und Industriebetriebe bedeutet. Deshalb erklärten sich die sächsischen Minister Beust und Friesen schon am 11. April grundsätzlich mit dem Kontrakt unter Vorbehalt der Zustimmung des Landtages einverstanden, da sie eine Ablehnung im Interesse ihrer Industrieentwicklung nicht verantworten wollten[120]. Sachsen war in der Folgezeit in besonderem Maße an einer Verständigung zwischen Preußen und den süddeutschen Staaten interessiert[121]. Anders verhielt sich Württemberg, dessen Regierung sich weigerte, einen eigenmächtig geschlossenen Vertrag nachträglich zu sanktionieren[122], aber von den landeseigenen Handelsvertretern unter Druck gesetzt wurde, da Österreich aus ihrer Sicht keinen adäquaten Ersatz für den Zollverein zu bieten hatte[123]. Schließlich richteten sich Württembergs Rohstoff- und Ausfuhrbeziehungen ebenfalls vorzugsweise auf die Nordseehäfen[124]. Ähnlich sahen die Verhältnisse in Hessen-Darmstadt aus, dessen Wirtschaft finanziell stark von den Banken der Freien Stadt Frankfurt, aber auch von norddeutschen Geldinstituten abhing. Außerdem lieferten Hessens Weinbauern nach Preußen. Das Großherzogtum Hessen trat in der Öffentlichkeit zwar entschieden gegen den Kontrakt auf, fürchtete aber bei einer Zollvereinssprengung einen herben Rückschlag für die Entwicklung von Industrie und Gewerbe[125].

Die Mehrzahl der deutschen Zollvereinsstaaten stand damit dem preußisch-französischen Handelsvertrag unschlüssig gegenüber. Aus diesem Grunde schickte die preußische Führung Anfang April 1862 die beiden besten Kenner in dieser Angelegenheit auf eine Reise zu den deutschen Herrscherhäusern, um die Regierungen auf die Berliner Linie einzuschwören: Delbrück übernahm neben

---

[117] BayHStAM, MH 11.966 (sächsische Denkschrift, 28.4.1862).

[118] Ebd. (badisches Außenministerium an AM, 18.4.1862).

[119] ZORN, Wirtschaft, in: SCHIEDER/DEUERLEIN, Reichsgründung, 213.

[120] BEUST, Aus drei Viertel-Jahrhunderten 1, 304; BayHStAM, MH 11.966 (bayerischer Gesandter in Dresden an AM, 24.4.1862). Die Zustimmung der Zweiten Kammer erfolgte am 16.6.1862.

[121] BayHStAM, MH 9748 (AM an Maximilian II., 29.11.1862).

[122] Nach BÖHME, Großmacht (1966), 109–110, vertraute Österreich anfangs mehr der württembergischen als der bayerischen Regierung.

[123] Bericht der Centralstelle für Gewerbe und Handel an das württembergischen Finanzministerium, o.D.: BÖHME, Vor 1866, 19–46. Außerdem: Bericht des österreichischen Gesandten in Württemberg, Maximilian Frhr. von Handel, 12.4.1862: ebd., 47–52.

[124] ZORN, Wirtschaft, in: SCHIEDER/DEUERLEIN, Reichsgründung, 212–213.

[125] Bericht des Außenministers von Hessen-Darmstadt, Franz von Roggenbach, 31.6.1862: BÖHME, Vor 1866, 63–96.

Sachsen die schwierigeren Anlaufstellen, nämlich München, Stuttgart und Darmstadt, Max von Philipsborn fuhr nach Hannover[126]. Eine ungewöhnlich ausführliche Zirkularnote an die preußischen Gesandten der deutschen Zollvereinsstaaten vom 3. April 1862 hatte den Besuch der Unterhändler angekündigt und die Vorteile des neuen Handelsabkommens in einem besonders positiven Licht dargestellt[127]. In München traf Delbrück mit den führenden Kräften im Staatsministerium des Handels und der öffentlichen Arbeiten zusammen, mit dem Ministerverweser von Schrenck sowie den Ministerialräten Eduard von Wolfanger und Karl von Meixner, dem zuständigen Referenten für Zoll- und Handelsangelegenheiten; die entscheidenden Verhandlungen führte Delbrück fast ausschließlich mit Meixner[128]. Schrenck vereitelte von Anfang an die Absicht Delbrücks, in der Angelegenheit so schnell wie möglich eine Entscheidung zu erzwingen; bevor kein österreichischer Gegenvorschlag existierte, wollte er keinen Entschluß treffen. Außerdem wünschte er, die Stellungnahme der bayerischen Handels- und Gewerbekammern abzuwarten. Angesichts der bayerischen Hinhaltetaktik gab Delbrück nun seinerseits deutlich zu verstehen, daß er den Fortbestand des Zollvereins bei einer Ablehnung des Vertrages für gefährdet hielt[129]. Am Ende konnten die Ergebnisse der beiden preußischen Unterhändler die Regierungsverantwortlichen in Berlin nicht zufriedenstellen, da sich der Standpunkt der entschlußlosen Mittelstaaten nicht geändert hatte: Die Mittelstaaten spielten auf Zeit, die Preußen nicht besaß, da Frankreich vertragsgemäß auf die Ratifizierung der Verträge bis Ende 1862 drängte. Daraufhin forcierte die preußische Regierung über die deutsche Presselandschaft ihre Agitation für die Annahme des Handelsabkommens[130]. Sie scheute sich nicht, nicht für die Öffentlichkeit bestimmte Mitteilungen über die entsprechenden Blätter kundzutun, um Druck auf die Zollvereinsregierungen auszuüben[131].

---

[126] BayHStAM, MH 11.966 (württembergischer Außenminister an AM, 7.4.1862 bzw. Montgelas an AM, 10.4.1862). Delbrück war fast einen Monat unterwegs.

[127] Staatsarchiv 3, Nr. 421, 174-197.

[128] BayHStAM, MH 11.966 (Aufzeichnung des wesentlichen Inhalts der Unterredungen des Referenten im HM in Zoll- und Handelsangelegenheiten mit Delbrück über den preußisch-französischen Handelsvertrag, 13.-18.4.1862). Vgl. auch FRANZ, Entscheidungskampf, 171-172.

[129] BayHStAM, MH 11.965 (persönliche Aufzeichnungen Meixners, 12.4.1862).

[130] BayHStAM, MH 9748 (AM an Maximilian II., 15.2.1863); BayHStAM, MH 9693 (AM an Ludwig II., 28.7.1864); Bericht des österreichischen Gesandten in Württemberg, Maximilian Frhr. von Handel, 12.4.1862: BÖHME, Vor 1866, 47-52. FRANZ, Entscheidungskampf, 364. Zur Pressepolitik Bismarcks allgemein: NAUJOKS, Eberhard, Bismarcks auswärtige Pressepolitik und die Reichsgründung 1865-1871, Wiesbaden 1968.

[131] Als Beispiel dazu die Berichte Schrencks an Ludwig II.: BayHStAM, MH 9693 (AM an Ludwig II., 20.8.1864) und auch BayHStAM, MA 2643 (Bericht Montgelas Nr. 4, 8.1.1863).

2. Bayern zwischen Preußen und Österreich

a) *Die Ablehnung des preußisch-französischen Handelsvertrages durch Bayern*

Die bayerische Regierung zögerte zunächst mit einer definitiven Absage an Delbrück, obwohl sie dem preußisch-französischen Handelsvertrag argwöhnisch gegenüberstand, und versuchte statt dessen, Zeit zu gewinnen. Scharfe Angriffe wegen der skeptischen Haltung Bayerns kamen noch im April 1862 aus Paris[132]. Eugen FRANZ behauptet, daß „die Einstellung Bayerns (...) in dieser Frage aufs schärfste von *politischen* Beweggründen bestimmt wäre"[133], am Ende setzten sich dann aber doch volkswirtschaftliche Argumente bei der Entscheidungsfindung der süddeutschen Staaten durch[134]. So mußte der österreichische Gesandte in München schon im April 1862 feststellen, daß „die Regierungen dieser Staaten [=der deutschen Mittelstaaten, Anm. der Verf.] (...) nicht den Mut [haben], die politische Seite der Frage als ein und für sich schon entscheidendes Moment, als einen genügenden Grund zur Ablehnung des Vertrages behandeln zu wollen"[135]. Trotz der Versprechen, die der österreichische Außenminister angesichts einer möglichen Auflösung des Zollvereins gegeben hatte[136], riskierte der bayerische Ministerratsvorsitzende von Schrenck zunächst keinen Bruch mit Preußen. Er befürchtete bei einem Zerfall des Zollvereins Nachteile aufgrund der schwankenden österreichischen Valuta und dem im Nachbarland bestehenden Tabakmonopoles für Bayern, insbesondere für die Rheinpfalz[137]. Er verurteilte zwar weiterhin die preußischen Vertragsabsichten, trat aber nicht mehr für deren kategorische Ablehnung ein[138]. Sollte sich Preußen zur Kündigung des Zollvereins durchringen, mußte nach der Ansicht Schrencks die gesamte Situation neu überdacht werden. Schließlich mahnte Schrenck den König zu einer baldigen Entscheidung, wenngleich diese nicht übereilt und ohne Abwägung aller volkswirtschaftlichen Auswirkungen gefällt werden durfte.

Bis Juli 1862 verfaßten sowohl einige Mitarbeiter der verschiedenen Ministerialressorts als auch persönliche Berater des Königs umfangreiche Gutachten, die das Für und Wider des preußisch-französischen Handelsvertrages genauer beleuchteten[139]. Dabei traten die krassen Gegensätze innerhalb der Mitarbeiter offen zutage. Einer der maßgeblichen Wirtschaftsfachmänner Bayerns, der Leiter des

---

[132] BayHStAM, MH 11.966 (bayerischer Gesandter in Paris an AM, 24.4.1862).

[133] FRANZ, Entscheidungskampf, 163.

[134] Dazu beispielsweise die Erklärungsversuche des bayerischen Gesandten in Paris, dem Vertrag nicht sofort zuzustimmen, da Bayern weit weniger Industrie hätte als beispielsweise Sachsen: BayHStAM, MH 11.966 (bayerischer Gesandter in Paris an AM, 24.4.1862).

[135] Fürst Schönburg an Graf Rechberg, 15.4.1862, zit. nach BENEDIKT, Zollverein, 32.

[136] Siehe dazu Kapitel III.1.b) *Der Handels- und Schiffahrtsvertrag zwischen Preußen und Frankreich von 1862: Reaktionen auf den Vertragsabschluß* (S. 85).

[137] Dazu beispielsweise: BayHStAM, MH 9693 (AM an Ludwig II., 20.8.1864; Signat, 26.8.1864).

[138] BayHStAM, MH 11.966 (AM an Ludwig II. nach Entwurf Meixners, 19.5.1862).

[139] Dazu zählten Friedrich Benedikt von Hermann, Wilhelm von Doenniges, Wihelm von Weber.

Statistischen Büros sowie der Generalbergwerks- und Salinenadministration, Friedrich Benedikt von Hermann[140], der weder zu den bedingungslosen Anhängern des Freihandels noch des Schutzzollsystems zählte, warnte in seiner Expertise nachdrücklich vor den Folgen einer Nichtanerkennung des preußisch-französischen Vertrages: Eine Annullierung des Zollvereins war seiner Ansicht nach ohne „eine tief eingreifende Beschädigung weitverzweigter Erwerbstätigkeit in Österreich und im Zollverein"[141] nicht denkbar. Äußerungen, die aufgrund der Ablehnung des Handelsvertrages mit Frankreich die Gefahr einer Zollvereinsauflösung billigend in Kauf nahmen, nannte er „zu frivol, um sie näher zu erörtern"[142]. Ein Abbruch der derzeitigen Handelsbeziehungen zu den norddeutschen Staaten und damit die Wiedereinführung von Tarifzöllen für bayerische Exportprodukte und Eingangsabgaben für Rohstoffe würde für die einheimische Industrie den Untergang bedeuten. Deshalb war Hermann aus rein wirtschaftlichen Erwägungen der Meinung, Bayern und die übrigen Zollvereinsstaaten hätten keine andere Wahl, als den preußisch-französischen Handelsvertrag anzuerkennen. Die finanziellen Vorteile würden die Nachteile im großen und ganzen ausgleichen, selbst wenn beispielsweise die bayerische Baumwollindustrie unter den neuen Bedingungen leiden müßte[143]. Hermann widersprach sogar dem allgemein geäußerten Vorwurf, die preußische Regierung hätte die Verhandlungen diktatorisch und ohne Rücksprache mit den Zollvereinsstaaten geführt. Über das zukünftige Verhältnis zur Donaumonarchie konstatierte er[144]: „(...) die Zeit [ist] vorbei, wo Staaten einander durch Zölle weh zu thun die Macht haben, und ich behaupte, weder der Zollverein noch Österreich wären im Stande, die großen, zum Gemeingut beider Gebiete gewordenen Erleichterungen, welche der Vertrag von 1853 gewährte, wieder aufzuheben." Der Handelsvertrag bedeute, so Hermann, keine Verletzung des Februarvertrages von 1853, zumal man sich über die zukünftige Gestaltung der zollpolitischen Verhältnisse zum Nachbarland Österreich bisher keine ernsthaften Gedanken gemacht und die Donaumonarchie ihrerseits auch kein ernstzunehmendes Ansuchen an den Zollverein in dieser Sache gestellt hätte[145]. Einerseits stand der Wirtschaftsfachmann Hermann mit seiner Ansicht in Bayern weitgehend allein, obwohl er die Regelung der Beziehungen zu Österreich vor dem Abschluß des preußisch-französischen Handelsvertrages durchaus begrüßt hätte, andererseits besaß er jedoch den größten Einfluß auf König Maximilian. Fast alle anderen relevanten Ratgeber – selbst aus

---

[140] Siehe zu *Friedrich Benedikt von Hermann* Kapitel II.3.a) *Die Zollunionspläne Österreichs und das Scheitern der Dresdner Konferenzen* (S. 44) und V.1.a) *König Maximilian II. und der preußisch-französische Handelsvertrag von 1862* (S. 217).

[141] GHAM, Kabinettsakten Maximilian II., No. 26 (Gutachten Hermann, 19.2.1862): Die Datierung des Gutachtens ist zweifelhaft, da eine zweite Hand die Verbesserung auf den 19.5.1862 vorgenommen hat. FRANZ, Doenniges, 445–476.

[142] GHAM, Kabinettsakten Maximilian II., No. 26 (Gutachten Hermann, 19.2.1862).

[143] ALBRECHT, Dieter (Bearb.), Joseph Edmund Jörg. Briefwechsel 1846–1901 (Veröffentlichungen der Kommission für Zeitgeschichte A/41), Mainz 1988, 202: Brief Döllingers an Jörg, 3.5.1862.

[144] GHAM, Kabinettsakten Maximilian II., No. 26 (Gutachten Hermann, 19.2.1862).

[145] Hier irrte Hermann, hatte doch die preußische Regierung die von Österreich geforderten Verhandlungen 1860 schroff abgelehnt.

dem volkswirtschaftlich geschulten Regierungspersonal – schlossen sich der Einstellung des leitenden Ministers Karl von Schrenck an und stimmten für den Erhalt des Zollvereins und die Reform des bestehenden Tarifes unter gleichzeitiger Ablehnung des Handelsvertrages mit Frankreich[146].

Bevor in Bayern eine endgültige Entscheidung gefallen war, richtete der österreichische Minister von Rechberg ein Schreiben nach München, in dem er zur Ablehnung des preußisch-französischen Handelsvertrages aufrief[147]. Gleichzeitig beabsichtigte er, mit weiteren Vorschlägen über die zukünftige Gestaltung der Handelsverhältnisse erst nach einer offiziellen bayerischen Ablehnung an die Öffentlichkeit zu treten. König Maximilian II. befand sich nun in einer schwierigen Situation: Er mußte aus volkswirtschaftlichen Gesichtspunkten auf das Weiterbestehen des Zollvereins bedacht sein, wollte aber in diesem Wirtschaftsverband auch Österreich integriert wissen[148]. Er hatte schon im Mai 1862 die persönliche Entscheidung getroffen, den preußisch-französischen Handelsvertrag abzulehnen, zögerte aber eine offizielle Stellungnahme gegenüber Preußen hinaus[149]. Letztendlich schloß er sich also nicht den Ansichten seiner wirtschaftlich versierten, sondern den großdeutsch gesinnten und mehr aus der politischen Situation heraus argumentierenden Beratern an[150]. Sogar ein eigenhändiges Schreiben des preußischen Königs Wilhelm vom 12. Juni 1862 stimmte den bayerischen Monarchen nicht mehr um[151]. Statt dessen bat er König Wilhelm ebenfalls in einem persönlichen Brief, der bayerischen Regierung die notwendige Zeit zur Prüfung des Handelsvertrages einzuräumen[152]. Maximilian wollte noch zu diesem Zeitpunkt keinen unwiderruflichen Beschluß bekanntgeben, so daß er seine politischen Ratgeber in der Zollvereinsfrage wiederholt konsultierte[153]. Die unter-

[146] Siehe beispielsweise die Gutachten Kleinschrods: GHAM, Kabinettsakten Maximilian II., No. 214a (Gutachten Kleinschrods, 9.6.1862) und Kabinettsakten Maximilian II., No. 26 (2. Gutachten Kleinschrods, Dezember 1862).
[147] BayHStAM, MH 11.967 (Gesandter Fugger an AM, 31.7.1862).
[148] HAUFF, Leben, 298. Siehe dazu auch Kapitel V.1.a) *König Maximilian II. und der preußisch-französische Handelsvertrag von 1862* (S. 217).
[149] Kurz zuvor hatte Maximilian seine Entscheidung noch von dem Gutachten Hermanns abhängig gemacht, das die Anerkennung des Vertrages aus Rücksicht auf den Fortbestand des Zollvereins gutgeheißen hatte: BayHStAM, MH 11.966 (kgl. Signat, 29.5.1862).
[150] Siehe zu den einzelnen, den preußisch-französischen Handelsvertrag ablehnenden Beratern vor allem Kapitel V.2. *Bayerische Wirtschaftspolitik und ihre Entscheidungsträger* (S. 223).
[151] GHAM, Kabinettsakten Maximilian II., No. 26 (König Wilhelm II. an Maximilian II., 12.6.1862); eine Abschrift des Schreibens: BayHStAM, MH 11.967.
[152] GHAM, Kabinettsakten Maximilian II., No. 26 (persönliches Schreiben Maximilians II. an König Wilhelm II., 18.6.1862); eine Abschrift des Schreibens: BayHStAM, MH 11.967.
[153] Dazu zählten u.a. Karl Meixner, der die Annahme des Handelsvertrages ablehnte, zumal Preußen keine weiteren Modifikationen an dem Vertragswerk zugestehen wollte (GHAM, Kabinettsakten Maximilian II., No. 26 (Gutachten Meixners, 5.7.1862)), Wilhelm Doenniges, der ohne volkswirtschaftliche Kenntnisse zu besitzen, den Vertrag grundsätzlich ablehnte (GHAM, Kabinettsakten Maximilian II., No. 77b (mehrere Gutachten Doenniges, o.D.) und Kabinettsakten Maximilian II., No. 26 (Schreiben Doen-

schiedlichen Meinungen und Argumente trugen aber wenig dazu bei, dem König die Entscheidung zu erleichtern[154]. Die ausschließlich volkswirtschaftlich orientierten Fachleute forderten die Annahme des Vertrages, die politischen, meist großdeutschen Berater lehnten ihn energisch ab[155]. Während dieser lange andauernden bayerischen „Überlegungsphase" hatten sich Sachsen, Baden und Oldenburg grundsätzlich mit der Annahme des preußisch-französischen Vertrages einverstanden erklärt[156].

Am 18. Juni 1862 begann in München eine Konferenz mit Delegierten aus Bayern, Württemberg, Hessen-Darmstadt und Nassau, auf der sich die noch verbliebenen süddeutschen Staaten auf das weitere Vorgehen in bezug auf den preußisch-französischen Handelsvertrag verständigen wollten. Allerdings bezeichnete der bayerische Repräsentant Weber die Zusammenkunft im Rückblick lediglich als Meinungsaustausch ohne offiziellen Charakter[157]. Die Vertreter aller anwesenden Länder unterstützten im wesentlichen die kritische Haltung Bayerns, ohne jedoch eine generelle Ablehnung des preußisch-französischen Handelsvertrages auszusprechen[158]. Sie sprachen sich im Namen ihrer Regierungen gegen die Einführung der von Frankreich geforderten Wertzölle aus und warnten vor einer Verflechtung der Handelsbeziehungen zu Österreich und der Schweiz mit denen zu Frankreich. Außerdem kam erneut die Forderung nach einer Spezialkonferenz zur Klärung der Angelegenheit auf. Ansonsten differierten die Wünsche der Einzelstaaten zum Teil erheblich: Bayern erhob Einspruch gegen die Ausgangszölle für Lumpen und die Zollermäßigungen für Textilartikel, Glas- und Porzellanwaren[159] sowie Wein, Württemberg, Hessen-Darmstadt und Nassau gingen in einigen Fällen über diesen Forderungskatalog noch hinaus. Im Anschluß an die Münchner Zusammenkunft der süddeutschen Staaten warnte der preußische Ministerpräsident von Bernstorff angesichts der wachsenden Front gegen den Handelsvertrag erstmals offen vor einer möglichen Auflösung des Zollvereins; latent war diese Drohung seit Beginn der ernsthaften Verhandlungen mit Frank-

niges, o. D., zu datieren auf Juli 1862)), Ludwig von der Pfordten, der den Vertrag ebenfalls ablehnte (Kabinettsakten Maximilian II., No. 26 (Schreiben von der Pfordtens, 29.7.1862) und Hermann (GHAM, Kabinettsakten Maximilian II., No. 76 (Gutachten, zu datieren auf Mai 1862)). Zu den volkswirtschaftlich versierten Ratgebern siehe Kapitel V.2.c) *Maßgebliche Mitarbeiter im Staatsministerium des Handels und der öffentlichen Arbeiten nach 1862* (S. 244).

[154] FRANZ, Entscheidungskampf, 208.

[155] Die unterschiedlichen Ansichten sind dargestellt bei FRANZ, Kampf, 141–142. Zu den Gegnern Pfordtens in der Frage des Handelsvertrages zählte neben Hermann vor allem Doenniges.

[156] EGK 3 (1862), 60–63.

[157] WEBER, Zollverein, 400–401.

[158] BayHStAM, MH 11.966 (Protokoll der Konferenz, 18.6.1862): Für Bayern verhandelten Weber, Meixner und als Sekretär Gombart, für Württemberg Zeppelin, Bitzer und Riecke, für Hessen-Darmstadt von Biegeleben und für Nassau Herget.

[159] In Bayern waren die Glashütten vor allem in Niederbayern und Oberfranken seit dem Handelsvertrag mit Österreich 1853 verstärkter Konkurrenz aus Böhmen ausgesetzt: BIENENGRÄBER, Statistik, 410–415.

reich 1861 vorhanden gewesen und von Delbrück im April 1862 gegenüber Meixner auch ausgesprochen worden[160].

Im Anschluß an die mittelstaatliche Konferenz in der bayerischen Hauptstadt faßte der leitende Minister Bayerns, Karl von Schrenck, Anfang Juli 1862 für König Maximilian II. die Ergebnisse aller bisherigen Verhandlungen über den preußisch-französischen Handelsvertrag zusammen, nicht ohne sie entsprechend seiner eigenen, dezidiert ablehnenden Haltung auszulegen[161]. So relativierte Schrenck das weitgehend auf strukturwirtschaftlichen Argumenten basierende, maßgebliche Gutachten Hermanns[162], da darin die in „Betracht kommenden politischen Rücksichten" nicht bedacht worden wären. Außerdem versuchte er die Äußerungen der bayerischen Handelskammern zu dem geplanten Handelsvertrag noch negativer darzustellen als geschehen und verschwieg deren Forderung nach unbedingtem Erhalt des Zollvereins. Schrenck sah in der Tatsache, daß Frankreich und England im Cobden-Vertrag von 1860 einen vom Freihandel geprägten Tarif eingeführt hatten, noch lange keine Notwendigkeit für den Zollverein, dieser wirtschaftspolitischen Kehrtwendung nachzueifern. Nach seiner Überzeugung war der preußisch-französische Handelsvertrag nicht zuletzt deswegen abzulehnen, weil Frankreich auf der Einführung von Wertzöllen bestand, die jedoch bei französischen Exportprodukten, die der ausländischen Konkurrenz nicht standhielten, bis zu 20 Prozent des Wertes betragen sollten. Der Zollverein basierte dagegen auf der Erhebung von Gewichtszöllen, die bei den meisten Artikeln 10 Prozent ihres Wertes nicht überstiegen. Dieses Ungleichgewicht der Abgaben lehnte Schrenck aus volkswirtschaftlichen Gründen ab. Auch die von Preußen versprochene Erweiterung des Absatzes nach Frankreich sah der bayerische Minister als ungesichert an, da gerade der Import von Halb- und Fertigwaren aufgrund der Wertzölle weiterhin prohibitiv geregelt werden würde[163]: „In keinem Falle aber vermöchte diese entfernte Aussicht eines vermehrten Absatzes nach Frankreich ein Motiv für den Zollverein abgeben, ihretwillen die eigene Industrie irgendwie zu beeinträchtigen oder wohl gar zu opfern." Besonders das Entgegenkommen Preußens in den Bereichen Eisen und Eisenwaren, Baumwoll- und Leinenartikel, Chemikalien und Wein hielt Schrenck für unzulässig, zumal sich die Berliner Regierung weigerte, die Übergangsabgaben für norddeutschen Wein von 25 Sgr. auf 7,5 Sgr. und den Zollrabatt für Großhändler von 20 auf 13,5 Prozent zu senken. Statt dessen bot Preußen lediglich eine Minderung auf 12 Sgr. an. Im großen und ganzen traten beim bayerischen Außenminister die volkswirtschaftlichen Argumente hinter die politischen zurück, die in der

---

[160] BayHStAM, MH 11.966 (Bericht Montgelas Nr. 184, 30.6.1862 und Aufzeichnung des wesentlichen Inhaltes der Unterredungen des Referenten im HM in Zoll- und Handelsangelegenheiten mit Delbrück über den preußisch-französischen Handelsvertrag, 13.–18.4.1862).
[161] BayHStAM, MH 11.967 (AM an Maximilian II., 9.7.1862). Das folgende Zitat stammt aus diesem Schriftstück. Schrenck stellte auch gegenüber dem neuen König Ludwig II. zwei Jahre später die Tatsachen in der Zollvereinsfrage bewußt einseitig dar: Siehe dazu Kapitel III.3.b) *Ludwig II. und die Zollvereinsfrage im Jahre 1864* (S. 124).
[162] GHAM, Kabinettsakten Maximilian II., No. 76 (Gutachten Hermanns, 19.2.1862).
[163] BayHStAM, MH 11.967 (AM an Maximilian II., 9.7.1862).

Beanstandung des Artikels 31, der Meistbegünstigung für Frankreich, gipfelte, der alle bisher an Österreich exklusiv gewährten Verkehrs- und Zollerleichterungen aufhob.

Am 10. Juli 1862 legte Österreich endlich seine wirtschaftspolitischen Pläne offen[164]. Die Zugeständnisse, die Rechberg an den Freihandel machte, waren bedeutender als erwartet, so daß sie nur in Hannover und Kurhessen distanziert aufgenommen wurden, fühlten sich doch genau diese beiden Mittelstaaten von Preußen besonders bedrängt[165]. Das Angebot einer süddeutsch-österreichischen Zollunion fiel vor allem bei Maximilian II. auf fruchtbaren Boden. Zwischenzeitlich hatte sich der preußische Ministerpräsident von Bernstorff gegenüber dem bayerischen Gesandten in Berlin, Graf von Montgelas, ziemlich eindeutig über den zukünftigen Entscheidungsspielraum der bayerischen Regierung geäußert[166]: „An Ihrer Regierung ist es jetzt, sich zu entscheiden, ob sie mit Uns gehen wollen, oder mit Oesterreich, und letzteren Falles *alle* hieraus sich ergebende Consequenzen wohl in's Auge zu fassen." Am 20. Juli lehnte die preußische Regierung darüber hinaus offiziell jegliche Forderungen der Donaumonarchie, mit ihrem gesamten Staatsgebiet in den Zollverein eintreten zu wollen, entschieden ab und begründete dies mit der grundlegenden Reform des bestehenden Zolltarifes in Verbindung mit dem französischen Handelsvertrag[167]. Die folgenden Wochen machten deutlich, daß eine Verständigung zwischen Preußen und Österreich nicht mehr zu erwarten war, und Bayern sowie seine Mitstreiter kaum damit rechnen konnten, Preußen noch irgendwelche Zugeständnisse abzuringen; eine offizielle bayerische Stellungnahme zum preußisch-französischen Handelsvertrag stand indes noch immer aus. Ende Juli 1862 gab Maximilian II. in einem Handschreiben an seinen leitenden Minister der Befürchtung Ausdruck, Preußen könnte das bayerische „Stillschweigen als Zustimmung" zum Handelsvertrag mit Frankreich auffassen, und wies Schrenck deshalb an, „durch unseren Gesandten mit Vorsicht die nöthige Erklärung abgeben zu lassen"[168]. Aber selbst diese Direktive war noch nicht gleichbedeutend mit einer definitiven Ablehnung, da der Monarch erst noch über die Haltung Hannovers, Württembergs, Hessen-Darmstadts und Nassaus informiert werden wollte[169]. Maximilian II. war es besonders wichtig, die verbündeten Regierungen von Württemberg, Hessen-Darmstadt und Nassau nicht zu brüskieren, so daß er seinen leitenden Minister wiederholt anhielt, diese vor dem Berliner Kabinett über die bayerischen Schritte

---

[164] Staatsarchiv 3, Nr. 430, 228–234. Zum Zustandekommen der Note: FRANZ, Zollpolitik, 158–160. Die Note traf die bayerische Regierung weitgehend unerwartet: WEBER, Zollverein, 401. Siehe dazu ausführlich Kapitel III.1.b) *Der Handels- und Schiffahrtsvertrag zwischen Preußen und Frankreich von 1862: Reaktionen auf den Vertragsabschluß* (S. 85).

[165] Für Bayern: BayHStAM, MH 11.967 (AM an Maximilian II., 17.7.1862).

[166] BayHStAM, MH 11.966 (Bericht Montgelas Nr. 189, 14.7.1862).

[167] EGK 3 (1862), 66–68.

[168] BayHStAM, MH 11.967 (Maximilian II. an AM, 28.7.1862). Die Einschätzung Maximilians lag tatsächlich keineswegs falsch, meldete doch der bayerische Gesandte Bibra noch Ende Juli folgende Aussage Bernstorffs: „Es ist doch eigen (...) Daß von München bis jetzt von einem definitiven Entschlusse noch immer nichts verlautet. Am Ende stimmen sie uns doch bei!": ebd. (Bibra an AM, Nr. 215, 1.8.1862).

[169] Ebd. (Telegramm Pfistermeisters, 31.7.1862).

zu informieren[170]. Die abschlägige Haltung der genannten Mittelstaaten zu dem Handelsabkommen mögen Maximilian II. schließlich dazu bewegt haben, Anfang August 1862 alle Vorsicht aufzugeben und am 2. Augsut dem Außenministerium per Telegramm mitzuteilen, daß „Seine Majestaet der Koenig (...) sich für die motivirte Ablehnung des Handelsvertrag ohne Berufung der Kammern entschieden"[171] hätte. Einen Tag später kamen ihm aber wieder Zweifel, so daß er ebenfalls telegraphisch anweisen ließ, „die allerhöchste Entschließung noch nirgends hin" mitzuteilen[172]. Ein Rückzug war aber nicht mehr möglich, da Schrenck den Gesandten von Württemberg und Nassau den Inhalt der königlichen Depesche bereits mitgeteilt hatte.

In dieses Lavieren des bayerischen Königs platzte die Nachricht aus Berlin, die den Zollvereinsregierungen die endgültige Unterzeichnung des Handels- und Schiffahrtsvertrages zwischen Preußen und Frankreich[173] mitteilte; am 5. August informierte Bernstorff die deutschen Staaten von diesem Schritt[174]. Trotz einiger Veränderungen gegenüber dem vorläufigen Abkommen[175] vom März 1862 gingen König Maximilian II. und seiner Regierung die Zugeständnisse an die süd- und mitteldeutschen Staaten nicht weit genug, so daß Bayern am 8. August 1862 den mittlerweile rechtsgültigen Kontrakt ablehnte, obwohl man sich sehr wohl der wirtschaftlichen Nachteile dieser Zurückweisung bewußt war[176]. Gleichzeitig erklärte der bayerische König seinem Außenminister[177]: „(...) bin dafür, daß wir Oesterreich unsere Bereitwilligkeit erklären, unsererseits gerne in Verhandlungen über seine jüngsten Vorschläge einzutreten." Die nun auch offiziell verkündete Ablehnung des preußisch-französischen Abkommens begründete die bayerische Regierung formal damit, daß eine ausführliche Prüfung des Vertragsgegenstandes aufgrund des auferlegten Zeitdruckes nicht möglich gewesen wäre. Die Vergünstigungen an Frankreich stünden in keinem Verhältnis zu dem relativ geringen

---

[170] Ebd. (kgl. Handschreiben an AM, 7.8.1862).
[171] Ebd. (Telegramm Pfistermeisters, 2.8.1862).
[172] Ebd. (Telegramm Pfistermeisters, 3.8.1862).
[173] Staatsarchiv 3, Nr. 433, 242–245. Der preußisch-französische Vertrag: Staatsarchiv 3, Nr. 434 und 435, 246–307; der Schiffahrtsvertrag: ebd., Nr. 436, 308–319. Siehe dazu auch Kapitel III.1.b) *Der Handels- und Schiffahrtsvertrag zwischen Preußen und Frankreich von 1862: Der Abschluß des preußisch-französischen Handelsvertrages* (S. 82).
[174] EGK 3 (1862), 70.
[175] Staatsarchiv 3, Nr. 420, 170–174.
[176] Bayerns Ablehnung des Vertrages vom 8.8.1862: Staatsarchiv 3, Nr. 442, 358–367. Die allerhöchste Verordnung stammt bereits vom 2.8.1862 (kgl. Signat vom 2.8.1862: BayHStAM, MH 11.967) und wurde durch eine allerhöchste Weisung am 20.9.1862 untermauert: BayHStAM, MH 9693 (AM an Ludwig II., 2.5.1864). Das Schreiben an die bayerische Gesandtschaft in Berlin: BayHStAM, MH 11.967 (AM an Gesandtschaft, Konzept Weber, 8.8.1862). Vor dem offiziellen Ablehnungsschreiben nach Berlin wurden die Regierungen von Württemberg, Hessen-Darmstadt, Hannover, Kurhessen und Nassau von der Entscheidung informiert und eingeladen, genauso zu verfahren, Sachsen und Baden sollte sie lediglich zur Information dienen: ebd. (kgl. Signat, 2.8.1862 auf AM an Maximilian II., 9.7.1862 sowie die Noten an Paris (10.8.), Wien (12.8.) und Stuttgart (19.8.)).
[177] Ebd. (kgl. Signat, 2.8.1862 auf AM an Maximilian II., 17.7.1862).

Export aus Deutschland und insbesondere aus Bayern in das westliche Nachbarland. Im Mittelpunkt der Absage stand jedoch die von Anfang an umstrittene Meistbegünstigungsklausel in Artikel 31[178], die die Zollvergünstigungen an das Nachbarland Österreich genauso sabotierte wie die bisherigen Differentialzölle zugunsten der Donaumonarchie[179]. Dadurch war es den Zollvereinsmitgliedern nicht mehr möglich, Wien besondere Verkehrsprivilegien einzuräumen, um den allmählichen Eintritt in den Zollverein anzubahnen. Neben der Absage an den Handelsvertrag blieb München bei seiner Forderung nach einer umgehenden Überarbeitung des bisherigen Zolltarifes, zumal dieser noch im wesentlichen auf den Bestimmungen von 1833 basierte; eine Verknüpfung mit dem Handelsabkommen mißbilligte man jedoch aufs entschiedenste. Der bayerischen Zurückweisung folgten am 11. August Württemberg und am 16. August 1862 unter Vorbehalt Hannover[180], während Nassau am 11. September sein Einverständnis für den Fall erklärte, daß alle Zollvereinsstaaten beitreten sollten. Bernstorff drohte daraufhin am 26. August 1862 in einem, wenn auch sehr moderat gehaltenen, Antwortschreiben mit der Auflösung des Zollvereins, eröffnete jedoch der bayerischen Regierung noch die Möglichkeit, ihre Entscheidung vom 8. August zu revidieren[181]. Während also der preußische Ministerpräsident persönlich zu Konzessionen an den Süden bereit war, lehnten dies die „Hardliner" Delbrück und Philipsborn kategorisch ab und konnten sich damit bei König Wilhelm durchsetzen[182]. Bernstorff hielt die Ablehnung Bayerns für ausschließlich politisch motiviert. Seiner Meinung nach würden wirtschaftliche Zwänge früher oder später sowieso alle deutschen Staaten zwingen, den neuen Handelsvertrag zu

---

[178] BayHStAM, MH 9748 (Bismarck an den preußischen Gesandten in München, Abschrift, 12.11.1862). Zu den Anschuldigungen von bayerischer Seite siehe zum Beispiel den ausführlichen Bericht Schrencks an Ludwig II. vom 2.5.1864: BayHStAM, MH 9693. Der Wortlaut von Art. 31 stand im Widerspruch zu Art. 25 des Februarvertrages mit Österreich, der folgendermaßen lautete: „Jeder der beiden Hohen vertragenden Theile verpflichtet sich, dem anderen jede Begünstigung, jedes Vorrecht und jede Ermässigung der Eingangs- und Ausgangs-Abgaben für die in dem gegenwärtigen Vertrage verzeichneten oder nicht verzeichneten Gegenstände zu Theil werden zu lassen, welche er einer dritten Macht in der Folge zugestehen möchte. Sie machen sich ferner verbindlich, gegen einander keinen Einfuhrzoll oder Einfuhrverbot und kein Ausfuhrverbot in Kraft zu setzen, welches nicht zu gleicher Zeit auf die anderen Nationen Anwendung fände" (zit. nach: Staatsarchiv 3, Nr. 434, 262).

[179] Siehe dazu Kapitel III.1.b) *Der Handels- und Schiffahrtsvertrag zwischen Preußen und Frankreich von 1862* (S. 75).

[180] Staatsarchiv 3, Nr. 443, 367–369 (württembergische Absage), Nr. 452, 399–400 (Absage Hannovers). Braunschweig stimmte dem Vertrag nach einigem Zögern zu. Siehe auch BayHStAM, MH 11.968 (Telegramm, 17.8.1862).

[181] Preußens Reaktion auf die Ablehnung Bayerns (Abschrift): BayHStAM, MH 11.968; gedruckt: Staatsarchiv 3, Nr. 445, 370–383; des weiteren: GHAM, Kabinettsakten Maximilian II., No. 26 (AM an Maximilian II., 29.8.1862). Die wesentlich schärfer formulierte Antwort für Württemberg: Staatsarchiv 3, Nr. 446, 383–385. Am 5.9.1862 genehmigte das preußische Abgeordnetenhaus die Verknüpfung von Zollvereinsverlängerung und Anerkennung des preußisch-französischen Handelsvertrages: EGK 3 (1862), 87.

[182] BayHStAM, MH 11.968 (Bibra an AM, 6.9.1862).

akzeptieren[183]. Um mit Bayern doch noch zu einer Verständigung zu kommen, bot er allerdings an, die Übergangsabgaben im zollvereinsländischen Zwischenverkehr für Wein aufzuheben[184]. Schrenck hielt dieses Zugeständnis aber allein für ein vordergründiges Mittel, um die Annahme des Vertrages durchzusetzen, obwohl dies für den pfälzischen und fränkischen Weinexport nach dem Norden unbestreitbare Vorteile mit sich gebracht hätte. Der Ministerratsvorsitzende votierte statt dessen bei Maximilian dafür, an der Ablehnung auf jeden Fall festzuhalten. Außerdem beschuldigte Schrenck die preußische Regierung, daß bei ihr weniger die wirtschaftlichen Interessen des deutschen Zollvereins im Vordergrund stünden als vielmehr der politische Versuch, durch eine Zustimmung aller Vereinsstaaten, Österreich den Weg zu einem gemeinsamen Zollgebiet endgültig zu verbauen: Nach Auffassung des Außenministers handelte es sich demnach um „die praktische Durchführung der Hegemonie und die Benützung des Zollvereins zur Verwirklichung des kleindeutschen Bundes-Staates"[185]. Schließlich befürchtete der Minister jetzt eine Umgestaltung des Zollvereins zugunsten der Vorherrschaft Preußens. Maximilian II. bekräftigte seinerseits tatsächlich die erfolgte Ablehnung vom Juli 1862 und forderte seinen Außenminister auf, ein erkennbar österreichfreundliches Schreiben nach Berlin zu senden. Daraufhin schlug man von preußischer Seite gegenüber Bayern rauhere Töne an und machte deutlich, daß weitere politische oder wirtschaftliche Zugeständnisse nicht zu erwarten wären.

Obwohl mit der Ablehnung des preußisch-französischen Handelsvertrages ein Ausschluß Bayerns aus dem deutschen Wirtschaftsverbund zu befürchten war, unterstützten weitere politische Repräsentanten, unter ihnen vor allem der mittlerweile in der Freien Stadt Frankfurt tätige Ludwig von der Pfordten, die Haltung des bayerischen Königs und seines leitenden Ministers[186]: „Diese ehrlose Preisgebung unseres Wohlstandes und unserer Entwicklung an dieses nichtsnutzige Frankreich nur aus Haß gegen Österreich ist ein Armutszeugnis der beschämendsten Art für Einsicht, Mut und Ehrgefühl in unserem Volke und zumal in der Regierung und dem Volke Preußens." Gleichzeitig proklamierte jedoch die Bayerische Zeitung, das offizielle Organ der Staatsführung[187], in mehreren Artikeln den Erhalt des Zollvereins als oberstes Ziel. Dieser Meinung schlossen sich die Münchner Neuesten Nachrichten und der Fränkische Kurier an, während der überwiegende Teil der bayerischen Presselandschaft ausschließlich gegen das Abkommen Stellung bezog, allen voran die Historisch-Politischen

---

[183] Ebd. (Bibra an AM, 16.8.1862). Von Bibra vertrat zwischen dem 21.7. und Ende August 1862 den planmäßigen bayerischen Gesandten in Berlin, Ludwig von Montgelas: BayHStAM, MA 2642.
[184] BayHStAM, MH 11.968 (AM an Maximilian II., 16.8.1862).
[185] Ebd. (AM an Maximilian II., 11.9.1862).
[186] Zitiert aus einem Privatschreiben von der Pfordtens vom 18.10.1862: FRANZ, Pfordten, 286–287. Maximilian war an der Meinung von der Pfordtens besonders interessiert. Siehe zu weiteren, den Vertrag ablehnenden Äußerungen Pfordtens Kapitel V.2.a) *Die leitenden Minister: Ludwig Freiherr von der Pfordten (1849–1859 und 1864–1866)* (S. 224).
[187] RUIDER, Meinung, 74.

Blätter[188] des konservativen Abgeordneten Edmund Jörg[189] und die Augsburger Allgemeine Zeitung[190]: „Berücksichtigt man, daß der preußische Handelsvertrag mit Frankreich die uns vertraglich gebührende Zolleinigung mit Österreich vereiteln und Deutschland dadurch eines Zuwachses seines inländischen Marktes um 35 Millionen Verbraucher berauben würde, so ergibt sich die Darstellung, als gewähre der Handelsvertrag mit Frankreich dem deutschen Absatz einen Vorteil, als so unbegründet, daß kein Wort mehr darüber zu verlieren ist. Darum fort mit diesem Löwen-Vertrag".

b) Reaktionen auf die ablehnende Haltung der Münchner Regierung

Die österreichische Regierung reagierte hocherfreut auf die ablehnende Haltung Bayerns[191] und schaltete sich daraufhin intensiver in die Zollvereinsfrage ein, ging zeitweise sogar in die Offensive[192]. Eine Note des Wiener Außenministeriums an den österreichischen Gesandten in München vom September 1862 erläuterte die Vorstellungen der Donaumonarchie, die freilich in erster Linie die Ängste vor einer Sprengung des Zollvereins besänftigen sollten: Erhaltung des Zollvereins und Errichtung eines weiteren Zollbundes mit Österreich bei gleichzeitiger Verhinderung der Sprengung des Vereins und der damit verbundenen Trennung der Wirtschaftsräume in Nord und Süd[193]. Letzteres forderte die Donaumonarchie vor allem aus Rücksicht auf Bayern, das den Ausschluß vom einheitlichen deutschen Handelsgebiet wirtschaftlich nicht mehr verkraftet hätte. Der österreichische Außenminister von Rechberg wußte aber auch nur zu genau, daß Österreich bestenfalls in Stuttgart und München verläßliche Verbündete hatte. Rechberg, der mit einer Zurückweisung der Wiener Vorschläge durch die Berliner Regierung einkalkulieren mußte, faßte gleichzeitig die Schaffung eines

---

[188] Aus Sicht der Historisch-Politischen Blätter wurde der Vertrag aus rein volkswirtschaftlichen Gründen abgelehnt, politische Gesichtspunkte spielten demnach für die Regierung überhaupt keine Rolle: KLOEBER, Wilhelm von, Die Entwicklung der deutschen Frage 1859–1871 in großdeutscher und antiliberaler Beurteilung (Die Zeitläufe Dr. Jörgs in den Historisch-Politischen Blättern für das katholische Deutschland), Diss. München 1932, 50.

[189] *Edmund Jörg* (1819–1901): Herausgeber der historisch-politischen Blätter; 1866–1871 Abgeordneter der von ihm mitgegründeten Patriotenpartei im bayerischen Landtag, 1868 auch im deutschen Zollparlament, 1874–1878 Mitglied des Reichstages. ALBRECHT, Jörg; zu den „Historisch-Politische Blättern", allerdings aus stark nationalpolitischer Sicht: KLOEBER, Entwicklung.

[190] RUIDER, Meinung, 74–76. Einschlägige Artikel u.a. in: Münchner Neuesten Nachrichten vom 19.10.1862, 10.11.1863, 4.9.1864; Fränkischer Kurier vom 14.10.1863; Historisch-Politische Blätter 1/57 (1863); Augsburger Allgemeine Zeitung vom 21.10.1862, 10.11.1863, 16.4.1864, 8.9.1864, 23.10.1864. Zitat aus: Augsburger Allgemeine Zeitung vom 4.10.1862.

[191] BayHStAM, MH 11.967 und genauso BayHStAM, MH 11.968 (Bray an AM, 13.8.1862).

[192] Ein Beispiel dafür ist die österreichische Depesche vom 21.8.1862; in Auszügen gedruckt: EGK 3 (1862), 83.

[193] BayHStAM, MH 9748 (Rechberg an den österreichischen Gesandten in München, 15.9.1862).

süddeutsch-österreichischen Zollbund ins Auge; diese Möglichkeit war aber nur bei einem geschlossenen Ausscheiden der beiden süddeutschen Staaten aus dem deutschen Zoll- und Handelsverband durchführbar. Die Zusagen Wiens an Süddeutschland riefen den aktiven Widerstand des Vereins österreichischer Industrieller hervor, der sich in der Presse in massiven Agitationen gegen einen geplanten süddeutsch-österreichischen Zollverein und die Politik der Regierung im allgemeinen erging[194]. Obendrein riet auch der bayerische Außenminister von Schrenck seinem König zu diesem Zeitpunkt ab, die von Württemberg und Österreich geforderten Verhandlungen über eine Zolltarifsreform und die Annäherung an Österreich ohne Rücksprache mit Preußen aufzunehmen[195]. Auf diese Weise wollte Schrenck die Verbindung nach Berlin aus Furcht vor einer Zollvereinsauflösung nicht gänzlich abbrechen. Zugleich ging es Bayern aber auch darum, alle Staaten, die den preußisch-französischen Handelsvertrag ablehnten, zu einem gemeinsamen Vorgehen zu bewegen. Die daraufhin einsetzende rege mittelstaatliche Diskussion über die deutsche Handelsfrage dokumentiert sich in einem wochenlangen, ausführlichen Schriftverkehr der einzelnen Gesandtschaften[196].

In Preußen hatte die mit der Übernahme der Regentschaft durch Wilhelm I. eingeleitete „Neue Ära"[197] nicht zu einer erhofften Liberalisierung von Politik und Gesellschaft geführt, sondern vielmehr einen Konflikt über Heer und Verfassung heraufbeschworen, der im September 1862 seinen Höhepunkt erreichte. Die schwelende Krise, die sich auf Kabinett und König ausweitete, drängte die wirtschaftspolitischen Fragen um den Zollverein kurzfristig in den Hintergrund. Als König Wilhelm am 23. September 1862 Otto von Bismarck-Schönhausen zunächst interimsweise zum Vorsitzenden des Staatsministeriums und nach der Entlassung Bernstorffs Anfang Oktober auch zum Außenminister sowie Ministerpräsidenten berief, erhoffte er sich von diesem weniger eine expansive Außen- und Deutschlandpolitik als vielmehr die Beseitigung der innenpolitischen Spannungen[198].

Bismarck, der aus Rücksicht auf die ostelbisch-preußische Landwirtschaft, die einen Großteil ihrer Produkte exportierte, den freihändlerischen Tendenzen zugetan war[199], sah nach seiner Berufung zum preußischen Ministerpräsidenten keine Veranlassung, die bisherige Wirtschafts- und Handelspolitik Preußens zu

---

[194] Ministerratssitzung vom 15.10.1862: ÖSTERREICHISCHES OST- UND SÜDOSTEUROPA-INSTITUT, Protokolle V/4, 284. Außenminister Rechberg sicherte zu, gegen diese Kampagnen vorzugehen.
[195] BayHStAM, MH 11.968 (Handschreiben Schrencks an Maximilian II., 30.9.1862).
[196] Der Schriftverkehr: ebd.
[197] NIPPERDEY, Geschichte 1800–1866, 674–768.
[198] KOLB, Großpreußen, 16. Zur Verdeutlichung der Ansicht des bayerischen Gesandten Ludwig von Montgelas über die Ministerkrise in Preußen dessen ausführlicher Bericht: BayHStAM, MA 2642 (Berichte Montgelas Nr. 249–253, 24.9.–27.9.1862).
[199] ZORN, Wirtschaft, in: SCHIEDER/DEUERLEIN, Reichsgründung, 200; HENNING, Friedrich W., Der Wandel in den wirtschaftspolitischen Vorstellungen Bismarcks, in: KUNISCH, Bismarck, 234.

ändern[200]. Er begriff die Regelung dieser Angelegenheit pragmatisch und proklamierte weder einen absoluten Freihandel noch einen zu hohen Schutzzoll. Bismarcks Regierungsprogramm, das er am 25. Dezember 1862 König Wilhelm I. vorlegte, knüpfte demnach in der Handels- und Zollfrage weitgehend an die Politik seines Vorgängers Bernstorff an[201]. Eine Veränderung der Zollvereinsverfassung konnte seiner Meinung nach nur aus einer Position der Macht realisiert werden, so daß sich Bismarck die bereits eingeschlagene Richtung des Freihandels und damit des preußisch-französischen Handelsvertrages zu eigen machte und die Zoll- bzw. Zollvereinspolitik sowohl als außenpolitisches Hilfsmittel als auch zum Ausbau der preußischen Hegemonie innerhalb des Zollvereins nutzte[202]. Der Ministerpräsident setzte die preußische Zollvereinspolitik als wichtiges Instrument gegen die bisweilen offensiv-aggressive Politik Österreichs ein, zumal er „die Zolleinigung (...) für eine unausführbare Utopie, wegen der Verschiedenheit der wirtschaftlichen und administrativen Zustände beider Teile"[203] hielt. Dem bayerischen Gesandten in Berlin erklärte er wenige Wochen nach seinem Amtsantritt, Verhandlungen mit Österreich würden für ihn erst nach Anerkennung des preußisch-französischen Handelsvertrages in Frage kommen. Sollte sich die Münchner Regierung nach dem Ministerwechsel in Berlin Hoffnung auf ein Entgegenkommen in den wirtschaftspolitischen Diskussionen gemacht haben, so mußte sie bald erkennen, daß sich an der preußischen Haltung nichts ändern würde. Im Gegenteil, nach dem Votum des Deutschen Handelstages vom Oktober 1862 für die Anerkennung des Vertrages mit Frankreich ging Bismarck sogar in die Offensive und knüpfte die Verlängerung der Zollvereinsverträge an die Annahme dieses eigenmächtig abgeschlossenen Abkommens[204]. Der Regierungswechsel in Frankreich im März 1863 und die damit verbundene nachdrücklichere Beschäftigung mit handelspolitischen Fragen stärkten Bismarck zusätzlich den Rücken. Seine rigorose Zollpolitik entzog die süddeutschen Staaten mehr und mehr dem österreichischen Einfluß. Damit versuchte der preußische Ministerpräsident, die Trennung von Politik und Wirtschaftspolitik, auf die gerade

---

[200] Als preußischer Bundestagsgesandter im Frankfurter Parlament mit Zollvereinsangelegenheiten befaßt, verfügte Bismarck über entsprechende Erfahrungen, dazu beispielsweise seine Mitarbeit im handelspolitischen Ausschuß nach 1851 (Siehe dazu Kapitel II.3.a) *Die Zollunionspläne Österreichs und das Scheitern der Dresdner Konferenzen*, S. 44) sowie seine Mission nach Wien im Jahre 1852 (Kapitel II.3.b) *Rückschläge und erneute Annäherung*, S. 56).

[201] Das Promemoria vom 25.12.1862: APP III, Nr. 86, 136–140. Auch bei der Bundespolitik war Bismarck von den Vorstellungen seiner Vorgänger geprägt: KAERNBACH, Andreas, Hegemonie oder Interessensphärenteilung? Bismarcks Handlungsalternativen mit Blick auf Österreich im Reichsgründungsjahrzehnt, in: GEHLER, Ungleiche Partner, 249.

[202] GALL, Bismarck, 88–89; KAERNBACH, Konzepte, 158.

[203] HENNING, Wandel, in: KUNISCH, Bismarck, 236–237. Genauso: HAHN, Offensive, 110–111.

[204] Diese Strategie ist vergleichbar mit der preußischen Politik von 1851/53, als Berlin die Verlängerung des Zollvereins von der Zustimmung zum preußisch-hannoveranischen Handelsabkommen abhängig machte: Kapitel II.3. *Der deutsche Zollverein bis zum Abschluß des preußisch-österreichischen Handelsvertrages von 1853* (S. 44).

Maximilian II. und seine Regierung so nachdrücklich Wert legten, aufzuheben und die Zukunft des Deutschen Bundes mit dem Schicksal des kleindeutsch angelegten Zollvereins zu verknüpfen.

Der Zollverein wurde aber keinesfalls erst unter Bismarck zum „Instrument preußischer Machtpolitik"[205]; bereits sein Vorgänger Bernstorff hatte damit begonnen, die Zoll- und Handelspolitik zum Ausbau der Hegemonie im Deutschen Bund zu benutzen[206]. Bismarck und seine Mitarbeiter setzten nach 1862 lediglich noch stärker auf wirtschaftspolitische Zwangsmaßnahmen als Druckmittel zur Durchsetzung preußischer Interessen[207]. Im Rückblick auf seine politische Tätigkeit bekannte sich der Ministerpräsident sogar dazu, die wirtschaftspolitischen Geschäfte in Preußen, dem Norddeutschen Bund und in den Anfangsjahren des Deutschen Reichs weitgehend den zuständigen Ressortministern überlassen zu haben[208]; den Finanzministern Bodelschwingh, August Frhr. von der Heydt sowie Otto von Camphausen[209] und allen voran Rudolf von Delbrück und dessen Mitarbeiter Max von Philipsborn. Die preußischen Minister erfreuten sich einer so großen Selbständigkeit, daß Bismarck nachträglich die alleinige Verantwortung für die Handelspolitik Preußens bis zur Mitte der 1870er Jahre ablehnte[210]. Bismarck widmete sich erst nach dem Ausscheiden Delbrücks im Zusammenhang mit der Schutzzolldebatte im Jahr 1876 verstärkt volkswirtschaftlichen und handelspolitischen Problemen[211]. Anfangs fand er freilich bei seinen Regierungskollegen keinen Rückhalt für die Abkehr vom Freihandel; jene konnten, wie er sich ausdrückte, „aus den niedergetretenen liberalen Schuhen nicht heraus"[212].

Der Abschluß des preußisch-französischen Handelsvertrages führte in den bayerischen Handels- und Gewerbekreisen zu einiger Aufregung[213]. Angesichts

---

[205] HAHN, Hegemonie, 69.
[206] Vor allem die ältere Geschichtsschreibung sieht dagegen in Bismarck den entscheidenden Mann bei der Durchsetzung wirtschaftspolitischer Maßnahmen: BRANDENBURG, Reichsgründung 1, 116–117, und ihm folgend: MEYER, Zollverein. Es ist falsch, wenn es bei TAYLOR, Bismarck, 61, heißt: „Bismarck stieß sie [Österreich] vor den Kopf, indem er einen Handelsvertrag zwischen Preußen und Frankreich durchsetzte": Der Handelsvertrag war bereits abgeschlossen, als Bismarck im September 1862 preußischer Ministerpräsident wurde.
[207] SCHMOLLER, Gustav/LENZ, Max/MARCKS, Erich (Hg.), Zu Bismarcks Gedächtnis, Leipzig 1899, 49; POSCHINGER, Bismarck als Volkswirth 1, 24 und 38. Anderer Meinung ist dagegen MEYER, Zollverein, 109 unter Berufung auf DELBRÜCK, Erinnerungen 2, 249–250 und SCHNEIDER, Oswald, Bismarcks Finanz- und Wirtschaftspolitik. Eine Darstellung seiner volkswirtschaftlichen Anschauungen, München 1912, 139.
[208] BABEL, Ernst, Der innere Markt bei List und Bismarck (Hessische Blätter zur Staats- und Wirtschaftskunde 3), Leipzig 1929, 23.
[209] *Otto von Camphausen* (1812–1896): 1869–1878 preußischer Finanzminister, 1873 Vizepräsident des preußischen Staatsministeriums, wurde im Zuge der Abwendung Bismarcks vom Liberalismus entlassen.
[210] HENNING, Wandel, in: KUNISCH, Bismarck, 242.
[211] BABEL, Markt, 29.
[212] SCHNEIDER, Bismarcks Finanz- und Wirtschaftspolitik, 31.
[213] JAHRESBERICHT der Handels- und Gewerbekammer für Unterfranken und Aschaffenburg 1862, 6–7.

der kompromißlosen Wirtschaftspolitik von preußischer Seite seit dem Herbst 1862 wurden auch die Stellungnahmen der bayerischen Handelskammern zu dem unwiderruflich abgeschlossenen preußisch-französischen Handelsvertrag moderater, da man einsehen mußte, daß die Unterzeichnung nicht hatte verhindert werden können. Trotzdem begrüßten lediglich die Pfälzer die auf freihändlerischen Prinzipien beruhende Abmachung, da sie eine zolltechnische Einigung mit Österreich schon immer für illusorisch gehalten hatten. Die pfälzische Handelskammer begründete ihre Ansicht mit der in der Donaumonarchie herrschenden, allgemein schlechten Wirtschaftssituation, dem Tabakmonopol, einer schwankenden Valuta und der Unfähigkeit, sich mit den nichtdeutschen Gebieten zu einigen[214]. Wesentlich zurückhaltender äußerten sich dagegen die anderen bayerischen Handelskammern. Sie wünschten zwar grundsätzlich den Erhalt des Zollvereins „unter möglichster Wahrung der Interessen des Landes"[215], dem Handelsvertrag zwischen Berlin und Paris standen sie jedoch ablehnend-kritisch gegenüber. So verweigerte die oberbayerische Handelskammer ihre Zustimmung zu Artikel 31 des preußisch-französischen Handelsvertrages, betonte aber gleichzeitig, der Zollverein wäre „fast die einzige, wahrhaft nationale Schöpfung Deutschlands, der Fortbestand desselben ist von so zwingender, ganz unabweislicher Nothwendigkeit, daß der Weg zur Einigung schließlich doch noch gefunden werden muß"[216]. Die oberpfälzische Kammer wünschte sich „ein innigeres, näheres Verhältniß zu den übrigen Zollvereins-Staaten"[217]. Ein Jahr später lehnte sie jedoch das preußisch-französische Abkommen – offensichtlich nach einer eingehenderen Prüfung des Dokumentes – unmißverständlich ab. Sie sah darin die Gefahr, Deutschland könnte am Ende für Frankreichs Industrie „als Ableiter für die englischen Concurrenz-Fabrikate" dienen[218]. Außerdem, so die Handelskammer der Oberpfalz und Regensburg, müßte der Bezirk seiner Eisen- und auch Glasindustrie das „Grablied singen", und schließlich führte die Annahme des Vertrages zur „Ausschließung des treuen Bundesgenossen Oesterreich (...) und vergrößerter Zerklüftung Deutschlands unter seinen einzelnen Staaten". In ihrem Jahresbericht von 1862 gab die Handels- und Gewerbekammer von Unterfranken gegenüber der bayerischen Regierung ihrer Befürchtung Ausdruck, „daß die Grundlage des ganzen Gebäudes [=des Zollvereins, Anm. der Verf.] zerstört werde, (...) daß der preußische Staat in der entscheidenden Stunde nicht von einem Zertrümmern der edelsten gemeinsamen deutschen Schöpfung, des für Süd

---

[214] JAHRESBERICHT der Kreis-Gewerbe- und Handelskammer der Pfalz 1862, 18–22.
[215] Jahresbericht der Kreis-Gewerbs- und Handelskammer für Oberfranken pro 1862, 5, in: BayHStAM, MH 14.232. Vgl. auch: JAHRESBERICHT der Kreis-Gewerbs- und Handelskammer von Niederbayern für 1862, 6.
[216] JAHRESBERICHT der oberbayerischen Kreis-Gewerbe- und Handelskammer 1862, 12. Diese Auffassung vertrat im wesentlichen auch die Kreis-Gewerbe- und Handelskammer für Schwaben und Neuburg.
[217] JAHRESBERICHT der Kreis-Gewerbe- und Handelskammer der Oberpfalz und Regensburg für 1862, 8.
[218] JAHRESBERICHT der Kreis-Gewerbe- und Handelskammer der Oberpfalz und Regensburg für 1863, 20–22. Das folgende Zitat stammt ebenfalls aus diesem Bericht.

und Nord unentbehrlich gewordenen Zollvereines, zurückschrecken werde"[219], ein Verdacht, der sich Ende 1863 bestätigen sollte.

c) Die XV. Generalzollkonferenz in München

Der bayerische Außenminister Karl von Schrenck hatte zum Amtsantritt Bismarcks ein versöhnliches Schreiben nach Berlin gesandt, in dem er zwar nochmals die Weigerung Bayerns unterstrich, den Handelsvertrag mit Frankreich anzuerkennen, hoffte aber auch, in einigen Fragen zu einem Kompromiß zu kommen, ohne den Februarvertrag mit Österreich auszuhöhlen[220]. Die Antwort Bismarcks vom 12. November 1862 signalisierte gegenüber den süddeutschen Staaten die Bereitschaft zu einer Verständigung. Während er Württemberg und Hessen-Darmstadt aufgrund ihrer ablehnenden Haltung die mutwillige Sprengung des Zollvereins vorwarf, glaubte er überraschenderweise, mit Schrenck zu einer Einigung gelangen zu können[221]. Die Drohgebärden Preußens gegenüber Württemberg und Hessen-Darmstadt, und etwas abgeschwächter auch gegen Bayern, unterschieden sich lediglich im Wortlaut, bewirkten aber, daß unter den drei Staaten gegenseitiges Mißtrauen geweckt wurde; eine taktische Waffe, die Bismarck in den folgenden Jahren immer wieder äußerst geschickt einzusetzen wußte.

Als Mitte 1862 die XV. Generalzollkonferenz des Zollvereins termingemäß einberufen werden sollte, erschien dieser Zeitpunkt der bayerischen Regierung wenig geeignet; zu kurz war ihrer Meinung nach die Zeit für die einzelnen Mitgliedsstaaten, die Bestimmungen des preußisch-französischen Handelsvertrages näher zu prüfen. Obendrein stand die von allen Teilnehmern befürwortete Tarifreform in zu enger Verbindung mit dem Abkommen, so daß aus Münchner Sicht erst die Frage der Zollvereinsverlängerung geklärt werden sollte, bevor eine Generalzollkonferenz überhaupt sinnvoll erschien[222]. Preußen plädierte ebenfalls für eine Verschiebung der Zollkonferenz, allerdings nur für so lange, „bis sämmtliche Vereinsstaaten sich über die ihnen vorgelegten Verträge mit Frankreich und über die damit in Verbindungen stehenden Angelegenheiten erklärt haben werden"[223]. Da Bismarck und seine Regierung mit der Unterzeichnung der

---

[219] JAHRESBERICHT der Handels- und Gewerbekammer für Unterfranken und Aschaffenburg 1862, 6.

[220] Das Schreiben Bayerns vom 23.9.1862: Staatsarchiv 3, Nr. 455, 407–416. Die versöhnlichere Note war offensichtlich auf den Einfluß Doenniges zurückzuführen, der die grundsätzliche Ablehnung des preußisch-französischen Handelsvertrages mißbilligte. Die Note Doenniges vom 12.9.1862: GHAM, Kabinettsakten Maximilian II., No. 26; FRANZ, Kampf, 143. Ein ähnliches Schreiben Württembergs stammte bereits vom 20.9.1862: Staatsarchiv 3, Nr. 454, 401–407.

[221] Die Note Bismarcks vom 12.11.1862: Staatsarchiv 3, Nr. 460, 423–424. Ein gleichgerichtetes Schreiben ging am 12.11.1862 nach Stuttgart: ebd., Nr. 459, 423–424 und am 18.11.1862 nach Darmstadt: ebd., Nr. 462, 425–428.

[222] BayHStAM, MH 9748 (Bayerische Note an die Zollvereins-Regierungen, Abschrift, 21.6.1862).

[223] Ebd. (Preußische Note an den bayerischen Gesandten in Berlin, 14.7.1862). Auch das folgende Zitat aus diesem Schreiben.

Verträge durch alle Zollvereinsstaaten rechnete, wollte man „bei der General-Conferenz auch andere, der Erledigung bedürftige, Angelegenheiten (...) behandeln, da es sich nicht empfehlen dürfte, zu diesem Ende etwa noch eine zweite General-Conferenz statt finden zu lassen."

Die bayerische Regierung weigerte sich, die Annahme des Handelsvertrages Preußens mit Frankreich direkt an die Reform des Zolltarifes zu knüpfen und damit den Anschluß Österreichs an das deutsche Wirtschaftsgebiet de facto zu verhindern. Deshalb hatte sich Schrenck schon in Verbindung mit der offiziellen Ablehnung im August 1862 für eine Verlängerung des bestehenden Zolltarifes um ein halbes Jahr ausgesprochen, um erst Anfang 1863 die fällige Generalzollkonferenz einberufen zu müssen[224]. Bis dahin, so hatte er gehofft, wären alle Meinungsverschiedenheiten zwischen Preußen und Österreich ausgeräumt. Aber noch im September 1862 äußerten die Donaumonarchie, Württemberg und auch Hannover den Wunsch, „es möchte von Seite Bayerns zur Eröffnung von Verhandlungen zwischen dem Zollverein und Oesterreich die Initiative ergriffen und es möchten diese Verhandlungen über die Herstellung eines engeren Zollbundes mit Oesterreich auch dann begonnen und durchgeführt werden, wenn Preussen nicht daran Theil nehmen wollte"[225]. Der bayerische Ministerratsvorsitzende lehnte jedoch – treu seiner seit Ende 1862 eingeschlagenen Politik, möglichst weder Wien noch Berlin zu verprellen – Gespräche ohne Preußen ab und warnte König Maximilian II. davor, sich zu betont auf die Seite Österreichs zu stellen, um innerhalb des Zollvereins nicht isoliert zu werden. Er machte seinen König des weiteren auf die aus seiner Sicht gefährliche Absicht des österreichischen Kabinettes aufmerksam, „die noch schwankenden Zoll-Vereinsregierungen *dadurch* zu stärken, (...) daß der bedingten Kündigung des Zollvereins durch Preussen die bedingte Anknüpfung eines Zollbundes mit Oesterreich entgegen gesetzt würde". Gleichzeitig hielt Schrenck aber auch an seinem Ansinnen fest, Beratungen über einen engeren Anschluß der Donaumonarchie an den Zollverein aufzunehmen. Damit wollte er Preußen signalisieren, daß dieses Thema von bayerischer Seite als nicht abgeschlossen betrachtet wurde, und versuchte auf diese Weise, Berlin zu zwingen, sich mit den österreichischen Vorschlägen wenigstens auseinanderzusetzen. Schrenck hielt die XV. Generalzollkonferenz für das geeignete Forum, in eine Diskussion über dieses Problem einzutreten, selbst wenn kein österreichischer Bevollmächtigter eingeladen werden konnte. Der Tagungsort München bot freilich die Möglichkeit, kurzfristig einen Unterhändler aus Wien einzuladen, um parallel zu den offiziellen Beratungen Gespräche führen zu können. Maximilian II. schloß sich den Vorstellungen seines leitenden Ministers an, wollte aber die Unterredungen über den neuen Zolltarif unter keinen Umständen weiter verzögern. Außerdem sollte die österreichische Regierung über die vorgesehene Generalzollkonferenz genauestens unterrichtet werden, da „wir uns durch etwaige Weigerung Preussens nicht abhalten lassen werden, mit Österreich über seine Propositionen vom 10. Juli d(es) J(ahre)s auf Grund des Vertrages von 1853 in Verhandlungen zu treten, und daß es unsere Absicht ist, diese Verhand-

---

[224] Ebd. (AM an HM, Abschrift, 10.8.1862).
[225] Ebd. (AM an Maximilian II., 29.9.1862). Das folgende Zitat ebenfalls aus diesem Schreiben.

lungen unmittelbar an die Generalconferenz in München anzureihen"[226]. Damit stellte sich der Monarch auf die Seite derer, die eine stärkere Einbeziehung Österreichs in die Verhandlungen forderten, ohne sich jedoch für einen Alleingang auszusprechen oder gar eine politische und wirtschaftliche Trennung von Württemberg zu riskieren.

Bereits im Vorfeld weigerten sich aber die meisten Zollvereinsstaaten, die österreichischen Vorschläge auf der anstehenden Generalzollkonferenz zu beraten. Sie beriefen sich auf Artikel 34 der Zollvereinsverträge von 1834, der den Gesandtenkongreß lediglich als Beratungsgremium für innere Angelegenheiten konstituiert hatte[227]. Die Wiener Regierung unterstützte dennoch das bayerische Vorhaben, auf der Generalzollkonferenz ihre Vorschläge vom 10. Juli 1862 zur Sprache zu bringen, besonders da Preußen trotz aller Bedenken teilnehmen wollte[228]. Außenminister von Rechberg hoffte, Bayern würde sich mit seiner Forderung durchsetzen, die dort anstehenden Verhandlungen auf der Grundlage der österreichischen Anregungen zu führen[229]. Im November 1862 erfolgte – 1860 und 1861 wiederholt verschoben – die Einladung zur XV. Generalzollkonferenz zum Januar 1863, um den neuen Zolltarif endlich in Angriff zu nehmen[230]. Bismarck machte im Zusammenhang mit der Einladung deutlich, daß sich die Versammlung ausschließlich auf die Beratung von Zollvereinsangelegenheiten zu beschränken hätte, und schloß damit den von Bayern geforderten Gedankenaustausch über die österreichischen Anträge vom Juli 1862 von Anfang an aus[231]. Er war davon überzeugt, daß Bayern in diesem Punkt einlenken würde. Andere Stimmen in der preußischen Regierung hielten einen Ausgleich zwischen Berlin und einem bestimmten Teil der Zollvereinspartner dagegen für kaum mehr realisierbar, da „*einige* Regierungen einen förmlichen handelspolitischen Feldzug gegen Preussen eröffnet hätten (...)"[232]. Trotz dieser harschen Kritik aus Berlin hielt Bayern an der Einberufung der XV. Generalzollkonferenz fest, sehr zur Freude des österreichischen Nachbarn. Schließlich konnten sich aber nicht einmal die mittelstaatlichen Zollvereinsmitglieder auf einen gemeinsamen Fragenkatalog für die Tagung einigen, so daß sich der ursprünglich angesetzte Januartermin nicht einhalten ließ. Statt dessen legte Außenminister von Schrenck Ende 1862 in einem

---

[226] Ebd. (kgl. Signat, 28.10.1862 auf ein Schreiben des AM, 29.9.1862). Bei den „Propositionen" handelt es sich um die österreichischen Vorschläge über eine Zollannäherung: Staatsarchiv 3, Nr. 430, 228–234. Siehe auch Kapitel III.2.b) *Reaktionen auf die ablehnende Haltung der Münchner Regierung* (S. 101).

[227] Der Zollvereinsvertrag vom 30.3.1833 zwischen Bayern, Württemberg, Preußen, den beiden Hessen und Sachsen: RBl 45 (20.12.1833), 1263–1300.

[228] BayHStAM, MH 9748 (Auszug aus einem Bericht des kgl. Gesandten in Wien, 6.11.1862 bzw. bayerischer Gesandter in Berlin an AM, 12.11.1862).

[229] Ebd. (Rechberg an den österreichischen Gesandten in München, 27.11.1862). Die österreichische Note vom 10.7.1862: Staatsarchiv 3, Nr. 430, 228–234.

[230] Einladung zur XV. Generalzollkonferenz vom 13.11.1862: ebd., Nr. 461, 424–425.

[231] BayHStAM, MH 9749 (HM an die kgl. Generalzolladministration, 10.11.1862).

[232] BayHStAM, MH 9748 (Montgelas an AM, 19.11.1862). Dazu auch die Veröffentlichung der Broschüre gegen das renitente Verhalten Bayerns, die Delbrück zugeschrieben wird: *Vorwände und Thatsachen. Ein Beitrag zur Kritik der Opposition gegen den Handelsvertrag vom 2ten August 1862.*

persönlichen Schreiben an den preußischen Ministerpräsidenten Bismarck nochmals die Ansichten der bayerischen Regierung hinsichtlich der Zollvereinskrise dar[233]. Er blieb wiederum dabei, daß eine Verständigung zwischen allen Zollvereinsstaaten nur über Verhandlungen mit Österreich und eine Modifizierung des preußischen Vertrages mit Frankreich möglich wäre.

Obwohl die Drohung, die Zollvereinsverträge nicht zu verlängern, bisher von Berlin aus nicht als letztes Druckmittel eingesetzt worden war, verfiel Schrenck nicht eine Sekunde der Illusion, Bismarck könnte dieses Mittel aussparen, um seine Vorstellungen durchzusetzen. Trotzdem deutete man in München das Verhalten Preußens Ende 1862 als Entgegenkommen, schien Berlin doch plötzlich Beratungen über die österreichischen Vorschläge auf der Generalzollkonferenz zu dulden und weitere Gespräche mit Bayern über den Fortbestand des Zollvereins und die Annahme des Handelsvertrages mit Frankreich zu befürworten[234]. Das grundlegende Promemoria Bismarcks an König Wilhelm machte dann freilich alle Hoffnungen der süddeutschen Staaten auf eine gütliche Einigung in der Zollvereinsfrage zunichte[235]: Er drohte mit der Zollvereinskündigung, um die süddeutschen Staaten zu zwingen, sich den preußischen Vorstellungen bedingungslos anzuschließen. Schrenck beharrte jedoch auf seiner einmal eingenommenen Haltung, die zukünftigen Handelsbeziehungen zu Österreich auf der bevorstehenden Generalzollkonferenz zu erörtern. Bismarcks Reaktion darauf war dementsprechend rauh und kühl[236]: Er wies den bayerischen Vorwurf zurück, Preußen hätte beim Abschluß des Handelsabkommens mit Frankreich die Zollvereinsverträge mißachtet, und deutete seinerseits unverhohlen an, auf Bayern keine weiteren Rücksichten mehr zu nehmen.

Im Dezember 1862 ließen die oben dargelegten Agitationen auf politischer Ebene für und wider den Handelsvertrag die ursprünglich positive Einstellung König Maximilians zu Österreich zurückhaltender und unschlüssiger werden[237]. Trotzdem wies er seinen Außenminister an, die Solidarität mit Württemberg und dem Großherzogtum Hessen in der Öffentlichkeit stärker zum Ausdruck zu bringen, und äußerte sich enttäuscht über das Verhalten Sachsens, das offen für Preußen und damit gegen Österreich eintrat. Vor Beginn der XV. Generalzollkonferenz gab im Februar 1863 eine bayerische Zirkularnote nochmals Aufschluß über die Erwartungen an die anberaumten Gespräche. Sie wies nach wie vor einen eindeutig großdeutschen Charakter auf und machte damit die Aufnahme von Verhandlungen mit Österreich über die zukünftige Wirtschaftsverfassung Deutschlands zu einer Existenzfrage des Zollvereins[238]. Gleichzeitig drängte nun

---

[233] Die bayerischen Vorschläge vom 31.12.1862: Staatsarchiv 9, Hamburg 1865, Nr. 1986, 245–248.
[234] BayHStAM, MH 9748 (AM an Maximilian II., 22.12.1862).
[235] Bismarcks Promemoria vom 25.12.1862: APP III, Nr. 86, 136–140.
[236] Erwiderung Bismarcks vom 27.1.1863: Staatsarchiv 9, Nr. 1987, 248.
[237] BayHStAM, MH 9748 (kgl. Signat, 20.12.1862 auf das Schreiben des AM, 18.12.1862).
[238] Die bayerische Note vom 18.2.1863: Staatsarchiv 9, Nr. 1988, 249–251.

Württemberg auf eine verbindliche Vereinbarung aller Regierungen, die den preußisch-französischen Handelsvertrag ablehnten[239].

Die Eröffnung der Generalzollkonferenz war ursprünglich auf Ende März 1863 festgelegt worden, aufgrund der Osterfeiertage trafen die meisten Bevollmächtigten aber erst Mitte April in München ein[240]. Am 26. März 1863 richtete Rechberg, gestärkt durch die neue außenpolitische „Schönwetterlage" für die Donaumonarchie[241], einen Aufruf an alle Zollvereinsregierungen, in München die österreichischen Vorschläge vom Juli 1862 nicht zu übergehen, da die Kompetenz darüber laut Artikel 34 des Vertrages von 1834 eindeutig in die Zuständigkeit der Generalzollkonferenz fiel[242]. Zusätzlich erfolgte ein deutlicher Angriff gegen alle deutschen Staaten, die einer Behandlung der Handelsbeziehungen zur Donaumonarchie auf der Zollkonferenz keinen Raum geben wollten.

Tatsächlich fand sich dann auf der von der bayerischen Regierung zusammengestellten vorläufigen Tagesordnung für die Generalzollkonferenz unter Position 51 der „anderen Berathungsgegenstände" auf eigenen Antrag die „Berathung der Vorschläge der k.k. österreichischen Regierung vom 10. Juli 1862 über den Anschluß Oesterreichs an den Zollverein"[243]. Die Erörterung wurde aber von dem preußischen Bevollmächtigten im Vorfeld der Generalzollkonferenz abgelehnt. Neben Preußen wehrte sich auch Baden dagegen, „das Verhältniß zu Oesterreich auf der bevorstehenden General Konferenz zum Gegenstande der Verhandlung" zu machen, da dies „nur in Verbindung mit der Frage über die Fortdauer des Zollvereins behandelt werden" könnte, und deshalb „auch die Fortdauer des Zollvereins einen Gegenstand der Conferenz Verhandlungen bilden"[244] müßte. Mit einer derartigen Erweiterung der Zuständigkeit des Gesandtenkongresses des Zollvereins erklärten sich die meisten Staatenvertreter nicht einverstanden, so daß es bereits im Vorfeld der Konferenz zu erheblichen Differenzen zwischen den Vereinsstaaten kam.

Trotz dieses Rückschlages war Bayern nicht bereit, auf die Anregung Württembergs einzugehen, getrennte Verhandlungen über einen separaten

[239] BayHStAM, MH 9748 (AM an Maximilian II., 15.2.1863).
[240] Anders BÖHME, Großmacht (1966), der den tatsächlichen Beginn der Generalzollkonferenz auf den 24.3.1863 vorverlegt.
[241] Frankreich hatte sich im Zusammenhang mit der „Polnischen Frage" von Preußen abgewandt, Österreich strebte derweilen einen handelspolitischen Ausgleich mit dem französischen Kaiser an, Bismarck kam den Mittelstaaten und sogar Österreich aufgrund der fehlenden Rückendeckung Frankreichs vorübergehend etwas entgegen. Dazu beispielsweise den vertraulichen Bericht Montgelas vom 23.3.1863: BayHStAM, MA 2643 (Bericht Montgelas Nr. 70). Zur polnischen Frage: RAUTENBERG, Hans-Werner, Der polnische Aufstand von 1863 und die europäische Politik im Spiegel der deutschen Diplomatie und der öffentlichen Meinung (Quellen und Studien zur Geschichte des östlichen Europa 10), Wiesbaden 1979.
[242] Die österreichische Denkschrift: Staatsarchiv 9, Nr. 1989, 251–253; FRANZ, Entscheidungskampf, 285–286.
[243] BayHStAM, MH 9749 (Zusammenstellung der Verhandlungsgegenstände für die XV. General-Conferenz, ohne Datum).
[244] Ebd. (Bismarck an den preußischen Gesandten in München, 12.3.1863 bzw. AM zur Verhandlung der österreichischen Vorschläge, 25.4.1863).

süddeutschen Zollbund mit Österreich einzuleiten und gleichzeitig auf die innerpreußische Krise und damit Schwächung der preußischen Regierung zu hoffen[245]. Mitte April ging der bayerische Ministerratsvorsitzende mit einer Denkschrift in die Offensive[246]. Einerseits bezeichnete er die Erhaltung des Zollvereins als „wichtigstes Interesse der deutschen Nation", hielt aber andererseits auch an der Erörterung der österreichischen Vorschläge auf der Generalzollkonferenz fest. Sollte Preußen weiterhin die geforderten Gespräche boykottieren, so müßten die Mittelstaaten daraus die Konsequenzen ziehen und Beratungen über den Fortbestand des Zollvereins ohne Preußen aufnehmen. Jetzt griff auch König Maximilian persönlich in die Debatte ein und befürwortete den Antrag seines Ministers über getrennte Beratungen der Mittelstaaten, besonders mit Württemberg und Hannover[247]. Selbst Delbrück war erstaunt über diesen entschiedenen Vorstoß Bayerns[248], zeigten sich doch die übrigen Zollvereinsstaaten weit weniger entschlossen.

Am 30. April 1863 wurde die Generalzollkonferenz mit einem Empfang aller Vertreter bei König Maximilian II. eröffnet[249]. Die Delegierten wählten am folgenden Tag den bayerischen Bevollmächtigten Karl von Meixner für die Dauer der Konferenz zum Vorsitzenden. Für Preußen reiste Oberfinanzrat Henning an, für Württemberg Oberfinanzrat von Herzog, für Sachsen der Geheime Finanzrat von Thümmel und das Großherzogtum Hessen wurde von dem Geheimen Obersteuerrat Ewald vertreten[250]. Schon nach der Veröffentlichung des Tagungsprogrammes hatte sich abgezeichnet, daß die Münchner Konferenz die Zollvereinskrise auf die Spitze treiben würde. Bis Anfang Juni schleppten sich die Beratungen dahin, bis Schrenck in einem Telegramm an den bayerischen Gesandten in Stuttgart plötzlich verlauten ließ[251]: „alles[252] drängt auf eine Verhandlung der österreichischen Zoll-Propositionen; sie ist daher auf Freitag [5. Juni 1863, Anm. der Verf.] angesetzt." Der bayerische Bevollmächtigte von Meixner erklärte den Zollvereinsmitgliedern den Standpunkt seiner Regierung, die einer-

[245] BayHStAM, MH 9748 (AM an Maximilian II., 22.2.1863). Maximilian II. erklärte sich mit den Vorstellungen seines leitenden Ministers einverstanden. Nach BÖHME, Großmacht (1966), 140, hatte sich Württemberg bereits zu diesem Zeitpunkt den wirtschaftlichen Zwängen Preußens gebeugt.

[246] BayHStAM, MH 9749 (Denkschrift zur Verhandlung der österreichischen Vorschläge, 25.4.1863). Die Denkschrift stammt aus der Feder Meixners. FRANZ, Entscheidungskampf, 295, sieht einen Zusammenhang zwischen der Abfassung der Denkschrift und dem Aufenthalt Pfordtens in München.

[247] BayHStAM, MH 9749 (kgl. Handschreiben an AM, 29.3.1863).

[248] DELBRÜCK, Erinnerungen 2, 256–257.

[249] BayHStAM, MH 9749 (kgl. Signat, 30.4.1863). Zur Generalzollkonferenz: EGK 4 (1863), 33.

[250] VERHANDLUNGEN der fünfzehnten General-Konferenz, München 1863.

[251] BayHStAM, MH 9749 (Telegramm, 2.6.1863). Die bayerische Zirkularnote vom 18.6.1863: Staatsarchiv 9, Nr. 1990, 253–255. Zur preußischen Ansicht auch: DELBRÜCK, Erinnerungen 2, 257–259 und WEBER, Zollverein, 423–424.

[252] Bei näherem Hinsehen stellte sich jedoch heraus, daß zwar Sachsen, Hannover, Württemberg, Kurhessen und das Großherzogtum Hessen für Verhandlungen waren, Baden jedoch strikt dagegen und die Thüringischen Staaten unschlüssig.

seits den Erhalt des Zollvereins, andererseits aber auch die Erfüllung des Februarvertrages mit Österreich von 1853 und damit die Aufnahme von Verhandlungen über die Neuordnung der Zollverhältnisse wünschte. Unterstützung fand Meixner mit seinen Ausführungen allerdings nur bei den Vertretern von Württemberg, Hannover, Kurhessen und Hessen-Darmstadt[253], Braunschweig sowie Frankfurt, während sich Oldenburg und die Thüringischen Staaten ausweichend[254], Sachsen und Baden in „ziemlich geschraubter Art und Weise" gegen die bayerischen Vorschläge aussprachen[255]. Der preußische Bevollmächtigte hielt unterdessen an dem wiederholt geäußerten Standpunkt seiner Regierung fest, den Fortbestand des Zollvereins von der Annahme des Handelsvertrages mit Frankreich abhängig zu machen und erst anschließend Beratungen mit Österreich aufzunehmen. Damit war klar, daß der Versuch Bayerns, die zukünftigen Beziehungen zu Österreich auf der Generalzollkonferenz zu beraten, zum Scheitern verurteilt war. Dennoch wurde Meixner in der letzten Phase der Münchner Beratung gemäß eines Exposès von der Pfordtens auf folgende Verhandlungstaktik eingeschworen[256]: Fortsetzung des Zollvereins auf der Basis des Verlängerungsvertrages vom April 1853, sofortige Aufnahme von Verhandlungen mit Österreich sowie Reform des Zolltarifes unter Rücksichtnahme auf die wirtschaftlichen Verhältnisse in der Donaumonarchie. Das einzig Neue am Gutachten des ehemaligen Ministerratsvorsitzenden war die Einschätzung, daß sich Bayern wirtschaftspolitisch nach dem Ausscheiden Sachsens auf Württemberg und Hannover stützen müßte. Gegen die volkswirtschaftlichen Überzeugungen der Fachkräfte setzte sich von der Pfordten jetzt für einen separaten Zollbund der Mittelstaaten nach den Leitlinien des bisherigen Zollvereins ein.

Am 9. Juli 1863 einigten sich die Konferenzteilnehmer wenigstens auf eine vorläufige Zolltarifsreform[257]. Dies wollte Bayern aber keinesfalls als Zustimmung zum Handelsvertrag von 1862 sehen, so daß der Streit um die Annahme des Abkommens mit Frankreich nicht beigelegt war. Die ursprüngliche Aufgabe der XV. Generalzollkonferenz – die Modifikation des bestehenden Zolltarifes – war von Beginn an durch die Diskussion über den preußisch-französischen Kontrakt und die Aufnahme von Verhandlungen mit der Donaumonarchie in den Hintergrund getreten. Ein „besonderes Protokoll" vom 17. Juli 1863, das die gescheiterten Bemühungen Bayerns um die Beratung der Zoll- und Handelsverhältnisse

---

[253] Das Großherzogtum Hessen wollte intern unter keinen Umständen die Auflösung des Zollvereins riskieren: BayHStAM, MH 9750 (Außenministerium der Großherzoglichen Regierung an den Königlich bayerischen außerordentlichen Gesandten und Bevollmächtigten Minister am Großherzoglichen Hessischen Hofe, Pfordten, 6.7.1863).

[254] Nach BÖHME, Großmacht (1966), 141, votierten auch Oldenburg und die Thüringischen Staaten für die sofortige Annahme des preußisch-französischen Handelsvertrages.

[255] BayHStAM, MH 9749 (AM an Maximilian II., 18.6.1863); Teildruck: EGK 4 (1863), 41–42.

[256] Das Schreiben Schrencks vom 18.6.1863 an alle Zollvereinsregierungen: Staatsarchiv 9, Nr. 1990, 253–255.

[257] Besonderes Protokoll den Vereins-Zolltarif und das Waaren-Verzeichniß betr. vom 9.7.1863: VERHANDLUNGEN der fünfzehnten General-Konferenz, (289–319).

zu Österreich offenlegt, beendete die Konferenz in München[258]. Nur kurzfristig hatte es so ausgesehen, als ob sich Bayern mit seinen Forderungen durchsetzen könnte, ging doch das Gerücht um, Preußen wäre plötzlich zu Modifikationen im Sinne der süddeutschen Staaten am Handelsvertrag mit Frankreich bereit. Aufgrund der zeitweise kritischen außenpolitischen Situation für Preußen und den noch immer nicht beigelegten Auseinandersetzungen zwischen Napoleon III. und König Wilhelm in der Polnischen Frage schien ein Entgegenkommen Preußens nicht ganz abwegig[259]. Das preußische Kanzleramt dementierte jedoch umgehend und stellte lediglich unabhängige Konferenzen über die Fortführung des Zollvereins in Aussicht[260]. Am 8. Juli 1863 lehnte Bismarck dann alle Forderungen Bayerns diesbezüglich endgültig ab und stellte klar, daß Preußen erst in Verhandlungen mit der Donaumonarchie eintreten wollte, wenn der Bestand des Zollvereins gesichert war[261]. Sachsen schloß sich dieser Entscheidung vorbehaltlos an. Am 16. Juli mußte der österreichische Außenminister Rechberg die Aussichtslosigkeit der Situation für die Wiener Regierung einsehen. Das preußische Kabinett, so der Minister, würde seine Ansichten niemals ändern und damit auch weiterhin auf die Annahme des Vertrages mit Frankreich ohne Nachbesserungen bestehen[262]. Die entschiedene Haltung der Berliner Regierung und die offensichtliche Resignation des Wiener Kabinettes veranlaßten den bayerischen Ministerratsvorsitzenden von Schrenck, seine Haltung zu überdenken. Schließlich empfahl er König Maximilian im August 1863, daß „es auch im Interesse Bayerns liegen [dürfte], ihm [=Preußen, Anm. der Verf.] entgegen zu kommen, und das aufrichtige Bestreben, sowohl den Zollverein zu erhalten, als auch jede dazu führende Verständigung zu erleichtern, thatsächlich zu dokumentieren"[263]. Vor einer offiziellen Stellungnahme des Königreichs wollte Schrenck jedoch die Reaktionen der beiden Großmächte auf die Ergebnisse der Generalzollkonferenz abwarten und erst dann Schritte zu Verhandlungen mit den Mittelstaaten – in erster Linie dachte Schrenck dabei an Württemberg und Nassau, aber auch an Hannover, die beiden Hessen und Braunschweig – einleiten, um Berlin anschließend geschlossen entgegentreten zu können. Der bayerische Ministerratsvorsitzende versuchte auf diesem Weg, Preußen mit einer solidarischen Ablehnung

---

[258] BayHStAM, MH 9749 (Besonderes Protokoll die Zollverhältnisse in Oesterreich betr., verhandelt in München, 17.7.1863); Abschrift: BayHStAM, MH 9750. WEBER, Zollverein, 424–425.

[259] NIPPERDEY, Geschichte 1800–1866, 768–769: Während sich Österreich und Frankreich annäherten, konnte Preußen mit einer entschiedenen prorussischen Politik die bisherige lockere französisch-russische Allianz zerstören.

[260] BayHStAM, MH 9750 (stellvertretender Gesandter in Berlin an AM, 5.7.1863 bzw. Rundbrief Thiles an alle Regierungen des Zollvereins, 8.7.1863). Thiles Schreiben: Staatsarchiv 9, Nr. 1991, 256–258.

[261] FRANZ, Entscheidungskampf, 315. Preußisches Außenministerium an alle Vertreter der Zollvereinsregierungen, betr. die bayerische Erklärung während der Generalzollkonferenz vom 13.6.1863–8.7.1863: Staatsarchiv 9, Nr. 1991, 256–258.

[262] BayHStAM, MH 9750 (vertrauliches Schreiben Rechbergs an den österreichischen Gesandten in München, 16.7.1863).

[263] Ebd. bzw. MH 11.969 (AM an Maximilian II., 3.8.1863).

aller Zollvereinsstaaten, einer sogenannten „wirtschaftspolitischen Trias"[264], zu zwingen, den Handelsvertrag mit Frankreich wenigstens zu modifizieren[265].

Intern hatte Schrenck den König schon länger vor einer überstürzten Ablehnung der preußischen Forderung nach Annahme des Abkommens mit Frankreich gewarnt, um Bismarck und Delbrück nicht die Waffe in die Hand zu geben, Bayern als Zerstörer des Zollbundes brandmarken zu können. Parallel dazu riet er nachdrücklich zu Verhandlungen über eine süddeutsche Zolleinigung mit Württemberg, Hannover und Frankfurt. König Maximilian verhielt sich während des gesamten Jahres 1863 zurückhaltend und zog geheime Beratungen vor, obwohl er bei der Eröffnung des überwiegend großdeutsch geprägten Landtages Mitte des Jahres mit entschiedenen Worten dem preußisch-französischen Handelsvertrag seine Zustimmung verweigerte. Allerdings ging der König zu diesem Zeitpunkt in Verkennung der Tatsachen noch immer davon aus, daß diese Entscheidung zwangsläufig keine Gefährdung des Zollvereins nach sich ziehen würde[266].

Während der Generalzollkonferenz, auf der die Zollvereinsmitglieder mit Preußen über wirtschaftspolitische Entscheidungen debattierten, setzten Berlin und Wien ihren Kampf um die Hegemonie im Deutschen Bund auf politischer Ebene fort. In einer Zirkulardepesche an alle deutschen Gesandten hatte Bismarck im Januar 1863 eine Verständigung mit Österreich nur noch dann für möglich gehalten, wenn die Wiener Regierung ihre, gegen Preußen gerichtete Politik aufgeben und sich statt dessen mehr ihren Interessen im östlichen Europa widmen würde[267]. Rechberg wies die unmißverständliche Forderung Bismarcks im Februar mit scharfen Worten zurück und beantwortete den diplomatischen Vorstoß Preußens mit der Einladung zu einem Fürstentag nach Frankfurt. Bismarck überredete König Wilhelm I., an der Versammlung nicht teilzunehmen[268]. Statt dessen lud er zum gleichen Termin demonstrativ alle leitenden Minister der Zollvereinsstaaten zu einer Konferenz nach Berlin[269]. Der Frankfurter Fürstentag, an dem dennoch fast alle gekrönten Häupter des Deutschen Bundes teilnahmen, beeindruckte zwar die deutsche Öffentlichkeit, die Ergebnisse hinsichtlich einer Reform des Deutschen Bundes waren aber kaum der Rede wert[270]. Die Presse in

---

[264] Zitiert nach DELBRÜCK, Erinnerungen 2, 260.
[265] BayHStAM, MH 9691 (AM an Maximilian II., 6.8.1863; AM an Stuttgart, 11.8.1863; AM an Pfordten, 11.8.1863; AM an Hannover, 14.8.1863; AM an Montgelas, 14.8.1863).
[266] EGK 4 (1863), 43. Die Kammer stimmte dieser Resolution am 4.7.1863 zu: EGK 4 (1863), 44–46.
[267] Die Reaktionen in den bayerischen Zeitungen: RUIDER, Meinung, 43–51.
[268] EGK 4 (1863), 52.
[269] Zur Konferenz in Berlin im November und Dezember 1863 siehe das folgende Kapitel III.2.d) *Von München nach Berlin: Die Kündigung der Zollvereinsverträge im Dezember 1863* (S. 115).
[270] HUBER, Ernst R. (Hg.), Deutsche Verfassungsgeschichte seit 1789, III: Bismarck und das Reich, Stuttgart/u.a. ²1970, 421–435. Die gedruckten Dokumente des Fürstentages (17.8.–1.9.1862) und der Entwurf zur Reformakte vom 1.9.1863: Staatsarchiv 8, Nr. 1759-1760, 74–194. Der Fürstentag aus bayerischer Sicht: HOHENLOHE 1, 127–133 sowie WEHNER, Norbert, Die deutschen Mittelstaaten auf dem Frankfurter Fürstentag 1863 (Europäische Hochschulschriften R. 3, 548), Frankfurt a. Main 1993, bes. 125–136 (Annahme der Einladung durch Maximilian II.) und 340–345 (Reaktion); zu den öffent-

Bayern wertete den Frankfurter Fürstentag je nach ihrer politischen Ausrichtung unterschiedlich: Die Mehrheit sah in der Versammlung einen wichtigen Schritt, Preußen in die Defensive zu drängen, eine Reform des Deutschen Bundes durchzusetzen und damit Verhandlungen mit Österreich über eine stärkere wirtschaftliche Anbindung an den Zollverein zu ermöglichen[271]. Es war jedoch von Anfang an klar, daß Preußen alle Beschlüsse des Fürstentages ablehnen würde, so daß die österreichische Reforminitiative Otto von Bismarck lediglich vorübergehend in eine prekäre Lage brachte und noch im Herbst 1863 im Sande verlief.

Bayern blieb auch nach Beendigung der Generalzollkonferenz in München bei seiner bisherigen wirtschaftspolitischen Haltung, dem Zoll- und Handelsvertrag zwischen Preußen und Frankreich seine Zustimmung zu versagen, obwohl die württembergische Regierung spätestens um die Jahreswende 1863/64 begann, ihre Einstellung gegenüber Preußen zu überdenken[272]. Offensichtlich schreckten aber auch die bayerischen Regierungsvertreter davor zurück, den Austritt Bayerns aus dem Zollverein zu erklären. Man wollte sich den Weg in beide Richtungen – sowohl nach Norden als auch nach Süden – offenhalten. Während die Münchner Regierung also für die Interessen Österreichs im Zollverein eintrat, brachte es Wien nicht fertig, einen neuen Zolltarif als Angebot an die deutschen Mittelstaaten auszuarbeiten. Die Minister konnten sich nicht auf Zugeständnisse bei den Handelsabgaben einigen, selbst wenn Rechberg bereits in der Ministerratssitzung vom 25. April 1863 angemahnt hatte, „daß nunmehr unverweilt bestimmte Vorbereitungen für das Auftreten Österreichs in dieser hochwichtigen Angelegenheit getroffen werden müssen"[273].

d) Von München nach Berlin: Die Kündigung der Zollvereinsverträge im Dezember 1863

Bayern war über den Ausgang der Generalzollkonferenz von 1863 enttäuscht, hatte es doch den „Prellbock für Österreich"[274] abgegeben, ohne von der Donaumonarchie die erhoffte Unterstützung erhalten zu haben. Obwohl für Österreich bei Annahme des preußisch-französischen Handelsabkommens durch die Zollvereinsmitglieder wirtschaftlich einiges auf dem Spiel stand, konnten sich die Wiener Minister nicht auf einen niedrigeren Zolltarif als Angebot an die süddeutschen Staaten durchringen. Rechberg war einer der wenigen österreichi-

---

lichen Reaktionen in Preußen: SCHOEPS, Hans-Joachim, Der Weg ins Deutsche Kaiserreich, Berlin 1971, 69–87; zu Preußen, Bismarck, dem Fürstentag und den gescheiterten Reformprojekten: LENZ, Max, König Wilhelm und Bismarck in ihrer Stellung zum Frankfurter Fürstentag (Sitzungsberichte der Preußischen Akademie der Wissenschaften, Phil.-Hist. Klasse 7, Sonderausgabe), Berlin 1929 sowie KAERNBACH, Konzepte, 187–197.

[271] RUIDER, Meinung, 60–71.
[272] BayHStAM, MH 9692 (Hügel an AM, 16.1.1864).
[273] Minsterratssitzung vom 25.4.1863, in: ÖSTERREICHISCHES OST- UND SÜDOSTEUROPA-INSTITUT (Hg.), MALFÈR, Stefan (Bearb.), Die Protokolle des österreichischen Ministerrates 1848–1867, V/5: Die Ministerien Erzherzog Rainer und Mensdorff vom 3.11.1862–30.4.1863, Wien 1989, 394–397; FRANZ, Zollpolitik, 143–187; FRANZ, Entscheidungskampf, 311–312.
[274] Zitiert nach: ebd., 319.

Regierungsvertreter, der in dieser entscheidenden Phase wirtschaftspolitischer Maßnahmen die preußische Politik richtig einschätzte, ohne jedoch seine politische Vorstellungen durchsetzen zu können[275]: „Oesterreichs handelspolitische Trennung vom übrigen Deutschland ist sonach in Wahrheit das Ziel, für welches die kön(iglich) preussische Regierung, wie noch ihre neueste Erklärung bekundet, in der angekündigten Conferenz ihre Genossen im Zollverein zu gewinnen trachten wird."

Im August 1863 blies Preußen tatsächlich zur letzten großen Offensive. Bismarck bestand nun auf die Verlängerung der Zollvereinsverträge unter Anerkennung des Abkommens mit Frankreich noch vor Ablauf ihrer Kündigungsfrist im Dezember 1863. Deshalb verständigten sich Anfang Oktober die Vertreter Bayerns, Württembergs, Nassaus, Hessen-Darmstadts, Kurhessens und Frankfurts und mit zeitlicher Verzögerung auch die von Hannover über Vorberatungen bezüglich eines geschlossenen Vorgehens auf der von Preußen anberaumten Tagung in Berlin[276]. Bereits im Vorfeld der geplanten Konferenz ließ jetzt auch Bayern keinen Zweifel mehr daran, den Fortbestand des Zollvereins nicht leichtfertig aufs Spiel setzen zu wollen. Maßgeblich für diese neue, moderatere Haltung war ein Gutachten Hermanns für König Maximilian vom September 1863. Hermann erhoffte sich darin kleine Veränderungen am Handelsvertrag mit Frankreich zugunsten der bayerischen Industrie, ein Streichen der Meistbegünstigungsklausel in Artikel 31 hielt er aber für utopisch. Sollte Bayern auf der Abänderung dieses Paragraphen bestehen, so „trete für Preussen die Alternative ein: Handelsvertrag oder Zollverein"[277].

Die Besprechung der Mittelstaaten unter Ausschluß der beiden Großmächte fand im Oktober 1863 in München statt. Das offizielle Schlußprotokoll vom 12. Oktober[278] kam Preußen entgegen und war wesentlich allgemeiner formuliert als die erste Fassung vom 6. Oktober[279]; eine Annäherung an die Berliner Vorstellungen schien nun greifbar. Der österreichische Delegierte, Sektionschef im Handelsministerium und ab Oktober 1863 österreichischer Handelsminister, Joseph Frhr. von Kalchberg, war zwar zu den offiziellen Verhandlungen nicht zugelassen, beriet sich aber im Anschluß an die Gespräche mit den bayerischen Unterhändlern Weber und Meixner. Kalchberg war zwar mit einem vertraulichen

---

[275] BayHStAM, MH 9691 (Rechberg an den österreichischen Gesandten in München, Fürst von Schönburg, 4.8.1863).

[276] Ebd. (AM an die Gesandtschaft in Wien, 25.9.1863); FRANZ, Entscheidungskampf, 321.

[277] Das Schreiben Hermanns vom 20.9.1863: GHAM, Kabinettsakten Maximilian II., No. 26. BayHStAM, MH 9691 (Abschrift der Abschrift: Preußische Auffassung der Frage des Handels-Vertrages und Zollvereins zu Anfang des Monats September 1863, gez. Hermann, 20.9.1863). Hermann hatte sich auf dem Statistischen Kongreß in Berlin über die unabänderliche Haltung Preußens in bezug auf den Handelsvertrag überzeugen können.

[278] APP V, Nr. 540, 802–804; EGK 4 (1863), 81–82; FRANZ, Entscheidungskampf, 325–326.

[279] BayHStAM, MH 9691 (Protocoll über das Ergebniß der von den Regierungen von Bayern, Württemberg, Kurhessen, Großherzogthum Heßen, Nassau u. der Freien Stadt Frankfurt gepflogenen Vorberathung bezüglich der Erneuerung der Zollvereins-Verträge, München, 6.10.1863). Der Vertreter Hannovers kam erst später in München an, war also an dem vorläufigen Protokoll vom 6.10.1863 nicht beteiligt.

Entwurf des neuen österreichischen Zolltarifes nach München gereist[280], mußte jedoch einen sofortigen Eintritt der Donaumonarchie in den Zollverein auf Weisung Rechbergs strikt ablehnen[281]. Nicht ohne Einfluß auf die Sinneswandlung der deutschen Mittelstaaten mag der neue österreichische Zolltarif gewesen sein, der den Erwartungen nicht entsprach, da er in allen Positionen zu hohe Zölle aufwies[282]. Außerdem war die Angst vor einer Auflösung des Zollvereins, die in allen preußischen Stellungnahmen immer deutlicher wurde, gewachsen. Trotzdem beinhaltete das Abschlußdokument der Münchner Besprechungen neben dem Bekenntnis aller Beteiligten zu einem gemeinsamen Vorgehen auf den Berliner Konferenzen, die im November 1863 beginnen sollten, noch immer die Forderung nach der unverzüglichen Aufnahme von Verhandlungen mit Österreich und der Modifikation des französischen Handelsvertrages. Bei den Änderungen bezeichnete man die Entfernung des Artikels 8[283] als genauso erforderlich wie die Neuberatung der Artikel 15 und 23[284] sowie einen Zusatz zu Artikel 31 (Verhältnis zu Österreich)[285].

Noch vor Beginn der Gespräche in Berlin wies die preußische Regierung nochmals auf die enge Verknüpfung des Handelsvertrages mit Frankreich mit der Verlängerung der Zollvereinsverträge hin; de facto hatte sich also an ihren

---

[280] Der Zolltarif war seit Mai 1863 in Wien erarbeitet worden, ohne daß jedoch das Resultat auf die einhellige Zustimmung der dortigen Ministerriege gestoßen wäre. Die Ministerratssitzung vom 22.7.1863: ÖSTERREICHISCHES OST- UND SÜDOSTEUROPA-INSTITUT (Hg.), KELTECKA, Thomas/Koch, KLAUS (Bearb.), Die Protokolle des österreichischen Ministerrates 1848–1867, V/6: Die Ministerien Erzherzog Rainer und Mensdorff vom 4.5.1863–12.10.1863, Wien 1989, 195–204. Die Anweisungen für Kalchberg und der Entwurf in den Sitzungen vom 3.8. und 6.8.1863: ÖSTERREICHISCHES OST- UND SÜDOSTEUROPA-INSTITUT (Hg.), Protokolle V/6, 257–262.

[281] BEER, Handelspolitik, 260.

[282] Zum österreichischen Zolltarif die österreichische Ministerratssitzung vom 7.12.1863: ÖSTERREICHISCHES OST- UND SÜDOSTEUROPA-INSTITUT (Hg.), KELTECKA, Thomas/KOCH, Klaus (Bearb.), Die Protokolle des österreichischen Ministerrates 1848–1867, V/7: Die Ministerien Erzherzog Rainer und Mensdorff vom 15.10.1863–23.5.1864, Wien 1992, 132–133.

[283] Staatsarchiv 3, Nr. 434, 254: „Die aus den Gebieten des einen der beiden Theile herstammenden und in die Gebiete des anderen Theils eingeführten Waaren jeder Art sollen keinen höheren inneren Verbrauchs-Steuern unterworfen werden dürfen, als die gleichartigen Waaren einheimischer Erzeugung solche entrichten oder entrichten werden. Jedoch sollen die Eingangs-Abgaben um so viel erhöht werden dürfen, als die den einheimischen Producenten durch das innere Steuer-System verursachten Kosten betragen" (Artikel 8 des Vertrages).

[284] Staatsarchiv 3, Nr. 434, 260: „Die aus einem Gebiete eingehenden oder nach demselben ausgehenden Waaren aller Art sollen gegenseitig in dem anderen Gebiete von jeder Durchgangs-Abgabe befreit sein. (...) In Beziehung auf die Durchfuhr sichern sich die Hohen vertragenden Theile in jeder Hinsicht die Behandlung der meistbegünstigten Nation zu" (Artikel 23 des Vertrages).

[285] Die Überarbeitung dieser Artikel war bereits in der ersten Ablehnung durch Bayern am 8.8.1862 gefordert worden: Staatsarchiv 3, Nr. 442, 358–367, bes. 364–365.

Anschauungen seit April 1862 nichts geändert[286]. Die beiden preußischen Ministerialdirektoren Delbrück und Philipsborn hielten mehr denn je eine gemeinsame Handelspolitik mit Österreich für unrealistisch, da dies nur verhindern würde, dem Freihandel zum Durchbruch zu verhelfen. Das bayerische Staatsministerium des königlichen Hauses und des Äußern wollte sich indes mit der starren Haltung Preußens nicht abfinden und sandte am 28. Oktober 1863 an alle Vereinsregierungen eine Denkschrift, die freilich mehr den politischen als den volkswirtschaftlichen Standpunkt der Münchner Regierung betonte[287]. Schrenck führte die Schwierigkeiten bei der Verlängerung der Verträge darauf zurück, daß nicht alle Partner in gleicher Weise von der „innigen Ueberzeugung, daß der Zollverein eine wahrhaft deutsche Institution sei, und daß in diesem seinem Entzwecke seine vorzugsweise Bedeutung und Bestimmung liege" [288] überzeugt wären. Der bayerische Außenminister betonte den national-deutschen Charakter des Zollvereins, so daß aus seiner Sicht auch die Donaumonarchie berücksichtigt werden müßte. Er forderte deshalb folgerichtig die Intensivierung der Verbindungen zu Österreich, zumal Bayern aufgrund seiner geographischen Lage auf den Handel mit Österreich angewiesen war. In diesem Sinne wurde Meixner Anfang November 1863 für die Berliner Gespräche instruiert[289].

Am 11. November 1863 begannen die Berliner Konferenzen mit Bevollmächtigten aus Preußen, Bayern, Sachsen, Württemberg, Baden, Hannover, Kurhessen, dem Großherzogtum Hessen, den Thüringischen Staaten, Braunschweig, Oldenburg, Nassau und der Freien Stadt Frankfurt. Im Gegensatz zu den übrigen Zollvereinsstaaten trat Preußen mit einem ganzen Stab von Delegierten an, zu denen neben Delbrück auch Johann Friedrich von Pommer-Esche und Max von von Philipsborn gehörten[290]. Für Bayern nahm Karl von Meixner teil; aufgrund seiner angegriffenen Gesundheit wurde ihm der königliche Oberzollrat von Reichert als Stellvertreter zur Seite gestellt[291]. Von Anfang an lehnten die preußischen Bevollmächtigten den Antrag Bayerns auf Beratung der österreichischen Frage ab, zeigten sich also nicht geneigt, von ihrer bisherigen Position

---

[286] BayHStAM, MH 9691 (Abschrift der Abschrift: Preußische Auffassung der Frage des Handels-Vertrages und Zollvereins zu Anfang des Monats September 1863, gez. Hermann, 20.9.1863).

[287] Ebd. (AM an die Gesandtschaft in Berlin, 28.10.1863).

[288] Ebd. (AM an die bayerische Gesandtschaft in Wien, 25.9.1863).

[289] Ebd. (württembergisches Außenministerium an AM, 30.10.1863).

[290] Ebd. (Meixner an AM, 11.11.1863). Die Verhandlungsprotokolle: BayHStAM, MH 9750. Die neuere Literatur spricht bei den Berliner Konferenzen auch von „Zollsonderkonferenzen": ÖSTERREICHISCHES OST- UND SÜDOSTEUROPA-INSTITUT (Hg.), Protokolle V/6, XXXVIII. FRANZ, Entscheidungskampf, 328, und auch MEYER, Zollverein, 127, legen den Konferenzbeginn wie EGK 4 (1863), 87, auf den 5.11.1863. Zur ersten Etappe der Berliner Konferenzen bis zum 15.12.1863: FRANZ, Entscheidungskampf, 329–341 und WEBER, Zollverein, 428–441.Vertreter für Sachsen war der Geheime Finanzrat von Thümmel und für Württemberg Ministerialdirektor von Geßler und Finanzrat Rieke.

[291] BayHStAM, MH 9691 (AM an die bayerische Gesandtschaft in Berlin, 28.10.1863). Meixner wurde später von Reichert ersetzt. Die Beziehung zwischen dem bayerischen Gesandten in Berlin und Reichert gestaltete sich äußerst gespannt: BayHStAM, MH 9872.

abzurücken[292]. Aufgrund der unnachgiebigen Haltung Preußens begann das mittelstaatliche Bündnis von München zu bröckeln. In den folgenden Teilsitzungen berieten die Bevollmächtigten nur über die von Preußen vorgelegten Vorschläge auf Abänderung des Zolltarifes, zumal es Österreich wieder einmal versäumt hatte, ein ernstzunehmendes Gegenkonzept vorzulegen[293]. Am 1. Dezember 1863 waren die Besprechungen über die Tariffrage abgeschlossen, so daß die Delegierten dazu übergingen, den preußisch-französischen Handelsvertrag zu erörtern[294]. Meixner mußte am 10. Dezember 1863 nach München melden, daß plötzlich mit Ausnahme seiner Person und des Ministerialdirektors Geßler aus Württemberg keiner der Bevollmächtigten mehr Einwände gegen die Artikel 23, betreffend die Abschaffung der Durchfuhrzölle, und Artikel 31, die Meistbegünstigung, vorgebracht hatte[295]. Damit waren die bayerischen und die württembergischen Vertreter isoliert. Dies eröffnete Pommer-Esche, Philipsborn und Delbrück die Möglichkeit, den Druck auf München und Stuttgart zu verstärken und Verhandlungen mit Österreich nun ausdrücklich an die Annahme des preußisch-französischen Handelsvertrages in seiner vorliegenden Fassung zu knüpfen. Zeichen des kompromißlosen Auftretens war die Kündigung der Zollvereinsverträge durch die preußische Regierung am 14. Dezember 1863 zum Jahresende 1865[296]. Die bayerischen Handelskammern bedauerten diesen Schritt zutiefst, hatte man doch bis zuletzt auf eine Verständigung aller Zollvereinsstaaten gehofft[297].

Mit der Kündigung der Zollunionsverträge war die Taktik der Mittelstaaten, vor allem jedoch die der bayerischen und württembergischen Regierung, über den 31. Dezember 1863 hinaus zu verhandeln und somit die Kündigungsfrist verstreichen zu lassen, nicht aufgegangen und die Politik der letzten beiden Jahre gescheitert. So beurteilte der bayerische Gesandte in Berlin, Pergler von Perglas, die preußische Zollvereinspolitik gegenüber Bayern rückblickend auch als durchdacht und gezielt angewendet, wenn er schreibt[298]: „Die wiederholte Berührung der Kündigung des Zollvereinvertrages läßt voraussetzen, daß dieselbe zu einer hervorragenden Rolle unter den Pressionsmitteln, welche gegen Süddeutschland zur Anwendung kommen sollen, seiner Zeit ausersehen ist." Ende 1863 hatte sich

---

[292] BayHStAM, MH 9691 (Meixner an AM, 18.11.1863). Der Antrag von Bayern, Württemberg und Hessen-Darmstadt wurde außer von Preußen auch von Baden, Thüringen, Braunschweig und Oldenburg abgelehnt. Genauso: WEBER, Zollverein, 428.
[293] DELBRÜCK, Erinnerungen 2, 293: Der neue österreichische Tarif wurde erst am 28./29.11.1863 offiziell vorgelegt.
[294] EGK 4 (1863), 93. Zu den Gesprächen auch: BÖHME, Großmacht (1966), 149–151.
[295] BayHStAM, MH 9691 (Meixner an AM, 10.12.1863). Nach FRANZ, Entscheidungskampf, 340, wurde die österreichische Frage erst in der letzten Sitzung vor Weihnachten am 15.12.1863 angeschnitten.
[296] APP V, Nr. 544, 808–809. Im Anschluß an die Kündigung die umfangreiche Zirkulardepesche Bismarcks vom 31.12.1863: APP V, Nr. 545, 809–814. Danach war die Kündigung der Zollvereinsverträge vor allem deshalb erfolgt, weil sich die Regierungen nicht über eine gemeinsame Basis für die Verlängerung hatten einigen können.
[297] JAHRESBERICHT der oberbayerischen Kreis-Gewerbe- und Handelskammer für 1863, 7.
[298] BayHStAM, MA 2650 (Bericht Perglas Nr. 89, 25.2.1870).

also die Situation der süddeutschen Staaten so verschlechtert, daß Preußen drauf und dran war, sie nun auch auf handelspolitischer Ebene auszumanövrieren. Erschwerend kam für die Mittelstaaten die Einigung der beiden Großmächte hinzu: Nach der gescheiterten Machtdemonstration Kaiser Franz Josephs[299] auf dem Frankfurter Fürstentag im November 1863 verständigten sich Berlin und Wien angesichts des Todes des dänischen Königs Friedrich VII. außerhalb der Gremien des Deutschen Bundes auf eine gemeinsame Außenpolitik – ähnlich wie 1853[300]. Bismarck hielt zu jener Zeit einen friedlichen Dualismus mit Abgrenzung der Machtsphären und damit eine Einigung mit Österreich von Großmacht zu Großmacht außerhalb des Deutschen Bundes für vorstellbar[301]. Der österreichischen Politik war diese, ohne Einbeziehung des Bundes stattfindende Annäherung jedoch weniger dienlich, da selbst die großdeutsch orientierten Mittelstaaten der Donaumonarchie gegenüber mißtrauisch wurden und ihr Augenmerk verstärkt nach Norden richteten[302].

3. Die Verlängerung des Zollvereins 1864/65

a) Die Berliner Konferenzen bis zum Tode König Maximilians II.

Die Berliner Konferenzen waren über Weihnachten und aufgrund der Krankheit Meixners um die Jahreswende 1863/64 unterbrochen worden[303]. Anfang Januar unterrichtete Schrenck die bayerischen Gesandten in Stuttgart, Hannover, Frankfurt und Kassel über den Stand der Unterhandlungen[304]. Preußens kurzfristiges Entgegenkommen gegenüber den zögernden Regierungen von Bayern, Württemberg, Hannover, den beiden Hessen und Nassau zum Ende der ersten Verhandlungsrunde hatte sich schnell als Scheinmanöver entpuppt. Der bayerische Außenminister stellte deshalb noch einmal klar, daß es München nicht um kleinliche Zugeständnisse der Berliner Regierung ging. Schrenck betonte vielmehr, daß die Ablehnung des preußisch-französischen Handelsvertrages seinen Grund darin hatte, daß „dieser Vertrag in seiner Fassung und Tendenz den nationalen wie vertragsmäßigen Verpflichtungen (...), welche der Zollverein gegenüber den, dem Vereine noch nicht beigetretenen deutschen Staat [= Österreich, Anm. der Verf.] bezüglich des allmählichen Eintrittes desselben in den Verein zu

---

[299] *Franz Joseph I.* (1830–1916): Seit 1848 Kaiser von Österreich, nach dem österreichisch-ungarischen Ausgleich von 1867 auch König von Ungarn.

[300] HUBER, Verfassungsgeschichte III, 449–509; BÖHME, Großmacht (1966), 148; EGK 4 (1863), 358–359. Zur Stellung Bayerns zu Beginn des Konflikts (1862/63): GHAM, Kabinettsakten Maximilian II., No. 25a und BRAY, Denkwürdigkeiten, 99–100.

[301] KOLB, Großpreußen, in: KUNISCH, Bismarck, 18 und 23–24.

[302] Dazu beispielsweise der Jahresbericht der oberbayerischen Handelskammer von 1863: JAHRESBERICHT der oberbayerischen Kreis-Gewerbe- und Handelskammer für 1863, 8.

[303] Delbrück unterstellte Bayern, die Krankheit Meixners nur vorzutäuschen, um die Verhandlungen in Berlin hinauszuzögern: DELBRÜCK, Erinnerungen 2, 295–296.

[304] BayHStAM, MH 9692 (AM an die kgl. Gesandten in Stuttgart, Hannover, Frankfurt, Kassel, 4.1.1864).

beobachten hat"[305] widersprach. Deshalb beharrte er auf einer „principiellen Revision" der Abmachung; erst in zweiter Linie ging es Schrenck auch um wirtschaftliche Aspekte. Er beanstandete das Fehlen einer „der Stellung des Zollvereins und Deutschlands gebührende[n] Gegenseitigkeit u(nd) Gleichheit der Verpflichtungen und Leistungen". Aus seiner Sicht wurde die französische Industrie bevorteilt; der vereinbarte Tarif würde die bayerische Industrie nachhaltig schädigen. Diese Ansicht von Schrencks widersprach eindeutig der Haltung der meisten Handels- und Gewerbevertreter Bayerns, die sich aufgrund volkswirtschaftlicher Erwägungen und angesichts der Gefahr einer Zollvereinsauflösung für die Annahme des preußisch-französischen Handelsvertrages ausgesprochen hatten[306]. Vorübergehend überlegten die bayerischen Minister, den weiteren Gesprächen fernzubleiben, konnten dies dann aber doch nicht verantworten. Schrenck mußte akzeptieren, daß der „(...) Standpunkt des bisherigen Zollvereins u(nd) der nationalen Interessen, (...) der bayerischen Regierung viel zu hoch [stehen], als daß sie dieselben um einiger vorübergehender Schwierigkeiten halber in Frage zu stellen gedenkt"[307]. Bayern hatte keine Chance, sich dem Norden ohne Verbündete entgegenzustellen und mußte deshalb auf den Widerstand weiterer süddeutscher Regierungen hoffen.

Der bayerische Bevollmächtigte Meixner traf am 3. Februar 1864 mit neuen Instruktionen, die allerdings keine wesentlichen Veränderungen der bisherigen bayerischen Ansichten und Vorgehensweisen beinhalteten, wieder in Berlin ein und versuchte sofort, gleichgesinnte Regierungsvertreter zu einem gemeinsamen Vorgehen zu bewegen[308]. Vor der Weiterführung der Verhandlungen über den preußisch-französischen Handelsvertrag und den damit verbundenen Zolltarif sollten nach den bayerischen Vorstellungen grundsätzlich die Zoll- und Handelsverhältnisse zwischen den Zollvereinsstaaten und Österreich geklärt werden. Der Antrag Meixners, bis zur endgültigen Festlegung eines neuen Tarifes die Beratungen über das Handelsabkommen von 1862 ruhen zu lassen, lehnte Preußen ab; der Versuch Bayerns, Zeit zu gewinnen, war erneut gescheitert[309].

Inzwischen hatte sich die Gruppe der Staaten, die den Handelsvertrag zwischen Berlin und Paris strikt ablehnten, auf Württemberg und Bayern reduziert, da sich Sachsen, Baden, Braunschweig, Oldenburg, die Freie Stadt Frankfurt und die

---

[305] Ebd.
[306] Siehe dazu Kapitel III.1.b) *Der Handels- und Schiffahrtsvertrag zwischen Preußen und Frankreich von 1862: Reaktionen auf den Vertragsabschluß* (S. 85).
[307] BayHStAM, MH 9692 (AM an die kgl. Gesandten in Stuttgart, Hannover, Frankfurt, Kassel, 4.1.1864).
[308] Ebd. (AM an Meixner, 24.1.1864 und Entwurf einer Erklärung des kgl. bayerischen Bevollmächtigten für die bevorstehende Wiedereröffnung der Conferenz-Verhandlungen in Berlin über Erneuerung des Zollvereins): Der Entwurf von Weber, die Korrekturen von Meixner. SYBEL, Begründung 3, 387, beurteilt die Beratungen Anfang Februar folgendermaßen: „(...) um die alten Streitpunkte von Neuem mit den alten Argumenten zu erörtern (...)."
[309] BayHStAM, MH 9692 (Erklärung Preußens auf die bayerische Eingabe vom 5.2.1864/schriftliche Erklärung Preußens vom 11.2.1864). Bayern, Sachsen, Württemberg, Hannover und Hessen-Darmstadt traten am 5.2.1864 für Verhandlungen mit Österreich ein, Preußen lehnte ab: APP V, Nr. 548, 817–818.

Thüringischen Staaten den preußischen Positionen weitgehend angeschlossen hatten. Kurhessen, Nassau, Hannover und selbst Hessen-Darmstadt, die sich bisher in der Sache mit Bayern einig gewesen waren, wollten ihren Widerstand aufgeben, wenn der Zollverein in Gefahr geriet. Aber auch Württemberg wünschte, die Aufrechterhaltung des Zollvereins unter allen Umständen zu sichern[310]. Meixners Einschätzung, „ihre [Württembergs] Koalition mit Bayern hält (...) die Probe nicht aus, sondern wird vielmehr in dem Augenblick hinfällig, sobald sie besorgen müssen, bei dem Beharren in derselben die Fortdauer des Zollvereins in Frage zu stellen"[311], machte die heikle Situation Bayerns deutlich, die sich mit zunehmender Dauer der Konferenz weiter verschärfte. Preußens Verhandlungsgeschick ließ befürchten, daß die Differenzen zwischen den bayerischen und württembergischen Vorstellungen offen zutage traten, und es dadurch zu Unstimmigkeiten zwischen den beiden Regierungen mit der Gefahr eines politischen Wechsels Württembergs in das preußische Lager kommen könnte[312]. Unterdessen drehte sich die Konferenz in Berlin schon lange nicht mehr um eine Modifizierung des Zolltarifes, sondern allein um die Frage, wann Gespräche mit Österreich über die zukünftigen Handelsbeziehungen aufgenommen werden sollten: vor oder nach Erneuerung der Zollvereinsverträge. Preußen hielt anders als Bayern effektive Verhandlungen erst nach der Annahme des neuen Tarifes durch alle Zollvereinsstaaten für sinnvoll. In dieser Situation drohte Delbrück angesichts der brüchig gewordenen Koalition zwischen den Südstaaten unverhohlen mit dem Abbruch aller Verhandlungen, sollten Bayern und Württemberg ihre Ansichten nicht endlich ändern[313]: „Das Motiv zu einem solchen eventuellen Schritte liegt einfach darin, daß die preußische Regierung nunmehr die Überzeugung gewonnen zu haben glaubt, daß in einem solchen Falle Bayern nur eine verschwindend geringe Anzahl anderer Vereins-Regierungen auf seiner Seite behalten und vielleicht ganz isolirt werden wird."

Meixner fürchtete eine Vertagung der Beratungen, die aus seiner Sicht ausschließlich Preußen genutzt hätte. Deshalb versuchte er, Zeit zu gewinnen, mußte am Ende aber einlenken. Ende Februar 1864 gab der bayerische Unterhändler auf Anweisung Schrencks nach und akzeptierte die Tarifwünsche Preußens als Beratungsgrundlage. Damit hatte er den bisher von Bayern so nachdrücklich verfochtenen Standpunkt aufgegeben, vor Annahme eines neuen Zolltarifes mit Österreich zu verhandeln[314]. Das bayerische Außenministerium sah darin seinerseits jedoch hinsichtlich des preußisch-französischen Handelsvertrages kein Einlenken auf die preußische Position, sondern beharrte darauf, die Münchner Regierung würde „selbst unter schwierigeren Verhältnissen unverrückt

---

[310] Anders dazu SYBEL, Begründung 3, 387, der unterstellte, Bayern und Württemberg würden auf ihren bisherigen Vorstellungen und Forderungen bestehen, „möchte auch (...) der Zollverein darüber in Trümmer zerfallen."
[311] BayHStAM, MH 9692 (Meixner an AM, 13.2.1864); APP V, Nr. 547, 816–817.
[312] BayHStAM, MH 9692 (Meixner an AM, 13.2.1864).
[313] Ebd. (Meixner an AM, 13.2.1864). Zu den Konferenzen auch: WEBER, Zollverein, 433–438.
[314] So der preußische Unterhändler Philipsborn: FRANZ, Entscheidungskampf, 351.

an dem festhalten, was sie einmal für recht und üblich erkannt hat"[315]. Daß diese kompromißlose Haltung des bayerischen Außenministeriums angesichts der realen politischen Verhältnisse noch ernstzunehmen war, darf mit Recht angezweifelt werden. Wenige Tage später legte der Bevollmächtigte Bayerns dennoch eine Zusammenstellung der geforderten Veränderungen des preußischen Tarifentwurfes vor. Betroffen waren neben Eisen und Eisenwaren auch Maschinen sowie Produkte, die in Bayern in größerem Umfang hergestellt wurden: Baumwollgarn, Baumwollgewebe, Soda, Glas- und Glaswaren, Instrumente, Eisenbahnfahrzeuge, Kleider, Kurzwaren, Leder, Papiertapeten, Seiden-, Stroh- und Tonwaren, Wollgarne und -waren, Wein und Lumpen[316].

Schrenck mußte Anfang März 1864 mit Schrecken feststellen, daß die meisten kleineren Staaten im Begriff waren, sich endgültig auf die Seite Preußens zu schlagen, obwohl sich die Berliner Regierung bisher zu keinerlei Konzessionen bereit gefunden hatte. Zur selben Zeit wurden die Planungen für Beratungen zwischen Preußen und Österreich über eine wirtschaftliche Annäherung publik, was zu ernsthaften Verstimmungen zwischen der bayerischen und österreichischen Regierung führte[317]. Schrenck mutmaßte sogar, daß „so wie Bayern bisher in der Tarifsfrage völlig isolirt stand, dieß auch bald in andern Hauptfragen der Fall sein, und daß eine solche Situation Preussen veranlassen werde, die bisherigen Verhandlungen abzubrechen, und den Versuch zu machen, einen neuen Zollverein vorläufig mit Ausschluß von Bayern zu gründen"[318]. Er wies deshalb den bayerischen Gesandten in Wien, Otto Graf von Bray-Steinburg[319], in scharfem Ton an, bei der österreichischen Regierung vorstellig zu werden, um sie auf die ausweglose Lage in der Zollvereinsfrage aufmerksam zu machen. Der Wiener Außenminister von Rechberg sollte endlich die wirtschaftspolitischen Fragen gegenüber seinen Kollegen im eigenen Kabinett mit größerer Nachdrücklichkeit verfolgen und die süddeutschen und österreichischen Interessen energischer vertreten. Rechberg versuchte ohne größeren Erfolg, die aufgebrachten süddeutschen Regierungen zu beruhigen. Die Antwort Brays machte alle Hoffnungen des Münchner Kabinettes auf ein entschiedeneres Auftreten der österreichischen Regierung zunichte: Österreich wollte nämlich an der „Quasi-Allianz mit Preußen" festhalten, solange die Frage um die Elbherzogtümer und deren Zugehörigkeit zum Deutschen Bund nach dem Tod des dänischen Königs nicht geklärt war[320]. Bray registrierte sehr wohl den Zusammenhang zwischen der Schleswig-Holstein-Frage und der zoll- und handelspolitischen Problematik, bemerkte aber auch, daß Österreich unter den gegebenen Umständen keine Möglichkeit hatte,

---

[315] BayHStAM, MH 9692 (AM an Meixner, 25.2.1864).
[316] Ebd. (Zusammenstellung, 27.2.1864).
[317] Die Beratungen zwischen dem preußischen Unterhändler Hasselbach und dem österreichischen Bevollmächtigten Hock begannen am 18.3.1864 in Prag. Siehe dazu Kapitel III.3.d) *Der Handelsvertrag mit Österreich von 1865* (S. 138).
[318] BayHStAM, MH 9692 (AM an Bray, 4.3.1864).
[319] Zu Otto Graf von Bray-Steinburg siehe Kapitel V.2.a) *Die leitenden Minister: Otto Graf von Bray-Steinburg (1870/71)* (S. 234).
[320] BayHStAM, MH 9692 (Bray an AM, 9.3.1864). Zum Schleswig-Holstein-Konflikt: HUBER, Verfassungsgeschichte III, 436–510.

Preußen auch nur ansatzweise unter Druck zu setzen; im Gegenteil, Rechberg war sogar gezwungen, eine passive Haltung in der Zoll- und Handelsfrage einzunehmen, um innerhalb des Deutschen Bundes nicht auch politisch ins Abseits zu geraten. Dies führte allerdings zu der für die Donaumonarchie negativen Konsequenz, daß die Mittelstaaten den österreichischen Kampf gegen den preußisch-französischen Handelsvertrag als halbherzig empfanden, deshalb ihren eigenen Widerstand dämpften und sich Preußen annäherten.

b) *Ludwig II. und die Zollvereinsfrage im Jahre 1864*

Am 10. März 1864 starb in München König Maximilian II.; sein Nachfolger auf dem Thron war sein knapp 19 Jahre alter Sohn Ludwig. Der Thronwechsel führte nur kurzfristig zu einer Stockung in den Instruktionen an Meixner, der sich aufgrund der neuen Verhältnisse in Bayern bei den laufenden Verhandlungen in Berlin zeitweilig zurückhielt. Ludwig II., bis dahin wenig mit der Zollvereinsfrage befaßt, griff sehr schnell in die aktuellen Aktivitäten ein[321]. Nur wenige Monate nach dem Tod des bayerischen Königs Maximilian starb am 24. Juni 1864 auch der württembergische Monarch Wilhelm, der seinerseits ein dezidierter Verfechter der Eigenstaatlichkeit und wirtschaftlichen Unabhängigkeit gewesen war. Sein Sohn und Nachfolger Karl war dem Freihandel gegenüber weitaus positiver eingestellt und hielt dementsprechend seine Minister zu einem maßvolleren Auftreten in Stellungnahmen gegenüber Preußen an. Damit mußte die Donaumonarchie einen Rückschlag hinnehmen, der auch in Bayern für Unruhe sorgte.

Am 24. März vertagte sich die Berliner Konferenz auf den 18. April 1864. Am gleichen Märztag unterschrieben die Vertreter der beiden Hegemonialmächte im Deutschen Bund unabhängig von den Zollvereinsberatungen ein Papier, in dem Österreich von seinen Juliforderungen des Jahres 1862 abrückte und auf eine Vereinigung mit dem Zollverein verzichtete[322]. Trotzdem versuchte Rechberg ein letztes Mal, die süddeutschen Staaten um sich zu sammeln und gegen Preußen zu mobilisieren[323]; die Bemühungen blieben jedoch erwartungsmäß erfolglos. Der bayerische Gesandte Montgelas hatte Anfang April wissen lassen, daß die preußische Regierung nun zum Äußersten entschlossen wäre und der Münchner Regierung für ein definitives Bekenntnis in der Zollvereinsfrage – also zu einer Zusammenarbeit mit Preußen oder Österreich – ein Ultimatum stellen werde[324]: „Wir würden Uns nun *entscheiden* müssen, ob Wir Unser bisheriges Widerstreben fallen lassen, Uns noch entschließen könnten, Preussen auf demselben zu folgen." Sollte die bayerische Regierung jedoch in ihrer ablehnenden Haltung verharren, „dann *könne und werde Preussen nicht länger zögern* mit den übrigen

---

[321] So auch SCHMIDT, Zollparlament, 20.

[322] FRANZ, Entscheidungskampf, 357; BEER, Handelspolitik, 270–275; FRANZ, Zollpolitik, 177. Siehe auch: BayHStAM, MH 9692 (Montgelas an AM, 6.4.1864). Zu den Verhandlungen zwischen Preußen und Österreich siehe Kapitel III.3.d) *Der Handelsvertrag mit Österreich von 1865* (S. 138).

[323] FRANZ, Entscheidungskampf, 361. Abdruck der Fragen an die Regierungen der Mittelstaaten: EGK 5 (1864), 86.

[324] BayHStAM, MH 9692 (Montgelas an AM, 8.4.1864). Hervorhebungen im Schriftstück, das folgende Zitat ebenfalls aus diesem Schreiben.

Zollvereins-Staaten, die sich, der großen Mehrzahl nach inzwischen bekanntlich eines besseren besonnen, die Zollvereins-Verträge zu erneuern, für Uns allein zu bleiben, oder höchstens mit Württemberg künftig einen Zollverein zu bilden; denn daß Wir mit Oesterreich einen solchen begründen, halte er, der Ministerial-Director [=Philipsborn], soweit er die Verhältniße überblicke (...) für ganz unausführbar". Selbst wenn sich Österreich zu einem für Bayern günstigeren Zolltarif durchringen könnte, wäre dies, so Montgelas, auf keinen Fall auch nur ein annähernder Ersatz für den Zollverein. Und in einem weiteren Bericht Anfang April 1864 skizzierte der Gesandte den nur noch geringen Spielraum für die zukünftige bayerische Politik in der Zollvereinsfrage. Verhandlungen auf der Grundlage der österreichischen Vorschläge vom 10. Juli 1862 wären laut Montgelas auch für die Zukunft unrealistisch, genausowenig wie Preußen die Meistbegünstigungsklausel im Handelsvertrag mit Frankreich preiszugeben gedächte[325]. Die Wirtschaftspolitik Münchens erforderte demnach neue Strategien, in deren Mittelpunkt nicht mehr die definitive Ablehnung des Handelsvertrages stehen durfte.

Weitaus differenzierter und auch zuversichtlicher als das Schreiben Montgelas' gestaltete sich der Bericht Meixners über den ersten Teil der Berliner Konferenzen[326]. Demnach hätte Preußen durchaus seine Bereitschaft zu Modifikationen am französischen Vertrag und die Aufnahme von Verhandlungen mit Österreich über eine Annäherung der Zolltarife und Erleichterungen im Grenzverkehr bekundet. Voraussetzung dafür war aber, so Meixner, die Anerkennung des Handelsvertrages mit Frankreich. Meixner sah in der anstehenden Tarifreform Einigungschancen, auch wenn er sein Einverständnis zur gegenwärtigen Fassung des Handelsvertrages weiterhin nicht geben wollte; und dies, obwohl er sich bewußt war, daß die Industriellen und Handelstreibenden in Bayern an der Weiterführung des Zollvereins und teilweise auch an der Annahme des Kontraktes mit Frankreich interessiert waren. Die optimistische Beurteilung Meixners hinsichtlich der anstehenden Verhandlungen zur Verlängerung des Zollvereins beruhten jedoch auf einer persönlichen Fehleinschätzung: Er legte die eingeschränkte Informationspolitik Delbrücks als Schwäche der preußischen Position aus. Dabei agierte Berlin mittlerweile aus einer gesicherten Stellung, der sich aufgrund der wirtschaftlichen Zwangslage bereits mehrere deutsche Staaten gefügt hatten. Aus diesem Grunde war Preußen in der Lage, Druck auf die Vereinsregierungen auszuüben und den Fortbestand des Zollvereins an strenge Konditionen zu knüpfen.

Ungeachtet der Gefahr einer Zollvereinsauflösung, die für die Wirtschaftsentwicklung Bayerns fatale Folgen gehabt hätte, wollte sich Schrenck zu endgültigen Instruktionen an Meixner erst nach einer offiziellen Stellungnahme aus Wien durchringen. Zu diesem Zweck weigerte er sich weiterhin, die von Preußen geforderte definitive Entscheidung zu fällen[327]. Ein Bericht Brays aus Wien Mitte

---

[325] Siehe dazu auch die Kapitel: III.1.b) *Der Handels- und Schiffahrtsvertrag zwischen Preußen und Frankreich von 1862: Reaktionen auf den Vertragsabschluß* (S. 85) und III.2.a) *Die Ablehnung des preußisch-französischen Handelsvertrages durch Bayern* (S. 92).

[326] BayHStAM, MH 9692 (Meixner an AM, 7.4.1864).

[327] Ebd. (AM an Meixner, 12.4.1864). Anders dagegen: BÖHME, *Großmacht*, 157, der Schrenck die Neugestaltung des Zollvereins in Angriff nehmen läßt.

April 1864 hätte die bayerische Regierung eigentlich alarmieren müssen, die Minister verharrten aber in ihrer eingefahrenen Abwehrhaltung gegen Artikel 31 und bestanden auf Verhandlungen zwischen dem Zollverein und Österreich[328]. Dabei hatte Bray die Uneinigkeit innerhalb der österreichischen Regierung genauso deutlich zum Ausdruck gebracht wie ihre Resignation hinsichtlich weiterer Beratungen über eine Annäherung an den deutschen Zollverein[329]. Als Preußen dem Antrag Meixners, die Wiederaufnahme der Berliner Konferenz bis Ende Mai 1864 zu vertagen, nicht nachkam, boykottierten Bayern, Württemberg, Hessen-Darmstadt sowie Nassau die für den 2. Mai 1864 vorgesehene Eröffnung[330]. Daraufhin erklärte Bismarck auch eine Verlängerung des Zollvereins auf der Basis der bisherigen Konditionen nicht mehr für realisierbar und führte mit den von den restlichen deutschen Staaten nach Berlin entsandten Bevollmächtigten Separatgespräche[331]. Außerdem startete Bismarck eine Pressekampagne, die für Bayern bei einem Ausscheiden aus dem Zollverein Millionenverluste vorhersagte[332].

Ebenfalls am 2. Mai 1864 erstattete Schrenck dem neuen bayerischen König erstmals ausführlich Bericht über Verlauf und Stand der Verhandlungen bezüglich der Zollvereinsverlängerung. Der Minister machte in diesem Zusammenhang darauf aufmerksam, daß ein weiteres Hinauszögern der Entscheidung über die Annahme der preußischen Forderungen nicht mehr zu verantworten wäre. Er befürchtete, daß bald auch die letzten der sich bisher ablehnend verhaltenden Regierungen Preußen nachgeben könnten. Kurhessen bezeichnete er als den gefährlichsten Wackelkandidaten, während er Hannovers Standfestigkeit lobte[333]. Schrenck beschuldigte erneut Berlin, durch den eigenmächtigen Abschluß des Handelsvertrages mit Frankreich die Probleme erst geschaffen zu haben. Unter Hinweis auf die volkswirtschaftlichen Folgen dieses Kontraktes verwies er auf dessen vorwiegend politischen Charakter, der den Ausschluß Österreichs aus dem Deutschen Bund von Anfang an intendiert und eine Annäherung an den Zollverein sabotiert hätte. Um seine Pläne zu verwirklichen, so Schrenck, versuchte Preußen, mit einer Agitationskampagne für dieses Abkommen die kleineren und mittleren Staaten zu verunsichern. Um Ludwig ebenfalls auf eine ablehnende Haltung einzuschwören, spielte Schrenck die wirtschaftlichen Folgen einer Trennung vom Zollverein herunter, wohl wissend, daß die Nachteile für die preußische Wirtschaft weit weniger schwerwiegend gewesen wären als für die

---

[328] BayHStAM, MH 9692 (AM an den österreichischen Gesandten in München, 20.4.1864 bzw. AM an Montgelas, 21.4.1864).

[329] Ebd. (Bray an AM, 14.4.1864).

[330] BayHStAM, MH 9693 (AM an Ludwig II., 21.5.1864 und kgl. Signat auf dieses Schreiben, 24.5.1864). Die bayerischen Anträge: Staatsarchiv 9, Nr. 1992, 1993, 258–261; APP V, Nr. 6, 40–41 und Nr. 554, 824–826. WEBER, Zollverein, 438; EGK 5 (1864), 92, und diesem folgend FRANZ, Entscheidungskampf, 363: Danach zögerten auch Hannover und Kurhessen mit ihrer Teilnahme.

[331] APP V, Nr. 13, 50–53.

[332] MEYER, Zollverein, 143.

[333] Was die Haltung Hannovers anbelangte, irrte Schrenck gewaltig: Bereits Mitte Mai mußte an der bisherigen ablehnenden Haltung Hannovers stark gezweifelt werden. Dies hatte Ludwig II. erkannt: BayHStAM, MH 9693 (kgl. Signat vom 18.5.1864 auf den Bericht des AM, 12.5.1864).

bayerische[334]: „So sehr auch die preuss(ischen) Organe sich den Anschein geben, als wenn das Verbleiben Bayerns im Zollverbande mit Preussen für letzteres gleichgültig, ja sogar nachtheilig sei, indem als dann Preussens sein ihm beliebiges Zollsystem ohne Opposition verfolgen, und selbst eine förmliche Zollhegemonie ausüben könnte, so würden gleichwohl die Folgen eines Ausscheidens Bayerns für die preuss(ische) Industrie – wie von den betheiligten Industriellen offen eingestanden wird – höchst verderblich sein." In Bayern, so der Minister, hätte lediglich die Pfalz bei einem Ausschluß aus dem deutschen Zollverein wirtschaftliche Nachteile zu erwarten. Schließlich informierte er Ludwig II. genauso wie dessen Vater falsch, wenn er behauptete, „die große Mehrzahl der industriellen Kreise, namentlich in Süddeutschland, [hätte] sich entschieden gegen den Vertrag, u(nd) dessen verderbliche Tendenzen erklärt"[335]. Schrenck versuchte statt dessen sogar Argumente für eine wirtschaftliche Selbständigkeit Bayerns zu finden: Er stufte in Verkennung der realen wirtschaftlichen Verhältnisse eine Separation vom österreichischen Absatzmarkt folgenreicher ein als vom preußischen. Die bayerische Regierung sollte dementsprechend an ihrem bisherigen entschiedenen Auftreten festhalten, um Preußen zu Konzessionen in der Zollvereinsfrage zu zwingen.

Ludwig II. hielt jedoch eine Zolleinigung, sei es allein mit Württemberg oder zusammen mit Württemberg und Österreich, jedoch ohne Hannover und Kurhessen, für „eine höchst bedenkliche Sache"[336]. Die königlichen Anordnungen in der Zollvereinsfrage waren folglich weitaus besonnener und eigenständiger als man es auf den subjektiven Bericht des Ministers hin erwartet hätte. Nach dem vorläufigen Scheitern der Berliner Konferenzen Mitte Mai 1864 billigte Ludwig zwar eine aktive Kontaktaufnahme zu Österreich, machte aber gleichzeitig „dem abzusendenden Commissär zur gewissenhaften Aufgabe, in dieser hochwichtigen Sache ja recht vorsichtig zu sein"[337]. Der bayerische Monarch machte deutlich, sich eher Preußen anzuschließen, als einen Ausschluß aus dem deutschen Zollverein zu riskieren. In der Folgezeit schaltete sich der junge König intensiv in die Frage um die Zollvereinsverlängerung ein und verbot seinem Außenminister – ähnlich wie sein Vater Maximilian – jede eigenständige Entscheidung[338]. Alles in allem war Ludwig II. mit der zögerlichen Haltung Schrencks in der Zollvereinsfrage nicht einverstanden, so daß er sich bereits Mitte des Jahres 1864 mit dem Gedanken trug, seinen leitenden Minister abzulösen[339]. Unterstützt wurde er in dieser Ansicht von Presse und Landtag, die Ludwig zudem wiederholt zu einer offiziellen Stellungnahme in bezug auf die zukünftige Handelspolitik aufforder-

---

[334] Ebd. (AM an Ludwig II., 2.5.1864).

[335] Ebd. Zur Beurteilung des ausführlichen Berichtes Schrencks an den neuen König: FRANZ, Entscheidungskampf, 365–366.

[336] BayHStAM, MH 9693 (kgl. Signat vom 18.5.1864 auf den Bericht des AM, 12.5.1864).

[337] Ebd.

[338] BayHStAM, MH 9693 (Persönliches Handschreiben Ludwigs an AM, 18.5.1864).

[339] Nach FRANZ, Kampf, 151–152, verstand sich Ludwig II. nicht mit Schrenck.

ten[340]. Da von Schrenck eine Anlehnung an Preußen nicht zu erwarten war, schlug von der Pfordten Georg Ludwig von Maurer[341] als propreußisch eingestellten Amtsinhaber vor, sollte die Anerkennung des französischen Handelsvertrages nicht mehr abzuwenden sein. Die Ablösung Schrencks scheiterte jedoch an einem geeigneten Nachfolger, da der Vorschlag Pfordtens, Staatsrat Maurer zu berufen „mit Rücksicht auf sein hohes Alter und auf die zweifelhafte Meinung, die man vielfach – und zwar nicht blos in höchsten Kreisen – von seiner Charakterfestigkeit hegt"[342] auf Ablehnung stieß.

Weber und Meixner, die sich nach dem Mißerfolg der Berliner Zollkonferenzen Mitte Mai 1864 ein letztes Mal zu Sondierungsgesprächen nach Wien begaben, forderten nun von der österreichischen Regierung entschlossenere Maßnahmen, um eine großdeutsche Lösung der Zoll- und Handelsfrage nicht aufgeben zu müssen. Die beiden Zollfachmänner waren von König Ludwig gleichwohl angehalten worden, keine Entscheidung zu fällen, bevor sich die anderen deutschen Mittelstaaten nicht zu einer offiziellen Stellungnahme durchgerungen hätten, so daß sie de facto zur Untätigkeit verurteilt waren[343]. Der österreichische Außenminister Rechberg war indessen bis Anfang Juni nicht in der Lage, ein konkretes Programm für eine zolltechnische Annäherung des Kaiserreiches an Deutschland vorzulegen, verlangte aber trotzdem von Bayern, bedingungslos auf eine Zolleinigung mit Österreich einzugehen. Meixner warnte von Schrenck angesichts der chaotischen Situation im Wiener Kabinett vor einer zu engen Anlehnung an die Donaumonarchie[344]: „Im allgemeinen sind die hiesigen Verhältnisse in den Ministerien ziemlich kläglich; es fehlt an einer leitenden Kraft. Minist(erium) des Aeussern, Handels-Ministerium u(nd) Finanz-Ministerium handeln jedes nach entgegengesetzten Principien, und wirken gegen einander; selbst in einem und demselben Ministerium stimmen die Referenten weder unter sich noch mit dem Minister überein." Am Ende bewahrheiteten sich alle Befürchtungen der bayerischen Vertreter: Österreich mußte einlenken und sich zu Verhandlungen mit Preußen auf der Basis des Handelsvertrages von 1853 unter Verzicht auf die Ansprüche von 1862 bereit erklären, um nicht gänzlich ins wirtschaftliche und damit auch politische Abseits zu geraten[345].

Zeitgleich mit den Gesprächen zwischen München und Wien meldete der bayerische Gesandte aus Berlin, daß Preußen mit Baden und Sachsen kurz vor Abschluß der Zollvereinsverlängerung stehen würde[346]. Ludwig reagierte

---

[340] GHAM, Kabinettsakten König Ludwig II., No. 233 (Pfordten an Pfistermeister, 21.5.1864). Siehe dazu auch Kapitel V.2.a) *Die leitenden Minister: Ludwig von der Pfordten (1849–1859 und 1864–1866)* (S. 224).

[341] *Georg Ludwig von Maurer* (1790–1872): habilitierter Jurist; 1829 Staatsrat im außerordentlichen Dienst, 1831 lebenslänglicher Reichsrat; 1832–1834 Mitglied des Regentschaftsrates in Griechenland; 1847 Ministerverweser des Staatsministerium des königlichen Hauses und des Äußern; 1847–1872 Staatsrat.

[342] GHAM, Kabinettsakten Maximilian II., No. 26 (Schreiben Pfistermeisters, 26.7.1862).

[343] BayHStAM, MH 9693 (kgl. Signat vom 18.5.1864 auf den Bericht des AM, 14.5.1864).

[344] Ebd. (Meixner an AM, 23.5.1864).

[345] EGK 5 (1864), 104–105.

[346] BayHStAM, MH 9693 (Montgelas an AM, 19.5.1864).

angesichts der neuen Situation ungewöhnlich barsch auf die Haltung Schrencks, der keinerlei Anzeichen erkennen ließ, einen bayerischen Bevollmächtigten zur Fortsetzung der Gespräche nach Berlin zu entsenden. Er erinnerte den Minister des königlichen Hauses und des Äußern noch einmal nachdrücklich daran, „auf dem Laufenden" gehalten zu werden, um „in so wichtigen Fragen, wo es nöthig, Schlußentscheide"[347] fällen zu können. Zugleich wollte sich Ludwig II. aber auch den Weg nach Wien nicht vollständig verbauen. Deshalb akzeptierte er Anfang Juni 1864 die von Österreich vorgeschlagenen Zollermäßigungen als Basis für Verhandlungen mit den deutschen Mittelstaaten, die gegenüber der preußischen Politik noch immer skeptisch eingestellt waren[348]. Allerdings machte er sich keine großen Hoffnungen, die Berliner Regierung mit dem österreichischen Angebot unter Druck setzen zu können – hatte sie sich doch bislang gegenüber allen Offerten abweisend verhalten –, sollten sich außer Bayern nicht auch noch Württemberg, Hannover, Kurhessen, das Großherzogtum Hessen-Darmstadt, Nassau und Frankfurt für diese Vorschläge erwärmen[349]. Der bayerische Monarch mußte sich eingestehen, daß unter der Mehrzahl der Zollvereinsregierungen die Akzeptanz des preußisch-französischen Handelsvertrages noch nie so groß war wie zum aktuellen Zeitpunkt. Ludwig II. wünschte eine eindeutige Stellungnahme der deutschen Staatsführungen bezüglich einer Bereitschaft, einen separaten Zollverein unter Ausschluß Preußens zu gründen, um ein weiteres Hinauszögern der Zollvereinsfrage und am Ende eine Isolierung Bayerns unter allen Umständen zu vermeiden. Zu diesem Zweck lud die bayerische Regierung auf königliche Anweisung für Mitte Juni 1864 zu erneuten Konferenzen nach München, an denen auch Österreich teilnehmen sollte. Während sich Sachsen anfangs an einer Beteiligung interessiert zeigte, sagte die Kurhessische Regierung ihr Kommen unverzüglich ab[350].

c) Die Erneuerung der Zollvereinsverträge

Am 17. Juni 1864 wurden die Münchner Konferenzen mit Vertretern aus Württemberg, Hessen-Darmstadt, Hannover, Nassau und Österreich eröffnet. Schon im Vorfeld hatte sich abgezeichnet, daß weder in der Zolltarifs- noch in der Zollbundfrage eine Einigung möglich war: Einerseits würde Preußen die Überarbeitung des Handelsvertrages mit Frankreich sowie des preußischen Zolltarifes nie billigen, und andererseits wollte Österreich die geforderten Zollermäßigungen nicht zugestehen[351]. So versuchten die Konferenzteilnehmer lediglich eine weitere Annäherung an Preußen in der Handelsfrage zu verhindern –

---

[347] Ebd. (kgl. Signat vom 24.5.1864 auf ein Schreiben des AM, 21.5.1864).

[348] Ebd. (kgl. Signat vom 10.6.1864 auf ein Schreiben des AM, 7.6.1864).

[349] FRANZ, Entscheidungskampf, 372, interpretiert das Signat Ludwigs II. anders: „Klar erkannte der König, daß nicht mehr zu erreichen sei als ein Aufschub von einigen Monaten." Tatsächlich wäre dies, laut Ludwig, nur dann der Fall gewesen, wenn außer Württemberg und Bayern keine weiteren Mittelstaaten den preußisch-französischen Handelsvertrag abgelehnt hätten. Ludwig II. erwog jedoch ernsthaft einen separaten süddeutschen Zollverein.

[350] BayHStAM, MH 9693 (Bray an AM, 9.6.1864).

[351] Ebd. (AM an Ludwig II., 1.7.1864 und Registratur München, 12.7.1864).

dies allerdings auf Kosten Österreichs. Am 14. Juli 1864 endeten die Münchner Beratungen dann auch nur mit einer Punktation, die Schrenck als „ziemlich ungenügend und werthlos" bezeichnete[352]: Die bestehenden Begünstigungen für den Zwischenverkehr zwischen Österreich und dem Zollverein sollten erhalten und gegebenenfalls ausgeweitet werden, ohne daß man dafür jedoch weitere Schritte nannte. Während die Annäherung und Gleichwertigkeit der beiden Zolltarife noch als Ziel formuliert wurde, war der Beitritt Österreichs zum Zollverein nun nicht mehr als Bedingung, sondern lediglich als Wunsch formuliert. Die allgemein gehaltene Punktation gab der preußischen Regierung die Möglichkeit, die Vereinbarung ganz nach ihren Vorstellungen auszulegen. Schrenck hielt sich nach dem enttäuschenden Verhandlungsergebnis nicht mit heftigen Vorwürfen gegenüber Wien zurück, da angesichts der gleichgültigen Haltung der Bevollmächtigten „angenommen werden [mußte], daß von österreich(ischer) Seite auf eine weitergehende Annäherung kein überwiegender Werth gelegt werde"[353]. Die Münchner Konferenzen endeten mit einer eindeutigen Niederlage Bayerns, da sich die noch verbliebenen Mittelstaaten, so auch Württemberg, geschlossen gegen einen süddeutschen Zollverein mit Österreich ausgesprochen hatten[354]. Die bayerischen Regierungsverantwortlichen wurden damit zur Passivität verurteilt und mußten die weiteren Schritte Preußens abwarten. Bayern zog im Anschluß an die Unterredungen seinerseits Konsequenzen: Für den Fall, daß sich Österreich und Preußen zukünftig wieder einmal ohne Rücksprache mit den Mittelstaaten auf dem politischen oder wirtschaftspolitischen Feld einigen sollten, sah man keinen Grund mehr, weiter gegen die neuen Zollvereinsverträge und damit auch gegen den preußisch-französischen Handelsvertrag Widerstand zu leisten.

In die laufenden Münchner Konferenzen platzte die Bombe: Die nicht in München verhandelnden Mittelstaaten Kurhessen, die Thüringischen Staaten, Braunschweig, Frankfurt und Baden hatten am 28. Juni 1864 in Berlin die neuen Zollvereinsverträge unterzeichnet[355]. Zudem war Sachsen schon am 11. Mai dem

---

[352] Ebd. (AM an Ludwig, 15.7.1864). Die Münchner Punktationen als Basis eines Vertrages zwischen Österreich und dem Zollverein als Schreiben an die preußische Regierung, 28.7.1864: Staatsarchiv 9, Nr. 1994, 262–264. SYBEL, Begründung 3, 388, sieht in diesem Papier bereits die Anerkennung des preußisch-französischen Handelsvertrages.

[353] BayHStAM, MH 9693 (AM an Ludwig, 15.7.1864). FRANZ, Entscheidungskampf, 380, verschweigt die wiederholt geäußerten harschen Anschuldigungen Schrencks gegen die Wiener Regierung, um den bayerischen Minister in einem schlechteren Licht darzustellen und seine spätere Entlassung zu rechtfertigen.

[354] FRANZ, Entscheidungskampf, 381, wertet den Ausgang der Münchner Konferenzen für Bayern weitaus positiver.

[355] Vertragsverlängerung zwischen Preußen, Kurhessen, Sachsen-Weimar-Eisenach, Sachsen-Meiningen, Sachsen-Altenburg, Sachsen-Coburg-Gotha, Sachsen-Rudolstadt, Schwarzburg-Sondershausen, Reuß (Ältere und Jüngere Linie), 27. Juni 1864: Staatsarchiv 7, Nr. 1703 mit Anlage, 272; Vertragsverlängerung zwischen Preußen, Sachsen, Baden, Kurhessen, Thüringische Staaten, Braunschweig und Freie Stadt Frankfurt, 28. Juni: ebd., Nr. 1702 mit 6 Anlagen (Besteuerung des Rübenzuckers, Separatartikel, Vereinszolltarif), 231–271; BayHStAM, MH 9693 (Montgelas an AM, 15.7.1864). DELBRÜCK, Erinnerungen 2, 311, sah darin bereits den Erhalt des Zollvereins.

preußisch-französischen Handelsvertrag ohne Modifikationen beigetreten[356]. Am 11. Juli schlossen sich auch Oldenburg und Hannover Preußen an[357]; ein Schritt, der vor allem aufgrund des Ausscheidens Hannovers aus der Reihe der ablehnenden Mittelstaaten als schwerer Rückschlag für Bayern gewertet werden muß[358]. Beide Länder akzeptierten sogar finanzielle Einbußen und gaben sich mit einem stark verminderten Präzipuum zufrieden[359]. Allen anderen Vereinsregierungen wurde in Artikel 8 der Verträge der nachträgliche Beitritt bis zum 1. Oktober 1864 zu den gleichen Bedingungen freigestellt[360]. Für Bayern gewann nun die Frage der bestehenden Übergangssteuern für Wein und Traubenmost bei der Einfuhr nach Preußen eine zentrale Rolle: Während alle beigetretenen Länder laut Vertrag von diesen befreit wurden, hatte dies für Bayern keine Gültigkeit, was eine gravierende Wettbewerbsbehinderung für den bayerischen Weinbau bedeutete. Bereits 1862 hatte die Kreis-Gewerbe- und Handelskammer für Unterfranken dem Innenministerium mitgeteilt, daß 75 Prozent der gesamten Weinproduktion nach Norddeutschland gingen[361]. Zur gleichen Zeit hatten darüber hinaus die Pfälzer Gewerbevertreter größte Schäden für den Weinhandel befürchtet, sollten die niedrigeren Einfuhrzölle für französischen Wein ohne die Aufhebung der Weinübergangsabgaben nach den nördlichen Ländern des Zollvereins gewährt werden[362]. Insgesamt errechnete man für das Jahr 1865 bei einer bayerischen Gesamtproduktion an Wein im Wert von 5,5 bis 6,6 Mio fl mit einem Exportanteil von 60 Prozent[363].

[356] BayHStAM, MH 9693 (Gesandter in Dresden an AM, 28.6.1864); EGK 5 (1864), 97. FRANZ, Entscheidungskampf, 365, datiert den Austausch der Urkunden auf den 14.5.1864.

[357] Vertrag zwischen Preußen, Sachsen, Baden, Kurhessen, Thüringische Staaten, Braunschweig, Freie Stadt Frankfurt, Hannover und Oldenburg über den Beitritt der beiden letztgenannten zum Vertrag vom 28. Juni, 11. Juli: Staatsarchiv 7, Nr. 1704 mit Anlage, 273–277. Siehe auch: BayHStAM, MH 9693 (Montgelas an AM, 15.7.1864). Nach den Angaben Delbrücks hatte sich Hannover den Beitritt großzügig bezahlen lassen: DELBRÜCK, Erinnerungen 2, 307.

[358] Ende des Monates machte Schrenck für diese Entscheidung die „Haltlosigkeit und Schwäche der meisten Mittelstaaten" verantwortlich: BayHStAM, MH 9693 (AM an Ludwig, 28.7.1864).

[359] Siehe zu dieser Vergünstigung für Hannover und Oldenburg laut dem Vertrag mit Preußen von 1851 Kapitel II.2. *Der Deutsche Zollverein von 1833/34* (S. 38).

[360] FRANZ, Entscheidungskampf, 375: Dieses Datum tauchte Mitte August in der Presse auf. Offensichtlich lag diese Fristsetzung ganz im Sinne der preußischen Regierung, war dem bayerischen König offensichtlich jedoch nicht bekannt und wurde von Schrenck und seinen Ministerkollegen nicht entsprechend ernst genommen: BayHStAM, MH 9693 (AM an Ludwig, 20.8.1864).

[361] Jahresbericht der Handels- und Gewerbekammer für Unterfranken und Aschaffenburg 1862, 30–31, in: BayHStAM, MH 39.790. Zum Weinbau in Unterfranken: CARELL, Erich, Die bayerische Wirtschaftspolitik und ihre Auswirkungen auf die wirtschaftliche Entwicklung Unterfrankens von 1814 bis zur Gründung des Deutschen Reiches, in: Festschrift Unterfranken im 19. Jahrhundert (Mainfränkische Heimatkunde XIII), Würzburg 1965, 201–202.

[362] JAHRESBERICHT der Kreis-Gewerbe- und Handelskammer der Pfalz 1862, 22–23.

[363] ZORN, Integration im Deutschen Zollverein, 56–57.

Mitte Juli 1864 erkannte Ludwig II. sehr wohl den Ernst der Lage und mahnte, unverzüglich „den Rückzug von der bisherigen Politik, soferne es sich als unvermeidlich darstellen würde, in der wenigst empfindlichen Weise und mit thunlichst ersprießlichem Erfolge einzuleiten"[364]. Sein leitender Minister wehrte sich jedoch weiterhin gegen einen bedingungslosen Anschluß an die preußischen Vorstellungen, um sich wirtschaftlich nicht vollständig an den Norden zu binden, da er bei einem Einlenken in Wirtschaftsfragen gleichzeitig auch den Verlust der politischen Souveränität befürchtete. Die unvermeidliche Folge, so Schrenck, wäre dann die Unterordnung unter Preußen auch beim Militär und der Auswärtigen Vertretung, was letztendlich Deutschland in einen Bürgerkrieg führen mußte[365]: „Die Lage derselben unterscheidet sich von einer Mediatisierung kaum noch durch etwas anderes als den Namen." Wieder machte er die österreichische Regierung mit ihrer lavierenden Politik für die verfahrene Situation verantwortlich und sparte nicht mit Vorwürfen. Schrenck sah für Bayern nur noch zwei Alternativen, sollte Preußen weiterhin auf seinen bisherigen Forderungen bestehen: Entweder den bedingungslosen Anschluß an den Norden[366] oder die Erhaltung der bayerischen Selbständigkeit, wenigstens so lange, bis die politischen Verhältnisse in Deutschland wieder günstiger waren und neue Verhandlungen unter veränderten Voraussetzungen in Angriff genommen werden konnten. Trotz aller wirtschaftlichen Nachteile wehrte sich Schrenck gegen eine Annäherung an Preußen und gegen die Preisgabe der bisherigen bayerischen Position und der damit verbundenen Zollpolitik. Er versuchte statt dessen, eine endgültige Entscheidung hinauszuzögern, überschätzte dabei aber offensichtlich die Bedeutung Bayerns für den deutschen Zollverein und somit auch für Preußen[367]. In diesem Punkt ging er genauso fehl wie von der Pfordten. Spätestens Anfang August 1864 mußte Schrenck allerdings einsehen, daß er sich getäuscht hatte: Preußen war weder an Verhandlungen mit Österreich noch mit Bayern und Württemberg interessiert. Daran änderte sich auch nichts, als Rechberg entgegen dem bisherigen Verhalten des Kaiserreiches nachdrücklich erneute Besprechungen über die Zollfrage verlangte[368].

Nach dem erfolgreichen Krieg Preußens und Österreichs gegen Dänemark um die Herzogtümer Holstein und Schleswig schufen die Friedenspräliminarien vom 1. August 1864 die Voraussetzung für Verhandlungen zwischen Preußen und Österreich über das zukünftige politische Verhältnis der beiden Mächte. Diese fanden noch im gleichen Monat unter dem Vorsitz der leitenden Minister

---

[364] BayHStAM, MH 9693 (kgl. Signat vom 21.7.1864 auf ein Schreiben des AM, 15.7.1864).

[365] Ebd. (AM an Ludwig II., 28.7.1864).

[366] Damit verbunden wäre wohl auch ein Ministerwechsel gewesen. Inwieweit Schrenck allerdings die Ereignisse von 1866 voraussahen konnte, wie FRANZ, Entscheidungskampf, 382, behauptet, sei dahingestellt.

[367] „Die Bedeutung Bayerns ist so groß, daß sein Beitritt zum preußischen Zollverein für Preußen zu jeder Zeit von solcher Wichtigkeit ist, daß derselbe von Berlin aus sicherlich in keiner Weise erschwert werden würde, selbst wenn er erst im letzten Momente vor dem Ablaufe der jetzigen Vereins-Periode /:31ter Dezember 1865 :/ oder auch noch später erfolgen sollte": BayHStAM, MH 9693 (AM an Ludwig II., 28.7.1864).

[368] Ebd. (Bray an AM, 16.8.1864).

Bismarck und Rechberg in Schönbrunn statt[369]. Ein konkretes Ergebnis kam jedoch nicht zustande, auch wenn sich die Vertreter auf wirtschaftspolitische Unterredungen auf der Basis des Handelsvertrages von 1853 verständigten; eine Zolleinigung zwischen Deutschland und Österreich war damit unwiderruflich vom Tisch[370]. Die verabredete Aufnahme preußisch-österreichischer Verhandlungen für Mitte September ließ in Bayern nochmals die Hoffnung auf eine gütliche Beilegung der Krise aufkeimen[371].

Währenddessen teilte Ludwig II. noch einmal seinem Außenminister seine Bedenken über den Verhandlungsverlauf zwischen Preußen und den süddeutschen Staaten in Berlin mit, die sich angesichts eines pessimistischen Schreibens von der Pfordtens verstärkt hatten[372]. Der Monarch war zu der Überzeugung gekommen, einen Anschluß Bayerns an den Norden nicht mehr verhindern zu können, obwohl dadurch die Dominanz Preußens auf handelspolitischer Ebene akzeptiert werden müßte. Ein separates, süddeutsches Zollgebiet hielt er für nicht überlebensfähig, da sich Industrie und Handel an das norddeutsche Absatzgebiet zu sehr gewöhnt hätten. Die volkswirtschaftlich dominierten Interessen in Bayern und auch die Haltung des Landtages würden ihm keine andere Entscheidung als den Anschluß an Preußen erlauben. In den Überlegungen Ludwigs spielte nicht zuletzt die Rücksicht auf die Rheinpfalz eine gewichtige Rolle, da eine Trennung vom deutschen Zollverein aufgrund ihrer geographischen – für das rechtsrheinische Bayern war die Pfalz nur über Baden zugänglich – und wirtschaftlichen Situation den Ruin bedeutet hätte. Ludwig II. widersprach seinem Minister, erst Ende 1865 eine Entscheidung zu fällen, da er eine Änderung der politischen Verhältnisse zugunsten Bayerns nicht erwartete; eine Unterstützung von seiten Österreichs hielt er indes für utopisch. Ein weiteres Hinauszögern, so Ludwig, verschlechterte nur die Verhandlungsposition der bayerischen Regierung und verlängerte die unsichere und wenig zukunftsträchtige Lage, unter der Industrie und Gewerbe zu leiden hätten. König Ludwig neigte folglich dazu, mit Preußen umgehend Verhandlungen aufzunehmen, gedachte aber, diese Entscheidung nicht ohne das zustimmende Votum all seiner Minister zu fällen und berief deshalb Ende August 1864 einen Ministerrat ein, der sich aber nicht auf eine gemeinsame Empfehlung für den König durchringen konnte[373]: Schrenck lehnte

---

[369] Zur Bedeutung der Schönbrunner Konferenzen vom 20. bis 24.8.1864 und die Einschätzungen der beiden Protagonisten: KAERNBACH, Konzepte, 199–200; KOLB, Großpreußen, 25–28. Wichtig auch: SRBIK, Heinrich Ritter von, Die Schönbrunner Konferenzen vom August 1864, in: HZ 153 (1936), 43–88.

[370] FRANZ, Entscheidungskampf, 384–387. Siehe auch Kapitel III.3.d) *Der Handelsvertrag mit Österreich von 1865* (S. 138).

[371] Die Erwiderung Preußens auf die Münchner Punktationen (28.7.1864) vom 25.8.1864: Staatsarchiv 9, Nr. 1995, 264–265.

[372] BayHStAM, MH 9693 und GHAM, Kabinettsakten Maximilian II., No. 26 (Signat Ludwigs II. vom 26.8.1864 auf ein Schreiben des AM, 20.8.1864); Brief Pfordtens an Pfistermeister, 5.8.1964: GHAM, Kabinettsakten Maximilian II., No. 26.

[373] BayHStAM, MH 9693 (Registratur über die Berathung in der Sitzung des gesammten Staatsministeriums in Bezug auf die Erneuerung des Zoll-Vereins und dem Beitritt zu dem französisch-preussischen Handels-Vertrage, aufgenommen, München, 31.8.1864).

es als Staatsminister des königlichen Hauses und des Äußern ab, in der gegenwärtigen Lage mit der Berliner Regierung Gespräche aufzunehmen, Innenminister Max von Neumayr[374] plädierte aus Rücksicht auf Österreich dafür, das Ergebnis der Beratungen zwischen den beiden Hegemonialmächten im Deutschen Bund abzuwarten[375]. Ludwig II. seinerseits konnte sich angesichts der Uneinigkeit der Minister zu keiner Entscheidung durchringen[376].

Alles Abwarten und Taktieren scheiterte schließlich und endlich an der preußischen Realpolitik. Die Regierung in München mußte nach einem Gespräch zwischen von der Pfordten und Bismarck einsehen, daß der preußische Ministerpräsident zu keinem Entgegenkommen in der Zoll- und Handelsfrage bereit war. Zudem verstand man es in dieser Situation immer wieder, gerade das Problem der Übergangsabgaben für Wein als Druckmittel gegen Bayern einzusetzen[377]. Schrenck vermochte aber selbst jetzt noch nicht, den Ernst der Lage einzusehen, und glaubte, daß von der Pfordten die Situation zu pessimistisch einschätze, obwohl Bismarck auch ihm deutlich machte, daß er keineswegs auf den Beitritt Bayerns zum Zollverein angewiesen war. Mehr noch, Bismarck betrachtete den Anschluß des Südens aus handelspolitischer Sicht sogar als Nachteil[378]. Am 12. September 1864 beugte sich das Großherzogtum Hessen-Darmstadt dem wirtschaftlichen Druck Preußens und beantragte den Beitritt zu den neuen Zollvereinsverträgen bis zum 1. Oktober 1864[379]. Aus dieser gestärkten Position heraus, forderte Bismarck Württemberg und Bayern ein letztes Mal auf, den Versuch aufzugeben, die Frage der handelspolitischen Beziehungen zu Österreich mit der Erneuerung des Zollvereins zu verquicken[380]. Nach einer Konferenz zwischen Bayern, Nassau und Württemberg war abzusehen, daß auch der Widerstand der beiden anderen Staaten über kurz oder lang schmelzen würde[381]. Die Koalition

---

Anders dagegen: SCHMIDT, Zollparlament, 23, wonach der Ministerrat den Beitritt zum Zollverein empfahl.

[374] *Max von Neumayr* (1810–1881): Jurist, 1840–1850 Diplomat bzw. Ministerresident in Stuttgart, 1859–1865 Innenminister, 1864 Verweser des Staatsministerium des königlichen Hauses und des Äußern, 1866 Sekretär Ludwigs II. Zu Neumayr die Biographie von HOFMANN, Rainer, Max von Neumayr (1810–1881), München 1974.

[375] BayHStAM, MH 9693 (Registratur über die Berathung in der Sitzung des gesammten Staatsministeriums in Bezug auf die Erneuerung des Zoll-Vereins und dem Beitritt zu dem französisch-preussischen Handels-Vertrage, 31.8.1864 und AM an Ludwig II., 1.9.1864). Das Schreiben an das AM auch: GHAM, Kabinettsakten Maximilian II., No. 26.

[376] BayHStAM, MH 9693 (kgl. Signat vom 6.9.1864 auf ein Schreiben des AM, 1.9.1864). Im etwa gleichzeitig stattgefundenen Ministerrat in Württemberg prallten die unterschiedlichen Meinungen ebenfalls aufeinander: ebd. (Außenministerium von Württemberg an AM, 8.9.1864).

[377] Zu den Übergangsabgaben für Wein, der aus Bayern nach Preußen exportiert wurde, siehe Kapitel II.2. *Der Deutsche Zollverein von 1833/34* (S. 38).

[378] BayHStAM, MH 9693 (AM an Ludwig II., 14.9.1864 und AM an Ludwig II., 20.9.1864).

[379] Ebd. (AM an Ludwig II., 21.9.1864).

[380] EGK 5 (1864), 126; GW IV, Nr. 577, 559–561 (Erlaß an den Gesandten in München, Grafen von Arnim, 14.9.1864).

[381] EGK 5 (1864), 127.

zwischen Bayern und Württemberg zerbrach schließlich daran, daß beide Staaten darauf achteten, von Bismarck und Delbrück nicht gegeneinander ausgespielt und damit benachteiligt zu werden.

Am 19. September 1864 ließ Ludwig II. angesichts der veränderten Verhältnisse den Ministerrat einberufen, der darüber beraten sollte, ob die königliche Ansicht auf bedingungslosen Eintritt in den neuen Zollverein ratsam war[382]. Die versammelten Minister rieten jetzt einhellig zur Annahme der Zollvereinsverträge und somit auch des preußisch-französischen Handelsvertrages. Am 21. September 1864 akzeptierte Schrenck das Scheitern seiner bisherigen Politik und reichte seinen Rücktritt ein, ohne daß Ludwig jedoch darauf eingegangen wäre[383]. Statt dessen nötigte der König seinem leitenden Minister am 24. September völlig unerwartet weitere Bedenkzeit bezüglich der Zoll- und Handelsfrage ab, um sich nicht sofort entscheiden zu müssen[384]. Schrenck bat daraufhin in Berlin um einen vierzehntägigen Aufschub der Verhandlungen, sicherlich auch in der Hoffnung, den Ausgang der noch laufenden preußisch-österreichischen Beratungen abwarten zu können. Da aber die preußischen Minister gemeinsam gegen diesen Antrag auftraten und Bismarck sich zu dieser Zeit nicht in Berlin aufhielt, wurde das bayerische Gesuch abgelehnt[385]. Daraufhin teilte der in Hohenschwangau weilende König seinem Außenminister am 27. September 1864 vorbehaltlich der Entscheidung des Landtages seine Zustimmung zu den Zollvereinsverträgen und damit auch zum preußisch-französischen Handelsvertrag von 1862 mit. Gleichzeitig beauftragte er Schrenck, einerseits der preußischen Regierung diese Entscheidung noch vor dem 1. Oktober mitzuteilen[386], und andererseits Württemberg von dieser Maßnahme unverzüglich zu unterrichten, um unter Umständen ein gemeinsames Vorgehen koordinieren zu können. Unabhängig von der bayerischen Entscheidung erklärte Württemberg ebenfalls am 27. September 1864 seinen Beitritt zum „neuen" Zollverein[387]. Anfang Oktober nahm Ludwig II. auch das Rücktrittsgesuch seines leitenden Ministers an[388]. Schrencks Nachfolger wurde nach einer Übergangszeit von zwei Monaten sein Vorgänger: Ludwig Frhr.

---

[382] GHAM, Kabinettsakten Maximilian II., No. 26 (kgl. Signat, 19.9.1864).

[383] Ebd. (AM an Ludwig II., 21.9.1864). Ludwig akzeptierte das Entlassungsgesuch Schrencks erst am 4.10.1864. BÖHME, Großmacht, 175, Anm. 254, hält den 21.9.1864 fälschlicherweise für den Rücktrittstermin Schrencks. Dort sind auch die Umstände, die zum Rücktritt Schrencks führten, zu allgemein dargestellt.

[384] BayHStAM, MH 9693 (Handschreiben Ludwigs II., 24.9.1864).

[385] SCHNEIDER, Oswald, Bismarck und die preußisch-deutsche Freihandelspolitik (1862–1876), in: Jahrbuch für Gesetzgebung, Verwaltung und Volkswirtschaft im Deutschen Reich 34,3 (1910), 1067; DELBRÜCK, Erinnerungen 2, 327; SYBEL, Begründung 3, 408. MEYER, Zollverein, 159–160, bringt das Entlassungsgesuch Schrencks mit dieser preußischen Ablehnung in Zusammenhang.

[386] BayHStAM, MH 9693 (Telegramm Ludwigs II., 27.9.1864).

[387] GHAM, Kabinettsakten Maximilian II., No. 26 (Telegramm Schrencks, 27.9.1864). FRANZ, Entscheidungskampf, 396–397, datiert den Beitrittstermin dagegen auf den 28.9.1864. Nassau war bereits am 26.9. mit dieser Entscheidung vorangegangen.

[388] GHAM, Kabinettsakten Maximilian II., No. 26 (AM an Ludwig II., 5.10.1864).

von der Pfordten[389]. Dabei übernahm von der Pfordten nur widerwillig das Amt des bayerischen Außenministers, hatte er doch noch im Mai 1864 vor einem Ministerwechsel gewarnt, um die Krise in der Zollvereinsfrage nicht zu verschärfen[390]. So wollte er jetzt das Ministeramt zusammen mit dem Vorsitz im Ministerrat nur unter der Bedingung antreten, daß die Ratifikation der neuen Zollvereinsverträge abgeschlossen und damit klare Verhältnisse für zukünftige politische Entscheidungen geschaffen waren[391]. Als dies Anfang Dezember der Fall war, übernahm von der Pfordten die Leitung der Regierungsgeschäfte.

Noch im September 1864 hatten in Berlin die Verhandlungen der deutschen Mittelstaaten mit Preußen über die Beitrittsmodalitäten zum Zollverein begonnen, denen sich später auch die Vertreter Württembergs und Bayerns anschlossen[392]. Am 12. Oktober waren die Unterredungen beendet, die Zollvereinsverträge erneuert, der preußisch-französische Handelsvertrag und der damit verbundene neue Zolltarif akzeptiert. Einen Monat später, am 12. November, erfolgte der Austausch der ratifizierten Kontrakte, am 1. Januar 1866 traten diese für die nächsten zwölf Jahre in Kraft[393]. Die Beratungen hatten für Bayern die ersehnte Beseitigung der Übergangsabgaben für Wein gebracht (Separatartikel 2). Somit war eine Steuer, die über Jahre zum Zankapfel im Zollverein geworden war und sich immer mehr zu einem der entscheidenden Punkte im Kampf um die wirtschaftliche Vorherrschaft ausgewachsen hatte, endlich beseitigt. Darüber hinaus wurden Bevollmächtigte aus Preußen, Sachsen und Bayern als Unterhändler des gesamten Zollvereins für die geplanten Handelsgespräche mit Österreich bestimmt. Schließlich hatten die süddeutschen Staaten Preußen auch noch einige wenige Modifikationen am Handelsvertrag mit Frankreich abringen können, die in erster Linie Fragen des Handels mit Tabak und Wein betrafen[394]. Am 14. Dezember 1864 kam es deshalb zu leichten Korrekturen am preußisch-französischen Handelsvertrag, die unter anderem auch den Gel-

---

[389] Bis Anfang Dezember übernahm Innenminister Max von Neumayr in Vertretung das Amt des Außenministers. Gleichzeitig kam es auch in Württemberg zu einem Ministerwechsel (Hügel gegen Varnbüler), in Österreich trat Rechberg zurück, an seine Stelle trat Graf von Mensdorff-Pouilly, Schmerling wurde gegen den großösterreichisch gesinnten, klerikalen Belcredi ausgewechselt.

[390] GHAM, Kabinettsakten König Ludwig II., No. 233 (Pfordten an Pfistermeister, 21.5.1864). Pfordten hatte schon Anfang des Jahres 1864 die Anträge Maximilians auf Übernahme des Außenministeriums zusammen mit dem Vorsitz im Ministerrat wiederholt abgelehnt: DOEBERL, Entwicklungsgeschichte III, 398.

[391] GHAM, Kabinettsakten König Ludwig II., No. 233 (Pfordten an Pfistermeister, 19.10.1864).

[392] Die Eröffnung der Konferenzen erfolgte am 27.9.1864, am 30.9. stießen Bayern und Württemberg hinzu: EGK 5 (1864), 127.

[393] Vertrag zwischen Preußen, Sachsen, Baden, Kurhessen, Thüringische Staaten, Braunschweig, Freie Stadt Frankfurt, Hannover, Oldenburg, Bayern, Württemberg, Großherzogtum Hessen und Nassau über den Beitritt der letztgenannten zum Vertrag vom 28.6. und 11.7., 12.10.1864: Staatsarchiv 7, Nr. 1705 mit Anlagen, 277–280. Siehe auch: BayHStAM, MH 9694 (Bericht Neumayrs).

[394] BayHStAM, MH 11.969 (HM, AM an Ludwig II., 28.2.1865).

tungszeitraum des umstrittenen Artikels 31 betrafen[395]. Ansonsten aber erwartete Bayern vergeblich größere Zugeständnisse von Frankreich; vor allem beim Zolltarif ließen sich keine weiteren Ermäßigungen oder Angleichungen an den bisherigen deutschen Tarif durchsetzen. Der Austausch der Ratifikationsurkunden mußte wiederholt verschoben werden und fand erst am 9. Mai 1865 statt[396].

Die Freude der bayerischen Handelsvertreter über die Verlängerung der Zollvereinsverträge und damit auch des wirtschaftlichen Bundes zu Norddeutschland überwog alle Schattenseiten, unter denen Teile der einheimischen Wirtschaft durch die gleichzeitige Annahme des preußisch-französischen Handelsvertrages zweifellos zu leiden hatten[397]. Die unterfränkische Handelskammer lobte in ihrem Jahresbericht die Entscheidung der Münchner Regierung[398]: „Die günstige Lösung der Zollvereinsfrage glich der Befreiung von drückendem Alpe, und brachte Ruhe und neue Zuversicht für den ferneren Wohlstand des Kreises in die Gemüther des fränkischen Volkes, und wohl dem von hoher königlicher Staatsregierung in dieser wichtigsten aller handelspolitischen Fragen betretenen Wege haben wir es hauptsächlich zu danken, daß sich der Kreis Unterfranken nicht gegenwärtig in dem beklagenswerthen Zustande commerciellen und gewerblichen Rückganges, sondern in demjenigen einer weiteren gedeihlichen Entwickelung auf dem Gebiete des Handels und der Industrie befindet." Allerdings bedauerten die Handelskammern der Pfalz sowie von Schwaben und Neuburg das Versäumis, gleichzeitig mit der Zollvereinsverlängerung nicht auch „die an manchen Mängeln leidende innere Organisation des Zollvereins"[399] zu verbessern, d.h. das Vetorecht aller Mitgliedsstaaten auf den Generalzollkonferenzen zugunsten von Majoritätsbeschlüssen fallen zu lassen und eine „zentrale Repräsentantenversammlung, in welche sowohl die Landtage als auch die Bevölkerung der Einzelstaaten Abgeordnete zu wählen hätten"[400] zu schaffen.

Der wirtschaftliche „Sonderbund" im Deutschen Bund avancierte anders als das schutzzöllnerische Österreich zu einem wichtigen Wirtschaftspartner für die westeuropäischen Nachbarn[401]. Der neue Zollverein von 1865 basierte auf den bisherigen Zollvereinsverträgen von 1833, 1835, 1836, 1841 und 1853, war aber weitaus deutlicher vom Freihandel geprägt als seine Vorläufer. Artikel 7 drückte zwar weiterhin das Bestreben aus, die deutsch-österreichischen Handelsverhält-

---

[395] Staatsarchiv 8, Nr. 1772, 226–233: „Die auf Ausfuhrverbote bezügliche Bestimmung des Artikel 31 kann den aus dem Bundesverhältnisse herrührenden Verpflichtungen der zum Zollvereine gehörenden Deutschen Bundesstaaten keinen Eintrag tun."

[396] BayHStAM, MH 11.969 (HM an AM, 19.1.1865). Eine Gegenüberstellung der neuen Zolltarife bei WEBER, Zollverein, 441–443.

[397] JAHRESBERICHT der Kreis-Gewerbe- und Handelskammer für Mittelfranken 1864, 6–7 und JAHRESBERICHT der oberbayerischen Kreis-Gewerbe- und Handelskammer 1864, 4.

[398] JAHRESBERICHT der Handels- und Gewerbekammer für Unterfranken und Aschaffenburg 1864, 10–11.

[399] JAHRESBERICHT der Kreis-Gewerbe- und Handelskammer der Pfalz 1864, 8.

[400] JAHRESBERICHT der Kreis-Gewerbe- und Handelskammer für Schwaben und Neuburg 1864, 6–7.

[401] GRUNER, Wolf D., Bismarck, die süddeutschen Staaten, das Ende des Deutschen Bundes und die Gründung des preußisch-kleindeutschen Reiches 1862–1871, in: DÜLFFER, Bismarck, 53.

nisse auszubauen, ohne allerdings nähere Einzelheiten festzulegen. Die Zollvereinsverlängerung hatte keine Reform der überholten Organisation gebracht, so daß im März 1866 die XVI. Generalzollkonferenz nach den alten Richtlinien in Dresden eröffnet wurde[402]. Als bayerischer Bevollmächtigter fungierte der Oberzollrat beim Zentralbüro des Zollvereins, Georg Gerbig. Bayerns Anträge auf dieser Konferenz beschränkten sich auf einige Punkte, die den Zolltarif betrafen – hier vor allem die Zölle und Abgaben für Wein und Zucker – und auf die zollamtliche Behandlung des Güterverkehrs. Aufgrund des weiterhin geltenden Vetorechtes für alle Mitgliedsstaaten konnten sich die Verhandlungspartner aber selbst in zolltechnischen Fragen nicht einigen, so daß Ende Mai 1866 die Tagung unterbrochen und dann aufgrund der geänderten politischen Situation, der Auflösung des Deutschen Bundes, nicht mehr fortgesetzt wurde[403].

Der Zollvereinsvertrag von 1865 bedeutete im Prinzip das Ende jeglicher eigenständiger und unabhängiger Wirtschaftspolitik der deutschen Mittelstaaten und dem Beginn einer wirtschaftlich kleindeutschen Einheit unter Führung Preußens unter Ausschluß Österreichs[404]. Dennoch mußte das „handelspolitische Königgrätz"[405] nicht unweigerlich auch auf eine politische Verschmelzung der deutschen Staaten hinauslaufen, auch wenn die wirtschaftliche Integration mit den ihr eigenen Zwängen sicherlich nicht ohne Einfluß auf die spätere kleindeutsche Reichsgründung war. Der deutsch-deutsche Krieg von 1866 zeigte schließlich, daß sich die meisten deutschen Mittelstaaten von den vorhandenen wirtschaftlichen Verbindungen nicht abhalten ließen, Preußen militärisch entgegenzutreten[406].

d) Der Handelsvertrag mit Österreich von 1865

Im Februar 1864, zu Beginn des deutsch-dänischen Krieges, hatte von Rechberg der preußischen Regierung wirtschaftspolitische Verhandlungen über die anstehenden Zollfragen ohne Beteiligung der Mittelstaaten vorgeschlagen[407]. Bismarck schien daraufhin gewillt, die Gesprächsbasis für die Donaumonarchie entgegenkommender als bisher zu gestalten: Der Februarvertrag von 1853 sollte

---

[402] BayHStAM, MH 9751 (Zirkular des Außenministeriums von Sachsen, 20.1.1866).
[403] Ebd. (Zirkular des Außenministeriums von Sachsen, 30.5.1866 bzw. AM an Außenministerium von Sachsen, 12.6.1866).
[404] HENDERSON, Cobden-Vertrag, 246; WEBER, Zollverein, 449; FESTENBERG-PACKISCH, Geschichte, 378–379. FRANZ, Entscheidungskampf, 415, sieht darin bereits den Anfang der politischen Vormachtstellung Preußens in Mitteleuropa. Gleichzeitig fanden in Berlin auch Verhandlungen über die Abschaffung der Staatsmonopole statt, die aber im neuen Zollvereinsvertrag noch beibehalten wurden: BayHStAM, MA 77.099 (Protokoll betr. die Besprechung über die Staatsmonopole, April/Mai 1865). Siehe zur Aufhebung des Salzmonopols Kapitel IV.3.a) *Die Beseitigung von Monopolen: Die Einführung der Salzsteuer* (S. 190).
[405] HAHN, Integration, 300, nach BENEDIKT, Zollverein, 28–29.
[406] WYSOCKI, Aspekte, 170, schränkt dies jedoch dahingehend ein, „daß die wirtschaftlichen Staatsräume eine grundsätzliche außenpolitische Divergenz der Vereinsstaaten nicht mehr zuließen."
[407] FRANZ, Entscheidungskampf, 346.

zwar nicht Grundlage, aber wenigstens Ausgangspunkt der Unterredungen sein[408]. Im März 1864 fanden sich Delegierte beider Staaten in Prag zu Besprechungen ein. Der österreichische Unterhändler Frhr. von Hock sah sich einem zweitrangigen preußischen Ministerialbeamten, Oberfinanzrat Hasselbach, gegenüber – ein deutliches Zeichen Berlins, daß man die Verhandlungen nicht allzu ernst nahm; schließlich befand sich Bismarck mittlerweile in einer Position, in der er sich zu keinerlei Zugeständnissen mehr genötigt sah, da sich die Frage der Zollvereinsverlängerung mit den deutschen Staaten zu seiner Zufriedenheit entwickelte; einige deutsche Mittelstaaten standen kurz vor einem Abschluß mit Preußen[409]. Die Verhandlungen zwischen Preußen und Österreich führten aufgrund der unterschiedlichen Tarifpolitik erwartungsgemäß zu keiner Verständigung. Darüber hinaus bestand Hocks persönliches Interesse allein darin, die Absicht seiner Regierung zu hintertreiben, einen Handelsvertrag mit Preußen abzuschließen. Trotz dieser voraussehbaren Ergebnisse waren die Wiener Regierungsverantwortlichen am Ende enttäuscht angesichts der gescheiterten Beratungen in Prag[410].

Im Juni 1864 brachte Bismarck überraschenderweise bei politischen Gesprächen über die dänische Frage erneut die Neuordnung der zolltechnischen Verhältnisse mit dem Kaiserreich zur Sprache[411]. Die Wiener Regierung, die sich seit dem Frühjahr in der Defensive befand, lenkte im Juli ein und schraubte ihre bisherigen Forderungen herunter. Rechberg übernahm im wesentlichen die Position seines Wirtschaftsfachmanns Hock und verzichtete darauf, nur auf der Basis einer Zolleinigung mit den Zollvereinsstaaten Erörterungen aufzunehmen, d.h. er beharrte nicht mehr auf der Einhaltung des Artikels 25 des Februarvertrages von 1853[412]. Bismarck seinerseits ging auf dieses Angebot ein[413]. Während also Rechberg dem preußischen Ministerpräsidenten entgegenkam, wollten sowohl seine Ministerkollegen als auch Kaiser Franz Joseph das Verhandlungsangebot nur dann annehmen, wenn Preußen weiterführende Beratungen innerhalb einer festgesetzten Frist garantieren und damit Artikel 25 des Februarvertrages von 1853 unverändert in die neue Abmachung aufnehmen würde[414]. Dies wiederum lehnte Bismarck kategorisch ab, lenkte aber ein, als die Verträge über den Fortbestand

---

[408] BayHStAM, MH 9692 (Meixner an AM, 13.2.1864).
[409] Dazu die österreichische Ministerratssitzung vom 18.3.1864: ÖSTERREICHISCHES OST- UND SÜDOSTEUROPA-INSTITUT (Hg.), Protokolle V/7. Zu den Verhandlungen in Prag: BayHStAM, MH 9692 (Montgelas an AM, 8.4.1864) und FRANZ, Zollpolitik, 177–179. Zu den Verhandlungen zwischen Österreich und Preußen: MEYER, Zollverein, 134–135 bzw. 157–158; BEER, Handelspolitik, 270–275; DELBRÜCK, Erinnerungen 2, 300–301. Siehe dazu Kapitel III.3.c) *Die Erneuerung der Zollvereinsverträge* (S. 129).
[410] APP IV, Nr. 547, 677.
[411] SCHNEIDER, Bismarck, 1069.
[412] APP V, Nr. 291, 432–433; FRANZ, Entscheidungskampf, 330; BEER, Handelspolitik, 294–295.
[413] APP V, Nr. 300, 442–444.
[414] DELBRÜCK, Erinnerungen 2, 318–322.

des Zollvereins unterschrieben waren[415]. Die Mittelstaaten hatten bei der Zollvereinsverlängerung im September 1864 vor der wirtschaftlichen und auch politischen Macht Preußens kapituliert, ohne Bedingungen für das künftige Verhältnis zwischen Österreich und dem Zollverein gestellt zu haben. Als der Fortbestand des Zollvereins unter Ausschluß Österreichs gesichert war, intensivierte Bismarck seine Bemühungen um eine Neuordnung der Handelsbeziehungen zur Donaumonarchie, ohne jedoch Hoffnung auf eine Modifikation des preußisch-französischen Handelsvertrages oder gar einen Eintritt in den Zollverein zu machen[416]. Trotzdem begrüßte Bayern die handelspolitische Annäherung zwischen den beiden Großmächten, da man sich davon Verkehrserleichterungen nach Österreich erhoffte[417]. Als abzusehen war, daß sich Rechberg im Wiener Kabinett mit seiner Forderung, die Handelsbeziehungen zu Preußen und dem deutschen Zollverein wenigstens über einen Handelsvertrag neu zu regeln, nicht würde durchsetzen können, reichte er Ende Oktober 1864 seinen Rücktritt ein[418]. Sein Nachfolger, Graf Alexander von Mensdorff-Pouilly[419], versuchte dennoch, die politische Linie Rechbergs beizubehalten und legte umgehend einen neuen Entwurf vor, der in Anlehnung an Artikel 25 des Februarvertrages eine Klausel enthielt, die weiterführende Gespräche in Aussicht stellte, ohne jedoch einen bestimmten Termin für deren Aufnahme zu benennen[420].

Am 15. Dezember 1864 traf Hock zu Verhandlungen mit Vertretern der preußischen, bayerischen und sächsischen Regierungen in Berlin ein[421]. Von Anfang an wurde am heftigsten um die Höhe der Weinzölle gestritten. Vor allem der bayerische Delegierte wehrte sich aus Rücksicht auf die Rheinpfalz und die fränkischen Gebiete energisch gegen deren Ermäßigung, konnte sich aber nur in Teilen durchsetzen. Der neue Handelsvertrag zwischen dem deutschen Zollverein, vertreten durch Preußen, Bayern sowie Sachsen auf der einen, und Österreich auf der anderen Seite wurde am 11. April 1865 auf zwölf Jahre abgeschlossen und

---

[415] GW IV, Nr. 481, 565–568 (Privatbrief an den österreichischen Minister des Aeußern, Grafen von Rechberg, 4.10.1864) und ebd., Nr. 487, 574 (Immediattelegramm, 18.10.1864).

[416] MEYER, Zollverein, 161–175; SCHNEIDER, Bismarck, 1061. Dies machte der preußische Unterhändler Hasselbach bei der Wiederaufnahme der Verhandlungen in Prag Anfang Oktober 1864 deutlich: DELBRÜCK, Erinnerungen 2, 324.

[417] GHAM, Kabinettsakten Maximilian II., No. 26 (AM an Gesandtschaft in Berlin, 15.9.1864).

[418] Nach BÖHME, Großmacht (1966), 178 und MEYER, Zollverein, 162–163, versuchte Bismarck vergeblich, den Ministerwechsel in Wien zu verhindern. Noch Mitte Oktober hatte der bayerische Gesandte in Berlin die zu erwartende Verlängerung der Allianz zwischen Österreich und Preußen auf „das initime persönliche Verhältniß zwischen Herrn von Bismarck und dem Grafen von Rechberg" zurückgeführt: BayHStAM, MA 2644 (Bericht Montgelas Nr. 24, 11.10.1864).

[419] *Graf Alexander von Mensdorff-Pouilly* (1813–1871): 1850–1852 Bundeskommissar in Schleswig-Holstein, 1852–1853 österreichischer Gesandter in Petersburg, 1862–1864 Statthalter in Galizien; 1864–1866 österreichischer Außenminister, trat nach der Niederlage im deutsch-deutschen Krieg zurück.

[420] BÖHME, Großmacht (1966), 180; SCHNEIDER, Bismarck, 1078.

[421] FRANZ, Entscheidungskampf, 400–401.

trat am 1. Juli 1865 in Kraft[422]. Er ersetzte den Kontrakt vom Februar 1853, von dem man zahlreiche Artikel der Einfachheit halber abgeschrieben hatte[423]. Die bisherigen Vorzugseinfuhrzölle der Zollvereinsstaaten, d.h. das System der Differentialzölle, wurden durch eine Meistbegünstigungsklausel ersetzt, so daß Österreich seine Handelsprivilegien gegenüber dem Zollverein im wesentlichen verlor. Die außerordentlichen Rechte beschränkten sich in der Zukunft auf den Grenz- und Veredelungsverkehr. Der 1853 festgelegte Artikel 25, der den Anschluß Österreichs an das deutsche Wirtschaftsgebiet regeln sollte, wurde durch eine phrasenhafte Formel ersetzt, so daß der Donaumonarchie nur mehr die Illusion einer möglichen Angliederung an den Zollverein blieb[424]: „Beide Theile behalten sich vor, über weiter gehende Verkehrserleichterungen und über möglichste Annäherung der beiderseitigen Zolltarife und demnächst über die Frage der allgemeinen Deutschen Zolleinigung in Verhandlung zu treten. Sobald der eine von ihnen den für die Verhandlung geeigneten Zeitpunkt für gekommen erachtet, wird er dem andern seine Vorschläge machen und werden Commissarien der vertragenden Theile zum Behuf der Verhandlung zusammentreten. Es wird beiderseits anerkannt, dass die Autonomie eines jeden der vertragenden Theile in der Gestaltung seiner Zoll- und Handels-Gesetzgebung hierdurch nicht hat beschränkt werden wollen." Damit war die Forderung nach weitergehenden Verhandlungen über eine Zolleinigung aufgegeben worden, da Österreich das Anrecht auf einen bestimmten Termin für die Aufnahme von Unterredungen – wie noch 1853 – nicht mehr verwirklichen konnte. Preußen gedachte wohl schon zu diesem Zeitpunkt, diese vage Klausel kaum jemals als bindend anzuerkennen. Gleichzeitig mit dem Vertragsabschluß trat der österreichische „provisorische" Zolltarif in Kraft, der eine Hinwendung zum Freihandel erkennen ließ, so daß die Habsburgermonarchie damit in die offene Konkurrenz des Weltmarktes eintrat[425].

Mit dem Abschluß des Handelsvertrages mußten die deutschen Mittelstaaten wieder einmal einsehen, daß sich die beiden Hegemonialmächte, falls notwendig, auch außerhalb der Gremien des Deutschen Bundes zu einigen wußten. Der sächsische Ministerpräsident von Beust bemerkte dazu lapidar, daß ihnen wieder einmal „die oft gemachte Erfahrung"[426] nicht erspart [geblieben wäre], für Österreich ins Treffen geschickt und dann durch eine plötzliche Verständigung mit Preußen überrascht zu werden"[427]. Der vor dem Hintergrund der politischen Einigung in der Schleswig-Holstein-Frage abgeschlossene Handelsvertrag besaß

---

[422] Handels- und Zollvertrag zwischen dem deutschen Zoll- und Handelsverein und Österreich vom 11.4.1865: Staatsarchiv 7, Nr. 1836, 330–337. Handels- und Zollvertrag zwischen den Staaten des deutschen Zoll- und Handelsvereins und Oesterreich: RBl 32 (1.7.1865), Beilage zu No. 32, Sp. 1–162.

[423] WEBER, Zollverein, 448.

[424] Art. 25: Handels- und Zollvertrag zwischen dem deutschen Zoll- und Handelsverein und Österreich vom 11.4.1865: Staatsarchiv 7, Nr. 1836, 330–337, zit. 337.

[425] BENEDIKT, Zollverein, 33; MATIS, Grundzüge, 121.

[426] Im Februarvertrag von 1853 zwischen Preußen und Österreich sowie über die Zukunft der Elbherzogtümer hatten sich die beiden Hegemonialmächte im Deutschen Bund ohne Beteiligung der deutschen Mittelstaaten geeinigt.

[427] BEUST, Aus drei Viertel-Jahrhunderten 2, 5.

keinen nennenswerten wirtschaftspolitischen Nutzen für Österreich. Die Wien zugestandenen Konzessionen erwiesen sich als Täuschung und beschränkten sich auf einen „phrasenhaften Rest"[428]. Trotz dieser Niederlage bezeichnete Hock das Abkommen rückblickend noch als das „vorteilhafteste"[429], das mit dem Zollverein jemals abgeschlossen wurde, hatte man doch für zahlreiche landwirtschaftliche Produkte und einige Industrieerzeugnisse wichtige Zollermäßigungen durchsetzen können. Im allgemeinen verpflichteten sich die Vertragspartner auf die gegenseitige freie, aber nicht abgabenfreie, Ein-, Aus- und Durchfuhr aller Waren mit Ausnahme der Monopolprodukte Tabak, Salz, Schießpulver, Spielkarten und Kalender (Artikel 1). Daneben wurden gegenüber dem Vertrag von 1853 einige Zollsätze geändert; während beispielsweise der Einfuhrzoll nach Österreich für Wollwaren erniedrigt wurde, ging der für Roheisen und Eisenwaren nach oben. Die Zollerhöhungen für Eisen und Eisenwaren, Textilprodukte, Leder- und Papierwaren, Glas sowie Porzellan schädigten nachhaltig den Warenverkehr in die Donaumonarchie. Die in Artikel 2 festgelegte Meistbegünstigung galt für Handelsbeziehungen gegenüber allen Drittstaaten, sollten diese nicht explizit von diesem Vorrecht ausgeschlossen werden. So zeigten sich nicht nur auf politischer, sondern auch auf volkswirtschaftlicher Ebene bald „sehr empfindliche Schattenseiten" des neuen deutsch-österreichischen Handelsvertrages[430].

Der bayerische Staatsrat befürwortete dennoch am 28. Juni 1865, zwei Tage nach der Annahme durch beide Kammern des Landtages, die Unterzeichnung des Handels- und Zollvertrages zwischen dem Zollverein und Österreich[431]. Der Kontrakt hatte für die bayerische Wirtschaft folgenschwere Einbußen zur Folge, da die Erhöhung der Zollsätze den bisherigen Warenaustausch zwischen Bayern und der Donaumonarchie stark beeinträchtigte[432]. Es war abzusehen, daß besonders die bayerischen Baumwollfabrikanten unter der Abschaffung des Zwischenzolles und der vorgesehenen Zollerhöhungen zu leiden hatten[433]. Trotzdem begrüßten die bayerischen Handelskammern im großen und ganzen das Zustandekommen des Handelsabkommens mit Wien, selbst wenn auch sie die Punkte des Dokumentes energisch mißbilligten, die den bisherigen Handelsverkehr zwischen Bayern und Österreich behinderten[434].

---

[428] HAHN, Geschichte, 179.

[429] Zitiert nach: FRANZ, Entscheidungskampf, 401.

[430] JAHRESBERICHT der oberbayerischen Kreis-Gewerbe- und Handelskammer 1865, München 1866, 12.

[431] BayHStAM, Staatrat 1123 (Protokoll des Staatsrates, 28.6.1865). Die unmittelbar darauf folgende königliche Deklaration: BayHStAM, Staatrat 4142. Zur Zusammensetzung der bayerischen Kammer der Abgeordneten zuletzt: ALBRECHT, Dieter, Die Sozialstruktur der bayerischen Abgeordnetenkammer 1869–1918, in: BRACHER, Karl Dietrich/u.a. (Hg.), Staat und Parteien. Festschrift für Rudolf Morsey zum 65. Geburtstag, Berlin 1992, 427–452.

[432] BayHStAM, MA 63.246 (Schreiben des AM, 5.1.1867).

[433] Zum Zolltarif im Zwischenverkehr für baumwollene Waren: BIENENGRÄBER, Statstik, 204–216.

[434] JAHRESBERICHT der Kreis-Gewerbe- und Handelskammer für Mittelfranken 1865, 7. So auch bereits der Wunsch der Handelskammer von Oberfranken 1864: JAHRESBERICHT der Kreis-Gewerbe- und Handelskammer für Oberfranken 1864, 7. Die Kammer

Der 1865er Vertrag, allgemein auch als Aprilvertrag bezeichnet, bedeutete das Ende aller Zukunftsträume einer großdeutschen Zollunion[435]. Delbrück, der von Anfang an gegen einen Zollverband mit Österreich gewesen war und lediglich für eine „beschränkte Ausbildung des Februar-Vertrages"[436] plädiert hatte, konnte sich mit seinen Vorstellungen innerhalb der preußischen Regierung durchsetzen. Die österreichische Politik wandte sich nach dem Abschluß des Handelsvertrages und dem Ministerwechsel den inneren Problemen ihres Staatsgefüges zu; an erster Stelle stand die Regelung der ungarischen Frage, die mit dem österreichisch-ungarischen Ausgleich von 1867 ihren vorläufigen Abschluß fand[437]. Außenpolitisch betrieb Wien ebenfalls eine Politik des Ausgleichs. Die Vereinbarung zwischen Preußen und Österreich über die Zukunft der Elbherzogtümer, die Gasteiner Konvention vom 14. August 1865, sicherte allerdings nur für kurze Zeit den Frieden in Europa[438]. Die Verbitterung Bayerns über diesen erneuten Alleingang Österreichs unter Ausschluß der deutschen Mittelstaaten war zwar nicht zu unterschätzen, führte aber ein Jahr später zu keinerlei Konsequenzen: Die bayerische Regierung sollte sich auf die Seite Wiens stellen und erneut enttäuscht werden.

Der preußisch-französische Handelsvertrag von 1862 hatte nicht nur dem Handelsvertrag zwischen Preußen, respektive dem Zollverein, und Österreich als Vorlage gedient, sondern bildete die Grundlage für weitere Handelsverträge, die mit mehreren europäischen Staaten um 1865 abgeschlossen wurden. Alle Abkommen enthielten die Meistbegünstigungsklausel, die eine Herabsetzung zahlreicher Zollpositionen und die völlige Beseitigung der landwirtschaftlichen Zölle bewirkte[439]. Den Anfang machte der Kontrakt zwischen Preußen und Belgien

von Niederbayern beanstandete den interimistischen Zolltarif und die Erhöhung der Zölle für Leder, Glas, Garn, Papier und Porzellan: JAHRESBERICHT der Kreis-Gewerbe- und Handelskammer von Niederbayern 1865, 6. Die Kammer der Pfalz zeigte sich dagegen sichtlich unzufrieden mit den Errungenschaften des Handelsvertrages: JAHRESBERICHT der Kreis-Gewerbe- und Handelskammer der Pfalz 1865, 16 und 24.

[435] LÁNG, Zollpolitik, 197.
[436] DELBRÜCK, Erinnerungen 2, 216.
[437] Der österreichisch-ungarische Ausgleich war aus wirtschaftlichen Gesichtspunkten wenig vorteilhaft für Österreich: GOOD, David F., Der wirtschaftliche Aufstieg des Habsburgerreiches 1750–1914 (Forschungen zur Geschichte des Donauraumes 7), Wien/Köln/Graz 1986, 90–112.
[438] Zur Gasteiner Konvention (Die beiden Großmächte teilten darin Schleswig-Holstein untereinander auf und entzogen das Territorium dem Bundesrecht) noch immer grundlegend: STADELMANN, Rudolf, Das Jahr 1865 und das Problem von Bismarcks deutscher Politik, München/Berlin 1933. Dann: RÖHL, John C., Kriegsgefahr und Gasteiner Konvention: Bismarck, Eulenburg und die Vertagung des preußisch-österreichischen Krieges im Sommer 1865, in: GEISS, Imanuel/WENDT, Bernd J. (Hg.), Deutschland in der Weltpolitik des 19. und 20. Jahrhunderts, Düsseldorf 1973, 89–103. BOSL, Karl, Die deutschen Mittelstaaten in der Entscheidung von 1866. Zur 100. Wiederkehr der Schlacht von Königgrätz, in: ZBLG 29 (1966), 665–679, sieht in der Gasteiner Konvention „die eigentliche Katastrophe der süddeutschen Staaten" (675).
[439] STOLPER, Gustav, Deutsche Wirtschaft seit 1870; fortgeführt von HÄUSER, Karl/BORCHARD, Knut, Tübingen 1966, 40.

vom 22. Mai 1865[440]. Ende desselben Monats initiierte Preußen den Abschluß eines Handelsvertrages mit Italien, der aber erst zum Jahresende zusammen mit der Anerkennung des Königreiches verwirklicht wurde[441]. Bayern und auch ein Teil der anderen Zollvereinsstaaten hatten ein Handelsabkommen mit Italien abgelehnt, um Österreich mit der formalen Bestätigung des italienischen Königreiches nicht zu verstimmen[442]. Hier spielten wieder eindeutig politische Rücksichten eine wichtige Rolle, wußte man in der Münchner Regierungsführung doch um die Bedeutung des bayerischen Handels mit Italien[443]. Ebenfalls im Mai 1865 war ein Handelsabkommen mit der Schweiz paraphiert worden, dem aber Sachsen, Kurhessen und auch der preußische Landtag die Zustimmung verweigerten[444]. Statt dessen einigten sich die Zollvereinsstaaten und die Schweiz nur darauf, sich gegenseitig als „meistbegünstigte Nationen" zu behandeln, ein Handelsvertrag konnte erst am 13. Mai 1869 abgeschlossen werden[445]. Sofortige Anerkennung bei allen Zollvereinsländern fand dagegen der am 30. Mai 1865 abgeschlossene Kontrakt mit England[446].

---

[440] Staatsarchiv 9, Nr. 1850, 22–26. Einen Überblick über alle zwischen 1855 und 1865 abgeschlossenen Verträge zwischen dem Zollverein und ausländischen Mächten bietet: WEBER, Zollverein, 451.

[441] BayHStAM, Gesandtschaft Berlin 740 (Telegramm, 31.12.1865); EGK 6 (1865), 77 bzw. 148. Der Vertrag: Staatsarchiv 10, Nr. 2046, 45–47; die Ratifizierung aller Zollvereinsstaaten erfolgte am 19.2.1866. Zum Zustandekommen: MEYER, Zollverein, 176–189; DEUTSCHER HANDELSTAG, Handelstag II, 391–393.

[442] Zu den Verhandlungen um den deutsch-italienischen Handelsvertrag: BayHStAM, Gesandtschaft Berlin 740.

[443] BayHStAM, MH 5393 (Fabrikrat München an HM, 2.5.1864 und Fabrik- und Handelsrat Hof an HM, 2.5.1864). Dort auch weitere Informationen über den Handel zwischen Italien und Bayern.

[444] EGK 6 (1865), 83. Zu den Schwierigkeiten des Abschlusses eines Handelsvertrages mit der Schweiz: BayHStAM, MH 12.562–12.564; WEBER, Zollverein, 452–454.

[445] DEUTSCHER HANDELSTAG, Handelstag II, 396; EGK 10 (1869), 79. Dazu auch die Debatte im Zollparlament in der 4. Sitzung der 2. Session, 9.6.1869: Berichte Zp 2, 17–25.

[446] Staatsarchiv 9, Nr. 1851, 26–31.

IV. WIRTSCHAFTSPOLITISCHE ENTSCHEIDUNGEN BAYERNS 1866 BIS 1870

1. Die Neuordnung des Zollvereins nach 1866

a) Der Krieg von 1866

Außenpolitische Schwankungen und innenpolitische Probleme wirkten sich auf das ohnehin stagnierende Wirtschaftsleben Bayerns nachteilig aus, obwohl die Handelsströme zwischen den verfeindeten Staaten auch während des Krieges weiterflossen. Unmittelbare Folgen waren Produktions- und Absatzstockungen, eine Verteuerung des Geldzinses sowie Kursstürze bei Staatspapieren und privaten Effekten. Im ersten Halbjahr 1866 wurden nochmals von unterschiedlicher Seite Reformprogramme zur Neuordnung des Deutschen Bundes erarbeitet, die aber alle scheiterten[1]. Der bayerische Gesandte in Berlin schrieb im Februar nach München, daß die Präsidialmacht Österreich gar nicht anders könnte, als Preußen die Stirn zu bieten, sonst würden „selbst die wenigen Mittelstaaten, welche bis jetzt noch einen Halt an derselben wenn auch erfolglos gesucht haben, sich nach anderen Stützen ihrer gebrechlichen Fortexistenz werden umsehen müssen"[2]. Zu diesem Zeitpunkt konnte jedoch eine kriegerische Auseinandersetzung zwischen den beiden Mächten aufgrund der Interventionsgefahr Englands und Frankreichs auf der Seite Österreichs noch vermieden werden[3].

Die Entwicklung, die seit der Jahreswende 1865/66 dann doch auf den Krieg zuführte, soll hier genausowenig wie der Krieg selbst detailliert nachgezeichnet werden[4]. Die Auseinandersetzung um die Elbherzogtümer eskalierte Anfang Juni 1866, in deren Folge sich die bayerische Regierung aus Bündnispflicht und Rechtsgefühl dem Deutschen Bund unter Führung Wiens anschloß[5]. Von der

---

[1] KAERNBACH, Konzepte, 211–214 und 229–231; HUBER, Verfassungsgeschichte III, 520–530 (Mission Gablenz).

[2] BayHStAM, MA 2646 (Bericht Montgelas Nr. 65, 23.2.1866).

[3] Dazu beispielsweise die Einschätzung des bayerischen Gesandten in Wien, Bray, vom 18.3.1867: BayHStAM, MA 624.

[4] Eine knappe, fundierte Zusammenfassung bietet KOLB, Großpreußen, in: KUNISCH, Bismarck, 29–34; HUBER,Verfassungsgeschichte III, 510–567. Außerdem auch: ENTSCHEIDUNGSJAHR 1866, in: Aus Politik und Zeitgeschichte, Beilage zur Wochenzeitung „Das Parlament" 24/25 (1966). Zu den einschlägigen Daten über den Verlauf des Krieges vom 15.6. bis 24.8.1866: EKG 7 (1866), 95–157; zur Presselandschaft in Bayern: RUIDER, Meinung, 79–137; aus österreichischer Sicht: WANDRUSZKA, Adam, Schicksalsjahr 1866, Graz/Wien/Köln 1966, 157–174.

[5] KRAUS, Andreas, Geschichte Bayerns. Von den Anfängen bis zur Gegenwart, München ²1988, 525; BUSLEY, Bayern, 88–89; DEUERLEIN, Ernst, Die deutschen Mittel- und Kleinstaaten 1866, in: ENTSCHEIDUNGSJAHR 1866, 3–8. Hohenlohe, der spätere

Pfordten wurde deshalb nach 1866 Verrat vorgeworfen, da er mit seiner lavierenden Politik im deutsch-deutschen Krieg versuchte, einerseits Österreich nicht zu mächtig werden zu lassen, andererseits aber auch Preußen nicht zu verärgern[6].

Einige Wochen nach der richtungsweisenden Schlacht von Königgrätz[7] (3. Juli 1866), in deren Folge die Niederlage Österreichs und seiner Bundesgenossen nicht mehr abzuwenden war, gelang es von der Pfordten am 28. Juli 1866, zwei Tage nach dem preußisch-österreichischen Präliminarfrieden von Nikolsburg[8], ebenfalls einen Waffenstillstand mit Preußen zu schließen[9]. In der Nikolsburger Vereinbarung war es der Donaumonarchie mit Unterstützung Frankreichs zwar gelungen, die Unabhängigkeit der Südstaaten zu sichern, mußte aber aus dem Deutschen Bund austreten. Die Bemühungen des bayerischen Ministerratsvorsitzenden, in diese Verhandlungen einbezogen zu werden, scheiterten kläglich[10], so daß sich Bayern erneut von der Donaumonarchie im Stich gelassen fühlte[11].

Bei den Friedensverhandlungen mit allen Mittelstaaten in Berlin im August 1866 bestand Bismarck darauf, mit den Delegierten getrennt zu verhandeln, und verhinderte somit, daß Bayern einen Südbund um sich gruppieren konnte[12]. Der preußische Ministerpräsident verminderte schrittweise die ursprünglich horren-

---

Ministerratsvorsitzende, befürchtete zu Beginn des Krieges, er werde „sehr lange werden": HOHENLOHE 1, 161. KOEPPEL, Ferdinand, Bayern und die französische Pfalzpolitik 1866, in: ZBLG 8 (1935), 425–444, nennt, wenn auch stark patriotisch einseitig, die Gefahren für die Rheinpfalz.

[6] SCHIEDER, Partei, 134–135; MÜLLER, Bayern im Jahre 1866, bes. 153–176; KOEPPEL, Bayern, 425–427. Siehe auch den Bericht des IM über die Stimmung bei der Bevölkerung: BayHStAM, MInn 66.318 (IM an Ludwig II., 8.9.1866).

[7] CRAIG, Gordon A., Königgrätz. 1866 – Eine Schlacht macht Weltgeschichte, Wien 1997 (1964); DOEBERL, Entwicklungsgeschichte III, 420–459.

[8] Der Präliminarfrieden von Nikolsburg vom 26.7.1866: HUBER, Ernst R. (Hg.), Dokumente zur deutschen Verfassungsgeschichte II: Deutsche Verfassungsdokumente 1851–1900, Berlin/Köln/Mainz ³1986, Nr. 184, 247–249.

[9] Die Waffenstillstands-Convention zwischen Preußen und Bayern: Staatsarchiv 11, Nr. 2365, 169–170. Zu den Verhandlungen zwischen den süddeutschen Staaten und Preußen im Juli und August 1866: ROLOFF, Gustav, Bismarcks Friedensschlüsse mit den Süddeutschen im Jahre 1866, in: HZ 146 (1932), 1–70.

[10] BINDER, Hans-Otto, Reich und Einzelstaaten während der Kanzlerschaft Bismarcks 1871–1890. Eine Untersuchung zum Problem der bundesstaatlichen Organisation (Tübinger Studien zur Geschichte und Politik 29), Tübingen 1971, 12, schließt aus der Einigung zwischen Preußen und Österreich ohne Beteiligung der Mittelstaaten, daß die Mittelstaaten auch für Österreich „als politische Größe nicht mehr zählten". Allerdings hatte Österreich in dieser Situation keine andere Wahl, als den Forderungen Preußens nachzugeben.

[11] Pfordtens Enttäuschung über das Verhalten Österreichs: BayHStAM, MA Gesandtschaft Berlin 1035 (AM an Montgelas, 18.9.1866).

[12] Zu den Vertragsverhandlungen: SCHARF/BECKER, Ringen, 187–194; BRAY, Denkwürdigkeiten, 101–111. Die Instruktion für die bayerischen Delegierten: BUSLEY, Bayern, 94–95 und darüber hinaus auch: 96–101. Aus sächsischer Sicht dazu: FRIESEN, Erinnerungen 2.

den Reparationsleistungen Bayerns[13], so daß er bereits nach zwei Wochen den Erfolg ernten konnte: Zusammen mit den Friedensverträgen schloß der preußische Ministerpräsident am 13. August mit Württemberg, am 17. August mit Baden, am 22. August mit Bayern und schließlich ein Jahr später auch mit Hessen-Darmstadt geheime Schutz- und Trutzbündnisse[14]. Sie standen mit den Bestimmungen des Prager Friedens und der darin garantierten internationalen unabhängigen Existenz der deutschen Südstaaten im Widerspruch, so daß sie bis März 1867 geheimgehalten wurden[15]. Obwohl Österreich von den Militärverträgen zwischen Süddeutschland und Preußen zwar nur eine vage Ahnung hatte, traf die Veröffentlichung das Land nicht unvorbereitet[16]. In den Verträgen verpflichteten sich die Partner zu einer wechselseitigen Beistandspflicht für die Integrität ihrer Länder und übertrugen im Kriegsfall den Oberbefehl auf den preußischen König.

Der Sieg Preußens im deutsch-deutschen Krieg von 1866 bedeutete die Auflösung des Deutschen Bundes und damit eine Zäsur in der Entwicklung des 19. Jahrhunderts, die sich seit mehreren Jahren abgezeichnet hatte[17]. Die kom-

---

[13] Anfänglich forderten die preußischen Unterhändler 30 Mio Tlr (BRAY, Denkwürdigkeiten, 108, gibt 25 Mio fl süddeutscher Währung an) sowie die Abtretung der Rheinpfalz an Hessen, Oberfrankens auf einer Linie von Kulmbach bis Hof und Unterfrankens mit Kissingen und Hammelburg an Preußen. Am Ende mußte Bayern neben einer Entschädigungszahlung von 30 Mio Tlrn die Landkreise Orb (zusammen mit der dortigen Saline) und Gersfeld sowie die Enklave Caulsdorf an die Hohenzollern abtreten: BayHStAM, Bayerische Gesandtschaft Berlin 1033 (Rezeß zwischen Preußen und Bayern über die zum Vollzuge des Artikels XIV. des Friedens-Vertrages vom 22. August 1866 gepflogene Auseinandersetzung). Außerdem erhielt der preußische König bis 1918 ein privates Wohnrecht auf der Nürnberger Burg.

[14] Friedensvertrag zwischen Bayern und Preußen vom 22.8.1866: Staatsarchiv 11, Nr. 2373, 184–188 bzw. EGK 7 (1866), 283–286. Für Bayern unterzeichneten Pfordten und Bray. Die Zustimmung zu den Friedensverträgen in der 2. Kammer des bayerischen Landtages erfolgte am 30.8.1866 mit 124 zu 11 Stimmen. Die anderen Friedensschlüsse: EGK 7 (1866), 278–301. SCHARF/BECKER, Ringen, 187–211: Die Anträge Badens und auch Württembergs vom August 1866 auf Eintritt in den Norddeutschen Bund lehnte Bismarck ab.

[15] Am 20.3.1867 wurden die geheimen Verträge gleichzeitig in Berlin und München veröffentlicht: BayHStAM, MA 624 (Telegramm Montgelas, 20.3.1867). RALL, Entwicklung, in: SPINDLER, Handbuch IV/1, 263, läßt fälschlicherweise Hohenlohe die Verträge während der Luxemburgkrise veröffentlichen. Zum Problem des „casus foederis" in den Militärverträgen in Verbindung mit dem deutsch-französischen Krieg 1870/71 siehe ausführlich Kapitel VI.1.b) *Bayern und der deutsch-französische Krieg* (S. 255).

[16] BEUST, Aus drei Viertel-Jahrhunderten 2, 117.

[17] Auch in der Forschung wird 1866 immer wieder als Epochenjahr aufgefaßt. Als Beispiele: ENTSCHEIDUNGSJAHR 1866; LUTZ, Heinrich, Zwischen Habsburg und Preußen. Deutschland 1815–1866 (Die Deutschen und ihre Nation 2), Berlin 1985; KAHLENBERG, Friedrich P., Das Epochenjahr 1866 in der deutschen Geschichte, in: STÜRMER, Michael (Hg.), Das kaiserliche Deutschland. Politik und Gesellschaft 1870–1918, Düsseldorf 1970, 51–74. Für Bayern: BOSL, Mittelstaaten, 665–679. Die Frage nach den alternativen Entwicklungen aufgrund des preußischen Sieges 1866 stellt dagegen: HEIMANN-STÖRMER, Uta, Kontrafaktische Urteile in der Geschichtsschreibung. Eine Fallstudie zur Historio-

plexen politischen Beziehungen zwischen den „de-jure" selbständigen Staaten[18] und Preußen bzw. ab 1867 dem Norddeutschen Bund sollen hier unter wirtschaftspolitischen Gesichtspunkten erörtert werden[19]. Die wichtigste Folge des deutsch-deutschen Krieges für Süddeutschland war eindeutig das Ausscheiden Österreichs aus Deutschland und die in den Friedensverträgen garantierte Unabhängigkeit Bayerns, Württembergs und Badens, im weiteren Sinne auch Sachsens und des Großherzogtums Hessen-Darmstadt. Im Frieden von Nikolsburg vom 26. Juli 1866 und schließlich mit der Unterzeichnung des Prager Friedens am 23. August akzeptierte Österreich die Auflösung des Deutschen Bundes und damit auch die Neugestaltung der mitteleuropäischen Verhältnisse[20]. Damit endete der seit 1848/49 vorhandene Kollisionskurs der beiden Hegemonialmächte im Deutschen Bund zugunsten Preußens, da der gemeinsame politische Wille zur Erhaltung des Bundes unter gemeinsamer Führung schon länger nicht mehr existierte[21]. Für die österreichische Geschichtsschreibung bedeutete der Prager Frieden den „Sieg des Nationalen über das universale Prinzip"[22]. Daraus ergab sich für die Donaumonarchie als notwendige Konsequenz eine außenpolitische Wende und Interessenverschiebung nach Osten und Südosten Europas[23]. Eine gemäßigtere Zollpolitik Wiens führte schließlich zum sogenannten Österreichisch-Ungarischen Ausgleich vom 21. Dezember 1867[24]: Die wirtschaftlichen Bezie-

graphie des Bismarck-Reiches (Europäische Hochschulschriften, Reihe III: Geschichte und ihre Hilfswissenschaften 463), Frankfurt/Bern/New York/Paris 1991, bes. 72–85.

[18] Zit. nach: BOSL, Karl, Die Verhandlungen über den Eintritt der süddeutschen Staaten in den Norddeutschen Bund und die Entstehung der Reichsverfassung, in: POHL, Auswirkungen 1987, 148–163, hier 150. Die formale Unabhängigkeit der Mittelstaaten betont auch: SCHIEDER, mittlere Staaten, 593.

[19] BUSLEY, Bayern, 11; GRUNER, Bayern, 799–827.

[20] Frieden zu Prag zwischen Preußen und Österreich vom 23.8.1866: Staatsarchiv 11, Nr. 2369, 176–179 bzw. HAHN, Ludwig, Zwei Jahre preußisch-deutscher Politik. 1866–1867. Sammlung amtlicher Kundgebungen und halbamtlicher Äußerungen von der schleswig-holsteinischen Krise bis zur Gründung des Zollparlaments, Berlin 1868, 194–212. Die Annahme in der Kammer der Abgeordneten erfolgte am 30.8.1866: KdA 1866/67 I, 10. Sitzung, 129–158.

[21] SCHIEDER, mittlere Staaten, 593; KAERNBACH, Hegemonie, in: GEHLER, Ungleiche Partner, 265. Mit der Auflösung des Bundes zerfiel Deutschland in drei Teile: In den Norddeutschen Bund, in die österreichischen Bundesgebiete und in die süddeutschen Mittel- und Kleinstaaten Bayern, Württemberg, Baden und das südlich des Mains gelegene Hessen-Darmstadt. Zur Rolle Frankreichs im Zusammenhang mit dem Prager Frieden beispielsweise: BECKER, Josef, Der Krieg mit Frankreich als Problem der kleindeutschen Einigungspolitik Bismarcks 1866–1870, in: STÜRMER, Das kaiserliche Deutschland, 75–88. Aus österreichischer Sicht u.a. HANTSCH, Hugo, 1866 – Die Folgen, in: Der Donauraum 12 (1967), 1–2; WANDRUSZKA, Schicksalsjahr. Anders dagegen beispielsweise: BONDI, Vorgeschichte, 32, der die endgültige Niederlage Österreichs im Deutschen Bund bereits für das Jahr 1865 mit der Annahme des preußisch-französischen Handelsvertrages durch die süddeutschen Staaten ansetzt.

[22] So Heinrich von Srbik, zitiert nach: MATIS, Wirtschaft, 142.

[23] HANTSCH, 1866, 4.

[24] Zum österreichisch-ungarischen Ausgleich: DER ÖSTERREICHISCH-UNGARISCHE AUSGLEICH von 1867. Seine Grundlagen und Auswirkungen (Buchreihe der Südostdeut-

hungen zwischen den beiden Reichshälften regelte ein Zoll- und Handelsbündnis, das zunächst auf die Dauer von zehn Jahren angelegt war. Beide Reichsteile hielten darin grundsätzlich an den Prinzipien des Freihandels fest. Probleme traten erst nach 1873 auf, als in Österreich die Schutzzöllner wieder die Oberhand gewannen.

Bismarck wählte für eine Neuordnung Deutschlands zunächst den Zusammenschluß der norddeutschen Staaten zum Norddeutschen Bund einschließlich Sachsens[25] und der nördlich des Mains gelegenen Teile Hessen-Darmstadts[26], sah darin aber offensichtlich kein Provisorium oder eine Übergangsinstitution auf dem Weg zur deutschen Einigung[27]. Bis Ende Oktober 1866 traten 23 deutsche Territorien mehr oder minder freiwillig dem Bund bei, dem Preußen als eine einzige Hegemonialmacht vorstand. Am 1. Juli 1867 trat die norddeutsche Verfassung in Kraft, die auf wirtschaftspolitischer Ebene gemäß Artikel 33 ein einheitliches Zoll- und Handelsgebiet mit einer gemeinschaftlichen Zollgrenze schuf und die Territorien südlich des Mains, Lübeck, Hamburg und Bremen sowie einige kleinere Exklaven ausschloß. Damit handelte es sich beim Norddeutschen Bund nicht nur um einen politisch motivierten Zusammenschluß, sondern auch um eine Zollunion mit ausschließlicher Gesetzgebungsgewalt über das Zollwesen sowie über die Besteuerung von einheimischem Zucker, Branntwein, Salz, Bier und Tabak; die Einzelstaaten des Bundes hörten auf, eigenständige Mitglieder des Zollvereins zu sein (Artikel 35). Der Bundesrat war zusammen mit dem Reichstag zuständig für den Abschluß von Handels- und Schiffahrtsverträgen und den damit verbundenen Ausführungsbestimmungen. Zur Verfassungskonstruktion des Norddeutschen Bundes zählten auch die bereits angesprochenen Schutz- und Trutzbündnisse, die Bismarck im August 1866 mit den süddeutschen Staaten abgeschlossen hatte. Mit den Verträgen wurden die süddeutschen Länder weiter in den preußischen Machtbereich eingegliedert und die Mainlinie in militärischer Hinsicht durch die Allianzen übersprungen. Diese Entwicklung fand in den nächsten Jahren auch auf wirtschaftspolitischer Ebene seine Fortsetzung, ohne daß Bismarck eine Angliederung der süddeutschen Staaten in den Vordergrund seiner Politik stellte[28]. Vielmehr ging es dem preußischen Ministerpräsidenten zunächst

---

schen Historischen Kommission 20), München 1968. Dort auch der Wortlaut der einschlägigen Gesetze, 153–198: Am 17.2.1867 erhielt Ungarn unter Andrássy ein eigenes Ministerium, am 27.2.1867 wurde der ungarische Reichstag wiederhergestellt, am 8.6.1867 wurde Kaiser Franz Joseph zum König von Ungarn gewählt.

[25] Sachsen trat am 23.10.1866 in den Norddeutschen Bund ein, zahlte dafür aber nur 10 Mio Tlr Kriegsentschädigung: BayHStAM, MA Gesandtschaft Berlin 1035 (Telegramm Montgelas, 23.10.1866).

[26] Zum Anteil Bismarcks an der Gründung des Norddeutschen Bundes: SCHARF/BECKER, Ringen, 211–289 und zuletzt ausführlich: PFLANZE, Bismarck. Der Reichsgründer, 344–368.

[27] GALL, Lothar, Bismarcks Süddeutschlandpolitik 1866–1870, in: KOLB, Europa, 23–32, bes. 23. Genauso: SCHARF/BECKER, Ringen und WILHELM, Rolf, Das Verhältnis der süddeutschen Staaten zum Norddeutschen Bund (1867–1870) (Historische Studien 431), Husum 1978. PFLANZE, Bismarck. Der Reichsgründer, 398, glaubt dennoch, daß Bismarck hoffte, daß sich das Zollparlament „als ein solches Übergangsstadium erweisen würde".

[28] GALL, Süddeutschlandpolitik, 30.

um die Schaffung objektiver Bindungen und struktureller Einflußmöglichkeiten im Heereswesen sowie in der Handels- und Zollpolitik.

b) Die Neuordnung des Zollvereins 1866/1867

Erste Pläne

Die Zollvereinsverträge waren nach den Grundsätzen des Völkerrechtes mit Ausbruch des Krieges zwischen Österreich und Preußen außer Kraft, galten jedoch in der Praxis weiter[29]. Der Handel blieb von den unmittelbaren Feindseligkeiten in großen Teilen unberührt, da innerhalb der Zollvereinsmitglieder weiterhin ungehinderter Warenverkehr herrschte; die Zolleinnahmen im Jahr 1866 sanken deshalb nur um elf Prozent[30]. Die einzelstaatlichen Zollbehörden setzten ihre Arbeit im Namen der Gemeinschaft fort, so daß Ende 1866 die eingenommenen Gelder wie gewohnt zentral von Berlin aus verteilt wurden. Kurz nach Ausbruch des deutsch-deutschen Krieges hatte das österreichische Handelsministerium noch angemahnt, „die gegenwärtige Krisis nicht vorübergehen (zu) lassen, ohne in den deutschen Zollverein einzutreten, oder wenn derselbe von Preußen gesprengt werden sollte, mit den zu uns stehenden deutschen Bundesstaaten unter den durch den französisch-zollvereinsländischen Vertrag gebotenen Bedingungen einen Zollbund zu bilden"[31]. Die österreichische Niederlage machte jedoch diese Absichten zunichte.

Nach dem preußischen Sieg intendierte Bismarck eine Neuregelung der Zoll- und Handelsverhältnisse. Artikel 7 des Prager Friedens[32] legte den Fortbestand der Verträge von 1865 fest, beinhaltete jetzt aber eine sechsmonatige Kündigungsklausel, die von allen Vertragspartnern jederzeit in Anspruch genommen werden konnte, de facto aber als „Druckmittel gegen die süddeutsche Staatengruppe"[33] konzipiert war. Darüber hinaus nahm der preußische Ministerpräsident seine früheren Gedanken einer Zollvereinsreform wieder auf, deren wesentlicher Inhalt die Schaffung einer Versammlung für Zollangelegenheiten, die sich aus einer Delegation von Vertretern des Norddeutschen Reichstages und Abgeordneten der süddeutschen Parlamente entsprechend dem Verhältnis der Bevölkerungszahlen zusammensetzen sollte[34]. Bayern, Württemberg und auch Baden waren sich dagegen einig, die Zollvereinsverträge von 1865 im wesentlichen nicht zu verändern. Aus diesem Grunde entwickelte sich wieder einmal die „altbekannte" Situation, daß Preußen den Mittelstaaten mit der Auflösung der

---

[29] Vgl. u.a. HAHN, Geschichte, 181. Anders dazu nur: HARTMANN, Schranken, 120.
[30] WEBER, Zollverein, 463; ZIMMERMANN, Handelspolitik, 78. Zuletzt: HENDERSON, Cobden-Vertrag, 247.
[31] Die Denkschrift bei BEER, Handelspolitik, 374–378, zit. 378.
[32] Art. 7 in: Staatsarchiv 11, Nr. 2373, 185–186. APP IX, Nr. 63, 104 vom 8.6.1867: Erst mit dem Entwurf zur Zollvereinsreform verschwand diese Kündigungsfrist, die als „Damoklesschwert über Süddeutschland" bezeichnet wurde.
[33] JAHRESBERICHT der Kreis-Gewerbe und Handelskammer für Mittelfranken 1866/67, 6. Genauso auch: JAHRESBERICHT der Kreis-Gewerbe und Handelskammer der Oberpfalz und von Regensburg 1866, 5.
[34] Bray hielt diese Vision im Herbst 1866 für unrealistisch und wollte statt dessen an dem in den Friedensverträgen festgelegten Provisorium festhalten: BRAY, Denkwürdigkeiten, 116.

Zollunion drohte, sollten sie sich weigern, die preußische Verhandlungsbasis für eine Neuorganisation zu akzeptieren.

Die Idee eines Zollparlamentes stammte ursprünglich nicht von Bismarck[35]. Sie war bereits während der Revolution 1848 Thema der Frankfurter Nationalversammlung gewesen und 1862 von David Hansemann, dem Vorsitzenden der ständigen Deputation des Deutschen Handelstages und Mitglied des Volkswirtschaftlichen Kongresses, aufgegriffen worden. Hansemann hatte für die Schaffung eines Zollvereinsparlamentes mit ausgedehnten Kompetenzen und der preußischen Krone als exekutivem Vorstand plädiert[36]. Die süddeutsche Gruppe des Kongresses war jedoch entschieden gegen eine derartige Einrichtung aufgetreten, so daß das Projekt nicht weiter verfolgt wurde. Im Jahre 1858 hatte auch der preußische Prinzregent Wilhelm die Neuordnung des Zollvereins, die auch die Beseitigung des Vetorechtes für alle Staaten in Finanz- und Steuerfragen beinhalten sollte, vorgeschlagen[37]. Zu diesem Zeitpunkt existierten aber selbst in Preußen noch keine konkreteren Pläne, wie sie dann nach 1866 verhältnismäßig schnell durchgesetzt wurden. Bismarck nahm nach seinem Regierungsantritt 1862 die Ideen des Prinzregenten wieder auf, weil sie seinem Bündnis mit der Nationalbewegung entsprachen, und er sich von einem Parlament ein zentralisierendes Gegengewicht gegen zuviel Föderalismus erhoffte[38]. Er präzisierte allerdings die Vorschläge dahingehend, mit Hilfe des Zollvereins das bisherige „Netz der Bundesverträge" zu zerschlagen und die Zollvereinsstaaten auch politisch enger an Preußen zu binden[39]. Er trat dabei für die Beseitigung des „liberum veto", des Vetorechtes für jedes Mitglied, ein, um die Handlungsfähigkeit der Exekutive zu erweitern: Die Umgestaltung des Zollvereins müßte, so der preußische Ministerpräsident, „Majoritätsbestimmungen als verbindlich für die Minorität einführen und eine Vertretung der vereinsstaatlichen Bevölkerung" herstellen. Da sich aber Frankreich für diese Umstrukturierungsideen nicht erwärmen konnte, wurden die Pläne eines Zollparlamentes Anfang der 1860er Jahre zurückgestellt[40].

Nach dem deutsch-deutschen Krieg faßten die süddeutschen Regierungen vorübergehend die Schaffung eines selbständigen Zollvereins ins Auge, der aber

---

[35] POSCHINGER, Heinrich Ritter von (Hg.), Preußen im Bundestag 1851–1859. Dokumente der Königlich Preußischen Bundestagsgesandschaft, 4 Bde, Leipzig 1884, hier Bd. 1, Nr. 122, 298.

[36] HENTSCHEL, Freihändler, 65–70; SCHULZE, Bernhard, Wirtschaftspolitische Auffassungen bürgerlicher Demokraten im Jahrzehnt der Reichseinigung, in: BARTEL/ENGELBERG, Reichsgründung, 395.

[37] BayHStAM, MH 9650 (Gesandtschaft in Berlin an AM bzw. Maximilian II., 18.9.1858). Sein wichtigstes Argument war, daß sich in Norddeutschland freihändlerische bzw. kleindeutsche Gruppen gebildet hätten, die die Sprengung des Zollvereins und die Gründung eines „Preussischen Zollvereins" unter Ausschluß der süddeutschen Staaten befürworten würden.

[38] NIPPERDEY, Thomas, Deutsche Geschichte 1866–1918 II: Machtstaat vor der Demokratie, München ³1995, 30.

[39] Das Promemoria Bismarcks an den preußischen König vom 25.12.1862: APP III, Nr. 86, 136–140. Dazu auch: KAERNBACH, Konzepte, 174–175; GALL, Bismarck, 269–271.

[40] HAHN, Integration, 292.

mehr noch als 1853 und 1862 aus wirtschaftlichen Gesichtspunkten utopisch geworden war[41]. Gerüchte über die Einführung einer Zollgrenze am Main veranlaßten Vertreter von Handel und Gewerbe in Bayern, zahlreiche Bittschriften und Adressen an die Regierung mit der Forderung einzureichen, den Zollverein unter allen Umständen zu erhalten[42]. Die neue Konstellation infolge des Krieges führte in mehreren Staaten Deutschlands zur Ablösung der leitenden Minister, die unter den neuen politischen Verhältnissen nicht mehr tragfähig waren. Dies betraf Bayern genauso wie Baden und Sachsen[43]. In München kam es noch vor Beginn konkreter Verhandlungen über eine Neugestaltung des Zollvereins zu einer politischen Grundsatzdebatte. Am 30. August 1866 diskutierte die bayerische Kammer der Abgeordneten im Zusammenhang mit der Annahme der Friedensverträge vom 22. August auch die zukünftige wirtschaftspolitische Stellung Bayerns zu Norddeutschland[44]. In der Schlußabstimmung plädierte die überwältigende Mehrheit der Kammer dafür, daß „durch einen engen Anschluß an Preußen der Weg betreten werde, welcher zur Zeit allein dem angestrebten Endziele entgegenführen kann: Deutschland unter Mitwirkung eines freigewählten und mit den erforderlichen Befugnissen ausgestatteten Parlamentes zu einigen, die nationalen Interessen wirksam zu wahren und etwaige Angriffe des Auslandes erfolgreich abzuwehren"[45] – ein erster Schritt, dem Ministerium von der Pfordten den parlamentarischen Rückhalt zu nehmen[46]. So trat Ende des Jahres 1866 Chlodwig Fürst zu Hohenlohe-Schillingsfürst an seine Stelle[47]. Nach dem Ministerwechsel versuchte der bayerische Gesandte in Berlin, von Montgelas, die preußische Regierung günstig zu stimmen. Er versicherte Karl Hermann Thile, Unterstaatssekretär im preußischen Kanzleramt, „die früheren Sympathien für Österreich, infolge seines perfiden Verhaltens gegen Bayern beim

---

[41] SCHNEIDER, Bismarck, 1087. Einen politischen Südbund empfanden dagegen Beust, Pfordten und Varnbüler als nicht überlebensfähig: POTTHOFF, Politik, 30.

[42] BayHStAM, MH 10.941 (HM an AM, Konzept, 2.8.1866); SCHMIDT, Zollparlament, 28.

[43] In Sachsen wurde Anfang November 1866 Beust, der als neuer Minister der Auswärtigen Angelegenheiten nach Wien wechselte, von Johann Paul von Falkenstein ersetzt. Montgelas machte für den Wechsel den Friedensvertrag zwischen Sachsen und Preußen verantwortlich. Außerdem wies er Beust ein hohes Maß am Verschulden des deutsch-deutschen Krieges zu: BayHStAM, MA 2646 (Bericht Montgelas Nr. 202, 1.11.1866). In Baden löste Karl Mathy (seit 1862 auch Finanzminister und seit 1864 Handelsminister) im Juli 1866 Anton von Stabel als Ministerpräsident ab.

[44] KdA 1866/1867 I, 10. öffentliche Sitzung, 30.8.1866, 129–157, hier: 134–154. Siehe auch: SCHIEDER, Partei, 129–135 und SCHMIDT, Zollparlament, 29–31.

[45] KdA 1866/1867 I, 10. öffentliche Sitzung, 30.8.1866, 153.

[46] SCHIEDER, Partei, 131.

[47] Zu den Gründen, die zur Ablösung Pfordtens führten, ausführlich: FRANZ, Pfordten, 391–398 und auch im Überblick: RUDSCHIES, Gesandten, 63. Zur Berufung Hohenlohes: MÜLLER, Bayern im Jahre 1866 und eine Zusammenfassung: MÜLLER, Karl A. v., Bayern im Jahre 1866 und die Berufung des Fürsten Hohenlohe, in: HZ 109 (1912). HOHENLOHE 1, 177–193. Nach HOHENLOHE 1, 179 wurde bereits zu diesem Zeitpunkt von einem Teil des Kabinettes Graf Bray-Steinburg als AM favorisiert. Zur Person *Hohenlohe-Schillingsfürst* siehe Kapitel V.2.a) *Die leitenden Minister: Chlodwig Fürst zu Hohenlohe-Schillingsfürst (1866–1870)* (S. 230).

einseitigen Abschlusse des Friedens von Nicolsburg, [wären] gründlich verschwunden"[48] und bezog diese Aussage auch auf die Haltung des neuen leitenden Ministers Hohenlohe. Österreich hatte durch sein Taktieren, seine Unentschlossenheit und die Angewohnheit, die Bundesmitglieder vor vollendete Tatsachen zu stellen, seit Ende der 1850er Jahre jeden Kredit bei den deutschen Mittelstaaten verspielt[49].

Ende 1866 trieb die preußische Regierung die Umgestaltung des Zollvereins nachdrücklicher voran. Eine aggressive Pressepolitik begleitete die begonnenen Maßnahmen, deren Grundlage die Auffassung war, daß die süddeutschen Staaten aus handelspolitischen Gründen zwar keinen Anschluß an den Norddeutschen Bund anstreben würden, aber den Fortbestand des Zollvereins nicht gefährden dürften[50]. Tatsächlich war nicht zu leugnen, daß der Norddeutsche Bund den Verlust des süddeutschen Absatzgebietes für seine Industrieprodukte weit besser hätte verschmerzen können, als der Süden den norddeutschen Markt für seine landwirtschaftlichen Erzeugnisse[51]: Österreich besaß selbst eine leistungsfähige Landwirtschaft und das Gleiche galt für Frankreich genauso wie für Italien; neue Märkte waren also nur schwer zu erschließen. Diese Ansicht herrschte nicht nur in der preußischen Regierung vor, Handels- und Industrievertretungen Norddeutschlands gingen sogar soweit zu glauben, den Süden in einen Bundesstaat drängen zu können, wenn man nur nachdrücklich genug mit der Auflösung des Zollvereins drohte[52]. In einem, offensichtlich von Bismarck und seiner Regierung initiierten, Artikel in der Norddeutschen Allgemeinen Zeitung konnte man unter Hinweis auf die Umstände, die 1864/65 zur Annahme des preußisch-französischen Handelsvertrages geführt hatten, lesen, daß an einen Fortbestand des Zollvereins ohne politische Annäherung an den Norddeutschen Bund nicht mehr zu denken war[53]. Anfang September 1866 reiste der bayerische Verhandlungsführer, der Gesandte in Wien Graf von Bray-Steinburg, nach Berlin, um mit der preußischen Regierung die Ausführungsbestimmungen des gerade geschlossenen Vertrages auszuhandeln und die Ratifikationsurkunden auszutauschen. Im Mittelpunkt stand Artikel V des Friedensvertrages, der das Ausscheiden Österreichs aus dem Deutschen Bund festlegte[54]: In diesem Zusammenhang äußerte

---

[48] BayHStAM, MA 2646 (Bericht Montgelas Nr. 202, 1.11.1866).
[49] GRUNER, Konferenzen, 181–253; LUTZ/RUMPLER, Österreich und die deutsche Frage, 92–94.
[50] GRUNER, Süddeutsche Staaten, 56. Zur Pressepolitik auch: BayHStAM, MA 2646 und MA Gesandtschaft Berlin 1035 (Bericht Montgelas Nr. 234, 5.12.1866). Allgemein: NAUJOKS, Eberhard, Bismarcks auswärtige Pressepolitik und die Reichsgründung 1865–1871, Wiesbaden 1968.
[51] BÖHM, Agrarproduktion, 437, weist auf den „Wohlstand" Bayerns im agrarischen Bereich hin, der in scharfem Kontrast zu dem oftmals gezeichneten Bild des (auch agrar-)ökonomisch rückständigen Bayern steht. Umso wichtiger war für Bayern der Export landwirtschaftlicher Güter.
[52] HENTSCHEL, Freihändler, 114.
[53] BayHStAM, MA 2646 (Bericht Montgelas Nr. 234, 5.12.1866): Bericht in der Norddeutschen Allgemeinen Zeitung vom 4.12.1866.
[54] BayHStAM, MA Gesandtschaft Berlin 1035 (AM an Montgelas, 27.9.1866). Bray wurde von den beiden Legationssekretären Frhr. von Bibra und von Niethammer begleitet.

sich Bismarck auch über nähere Einzelheiten, die er mit Artikel VII des Abkommens, der den Fortbestand des Zollvereins sichern sollte, verband: Im Mittelpunkt der von ihm angestrebten Reform stand die Errichtung eines Zollparlamentes[55].

Die Wirtschaftspolitik Bayerns im Frühjahr 1867

Der deutsch-deutsche Krieg hatte im bayerischen Staatshaushalt ein beträchtliches Defizit hinterlassen[56]. Die süddeutschen Staaten besaßen jedoch kaum finanzielle Reserven, um den Ausgabenüberhang aufzufangen. Daher fehlte es an Geldern für den erforderlichen Ausbau der Verkehrswege, eine wichtige Voraussetzung für die Verbesserung der wirtschaftlichen Verhältnisse im Land. Die nach 1866 einsetzende Krise in der Landwirtschaft traf vor allem die süddeutschen Staaten, deren Bauernstand nicht wie in Preußen über eine mächtige Bankenorganisation als Kreditgeber verfügte[57]. Das vorwiegende Interesse der bayerischen Regierung, die industrielle Entwicklung des Landes nicht durch hohe Steuern zu behindern, führte damit zwangsläufig zu einer Benachteiligung der ländlichen Bevölkerung. Gerade die katholischen Kreise auf dem Land nutzten deshalb die sich verschlechternde Stimmung, um gegen die „kleindeutsche Lösung" der deutschen Frage zu politisieren: Wäre der Anschluß des Südens an den militärisch und auch wirtschaftlich überlegenen Norden erst einmal vollzogen, so hätten Industrie und Handwerk keine Chance, sich gegenüber der norddeutschen Konkurrenz zu behaupten[58]. Dem widersprachen Petitionen aus dem gewerblich-industriellen Milieu, in denen mit Nachdruck für den Erhalt des Zollvereins eingetreten wurde[59]. Solange die bayerische Regierung auf eine liberale Kammermehrheit rekrutieren konnte, war es möglich, ohne größere Schwierigkeiten mit dem Norddeutschen Bund in der Zoll- und Handelsfrage zu verhandeln. Problematischer wurde die Situation erst nach 1868, als die antiliberalen und kleindeutsch gesinnten Kräfte in den Wahlen zum Zollparlament und ein Jahr später auch in den Landtagswahlen einen überwältigenden Sieg davontrugen.

Ende Februar 1867 kündigte der preußische Ministerpräsident einen baldigen Dialog zur Neugestaltung des Zollvereins an[60]. Die unerwartete Gesprächsbereit-

---

[55] BRAY, Denkwürdigkeiten, 116.
[56] BayHStAM, Staatsrat 1184 (Sitzung, 21.9.1869). GRUNER, Süddeutsche Staaten, 58–59.
[57] BÖHME, Großmacht (1966), 213–214.
[58] GRUNER, Süddeutsche Staaten, 59.
[59] BayHStAM, MH 10.941 (Eingabe der Stadt Hof, 10.8.1866, der Stadt Kaufbeuren, 14.8.1866). Weitere Eingaben in: StAM, RA 40.698.
[60] GW VI, 685, 269–270 (Erlaß an die Missionen in München, Stuttgart, Karlsruhe, Darmstadt, 15.2.1867) bzw. APP 8, Nr. 241, 386–387. FRANZ, Entscheidungskampf, 410, irrt, wenn er meint, Bismarck hätte bereits am 15.2.1867 ein Angebot zu Gesprächen gemacht. Bei dem Schreiben handelte es sich lediglich um eine vertrauliche Note an die preußischen Gesandtschaften. Nichtsdestoweniger war sie Hohenlohe wenig später sehr wohl bekannt, da sie ihm vom preußischen Gesandten in München mitgeteilt worden war: BayHStAM, MA 624 (Verbal-Note Wertherns, 21.2.1867). Montgelas meldete jedoch das offizielle Gesprächsangebot Bismarcks erst im Zusammenhang mit der Eröffnung des norddeutschen Reichstages per Telegramm am 24.2.1867 nach München: BayHStAM, MA

schaft Bismarcks war mit der Luxemburg-Frage[61] verbunden. Diese trat gerade in ihre entscheidende Phase, so daß es der preußische Ministerpräsident nicht für ratsam hielt, dem Süden weiterhin mit der wirtschaftlichen Trennung vom Norden zu drohen. Nach seinen Vorstellungen sollte für gesamtdeutsche Beratungen über Zoll- und Handelsfragen entweder ein „Zollparlament" geschaffen werden oder süddeutsche Abgeordnete an den Sitzungen des Norddeutschen Reichstages teilnehmen. Bei der Generaldiskussion im Reichstag am 11. März 1867 über die Norddeutsche Bundesverfassung favorisierte Bismarck die Idee des Zollparlamentes[62]: Ihm schwebte die Schaffung „organischer Einrichtungen" vor, die weitgehende Befugnisse auch über zolltechnische Fragen hinaus erhalten sollten. Die Beseitigung des Vetorechtes hielt Bismarck für unumgänglich. Zum Zeitpunkt des preußischen Angebotes waren sich die süddeutschen Regierungen über ihr weiteres Vorgehen in der Zollvereinsfrage keineswegs einig[63]: Baden stimmte vorbehaltlos allen Vorschlägen Berlins zu, während Bayern unter dem neuen Ministerratsvorsitzenden von Hohenlohe mit einer Stellungnahme zögerte.

Ein von dem Ministerialrat Wilhelm von Weber[64] im März 1867 ausgearbeitetes Gutachten, das sowohl von Hohenlohe als auch vom Handelsminister Gustav von Schlör[65] leicht überarbeitet wurde, entwickelte sich zum Grundsatzprogramm der bayerischen Handelspolitik in den kommenden Monaten. Weber unterstrich die Vorteile des bisherigen Zollvereins, dessen Auflösung die bayerische Regierung unter keinen Umständen riskieren dürfte, blieb aber im wesentlichen bei der Ablehnung der Bismarck'schen Vorstellungen eines Zollparlamentes oder der Entsendung süddeutscher Vertreter in den Norddeutschen Reichstag: Die bayerische Regierung sollte seiner Meinung nach auf keinen Fall die „vollkommene Gleichheit aller seiner Teilnehmer (...), das gemeinsame Zollsystem, gleichheitliche Zollgesetzgebung, die Gemeinschaftlichkeit der Einnahmen, und dann gleichheitliche Vertheilung nach einem bestimmten Maßstabe" und nicht zuletzt „die Selbständigkeit aller einzelnen Vereinsmitglieder in Bezug auf ihre territo-

---

2647 (Telegramm Montgelas an AM, 24.2.1867); ausführlicher: SCHÜBELIN, Zollparlament, 11–18.

[61] Im März 1867 wurde bekannt, daß König Wilhelm III. von Holland daran dachte, Luxemburg an Napoleon III. zu verkaufen, falls Preußen zustimmen würde. Wie bereits in der Schleswig-Holstein-Frage folgte eine nationale Entrüstung in Deutschland über den möglichen Verlust eines deutschen Landes, die am Ende die Gefahr eines Krieges heraufbeschwor: Dazu u.a.: BECKER/SCHARF, Ringen, 398-425 und ausführlich: MATSCHOSS, Alexander, Die Luxemburger Frage von 1867, Breslau 1902; FLETCHER, Willard A., The Mission of Vincent Benedetti to Berlin 1864–1870, Nijoff 1965.

[62] Reichstagsrede Bismarcks vom 11.3.1867: GW X, Nr. 10, 320-333. Die Rede war der bayerischen Regierung bekannt; sie verfehlte ihre Wirkung nicht: BayHStAM, MA 624 (AM an Ludwig II., 20.3.1869).

[63] FRANZ, Entscheidungskampf, 410–411; MEYER, Zollverein, 196–197.

[64] Zu *Weber* siehe Kapitel V.2.c) *Maßgebliche Mitarbeiter im Staatsministerium des Handels und der öffentlichen Arbeiten: Wilhelm von Weber* (S. 245).

[65] Siehe zum Handelsminister *Gustav von Schlör* vor allem Kapitel V.2.b) *Handelsminister Gustav von Schlör* (S. 236).

riale Zoll-Organisation und Verwaltung" hinnehmen[66]. Eine Modifizierung des bestehenden Zollvereins-Prinzips hätte lediglich den „Charakter eines Experimentes". Weber schlug statt dessen einen völkerrechtlichen Vertrag zwischen dem Zollverein und dem Norddeutschen Bund unter Beibehaltung der bisherigen Generalzollkonferenzen vor. Gleichzeitig wies er preußische Behauptungen zurück, die die volkswirtschaftliche Bedeutung der süddeutschen Vereinsstaaten innerhalb des Zollvereins herunterzuspielen versuchten. Handelsminister von Schlör erklärte sich Hohenlohe gegenüber im wesentlichen mit der Expertise Webers einverstanden, wies aber gleichzeitig darauf hin, daß diese Angelegenheit nicht in die Kompetenz seines Ressorts fallen würde[67]. Damit wies er der Angelegenheit keinerlei wirtschaftlichen, sondern ausschließlich politischen Charakter zu. Bismarck seinerseits reagierte verärgert auf die bayerische Denkschrift[68], obwohl sich Hohenlohe offiziell von dem Gutachten Webers distanzierte und das Schreiben als Privatmeinung des Ministerialrates bezeichnete[69]; eine schriftliche Antwort Preußens auf die bayerische Denkschrift ist nie erfolgt. Vor dem Hintergrund der noch immer schwelenden Luxemburgkrise und weiterer mittelstaatlicher Initiativen begnügte sich Bismarck in den nächsten Wochen damit, die gereizte Stimmung zwischen München und Berlin zu beruhigen, indem er immer wieder versicherte, die Selbständigkeit Bayerns niemals anzutasten[70].

Der Prager Frieden von 1866 hatte den süddeutschen Staaten mehr als in der Vergangenheit die reelle Chance zu einem föderativen Zusammenschluß geboten, dessen Verwirklichung aber bereits unter von der Pfordten am Desinteresse der meisten Mittelstaaten, aber auch Österreichs, gescheitert war[71]. Während Baden unverzüglich seinen Willen zum Anschluß an den Norddeutschen Bund kundtat, konnten sich Bayern, Württemberg und mit Einschränkungen auch Hessen-Darmstadt nicht auf eigene Südbundpläne oder einen weiteren Bund mit dem

---

[66] BayHStAM, MA 63.247 (Betrachtungen über die in Folge der Constituierung des norddeutschen Bundes nothwendigen Aenderungen in den Zollvereinsbestimmungen bezüglich der Verhältniße der süddeutschen Vereins-Staaten, München im März 1867). Konzept dieses Gutachtens vom 9.3.1867 auch in: BayHStAM, MH 9701.

[67] Ebd. (HM an AM, 12.3.1867).

[68] Die Denkschrift Webers ging dem preußischen Gesandten Werthern am 21.3.1867 zu: BECKER/SCHARF, Ringen, 571. Das Kanzleikonzept Bismarcks vom 29.3.1867: GW VI, Nr. 722, 317–319 (Entwurf eines Erlasses an den Gesandten in München, Frhr. von Werthern, 29.3.1867); genauso: DELBRÜCK, Erinnerungen 2, 394–395. Auch Karlsruhe und Stuttgart waren von der Denkschrift Webers nicht begeistert: SCHMID, Zollparlament, 55–56.

[69] FRANZ, Entscheidungskampf, 412; SCHÜBELIN, Zollparlament, 30–32.

[70] APP IX, Nr. 30, 74–76. Die Luxemburgkrise war für Bismarck selbst im April 1867 noch wichtiger als die zukünftige Gestaltung des Zollvereins: BayHStAM, MA 2647 (Bericht Montgelas Nr. 107, 24.4.1867).

[71] GRUNER, Süddeutsche Staaten, 62 bzw. GRUNER, Bayern, 807–809. SCHIEDER, mittlere Staaten, 595, spricht von einem „trüben Bild mittelstaatlicher Ohnmacht inmitten unaufgedeckter Ziele der großen Mächte" nach 1866. Nach LÖFFLER, Bernhard, Die bayerische Kammer der Reichsräte 1848 bis 1918. Grundlagen, Zusammensetzung, Politik (Schriftenreihe zur bayerischen Landesgeschichte 108), München 1996, 412, ist die Triaspolitik Bayerns bereits 1866 gescheitert.

Norddeutschen Bund verständigen, wobei nicht nur die Dimension einer Bindung, sondern auch die Möglichkeit einer Allianz mit Österreich in Betracht gezogen wurde. Eine geradlinige Politik zwischen 1866 und 1869 ist demnach nicht erkennbar, vielmehr gingen die Pläne zur Neugestaltung Deutschlands bei den Regierungen in München, Stuttgart und Darmstadt bisweilen unterschiedliche Wege. Fürst von Hohenlohe-Schillingsfürst versuchte in München, eine leicht veränderte Neuauflage der Triasidee von der Pfordtens wiederzubeleben[72]. Er strebte darüber hinaus nach eigenem Bekunden „die Einigung der Gesammtzahl der deutschen Stämme und, soweit dieses nicht möglich ist, der größeren Zahl derselben zu einem Bunde" an[73]. Gleichzeitig distanzierte er sich aber in einer Grundsatzrede vor der Kammer der Abgeordneten im Januar 1867 von den Vorwürfen, auf einen Süd- bzw. Südwestbund unter einem ausländischen Protektorat oder gar auf den Eintritt in den zentralistisch angelegten Norddeutschen Bund hinzuarbeiten. Hohenlohe hatte vielmehr ein Verfassungsbündnis aller deutschen Staaten unter Wahrung der bayerischen Souveränitätsrechte im Sinn, das auf einem um die Jahreswende 1866/1867 entwickelten Rahmenkonzept basierte und zwischen 1867 und 1869 immer wieder der jeweiligen politischen Situation angepaßt wurde[74]. Offensichtlich äußerte sich jedoch der Außenminister aus Sicht des bayerischen Königs nicht eindeutig genug gegen ein engeres Verfassungsbündnis mit dem Norden, so daß ihn Ludwig II. im Februar 1867 aufforderte, in der Öffentlichkeit nachdrücklicher dagegen Stellung zu beziehen[75]. Einen Monat später erbat Hohenlohe die Rückendeckung seines Königs für die Aufnahme von separaten Gesprächen mit den anderen süddeutschen Staaten,

---

[72] Damit verfolgte Hohenlohe durchaus bis 1869 eine Politik, in dessen Mittelpunkt Südbundpläne standen. Einen anderen Eindruck gibt BÖHME, Großmacht (1966), 233, wenn er suggeriert, Hohenlohe wäre ausschließlich auf einen „Ausgleich mit Preußen" bedacht gewesen. Siehe dazu auch Kapitel V.2.a) *Die leitenden Minister: Chlodwig Fürst zu Hohenlohe-Schillingsfürst (1866–1870)* (S. 230).

[73] KdA 1866/1867 I, 14. öffentliche Sitzung, 19.1.1867, 175–176, zit. 175. Die Programmrede Hohenlohes vor der 2. Kammer des Landtages am 19.1.1867 auch in: HOHENLOHE 1, 195–198. Zu den bayerischen Südbundplänen zwischen 1866 und 1868: BUSLEY, Bayern, 125–135.

[74] Zu den politisch motivierten Allianzplänen Hohenlohes zwischen den Südstaaten und Preußen, auf die hier nicht näher eingegangen werden soll: KAUSCH, Hans-Joachim, Die Pläne des Fürsten Hohenlohe zur deutschen Frage in den Jahren 1866–1868, Diss. Breslau 1930; SALZER, Ernst, Fürst Chlodwig von Hohenlohe-Schillingsfürst und die deutsche Frage, in: Historische Vierteljahresschrift 11 (1908), 40–74. Schließlich: SCHMIDT, Zollparlament, 35–67 und 258–266. Siehe auch: BayHStAM, MA 628 (AM an die kgl. Gesandtschaften, 24.2.1867). Das Schreiben wurde am 2.3.1867 an alle kgl. Gesandtschaften verschickt. Zu den verschiedenen Konzepten Hohenlohes vor allem seit der Jahreswende 1867/68, einen Südbund zu schaffen auch Kapitel V.2.a) *Die leitenden Minister: Chlodwig Fürst zu Hohenlohe-Schillingsfürst (1866–1870)* (S. 230).

[75] BayHStAM, MA 628 (Konzept des AM an die königlichen Gesandtschaften, Februar 1867). Das Konzept wurde nie abgeschickt, da es für Ludwig II. zu wenig auf die Selbständigkeit Bayerns bedacht war: BayHStAM, MA 628 (kgl. Handschreiben, 9.2.1867).

die er am 30. März auch erhielt[76]. Hohenlohe gedachte erstens, „Bündniße zu Stande zu bringen, durch welche der Gefahr europäischer Verwicklungen vorgebeugt würde und 2.) eine nationale Einigung anzustreben, welche den berechtigten Forderungen der Nation genügt, ohne die Souverainitätsrechte *Euerer Koeniglichen Majestaet* oder die *Integrität* Bayerns zu beeinträchtigen"[77]. Der Minister war davon überzeugt, daß weitere Verzögerungen in der Deutschen Frage schädlich wären, zumal die österreichische Regierung in naher Zukunft nicht mehr in der Lage wäre, ihre frühere Stellung innerhalb Deutschlands zurückzuerobern. Abgesehen von einer schleichenden Kriegsgefahr befürchtete Hohenlohe bei einem Zuwarten Bayerns Nachteile auf volkswirtschaftlichem Gebiet, „welche den Wohlstand des Landes und indirekt die Erhaltung gesetzlicher Zustände im Lande in hohem Maße gefährden würden". Die am 16. April 1867 von den bayerischen Staatsministern in München verabschiedete Registratur beharrte auf der vollen Souveränität des Königreiches im gesetzgebenden Bereich auch bei einer engeren Anlehnung an den Norddeutschen Bund[78].

Die Versuche im Frühjahr 1867, einen Ausgleich zwischen Preußen und Österreich, aber auch zwischen Österreich und den Südstaaten herbeizuführen, spielten sich weitgehend auf politischer Ebene ab, wirtschaftspolitische oder gar volkswirtschaftliche Aspekte spielten folglich nur eine untergeordnete Rolle. Die Wiener Regierung zeigte sich an den Vorschlägen aus Bayern wenig interessiert und auch der württembergische Außenminister Friedrich Gottlob Karl Frhr. von Varnbüler[79] verhielt sich gegenüber den Plänen von Anfang an zurückhaltend[80]. So scheiterte ein sinnvoller Ausgleich; selbst die Mission des bayerischen Delegierten und engen Mitarbeiters Hohenlohes im Staatsministerium des königlichen Hauses und des Äußern, Karl Graf von Tauffkirchen-Guttenburg[81], nach Wien

---

[76] BayHStAM, MA 624 (AM an Ludwig II., 20.3.1867 mit kgl. Signat, 30.3.1867); gedruckt: HOHENLOHE 1, 213–218 (Bericht an den König, 20.3.1867).
[77] BayHStAM, MA 624 (AM an Ludwig II., 20.3.1867). Das folgende Zitat auch aus diesem Schreiben.
[78] BayHStAM, MA 626 (Registratur, 16.4.1867).
[79] *Friedrich Gottlob Karl Frhr. von Varnbüler von und zu Hemmingen* (1809–1889): 1864–30.8.1870 württembergischer Außenminister.
[80] Am Ende durchkreuzte Varnbüler zusammen mit Bismarck die Südbundpläne Hohenlohes: SCHÜBELIN, Zollparlament, 57. Die Beratungen zwischen Varnbüler und Hohenlohe: BayHStAM, MA 624. Zur Haltung der süddeutschen Staaten zu Hohenlohes Südbundplänen: BÖHME, Großmacht (1966), 234–236 und 242–244.
[81] *Karl Graf von Tauffkirchen-Guttenburg* (1826–1895): unter Hohenlohe am 1.1.1867 zum Ministerialrat und Referenten für „deutsche Fragen" ins Außenministerium berufen (die Berufung zum Innenminister war gescheitert: HOHENLOHE 1, 183), 1867–1869 außerordentlicher Gesandter und Bevollmächtigter Minister Bayerns in Petersburg, anschließend Vertreter Bayerns beim Vatikan. Zur Person Tauffkirchens, wenn auch idealisiert: MÜLLER, Karl A. v., Die Tauffkirchensche Mission nach Berlin und Wien 1867. Bayern, Deutschland und Österreich im Frühjahr 1867, in: DERS. (Hg.), Riezler-Festschrift. Beiträge zur bayerischen Geschichte, Gotha 1913, 396–401. Besser: SCHÄRL, 341 und RUSCHIES, Gesandten, bes. 21, 247–251, 263.

und Berlin im April 1867 mißglückte[82]. Bayern hatte seinen Einfluß auf die beiden Großmächte offensichtlich weit überschätzt und wurde jetzt der Lächerlichkeit preisgegeben. Das latente Mißtrauen gegenüber Frankreich und die geschickten diplomatischen Schachzüge Bismarcks verhinderten erfolgversprechende Pläne über einen Zusammenschluß der süddeutschen Staaten, denen selbst in der bayerischen Öffentlichkeit von Anfang an wenig Chancen eingeräumt worden waren[83].

Nach dem preußisch-französischen Ausgleich in der Luxemburg-Frage auf der Konferenz in London im Mai 1867 gab Bismarck seine defensive Haltung auf und machte dem Münchner Kabinett deutlich, daß es ohne gemeinsame parlamentarische Institution einen Zollverein mit dem Norden nicht mehr geben würde. Bayern müßte sich dann, so der preußische Ministerpräsident, mit dem Schutz- und Trutzbündnis begnügen und auf eine wirtschaftliche Verbindung verzichten[84]. Trotzdem verweigerten der württembergische Außenminister Varnbüler einerseits sowie Schlör und als Vertreter des bayerischen Außenministeriums Tauffkirchen andererseits in einer in München unterzeichneten Punktation am 20. März 1867 ihre Zustimmung zu der Idee eines erweiterten Parlamentes für Zoll- und Handelsfragen mit Majoritätsbeschlüssen[85]. Ein weiteres Abkommen zwischen Bayern und Württemberg fixierte die Vorstellungen der beiden Regierungen über die Zukunft des deutschen Zollvereins, faßte den Gedanken eines weiteren Bundes mit dem Norden ins Auge und lehnte ein Bundesparlament ab. Dieses ursprünglich vertrauliche Arrangement vom 6. Mai 1867[86] modifizierten die Verhandlungspartner kurz darauf, um es als Grundlage für konkrete Beratun-

---

[82] Tauffkirchen war vom 12.4.–14.4.1867 in Berlin, vom 15.4.–21.4.1867 in Wien. Zur Mission Tauffkirchens Mitte April 1867: BayHStAM, MA 629; MÜLLER, Mission, 396–434; LUTZ, Heinrich, Österreich-Ungarn und die Gründung des Deutschen Reiches. Europäische Entscheidungen 1867–1871, Frankfurt a. Main/Berlin/Wien 1979, 62–73; POTTHOFF, Politik, 112–128.

[83] GRUNER, Süddeutsche Staaten, 56–57. KAUP, Gertraud, Die politische Satire in München von 1848–1871. Mit einer Bibliographie der politisch-satirischen Zeitschriften in München von 1848–1900, Diss. München 1937, 63; KLOEBER, Entwicklung, 120 bzw. 142–146. Die Gründe, warum die Südbundpläne am Ende nicht verwirklicht werden konnten, sind höchst komplex und lassen sich nur aus der Synthese innenpolitischer, psychologischer, deutscher und internationaler Einflußfaktoren auf den Entscheidungsprozeß erklären: GRUNER, Bayern, 799–827.

[84] ENGELBERG, Bismarck-Urpreuße, 574.

[85] BayHStAM, MA 624 (Entwurf einer Punktation über gemeinsames Vorgehen Bayerns und Württembergs bei den Unterhandlungen mit dem norddeutschen Bunde, 20.3.1867). Gleichzeitig besprachen Varnbüler und Hohenlohe auch politische Allianzpläne zwischen Bayern, Württemberg und Österreich, die aber nicht zustandekamen: POTTHOFF, Politik, 109–112; MÜLLER, Mission, 388.

[86] BayHStAM, MA 624 (Ministerial-Erklärung über gemeinsames Vorgehen Bayerns und Württembergs bei den Unterhandlungen mit dem norddeutschen Bunde, mit kgl. Genehmigung, 6.5.1867), gedruckt: APP IX, Nr. 27, 72–73; HOHENLOHE 1, 232–235. Das Abkommen basierte auf einer bayerisch-württembergischen Vereinbarung vom 10.4.1867; MEYER, Zollverein, 198–199. Hohenlohe teilte den Inhalt unklugerweise dem Wiener Kabinett mit: Staatsarchiv 14, Nr. 3175, 223–224; HOHENLOHE 1, 240–244.

gen mit Preußen verwenden zu können[87]. Bismarck dachte jedoch zu keinem Zeitpunkt daran, einen völkerrechtlichen Vertrag mit dem Süden abzuschließen oder seine Vorstellung eines Zollparlamentes fallen zu lassen, auch wenn er zwischenzeitlich aufgrund der Luxemburgkrise entgegenkommender gewesen war[88]. Am 25. Mai 1867 forderte der preußische Ministerpräsident alle Südstaaten auf, sich möglichst bald zu Gesprächen über die Gestaltung des Zollvereins zu versammeln[89]. Sollte man bis zum 1. Juli des Jahres zu keiner Einigung kommen, so wollte er die bestehenden Zollvereinsverträge kündigen. Hohenlohe, der persönlich von der Umgestaltung des Zollvereins nicht überzeugt war[90], aber von seinem württembergischen Kollegen Varnbüler gedrängt wurde, das Angebot Bismarcks anzunehmen, holte Ende Mai bei König Ludwig II. die Genehmigung ein, bayerische Vertreter nach Berlin zu entsenden. Der Monarch entschied sich am 30. Mai angesichts fehlender Alternativen zur Teilnahme Bayerns, obwohl er nach dem verlorenen Krieg von 1866 mehr denn je den Verlust seiner Souveränität fürchtete[91].

Die Zollvereinsverträge von 1867

Am 3. Juni 1867 begannen in Berlin die Konferenzen über die Neugestaltung des Zollvereins von 1834 mit den leitenden Ministern von Bayern, Württemberg, Baden und Hessen-Darmstadt auf der Grundlage eines von Delbrück entworfenen Memorandums[92]. Der wichtigste Punkt beinhaltete die Umwandlung der bisherigen Generalzollkonferenz in einen Zollbundesrat und ein Zollparlament. Für Preußen nahm neben Bismarck Finanzminister von der Heydt an den Gesprächen teil, Bayern wurde offiziell von Hohenlohe vertreten, der von Weber begleitet wurde[93]. Während der Berliner Verhandlungen zeigte sich bald, daß die

---

[87] SCHMIDT, Zollparlament, 57–60; POTTHOFF, Politik, 131–141. Zu den bayerisch-württembergischen Beratungen im Frühjahr 1867: SCHÜBELIN, Zollparlament, 25–38 sowie zur badischen und hessischen Reaktion auf das Abkommen vom 6.5.1867: 36–37.

[88] GW X, Nr. 10, 320–333, hier bes. 327–328 (Reichstagsrede Bismarcks vom 11.3.1867).

[89] GW VI, Nr. 807, 401–402 (Erlaß an die Missionen in München, Stuttgart, Karlsruhe, Darmstadt, 25.5.1867) und Nr. 808, 402 (Telegramm an den Gesandten in München, Frhr. von Werthern, 25.5.1867). Zwei Tage zuvor hatte Württemberg gegenüber Bismarck den Wunsch nach Verhandlungen geäußert: SCHÜBELIN, Zollparlament, 40 und genauso SCHMIDT, Zollparlament, 62–63.

[90] Allgemein wird davon ausgegangen, daß Hohenlohe aus persönlichen Gründen um einen Aufschub gebeten hätte. Vor einer Entscheidung des Königs, die erst Ende des Monates erfolgte, waren ihm jedoch die Hände gebunden.

[91] Das kgl. Signat gedruckt: HOHENLOHE 1, 239–240; APP IX, Nr. 41, 83 und ebd., Nr. 45, 86–88.

[92] Die Konferenzen dauerten vom 3.6.–8.7.1867: DELBRÜCK, Erinnerungen 2, 394–398; HENDERSON, Cobden-Vertrag, 247. Zu den Berliner Konferenzen: BÖHME, Großmacht (1966), 249–251 und aus bayerischer Perspektive: SCHMIDT, Zollparlament, 68–82; SCHÜBELIN, Zollparlament, 44–51; HOHENLOHE 1, 244–247. Während der Konferenzen reiste Gerbig als dritter bayerischer Delegierter nach Berlin: BayHStAM, MA 63.247 (kgl. Schreiben, 17.6.1867).

[93] Weber und auch Delbrück wohnten den Beratungen bei, ohne aktiv in die Gespräche einzugreifen: DELBRÜCK, Erinnerungen 2, 396.

beiden preußischen Vertreter keinen Schritt von ihren Vorstellungen abzuweichen gedachten. Die ablehnende Haltung der bayerischen Delegierten erreichte bereits zu Beginn der Verhandlungen ihren Höhepunkt, da Hessen-Darmstadt vorbehaltlos das preußische Konzept akzeptierte und es sich abzeichnete, daß auch Baden und Württemberg keinen größeren Widerstand mehr leisten würden: Am 4. Juni erklärten sich die Vertreter von Baden und Württemberg mit den preußischen Vorschlägen einverstanden, am 7. Juni folgte nach einer kurzen Bedenkzeit Hessen-Darmstadt[94]. Hohenlohe stand nunmehr vor der schwierigen Aufgabe, seinen König ebenfalls zur Annahme zu überreden, um unter den deutschen Staaten nicht vollständig isoliert zu werden. Hohenlohes Berichte aus Berlin an Ludwig II. waren deshalb stark geschönt, um den in Hohenschwangau weilenden Monarchen einerseits nicht über Gebühr zu beunruhigen und ihn andererseits auf das Unausweichliche, nämlich die Einwilligung für die Errichtung eines Zollparlamentes und damit einem engeren Anschluß an den Norden, vorzubereiten[95]. Der bayerische Ministerrat äußerte zwar am 9. Juni 1867 Bedenken gegenüber den preußischen Plänen, wollte aber einen möglichen Zwangsaustritt aus dem Zollverein vor allem aus Rücksicht auf die Pfalz verhindern[96]. So stimmte Ludwig am 11. Juni 1867 dem in Berlin ausgearbeiteten Konzept zu, bestand aber darauf, daß „noch in der zwölften Stunde" bessere Konditionen für Bayern ausgehandelt werden müßten[97]. Hohenlohe erhielt für diese Angelegenheit die königliche Zustimmung, einen seiner engsten Berater, Graf von Tauffkirchen, nach Berlin zu senden, um Bismarck noch Zugeständnisse abzuringen. Den bayerischen Gesandten Ludwig von Montgelas lehnte der Außenminister für diese Mission aufgrund seiner bekannten preußenfeindlichen Haltung ab[98]. Tauffkirchen traf am 15. Juni 1867 in Berlin ein[99]; seine Anstrengungen blieben jedoch weitgehend erfolglos, da sich Bismarck keine wesentlichen Konzessionen mehr

---

[94] HAHN, Zwei Jahre, 622–623. Nach SCHMIDT, Zollparlament, 373, unterschrieb auch Hohenlohe am 4.6.1867 die preußischen Vorschläge unter Vorbehalt; diese Behauptung allerdings ohne Quellennachweis.
[95] BayHStAM, MH 9701 (Ministerrat an Ludwig II., 9.6.1867); HOHENLOHE 1, 244–247.
[96] BayHStAM, MH 9701 (Ministerratssitzung, 9.6.1867): Anwesend waren AM von Hohenlohe, FM von Pfretzschner, HM von Schlör, IM von Fischer und Kriegsminister von Pranckh.
[97] Ebd. (kgl. Signat, 11.6.1867).
[98] FRANZ, Entscheidungskampf, 424, glaubt, die Ablehnung Montgelas' durch Hohenlohe beruhte eher auf dessen positiver Haltung zu den Vorstellungen Pfordtens. Wahrscheinlicher ist jedoch die stark preußenfeindliche Haltung, die in den Berichten Montgelas' deutlich erkennbar ist, und ihn für Verhandlungen mit Preußen ungeeignet erscheinen ließ.
[99] Der österreichische Ministerpräsident von Beust sprach sich schon im Vorfeld gegen die Tauffkirchensche Mission nach Berlin aus: BEUST, Aus drei Viertel-Jahrhunderten 2, 119. Auch Ludwig II. hatte es noch im Mai 1867 – offensichtlich aus persönlichen Motiven – abgelehnt, Tauffkirchen die Leitung der Verhandlungen mit dem Norddeutschen Bund zu übertragen, obwohl dies Hohenlohe nachdrücklich befürwortet hatte: BayHStAM, MA 624 (AM an Ludwig II., 9.5.1867 und kgl. Signat, 14.5.1867).

abringen ließ[100]: Tauffkirchen konnte lediglich die mündlich erfolgte Zusage Bismarcks fixieren, die Bayern sechs statt ursprünglich vier Stimmen im Bundesrat zugestand[101]. Des weiteren erreichte der bayerische Unterhändler die Zusicherung, daß das Königreich an den Beratungen zukünftiger Zoll- und Handelsverträge mit der Schweiz und Österreich teilnehmen dürfe. Der Versuch, das Vetorecht Preußens im Zollbundesrat zu verhindern, war von Anfang an zum Scheitern verurteilt. Bismarck ließ sich lediglich zu dem mündlichen Versprechen herab, das Veto „in Sachen der Verwaltung und Einrichtung des Zollvereins nur in auf das Gedeihen und die Einnahmen des Vereins erheblichen Einfluß übenden Fällen Gebrauch zu machen"[102]. Am 17. Juni wies Ludwig II. daraufhin seine Bevollmächtigten Wilhelm von Weber und Georg Ludwig von Gerbig[103] an, die Verträge aufgrund der preußischen Versprechungen zu unterschreiben[104]; am 20. Juni 1867 unterzeichnete er selbst die Ratifikationsurkunde. Der endgültige handelspolitische Anschluß Süddeutschlands an den Norddeutschen Bund war auch eine Folge des preußisch-französischen Handelsvertrages von 1862, da weder Bayern noch Württemberg aufgrund ihrer territorialen Nachbarschaft zu Frankreich ein Ausgrenzen von den Zollvergünstigungen verkraftet hätten.

Trotz der Annahme der neuen Zollvereinsverträge waren noch die grundsätzlichen Punkte des neuen Vertrages zu erörtern, deren Beratung die Länderbevollmächtigten der Zollvereinsstaaten in den letzten Junitagen in Berlin aufnahmen. Bayern wurde wiederum von den beiden Ministerialräten Weber und Gerbig vertreten[105], der Norddeutsche Bund von Delbrück, Pommer-Esche, Philipsborn, Thümmel, Thon sowie Liebe, Württemberg von Spitzemberg sowie Riecke, Baden von Mathy und schließlich Hessen-Darmstadt von Ewald[106]. Die bayerische Regierung hatte für die Konferenz, auf der ausschließlich zolltechnische bzw. organisatorische Fragen erörtert wurden, die in Zollvereinsangelegenheiten erfahrensten Personen zu ihren Bevollmächtigten gewählt.

---

[100] BayHStAM, MH 9701 (Abschlußbericht Tauffkirchens, 19.6.1867). Auch die anderen Berichte Tauffkirchens in diesem Akt.

[101] Dies war dem Königreich bereits Ende Mai zugestanden worden und nicht erst auf die Mission Tauffkirchens zurückzuführen: GW VI, Nr. 809, 403–404 (Erlaß an den Gesandten in Karlsruhe, 26.5.1867). Auch Hohenlohe hatte diese Zusicherung auf den Berliner Konferenzen Anfang Juni 1867 wiederholt erhalten: APP 9, Nr. 44, 85; DELBRÜCK, Erinnerungen 2, 396. Anders dagegen: HUBER, Verfassungsgeschichte III, 633.

[102] GW VI, Nr. 817, 412–413 (Telegramm an den bayerischen Gesandten in außerordentlicher Mission, Grafen von Tauffkirchen, 18.6.1867). Anders jedoch das Telegramm Tauffkirchens, 17.6.1867: BayHStAM, MH 9701. FISCHER, Zollverein. Fallstudie, 126, gibt dagegen an, Preußen verfügte nur über ein Vetorecht in Tariffragen.

[103] Zu Gerbig siehe Kapitel V.2.c) *Maßgebliche Mitarbeiter im Staatsministerium des Handels und der öffentlichen Arbeiten: Weitere wichtige Mitarbeiter: Georg Ludwig Carl Gerbig, Karl von Meixner und Karl Kleinschrod* (S. 248).

[104] BayHStAM, MA 63.247 (kgl. Schreiben, 17.6.1867). Die Unterzeichnung durch Weber und Gerbig erfolgte am 18.6.1867. Lübeck, Mecklenburg-Schwerin, Mecklenburg-Strelitz sowie einige kleinere Hamburger Gebiete traten dem neuen Zollverein erst am 11.8. bzw. 1.11.1868 bei: HENDERSON, Zollverein, 310; EGK 9 (1868), 87 und 111.

[105] BayHStAM, MH 9701 (Bericht Weber, 29.6.1867).

[106] DELBRÜCK, Erinnerungen 2, 396–397.

Damit waren Bayern und Hessen-Darmstadt die einzigen Staaten, die bei ihren Delegierten mehr Wert auf Fachkompetenz als auf politisch-gesellschaftlichen Rang gelegt hatten. Der fehlende höhere Adelstitel der Vertreter fiel zwar mehrfach auf, brachte aber für die Verhandlungsführung keine Nachteile mit sich; im Gegenteil, Weber war überrascht, daß „man Bayern ohne alle Rücksicht auf Rang u(nd) Stellung des Bevollmächtigten allenthalben die erste Stelle einräumte, obwohl es mir manchmal fast peinlich war, daß ich in mehreren Fällen – der süddeutschen Regierungen obwohl im Range der geringste – das Wort ergreifen und die Andern gleichsam zu vertreten hatte"[107]. Hohenlohe und Schlör hatten Weber und Gerbig angehalten, bei den anstehenden Besprechungen auf die Trennung des Zollparlamentes vom Norddeutschen Reichstag zu achten, ansonsten aber bei kleineren Meinungsverschiedenheiten einzulenken und „überhaupt das gute Benehmen mit Preussen auf alle Weise zu bewahren"[108]. Darüber hinaus sollten Weber und Gerbig nur auf die Beschränkung der Gesetzgebungskompetenzen des Zollbundesrates[109] und die entsprechende Berücksichtigung Bayerns bei der Besetzung der Bundesratsausschüsse achten. Lediglich gegen die Bezeichnung „Bundesrat des Zollvereins" für die Nachfolgeinstitution der Generalzollkonferenzen legten die bayerischen und mit ihnen auch die württembergischen Delegierten Einspruch ein und schlugen statt dessen „Zollvereinsrat" vor, konnten sich damit aber nicht durchsetzen[110]. Am 4. Juli 1867 vermeldete Weber den Abschluß der Verhandlungen und damit die Beseitigung aller Differenzen[111]; vier Tage später wurde der „Vertrag über den Fortbestand des Zollvereins" unterzeichnet[112].

Die vier süddeutschen Staaten (Bayern, Württemberg, Baden, Hessen-Darmstadt), alle Mitglieder des Norddeutschen Bundes sowie Luxemburg unterschrieben am 8. Juli 1867 den am Ende bis zum 31. Dezember 1877 befristeten Zollvereinsvertrag, der – nach der erforderlichen Ratifikation der Länderparlamente bis spätestens Ende Oktober 1867 – zum 1. Januar 1868 in Kraft treten sollte[113]: „Dieser Vertrag (...) bildet die nunmehrige vertragsmäßige Grundlage des Zollvereins, er ist zugleich das einzige politische wie staatsrechtliche Band, welches die süddeutschen Staaten mit dem norddeutschen Bunde verbindet, und

---

[107] BayHStAM, MA 63.247 (Weber an AM, 19.7.1867).
[108] Ebd. (AM an Weber und Gerbig, 23.6.1867).
[109] Dazu gehörten neben der Beschränkung der Einfuhr von Spielkarten auch die inneren Steuern der Einzelstaaten, die Münz-, Maß- und Gewichtssysteme.
[110] BayHStAM, MA 63.247 (Protokoll einer Besprechung der Zollvereinsstaaten vom 28.6.1867). Dieser Einspruch wird vom AM gebilligt: ebd. (AM an Weber und Gerbig, 2.7.1867).
[111] Ebd. (Weber an AM, 4.7.1867). Die Konferenzen aus württembergischer Sicht bei SCHÜBELIN, Zollparlament, 51–53.
[112] Entwurf: BayHStAM, MA 63.247 und MH 9701; gedruckt: Bundesgesetzblatt des Norddeutschen Bundes 9 (1867), 81–124. Ein gedrucktes Exemplar auch in: BayHStAM, MA 624 (Anhang). Der Vertrag stimmte weitgehend mit der von Preußen bei den Berliner Konferenzen vorgelegten Fassung überein: BayHStAM, MA 63.247 (Weber an AM, 9.7.1867); HAHN, Zwei Jahre, 624–631; DELBRÜCK, Erinnerungen 2, 397.
[113] Bundesgesetzblatt des Norddeutschen Bundes 9 (1867), 81–124. Die Ratifikationsfrist für die Unterzeichnerstaaten lief damit am 31.10.1867 ab.

daher die wichtigste allgemeine deutsche Urkunde". Abgesehen von einer territorialen Ausweitung unterschied sich der neue Zollverein in seinem Aufbau grundlegend von seinem Vorläufer[114]. Zwischen 1834 und 1867 beruhte die Rechtsbasis auf einer Reihe von Verträgen mit den verschiedenen deutschen Staaten, jetzt handelte es sich um eine volkswirtschaftlich geprägte Union zwischen dem Norddeutschen Bund und den süddeutschen Staaten, nach Ernst Huber damit um ein Modell des „hegemonialen Bundesstaates"[115]. Die Souveränität in Zoll- und Handelsfragen lag nicht mehr in der Hand des einzelnen Zollvereinsmitglieds, sondern kam dem Verbund als Ganzem zu. Der Zollbundesrat, der an die Stelle der Generalzollkonferenz trat und damit als gemeinschaftliches Organ der Einzelregierungen fungierte, setzte sich aus Vertretern des Norddeutschen Bundesrates und Delegierten der süddeutschen Regierungen zusammen; seine Kompetenzen gingen über die bisherigen zolltechnischen Zuständigkeiten der alten Zollkonferenzen hinaus[116]. Die Geschäftsordnung des Zollbundesrates, die im März 1868 von allen anwesenden Bevollmächtigten angenommen wurde, entsprach demnach in den wesentlichen Punkten der Organisation des Bundesrates des Norddeutschen Bundes[117]. Die Entscheidungen wurden mit Mehrheitsbeschlüssen gefällt[118]. Von den 58 Stimmen entfielen 42, also mehr als Zweidrittel, auf die Staaten des Norddeutschen Bundes; Bayern verfügte über sechs Stimmen, Württemberg über vier und Baden sowie Hessen-Darmstadt über je drei. Preußen, das 17 Stimmen besaß, hatte das Präsidium inne und verfügte als einziger Staat über ein Vetorecht. Diese preußische Vormachtstellung hatte die bayerische Regierung trotz aller Anstrengungen nicht vereiteln können. Die Berufung des Zollbundesrates mußte einmal jährlich stattfinden, da erst im Anschluß und auf Antrag des Rates ein Verhandlungstermin für das Zollparlament anberaumt werden konnte. Für die Vorberatung der Sachfragen existierten permanente Ausschüsse, deren Mitglieder die Vollversammlung aus ihrer Mitte für eine Session, d.h. ein Jahr, zu wählen hatte. Detailliertere Angaben über die Zuständigkeit des Zollbundesrates standen darüber hinaus Mitte August 1867 noch nicht fest[119].

Das Zollparlament mit einer Legislaturperiode von drei Jahren bestand als gemeinschaftliche Vertretung der Bevölkerung aus den 297 Mitgliedern des Norddeutschen Reichstages und 85 gewählten süddeutschen Abgeordneten, die alle keine Diäten bezogen, also ehrenamtlich tätig waren[120]. Gegen diese Diätenlosigkeit hatte sich König Ludwig II. noch im Juni 1867 vergeblich ausgesprochen, „weil Ich befürchte, daß sonst nur Fabrikanten ein Mandat anzunehmen sich

---

[114] HENDERSON, Zollverein, 315–319.
[115] HUBER, Verfassungsgeschichte III, 633.
[116] Dazu auch das Schreiben Webers, 19.7.1867: BayHStAM, MA 63.247.
[117] BayHStAM, MA 63.251 (Vortrag Webers im Zollbundesrat, die Geschäftsordnung betr. 6.3.1868).
[118] Die Handelskammer der Pfalz begrüßte die „Beseitigung des früheren Veto's jedes einzelnen Bundesgenossen" als „allgemeinen Gewinn": JAHRESBERICHT der Kreis-Gewerbe- und Handelskammer der Pfalz 1867, 6.
[119] BayHStAM, MA 63.247 (Gerbig an Weber, 11.8.1867).
[120] SCHÜBELIN, Zollparlament, 53, gibt fälschlicherweise nur 75 Abgeordnete an. Von den 85 süddeutschen Abgeordneten entsandte Bayern 48, Württemberg 17, Baden 14, Hessen-Darmstadt – genauso wie Luxemburg – sechs.

bereit finden lassen, und Mir von verschiedenen Seiten glaubhaft dargelegt worden ist, daß eine solche exclusive Vertretung Bayerns nicht einmal den wirthschaftlichen Interessen des Landes von Nutzen wäre"[121]. Das Zollparlament repräsentierte damit in Zollvereinsangelegenheiten ein, wenn auch stark eingeschränktes, demokratisches Element. Die Parlamentarier wurden nach den Vorstellungen Bismarcks wie ihre norddeutschen Kollegen in allgemeiner, direkter und geheimer Wahl bestimmt, lediglich Fragen des passiven Wahlrechtes in Verbindung mit der Staatsangehörigkeit blieben der einzelstaatlichen Gesetzgebung vorbehalten[122]. Die gesetzgeberischen Kompetenzen des Zollparlamentes erstreckten sich auf Tarifreformen, Zollgrenzregulierungen, die Gegenzeichnung der vom Zollbundesrat verabschiedeten Zoll-, Handels- und Schiffahrtsverträge sowie die Festsetzung der indirekten Steuern auf einige Konsum- und Luxusartikel[123]. Andere wichtige Steuern auf einheimische Produkte wie Wein, Bier und Branntwein entzogen sich seinem Zugriff und blieben Ländersache. Das Zollparlament, das über kein Budgetrecht verfügte, stellte alles in allem eine „merkwürdige Institution"[124] dar: Es durfte zwar neue Einnahmequellen erschließen, das Verfügungsrecht darüber wurde ihm aber versagt, die Verteilung der Zolleinnahmen erfolgte auch weiterhin gemäß den Bevölkerungszahlen der Mitgliedsstaaten. Gleichzeitig verweigerte man ihm die politische und parlamentarische Befugnis, den Staatshaushalt Preußens respektive der Zollvereinsstaaten zu prüfen[125]. Inwieweit also das Zollparlament als „eigentliche Aufgabe"[126] die Vorbereitung der deutschen Einigung überhaupt übernehmen konnte, muß fraglich bleiben[127]. Bismarcks Interesse an den Zollvereinsgremien schwand jedenfalls

[121] BayHStAM, MH 9701 (Kgl. Signat, 11.6.1867).
[122] Von der Norddeutschen Verfassung wurden Bestimmungen für die zu wählenden Beamten übernommen; dies schloß auch die umstrittene Diätenlosigkeit der Abgeordneten ein, die die potentielle Kandidatenliste auf die wohlhabenderen Schichten der Gesellschaft beschränkte.
[123] SCHMIDT, Zollparlament, 232, weist ganz allgemein auf das Recht der beiden Institutionen zur Behandlung von „Steuerproblemen" hin; tatsächlich handelte es sich aber nur um die indirekten Steuern. Siehe zu den Auseinandersetzungen um Erhebung und Verteilung der Steuern auch Kapitel IV.3. c) *Die Reform des Zolltarifes* (S. 207).
[124] HENDERSON, Cobden-Vertrag, 247. Aus nationaler Sichtweise (Die Schaffung einer gemeinsamen Vertretung wird hier als staatsmännische Leistung beurteilt): SCHÜBELIN, Zollparlament, 54–55.
[125] BayHStAM, MA 2649 (Bericht Perglas Nr. 253, 20.6.1869).
[126] SCHNEIDER, Bismarck, 1092.
[127] Bezüglich der Bedeutung des Zollparlamentes als Vorbereitung auf das Deutsche Kaiserreich ist die Forschung nach wie vor unterschiedlicher Meinung: SCHÜBELIN, Zollparlament, 57–58 und 130–131, glaubt, Bismarck hätte bereits 1868 das Interesse daran verloren, genauso PFLANZE, Bismarck. Der Reichsgründer, 400–401, der diese Entwicklung ein Jahr später ansetzt. SCHARF/BECKER, Ringen, 592, hält es dagegen für unzulässig, aus der Haltung der süddeutschen Länder auf die praktische Bedeutung des Zollparlamentes für die Lösung der deutschen Einheitsfrage zu schließen. Bismarck hätte vor den Zollparlamentswahlen eine Zeitspanne von zehn Jahren für die Einigung angesetzt. Die Haltung der marxistischen Geschichtsschreibung ist einseitig und fehlerhaft, wenn sie behauptet, „Bismarck strich jene Variante der Reichseinigung [=die Revolution von oben] aus seinem Kalkül", so daß „das Zollparlament 1869 und 1870 nur noch ein Schatten-

relativ schnell, da er der Meinung war, aus dem Zollparlament kein „politisches Kapital machen" zu können[128]. Aus diesem Grunde nahm er bereits ab der zweiten Legislaturperiode nicht mehr teil und überließ den Vorsitz dem Leiter des Bundeskanzleramtes Delbrück[129]. Auch Delbrück gestand gegenüber dem bayerischen Gesandten im Mai 1869 und damit wenige Wochen vor Beginn der zweiten Sitzungsperiode, daß eine Einberufung des Zollparlamentes für das Präsidium nur dann von Interesse wäre, wenn man Aussicht auf Bewilligung von neuen oder Erhöhung bestehender Zölle und Steuern hätte[130]. Für Preußen stand also zumindest zu diesem Zeitpunkt die finanzielle Bedeutung des Zollparlamentes und weniger die politische Dimension in der Einigungsbewegung im Vordergrund.

Die Zollvereinsverträge vom 8. Juli 1867 bedeuteten das Ende einer eigenständigen bayerischen Wirtschaftspolitik, eine zukünftige, auch nur wirtschaftliche Annäherung an Österreich war jetzt ausgeschlossen. Zollbundesrat und Zollparlament übernahmen die wirtschaftspolitischen Entscheidungen innerhalb des deutschen Zollvereins. Selbst wenn es sich streng genommen bei den Verträgen lediglich um die Erneuerung der früheren Zollvereinsverträge handelte, sind die politischen Dimensionen nicht zu leugnen[131]. Dementsprechend reagierte die Wiener Regierung auf den Abschluß empört, hatte allerdings keinerlei Möglichkeit, Einspruch zu erheben, so daß sie sich mit polemischen Zeitungsartikeln zufrieden geben mußte[132]. Bei Hohenlohe erweckte der Abschluß das Gefühl, eine politische Niederlage erlitten zu haben[133]. Zusätzlich glaubte er von seinem württembergischen Kollegen Varnbüler hintergangen worden zu sein, da sich dieser beim Abschluß der Zollvereinsverträge trotz aller Beteuerungen plötzlich und unerwartet auf die Seite Preußens geschlagen hatte. In der Folge kühlte sich deshalb das Verhältnis beider Staaten zueinander merklich ab.

2. Die Folgen der Zollvereinsverträge von 1867

a) Die Ratifizierung der Zollvereinsverträge im bayerischen Landtag

Der Landtag in Bayern trat am 28. September 1867 zusammen, um über die Verträge zwischen Bayern und dem Norddeutschen Bund vom 8. Juli 1867, also über die Erneuerung des Zollvereins und die zur Erhebung einer gemeinsamen

---

dasein" führte: SCHULZE, Auffassungen, in: BARTEL/ENGELBERG, Reichsgründung I, 409. Hier werden die wirtschaftspolitischen Errungenschaften vollkommen negiert.

[128] BayHStAM, MA 2649 (Bericht Perglas Nr. 253, 20.6.1869). Die Eröffnung der 2. Session übernahm bereits Delbrück: ebd. (Bericht Perglas Nr. 220, 1.6.1869).

[129] BayHStAM, MA 2650 (Bericht Perglas Nr. 186, 9.5.1870). Bismarck nahm an keiner einzigen Versammlung der Session 1870 mehr teil.

[130] BayHStAM, MA 2649 (Bericht Perglas Nr. 185, 8.5.1869). Das Zollparlament wurde dann doch zum 3.6.1869 einberufen.

[131] BayHStAM, MA 63.247 (Separate Äußerung des k. Staatsraths von Hermann aus Anlaß der Beratung vom 26.11.1867 über die anzuregende Vorbereitung der bei der nächsten Pariser Münz-Konferenz zu stellenden Anträge der deutschen Staaten, 28.11.1867).

[132] BayHStAM, MH 9701 (Bray an AM, Wien, 16.6.1867).

[133] POTTHOFF, Politik, 140.

Salzsteuer, zu debattieren[134]. König und Regierung wurden in ihrer Zustimmung zu diesem Abkommen von den Handelskammern und ihren Unterorganisationen unterstützt. Da sich sowohl Fortschritts- als auch Mittelpartei bereits im Vorfeld der Debatte zu einem geschlossenem Votum für die Annahme der Verträge entschieden hatten, konnte an der Zustimmung der Zweiten Kammer eigentlich kein Zweifel mehr sein[135]. Am 5. Oktober 1867 trat in München der Staatsrat zusammen, um die Vertragsentwürfe zu bestätigen und sie dem Landtag zur Ratifizierung vorzulegen[136]. In der kurzen Aussprache stellten nur die Abschnitte über den Wahlmodus zum Zollparlament einen Diskussionspunkt dar, die Verlängerung der Zollvereinsverträge wurde ohne Erörterung gebilligt[137].

Drei Tage später, am 8. Oktober 1867, begann im bayerischen Landtag die Generaldebatte über die Annahme der Verträge vom Juli[138]. Handelsminister von Schlör, der als erster das Wort ergriff, setzte den Schwerpunkt seiner Ansprache auf die von der Regierung befürwortete Beseitigung des Salzmonopoles, obwohl damit für Bayern unbestreitbare finanzielle Nachteile verbunden waren[139]. Das einstige „Damoklesschwert" der sechsmonatigen Kündigungsfrist des Zollvereins, das durch die Neugestaltung nichtig geworden war, erwähnte er dagegen nur kurz[140]. Den Abschluß der Zollvereinsverträge unter Aufgabe des bayerischen Vetorechtes rechtfertigte Schlör mit „den materiellen Interessen unseres engeren Vaterlandes und denen des ganzen Zollvereins"[141]; die bayerische Regierung hätte, so Schlör, die politischen Bedenken vernachlässigen und die wirtschaftlichen Gesichtspunkte in den Vordergrund stellen müssen. In der gleichen Sitzung versuchte auch der Ministerratsvorsitzende von Hohenlohe in einer ausführlichen Rede, die Erneuerung des Zollvereins auf der für Bayerns Souveränität nachteiligen Basis zu verteidigen[142]. Im Mittelpunkt dieser politischen Ansprache – wirtschaftliche Gründe für die Erneuerung des Zollvereins scheint es für den Minister, wenn überhaupt vorhanden, nur am Rande gegeben zu haben – stand nochmals Hohenlohes Bestreben, eine nationale Verbindung der süddeutschen Staaten

---

[134] Zum „Kampf um die Ratifizierung der Zollvereinsverträge" von Juli bis Oktober 1867 ausführlich: SCHMIDT, Zollparlament, 82–124.

[135] Die 2. Kammer verfügte zu diesem Zeitpunkt noch über eine liberale Mehrheit. SCHIEDER, Partei, 158; SCHMID, Zollparlament, 86.

[136] BayHStAM, Staatsrat 1147 (Sitzung, 5.10.1867). Anwesend waren AM Hohenlohe, FM Pfretzschner, IM Pechmann, IMKS Greßer, HM Schlör sowie die Staatsräte Fischer, Bomhard und Daxenberger.

[137] Das Gesetz betr. die Wahl der bayerischen Abgeordneten zum deutschen Zollparlament: BayHStAM, Staatsrat 4145. Die Kgl. Genehmigung der Staatsratssitzung erfolgte am 13.10.1867. Dazu auch: BayHStAM, MH 9705.

[138] KdA 1866/68 II, 31. Sitzung, 8.10.1867, 7–21.

[139] Ebd., 7.

[140] Siehe zu den Friedensverträgen von 1866 Kapitel IV.1.b) *Die Neuordnung des Zollvereins 1866/1867* (S. 150).

[141] KdA 1866/68 II, 31. Sitzung, 8.10.1867, 9.

[142] Ebd., 9–11 (Rede Hohenlohes); genauso: BayHStAM, MA 624 (Anhang) und MA 625; BayHStAM, MH 9701 (Konzept der Rede Hohenlohes vor der Kammer der Abgeordneten, 8.10.1867). SCHÜBELIN, Zollparlament, 67–71 bzw. SCHMIDT, Zollparlament, 92–93.

mit dem Norddeutschen Bund in Form eines Staatenbundes zu schaffen. Diese Rede machte vor allem bei der französischen Regierung großen Eindruck, wo man sich freute, daß Bayern auf die Einhaltung des Prager Friedens großen Wert legte und sich deshalb „nicht durch Preussen absorbiren lassen, vielmehr sich feste Grundlagen schaffen wolle, um sich vor dem norddeutschen Vasallenthum zu schützen"[143].

Zwei Wochen später fand vom 21. bis 23. Oktober 1867 in der Kammer der Abgeordneten die Abschlußdebatte über die Zollvereinsverträge, die Einführung einer einheitlichen Salzabgabe sowie den Wahlmodus für die Abgeordneten des Zollparlamentes statt[144]. Noch kurz zuvor hatte Preußen wieder einmal mit der Auflösung des Zollvereins gedroht, um seine Vorstellungen auch im politisch-militärischen Bereich durchzusetzen[145]. Einige Redner der Zweiten Kammer versuchten, die Annahme des Abkommens mit wirtschaftlichen Argumenten zu rechtfertigen[146], andere ergingen sich lediglich in politisch-polemischen Äußerungen[147]. Der Wortführer der ablehnenden Abgeordneten, der Vorsitzende der Patriotenpartei Edmund Jörg, richtete schwere Vorwürfe gegen Hohenlohe und sein Ministerium. Jörg, der jede engere Bindung Bayerns an Preußen und den Norddeutschen Bund kategorisch ablehnte, setzte die Annahme des neuen Zollvereinsvertrages mit der Mediatisierung des bayerischen Königreiches gleich[148]. Allerdings mußte auch er zugeben, daß der entscheidende politische Fehler bereits 1864 mit der Anerkennung des preußisch-französischen Handelsvertrages und der damaligen Restitution des Zollvereins gemacht worden war; schon damals hätte man sich aus wirtschaftlichen Gesichtspunkten für Preußen und gegen Österreich entschieden[149]. Schlör stimmte Jörg zu, wonach Fehlleistungen früherer Jahre der bayerischen Regierung keine andere Wahl mehr gelassen hätten, als die Konditionen Preußens zur Zollvereinsverlängerung anzunehmen: „Herr Jörg hat Ihnen gesagt, wenn Sie nein [zu den Zollvereinsverträgen, Anm. der Verf.]

[143] BayHStAM, MA 625 (vertraulicher Bericht Perglas aus Paris, Nr. 444, 26.10.1867).
[144] KdA 1866/68 II, 33. Sitzung, 21.10.1867, 49–70; 34. Sitzung, 22.10.1867, 71–94; 35. Sitzung, 23.10.1867, 95–112; in Auszügen bei: SCHMIDT, Zollparlament, 96–112.
[145] APP IX, Nr. 221, 289–293 bzw. ebd., Nr. 236, 310.
[146] Beispielsweise in der Rede des liberalen Abgeordneten Friedrich Feustel, der mit Import- und Exportzahlen die Annahme der Verträge zu verteidigen suchte und die Zuständigkeit der zukünftigen Zollvereinsgremien für einige indirekte Steuern als verhältnismäßig unwichtig einschätzte: KdA 1866/68 II, 33. Sitzung, 21.10.1867, 50–52.
[147] Siehe dazu beispielsweise die Rede des Ultramontanen Dr. Anton Ruland, der aufgrund seiner Ausdrucksweise vom Präsidenten sogar gerügt wurde: ebd., 54–55. Wie SCHMIDT, Zollparlament, 98, bereits feststellte, verwechselte Ruland in seiner emotionsgeladenen Rede dauernd das Zollparlament mit dem Zollbundesrat, so daß ihm unterstellt werden kann, sich weder mit volkswirtschaftlichen noch wirtschaftspolitischen Fragen überhaupt auseinandergesetzt zu haben. Der Vertreter einer politischen Einigung mit Preußen, Völk, stand der emotionalen Rede seines politischen Gegners in keinster Weise nach: KdA 1866/68 II, 34. Sitzung, 22.10.1867, 83–87.
[148] BayHStAM, MH 9701 (Rede des Abgeordneten Jörg in der 33. Sitzung vom 21.10.1867); genauso: KdA 1866/68 II, 33. Sitzung, 21.10.1867, 60–63.
[149] Diese Einstellung äußerte Jörg 1867 auch in seiner Zeitung: Historisch-Politische Blätter 60 (1867), 73–84.

sagen, so wird das ein Schlag sein, der durch Europa erzittert; es ist möglich, daß es ein Schlag wäre, wenn wir Nein sagen, aber es ist sehr wahrscheinlich, daß es ein Schlag in das Wasser ist"[150]. Der Handelsminister hatte sich mit dem Verlust des bayerischen Vetorechtes bei zoll- und handelspolitischen Entscheidungen und daraus resultierend mit der Vorherrschaft Preußens in Zollangelegenheiten abgefunden, zumal er eine wirtschaftliche Selbständigkeit Bayerns für unrealistisch hielt. Schlör versuchte folglich wie so oft, zwischen politischer und wirtschaftlicher Einheit der deutschen Staaten zu trennen. Der konservativ geprägte Abgeordnete Karl Edel[151] brachte wenigstens in Ansätzen wirtschaftliche Argumente gegen die neuen Zollvereinsverträge vor, wie etwa die für Bayern ungünstige Festlegung der indirekten Steuern in den Zollvereinsgremien und den Ausschluß Österreichs aus dem deutschen Wirtschaftsverbund[152]. Im wesentlichen beschränkten sich seine Motive freilich auf die Befürchtung, Bayerns Gewerbe und Industrie vor dem „ungesunden" Freihandel nicht ausreichend schützen zu können. Hier paarten sich Partikularismus- und Schutzzollansichten. Gemäßigtere Stimmen schlossen sich der Ansicht der Regierung an und verteidigten die neuen Verträge; ein Ausschluß aus dem Zollverein wollten sie trotz der Einschränkungen auf politischer Ebene volkswirtschaftlich nicht verantworten[153]. Die allerwenigsten Parlamentarier zeigten sich von den neuen Bestimmungen so begeistert wie die liberalen Abgeordneten Leo Hänle, Fabrikant, Handelsgerichtsassessor und Gründungsmitglied der Mittelpartei, und der aus Kaufbeuren stammende „Fortschrittler" Marquard Barth. Am 22. Oktober 1867 stimmte die Zweite Kammer mit 117 gegen 17 Stimmen bei zwölf Abwesenden deutlich für die Annahme des „Vertrags zwischen Bayern, dem norddeutschen Bunde, Württemberg, Baden und Hessen, d.d. Berlin den 8. Juli 1867, die Fortdauer des Zoll- und Handelsvertrages betr(effend)"[154]. Am 9. November genehmigte der Staatsrat den Kontrakt, allerdings mit der Forderung an die Staatsregierung, „dafür wirken zu wollen, daß die Präsidialmacht Preußen das ihr im Art. 8 § 12 des Zollvereinsvertrages vom 8. Juli 1867 eingeräumte Einspruchsrecht [=das Vetorecht Preußens] nicht in einer den wirthschaftlichen Interessen Bayerns nachtheiligen Weise ausüben werde"[155]. Zusammen mit der Annahme der Zollvereinsverträge wurde auch der Gesetzentwurf über die Aufhebung des Salzmonopoles und die Einführung einer Salzabgabe sowie das Gesetz über den Wahlmodus für das Zollparlament gebilligt[156].

[150] KdA 1866/68 II, 34. Sitzung, 22.10.1867, 78–82.
[151] *Dr. Karl Edel* (1806–1890): seit 1840 Professor für Rechtswissenschaften in Würzburg, seit 1845 Landtagsabgeordneter; stand zunächst den Patrioten nahe, wechselte nach 1866 aber ins kleindeutsche Lager.
[152] KdA 1866/68 II, 33. Sitzung, 21.10.1867, 63–67.
[153] Dazu beispielsweise die Rede Ernst Hohenadels, Mittelpartei: KdA 1866/68 II, 33. Sitzung, 21.10.1867, 58–60.
[154] BayHStAM, MA 63.247 (Abschrift des Beschlusses der Kammer der Abgeordneten, 23.11.1867). KdA 1866/68 II, 34. Sitzung, 22.10.1867, 93–94. SCHMIDT, Zollparlament, 108, irrt, wenn er hier von der Annahme eines „Zoll- und Handelsvertrages" spricht.
[155] BayHStAM, Staatsrat 1151 (Sitzung, 9.11.1867).
[156] KdA 1866/1868 II, 35. Sitzung, 23.10.1867, 94–112. Zum Wahlmodus für das Zollparlament, der hier keine nähere Berücksichtigung findet, und die politischen Debatten: SCHMIDT, Zollparlament, 110–112.

Nach der Zustimmung der Abgeordnetenkammer zu den Verträgen wurden die Vorlagen an die Kammer der Reichsräte überwiesen[157]. Das dortige Plenum leitete die Konzepte umgehend an den vereinigten zweiten und dritten Ausschuß weiter, vor dem der evangelische Gutsbesitzer Wilhelm August Frhr. von Thüngen[158] eine Grundsatzrede hielt[159]. In seinem Vortrag stand die politische Dimension der Verträge eindeutig im Vordergrund, die volkswirtschaftlichen und fiskalischen Auswirkungen spielten kaum eine Rolle, obwohl Thüngen aufgrund der gemeinschaftlichen Festlegung der indirekten Steuern den finanziellen Ruin des Königreiches prophezeite. Weit mehr kritisierte er jedoch das preußische Vetorecht im Zollbundesrat: Eine „viel größere Gefahr besteht für uns darin, daß Bundesrath und Zollparlament, mithin eine ganz preußische oder unter preußischem Einfluß stehende Mehrheit gesetzliche Bestimmungen über das ganze System der Verzollung erlassen kann, ohne daß wir den mindesten Einspruch dagegen erheben können. Preußen hat dadurch unsere ohnehin schwache Industrie vollkommen in den Händen, denn es kann die Eingangszölle nach seiner Ansicht herabsetzen, teilweise auch aufheben, und kann dadurch vielen industriellen Unternehmungen schweren Schaden zufügen, oder ihnen den Todesstoß geben"[160]. Thüngen wollte die finanziellen Schäden für Bayern bei einer Ablehnung des Verlängerungsvertrages, die vor allem von dem Wirtschaftsfachmann Weber vorgebracht wurden, nicht gelten lassen: „Bayern ist ein reiches Land, dabei aber ein Land, das seinen Reichthum hauptsächlich seinen Naturprodukten verdankt; Bayern bildet dabei ein höchst erwünschtes Absatzgebiet allen jenen Staaten, deren Industrie entwickelter ist als die unsrige". Daraus folgerte der Reichsrat unter Mißachtung der Urteile aller ökonomischen Fachleute, daß der Norden den Verlust des bayerischen Absatzgebietes kaum verschmerzen, Bayern sich aber ganz einfach nach anderen Märkten für seine Produkte umsehen könnte. Thüngen endete schließlich mit der Empfehlung, sowohl die geplante Salzsteuer als auch den Vertrag über die Fortdauer des Zollvereins aus Rücksicht auf die staatliche Unabhängigkeit Bayerns abzulehnen: „Es handelt sich hier um etwas höheres als den materiellen Nachteil; es handelt sich um die Ehre und Unabhängigkeit Bayerns (...)". Der vereinigte II. und III. Reichsratsausschuß verweigerte daraufhin aufgrund des Verlustes des Vetorechtes für das Königreich mit neun zu einer Stimme die Annahme der Verträge vom 8. Juli 1867[161].

Im Anschluß an dieses abschlägige Votum kam es zu einem flutartigen Adressensturm von Gemeinden, Handels-, Fabrik- und Gewerberäten, Fabrikanten und anderen Gewerbetreibenden, die an die Kammer der Reichsräte appellierten,

---

[157] KdA 1866/1868 II, 35. Sitzung, 23.10.1867, 111–112.

[158] *Wilhelm August Frhr. von Thüngen* (1805–1871): Reichsrat in der Ersten Kammer, Abgeordneter des Zollparlamentes für den Wahlkreis Traunstein; entschiedener Gegner eines näheren Anschlusses Bayerns an Preußen und im weiteren Sinne der Politik Hohenlohes; Mitbegründer des Bayerischen Bauernbundes.

[159] BayHStAM, MH 9701 bzw. MA 63.251 (Vortrag des Reichsrates Freiherrn von Thüngen im II. und III. Ausschuß, die Vorlagen über Zoll- und Handelsverhältnisse betr., 23.10.1867).

[160] Ebd. Die folgenden Zitate aus diesem Vortrag.

[161] KdRR 1867/68 III, 21. Sitzung, 30.10.1867, 101–102.

den Vertragsentwurf anzunehmen[162]. Gleichzeitig drückte der preußische Gesandte in München, Georg Graf von Werthern-Beichlingen[163], am 24. Oktober 1867 gegenüber Bismarck die Befürchtung aus, die Erste Kammer könnte trotz einer königlichen Adresse die Verträge ablehnen[164]. Tatsächlich telegraphierte Hohenlohe einen Tag später seinerseits an Ludwig II., der sich in Hohenschwangau aufhielt, es bestünde „vorerst keine Aussicht auf Annahme des Zollvereinsvertrages in der Kammer der Reichsräthe"[165], obwohl er selbst mit pathetischen Worten vor der Kammer für die Annahme der Übereinkunft eingetreten wäre[166]: „Ich mache hiemit für den Ruin des Vaterlandes, für die zu Verlust gehenden Millionen, für den eintretenden Staatsbankrott diejenigen verantwortlich, welche das Band zerreißen, das 30 Jahre lang den Wohlstand Deutschlands und Bayerns verbürgt hat. Wer diese Verantwortung übernehmen will, der mag es mit Gott und seinem Gewissen abmachen, ich kann es nicht". In dieser bedrohlichen Situation genehmigte der König erst einmal die von Hohenlohe erbetene Vertagung des Landtages, um Zeit zu gewinnen und den Reichsräten die Möglichkeit zu geben, den Beschluß der Ausschüsse zu überdenken. Gleichzeitig verweigerte Bismarck aber einer Verlängerung der festgelegten Ratifikationsfrist über den 30. Oktober 1867 hinaus, die die bayerische Regierung aufgrund der heiklen Lage beantragt hatte, seine Zustimmung[167]. Am 26. Oktober 1867 einigte sich angesichts der Zeitnot die Kammer der Reichsräte mehrheitlich auf einen Kompromiß, der bei der Durchsetzung eines bayerischen Vetorechtes im Zollparlament die Annahme der Verträge ermöglichte[168]. Schrenck sowie die fränkischen Unternehmer Faber-Castell und Cramer-Klett sprachen sich gegen diesen Ausgleich aus, da sie ihn als inkonsequent empfanden. Sie wollten das Risiko eines bayerischen Austrittes aus dem Zollverein nicht verantworten, hätte dieser doch zwangsläufig „zum Ruin derjenigen Industrie (...), welche aus dem Zollverein

---

[162] FABER, Karl-Georg, Die nationalpolitische Publizistik Deutschlands von 1866–1871. Eine kritische Bibliographie, 2 Bde (Bibliographien zur Geschichte des Parlamentarismus und der politischen Parteien 4,1), Düsseldorf 1963, hier Bd. 1, 124–128, 301–333, 353–357, 362–372, 376–380; SPIELHOFER, Hans, Bayerische Parteien und Parteipublizistik in ihrer Stellung zur deutschen Frage 1866–1870, in: Oberbayerisches Archiv 63 (1922), 191–206.

[163] *Georg Graf von Werthern-Beichlingen* (geb. 1816): ab Februar 1867 preußischer Gesandter in München; gilt in den folgenden zwei Jahrzehnten als Sprachrohr Bismarcks: BARTON VON, Irmgard, Die preußische Gesandtschaft in München als Instrument der Reichspolitik in Bayern von den Anfängen der Reichsgründung bis zu Bismarcks Entlassung (MBM 67), München 1976. Werthern besaß seit 1867 einen nicht zu unterschätzenden Einfluß auf die bayerische Innenpolitik, so daß ihn Bismarck wiederholt anweisen mußte, nicht zu eigenmächtig in der Deutschen Frage vorzugehen: GRUNER, Süddeutsche Staaten, 57.

[164] APP IX, Nr. 247, 323–325.

[165] KdRR 1867/68 III, 21. Sitzung, 30.10.1867, 43–102: Der Kompromißantrag auf 76–80, die Abstimmung auf 102. BayHStAM, MH 9701 (Telegramm Hohenlohes, 25.10.1867 bzw. Telegramm an Hohenlohe, 25.10.1867); APP IX, Nr. 249 und 250, 325.

[166] BayHStAM, MH 9701 (Rede Hohenlohes vor der Kammer der Reichsräte).

[167] APP IX, Nr. 253, 326.

[168] KdRR 1867/68 III, 21. Sitzung, 30.10.1867, 102.

herausgewachsen"[169] war, geführt. Der Beschluß der Reichsräte wurde in Preußen erwartungsgemäß als Ablehnung gewertet und trotz aller pessimistischen Nachrichten, die bereits im Vorfeld aus München bekannt geworden waren, als „große Sensation"[170] aufgenommen.

Nach dem Votum der Ersten, aber noch vor der Entscheidung der Zweiten Kammer, hielten sich Hohenlohe, Weber und Reichsrat von Thüngen am 27. und 28. Oktober 1867 in Berlin auf, um Bismarck die Abänderung des Artikels 8, Paragraph 12, also des Vetorechtes Preußens, abzutrotzen und damit die Reichsräte zu beschwichtigen[171]. Das offizielle Schreiben Bismarcks vom 28. Oktober 1867 ließ aber keine weiteren Zugeständnisse erwarten[172]. Der preußische Ministerpräsident wiederholte lediglich sein bereits Tauffkirchen im Frühjahr mündlich gegebenes Versprechen, das preußische Veto nicht gegen die wirtschaftlichen Interessen Bayerns einzusetzen[173]. Thüngen mußte nach der Rückkehr seinen Reichsratskollegen die ergebnislose Reise nach Berlin eingestehen. Unterdessen war König Ludwig II. in der bayerischen Hauptstadt eingetroffen, um den Mitgliedern der königlichen Familie die Annahme der Zollvereinsverträge im Reichsrat nahezulegen[174]. Als die Kammer der Abgeordneten am 30. Oktober den Modifikationsantrag der Ersten Kammer ablehnte und die Reichsräte statt dessen aufforderte, die Kontrakte ohne weitere Bedingungen zu akzeptieren[175], beugten sich diese dem allgemeinen Druck und stimmten am 31. Oktober – also in allerletzter Minute – den neuen Zollvereinsverträgen mit 35 zu 13 Stimmen zu[176]; zum 16. November 1867 erging die königliche Deklaration, nach der die Verträge in Kraft traten[177].

---

[169] Ebd., 59 (Rede von Cramer-Klett).

[170] BayHStAM, MH 9701 (Gasser an AM, 26.10.1867). Im Norddeutschen Reichstag waren die neuen Zollvereinsverträge mit 177 gegen 26 Stimmen angenommen worden; dagegen hatten die Linke, einige Schlewig-Holsteiner und Klerikale gestimmt, die sächsischen Abgeordneten hatten an der Abstimmung nicht teilgenommen.

[171] BayHStAM, MH 9701 (AM an Ludwig II., 26.10.1867); APP IX, Nr. 258, 328–329 und Nr. 259, 329. Zu dieser Mission: SCHMIDT, Zollparlament, 119–122 und HOHENLOHE 1, 275–277.

[172] BayHStAM, MH 9701 (Schreiben Bismarcks, 28.10.1867).

[173] Zur Mission Tauffkirchens im April 1867 Kapitel IV.1.b) *Die Neuordnung des Zollvereins 1866/1867: Die Zollvereinsverträge von 1867* (S. 160).

[174] KÖRNER, Hans-Michael, KÖRNER, Ingrid (Hg.), Leopold Prinz von Bayern. 1846–1930. Aus den Lebenserinnerungen, Regensburg 1983, 103–104.

[175] APP IX, Nr. 274, 340–341; BayHStAM, MA 63.247 (Abschrift des Beschlusses der Kammer der Abgeordneten, 30.10.1867). Am 31.10.1867 genehmigte der Landtag in Stuttgart mit 73 zu 16 Stimmen die Zollvereinsverträge: SCHÜBELIN, Zollparlament, 62–67. Die Beratungen im badischen Landtag: ebd., 59–62.

[176] KdRR 1867/68 III, 22. Sitzung, 31.10.1867, 115–134, bes. 133–136; BayHStAM, MH 9701 und BayHStAM, Staatsrat 4145 (Gesamtbeschluß der Kammer der Reichsräte und Abgeordneten über die Zollvereinsverträge vom 31.10.1867); BayHStAM, Staatsrat 1145 (Zustimmung der Kammern); HOHENLOHE 1, 277; LÖFFLER, Kammer, 416–418.

[177] Die königliche Deklaration vom 16.11.1867, in: BayHStAM, Staatsrat 4145.

Im Anschluß an die Ratifizierung der Zollvereinsverträge gewannen die Südbundpläne noch einmal an Bedeutung[178]. Ludwig II. stand einem süddeutschen Staatenbund durchaus positiv gegenüber, erhoffte er sich doch davon auch in Zukunft die Wahrung seiner Souveränität. Hatte Hohenlohe im März 1867 die Verhandlungen mit den süddeutschen Staaten nur unter dem Gesichtspunkt einer gemeinsamen Basis für die anstehenden Gespräche mit dem Norddeutschen Bund gesehen, so änderte er spätestens im November 1867 seine Meinung und plädierte für einen Südbund gemäß den Bestimmungen des Prager Friedens[179]. Um die Jahreswende 1867/1868 setzte sich demnach der leitende Minister Bayerns für einen „Bund der Süddeutschen Vereinigten Staaten" ein[180]. Zu diesem Zweck konferierte Hohenlohe sogar mit Beust[181], während Tauffkirchen kurz darauf nach Berlin zu Bismarck reiste[182]. Aber weder Varnbüler in Stuttgart noch Karl Mathy[183] in Karlsruhe zeigten sonderliches Interesse an den Vorstellungen der beiden, und auch der bayerische Ministerrat konnte den Plänen einer süddeutschen Staatenvereinigung keine rechte Sympathie entgegenbringen[184]. Ende März 1868 teilte Hohenlohe deshalb seinem König mit, „der Versuch zur Gründung eines süddeutschen Staatenvereins zu machen, ist (...) inzwischen verstrichen und er [=Hohenlohe, Anm. der Verf.] glaubt nunmehr und wenigstens zur Zeit auf ein weiteres Vorgehen in der Sache Verzicht leisten zu müssen"[185]. Ludwig II. akzeptierte nur ungern das Scheitern der Pläne, zumal die Zollparlamentswahlen vom Frühjahr 1868 eine realistische Basis für einen Südbund geschaffen hätten[186].

---

[178] BayHStAM, MA Gesandtschaft Berlin 1038 (AM an Perglas, 12.2.1868). SCHMIDT, Zollparlament, 124–125, schreibt die Initiative Hohenlohe zu, nach POTTHOFF, Politik, 157, ist sie aber eindeutig auf Beust zurückzuführen. Zu den Südbundplänen Beusts und Hohenlohes ausführlich: ebd., 157–169.

[179] BayHStAM, MA 625 (AM an Ludwig II., 23.11.1867). Hohenlohe argumentierte dabei mit der Haltung Frankreichs und Österreichs, die die Erfüllung des Prager Friedens als Garant für den europäischen Frieden ansahen. Beide Nationen hatten tatsächlich im Laufe des Jahres 1867 die Südbundpläne wieder salonfähig gemacht.

[180] APP IX, Nr. 306, 373–374. Der undatierte Entwurf einer Verfassung im Hinblick auf Art. IV des Prager Friedens: BayHStAM, MA 625 (Entwurf für eine Verfassung für einen Südbund, November/Dezember 1867). Diesen Entwurf legte Hohenlohe am 22.1.1868 Ludwig II. vor: ebd. (AM an Ludwig II., 22.1.1868), der das Konzept an den Ministerrat weiterleitete.

[181] HOHENLOHE 1, 277–279.

[182] Zur 2. Mission Tauffkirchens nach Berlin dessen Bericht vom 10.11.1867 in: APP IX, Nr. 302, 371–374.

[183] *Karl Mathy* (1806–1868): seit 1842 Führer der Liberalen in der 2. Kammer Badens, 1848/49 Mitglied der Frankfurter Nationalversammlung; 1864–1866 badischer Handelsminister, 1866–1868 in Personalunion auch Finanzminister.

[184] BayHStAM, MA 625 (AM an Ludwig II., 10.4.1868).

[185] Ebd. (AM an Ludwig II., 28.3.1868).

[186] Ebd. (kgl. Signat, 5.4.1868 auf das Schreiben AM an Ludwig II., 28.3.1868). In der Folgezeit zeigte sich Ludwig immer wieder interessiert, wenn ein föderatives Bündnis zwischen dem Norddeutschen Bund und den süddeutschen Staaten zur Sprache kam: Siehe beispielsweise: ebd. (AM an Ludwig II., 27.6.1869).

b) Die Wahlen zum Zollparlament im Frühjahr 1868

Die grundsätzlich eng gesteckte wirtschaftspolitische Zuständigkeit des Zollparlamentes beruhigte die bayerische Regierung nur zeitweise; sie vermutete in vielen seiner Aktivitäten den Versuch, die Zollparlamentskompetenzen auszuweiten und das Gremium dadurch als Vorläufer eines politischen Anschlusses an Preußen zu mißbrauchen. Zusammen mit Württemberg arbeiteten die Vertreter Bayerns demnach gegen alle möglichen Vorstöße in diese Richtung, so daß sich im Vorfeld der Zollparlamentswahlen die Stimmung in der Öffentlichkeit immer mehr gegen diese Institution wandte. Trotzdem weigerte sich der preußische Ministerpräsident zunächst, eine kategorische Einhaltung der Verträge vom 8. Juli 1867 zuzusichern, obwohl Werthern aus München wiederholt um eine solche Erklärung nachgesucht hatte[187]. Erst im unmittelbaren Vorfeld der Wahlen wies Bismarck seinen Gesandten an, in „offizieller Weise zu erklären, daß wir eine etwaige Neigung des Zollparlamentes zur Überschreitung der in dem Vertrage vom 8. Juli v(origen) J(ahres) verzeichneten Befugnisse zurückweisen würden"[188]. Ähnlich äußerte sich der preußische Ministerpräsident auch beim Antrittsbesuch des neuen bayerischen Gesandten in Berlin, Maximilian Joseph Frhr. Pergler von Perglas[189]: „Es sei *ihm* [=Bismarck, Anm. der Verf.] schon bei früheren parlamentarischen Anläßen, (...), die Aufgabe zugefallen, sagte der Minister, Uebergriffe in solcher Richtung abzuweisen, und würde er es auch jetzt im Zollparlament thun müssen, *daher er hoffe*, daß bei den Wahlen in Bayern nicht zu viele „Heißsporne" den Vorzug erhielten"[190]. Perglas bezweifelte zu diesem Zeitpunkt nicht, daß Bismarck jede „Begünstigung von Uebergriffen zur Förderung eines deutschen Einheits-Staates bei Gelegenheit des Zollparlaments" abweisen würde.

Trotz aller preußischen Versicherungen kam es vor den Zollparlamentswahlen in Bayern zu leidenschaftlichen Wortgefechten, bei denen sich das fortschrittlich-nationalliberale Lager, das eine engere Bindung an den Norden unter Ausschluß Österreichs forderte, den konservativ-großdeutschen Kräften gegenüberstanden[191]. Gerade der industriell und gewerblich orientierte Bevölkerungsteil

---

[187] PA Bonn, R 2700 (Werthern an Bismarck bzw. Bismarck an Werthern, 25.1.1868).

[188] APP IX, Nr. 533, 636.

[189] *Maximilian Joseph Frhr. Pergler von Perglas* (1817–1893): 1859 bayerischer Gesandter in Petersburg und anschließend in Stockholm, 1866–1867 bayerischer Gesandter und außerordentlicher Minister in Paris mit gleichzeitiger Akkreditierung in Madrid; seit 5.9.1867 Nachfolger Montgelas' als bayerischer Gesandter in Berlin, 1.1.1868 (5.12.1867)–31.7.1877 außerordentlicher Gesandter und Bevollmächtigter Minister Bayerns am preußischen Hof und Norddeutschen Bund. HERRE, Franz, Der bayerische Gesandte in Berlin, Freiherr Pergler von Perglas, und die Bismarcksche Regierung, in: Historisches Jahrbuch 74 (1955), 532–545; RUDSCHIES, Gesandten, 121–122 und 147–152; SCHÄRL, 330.

[190] BayHStAM, MA 2648 (Bericht Perglas Nr. 15, 31.1.1868). Das folgende Zitat auch aus diesem Schreiben.

[191] Zur Charakteristik der einzelnen Parteigruppierungen und den verschiedenen Facetten liberaler und konservativer politischer Anschauungen: ALBRECHT, Dieter, Von der Reichsgründung bis zum Ende des Ersten Weltkrieges, in: SPINDLER, Handbuch IV/1, 283–386, bes. 293–312. In der Literatur wird die Begrifflichkeit nicht präzise angewandt, da sich 1868 vor allem das konservative Lager noch nicht in klar umrissenen Parteigremien zusammengeschlossen hatte.

befürchtete einen Sieg der Partikularisten[192]. Die Berichte der einzelnen Regierungspräsidenten ließen keinen Zweifel daran, daß die Stimmung in Teilen der bayerischen Bezirke gegenüber der Regierung alles andere als positiv war[193]. Hin und wieder kam es sogar zu blutigen Ausschreitungen zwischen den verschiedenen politischen Gruppierungen, die Innenminister Johann Nepomuk Frhr. von Pechmann[194] im April 1868, in „die Fortschritts-Parthei, die Ultramontanen und die Conservativen" einteilte[195]. Während des hitzig geführten Wahlkampfes traten wirtschaftspolitische Argumente vollständig hinter nationale Gesichtspunkte zurück[196]. Die aufgebrachte Stimmung im Land beruhigte sich erst nach den Stichwahlen im März 1868 wieder.

Die Wahlen zum Zollparlament fanden einschließlich der zweiten Wahlgänge vom 10. Februar bis Ende März 1868 statt, deren „Ausfall [=Ergebnis, Anm. der Verf.] weitgehend antipreußisch sich gestaltet hat"[197]. Dies bedeutete einen schweren Rückschlag für die kleindeutsch eingestellten Gruppierungen und somit im weiteren Sinne auch für die Politik Hohenlohes und seines Kabinettes[198]. In der ersten Session des Zollparlamentes sahen sich im wesentlichen 18 Liberale, gemäßigt Liberale und demokratisch Gesinnte einer Mehrheit von 30 Mandatsträgern konservativer bzw. großdeutscher Couleur gegenüber[199]. Während diese

---

[192] Beispielsweise: BayHStAM, MInn 46.042 (Präsidium der k. Regierung in Oberfranken, 23.10.1867).

[193] Zur öffentlichen Stimmung in Bayern vor und nach den Zollparlamentswahlen: BayHStAM, MInn 30.981/6 (Regierungspräsidentenberichte an IM, Januar bis Mai 1868).

[194] *Johann Nepomuk Frhr. von Pechmann* (1801–1868): 1858–1863 Regierungsdirektor in Oberfranken, 1863–1866 Regierungspräsident von Mittelfranken, 1866 bis zu seinem Tod am 24.2.1868 Innenminister.

[195] Der komprimierte Bericht des IM über die Auseinandersetzungen im Zusammenhang mit den Wahlen in: BayHStAM, MInn 46.042 (IM an Ludwig II., 22.4.1868) und passim.

[196] SCHÜBELIN, Zollparlament, 100–101; SCHMIDT, Zollparlament, 130–139. Zum Wahlkampf der Liberalen: SCHIEDER, Partei, 173–177 und zuletzt: HARTMANNSGRUBER, Friedrich, Die Bayerische Patriotenpartei 1868–1887 (Schriftenreihe zur bayerischen Landesgeschichte 82), München 1986, 35–46. Als Beispiel für den Ablauf der Zollparlamentswahlen in einer Stadt (Hof): HÄNDEL, Fred, Die Wahl des deutschen Zollparlaments, in: Kulturwarte 2 (1968), 52–54.

[197] BayHStAM, MInn, 30.981/6 (Auszug aus den letzten Wochenberichten der kgl. Regierungspräsidenten, 15.2.1868).

[198] EGK 9 (1868), 143. Zu den Wahlen ausführlich: SCHMIDT, Zollparlament, 140–172; WINDELL, George G., The Catholics and the German Unity 1866–1871, Minneapolis 1954, 110–133. Zum Ausgang der Wahlen die einzelnen Berichte der bayerischen Regierungspräsidenten vom März 1868: BayHStAM, MInn 46.042.

[199] Die Zuweisung der Parlamentsmitglieder in Anlehnung an: SCHMIDT, Zollparlament, 140–160, 379. Die Zuweisung der Mandatsträger zu politischen Parteien und Gruppierungen gestaltet sich als äußerst schwierig. Beispielsweise ist die Einteilung bei HARTMANNSGRUBER, Patriotenpartei, 46, in Zollvereinsgegner als „ultramontan-patriotisch" und Zollvereinsbefürworter als „liberal-freihändlerisch" zu pauschal. Zu leicht abweichenden Wahlergebnissen kommt neben HARTMANNSGRUBER, Patriotenpartei, 33 (27 Konservative zu 21 Liberalen) auch SPIELHOFER, Parteien, 198 (26 Sitze für „die Rechte", zwölf für „die Linke" und neun für die Mittelpartei). SCHÜBELIN, Zollparlament, 100;

zum größten Teil aus dem Adel oder Bürgertum stammten, waren alle Industriellen entweder Mitglieder der Fortschritts- oder Mittelpartei oder tendierten in ihre Richtung. Zweifelsohne war der Wahlsieg der Partikularisten auch auf die Propaganda des katholischen Klerus zurückzuführen, die gerade in den ländlichen Gebieten Altbayerns und Unterfrankens auf fruchtbaren Boden gefallen war[200]. Darüber hinaus wiesen die Städte eine geringere Wahlbeteiligung auf als das Land, was den Kleindeutschen als Befürworter des Zollparlamentes große Nachteile einbrachte. Selbst Minister von Schlör, der grundsätzlich die Interessen von Handel und Gewerbe vertrat und höchstens als gemäßigt liberal zu bezeichnen ist[201], konnte sich im Wahlkreis München I erst im zweiten Wahlgang durchsetzen[202].

In Oberbayern errangen neben zwei Mitgliedern der Mittelpartei (Schlör und Kester[203]) fünf Konservative, gegen einen weiteren Anschluß an Preußen Kämpfende ein Mandat für Berlin[204]. Alle sechs Wahlkreise in Niederbayern und alle fünf in der Oberpfalz waren fest in der Hand von Kandidaten, die ein Zusammengehen mit Preußen selbst im wirtschaftlichen Bereich ablehnten. Dagegen wurde in der Rheinpfalz überwiegend nationalliberal gewählt (vier Mandate), lediglich im Wahlkreis Speyer konnte sich ein Konservativer durchsetzen[205]. Darüber hinaus muß man den Demokraten Georg Friedrich Kolb (Wahlkreis Kaiserslautern) dem großdeutschen Lager zurechnen. In Oberfranken gingen alle fünf Mandate an Vertreter der Fortschritts- oder der Mittelpartei und auch von den mittelfränkischen Abgeordneten waren fünf liberal-gemäßigt gegenüber nur

BÖHME, Großmacht (1966), 273, Anm. 3; HUBER, Verfassungsgeschichte III, 365; PFLANZE, Bismarck. Reichsgründer, 396, gehen in Anlehnung an SCHIEDER, Partei, 177 (26 Sitze für die Partikularisten und 21 für die Liberalen, davon 12 für die Fortschrittspartei und 9 für die Mittelpartei) von zu hoch gegriffenen 26 Mandaten für die „patriotische Partei" aus. Selbst bei SCHMIDT, der eine ultramontane Einstellung der Kandidaten sehr großzügig ansetzt, findet man für diese hohe Zahl keine Bestätigung (beispielsweise bezeichnet er Ministerialrat Karl von Meixner als „eifrigen Schutzzöllner" (144), was aufgrund Meixners Arbeit im HM differenzierter gesehen werden muß).

[200] SCHÜBELIN, Zollparlament, 101. So auch die Einschätzung des preußischen Gesandten in München, von Werthern: PA Bonn, R 2700 (Werthern an Bismarck, 22.3.1868). Siehe zum Ausgang der Zollparlamentswahlen in Bayern auch Anlage 2: Verzeichnis der bayerischen Abgeordneten zum deutschen Zollparlament.

[201] Siehe dazu Kapitel V.2.b) *Handelsminister Gustav von Schlör (1866–1871)* (S. 236).

[202] BayHStAM, MInn, 30.981/6 (Auszug aus den letzten Wochenberichten der kgl. Regierungspräsidenten, 15.2.1868); APP IX, Nr. 596, 704–705.

[203] BayHStAM, MInn, 30.981/6 (Auszug aus den letzten Wochenberichten der kgl. Regierungspräsidenten, 15.2.1868): Kester wird hier als „antipreußisch" eingestuft.

[204] Die Wahlergebnisse in: BayHStAM, MA 63.251 (Verzeichnis der bayerischen Abgeordneten zum Zollparlament, 20.2.1868). Die Nennung der Abgeordneten, wobei sicherlich in einigen Punkten eine genauere Differenzierung der politischen Einstellung der Kandidaten wünschenswert gewesen wäre, auch bei: SCHMIDT, Zollparlament, 140–156, 417–420. Eine, von diesen Ergebnissen leicht abweichende politische Differenzierung: BayHStAM, MInn, 30.981/6 (Auszug aus den letzten Wochenberichten der kgl. Regierungspräsidenten, 15.2.1868).

[205] Zur Situation in der Pfalz, wenn auch wenig ergiebig: ALLMANN, Ludwig, Die Wahlbewegung zum 1. deutschen Zollparlament in der Rheinpfalz, Diss. Leipzig 1913.

einem Konservativen. In Unterfranken und Schwaben wurde im wesentlichen konservativ (jeweils fünf Abgeordnete) abgestimmt, in beiden Bezirken konnte sich nur je ein Liberaler durchsetzen. Der Ausgang der Zollparlamentswahlen war für die bayerische Regierung überraschend, zumal die katholisch-konservativ-großdeutschen Kräfte gemessen an ihrer Stärke in der Abgeordnetenkammer nicht mehr als fünf Mandate hätten erringen dürfen. Demnach beurteilte Werthern das Ergebnis als Rückschlag für jene, die eine engere Orientierung Bayerns und Süddeutschlands an den Norddeutschen Bund gefordert hatten[206]. Die überwiegend politische Argumentationsweise Hohenlohes und seiner Regierungsmitglieder für einen lediglich wirtschaftlich ausgerichteten Anschluß Bayerns an den Norddeutschen Bund war damit fehlgeschlagen. Die volkswirtschaftlichen Nachteile, die bei einem Austritt aus dem Zollverein entstanden wären, konnten offensichtlich einem Großteil der Bevölkerung nicht verständlich gemacht werden. Lediglich die gewerblich-industriell weiter entwickelten Bezirke Bayerns hatten sich überwiegend für gemäßigt-liberale Kandidaten entschieden.

Die Wahl zum Zollparlament endete insgesamt mit einer Niederlage der Nationalliberalen: Von den 85 Sitzen für die süddeutschen Vertreter eroberten Gegner engerer Beziehungen zu Preußen und dem Norddeutschen Bund 50. Selbst Baden wählte partiell gegen die liberalen Parteien und damit auch gegen Preußen[207], in Hessen-Darmstadt erhielten die nationaldeutschen Parteien alle sechs Mandate[208], und auch von württembergischen Abgeordneten waren zehn von 17 Mandatsträgern großdeutsch eingestellt[209]. Mitte Februar legte der bayerische Innenminister auf königlichen Wunsch einen genaueren Bericht über die Ereignisse im Vorfeld der Zollparlamentswahlen und die Ergebnisse des ersten Wahlganges vor[210]. Ludwig II. zeigte sich über die Zustände angesichts der Wahlen besorgt und wünschte nähere Aufklärung. Ende des Monats berichtete der bayerische Gesandte Pergler von Perglas über die Reaktion der preußischen Regierung, die trotz der Wahlschlappe sehr gemäßigt ausfiel und sich meist auf die Versicherung der bisherigen Versprechen von Seiten Preußens beschränkte. Unterstaatssekretär von Thile bekundete beispielsweise „den festen Entschluß der preußischen Regierung die Gränze der Competenz des Zollparlamentes nicht überschreiten zu laßen"[211]. Perglas hoffte deshalb auf eine gemäßigte Politik Berlins im Zollparlament und zeigte sich demnach nicht unzufrieden mit dem

---

[206] PA Bonn, R 2700 (Werthern an Bismarck, 15.2.1868).
[207] In Baden erhielten acht Nationalliberale, fünf Klerikale und ein Großdeutscher ein Mandat: SCHÜBELIN, Zollparlament, 71–86; nach HUBER, Verfassungsgeschichte III, 636 und HARTMANNSGRUBER, Patriotenpartei, 33, erhielten die Anhänger Preußens jedoch wenigstens acht von 14 Mandaten.
[208] BÖHME, Großmacht (1966), 274, gibt von sechs Sitzen drei für die „Deutsche Partei" an.
[209] In Württemberg fanden die Wahlen am 24.3.1868 statt: SCHÜBELIN, Zollparlament, 86–98. HARTMANNSGRUBER, Patriotenpartei, 33, gibt 17 Zollvereinsgegner und keinen Befürworter an, HUBER, Verfassungsgeschichte III, 635, spricht von elf Sitzen für die „großdeutsch-demokratische" Partei.
[210] BayHStAM, MInn 46.042 (IM an Ludwig II., 15.2.1868).
[211] BayHStAM, MA 2648 (Bericht Perglas Nr. 43, 23.2.1868).

Sieg der Konservativen[212]. Bismarck hatte schon vorher mit einem Wahlausgang gerechnet, der aufgrund der partikularistischen Tendenzen die Arbeit im Zollparlament behindern würde. Werthern versuchte dem Wahlsieg der Ultramontanen eine positive Seite abzugewinnen, könnte er doch „alle besonnenen Elemente, wenigstens in der Residenz, auf die Gefahr, vor der der Staat steht, aufmerksam" machen, „etwas mehr Action in die Regierungsparthei" bringen, „ja sogar Zweifelhafte" bekehren[213]. Allerdings erfüllte sich der Wunsch des preußischen Gesandten nicht. Hohenlohe versuchte, Schadensbegrenzung zu betreiben und die wenigen positiven Aspekte der liberalen Niederlage in den Vordergrund zu stellen[214]. Daneben verstärkte der österreichische Ministerpräsident Beust den Druck auf Bayern. Er äußerte seine Besorgnis, die preußische Regierung könnte das Zollparlament zur Ausdehnung seiner Vorstellungen im nationaldeutschen Sinn mißbrauchen und bestätigte damit alle Befürchtungen der bayerischen Bevölkerung gegen die neuen Zollvereinsgremien[215]. Der Wahlausgang zum Zollparlament vom Frühjahr 1868 verdeutlichte, daß der Süden Deutschlands die Bismarck'sche Politik mehrheitlich ablehnte[216]. Hinsichtlich der anstehenden Landtagswahlen in Bayern im Frühjahr 1869 war die Regierung Hohenlohe gewarnt.

*c) Die neuen Zollvereinsgremien Zollbundesrat und Zollparlament,
ihre Organisation und Besetzung*

Bevor das Zollparlament zu seiner ersten Sitzung in Berlin, Wilhelmstraße 74, einberufen werden konnte, mußte der Zollbundesrat als Vertretungsorgan der Länderregierungen zusammentreten[217]. Das Gremium, das unter dem Vorsitz Preußens tagte, verfügte sowohl über Gesetzes- als auch über Tarifvorlageninitiativen. Die erste Sitzungsperiode dauerte vom 2. März bis 30. Juli 1868[218], die zweite vom 28. April bis zum 20. Dezember 1869[219] und die dritte vom 4. April bis 23. Mai 1870. Da der Zollbundesrat keinen festen Zeitraum für seine Sitzungen hatte, kam er immer dann zusammen, wenn Eingaben vorlagen. Diese über-

---

[212] Ebd. (Bericht Perglas Nr. 46, 26.2.1868).

[213] PA Bonn, R 2700 (Werthern an Bismarck, 22.3.1868).

[214] BayHStAM, MA 633 (Zirkulardepesche des AM an die königlichen Gesandschaften, 26.2.1868). In Auszügen veröffentlicht bei: BUSLEY, Bayern, 75–76 und SCHMIDT, Zollparlament, 164–165. Die Stellungnahmen der Regierungspräsidenten: BayHStAM, MInn 46.042 und SCHMIDT, Zollparlament, 165–172.

[215] POTTHOF, Politik, 192–200.

[216] HARTMANNSGRUBER, Patriotenpartei, 33, gibt 53 „Gegner und nur 32 Anhänger des Zollvereins" an.

[217] Siehe dazu auch Kapitel IV.1.b) *Die Neuordnung des Zollvereins 1866/1867: Die Zollvereinsverträge von 1867* (S. 160).

[218] BayHStAM, MA 2648 (Bericht Perglas Nr. 43, 23.2.1868). Die Mitgliederzahl des Zollbundesrates betrug maximal 46 Personen, „von welchen nur ein sehr geringer Theil wirkliche Fachkenntnisse besitzt, und selbst von diesen letzteren waren nur etwa 5–6 an den wirklichen Vorträgen betheiligt": BayHStAM, MA 63.251 (Weber an AM, 27.8.1868).

[219] BayHStAM, MA 63.252 (Weber an AM, 29.4.1869); BayHStAM, MA 2649 (Bericht Perglas Nr. 166, 24.4.1869). Allerdings trat der Zollbundesrat zwischen Juli und Dezember 1869 nicht ein einziges Mal zusammen: Berichte Zb 2.

wies man dann den Ausschüssen, so daß das Plenum nur noch den Beschluß zu fassen hatte. Wie von Weber schon vor Beginn der ersten Zollbundesratssitzung befürchtet, fanden demnach die eigentlichen Beratungen ausschließlich in den Ausschüssen statt, die Plenarversammlungen degradierten „zu einer reinen Formalität"[220]. Aus diesem Grunde ruhte die Ausarbeitung aller Anträge auf den Schultern von fünf bis sechs Personen. Für Bayern ergab sich daraus freilich kein Nachteil, waren dessen Bevollmächtigte doch in den drei wichtigsten Ausschüssen vertreten, wodurch sie erheblichen Einfluß auf die zu treffenden Entscheidungen nehmen konnten. Deren Besetzung war bereits zwei Tage nach Einberufung der ersten Bundesratssitzung „gewählt" worden; auf die Mitglieder hatten sich die Länderregierungen schon im Vorfeld geeinigt, um Differenzen während der Wahl zu vermeiden. Im wichtigsten Ausschuß für Zoll- und Steuerwesen saßen Bayern (Wilhelm von Weber), Sachsen, Württemberg sowie Braunschweig, im Ausschuß für Handel und Verkehr Sachsen, Hamburg, Baden sowie Hessen, im Ausschuß für Rechnungswesen Bayern (Georg von Gerbig bzw. Georg von Berr), Sachsen, Mecklenburg-Schwerin, Braunschweig, Hessen sowie Lübeck, und für die Geschäftsordnung waren Preußen, Bayern (Gerbig bzw. Berr), Württemberg, Mecklenburg-Schwerin sowie Coburg zuständig[221].
Nach 1867 wurden in den Zollvereinsgremien im Gegensatz zu den früheren Generalzollkonferenzen vermehrt politisch motivierte Entscheidungen gefällt; dies vor allem zugunsten Preußens, da das Vetorecht aller Teilnehmerstaaten – mit Ausnahme Preußens – abgeschafft worden war. Die Beschlüsse von Zollbundesrat und Zollparlament waren allerdings nur „in administrativen Gegenständen"[222] für alle Vereinsregierungen sofort verbindlich und nicht mehr an die Zustimmung der Landtage gebunden. Trotzdem maß Wilhelm von Weber den Vertretern Bayerns im Zollbundesrat eine weitaus größere Bedeutung für die Zollangelegenheiten des Königreiches zu als den Kommissaren der bisherigen Generalzollkonferenzen. Er stellte zwar das Fachwissen der Landesvertreter vor persönliche oder gar politische Autorität, plädierte aber gleichzeitig für eine überlegte Ausgewogenheit beider Eigenschaften; denn um die Interessen Bayerns auch wirkungsvoll vertreten zu können, würde jede noch so „umfassendste u(nd) vollendetste Instruktion werthlos werden, wenn der Vertreter den Stoff nicht vollständig beherrscht, u(nd) ihm nicht alle Details desselben in jedem Augenblick gegenwärtig sind"[223]. Aufgrund der eigentümlichen Konstruktion zwischen politischer und volkswirtschaftlicher Zuständigkeit kam es schon in den ersten Zollbundesratssitzungen zu Konflikten: Unterschieden sich die zu beurteilenden Sachfragen nur wenig von den zolltechnischen Angelegenheiten der Generalzollkonferenzen früherer Jahre, so war das Gremium jetzt aber zum Großteil mit

---

[220] BayHStAM, MA 63.251 (Weber an AM, 27.8.1868). Genauso auch in der zweiten und dritten Session des Zollbundesrates: BayHStAM, MH 9699 (Weber an HM, 13.7.1869).
[221] BayHStAM, MH 9697 (Weber an AM, 4.3.1868); BayHStAM, MA 63.252 (Protokoll der 1. Sitzung, 12.5.1869 und Ausschußbesetzung, 1869).
[222] BayHStAM, MA 63.251 (Weber an AM, 27.8.1868).
[223] BayHStAM, MA 63.247 bzw. MH 9697 (Weber an AM, 19.7.1867).

Gesandten und Ministern besetzt, die von handelspolitischen Angelegenheiten wenig Ahnung hatten.

Vor Beginn der ersten Session des Zollbundesrates mußte die bayerische Regierung sogenannte Bevollmächtigte zum Bundesrat ernennen. Die Aufgabe war unter den in Frage kommenden Staatsdienern nicht sonderlich beliebt, so daß sich die Berufung des bayerischen Vertreters weitaus schwieriger gestaltete als erwartet. Die politisch ambitionierten Personen befürchteten, am Ende für eine mögliche Kompetenzerweiterung des Rates verantwortlich gemacht zu werden, und die volkswirtschaftlich versierten machten sich keine großen Hoffnungen, die bayerischen Interessen im wirtschaftlichen Bereich entsprechend vertreten zu können. Gustav von Schlör, dem als Staatsminister des Handels und der öffentlichen Arbeiten die Stimmführung im Rat gebührt hätte, behielt sich von Anfang an die Teilnahme an den Sitzungen ausschließlich für die Fälle vor, wenn es das öffentliche Interesse unbedingt notwendig machte[224]. Nach den Zollparlamentswahlen erübrigte sich dies von selbst, da Schlör das Mandat im Parlament bevorzugte, in beiden Gremien aber gemäß den Zollvereinsverträgen nicht vertreten sein durfte[225]. So wurde der Handelsminister nach den Zollparlamentswahlen in der 7. Sitzung des Rates von seiner Funktion als bayerischer Bevollmächtigter enthoben[226].

Während Oberzollrat Georg Ludwig Gerbig im August 1867 die Hoffnung hegte, daß an ihm „der Kelch [= das Amt eines bayerischen Bevollmächtigten zum Zollbundesrat] vielleicht ohndies vorüber" gehen würde, mußte der Mitarbeiter im Zoll- und Handelsreferat des Außenministeriums, Wilhelm von Weber, von Anfang an damit rechnen, angesichts seiner Erfahrung in wirtschaftlichen und wirtschaftspolitischen Fragen für dieses Amt auch gegen seinen erklärten Willen ausgewählt zu werden[227]. Weber seinerseits hielt das Gremium von Anfang an für „keine vorherrschend zollpolitische Behörde, sondern vielmehr eine politische u(nd) parlamentarische Organisation", bei der „die eigentlichen Zoll- und Steuer-Angelegenheiten (...) zum größten Theile dem betreffenden Ausschusse überwiesen werden müssen"[228]. Trotz dieser kritischen Haltung des Zollfachmannes machte sich Handelsminister von Schlör gerade für die Berufung Webers stark, da er dessen Kompetenz besonders schätzte. Er war, so Schlör, „seit dem Entstehen des Zollvereins stets für denselben thätig" gewesen und besaß „gewiß alle jene Eigenschaften (...), und mit diesen jene genaue Sachkenntniß verbindet, welche die Gewißheit einer entsprechenden Thätigkeit im Zoll-

---

[224] Nach SCHMIDT, Zollparlament, 175, wollte sich Schlör angesichts einer möglichen Mandatsübernahme im Zollparlament nicht an den Zollbundesrat binden.

[225] Art. 8, §4 der Zollvereinsverträge vom 8.7.1867.

[226] Schlör ließ sich von König Ludwig von seinem Amt als Vertreter Bayerns beim Zollbundesrat entbinden: BayHStAM, MH 9697 (AM, HM an Ludwig II., Konzept, 22.4.1868) bzw. BayHStAM, MA 63.251 (AM an HM, 28.4.1868). Berichte Zb 1, 7. Sitzung, 6.5.1868: Schlör hatte allerdings bis dahin an keiner Bundesratssitzung teilgenommen.

[227] BayHStAM, MA 63.247 (Gerbig an Weber, 11.8.1867). Weber hatte sich nicht für ein Mandat im Zollparlament zur Verfügung gestellt, so daß er als Bevollmächtigter beim Zollbundesrat prädestiniert war.

[228] Ebd. (Weber an AM, 19.7.1867). Dieses Schreiben auch in: BayHStAM, MH 9697.

bundesrathe mit Sicherheit erwarten lassen"[229]. Schlör hatte wohlüberlegt Weber als Zollbundesratsbevollmächtigten vorgeschlagen, da dieser in der Vergangenheit zwar gegen den preußisch-französischen Handelsvertrag, aber auch für die Erhaltung des Zollvereins eingetreten war. Hohenlohe akzeptierte den Vorschlag seines Kollegen unter Vorbehalt, da auch der Außenminister nicht auf die Erfahrung und das Wissen Webers in Zoll- und Wirtschaftsfragen zu verzichten gedachte[230]. Weber seinerseits wollte die Aufgabe des ersten Bevollmächtigten nur dann antreten, wenn seine angeschlagene Gesundheit nicht zu leiden hätte. Aus diesem Grunde berief die bayerische Regierung auf Vorschlag Schlörs Georg Gerbig als zweiten Bevollmächtigten[231]. Weber nahm daraufhin seinen ständigen Wohnsitz – anders als sein Kollege Gerbig – nicht in Berlin.

Allerdings waren mit der Ernennung Webers und Gerbigs die internen Meinungsverschiedenheiten zwischen Schlör und Hohenlohe um die beste Vertretung im Zollbundesrat noch keineswegs beigelegt. Da der bayerische Außenminister die politische Dimension des Rates weitaus mehr betonte als sein Kollege, beabsichtigte er, den Gesandten in Berlin, Maximilian Frhr. Pergler von Perglas, zum ersten Zollbundesratsbevollmächtigten und damit zum Stimmführer zu nominieren; und dies, obwohl beide in der Deutschen Frage vollkommen unterschiedlicher Auffassung waren[232]. Schlör wehrte sich vehement gegen dieses Vorhaben, befürchtete er doch interne Auseinandersetzungen zwischen Weber und Perglas[233]. Ungeachtet dieser Diskussion bestimmte der bayerische König den Gesandten zum Bevollmächtigten im Bundesrat und gewährte Weber in speziellen Fällen ein Mitspracherecht bei der Stimmabgabe. Darüber hinaus wurde der Wirtschaftsfachmann mit der Leitung aller zolltechnischen Geschäfte betraut[234]. Zu seinen Aufgaben in Berlin zählten neben der Teilnahme an den Bundesratssitzungen und der Ausschüsse auch die Abfassung von Referaten im Sinne der bayerischen Regierung und die Berichte an das Staatsministerium des königlichen Hauses und des Äußern in München, alle Angelegenheiten des formellen Dienstes sowie schließlich die Rechnungsstellung über Geldanweisungen und Vorschüsse. Die persönliche Entscheidungsfreiheit Webers war stark eingeschränkt, da er für alle Angelegenheiten detailgenaue Instruktionen des Handels- und vor allem des Außenministeriums erhielt[235]. Trotz der nahezu lückenlosen Überwachung traten immer wieder Kommunikationsschwierigkeiten zwischen München und den bayerischen Vertretern in Berlin auf, wofür man Weber ver-

---

[229] Ebd. (HM an AM, 30.11.1867).
[230] Ebd. (AM, HM an Ludwig II., 9.12.1867).
[231] Ebd. (Weber an Ministerrat, 4.12.1867). Tatsächlich nahm Weber nicht an allen Sitzungen des Zollbundesrates teil und wurde dann von Gerbig als Stimmführer vertreten.
[232] HERRE, Der bayerische Gesandte, 533–535; BRAY, Denkwürdigkeiten, 147.
[233] BayHStAM, MH 9697 (HM an AM, 18.1.1868); BayHStAM, MA 63.251 (AM an HM, 2.3.1868). Nach SCHMIDT, Zollparlament, 180, wollte nicht nur Schlör, sondern auch Hohenlohe dem „ihnen unsympathischen und dazu fachlich inkompetenten Perglas das stellvertretende Stimmrecht" nicht geben.
[234] BayHStAM, MA 63.251 (AM, HM an Weber, 22.2.1868 und AM an HM, 2.3.1868).
[235] Siehe dazu beispielsweise die Schreiben in: BayHStAM, MA 63.244 und für die 2. Bundesratssession 1869, in: BayHStAM, MA 63.257. Die Anweisungen wurden darüber hinaus mit der Generalzolladministration abgesprochen.

antwortlich machte. Daneben kam es bereits während der ersten Sitzung wie befürchtet zu Unstimmigkeiten zwischen Perglas und Weber, da die Sitzordnung dem ersten Bevollmächtigten Perglas den Platz neben Bismarck zuwies und somit die Teilnahme Webers an den Diskussionen verhinderte[236]. Als Ausgleich hatte Hohenlohe Weber die Stimmführung, abgesehen von rein politisch motivierten Abstimmungen, übertragen, was wiederum Perglas nicht hinnehmen wollte. Am 3. Mai beschwerte sich Weber offiziell bei Hohenlohe über das „eigenthümliche Verhältniß, das durch die Ernennung des königlichen Gesandten Freiherrn von Perglas zum Mitgliede des Zollbundesrathes geschaffen war"[237]. Weber zeigte sich zutiefst beleidigt, zumal er von verschiedenen Seiten auf die groteske Situation angesprochen wurde[238]: „Ich weiß wirklich nicht, wie hier zu helfen sein wird. Denn kann ich an der Diskussion keinen Antheil nehmen, dann halte ich es gar nicht für angemessen in den Plenar-Sitzungen zu erscheinen". Der bayerische Außenminister blieb aber bei seinem einmal eingeschlagenen Kompromißversuch, der keine Rücksicht auf das unentbehrliche wirtschaftliche Fachwissen Webers nahm. Trotzdem versuchte Perglas, seine Stellung im Zollbundesrat aufzuwerten, mußte aber schließlich die Entscheidung Hohenlohes akzeptieren[239]. Die aufgeladene Stimmung zwischen den beiden Bevollmächtigten Weber und Perglas scheint sich jedoch in der Folgezeit gebessert zu haben[240].

Ab der zweiten Session trat Georg von Berr[241], Mitarbeiter des Finanzministeriums und ab 1872 Leiter dieses Ressorts, an die Stelle Gerbigs[242], der schon während der ersten Tagungsperiode stark gekränkt hatte, pensioniert wurde und kurz darauf verstarb[243]. Darüber hinaus fiel auch Weber aus gesundheitlichen Gründen zeitweise aus, so daß Berr meist die alleinige Vertretung des Königreiches übernehmen mußte[244]. Ende Januar 1868 zeigte sich, daß Gerbig und Weber aufgrund der vielen Detailfragen personelle Unterstützung benötigten[245], die ihnen sechs Wochen später in Person des königlichen Oberzoll-Assessors im

---

[236] Zu den Unstimmigkeiten auch SCHMIDT, Zollparlament, 180–182; allerdings sind die dort zitierten Quellenpassagen nur mit Vorsicht zu verwenden, da sie in Einzelheiten nicht ganz korrekt sind.

[237] BayHStAM, MH 9697 (Weber an AM, 3.3.1868).

[238] Ebd.

[239] Ebd. (Perglas an AM, 11.3.1868).

[240] In einem Schreiben an den AM mußte Perglas neidlos zugestehen, daß Weber von preußischer Seite wegen seines „von ihm beobachteten Taktes und seiner Mäßigung" sehr geschätzt wurde: BayHStAM, MH 9698 (Perglas an AM, 12.6.1868). SCHMIDT, Zollparlament, 181–182, deutet dagegen die Schreiben Perglas aus Berlin als Vorwurf gegen die Verhaltensweise Webers.

[241] Zu *Georg von Berr* siehe Kapitel VI.3.b) *Das Staatsministerium des Handels und der öffentlichen Arbeiten 1848 bis 1871: Die Leitung des Handelsministeriums* (S. 285).

[242] BayHStAM, MH 9699 (Perglas an AM, 28.4.1869); BayHStAM, MA 63.252 (Protokoll der ersten Zollbundesratssitzung, 12.5.1869).

[243] Gerbig wurde zum Jahresschluß 1868 aufgrund seiner angegriffenen Gesundheit als Bevollmächtigter abberufen: BayHStAM, MH 9879 (HM an AM, 21.11.1868).

[244] Ebd. (HM an AM, 3.11.1869).

[245] Zum Umfang der anfallenden Arbeiten das Geschäftsjournal Webers, in: BayHStAM, MA 63.248.

Staatsministerium des Handels und der öffentlichen Arbeiten, Max Joseph Eggensberger zugewiesen wurde[246]. Dennoch klagte Weber auch während der zweiten Session 1869 wiederholt über die unzumutbare Arbeitsbelastung, obwohl er als Referent nicht mehr so häufig gefragt war wie noch ein Jahr zuvor[247].

Das Königreich Bayern entsandte im wesentlichen Staatsdiener nach Berlin, die schon jahrelang bei den Generalzollkonferenzen tätig gewesen waren[248]. Daneben verfügten nach Ansicht Webers lediglich Sachsen und Sachsen-Weimar über Fachkräfte, wobei aber nur der sächsische Ministerialdirektor und Geheime Rat Dr. Weinlig[249] „eine erhebliche Thätigkeit zu entwickeln im Stande war"[250]. Trotz dieser Konstellation blieb die Besorgnis unbegründet, die Kleinstaaten würden sich bei Abstimmungen der Einfachheit halber der Präsidialmacht Preußen anschließen, obwohl viele von ihnen keine volkswirtschaftlich versierten Fachkräfte nach Berlin entsenden konnten und sich statt dessen mit Ministern und anderen politischen Beamten zufriedengeben mußten.

Weber revidierte dennoch im Anschluß an die erste Zollbundesratssession seine ursprünglich negative Einstellung und würdigte die Einführung von Majoritätsbeschlüssen im Zollbundesrat gegenüber dem Vetorecht auf den Generalzollkonferenzen als eine positive Neuerung. Angesichts der Erfolge in der ersten Sitzungsperiode, „kann man nicht in Abrede stellen, daß das Princip der Majoritätsbeschlüsse (...) zwar in einzelnen Fällen unbequem sein mag, im Ganzen aber doch für die Geschäftsbehandlung die bessere Entwickelung und den Fortschritt der Zollverwaltung wesentliche Vortheile darbietet"[251]. Außerdem bewertete er die Ergebnisse des Jahres 1868 im Zollbundesrat als vielversprechend, auch wenn die Vorlage für eine grundlegende Tarifreform gescheitert war[252]. Parallel zu den Sitzungen des Zollbundesrates erhielten die Ministerien in München zahlreiche

---

[246] BayHStAM, MH 9697 (HM an Weber, 20.3.1868).
[247] BayHStAM, MA 63.252 (Weber an AM, 30.4.1869). Der bis dahin sehr tüchtige württembergische Bevollmächtigte Riecke war bei der preußischen Regierung in Ungnade gefallen, so daß dieser „etwas bei Seite gesetzt wird", so daß sich das Arbeitspensum Webers erhöhte.
[248] Bei den bayerischen Bevollmächtigten zum Bundesrat handelte es sich um Weber, Gerbig und Berr.
[249] BayHStAM, MA 63.252 (Zollbundesrat I, Besetzung 1869). Neben Weber (Bayern) waren auch Thümmel (Sachsen) und Liebe (Württemberg) bereits auf den Generalzollkonferenzen tätig gewesen.
[250] BayHStAM, MH 9699 (Weber an HM, 13.7.1869).
[251] BayHStAM, MA 63.251 (Weber an AM, 27.8.1868).
[252] Die Vorschläge Bayerns zur Abänderung des Zolltarifes: BayHStAM, MA 63.251 (Übersicht der Kgl. Bayerischer Seits in den auf 2. März 1868 berufenen Zollbundesrath einzubringenden Anträge). Zum Zolltarif siehe Kapitel IV.3.c) *Die Reform des Zolltarifes* (S. 207). Zu den Entscheidungen des Zollbundesrates 1868: BayHStAM, MA 63.252 (Uebersicht über diejenigen von dem Bundesrathe des Zollvereins im Jahr 1868 erledigten Gegenstände, auch welche voraussichtlich in der nächstbevorstehenden Session nicht wieder zurückzukommen sein wird).

Eingaben der verschiedensten Wirtschaftsbranchen, die ihre Vorstellungen bei den anstehenden Entscheidungen berücksichtigt wissen wollten[253].

Der Einfluß der süddeutschen Staatsvertreter auf die Erörterungen wirtschaftlich relevanter Themen war während der zweiten Session des Zollbundesrates 1869 größer als der von mittleren und kleineren Staaten des Norddeutschen Bundes, da letztere über die Ausschüsse keine MitspracheMöglichkeit besaßen. Die Entscheidungen beschränkten sich weiterhin im wesentlichen auf volkswirtschaftliche Sachfragen. Der bayerische Bevollmächtigte Weber begrüßte gerade für diese Session, daß sich die süddeutschen Staaten enger zusammenschlossen, um in den politischen Angelegenheiten gemeinsam zu stimmen, obwohl man in volkswirtschaftlichen Fragen oft unterschiedlicher Meinung war. Wohl auch deshalb gingen einigen bayerischen Vertretern von Handel und Gewerbe die Ergebnisse des Zollbundesrates nicht weit genug, so daß sie diese als „schlecht", „mittelmäßig" und „flau" bezeichneten[254]. Dies hatte offensichtlich auch damit zu tun, daß Bismarck, der zunehmend das Interesse an den Zollvereinsgremien verlor, gegenüber Bayern weitaus wohlwollender reagierte als Delbrück. Der Kanzleramtsleiter vertrat dezidierter die Ansichten des Freihandels, so daß es im Zollbundesrat mit Perglas und Weber wiederholt zu Differenzen kam. Gleichwohl wollte Hohenlohe das Verhalten des preußischen Vertreters nicht überbewerten und mahnte zur Behandlung der Angelegenheit „mit größter Delikatesse"[255]. Zu einer ernsthaften Verstimmung zwischen der Münchner und Berliner Regierung kam es im Sommer 1868 lediglich aus formalen Gründen, als dem württembergischen Bevollmächtigten Friesen in Abwesenheit Bismarcks der Vorsitz im Zollbundesrat zugesprochen wurde, und sich Perglas und mit ihm die bayerische Regierung brüskiert fühlten[256].

Neben den Bevollmächtigten zum Zollbundesrat vertraten weitere Vereinsbevollmächtigte die Interessen Bayerns bei wichtigen Zollvereinsbehörden[257]. Dazu gehörten Ende 1867 neben dem Oberzollrat Gerbig in Berlin (bei der preußischen Regierung und zugleich beim Centralbureau des Zollvereins) Oberzollrat

---

[253] SCHMIDT, Zollparlament, 176–180. Als weitere Beispiele können auch gelten: Schreiben bayerischer Tapetenfabrikanten, 1.5.1868: BayHStAM, MA 63.251. Dazu zählte auch ein umfangreicher Antrag des Deutschen Handelstages, der im März 1868 an den Zollbundesrat und das Zollparlament gerichtet wurde: BayHStAM, MA 63.251 (Anträge des bleibenden Ausschusses des Deutschen Handelstages an den hohen Zollbundesrath und das hohe Zollparlament betreffend Veränderungen des Zoll-Tarifs und des Zoll-Verfahrens, Berlin im März 1868). Weitere Beispiele bei: REININGHAUS, Wilfried/u.a. (Hg.), Quellen zur Geschichte des deutschen Industrie- und Handelstages in Kammerarchiven 1861 bis 1918, Bonn 1986.

[254] BayHStAM, MA 63.254 (Abdruck einer Eingabe an das HM von der Handels- und Gewerbekammer Augsburg, o. Datum).

[255] BayHStAM, MH 9698 (AM an Perglas, Konzept, 19.6.1868).

[256] Ebd. (Werthern an AM, 17.7.1868). Werthern war der Ansicht, die bayerische Regierung würde die Angelegenheit unnötig aufbauschen.

[257] BayHStAM, MA 63.251 (Verzeichniß der sämmtlichen im Zoll-Verein von den einzelnen Zollvereinsstaaten angestellten Vereinsbevollmächtigten, Vereinssekretaire und Stationskontroleire, nebst Angabe der ihnen zustehenden Gehalte und sonstigen Emolumente, nach dem Zustande von Ende des Jahres 1867).

Georg Anton Widmann bei der preußischen Provinzialsteuerdirektion in Köln und der preußisch-herzoglichen Zolldirektion in Luxemburg sowie Oberzollrat Franz Berks in Königsberg bei der Provinzialsteuerdirektion in Königsberg und Danzig. Als Vereinskontrolleure fungierten die Zollinspektoren Ludwig Hofreiter in Bremen, Dr. Herrmann Schaller in Breslau, Lorenz Paul im ostpreußischen Stallupönen, Georg Schießl in Saarbrücken, Adolph Ziebland in Stettin, Ludwig Haushalter in Tilsit, Zollinspektor Joseph Höher in Stralsund und Ernst Brunner in Prenzlau. In den nächsten beiden Jahren kämpfte die Münchner Regierung für eine möglichst weitreichende Berücksichtigung Bayerns bei der Besetzung der Stellen für Vereinskontrolleure, die im wesentlichen die zentralen Kontrollfunktionen des neuen Zollvereins an seinen Außengrenzen übernahmen[258]. Hier handelte es sich offensichtlich um eine Prestigefrage, der das Staatsministerium des königlichen Hauses und des Äußern große Bedeutung beimaß[259].

Am 27. April 1868 eröffnete der preußische König im Weißen Saal des königlichen Schlosses in Berlin das Zollparlament, getagt wurde jedoch im sogenannten Büro des Zollparlamentes in der Leipziger Straße 75. Die im Februar und März gewählten Parlamentarier versammelten sich fast vollständig – nur einige Mitglieder der bayerischen Kammern waren aufgrund des gleichzeitig tagenden Landtages verhindert –, um die vom Zollbundesrat getroffenen Entscheidungen zu erörtern[260]. Der Präsident des Norddeutschen Reichstages und preußischen Landtages, Martin Eduard Simson, wurde für die erste Session zum Präsidenten, Hohenlohe zum Vizepräsidenten gewählt[261].

Im Zollparlament standen die süddeutschen den norddeutschen Abgeordneten, die sich vom Reichstag her bereits in festen Fraktionen konstituiert hatten, mehr oder weniger in Blöcken gegenüber. Die hessischen und badischen liberalen Vertreter schlossen sich den norddeutschen Nationalliberalen an, die Mitglieder der bayerischen Fortschrittspartei blieben dagegen unabhängig. Sie bildeten zusammen mit einigen Angehörigen der Mittelpartei ein Lager zwischen den norddeutschen Fortschrittlern und den Nationalliberalen[262]. Die süddeutschen Partikularisten formierten sich noch vor der offiziellen Eröffnung des Parlamentes in der „Süddeutschen Fraktion"[263]. Diese Gruppe lehnte alle Anträge der folgenden drei Jahre aus Prinzip ab, um dem Zollparlament die Möglichkeit zu nehmen, auf bestehende Länder-

---

[258] Dazu: BayHStAM, MH 9874.
[259] BayHStAM, MA 63.251 (Schreiben des AM, 21.6.1868).
[260] BayHStAM, MH 9697 (Weber an AM, 27.4.1868); BayHStAM, MA 2648 (Berichte Perglas Nr. 137, 23.4.1868 und Nr. 143, 27.4.1868). Über die betont freundliche Aufnahme der süddeutschen Vertreter berichtet SCHMIDT, Zollparlament, 183–185 und 190–192.
[261] HOHENLOHE, Denkwürdigkeiten 1, 306; Berichte Zp 1, 2. Sitzung, 27.4.1868, 10; SCHMIDT, Zollparlament, 192–193. Hohenlohe wurde mit 238 von 301 gültigen Stimmen gewählt, von Thüngen erhielt als Gegenkandidat 59 Stimmen.
[262] SCHMIDT, Zollparlament, 185–189.
[263] Zur Zusammensetzung der „Süddeutschen Fraktion": BÖHME, Großmacht, 274 und SCHMIDT, Zollparlament, 187–188. Allerdings stimmen ihre Angaben nicht überein. HUBER, Verfassungsgeschichte III, 636 schwächt die partikularistische Strömung der Fraktion ab und nennt sie lediglich „föderalistisch".

rechte Einfluß zu nehmen[264]. Weber verurteilte diese „Politik der unbedingten Negation"[265], da sie fruchtbare Verhandlungen unmöglich machte.

In den ersten Sitzungen des Zollparlamentes galt es, die Rechtmäßigkeit der Wahlen in den einzelnen Zollvereinsstaaten zu überprüfen. Schon hier entstanden Meinungsverschiedenheiten[266], die nichts mit wirtschaftlichen Fragen zu tun hatten[267]. Darüber hinaus kam es noch vor Beginn erster wirtschaftspolitischer Beratungen zum Eklat[268]. Die nationalliberale Fraktion des Norddeutschen Reichstages legte ein Konzept für eine Adresse an den preußischen König vor, wonach das Zollparlament auf die „vollständige Einigung des Deutschen Vaterlandes" drängen sollte[269]. Die Entrüstung bei den konservativen, großdeutschen, klerikalen, aber auch unabhängigen Abgeordneten war groß; die emotionsgeladene Debatte vom 7. Mai 1868 zeichnet davon ein deutliches Bild[270]. Obwohl die Nationalliberalen, die Freikonservativen, ein Großteil der Altliberalen und sogar einige Abgeordnete aus dem süddeutschen Lager für den Antrag und damit gegen die „einfache" Tagesordnung stimmten, wurde die Adresse mit 186 zu 150 Stimmen abgelehnt. Einige süddeutsche Vertreter fühlten sich nach diesem Vorstoß in den nächsten beiden Jahren in ihrer Befürchtung bestärkt, die preußische Regierung könnte das Zollparlament zu einer nationalstaatlichen Institution ausbauen, so daß sie hinter vielen Anträgen immer wieder den Versuch argwöhnten, das Gremium politisch zu mißbrauchen. Alles in allem gingen die Partikularisten gestärkt aus dieser Angelegenheit hervor. Perglas betonte deshalb auch die Wichtigkeit der Ablehnung der nationalen Adresse[271]: „Im Interesse der politischen Selbstständigkeit Bayerns war, wenigstens formell, dieses Resultat sehr wünschenswert, denn die Diskussion der Adresse oder einer *motivierten* Tagesordnung würde dem Zollparlamente eine politische Bedeutung verliehen und einen politischen Druck auf die süddeutschen Regierungen geübt haben zu Gunsten der nationalen Anstrebungen des Nordens, dem sich zu entziehen gewiß das Interesse der eigenen Autonomie gebot".

---

[264] SCHÜBELIN, Zollparlament, 125, wirft der süddeutschen Fraktion sogar Blockadepolitik vor.

[265] BayHStAM, MH 9700 bzw. MA 63.254 (Abschlußbericht Webers über die Tätigkeit des Zollbundesrats, 12.6.1870).

[266] Zu den bayerischen Wahlen: Berichte Zp 1, 3. Sitzung, 29.4.1868, 13–28, Berichte Zp 1, 6. Sitzung, 4.5.1868, 78–84; zu den badischen und württembergischen Wahlen: Berichte Zp 1, 4. Sitzung, 1.5.1868, 28–52; SCHMIDT, Zollparlament, 194–199.

[267] Diese Einschätzung auch in den Berichten des bayerischen Gesandten, dessen größte Aufmerksamkeit in der darauffolgenden Zeit den Sitzungen des Zollparlamentes galt: BayHStAM, MA 2648.

[268] HAHN, Geschichte, 185; SCHÜBELIN, Zollparlament, 103–104.

[269] Die Adresse vom 30.4.1868: Berichte Zp 1, Anlagen Aktenstück 7, 96–97. Dazu auch: SCHÜBELIN, Zollparlament, 111–117; SCHMIDT, Zollparlament, 199–209; MEYER, Zollverein, 232.

[270] Die Schlußberatung im Zollparlament über die Adresse: Berichte Zp 1, 7. Sitzung, 7.5.1867, 85–108. BayHStAM, MA 2648 (Bericht Perglas Nr. 160, 8.5.1868). Zur Haltung der bayerischen Liberalen: SCHIEDER, Partei, 181–185.

[271] BayHStAM, MA 2648 (Bericht Perglas Nr. 160, 8.5.1868).

Nach der großen Debatte vom 7. Mai 1868 über das Memorandum der preußischen Nationalliberalen[272] und der unter Nichtbeachtung der eigentlichen Tagesordnung stattgefundenen Auseinandersetzung über den Handelsvertrag mit Österreich am 18. Mai 1868[273] verbannten die Parlamentarier die nationale Politik aus dem Zollparlament, so daß sich das Gremium in der Folge intensiver um den Ausbau der wirtschaftlichen Beziehungen kümmern konnte. Bismarck betonte wiederholt, daß seitens der Regierung des Norddeutschen Bundes keinerlei Absichten bestünden, die Kompetenz des Zollparlamentes gegen den Willen der süddeutschen Abgeordneten zu erweitern[274]. Obwohl sich immer wieder kleinere politische Auseinandersetzungen in die wirtschaftlichen Beratungen einschlichen, beschränkten sich die Debatten in der Folgezeit tatsächlich im wesentlichen auf Zoll- und Steuerangelegenheiten[275]. Die Argumentation vieler Parlamentarier ging selten über die politische Ebene hinaus; dies aber vor allem aufgrund ihrer Unkenntnis in wirtschaftlichen Angelegenheiten. Mit Beginn der zweiten Sitzungsperiode im Jahr 1869 konnte Ludwig II. mit großer Befriedigung feststellen[276]: „Es war Mir lieb, wahrzunehmen, daß keinerlei Bestrebungen zur Erweiterung der Competenz des Zollparlamentes und fast keine politischen Discussionen stattgefunden haben. In beiden Beziehungen hoffe Ich, daß von bayerischer Seite im weiteren Verlaufe jede Anregung vermieden wird und daß, wenn diese von anderer Seite erfolgt, sie bekämpft und ihr durch entschiedene Protestation in den Ausschüssen begegnet wird, wonach Instruktion an die Bevollmächtigten zu ertheilen wäre". Trotzdem beurteilten die bayerischen Fortschrittler das Zollparlament durchaus positiv, da es „in dem ihm gesteckten Rahmen die nationale Entwicklung gefördert hatte"[277]. Auch der bayerische Bevollmächtigte zum Bundesrat Weber konstatierte nach Ablauf der ersten Legislaturperiode befriedigt, daß „im Vergleich zu den vorausgegangenen Perioden des Zollvereines unter der alten Verfassung der Umfang und die Bedeutung der geleisteten Arbeiten überraschen"[278] mußte. Während sich die Generalzollkonferenzen über Monate ohne befriedigendes Ergebnis dahingeschleppt hätten, wären jetzt, so Weber, innerhalb weniger Wochen eine große Zahl von Gesetzen und Handelsverträgen abgeschlossen worden. Das Arbeitspensum der Zollvereinsgremien steigerte sich in den beiden folgenden Sessionen nochmals, vor allem 1870 konnten zahlreiche zoll- und handelstechnische Beschlüsse gefaßt werden[279].

---

[272] Berichte Zp 1, 7. Sitzung, 7.5.1867, 85–108.
[273] Berichte Zp 1, 14. Sitzung, 18.5.1868, 251–285. Siehe zum Handelsvertrag mit Österreich von 1868 Kapitel IV.3.b) *Die Neuordnung des Handelsvertrages mit Österreich* (S. 201).
[274] PFLANZE, Bismarck. Der Reichsgründer, 400.
[275] SCHÜBELIN, Zollparlament, 125–134. Auch nach PFLANZE, Bismarck. Der Reichsgründer, 400, „kam es [nach dem 18.5.1868] zu keinen bedeutenden politischen Debatten im Zollparlament mehr".
[276] BayHStAM, MA 63.252 (kgl. Schreiben an AM, Abschrift, 9.8.1869).
[277] SCHIEDER, Partei, 191.
[278] BayHStAM, MH 9700 bzw. MA 63.254 (Abschlußbericht Webers über die Tätigkeit des Zollbundesrats, 12.6.1870).
[279] Siehe dazu die Berichte der dritten Sitzungsperiode des Zollparlamentes.

3. Der Einfluß Bayerns auf Handels-, Zoll- und Steuerfragen 1868 bis 1870

a) *Steuerharmonisierung im Zollverein nach 1867*

In keinem der Zollvereinsstaaten existierte im 19. Jahrhundert eine Einkommensteuer[280]. Folglich bedeutete jede wirtschaftspolitische Maßnahme, die die indirekten Steuereinnahmen des Staates berührte, einen Eingriff in den Finanzhaushalt der Länder. Dennoch ging die Zollpolitik im Laufe des vorigen Jahrhundertes immer mehr vom Finanz- zum Handelsministerium über. Die Staatseinnahmen setzten sich im wesentlichen aus Verbrauchssteuern und Zöllen sowie Einkünften aus Vermögen oder staatlicher Unternehmertätigkeit zusammen. Anfang der 1860er Jahre machten allein die Zolleinnahmen über 40 Prozent aller Staatseinnahmen Bayerns aus[281]. Dabei profitierte Bayern nicht unwesentlich von dem Verteilungsschlüssel des Zollvereins, waren doch die direkten Nettoeinnahmen aus Zöllen entsprechend der Bevölkerungszahl weitaus geringer als die Zahlungen aus Berlin[282].

Im allgemeinen herrschte im Steuerwesen die Objektbesteuerung, d.h. die Ertrags- und Verbrauchsbesteuerung, vor[283]. Bismarck, der in dieser Auffassung von den meisten deutschen Wirtschaftsfachmännern unterstützt wurde, versuchte schon vor 1867, die Deckung von Staatsausgaben durch die Erhebung von Finanzzöllen zu erreichen. Dieses System, das nur noch einige wichtige Konsumartikel wie Zucker, Kaffee, Tee, Tabak und Spirituosen besteuerte, und die anderen Artikel, vor allem Industrie- und Manufakturwaren, von allen Abgaben und Zöllen befreien sollte, wurde auch von der bayerischen Regierung befürwortet[284]. Im Gegensatz dazu hielt Württemberg als einziger deutscher Staat weiterhin an einem, wenn auch begrenzten Schutzzollsystem fest. Die prekäre Finanzsituation des Norddeutschen Bundes seit 1868, dessen Defizit sich allein im Jahr 1868 auf 2,7 Mio Tlr belief[285], machte es erforderlich, neue Geldquellen zu erkunden. Zusammen mit den Zollsenkungen im Sinne des Freihandels dämpfte die unsichere politische Lage die Investitionsfreude von Handel sowie Industrie und hemmte den weiteren Ausbau der Verkehrswege. Die preußische Regierung zeigte sich von der angespannten Lage besonders enttäuscht, hatte man sich doch von dem Zusammenschluß der norddeutschen Staaten und Sachsen zum Norddeutschen Bund sowie der Umgestaltung des Zollvereins „eine Entlastung des preußischen

---

[280] FISCHER, Zollverein. Fallstudie, 111.

[281] PREISSER, Steuerharmonisierung, 70: Fast 40 Prozent der Einkünfte stammten darüber hinaus aus Vermögen oder staatlicher Unternehmertätigkeit und weitere etwa 18 Prozent aus direkten Steuern.

[282] BIENENGRÄBER, Statistik, 15: 1864 wurde die Nettoeinnahme aus Zöllen für Bayern mit etwas über 1 Mio fl angegeben, tatsächlich erhielt die Staatskasse jedoch über 2,7 Mio fl.

[283] ZORN, Wirtschaft, in: SCHIEDER/DEUERLEIN, Reichsgründung, 206.

[284] BayHStAM, MH 9700 bzw. MA 63.254 (Abschlußbericht Webers über die Tätigkeit des Zollbundesrates, 12.6.1870).

[285] BayHStAM, MA 2648 (Bericht Perglas Nr. 255, 15.7.1868). Darüber hinaus auch die Berichte Perglas Nr. 365, 4.11.1868 und Nr. 376, 11.11.1868, in: ebd..

Budgets"[286] erhofft. Da sich die finanzielle Lage des Norddeutschen Bundes auch 1869 nicht besserte, widmete sich der Reichstag in diesem Jahr unter anderem der Erhöhung der Bundeseinnahmen. Die Erhöhung von Staatseinnahmen konnte entweder über die Einführung allgemein gültiger Steuern oder neuer Monopole im gesamten Zollvereinsgebiet bewerkstelligt werden. Schließlich waren sich aber alle Abgeordneten sehr wohl der Tatsache bewußt, daß die Erhebung neuer Steuern auf Konsumgüter der Bevölkerung nur schwer verständlich zu machen waren[287]: „Dieselbe [=Erhöhung der Bundeseinnahmen, Anm. der Verf.] wird aber zum größeren Theile nur durch die Bewilligungen auf dem Zollgebiet zu erzielen sein, und ein Resultat von der Haltung des Zollparlamentes abhängig bleiben".

Zollbundesrat und Zollparlament hatten auf die allgemeine Finanzsituation des Zollvereins besonderen Einfluß. Neben der Einführung einer allgemeinen Salz- und Tabaksteuer stand in der zweiten Session des Zollbundesrates auch die Umgestaltung der Zuckerbesteuerung auf der Tagesordnung, bei der aber für Bayern „glücklicher Weise keine größeren Interessen im Spiel" waren[288]. Das Gesetz zur Besteuerung des Zuckers wurde am 21. Juni 1869 im Zollparlament mit einigen wenigen Modifikationen gegenüber der Vorlage des Zollbundesrates angenommen[289]. Danach wurde sowohl der Zoll auf eingeführtes Zuckerrohr als auch die Verbrauchssteuer auf innerhalb des Zollvereins angebaute Zuckerrüben erhöht[290]. Trotz der geringen finanziellen Auswirkungen des Gesetzes auf die bayerische Wirtschaft beurteilten die Minister die Verordnung überwiegend nach fiskalischen Gesichtspunkten und begrüßten einhellig die zu erwartende Mehreinnahme für die bayerische Staatskasse. Die Beratung des Staatsrates über den „Vertrag über das Zollvereinsgesetz wegen Abänderung der Verordnung über die Besteuerung des im Inlande erzeugten Rübenzuckers" im Juni 1870 brachte die öffentliche Bekanntmachung des neuen Gesetzes auf den Weg[291]. Eine gemeinsame Steuer auf Bier und Branntwein wollten die Zollvereinsmitglieder dagegen mehrheitlich nicht akzeptieren, da deren Konsum in den einzelnen Staaten zu

---

[286] BayHStAM, MA 2649 (Bericht Perglas Nr. 393, 11.10.1869).

[287] Ebd. (Bericht Perglas Nr. 91, 5.3.1869).

[288] BayHStAM, MA 63.252 (Weber an AM, 29.4.1869). Auf die Besteuerung des Zuckers wird nicht näher eingegangen. Die Gesetzesvorlage für die Zuckerbesteuerung: BayHStAM, MA 63.252 (Gesetzentwurf die Besteuerung des Zuckers betr., 27.4.1869). Bayern war an der Produktion von Rübenzucker im Zollverein mit weniger als einem Prozent und drei gegenüber 295 Fabriken beteiligt. Zur Besteuerung des Zuckers auch: BIENENGRÄBER, Statistik, 16–36.

[289] Der Zollbundesrat stimmte am 22.6.1868 zu, der bayerische Staatsrat schloß sich dieser Entscheidung an: BayHStAM, Staatsrat 1182 (Sitzung vom 5.7.1869). Anwesend waren FM Pfretzschner, IMKS Gresser, HM Schlör, KM Pranckh, IM Hörmann sowie die Staatsräte Fischer, Pfistermeister, Schubert und Frhr. von Lobkowitz.

[290] Die Steuer auf im Zollverein produzierten Rübenzucker wurde von 7 ½ Sgr pro Zentner auf 8 Sgr (=28 Kr) pro Zollzentner erhöht. Zur Zuckerbesteuerung im Zollverein: PREISSER, Steuerharmonisierung, 94–98 und 164–202.

[291] BayHStAM, Staatsrat 1195 (Sitzung vom 8.6.1870). Anwesend waren Prinz Luitpold von Bayern, AM Bray-Steinburg, FM Pfretzschner, JM und IMKS Lutz sowie die Staatsräte Fischer, Bomhard, Pfistermeister, Schubert und Frhr. von Lobkowitz.

unterschiedlich, eine gerechte Verteilung der Steuerbelastung für die Bevölkerung damit nicht möglich war. In Bayern waren die Abgaben auf diese beiden Artikel mit dem staatlichen Steuersystem so eng verbunden, „daß eine gewaltsame Gleichstellung derselben zu den bedenklichsten Experimenten gehören, und leicht unerwartete Consequenzen der gefährlichsten Natur herbeiführen dürften. Sie könnte dermalen ohne eine tiefgreifende Erschütterung alle wirthschaftlichen, insbesondere auch der Creditverhältnisse kaum realisiert werden"[292].

Neben der fiskalischen Integration und dem Abschluß mehrerer Handelsverträge verfügten Zollbundesrat und Zollparlament weitere Rechtsangleichungen im Zoll- und Handelsbereich. Am 1. Juli 1869 verabschiedeten die beiden Gremien das Gesetz zur Sicherung der Zollvereinsgrenze gegenüber Hamburg sowie ein neues Vereinszollgesetz[293]. Vor allem das Vereinszollgesetz bedurfte einer grundlegenden Reform, da die alte Verordnung bereits dreißig Jahre alt war. Die Steigerung des Handelsverkehres, die Zollermäßigungen und die neu abgeschlossenen Handelsverträge hatten eine Erneuerung des Vereinszollgesetzes notwendig gemacht[294]. Das Vereinszollgesetz von 1869, das bis 1939 seine Gültigkeit behielt[295], beinhaltete genaue Bestimmungen über die Ein-, Aus- und Durchfuhr von Waren sowie über deren Deklarierung an der Grenze. Weitere wichtige Veränderungen der Jahre 1868 bis 1870 im zolltechnischen Bereich waren die Festsetzung des Zolles auf der Grundlage des Vereinszolltarifes, die Durchführung von Kontrollen in den Grenzbezirken und im Binnenland, die Regelung der Befugnisse der Zollbeamten und die genaue Formulierung der Strafbestimmungen.

Im folgenden sollen für den Versuch, die Staatseinnahmen zu erhöhen, exemplarisch die Verhandlungen um die Erhebung einer allgemeinen Salzsteuer unter Aufhebung der länderspezifischen Monopole (beides vor 1867 beschlossen) und die Einführung der Tabaksteuer näher dargestellt werden. Die einheitliche Tabaksteuer fiel in den Kompetenzbereich von Zollbundesrat und Zollparlament, so daß die Beratungen einen Einblick in das Verhalten der bayerischen Delegierten und Parlamentarier im Bereich wirtschaftlicher und wirtschaftspolitischer Entscheidungsfindung in der unmittelbaren Zeit vor der Reichsgründung erlauben.

Die Beseitigung von Monopolen: Die Einführung der Salzsteuer

Eine Gleichstellung der Salzpreise konnte im alten Zollverein vor 1867 nicht mehr erreicht werden, da sich Bayern wiederholt gegen die Aufhebung seines Monopoles gewehrt und statt dessen mit den Nachbarstaaten sogenannte Salzlieferverträge abgeschlossen hatte[296]. Die Angst vor einer Reduzierung der

---

[292] BayHStAM, MA 63.247 (Gutachten Weber, März 1867).
[293] BayHStAM, MH 9704; veröffentlicht: BGBl 69 (1869), Sp. 1381–1512.
[294] BayHStAM, Staatsrat 1184 (Sitzung, 21.9.1869). Anwesend waren AM Hohenlohe, FM Pfretzschner, IM Hörmann, IMKS Greßer, HM Schlör, JM Lutz sowie die Staatsräte Fischer, Pfistermeister, Schubert und Frhr. von Lobkowitz. Ihrer Meinung nach macht die „neue Zeit" das „Bedürfnis einer durchgreifenden Revision aller dieser Bestimmungen fühlbar".
[295] HARTMANN, Schranken, 123.
[296] Zum Salzmonopol im deutschen Zollverein: WYSOCKI, Salzmonopol. Für Bayern maßgeblich: PREISSER, Steuerharmonisierung, 324–337. Die Aufhebung des Salzmono-

eigenen Regieerträge machte eine gemeinsame Regelung über Jahrzehnte hinaus unrealisierbar. Außerdem war es kein Geheimnis, daß die süddeutschen Staaten mehr Salz konsumierten als die norddeutschen Länder, so daß eine mögliche Steuer auf Kosten des Südens eingeführt worden wäre. Der Pro-Kopf-Verbrauch von Speise- und Viehsalz lag 1863 in Bayern bei 22,85 Pfund gegenüber gerade einmal 18,71 Pfund in Preußen[297]. Im Zusammenhang mit der Erneuerung des Zollvereines im Frühjahr 1865 beantragte Sachsen dennoch die Beseitigung der bestehenden Salzmonopole[298]. Bayern blieb bei seiner ablehnenden Haltung, während sich Preußen verhandlungsbereit zeigte[299]. Am Ende wurden jedoch die Monopole, obwohl von zahlreichen Staaten kritisiert, in den neuen Zollvereinsverträgen vom 16. Mai 1865 beibehalten[300].

Preußen, das infolge der Annektierung Hannovers das Salzmonopol im gesamten preußischen Staatsgebiet mit dem Gesetz vom 9. August 1867 beseitigte[301], ließ die Frage nach Einführung einer gemeinschaftlichen Salzsteuer im Zollverein nicht ruhen. Der zunehmenden Kritik an der Beibehaltung des einzelstaatlichen Partikularismus in diesem Bereich konnte sich Bayern auf Dauer nicht verschließen, genauso wenig wie dem zunehmenden Schmuggelwesen und den Nachteilen infolge des eingeschränkten Verkehres über die Landesgrenzen; beides schädigte nachhaltig die bayerische Staatskasse. Deshalb empfahlen die bayerischen Regierungsvertreter und die Wirtschaftsfachkräfte am 25. November 1866 die Erörterung dieser Frage auf der Grundlage der von der Salinenadministration erstellten Gutachten. Anfang Januar 1867 setzten sich die Minister des Äußern, der Finanzen und des Handels trotz bestehender Vorbehalte bei Ludwig II. für unverbindliche Verhandlungen in Berlin ein, da es sich ihrer Meinung nach „um einen Gegenstand von großer Wichtigkeit handelt und eine commissarische Verhandlung für die allseitige Beleuchtung der in Betracht kommenden Momente seiner für die erfolgreiche Geltendmachung des diesseitigen Standpunktes die größere Sicherheit darbietet"[302]. Dabei waren sich die Regierungsvertreter durchaus bewußt, daß der Aufhebung des Salzmonopoles Forderungen nach weiteren gemeinschaftlichen Steuern folgen würden, und Bayern somit gezwungen wäre,

---

poles war seit Beginn des Zollvereins immer wieder ein Diskussionsthema: BayHStAM, MA 77.099 (Schreiben des AM, 6.11.1866).

[297] Ebd. (Salz-Verbrauch im Zollvereins-Gebiete waehrend des Jahres 1863): Für Württemberg errechnete man einen Pro-Kopf-Verbrauch von 22,91 Pfund, für Baden sogar 30,68 und für Hessen-Darmstadt 19,82.

[298] Ebd. (Protokoll betr. die Besprechung über die Staatsmonopole, April/Mai 1865); VERTRÄGE und Verhandlungen 5, 260–269.

[299] PREISSER, Steuerharmonisierung, 337–340.

[300] Der Zollvereinsvertrag: Staatsarchiv 7, Nr. 1705 mit Anlagen, 277–280. Siehe zur Verlängerung des Zollvereins 1864/65 Kapitel III.3.c) *Die Erneuerung der Zollvereinsverträge* (S. 129).

[301] Der preußische Vorschlag: BayHStAM, MA 77.099 (Gesetzentwurf betr. die Aufhebung des Staats-Salzmonopols und die Einführung einer Salzabgabe, Dezember 1866). Hannover besaß, anders als Preußen, kein Monopol: BayHStAM, MA 77.100 (AM an Ludwig II., 16.12.1866).

[302] BayHStAM, MA 77.099 (AM, FM, HM an Ludwig II., 26.1.1867).

sein gesamtes Steuersystem umzustellen[303]. Eine Aufhebung des bayerischen Salzmonopoles sollte daher an die Erneuerung des Zollvereins geknüpft und von der Zustimmung des Landtages abhängig gemacht werden[304].

Auf der im März 1867 stattfindenden Konferenz über die Beseitigung des Salzmonopoles und die Einführung einer gemeinschaftlichen Salzsteuer wurde Bayern von Oberzollrat Georg Ludwig Gerbig vertreten. Bayern akzeptierte nach eigener Aussage die Beratungen nur, „weil sie [=die bayerische Regierung, Anm. der Verf.] in der Beseitigung der noch bestehenden Monopole und Verkehrsbeschränkungen einen wesentlichen Fortschritt erblickt, und es für ihre Aufgabe erachtet, den berechtigten Forderungen der Zeit auch auf dem wirthschaftlichen Gebiete selbst dann entgegenzukommen, wenn dies mit erheblichen Opfern verbunden ist"[305]. Gerbig wurde vom Außenminister angewiesen, die unabwendbare – dieser Tatsache war sich die bayerische Regierung bewußt – Zustimmung zur Aufhebung des Monopoles hinauszuzögern, um günstige Verhandlungsmomente für Bayern bei der Verlängerung des Zollvereins nicht vorzeitig aus der Hand zu geben[306]. Prinzipiell erklärte sich die bayerische Regierung bereits zu diesem Zeitpunkt mit der Aufhebung des staatlichen Salzmonopoles einverstanden, forderte allerdings „die Beseitigung der noch zu Gunsten anderer Vereinsgenossen bestehenden Präzipuen [=festgelegte Ausgleichszahlungen, Anm. der Verf.] und die Aufhebung des in Folge der Friedensverträge begründeten sechsmonatlichen Kündigungsrechtes [=des Zollvereins, Anm. der Verf.]"[307]. Die von Bayern, Württemberg und Hessen-Darmstadt geforderte gemeinsame Behandlung der Zollvereinsverlängerung und der Aufhebung der Staatsmonopole lehnte Bismarck aber ausdrücklich ab. Am Ende kam er den süddeutschen Regierungen doch entgegen und genehmigte im Schlußprotokoll des geplanten Zollvereinsverlängerungsvertrages folgende Ergänzung[308]: „Zu Art. 8 der Übereinkunft. Der Vollzug der Übereinkunft ist an die bestimmte Voraussetzung geknüpft, daß *zuvor* der Fortbestand des Zollvereins auf *dauernder* Grundlage durch *Vertrag* sicher gestellt sein wird". Die bayerische Regierung wollte die Forderung Preußens, die gemeinsame Salzsteuer spätestens zum 1. Oktober 1867 einzuführen, nicht akzeptieren und machte ihre Zustimmung unmittelbar vor Vertragsunterzeichnung von einer Verschiebung dieses Termines abhängig[309]. Darüber hinaus verlangte Gerbig in Berlin Sonderregelungen für den Salzver-

---

[303] Ebd. (Registratur über die Berathung der Ministerial-Referenten bezüglich der Aufhebung des Salzmonopols und Einführung einer gemeinschaftlichen Salzsteuer, 20.2.1867).

[304] Ebd. (HM an AM, 10.3.1867).

[305] BayHStAM, MA 77.100 (Gerbig an AM, 15.4.1867). Zu dieser Konferenz auch: PREISSER, Steuerharmonisierung, 342-343.

[306] BayHStAM, MA 77.099 (AM an Gerbig, 13.3.1867 und 14.3.1867).

[307] Ebd. (AM an Gerbig, 14.3.1867).

[308] BayHStAM, MA 77.100 (Gerbig an AM, 15.4.1867). Hervorhebungen im Orginal.

[309] Preußen forderte zunächst als Einführungstermin der Salzsteuer den 1.7.1867 (BayHStAM, MA 77.099 (AM an Gerbig, 14.3.1867)), später den 1.10.1867 (BayHStAM, MA 77.100 (Gerbig an AM, 15.4.1867)). Über die Einführung des Termins kam es zwischen Bayern und Preußen zu heftigen Streitigkeiten: BayHStAM, MA 77.100 (AM an Gerbig, 7.5.1867).

brauch für landwirtschaftliche und gewerbliche Zwecke. Obwohl sich Bayern nicht prinzipiell gegen die Aufhebung des Salzmonopoles gewehrt hatte, konnte die Regierung angesichts einer geschickten Verhandlungsführung den einen oder anderen Vorteil für die eigene Staatskasse erringen. Gerbig gab schließlich seine Verzögerungstaktik auf und stimmte der Einführung einer gemeinsamen Salzsteuer anstelle des einzelstaatlichen Monopoles zu. Die Zollvereinsmitglieder einigten sich am 8. Mai 1867, also noch vor der Unterzeichnung des neuen Zollvereinsvertrages, auf die Beseitigung des verkehrshemmenden Salzmonopoles; am 1. Juli 1867 wurden die Ratifikationsurkunden ausgetauscht[310]. Demnach wurde anstelle des bisherigen länderhoheitlichen Monopoles ab dem 1. Januar 1868 eine gemeinsame Salzsteuer von 2 Tlrn bzw. 3 fl 30 Kr pro Zollzentner eingeführt. Darüber hinaus galt jetzt auch in Bayern der freie Verkehr für Salz, das ausschließliche Verkaufsrecht des Staates erlosch. Dies führte in Verbindung mit dem Bayerischen Berggesetz vom 20. März 1869 zur Freigabe der Steinsalz- und Solegewinnung, die nun der allgemeinen Konkurrenz ausgesetzt war[311]. Nach Abschluß der Verhandlungen im April 1867 schrieb Hohenlohe an Ludwig II.[312]: „Der Verlauf dieser Verhandlung war in soferne ein eigenthümlicher, als über die Hauptfragen selbst, nämlich über Aufhebung des Monopoles, Gestattung des freien Verkehres mit Salz, Einführung einer gemeinschaftlichen Salzsteuer, die Höhe der letzteren und gleichmässige Vertheilung der Erträgnisse, eigentlich gar keine Verhandlung stattgefunden hat, vielmehr sämmtliche Vereins-Regierungen diese Punkte gleichsam als selbstverständlich voraussetzten".

Der bayerische Staatsrat beriet am 5. Oktober 1867 über die Gesetzesvorlage[313]. Finanzminister Adolph von Pfretzschner[314] verwies darauf, daß bei dem vereinbarten Modus in Bayern nur etwa 774.000 Ztr Salz versteuert werden müßten, was bei dem vereinbarten Steuersatz eine Abgabe von etwas mehr als 2,7 Mio fl ergab. Daraus errechnete er für das Königreich zusammen mit einigen weiteren

---

[310] Bundesgesetzblatt des Norddeutschen Bundes 6 (1867), 49–52 (Übereinkunft zwischen den Staaten des Deutschen Zoll- und Handelsvereins wegen Erhebung einer Abgabe auf Salz). BayHStAM, MA 63.247 (HM an Generalzolladministration, 30.6.1867); BayHStAM, MA 77.101 (Druck des Erlasses über die Aufhebung des Salzmonopols). WEBER, Zollverein, 470, begrüßte die Aufhebung des Monopoles, da der Schleichhandel bekämpft werden konnte.

[311] Das bayerische Berggesetz gliederte darüber hinaus die Ausübung der dem Staate zustehenden Berghoheitsrechte aus der Königlichen General-Bergwerks- und Salinenadministration aus und schuf dafür das Oberbergamt München als oberste Instanz in Berghoheitssachen.

[312] BayHStAM, MA 77.100 (AM an Ludwig II., 15.5.1867).

[313] BayHStAM, Staatsrat 1147 (Sitzung vom 5.10.1867). Anwesend waren AM von Hohenlohe, FM von Pfretzschner, IM von Pechman, IMKS von Greßer, HM von Schlör sowie die Staatsräte Fischer, Bomhard und Daxenberger. Die kgl. Genehmigung erging am 13.10.1867. Dazu auch: BayHStAM, Staatsrat 4145.

[314] *Adolph von Pfretzschner* (1820–1901): seit 1849 Mitarbeiter im Finanzministerium, 1865 Handelsminister, 1866 Finanzminister, 1872 Staatsminister des kgl. Hauses und des Äußern und Vorsitzender im Ministerrat, 1880 auf Druck Bismarcks zum Rücktritt gezwungen: SCHÄRL, 107–108. Zum Sturz Pfretzschners RUMMEL, Ministerium Lutz, 115–118.

Posten einen Einnahmeausfall von fast 1 Mio fl. Außerdem äußerte Pfretzschner die Befürchtung, daß einige der bayerischen Salinen dem ausländischen Konkurrenzdruck nicht standhalten könnten[315]. Um aber dennoch die beiden Kammern zur Annahme des Gesetzentwurfes zu veranlassen, schönte die Regierung den finanziellen Verlust und kalkulierte ihn nur auf etwa 600.000 fl[316].

Sowohl der neue Handelsminister von Schlör, der sich an der Debatte um die Salzsteuer intensiv beteiligte, als auch Finanzminister von Pfretzschner bagatellisierten in ihren Reden vor der Kammer der Abgeordneten die Nachteile für den bayerischen Staat bei einer gemeinschaftlichen Salzabgabe. Schlör leugnete anfangs zwar weder die wirtschaftlichen Einbußen für den bayerischen Staat noch die zu erwartenden Schwierigkeiten für die Salinen in Kissingen, Dürkheim, Berchtesgaden, Rosenheim, Traunstein und Reichenhall[317], revidierte aber in Teilen seine Äußerungen in einem späteren Redebeitrag. Trotz der offensichtlichen Benachteiligung der süddeutschen Staaten plädierte Schlör für die Aufhebung des Salzmonopoles und die Einführung einer gemeinsamen Steuer, da er sich davon eine Verbilligung des Salzes für die allgemeine Bevölkerung erwartete[318]. Pfretzschner, der sich in der Salzfrage nicht sonderlich engagierte, sondern die Argumentation vor allem seinem Kollegen Schlör überließ, prophezeite nur geringfügige Einbußen für den bayerischen Fiskus[319]. Die Erörterung über die Salzsteuer in der Zweiten Kammer beschränkte sich im wesentlichen auf wirtschaftliche Gesichtspunkte, war doch der politisch geprägte Teil der Landtagsdebatte mit der Abstimmung über den Zollvereinsvertrag schon abgeschlossen[320]. Der von der Regierung ernannte Referent Friedrich (von) Feustel[321], der in der 35. Sitzung am 23. Oktober 1867 den offiziellen Vortrag über die Einführung einer gemeinschaftlichen Salzsteuer hielt[322], war davon überzeugt, daß die Aufhebung des Monopoles „keinen Schaden, sondern wesentliche Vortheile erlangen wird"[323]. Feustel zählte dazu die Ermäßigung des Salzpreises und die Beseitigung künstlicher Verkehrsschranken. Die Schwierigkeiten der nordbayerischen Salinen stünden nach den Worten Feustels in keinem Zusammenhang mit der Aufhebung des Monopoles, sondern resultierten allein aus den dort herrschenden wirtschaftlichen Verhältnissen. Die Gegner einer Abschaffung des Salzmonopoles wurden dagegen von einer Denkschrift des württembergischen Abgeordneten Moritz von

---

[315] So die Instruktion des AM für Gerbig anläßlich der im März 1867 stattgefundenen Konferenz in Berlin zur Aufhebung der Staatsmonopole: BayHStAM, MA 77.099 (AM an Gerbig, 14.3.1867).
[316] KdA 1866/1868 II, 32. Sitzung, 18.10.1867, 8 (Rede Schlörs).
[317] Ebd., 31. Sitzung, 8.10.1867, 7–9. Die Saline Orb war 1866 an Preußen abgetreten worden.
[318] BIENENGRÄBER, Statistik, 319: In Bayern war der Kaufpreis für Salz mit 3 Tlr 10 Sgr pro Zentner am höchsten, in Preußen kostete der Zentner 3 Tlr 5 Sgr (1864).
[319] KdA 1866/1868 II, 35. Sitzung, 23.10.1867, 97–99.
[320] Ebd., 95–104.
[321] *Friedrich (von) Feustel* (1824–1891): Bankier, liberaler Landtagsabgeordneter, Zollparlaments- und nach 1871 auch Reichstagsmitglied.
[322] KdA 1866/68 II, 35. Sitzung, 23.10.1867, 95–97.
[323] So Feustel in einer früheren Debatte: ebd., 33. Sitzung, 21.10.1867, 51.

Mohl[324] bestärkt, die auch bei der bayerischen Regierung Beachtung fand. Mohl errechnete für Süddeutschland hohe Verluste und sprach selbst nach Abzug aller Unkosten und Aufwandsentschädigungen von einer „Salzsteuer-Überbürdung" der Bevölkerung[325].

Die bayerische Staatsregierung stellte am Ende eigene fiskalische Interessen zugunsten einer Salzpreisminderung und guter Beziehungen zu Preußen und den anderen Zollvereinsstaaten zurück. Während die Handelsvertretung der Pfalz diesen Schritt begrüßte, hielt sich die Freude in Oberbayern in Grenzen, da man für die größtenteils im oberbayerischen Bezirk liegenden Salinen mit starken Einbußen rechnete[326]. Nach der Annahme des Vertrages über die Fortdauer des Zollvereins am 22. Oktober 1867 in der Kammer der Abgeordneten war die Aufhebung des Salzmonopoles und eine einheitliche Besteuerung lediglich Formsache: Der Gesetzentwurf wurde bei 14 Abwesenden mit 119 zu 13 Stimmen angenommen[327]. Allerdings forderten die Parlamentarier eine Minderung der Salzsteuer[328], konnten sich damit aber gegen die preußischen Vorstellungen nicht durchsetzen. Anschließend ging der Gesetzentwurf in die Kammer der Reichsräte, wo man mit mehr Widerstand zu rechnen hatte. Thüngen, der wieder einmal den Vortrag vor dem II. und III. Ausschuß übernahm, prophezeite für die bayerischen Salinen erhebliche finanzielle Einbußen. Er haderte mit dem zu erwartenden Übergewicht Preußens in der deutschen Salzproduktion. Wesentlich besorgniserregender fand er jedoch, daß „es ganz in der Willkür Preußens [liegen würde] die Preise des Salzes soweit herunter zu drücken, daß unsere Salinen nicht mehr concurriren können, sondern still stehen müssen, wenn wir nicht bedeutenden Schaden haben wollen"[329]. Allerdings zeigte sich erneut, daß der Reichsrat von volkswirtschaftlichen Zusammenhängen wenig verstand, untermauerte er doch seine Argumente mit Zahlen, die bereits in der Kammer der Abgeordneten als falsch zurückgewiesen worden waren. So konnte Thüngen einmal mehr nicht überzeugen, die Reichsräte schlossen sich am 30. Oktober 1867 der Empfehlung der Abgeordnetenkammer an und billigten die Abschaffung des bayerischen Salzmonopoles und die Einführung einer gemeinschaftlichen Salzsteuer für alle Zollvereinsstaaten[330]. Der Staatsrat legte daraufhin am 9. November 1867 die

---

[324] *Dr. Moritz von Mohl* (1802–1888): württembergischer Oberfinanzrat, großdeutsch gesinnter Vertreter der Schutzzollpartei, auffälliges Zollparlamentsmitglied, nach 1871 auch Mitglied des Reichstages.

[325] BayHStAM, MA 63.247 (Bericht der einen Hälfte der volkswirthschaftlichen Commission der Kammer der Abgeordneten über die Zoll- und Salzsteuer-Verträge und den Salzsteuer-Gesetz-Entwurf von Moritz Mohl, 24.9.1867).

[326] JAHRESBERICHT der Kreis-Gewerbe- und Handelskammer der Pfalz 1867, 15 bzw. JAHRESBERICHT der oberbayerischen Kreis-Gewerbe- und Handelskammer 1869, 10–11.

[327] KdA 1866/1868 II, 35. Sitzung, 23.10.1867, 102–103.

[328] Ebd., 103–104 bzw. 112.

[329] BayHStAM, MH 9701 bzw. MA 63.251 (Vortrag des Reichsrates Freiherrn von Thüngen im II. und III. Ausschuß, die Vorlagen über Zoll- und Handelsverhältnisse betr., 23.10.1867).

[330] BayHStAM, MH 9701 (Gesamtbeschluß der Kammer der Reichsräte und Abgeordneten über die Zollvereinsverträge vom 31.10.1867).

preußische Gesetzesvorlage ohne Änderungen König Ludwig II. zur Genehmigung vor[331].

Die Einführung einer gemeinsamen Tabaksteuer

Der Anbau von Tabak konzentrierte sich außer auf Preußen vor allem auf Baden und Bayern, hier besonders auf die mittelfränkischen und rheinpfälzischen Gebiete. In Mittelfranken herrschte weit mehr als in der Rheinpfalz der Familienbetrieb vor, mittelständische Unternehmen bildeten die Ausnahme. Seit 1858 war die Tabakproduktion im gesamten Zollverein zwar leicht rückläufig, doch bebauten Baden und Preußen 1866 immer noch etwas mehr als 30.000 preußische Morgen, Bayern immerhin noch fast 19.000[332]. Der Wert des erzeugten Tabaks wurde 1864 für Preußen auf fast 1,3 Mio Tlr und für Bayern auf etwa 980.000 Tlr geschätzt. Damit besaß der Tabakbau in Bayern einen verhältnismäßig höheren Stellenwert als in Preußen. An der Verarbeitung des Tabaks hatten Sachsen und Hannover größeren Anteil, so daß hier ein reger Import auch aus Bayern angenommen werden kann. Der in der bayerischen Pfalz produzierte Tabak wurde zum größten Teil nach Norddeutschland exportiert[333].

Erste Diskussionen über die Einführung einer Tabaksteuer oder eines -monopoles in den Zollvereinsstaaten gehen auf die 1850er Jahre zurück[334]. Bayern und Baden hatten auf den Generalzollkonferenzen vergeblich die Revision der Übergangsabgaben in die preußischen Territorien und die Einführung eines Tabakmonopols[335] gefordert. Nach dem deutsch-deutschen Krieg 1866 und dem Ausschluß Österreichs aus dem Deutschen Bund wurde die Erörterung einer für alle Zollvereinsterritorien verbindlichen Tabaksteuer wieder aufgenommen. Die preußische Regierung, die den Antrag im Zollbundesrat einbrachte, erwartete sich davon zusammen mit der Einführung des Petroleumzolles die Kompensation ihrer Einnahmeausfälle aufgrund sinkender Zölle und Abgaben[336]. Der preußische Gesetzentwurf zur Einführung einer gemeinsamen Tabaksteuer griff auf das Flächensteuersystem zurück und forderte eine Eingangszollerhöhung sowie die Einführung einer Steuer auf Fertigprodukte. Die Tabakanbauer wehrten sich gegen dieses Konzept[337]. Im Zusammenhang mit der Zollvereinsverlängerung

---

[331] BayHStAM, Staatsrat 1151 (Sitzung, 9.11.1867). Die kgl. Deklaration wurde am 16.11.1867 veröffentlicht: BayHStAM, Staatsrat 4145.

[332] Andere, davon leicht abweichende Zahlen, kommen in etwa auf das gleiche Verhältnis. Gemäß einer Denkschrift von 1865 bebaute der Norddeutsche Bund 31.907 preußische Morgen und Bayern 22.192 (1865): BayHStAM, MA 77.085 (Denkschrift von Kraft). BIENENGRÄBER, Statistik, 98–99, gibt 1864 für Preußen etwas über 30.000 Morgen und für Bayern 21.500 Morgen an.

[333] PREISSER, Steuerharmonisierung, 133, nach KERWAT, Abhängigkeit, 437–439.

[334] Zu den Bemühungen um die Harmonisierung der Tabakabgaben: PREISSER, Steuerharmonisierung, 304–323; allgemein: BINDER, Paul, Geschichte der Tabakbesteuerung im Zollverein, Diss. Tübingen 1934.

[335] In Österreich existierte ein Tabakmonopol, eine Einführung im Zollverein hätte den Handel mit Österreich erleichtert.

[336] Siehe dazu Kapitel IV.3.c) *Die Reform des Zolltarifes* (S. 207).

[337] Entwurf vom Mai 1867: BayHStAM, MA 77.085. Dort ebenfalls zahlreiche Denkschriften und Artikel gegen den Entwurf.

1867 setzte sich die bayerische Regierung, die die Tabakfrage als wichtig bezeichnete, nachdrücklichst für die Einführung einer gemeinsamen Tabakbesteuerung ein[338]. Mit dem Abschluß des Zollvereinsvertrages vom 8. Juli 1867, in dem den Einzelstaaten die Besteuerung einiger Konsumgüter entzogen wurde, einigten sich die Partner, in naher Zukunft eine gemeinsame Tabakabgabe einzuführen[339]. Bei den Verhandlungen über die Ausführungsbestimmungen des Zollvereinsvertrages äußerten sich Weber und Gerbig erstmals dahingehend, daß die bayerische Regierung unter Umständen bereit wäre, ihre Forderung nach einem Tabakmonopol zugunsten der allgemeinen Vorstellung einer Steuer fallen zu lassen, da man jetzt, anders als noch in den 1850er Jahren, Nachteile für die bayerische Tabakproduktion befürchtete. Die bayerischen Bevollmächtigten erwarteten in dieser „unvermeidlichen aber höchst schwierigen"[340] Frage noch langwierige Diskussionen im Zollparlament.

Am 23. Oktober 1867 billigte die Kammer der Abgeordneten zusammen mit den Verträgen zur Zollvereinsverlängerung weitergehende Beratungen über eine gemeinsame Tabaksteuer, allerdings mit dem Zusatz, „bei der Einführung der Tabaksteuer die Interessen des Tabakbaus und der Tabakfabrikation nach Möglichkeit"[341] zu wahren und lehnte deshalb die Einführung eines Tabakmonopoles ab. Damit hatten sich jene nicht durchsetzen können, die gegen eine generelle Besteuerung des Tabaks aufgetreten waren, um die Familienunternehmen vor Konkurrenz zu schützen[342]. Auch in der Kammer der Reichsräte wurde bei der anschließenden Unterredung der Standpunkt Thüngens, der die Zollvereinsverlängerung genauso ablehnte wie eine Besteuerung des Tabaks, von der Mehrheit nicht geteilt[343].

Nach der grundsätzlichen Einigung über eine Tabakbesteuerung hatten Zollbundesrat und anschließend Zollparlament über den verbesserten preußischen Entwurf von 1866 zu entscheiden, den Bismarck am 9. März 1868 im Rat einbrachte[344]. Das Konzept sah im wesentlichen eine Bodensteuer von 12 Tlr je

---

[338] BayHStAM, MA 63.247 (Betrachtungen über die in Folge der Constituierung des Norddeutschen Bundes nothwendigen Aenderungen in den Zollvereinsbestimmungen bezüglich der Verhältniße der süddeutschen Vereins-Staaten, März 1867) und BayHStAM, MH 9701 (Instruction des AM für die Berliner Konferenzen, 1.6.1867). Dennoch kam es zu vehementen Widerständen gegen eine Tabakbesteuerung; siehe beispielsweise die Schrift von KERSTORF, Einige Bemerkungen zur Zollvereinsfrage, München (Oktober) 1867: BayHStAM, MA 63.247.

[339] Bundesgesetzblatt des Norddeutschen Bundes 9 (1867), 81–124; maßgeblich für die Tabakbesteuerung Art. 3, Abs. 4.

[340] BayHStAM, MA 77.085 (Gerbig und Weber an AM, 11.7.1867).

[341] BayHStAM, MA 63.247 (Abschrift des Beschlusses der Kammer der Abgeordneten, 23.11.1867). KdA 1866/1868 II, 35. Sitzung, 23.10.1867, 112.

[342] BayHStAM, MA 63.247 (Bericht der einen Hälfte der volkswirthschaftlichen Commission der Kammer der Abgeordneten über die Zoll- und Salzsteuer-Verträge und den Salzsteuer-Gesetz-Entwurf von Moritz Mohl, 24.9.1867).

[343] BayHStAM, MA 63.251 bzw. 9701 (Vortrag des Reichsrates Freiherrn von Thüngen im II. und III. Ausschuß, die Vorlagen über Zoll- und Handelsverhältnisse betr., 23.10.1867).

[344] Drucksachen Zb 1, No. 17, 9.3.1868.

preußischem Morgen und eine Zollerhöhung von im Ausland produziertem Tabak auf 10 Tlr vor[345]. Weber fiel die Aufgabe zu, im zweiten und dritten Ausschuß des Zollbundesrates das Grundsatzreferat zu halten[346]. Er sprach sich im Namen der bayerischen Regierung im wesentlichen für das preußische Konzept und damit für die Bodensteuer aus[347], votierte aber für eine Reduzierung des Tarifes, wobei ihn die Vertreter von Württemberg, Baden und Hessen-Darmstadt sowie Mecklenburg-Strelitz und Sachsens-Anhalt unterstützten. Außerdem kämpfte Weber gegen die vorgeschlagene Regelung der Ausfuhrvergütung von Erzeugnissen, die aus inländischem Tabak hergestellt wurden, da die Sätze aus bayerischer Sicht sowohl zu niedrig angesetzt waren als auch starken Kontrollen und Ausnahmeverfahren unterlagen. Die Vorschläge des Ausschusses wurden am 6. Mai 1868 im Plenum des Zollbundesrates beraten und der Steuervorschlag schließlich mit einem Satz von 12 Tlr pro preußischem Morgen und ein Rohtabakzoll von 6 Tlr pro Zentner angenommen[348]. Demnach hatte sich Bayern mit seinen Forderungen nicht durchsetzen können. Weber meldete dennoch zufrieden nach München, daß er durch die Übernahme des Grundsatzreferates in den Ausschüssen „die sehr erwünschte Möglichkeit auf dieselbe [=die Tabaksteuerfrage, Anm. der Verf.] direkt zu influencieren"[349] nützen konnte. Bayern akzeptierte damit die preußische Forderung nach einer Bodensteuer, die zweifelsohne für den Tabakanbau in Mittelfranken, weniger in der Rheinpfalz, von Nachteil war, versuchte aber, aus der Situation noch das Beste zu machen.

In der 9. Sitzung des Zollparlamentes am 9. Mai 1868 wurde der vom Zollbundesrat genehmigte Gesetzentwurf für eine einheitliche Besteuerung des Tabaks eingebracht[350], am 12. dieses Monats stand neben der Revision des Vereinszolltarifes auch die Vorberatung der geplanten Tabaksteuer auf der Tagesordnung[351]. Deshalb mußten sich die Abgeordneten erst einmal einigen, ob die Frage der Tabaksteuer vor der Revision des Zolltarifes behandelt werden sollte; die Beantwortung dieser Frage nahm unverständlicherweise einen ganzen Tag in Anspruch, so daß die tatsächliche Vorberatung über den Tabaksteuerentwurf erst

---

[345] BINDER, Geschichte, 114; BayHStAM, MA 77.085 (Vorschlag des preußischen Finanzministers, 29.5.1867).

[346] Die Instruktion aus München: BayHStAM, MH 9697 und MA 77.085 (AM, HM an Weber, 19.3.1868).

[347] Der rückblickende Bericht Webers an das AM: BayHStAM, MH 9699 (Weber an AM, 2.5.1869).

[348] Berichte Zb, 1868, § 95 der 7. Sitzung, 6.5.1868. Das Gesetz (für drei preußische Quadratruten wurden 6 Sgr bzw. 21 Kr Steuer fällig) wurde mit 38 gegen 20 Stimmen (Bayern, Baden, Württemberg und Hessen-Darmstadt, beide Mecklenburg und Sachsen-Meiningen) angenommen. Der Bericht der Ausschüsse für Zoll- und Steuerwesen sowie Handel und Verkehr in: Drucksachen Zb 1, No. 55, 25.4.1868.

[349] BayHStAM, MA 63.251 (Weber an AM, 27.8.1868).

[350] Berichte Zp 1, 9. Sitzung, 9.5.1868, 125–127. Gesetzentwurf in Berichte Zp 1, Anlagen Aktenstück 19, 115–123.

[351] Berichte Zp 1, 11. Sitzung, 12.5.1868, 191–196.

am 15. Mai stattfand[352]. Bevor jedoch die eigentliche Aussprache begann, starteten einige Parlamentarier, unter ihnen auch der bayerische Handelsminister von Schlör, einen letzten Versuch, vor der eigentlichen Beratung die Tabaksteuer zu senken, scheiterten aber an der Mehrheit des Parlamentes.

In die Rednerliste hatten sich sechs Abgeordnete eingetragen, die für den Gesetzentwurf plädierten und 34[353], die gegen das vorliegende Konzept waren, was im Plenum angesichts der einseitigen Verteilung zu Heiterkeitsausbrüchen führte. Am Ende zeigte sich jedoch, daß einige Sprecher, die sich in die Liste der Ablehnenden eingeschrieben hatten, lediglich die Höhe der Abgaben beanstandeten, nicht aber die Tabaksteuer an sich. Für Bayern sprachen Handelsminister von Schlör, der sich als einziger bereits im Vorfeld für den Entwurf, wenn auch mit einigen Kritikpunkten, ausgesprochen hatte[354], die mittelfränkischen, liberalen Abgeordneten Karl Crämer (Stimmbezirk Nürnberg)[355], Heinrich Marquardsen (Erlangen/Fürth), Franz Frhr. von Schenk von Stauffenberg[356] (Ansbach/Schwabach), Otto Erhard (Dinkelsbühl), dann der Pfälzer Georg Friedrich Kolb (Kaiserslautern) und sein liberal eingestellter Kollege Joseph Benzino (Homburg) sowie der Konservative Ludwig Römmich (Speyer) und schließlich die beiden Ultramontanen Adolph Krätzer (Passau) und Karl Kurz (Aschaffenburg)[357]. Damit überwogen auf bayerischer Seite zwar die liberalen Stimmen, dennoch lehnten sie alle die neue Steuer, wenn nicht grundsätzlich, so doch in der vorliegenden Form ab. Schlör, der als siebter Redner das Pult des Zollparlamentes betrat, bezeichnete eine Besteuerung des Genußmittels Tabak als selbstverständlich, wehrte sich aber sowohl gegen ein Monopol als auch gegen die vorgesehene hohe Belastung der bayerischen Tabakproduzenten[358]. Außerdem fürchtete er und mit ihm die gesamte bayerische Regierung eine Dominanz Preußens bei der Festlegung indirekter Steuern zur Deckung des staatlichen Finanzbedarfes und

---

[352] Ebd., 197–222. Zur bayerischen Beteiligung an der Debatte im Zollbundesrat SCHMIDT, Zollparlament, 215–220. Die Frage der Reform des Zolltarifes wurde zurückgestellt: Siehe Kapitel IV.3.c) *Die Reform des Zolltarifes* (S. 207).

[353] PREISSER, Steuerharmonisierung, 312, gibt nur 30 Gegner an.

[354] KdA 1866/68 IV, 92. Sitzung, 21.4.1868, 167–168 (Rede Schlörs). Auch SCHMIDT, Zollparlament, 218, interpretiert die Rede Schlörs als ein „wenn auch in einem wesentlichen Punkt eingeschränktes Plädoyer für den Gesetzentwurf".

[355] *Karl Crämer* (1818–1902): liberal-demokratischer Fabrikant und Sozialpolitiker, Landtags-, Zollparlaments- und Reichstagsabgeordneter, lehnte den Gesetzentwurf im Ganzen ab, da er die Einführung eines Monopoles befürchtete und fehlende Staatseinnahmen nicht durch die Besteuerung des Volkes decken wollte: Berichte Zp 1, 12. Sitzung, 12.5.1868, 221.

[356] *Franz Frhr. von Schenk von Stauffenberg* (1834–1901): Staatsanwalt; liberaler Abgeordneter in Landtag, Zollparlament und Reichstag (ab 1871).

[357] Zur politischen Einschätzung der bayerischen Redner: SCHMIDT, Zollparlament, 416–420. BayHStAM, MA 63.251 (Verzeichnis der bayerischen Abgeordneten zum Zollparlament, 20.2.1868). PREISSER, Steuerharmonisierung, 312, gibt dagegen nur Kolb, Crämer, Marquardsen und Schlör als bayerische Redner an.

[358] BayHStAM, MA 63.251 (HM an AM, 19.3.1868). Berichte Zp 1, 12. Sitzung, 12.5.1868, 215–217 (Rede Schlörs).

die damit verbundene Vorherrschaft im politischen und militärischen Bereich[359]. Damit stellte sich für den Handelsminister die Frage nach Art und Höhe der zukünftigen Steuer; dies vor dem Hintergrund, daß zwar die Tabakproduktion im Süden, die Fabrikation aber im Norden bedeutender war[360]. Eine Flächensteuer, die in keinem Zusammenhang mit der Ertragsmenge und dem Ertragswert stand, bezeichnete Schlör als nicht ideal, konnte aber keine Alternative dazu anbieten. Nach seiner Ansicht würde eine zu hohe Tabakabgabe dem Import ausländischen Tabaks Vorschub leisten, so daß er sich erneut für einen niedrigeren Steuersatz aussprach – 3 Sgr (=10 ½ Kr) jährlich für drei preußische Quadratruten – und gleichzeitig einen Eingangszoll von 5 Tlrn pro Zentner forderte.

Aufgrund der langen Rednerliste mußte die Debatte im Zollparlament am 16. Mai fortgesetzt werden[361]. Schließlich unterbrach der Präsident die Aussprache zugunsten einer Zwischenabstimmung, bei der es um die Besteuerung einheimischen Tabaks bei 6 Sgr (=21 Kr) je drei preußischen Quadratruten ging: Der preußische Gesetzentwurf wurde genauso abgelehnt wie die Variante Schlörs von 3 Sgr[362]. Dagegen fand die Version Anklang, die für sechs preußische Quadratruten (=2 ½ Dezimalen eines bayerischen Tagwerkes) 6 Sgr bzw. 21 Kr Steuer ansetzte[363]. Am Ende kam es in der Gesetzesvorlage zu einer Tarifänderung im Sinne der bayerischen Staatsregierung; es war gelungen, die Forderungen nach einer Ermäßigung der Besteuerung durchzusetzen. Am 18. Mai 1868 wurde der modifizierte Entwurf der preußischen Regierung zur Tabakbesteuerung zur Schlußabstimmung freigegeben[364], die am 22. Mai 1868 erfolgte[365]: Die Abgeordneten einigten sich auf eine Steuer „nach Maßgabe der Größe der jährlich mit Tabak bepflanzten Grundstücke", die für sechs preußische Quadratruten bei 6 Sgr bzw. 21 Kr lag. Der Tabakanbau auf kleineren Flächen blieb steuerfrei. Beim Export von Tabak in Staaten außerhalb des Zollvereins erhielt der Händler eine Rückvergütung auf bereits gezahlte Steuern. Das Zollparlament einigte sich darüber hinaus auf eine Zollgebühr von 6 Tlrn bzw. 10 fl 30 Kr pro Zentner eingeführten Tabaks. Da der Antrag auf Reduzierung des ursprünglich geplanten Steuersatzes neben Bayern auch in Württemberg, Baden, Hessen, Mecklenburg und Sachsen-Anhalt Unterstützung fand, einigte man sich auf eine zeitlich begrenzte Übergangssteuer für süddeutschen Tabak in die norddeutschen Staaten und erst ab 1869 auf eine gleichmäßige Besteuerung[366]. Das geänderte Tabak-

---

[359] Der grundlegende Bericht des bayerischen Zollbundesratsbevollmächtigten Weber: BayHStAM, MH 9699 (Weber an AM, 2.5.1869).

[360] Dies hatte Schlör bereits im März gegenüber dem AM geäußert: BayHStAM, MA 63.251 (HM an AM, 19.3.1868).

[361] Berichte Zp 1, 13. Sitzung, 16.5.1868, 223-249.

[362] Ebd., 234-237. Der Antrag Schlörs wurde mit 259 zu 31 Stimmen abgelehnt.

[363] Berichte Zp 1, Anlagen Aktenstück 30, 151-152.

[364] Berichte Zp 1, 14. Sitzung, 18.5.1868, 251-252.

[365] Ebd., 17. Sitzung, 22.5.1868, 366-367. Der Zollbundesrat genehmigte das Gesetz am 26.5.1868. Der neue Steuersatz entsprach de facto dem ursprünglichen Vorschlag Schlörs: ebd., 12. Sitzung, 12.5.1868, 215-217.

[366] BayHStAM, MA 63.251 (Weber an AM, 27.8.1868).

steuergesetz fand am 22. Mai 1868 in der 11. Sitzung des Zollbundesrates die mehrheitliche Zustimmung der anwesenden Delegierten[367].

Der bayerische Staatsrat trat am 26. August 1868 zusammen, um die Deklaration des neuen Gesetzes zur Erhebung einer Tabaksteuer vorzubereiten[368]. Der Entwurf wurde ohne weitere Diskussion angenommen[369]. In der Folge erwiesen sich die Einnahmen aus der Tabaksteuer jedoch als weitaus geringer als im Vorfeld errechnet[370], so daß sich die Regierung des Deutschen Reiches 1873 mit der Frage neu beschäftigte. 1878 tauchte dann erneut von bayerischer Seite die Forderung nach Einführung eines Monopoles auf[371], obwohl sich der Deutsche Handelstag auch jetzt noch dagegen aussprach und darin „eine schwere Schädigung der in Deutschland bestehenden wirtschaftlichen Verhältnisse"[372] erblickte. Am 16. Juli 1879 trat schließlich ein neues Tabaksteuergesetz in Kraft, das unter Aufrechterhaltung der bestehenden Flächensteuer eine Gewichtssteuer einführte und alle Monopolbestrebungen endgültig ad acta legte[373].

b) Die Neuordnung des Handelsvertrages mit Österreich

Beim Abschluß von Zoll- und Handelsabkommen spielten neben den wirtschaftlichen auch handfeste außenpolitische Motive eine Rolle[374]. So verwundert es nicht, daß die Zollvereinsstaaten über diesen Weg vermehrt Kontakt zu anderen Ländern suchten. Den Anfang einer ganzen Reihe von Handelsverträgen, die der Norddeutsche Bund zusammen mit den süddeutschen Staaten abschloß, machte das Abkommen mit dem Königreich Italien vom 23. April 1867[375]. Ihm folgten neben der Verlängerung des bestehenden Vertrages mit Frankreich weite-

---

[367] Berichte Zb 1, §126 der 11. Sitzung, 22.5.1868.
[368] BayHStAM, Staatsrat 1167 (Sitzung vom 26.8.1868). IMKS Greßer, HM Schlör, IM Hörmann sowie die Staatsräte Fischer, Bomhard, Hermann, Pfistermeister und Daxenberger. BayHStAM, Staatsrat 4148: Die Genehmigung zur Beratung im Staatsrat erfolgte am 24.7.1868.
[369] Bundesgesetzblatt des Norddeutschen Bundes 42 (4.9.1868), Sp. 657–666 (Gesetz, die Besteuerung des Tabaks betr.). Das Gesetz wurde am 26.8.1868 in Bayern verkündet: BayHStAM, Staatsrat 4148. Der Vollzug gedruckt: Amtsblatt der Königlich Bayerischen Generalzolladministration 15 (7.7.1869): StAM, RA 40.682.
[370] PREISSER, Steuerharmonisierung, 315, spricht in diesem Zusammenhang von einem „fiskalischen Flop".
[371] Dazu ausführlich: BayWiA, Akt XVII/2.
[372] BayHStAM, MA Gesandtschaft Berlin 1217 (Schreiben des Deutschen Handelstages, 17.12.1881).
[373] INDUSTRIE- UND HANDELSKAMMER MÜNCHEN (Hg.), COHEN, Arthur/SIMON, Edmund (Bearb.), Geschichte der Handelskammer München. Seit ihrer Gründung 1869. Beitrag zur Wirtschaftsgeschichte der letzten Jahrzehnte, München 1926, 126–127.
[374] GRAF, Zielsetzungen, 186; BEER, Handelspolitik, 450; MATLEKOVITS, Zollpolitik, 94–95; dort auch die von Österreich abgeschlossenen Handelsverträge seit 1862 (94–113).
[375] Bayern machte sich durch verstärkte Handelsverbindungen nach Italien vor allem nach dem Bau des Suezkanales (Eröffnung 1869) berechtigte Hoffnungen, einen neuen Absatzmarkt in Nordafrika, insbesondere in Ägypten, zu erobern: BayHStAM, MH 5393.

re Kontrakte mit Portugal[376], Spanien[377], dem Kirchenstaat[378], Japan, Mexiko, den Hawaiischen Inseln[379] und Liberia.

Österreich hatte sich von den Folgen des deutsch-deutschen Krieges verhältnismäßig schnell erholt. Die Kabinettsumbildung Ende 1866 bewirkte eine positive Grundstimmung, die weite Kreise der Bevölkerung erfaßte und als Stimulans auf die wirtschaftliche Entwicklung wirkte[380]. Zu den politischen Ursachen kamen wirtschaftspolitische Entscheidungen, die den Aufschwung positiv unterstützten: eine neue Notenbankpolitik und die in freihändlerischem Geist abgeschlossenen Handelsverträge mit europäischen Nachbarstaaten. Der Handelsvertrag zwischen dem Zollverein und Österreich von 1865 hatte durch den deutsch-deutschen Krieg seine Gültigkeit verloren und war im Prager Frieden nur unter der Voraussetzung erneuert worden, daß baldmöglichst Verhandlungen über eine Neuregelung eröffnet werden sollten[381]. Der österreichische Ministerpräsident von Beust ergriff kurz nach seinem Amtsantritt die Initiative und lud Mitte Dezember 1866 die Zollvereinsstaaten, vertreten durch Preußen, Bayern sowie Sachsen, zu Beratungen nach Wien ein[382]. Preußen weigerte sich allerdings, auf die österreichische Forderung nach Beibehaltung der Weinzölle einzugehen, obwohl Beust seinerseits versuchte, in anderen Bereichen dem freihändlerischen Tarif des Zollvereins so weit wie möglich entgegenzukommen. Anfang 1867 setzte sich der bayerische Außenminister nachdrücklich für eine Weiterführung und Ausweitung der wirtschaftlichen Beziehungen zu Österreich ein. In einem Schreiben, das die Handschrift der versierten Fachmänner Weber und des Oberzollrates Max Joseph Eggensberger trägt, unterstützte die preußische Bereitschaft gegenüber den Zollermäßigungsplänen Österreichs, da dies auch für die bayeri-

---

[376] BayHStAM, MA 63.251 und MH 9697 (AM an Weber, 13.3.1868).

[377] Bundesgesetzblatt des Norddeutschen Bundes 18 (1868), 322–332: abgeschlossen am 30.3.1868, gültig bis zum 1.1.1878. Siehe auch die Instruktion an den bayerischen Bevollmächtigten zum Zollbundesrat: BayHStAM, MH 9698 (AM, HM an Weber, 29.4.1868) und die einschlägigen Beratungen im Zollparlament: Berichte Zp 1, 4. Sitzung, 1.5.1868 (zur Schlußberatung an das Plenum überwiesen), 27–52 und 6. Sitzung, 4.5.1868 (Schlußberatung), 61–84.

[378] Bundesgesetzblatt des Norddeutschen Bundes 23 (1868), 408–414: abgeschlossen am 8.5.1868, gültig bis zum 31.12.1878. Die Aufnahme von Verhandlungen mit dem Kirchenstaat war von bayerischer Seite initiiert worden: BayHStAM, MH 9697 bzw. MA 63.244 (AM, HM an Weber, 3.3.1868). Die Genehmigung durch den Zollbundesrat erfolgte am 19.5.1868: Berichte Zb 1, § 116 der 10. Sitzung, 19.5.1868. Die Schlußberatung im Zollparlament erfolgte ebenfalls am 19.5.1868: Berichte Zp 1, 15. Sitzung, 289.

[379] BayHStAM, MA 63.254 (Verzeichnis der Handels-Verträge): Abschluß mit Japan am 20.2.1868 und mit Mexiko am 29.8.1868. Eine Zusammenstellung der im Herbst 1870 bestehenden Handelsverträge des Zollvereins und Österreichs: BayHStAM, MH 9655 (mit Abschlußdatum, Dauer und Veröffentlichungsnachweis).

[380] MATIS, Wirtschaft, 154–155.

[381] Grundlage war Art. XIII des Friedens zu Prag zwischen Preußen und Österreich vom 23.8.1866: Staatsarchiv 11, Nr. 2369, 176–179.

[382] APP VIII, Nr. 85, 142 bzw. Staatsarchiv 14, Nr. 3249, 299. BEUST, Erinnerungen 2, 197; BEER, Handelspolitik, 379–383; LOTZ, Walther, Die Ideen der deutschen Handelspolitik von 1860 bis 1891 (Schriften des Vereins für Sozialpolitik 50), Leipzig 1892, 86–90.

sche Industrie von Vorteil gewesen wäre[383]. Außerdem gedachte man, die Bitte Wiens nach Reduzierung der Weinzölle zu unterstützen, zumal diesem Wunsch aus volkswirtschaftlichen Gründen nichts entgegenstand. Bei den Verhandlungen zeigte sich jedoch bald, daß Bayern wieder einmal nur Spielball zwischen den Großmächten Preußen, Frankreich und Österreich war. Die Überschneidung politischer und wirtschaftlicher Erwägungen und Auffassungen im Zusammenhang mit den Beratungen um den Handelsvertrag mit Österreich verstärkten diese Tatsache[384].

In Wien drohte der preußische Vertreter Delbrück und in seinem Gefolge dann zwangsweise auch Weber mit dem Abbruch der Konferenz. Daraufhin lenkte der österreichische Bevollmächtigte ein und akzeptierte bei einer späteren Verständigung in der Weinzollfrage eine allgemeine Senkung zahlreicher Zollsätze um mindestens 50 Prozent, nicht wie bislang nur um 25 Prozent[385]. Mitte Januar 1867 war die materielle Seite des Zoll- und Handelsvertrages geklärt, d.h. der Zolltarif für den Handel mit Österreich sowie das Zollkartell gemäß dem Vertrag vom 11. April 1865. Delbrück wollte aber nicht unterschreiben, bis die preußische Regierung den bestehenden Handelsvertrag mit Frankreich verlängert und sich damit in der schwebenden Weinzollangelegenheit arrangiert hatte. Überdies weigerte sich Weber, einen Vertrag zu akzeptieren, in dem die Weinzölle nicht zur Sprache kamen, und zog es unter diesen Umständen vor, den Abschluß der Verhandlungen auf einen späteren Zeitpunkt zu verschieben[386]. Schließlich spielte für Bayern der Weinzoll im Handel mit Österreich eine besondere Rolle; einerseits sollte dem Weinbau in der Rheinpfalz beste Bedingungen gesichert werden, andererseits profitierte man im Süden durchaus von den beträchtlichen Weinzolleinnahmen des Nordens[387]. Schließlich wurden die Verhandlungen zwischen Österreich und den Zollvereinsstaaten Anfang Februar 1867 vertagt, nicht zuletzt, um Preußen Gelegenheit zu geben, mit Frankreich sowohl das Problem der Weinzölle als auch die Aufnahme Mecklenburgs in den Zollverein zu regeln[388].

Nach dem Ausgleich mit Ungarn im Jahre 1867 mußte die Wiener Regierung den dort erhobenen handelspolitischen Forderungen entgegenkommen und die Erleichterung des Exportes landwirtschaftlicher Güter und des Importes von Industriegütern in Aussicht stellen, wozu der Abschluß eines Handelsvertrages

---

[383] BayHStAM, MA 63.246 (AM an Weber, 5.1.1867). Bayern hätte dabei Nachteile in Kauf nehmen müssen, da die Zollermäßigungen nie den früheren, weitaus niedrigeren Zwischenzoll erreicht hätten.

[384] SCHIEDER, Partei, 185. Schieder bezeichnet diese, seit 1853 immer wieder zu beobachtende Verquickung zwischen Wirtschaft und Politik als „eigentümlich".

[385] BayHStAM, MA 63.246 (Weber an AM, Wien, 7.1.1867 bzw. AM an Weber, 17.1.1867). Aufstellung weiterer Zollermäßigungen: BayHStAM, MA 63.246 (Vergleichung der öster. Seits angesprochenen Zollermäßigungen mit den Tarifsätzen von 1853, 1860 und 1865).

[386] BayHStAM, MA 63.246 (Weber an AM, Wien, 21.1.1867).

[387] BayHStAM, MA 63.247 (Gutachen Weber, März 1867). Siehe auch Kapitel III.1.b) *Der Handels- und Schiffahrtsvertrag zwischen Preußen und Frankreich von 1862* (S. 75).

[388] Frankreich mußte den bestehenden Handelsvertrag mit Mecklenburg auflösen, um dem Land den Eintritt in den deutschen Zollverein zu ermöglichen, da in dem Abkommen zu hohe Weinzollermäßigungen zugestanden worden waren.

mit Preußen ein wichtiger Schritt gewesen wäre[389]. Währenddessen drohten die Verhandlungen zwischen Frankreich und Preußen an der Höhe der Weinzölle zu scheitern, so daß Österreich im November 1867 mit Erfolg vermittelnd eingriff[390]. Der sogenannte Märzvertrag wurde zwischen Preußen und Österreich am 9. März 1868 unterzeichnet, obwohl bereits zu diesem Zeitpunkt zahlreiche Schutzzollanhänger im Wiener Abgeordnetenhaus vertreten waren[391]. Erst am 20. Juni 1868 legte Schlör im Auftrag von Handels- und Außenministerium dem bayerischen König den Vertrag zur Genehmigung vor, der diesen wenige Tage später an den Staatsrat weiterleitete[392]. Der bayerische Handelsminister trat gegenüber Ludwig II. für die Annahme des Kontraktes ein, obgleich er mit Bedauern feststellen mußte, daß „das Ziel der allgemeinen deutschen Zolleinigung, welches damals an die Spitze [=in dem Handelsvertrag mit Österreich von 1865, Anm. der Verf.] gestellt war, in dem neuen Vertrage keinen Platz mehr gefunden hat"[393].

Das neue Zoll- und Handelsabkommen implizierte zwangsläufig Veränderungen am Tarifsystem des Zollvereins; die „bedeutenden Zollermäßigungen, welche Oesterreich zugestanden hat", hob Schlör in seinem Antrag an König Ludwig besonders hervor. Tatsächlich enthielt der Vertrag aber für Deutschland geringere Konzessionen als erhofft[394]: Während die Zölle für Rohprodukte gestrichen, die für Vieh ermäßigt und für Roheisen von bisher 1.50 Mark auf 1 Mark[395] reduziert wurden, konnte Preußen seine Forderung nach Herabsetzung der Abgaben für Textilartikel nicht verwirklichen. Österreich setzte Zollermäßigungen auf einige wichtige Exportartikel wie Wein, Papier, Porzellan und Glas durch. Der Vertrag enthielt nur noch die Meistbegünstigungsklausel und verzichtete demnach auf jeden Hinweis bezüglich einer möglichen Zollunion zwischen Österreich und dem deutschen Zollverein. Der Märzvertrag mit Preußen und dem deutschen Zollverein stellte den Wendepunkt in der österreichischen Zollpolitik dar; er

---

[389] DELBRÜCK, Erinnerungen 2, 386–390; BEER, Handelspolitik, 379–383; MATLEKOVITS, Zollpolitik, 121–129.

[390] BEER, Handelspolitik, 381. Zur preußisch-französischen Vereinbarung vom 27.1.1867: EGK 9 (1868), 38.

[391] Handels- und Zollvertrag zwischen dem Zollvereine einerseits und Oesterreich andererseits: Bundesgesetzblatt des Norddeutschen Bundes 17 (1868), 239–315. Zur Grundstimmung in Österreich im Zusammenhang mit dem Handelsvertrag: BEUST, Erinnerungen, 197–199.

[392] BayHStAM, Staatsrat 4147 (HM an Ludwig II., 20.6.1867). Die kgl. Deklaration erging am 24.6.1868. Die folgenden beiden Zitate aus diesem Schreiben.

[393] Realistisch gesehen bot selbst der Handelsvertrag von 1865 keine Möglichkeit einer Zolleinigung zwischen dem Zollverein und Deutschland mehr (Siehe dazu auch Kapitel III.3.d) *Der Handelsvertrag mit Österreich von 1865*, S. 138).

[394] Eine Aufstellung der Zolltarife im Vergleich 1853, 1865 und 1868: BayHStAM, MA 63.246: Daran sieht man, daß sich das Zollverhältnis von 1868 vor allem gegenüber dem Tarif von 1853 maßgeblich verschlechtert hatte.

[395] HENTSCHEL, Freihändler, 167: Der Kongreß der Volkswirte ging bereits zu diesem Zeitpunkt so weit, die vollständige Aufhebung der Roheisenzölle zu proklamieren.

markierte zudem den äußersten Punkt freihändlerischer Politik in der Donaumonarchie[396].

Anfang April 1868 berichteten die Ausschüsse für Zoll- und Steuerwesen sowie für Handel und Verkehr dem Zollbundesratsplenum über ihre Beratungsergebnisse[397]. Der neue Handelsvertrag mit Österreich wurde ausdrücklich begrüßt, da der Tarif von 1865 als überholt galt. Trotz einiger entscheidender Nachteile für die bayerische Wirtschaft gab der Handelsvertrag bei den Beratungen im Zollbundesrat im März 1868 für Bayern „zu keinerlei materiellen Bedenken Anlaß", vielmehr wurde er „mit lebhafter Befriedigung wahrgenommen", da es gelungen war, „ohne zu weit gehende Zugeständnisse vielfache, zum Theile sehr werthvolle und die Mehrzahl der bayerischen Desiderien in sich schließenden Tarif-Concessionen von Oesterreich zu verlangen"[398]. Das Außenministerium wies den Bevollmächtigten Weber an, unter Vorbehalt der notwendigen Genehmigungen von König und Landtag zuzustimmen[399].

In der 5. Sitzung des Zollparlamentes am 2. Mai 1868 beschloß die Majorität der Abgeordneten, die Debatte über den Handelsvertrag zwischen dem Zollverein und Österreich im Plenum zu führen[400]. Diese wurde in der 9. Sitzung am 9. Mai aufgenommen[401] und mußte aufgrund der zahlreichen Wortmeldungen in der 10. Sitzung fortgesetzt werden[402]. Während die Verfechter einer kleindeutschen Einigung den Handelsvertrag begrüßten und darin die größtmögliche Annäherung an die Donaumonarchie erblickten, ging den süddeutschen Partikularisten die Abmachung nicht weit genug, so daß sie den vom Zollbundesrat verabschiedeten Entwurf ablehnten. Die Generaldebatte wurde immer wieder durch lautstarke Äußerungen aus dem Plenum unterbrochen, ein Zeichen dafür, welche Brisanz das Thema besaß. Während sich die Abgeordneten aus Preußen und Württemberg besonders engagiert zeigten, meldete sich für Bayern nur Handelsminister von Schlör zu Wort[403]. Schlör befürwortete grundsätzlich die Annahme des Kontraktes und stellte in seiner Rede die für die einheimische Eisenindustrie wichtige Beibehaltung der Schutzzölle für Eisen heraus, um die Standortnachteile gegenüber England ausgleichen zu können; eine weitere Senkung der bestehenden Abgaben hielt der bayerische Handelsminister für unverantwortlich. Schlör spekulierte damit als Eisenhammerbesitzer auf die Stimmen der norddeutschen Abgeordneten. Ein maßgebliches Argument für die Annahme des Handelsabkommens stellte der Eisenzoll für Bayern kaum dar, da die Eisenindustrie im Königreich weit weniger Bedeutung hatte als in den preußischen Westprovin-

---

[396] LÁNG, Zollpolitik, 167.
[397] Drucksachen Zb 1, No. 46, 6.4.1868 (Berichte der Ausschüsse für Zoll- und Steuerwesen sowie für Handel und Verkehr).
[398] BayHStAM, MH 9697 (AM, HM an Weber, 24.3.1868); Drucksachen Zb 1, No. 20, 9.3.1868: Handelsvertrag mit Österreich, eine Anlage und Schlußprotokoll.
[399] BayHStAM, MH 9698 (AM an Ludwig II., Konzept, 12.9.1868).
[400] Berichte Zp 1, 5. Sitzung, 2.5.1868, 53–56.
[401] Berichte Zp 1, 9. Sitzung, 9.5.1868, 127–156.
[402] Berichte Zp 1, 10. Sitzung, 11.5.1868, 159–189.
[403] Berichte Zp 1, 9. Sitzung, 9.5.1868, 155 (Rede Schlörs).

zen[404]. Die süddeutschen Konservativen stimmten folglich gegen den Handelsvertrag mit Österreich, da sie Einbußen für die Textilbranche befürchteten[405]. Dagegen unterstützten die Liberalen den Kontrakt trotz der vorhersehbaren Nachteile für die Textilherstellung, die sich ihrer Meinung nach mit Hilfe des Staates abfangen ließen und sich außerdem durch Vorteile in anderen Bereichen ausgleichen würden[406]. Dieser Ansicht hatte sich im Vorfeld auch die bayerische Staatsregierung angeschlossen, die Ludwig II. jetzt mitteilen konnte, nur einige Anhänger „des schroffen Schutzzollsystems aus Bayern, Württemberg und Baden" hätten gegen den Vertrag gestimmt[407]. Die Schlußabstimmung über die Annahme des Handelsvertrages mit Österreich erbrachte am Ende 246 Ja-Stimmen und 17 Nein-Stimmen bei einer Enthaltung[408]: Von den bayerischen Abgeordneten stimmten mit „Nein" Andreas Freytag (Wasserburg), Franz Xaver Hafenbrädl (Deggendorf), Joseph Edmund Jörg (Neumarkt/Oberpfalz), Karl Heinrich Kurz (Aschaffenburg), Joseph Lukas (Straubing), Karl Frhr. von Ow (Landshut), Friedrich Frhr. von Zu-Rhein (Würzburg) und Johann Nepomuk Sepp (Kelheim). Dennoch hatte ausnahmsweise auch ein Teil der „Süddeutschen Fraktion" ihre Sympathie für Österreich nicht verhehlen können und mit „Ja" votiert[409]. Damit war aber die Debatte um den Handelsvertrag im Zollparlament noch nicht abgeschlossen; das Abkommen stand in der 14. Sitzung am 18. Mai 1868 nochmals im Mittelpunkt der Beratungen, die jedoch schnell von der eigentlichen Thematik abkamen und in einer leidenschaftlichen, nationalpolitisch geprägten Debatte mündeten, in der die Kompetenz des Zollparlamentes in dieser Angelegenheit generell angezweifelt wurde[410]. Ausgegangen war das Wortgefecht von einer Note, mit der sich die hessischen Abgeordneten gegen die verminderten Weinzölle zur Wehr gesetzt hatten[411]. Aufgrund der aufgeheizten Stimmung schaltete sich Bismarck wiederholt in die Diskussion ein, untermauerte die Zuständigkeit des Gremiums bei Zoll- und Handelsverträgen und wandte sich gegen die Vorwürfe der „Süddeutschen Fraktion", die Befugnisse des Zollparlamentes

---

[404] Siehe dazu die statistischen Angaben bei: JERSCH-WENZEL, Stefi/KRENGEL, Jochen (Bearb.), Die Produktion der deutschen Hüttenindustrie 1850–1914. Ein historisch-statistisches Quellenwerk (Einzelveröffentlichungen der Historischen Kommission zu Berlin, Quellenwerke 43), Berlin 1984 und FEHRENBACH, Produktion.

[405] Berichte Zp 1, 10. Sitzung, 11.5.1868, 161–162, zit. 162 (Rede des bayerischen Ultramontanen Joseph Lukas, Wahlkreis Straubing): „Ich gestehe, daß ich sehr gern für den Vertrag stimmen würde, wenn diese einzige Position nicht darin wäre, aber diese einzige Position zwingt mich, gegen denselben zu stimmen."

[406] Ebd., 166–169 (Rede Friedrich Feustels, Wahlkreis Bayreuth).

[407] BayHStAM, MH 9698 (AM an Ludwig II., Konzept, 12.9.1868).

[408] Berichte Zp 1, 10. Sitzung, 11.5.1868, 186–189.

[409] Genauso: SCHMIDT, Zollparlament, 382.

[410] Berichte Zp 1, 14. Sitzung, 18.5.1868, 253–279; SCHMIDT, Zollparlament, 220–226. Zur Zollparlamentssitzung am 18.5.1868 der Bericht Perglas Nr. 172, 20.5.1868: BayHStAM, MA 2648.

[411] Antrag zu dem Handels- und Zollvertrag zwischen dem Deutschen Zollverein und Oesterreich (Nr. 5 der Drucksachen): Aktenstück Nr. 32 der Anlagen zum Zollparlament: Zp 1, Anlagen 155. Außerdem: SCHIEDER, Partei, 186–189.

rechtswidrig erweitern zu wollen[412]. Alsbald ging es nicht mehr um die Frage nach dem Handelsabkommen mit Österreich, sondern nur mehr um die Gremien des Zollvereins als solche und ihre Rolle für die Einheit Deutschlands. Für Bayern ergriff nur Joseph Völk[413] ganz zum Ende der Debatte das Wort und beendete mit einer emotional vorgetragenen Rede, die durch zahlreiche zustimmende Zwischenrufe unterbrochen wurde, die nationalpolitischen Streitigkeiten im Zollparlament[414]. Völks Vortrag, der auf eine politische, wenn auch gemäßigte deutsche Einigung abzielte, fand in Deutschland ein außergewöhnliches Echo und verschaffte den Verfechtern einer nationalen Einheit eine gewisse Genugtuung[415].

Ende Mai 1868 erfolgte in Berlin der Austausch der Ratifikationsurkunden des Zoll- und Handelsvertrages mit Österreich[416], im Juni äußerten sich Schlör und Hohenlohe über dessen Abschluß und Bedeutung für die bayerische Wirtschaftsentwicklung gegenüber König Ludwig II. ausgesprochen positiv[417]. Am 18. Juli 1868 kam der Staatsrat zusammen, um den Handelsvertrag offiziell bekanntzugeben[418]. Handelsminister Schlör bedauerte es nochmals aufs tiefste, daß infolge der politischen Veränderungen des Prager Friedens die wirtschaftliche Vorzugsstellung Österreichs in dem neuen Vertrag nicht mehr möglich gewesen wäre, begrüßte aber die von Seiten Österreichs zugestandenen Zollermäßigungen.

c) Die Reform des Zolltarifes

Im Zusammenhang mit der Zolltarifreform im Jahre 1860 hatte Bismarck in Übereinstimmung mit dem Leiter der preußischen Handelspolitik, Rudolf von Delbrück, eine sukzessive Ausbildung der Zollgesetzgebung in die Richtung einer ausschließlichen Erhebung von Finanzzöllen angemahnt[419]. In Bayern unterstützte der leitende Zollfachmann im Handelsministerium, Ministerialrat von Weber, die Einführung von Finanzzöllen, da es „eine längst anerkannte volkswirthschaftliche Erfahrung [wäre], daß alle Auflagen, welche bei gleicher Höhe der Steuern nur auf den wenig zahlreichen privilegierten Classen ruhen, in ihrem Ertrage weitaus von solchen Steuern überboten werden, welche von der Masse

---

[412] Berichte Zp 1, 14. Sitzung, 18.5.1868, 263–266.
[413] *Dr. Joseph Völk* (1819–1882): Mitglied der Liberalen in der 2. Kammer des bayerischen Landtages und Anhänger Bismarcks, nach 1871 Abgeordneter des Reichstages.
[414] Berichte Zp 1, 14. Sitzung, 18.5.1868, 279–282.
[415] SCHIEDER, Partei, 189.
[416] BayHStAM, MA 2648 (Bericht Perglas Nr. 185, 30.5.1868).
[417] BayHStAM, MH 12.267 (AM, HM an Ludwig II., 17.4.1868). Dieses Schreiben wurde erst nach der Annahme durch das Zollparlament in einer leicht veränderten Fassung an Ludwig II. gesandt.
[418] BayHStAM, Staatsrat 1166 (Sitzung, 18.7.1868). Anwesend waren AM von Hohenlohe, FM von Pfretzschner, IMKS von Greßer, HM von Schlör, JM von Lutz sowie die Staatsräte Fischer, Hermann, Pfistermeister. Die offizielle Deklaration des Vertrages: BayHStAM, Staatsrat 4147.
[419] POSCHINGER, Bismarck als Volkswirt, 38–39. Bei Finanzzöllen erfolgte die Belastung des Waren- und Güterverkehrs nicht aus wirtschaftspolitischen, sondern aus finanziellen Gründen und betraf damit nicht nur Luxusgüter, sondern auch Produkte des alltäglichen Bedarfs.

der Bevölkerung getragen werden"[420]. Während des 33jährigen Bestehens des deutschen Zollvereins hatten sich die Mitglieder im Mai 1865 allerdings nur auf eine einheitliche Besteuerung des Rübenzuckers einigen können[421]. Weber führte diesen Kompromiß allein darauf zurück, daß es sich in allen Staaten um eine Erstbesteuerung gehandelt hätte[422]. Der Versuch Preußens, bei der letzten Generalzollkonferenz „alter Ordnung" eine gemeinsame Abgabenerhebung für alle Zollvereinsstaaten nach dem Vorbild einiger westeuropäischer Staaten durchzusetzen, war unter anderem am Einspruch Bayerns gescheitert[423].

Im März 1868 stellte der Deutsche Handelstag an Zollbundesrat und Zollparlament den Antrag auf eine Reform des bestehenden Zolltarifes vom 1. Juli 1865[424]. Angesichts der Steigerung der allgemeinen Produktion und des Konsumes im Zollverein sowie der Ausweitung des Verkehres forderte man die Beseitigung oder wenigstens Verminderung der Schutzzölle und die ausschließliche Erhebung von Finanzzöllen. Die Einnahmeausfälle, die Mitte des Jahres 1868 aufgrund der neu abgeschlossenen Handelsverträge aus den Jahren 1867 und 1868 zutage traten, erforderten tatsächlich eine Umstrukturierung des bestehenden Tarifes[425]. Besonders gravierend wirkte sich der Zoll- und Handelsvertrag mit Österreich, der Zollbefreiungen und -ermäßigungen auch auf andere Länder ausdehnte, auf die prekäre Finanzsituation aus. Am 25. Mai 1868 brachte Bismarck deshalb im Zollbundesrat einen preußischen Entwurf zur Zolltarifänderung ein[426]. Obwohl die Revision des Zolltarifes in der ersten Session des Zollparlamentes ganz oben auf der Tagesordnung stand, stellte das Plenum dessen Beratung in der 11. Sitzung vom 12. Mai 1868 zugunsten des geplanten Tabaksteuergesetzes zurück[427]. Erst in der 15. und 16. Sitzung berieten die Abgeordneten über den Vereinszolltarif, der aber aufgrund einer vorgesehenen allgemeinen Petroleumsteuer keine Aussicht auf Erfolg hatte[428]. Dabei war die Liste

---

[420] BayHStAM, MA 63.247 (Gutachten Weber, März 1867).

[421] Ebd. (Vertrag zwischen Preußen, Bayern, Sachsen, Hannover, Württemberg, Baden, Kurhessen, dem Großherzogthume Hessen, den zum Thüringischen Zoll- und Handelsvereine gehörigen Staaten, Braunschweig, Oldenburg, Nassau und der freien Stadt Frankfurt, die Fortdauer des Zoll- und Handelsvereines betreffend, 16.5.1865: Schlußprotokoll zu der Uebereinkunft wegen Besteuerung des Rübenzuckers). Siehe dazu auch kurz Kapitel IV.3.a) *Steuerharmonisierung im Zollverein nach 1867* (S. 188).

[422] BayHStAM, MA 63.247 (Gutachten Weber, März 1867).

[423] BayHStAM, MA 63.251 (AM an preußischen König die Anträge Preußens zur XVI. General-Konferenz in Zollvereinsangelegenheiten betr., 15.4.1866).

[424] Ebd. (Anträge des bleibenden Ausschusses des Deutschen Handelstages an den hohen Zollbundesrath und das hohe Zollparlament betreffend Veränderungen des Zoll-Tarifs und des Zoll-Verfahrens, März 1868).

[425] Siehe dazu beispielsweise die Berichte von Perglas vom Juni und Juli 1868: BayHStAM, MA 2648 (Berichte Perglas Nr. 220, 255 und 365, 22.6., 15.7.1868 bzw. 4.11.1868).

[426] Drucksachen Zb, No. 36, 25.3.1868.

[427] Berichte Zp 1, 11. Sitzung, 12.5.1868, 191–196.

[428] Die einzelnen Beratungen: Berichte Zp 1, 15. Sitzung, 18.5.1868, 289–312; 16. Sitzung, 20.5.1868, 313–351; 17. Sitzung, 22.5.1868, 353–372, 18. Sitzung, 23.5.1868, 353–385. Die Grundsatzrede Delbrücks hinsichtlich des Zusammenhanges zwischen dem Gesamttarif und der Besteuerung von Mineralölen: Berichte Zp 1, 18. Sitzung, 23.5.1868, 374.

der Redner für bzw. gegen die Annahme der Tarifvorlage weitgehend ausgeglichen. Für Bayern wollten Friedrich Feustel (Bayreuth), Adolph Krätzer (Passau) und Joseph Bucher (Pfarrkirchen) auf die Rednerbühne treten: Feustel plädierte für die Annahme der Verträge, die beiden anderen Abgeordneten kamen gar nicht mehr zu Wort[429]. Bei der Schlußabstimmung lehnten 190 Parlamentarier eine Petroleumsteuer ab, da sie empfindliche Einbußen für die Staatskasse befürchteten. Demgegenüber befürworteten 99 deren Einführung, darunter auch die bayerischen Abgeordneten Feustel, Hohenlohe, Kester, Luxburg und Schlör[430]. Darüber hinaus sah man gegenwärtig keine Notwendigkeit, zur Steigerung des finanziellen Ertrages die indirekten Steuern zu erhöhen, und fürchtete statt dessen die größere Einflußnahme des Zollvereins auf das Budgetrecht der Einzelstaaten[431]. In diesem Zusammenhang entwickelte sich eine Grundsatzdiskussion über das Recht der Zollvereinsgremien zur Erhebung indirekter Steuern, ohne daß die Länder auf die Verteilung der Gelder ein Mitspracherecht geltend machen konnten. Neben der Weigerung, eine gemeinsame Petroleumsteuer einzuführen, war die Mehrheit des Zollparlamentes überdies gegen weitere Zollerleichterungen[432]. In der 18. Sitzung vom 23. Mai 1868 wurde nicht nur die Abstimmung über verschiedene Tarifpositionen, sondern die gesamte erste Zollparlamentssession beendet[433]. Namentlich mußten die Abgeordneten nur zur Einführung der Zölle auf Mineralöle, die mit 149 zu 86 Stimmen zum wiederholten Male abgelehnt wurde, Stellung nehmen[434]. Daraufhin zog die preußische Regierung die komplette Vorlage zur Revision des Tarifes zurück[435].

So rückte die notwendige Reform des Zollvereinstarifes in der zweiten Session von Zollbundesrat und Zollparlament erneut in das Blickfeld des Interesses. Schon kurz nach der Eröffnung des Bundesrates am 28. April 1869[436] richtete der bayerische Bevollmächtigte Weber schwere Vorwürfe gegen die Tarifvorlage Preußens, die seiner Meinung nach hauptsächlich auf die „finanziellen Bedürfnisse der preußischen Staatskasse" ausgerichtet war und somit „gleichzeitig eine hohe politische Bedeutung" besaß[437]. Und weiter wetterte Weber: „Die preußischen Tarifvorlagen zeigen nämlich immer deutlicher und unverkennbarer die Tendenz, den Zollverein lediglich als Finanzquelle zu benützen und die durch den Nord-

---

[429] Berichte Zp 1, 15. Sitzung, 19.5.1868, 300–302 (Rede Feustels).
[430] Berichte Zp 1, 16. Sitzung, 20.5.1868, 329–331.
[431] Dazu beispielsweise die Rede des liberalen Abgeordneten Barth: ebd., 315–316; SCHIEDER, Partei, 185–191.
[432] Siehe dazu beispielsweise die Aufhebung der Besteuerung von Import-Hopfen: Berichte Zp 1, 16. Sitzung, 20.5.1868, 342. Der Ablehnung weiterer Zollerleichterungen schlossen sich auch die liberal eingestellten Abgeordneten Bayerns an.
[433] Abstimmungen über Einzelpositionen des Tarifes bereits in der 17. Sitzung, 22.5.1868: Berichte Zp 1, 353–372. Zur ersten Session 1868 mit teilweise langatmigen Auszügen aus den Reden bayerischen Parlamentarier: SCHMIDT, Zollparlament, 183–243.
[434] Berichte Zp 1, 18. Sitzung, 23.5.1868, 376–378.
[435] Ebd., 378; BayHStAM, MA 2648 (Bericht Perglas Nr. 174, 23.5.1868): Perglas führte diesen Schritt der preußischen Regierung allein auf die Nichtbewilligung der Petroleumsteuer zurück.
[436] BayHStAM, MH 9699 (Weber an AM, 23.4.1869).
[437] Ebd. (Weber an AM, 2.5.1869). Die folgenden Zitate aus diesem Schreiben.

deutschen Bund und das preußische Militärsystem hervorgerufenen Lasten auf den Zollverein überzuwälzen. (...) Wenn es der preußischen Regierung mit Hilfe des norddeutschen Freihändler u(nd) der Nationalvereinspartei gelingt, den Schwerpunkt der Einnahmen auf die indirekten Steuern zu verlegen und deren Forterhebung, wie es jetzt der Fall ist, von jeder ständischen Bewilligung unabhängig zu machen, dann wird die preußische Hegemonie im Zollverein immer entschiedener hervortreten und nothwendiger Weise zu einer centralisirten, von den Einzelstaaten unabhängigen oder vielmehr dieselben dominirenden Präsidialstellung der indirekten Steuern führen". Folglich lehnten außer Weber auch die Bevollmächtigten von Württemberg und Hessen-Darmstadt sowie „intelligenteren Regierungen des norddeutschen Bundes, wie z(um) B(eispiel) Sachsen" den preußischen Tarifentwurf zum zweiten Mal ab, obwohl prinzipiell gegen die vorgeschlagene Einführung einer gemeinsamen Zucker- und Petroleumsteuer aus finanzwirtschaftlichen Gründen nichts einzuwenden war. Die ablehnenden Zollvereinsmitglieder wehrten sich demzufolge aus politischen Gründen gegen die Absicht Preußens, über das Zollparlament Einfluß auf die einzelstaatlichen Finanzhaushalte zu nehmen, um die Erhebung indirekter Steuern immer stärker zentral regeln zu können.

Trotz dieser prekären Lage erhielten die beiden bayerischen Bevollmächtigten zum Zollbundesrat, Weber und Berr, erst Anfang Mai 1869 eine ausführliche Instruktion des Handelsministeriums, obgleich Weber am 24. April nachdrücklich um genauere Anweisungen nachgesucht hatte[438]. Schlör wies die Vertreter an, daß die „(...) in Folge des Wegfalls der Monopole unbehinderte Ein-, Aus- und Durchfuhr vom fiskalischen Standpunkte nicht mehr geschmälert werden"[439] sollten. In einer weiteren Anordnung schärfte die Regierung in München ihren Delegierten ein, „daß die bisher eingeführten gemeinschaftlichen Steuern, Salz- und Tabaksteuer, eine Mehrbelastung des Südens gegenüber und zu Gunsten von Norddeutschland enthalten, und daß wir somit schon deßwegen allen Grund haben, bezüglich einer Erweiterung jeder gemeinschaftlichen Besteuerung vorsichtig zu sein"[440]. Nichtsdestoweniger wollte auch der Handelsminister einen Ausgleich für das finanzielle Defizit infolge der Zollreduktionen des Jahres 1868 erreichen. Die Berichte der Ausschüsse für Zoll- und Steuerwesen sowie für Handel und Verkehr im Bundesrat ließen die Billigung des preußischen Vorschlages in weite Ferne rücken. Weber legte zwar auf Anweisung eine gemäßigte Haltung an den Tag, verweigerte aber aus fiskalischen Gründen seine Zustimmung zur Zollfreiheit von Pelzwaren und Fellen sowie zur Reduzierung der Reiszölle[441].

[438] Ebd. (Weber an AM, 23.4.1869). Die Instruktion des HM: BayHStAM, MA 63.250 (HM an Weber und Berr, 2.5.1869). SCHMIDT, Zollparlament, 277. Ministerialrat von Cetto, der im wesentlichen die Instruktion für das HM erarbeitet hatte, bekleidete in München die Stelle, die vor der Gründung des Zollparlamentes Weber innehatte.

[439] BayHStAM, MA 63.250 (HM an Weber und Berr, 2.5.1869).

[440] BayHStAM, MA 63.252 (AM, HM an Weber, 5.5.1869).

[441] BayHStAM, MA 63.257 (AM, HM an Weber, 27.5.1869). Die Reduzierung der Reiszölle hätte für die bayerische Staatskasse einen bedeutenden Einnahmeausfall bedeutet (Rede Feustels in der 2. Session des Zollparlaments: Berichte Zp 2, 6. Sitzung, 14.6.1869, 71–72). BIENENGRÄBER, Statistik, 54: Reis stellte einen „Artikel [dar], dessen Konsum sich in stetem Steigen begriffen zeigt, weil er bei mittelmässigen Getreide- und Kartoffel-

Schließlich wäre Reis kein Nahrungsmittel für die unteren Bevölkerungsschichten, vielmehr würden allein die Händler von einer Zollermäßigung profitieren. Am Ende der Beratungen fand sich die preußische Regierung tatsächlich wie schon 1868 „in der unlieben Lage die Vorlage des Zolltarifes entweder zurückziehen zu müssen oder sich finanzielle Ausfälle der Zoll-Einnahmen gefallen zu laßen, die für Preußen geradezu unerträglich sein und auch die finanziellen Interessen der anderen Zollvereins-Regierungen schädigen würden"[442].

Wie wichtig freilich die Realisierung der Zolltarifreform für Bismarck war, zeigt seine Anwesenheit als stimmführender Vertreter Preußens im Zollbundesrat, wenn der Zolltarif zur Beratung kam. In der 6. Ratssitzung am 7. Juni 1869 wurde eine überarbeitete Fassung des preußischen Antrages gegen die Stimmen von Württemberg und Hessen-Darmstadt angenommen und an das Zollparlament weitergeleitet[443]. Die bayerischen Regierungsverantwortlichen stimmten, obwohl einige Posten nicht ihren Vorstellungen entsprachen, dem Gesamtpaket zu, aus Furcht am Ende die notwenige Reform des Zolltarifes zu gefährden.

In der 5. Sitzung der zweiten Session des Zollparlamentes sollte die Vorberatung des Tarifentwurfes erfolgen, wurde aber erst einmal verschoben, da die Drucksachen für die Parlamentarier zu kurzfristig verteilt wurden[444]. In der darauffolgenden Sitzung am 14. Juni 1869 begann die Debatte über den „Entwurf eines Gesetzes zur Abänderung des Vereinszolltarifes"[445]. Nach den einführenden Worten Delbrücks zum Konzept eröffnete der Zollparlamentspräsident die Debatte, in die sich von bayerischer Seite Schlör und Feustel als Gegner des Vorschlages einschalteten[446]. Schlör befürwortete zwar die Umgestaltung des Tarifes „in seinem allgemeinen Charakter mehr und mehr zu einem Systeme der Besteuerung des freiwilligen Verbrauchs" und damit die Hinwendung „auf einen rein finanziellen Charakter", wandte sich aber trotzdem gegen den von Preußen eingebrachten Antrag[447]. Schlör beanstandete die Reduzierung des Reiszolles aus Rücksicht auf die einheimischen Getreideproduzenten und plädierte darüber hinaus für einen angemessenen Schutz der deutschen Eisenindustrie. Obwohl sich der bayerische Handelsminister als Gegner der Tarifvorlage in die Rednerliste eingetragen hatte, appellierte er am Ende seiner ausführlichen Wortmeldung an die Abgeordneten, die Tarifvorlage auf keinen Fall an der Frage einer gemeinsamen Petroleumsteuer scheitern zu lassen, denn, so Schlör, „das Petroleum, meine Herren, scheint mir nicht bedeutend genug zu sein, um gewissermaßen als

erndten der ärmeren Klasse der Bevölkerung ein billiges und wegen seines bedeutenden Stärkemehlgehaltes sehr nahrhaftes Lebensmittel bietet", so daß auch hier wie bei der Salzbesteuerung Rücksicht hinsichtlich der Belastung für die Bevölkerung genommen werden mußte.

[442] BayHStAM, MA 2649 (Bericht Perglas Nr. 253, 20.6.1869).
[443] Berichte Zb 2, § 91 der 6. Sitzung, 7.6.1869.
[444] Berichte Zp 2, 5. Sitzung, 11.6.1869, 49.
[445] Berichte Zp 2, 6. Sitzung, 14.6.1869, 52–81. Der Entwurf: Berichte Zp 2, Aktenstück No. 9, 77–107.
[446] Berichte Zp 2, 6. Sitzung, 14.6.1869, 55: Danach hatten sich fünf Abgeordnete gegen die Vorlage zu Wort gemeldet und sechs für die Vorlage.
[447] Ebd., 65–68, zit. 66 (Rede Schlörs).

Eckstein zu dienen, an dem sich das Zoll-Parlament, wenn ich so sagen darf, den Kopf zerschellt"[448]. In der gleichen Sitzung meldete sich auch Feustel zu Wort[449]. Er rief zu einer behutsamen Behandlung der Zolltariffrage auf, um die einheimische Industrie nicht über Gebühr zu schädigen. In der 7. Sitzung wurde die Debatte über den Vereinszolltarif mit Eingaben verschiedener Parlamentarier fortgesetzt und über einige Tarifpositionen einzeln abgestimmt[450]: Ganz im Sinne der bayerischen Abgeordneten erfolgte die Ablehnung einer Ermäßigung der Eisenzölle[451], zu ihrem Leidwesen allerdings auch die Absage an die geplante Besteuerung von Mineralölen[452]. Die Schlußabstimmung am 21. Juni 1869 brachte die Petroleumsteuer endgültig zu Fall; auch Bismarcks Verlautbarung, das Präsidium des Zollbundesrates würde einer Tarifreform ohne die Einführung einer Petroleumsteuer niemals zustimmen, konnte an der mehrheitlichen Ansicht der Abgeordneten nichts mehr ändern. Außer Feustel, Guttenberg, Hohenlohe, Jansen, Kester und Schlör stimmten alle übrigen bayerischen Abgeordneten mit „Nein"[453]. In der Schlußabstimmung über den neuen Vereinszolltarif als Ganzes billigten die Parlamentarier wie in der Vordebatte den Entwurf ohne die Petroleumsteuer bei einer Enthaltung mit 139 Ja- zu 129 Nein-Stimmen[454]. Im Zollbundesrat wurden jedoch alle geforderten Modifikationen am geplanten Vereinstarif abgelehnt[455]. Eine ausgewogene Umstrukturierung des Tarifsystems konnte demnach auch 1869 nicht durchgesetzt werden, was die bayerische Regierung aus volkswirtschaftlichen Gesichtspunkten bedauerte[456]. Die Niederlage der preußischen Regierung in der Zolltariffrage gilt als einer der Gründe für den Rücktritt des preußischen Finanzministers von der Heydt im Oktober 1869[457].

In der dritten Session des Zollparlamentes 1870 stand erneut ein modifizierter Entwurf des Vereinszolltarifes zur Beratung an[458]. Die preußische Regierung hatte die nicht realisierbare Petroleumsteuer zugunsten einer mäßigen Eingangszollerhöhung auf Kaffee und Kaffeesurrogate ersetzt und die Ermäßigung des

---

[448] Ebd., 67.
[449] Ebd., 71–72 (Rede Feustels).
[450] Berichte Zp 2, 7. Sitzung, 15.6.1869, 83–118.
[451] Ebd., 109–111 und 115–117 (Abstimmung über Eisenzölle).
[452] Berichte Zp 2, 8. Sitzung, 16.6.1869, 137–139.
[453] Berichte Zp 2, 11. Sitzung, 21.6.1869, 216–232; Abstimung: 222–224 bzw. 231–232.
[454] Ebd., 231–232. Zur Haltung der bayerischen Abgeordneten: SCHMIDT, Zollparlament, 297. Hohenlohe stimmte gegen den Tarifentwurf, da er die Petroleumsteuer befürwortet hatte, die nicht angenommen worden war.
[455] Berichte Zb 2, § 110 der 8. Sitzung, 22.6.1869.
[456] BayHStAM, MA 2649 (Bericht Perglas Nr. 254, 22.6.1869).
[457] Ebd. (Bericht Perglas Nr. 412, 27.10.1869). Otto von Camphausen übernahm die Nachfolge von der Heydts.
[458] Die Schlußfolgerung bei SCHMIDT, Zollparlament, 345–346, daß alle bayerischen Abgeordneten der Meinung waren, „daß der revidierte Vereinszolltarif um jeden Preis zu einem positiven Abschluß gebracht werden mußte, um Bismarck nicht vollends vor den Kopf zu stoßen", ist nicht ganz korrekt: Den Ultramontanen war die Reaktion Bismarcks gleichgültig, sie wollten ihn keinesfalls friedlich stimmen, und die Vertreter der bayerischen Regierung plädierten vor allem aus wirtschafts- und finanzpolitischen Gründen und weniger aus nationalstaatlichen Gesichtspunkten für eine Revision des Zolltarifes.

Reiszolles aus dem Konzept gestrichen[459]. Dennoch bestand im Zollbundesrat zunächst keine Aussicht, den Entwurf durchzubringen[460]. Auch Weber weigerte sich anfangs, den Berliner Vorschlag anzunehmen, da weder den einzelnen Regierungen noch den Industrie- und Gewerbevertretern die Möglichkeit gegeben worden wäre, zu den einzelnen Positionen Stellung zu nehmen[461]. Er meldete aber auch nach München, daß er sich auf keine „eingehendere Diskussion der Frage" einlassen durfte, da er sich gegen den berechtigten Vorwurf Bismarcks im Zollbundesrat nicht recht wehren konnte[462]: „Der Knotenpunkt der Frage, (...), liegt darin, daß wir in Norddeutschland die Steuer die wir auf unseren Durst legen (nähmlich den Zoll auf den franz. Rothweine) zur Gemeinschaft beitragen; Sie – in Süddeutschland – besteuern zwar auch Ihren Durst, bringen aber den Ertrag Ihrer Malzsteuer nicht in die Gemeinschaft". Angesichts der Aussichtslosigkeit eines Erfolges im Zollbundesrat zog die preußische Regierung Mitte April ihre Vorschläge für einen neuen Zolltarif erst einmal zurück, versuchte allerdings, mit den widerstrebenden Staaten einen Vergleich auszuhandeln[463]. In der Folge versuchten sogar Weber und Hohenlohe, die bayerischen Vertreter der „Süddeutschen Fraktion" zu mehr Kooperation zu bewegen; dies allerdings erwartungsgemäß ohne Erfolg[464]. Zahlreiche Eingaben der verschiedensten Branchen an die bayerischen Ministerien sowie Zollbundesrat und -parlament versuchten während der Beratungen auf die Delegierten im Sinne der bayerischen Wirtschaftsinteressen Einfluß zu nehmen[465].

Am 21. April 1870 begann die letzte Sitzungsperiode des Zollparlamentes in Berlin, in deren Mittelpunkt wieder die Reform des Zollvereinstarifes stand[466]. Delbrück wies in seiner Eröffnungsrede auf die Notwendigkeit hin, in der Tarif-

---

[459] BayHStAM, MH 9700 (AM an Ludwig II., 10.4.1870). Der Kaffeezoll betrug 1833 6 Tlr 20 Sgr, war dann im Laufe der Jahre auf 5 Tlr ermäßigt worden und sollte nun wieder auf 5 Tlr 25 Sgr erhöht werden. Die dadurch veranschlagten 13,5 Mio bis 14 Mio Tlr Mehreinnahmen sollten die Einnahmenausfälle durch Zollermäßigungen ausgleichen.
[460] Siehe dazu den ausführlichen Bericht Webers vom 12.6.1870 über die letzten Session von Zollbundesrat und Zollparlament: BayHStAM, MA 63.254 bzw. MH 9700.
[461] BayHStAM, MH 9700 (Weber an AM, 15.4.1870); BayHStAM, MH 9700 bzw. MA 63.254 (Abschlußbericht Webers über die Tätigkeit des Zollbundesrats, 12.6.1870).
[462] Ebd.
[463] BayHStAM, MH 9700 (Weber an AM, 15.4.1870). Der Zollbundesrat nahm den neuen Tarif am 20.4.1869 gegen die Stimmen von Württemberg und Hamburg an: Berichte Zb 3, § 40 der 3. Sitzung.
[464] Die „Süddeutsche Fraktion" verfügte nach den Angaben Webers über 40 Stimmen, und da auch die liberalen Abgeordneten bereit waren, die Vorlage abzulehnen, so „hätte diese Combination alle Aussicht auf Erfolg gehabt": BayHStAM, MH 9700 bzw. MA 63.254 (Abschlußbericht Webers über die Tätigkeit des Zollbundesrats, 12.6.1870).
[465] BayHStAM, MA 63.254. Einige Beispiele sind auszugsweise zitiert bei: SCHMIDT, Zollparlament, 346–348 (u.a. Vorstellung zollvereinsländischer Stearin-Fabrikanten, Februar 1870; Vorstellung deutscher Baumwoll-Industrieller, Februar 1870; Eingabe der Gewerbe- und Handelskammer für Schwaben und Neuburg, ohne Datum).
[466] BayHStAM, MA 2650 (Telegramm Perglas, 8.4.1870). Genauso EGK 11 (1870), 63–64. Zur 3. Session des Zollparlamentes auch: SCHMIDT, Zollparlament, 348–365; Berichte Zp 3, 1. Sitzung, 23.4.1870, 1–5 und HOHENLOHE 2, 4–8.

frage endlich zu einer Einigung zu kommen[467]. Auch Weber maß diesem Problem so große Bedeutung zu, daß alle anderen Anträge nur von „untergeordnetem Interesse"[468] waren. Aufgrund der zeitlichen Überschneidung mit Landtagssessionen in mehreren deutschen Staaten war das Zollparlament wegen mangelnder Anwesenheit der Abgeordneten anfangs jedoch nicht einmal beschlußfähig, so daß die eigentliche Erörterung erst mit der 6. Sitzung vom 29. April 1870 mit der Vorberatung des Gesetzentwurfes zum Vereinszolltarif beginnen konnte[469]: Die Frage der erforderlichen Reform des Vereinszolltarifes ging in ihre kritische Phase, als am 4. Mai 1870 die Erhöhung des Kaffeezolles abgelehnt wurde und die preußische Regierung anschließend auf den Schluß der Zollparlamentssession zum 7. Mai 1870 drängte[470]. Delbrück ging gleichzeitig in die Offensive und versuchte, mit weiteren Zugeständnissen an den Freihandel die Mitglieder der Fortschrittspartei zur Annahme der Tarifvorlage zu bewegen. Außerdem versuchte Hohenlohe, an die Vernunft der „Süddeutsche Fraktion" zu appellieren, ihre Blockadehaltung aufzugeben. Zur 12. Sitzung des Zollparlamentes lag schließlich ein Kompromißantrag des Zollbundesrates vor, der eine Erhöhung des Kaffeezolles, eine Ermäßigung der Abgaben für Roheisen und Reis und die Beibehaltung des Schutzzolles für Baumwolle vorsah[471]. Diesen sogenannten Patow'schen Ausgleich hatte Weber im Bundesrat des Zollvereins in Absprache mit dem bayerischen Handelsminister akzeptiert, nachdem die Münchner Regierung der Halbierung des Roheisenzolles zugestimmt hatte, nur um die Tarifrevision nicht scheitern zu lassen. Lediglich der württembergische Bevollmächtigte Spitzemberg beharrte auf seinem ursprünglichen Standpunkt und lehnte den Kompromißantrag ab[472].

In der Schlußdebatte des Zollparlamentes trugen sich nur bayerische Abgeordnete in die Rednerliste ein, die für die Annahme des Tarifes eintraten. Das Gremium akzeptierte schließlich in einer Vorabstimmung den Vorschlag des Bundesrates mit 183 zu 91 Stimmen bei einer Enthaltung; die bayerischen Ultramontanen lehnten ihn geschlossen ab[473]. Bei der Schlußabstimmung am 7. Mai 1870 erzielte der Gesetzentwurf zur Abänderung des Vereinszolltarifes ein noch ansehnlicheres Ergebnis: Die Abgeordneten nahmen den Kompromiß mit 179 zu

---

[467] BayHStAM, MA 2650 (Bericht Perglas Nr. 165, 21.4.1870).
[468] BayHStAM, MH 9700 bzw. MA 63.254 (Abschlußbericht Webers über die Tätigkeit des Zollbundesrats, 12.6.1870).
[469] BayHStAM, MA 2650 (Bericht Perglas Nr. 165, 21.4.1870). Deshalb beantragten die Parlamentarier des Zollparlamentes beim Zollbundesrat, zukünftig mehr darauf zu achten, daß sich die Sitzungsperioden zwischen Landtagen und Zollparlament nicht mehr überschnitten: Berichte Zb 2, § 100 der 7. Sitzung, 19.6.1869. Berichte Zp 3, 6. Sitzung, 29.4.1870, 39–58. Gesetzentwurf: Berichte Zp 3, Aktenstücke No. 6, 21–59.
[470] BayHStAM, MA 2650 (Bericht Perglas Nr. 181, 5.5.1870).
[471] Aktenstück Nr. 27 der Anlagen zum Zp 3, 84. Der Kompromiß wurde nach dem Antragsteller Erasmus Robert Frhr. von Patow „Patow-Antrag" genannt: BayHStAM, MH 9700 bzw. MA 63.254 (Abschlußbericht Webers über die Tätigkeit des Zollbundesrats, 12.6.1870).
[472] BayHStAM, MA 2650 (Bericht Perglas Nr. 186, 9.5.1870); BayHStAM, MH 9700 (Kabinettssekretär Eisenhart an Ludwig II., 17.5.1870).
[473] Berichte Zp 3, 12. Sitzung, 6.5.1870, 220–222.

65 Stimmen an[474]: Erhöhung des Kaffeezolles auf 5 Tlr 25 Sgr bei gleichzeitiger Ermäßigung des Reiszolles von 1 Tlr auf ½ Tlr und des Roheisenzolles von 5 Sgr auf 2 ½ Sgr. Auf eine Ermäßigung der Baumwollabgaben wurde verzichtet: Nationalliberale und Konservative hatten also ihre bestehenden Differenzen überwunden und zu einem Kompromiß gegen die „Süddeutsche Fraktion" und die Fortschrittspartei gefunden. Die Schutzzöllner wurden dadurch besänftigt, daß der Baumwollzoll nicht angetastet und nur die Abgaben auf Eisen und Reis vermindert wurden. Probleme bereitete jedoch der Einnahmeausfall infolge der Zollsenkungen, dessen Ausgleich durch die Einführung eines gemeinsamen Petroleumzolles am Widerstand der Parlamentsmehrheit genauso scheiterte wie eine drastische Erhöhung der Tabaksteuer.

Wie erleichtert Preußen trotzdem über diesen Erfolg in der Zolltariffrage war, zeigt die Schlußrede des preußischen Königs zur Beendigung des Zollparlamentes am 7. Mai 1870, in der er die Revision des Tarifes als wichtigste Errungenschaft der letzten Legislaturperiode hervorhob[475]. Diesem Urteil schloß sich die bayerische Regierung im wesentlichen an. Die bayerische Wirtschaft profitierte nicht nur von der Beseitigung der Eingangszölle auf Nahrungsmittel (Schlachtvieh und frisches Fleisch), sondern auch von den Zollermäßigungen in anderen Bereichen, wie beispielsweise bei den Eisenzöllen. Weber wies stolz darauf hin, daß „durch die jetzige Tarifrevision (...) ungefähr 3–400 Artikel des amtlichen Waarenverzeichnisses zollfrei"[476] wären und eine große Anzahl ermäßigt würde. Damit war man ein wichtiges Stück bei der angestrebten Einführung von Finanzzöllen vorangekommen. Im Juli 1870 trat der bayerische Staatsrat zur Aussprache über den Zollvereinstarif zusammen[477]. Pfretzschner wies auf die Bedeutsamkeit des neuen Tarifes für die bayerische Wirtschaft hin, nicht zuletzt, „da das Scheitern derselben die bestehende Vereinsführung diskreditirt und die Lebensfähigkeit der neuen Organisation in Frage gestellt haben würde"[478]. Darüber hinaus bewerteten die Staatsräte den neuen Zollvereinstarif als „wichtigen Fortschritt auf dem wirthschaftlichen Gebiethe"[479].

---

[474] Am Ende stimmten von den bayerischer Abgeordneten elf mit Ja und 13 mit Nein, einige der patriotischen Abgeordneten hatten sich entschuldigt und an der Abstimmung nicht teilgenommen: zum Abstimmungsverhalten der bayerischen Parlamentarier: SCHMIDT, Zollparlament, 411–413.
[475] BayHStAM, MA Gesandtschaft Berlin 1040 (Schlußrede zur Beendigung der Session des Zollparlaments, 7.5.1870). Am 14.5.1870 wurde der neue Tarif im Zollbundesrat angenommen: Berichte Zb 3, §54 der 6. Sitzung.
[476] BayHStAM, MH 9700 bzw. MA 63.254 (Abschlußbericht Webers über die Tätigkeit des Zollbundesrats, 12.6.1870).
[477] BayHStAM, Staatsrat 1199 (Sitzung vom 28.7.1870). Anwesend waren AM von Bray-Steinburg, FM von Pfretzschner, HM von Schlör, JM und IMKS von Lutz, IM von Braun sowie die Staatsräte Fischer, Bomhard, Pfistermeister, Daxenberger, Schubert, Frhr. von Lobkowitz.
[478] BayHStAM, Staatsrat 1199 (Sitzung vom 28.7.1870).
[479] Ebd. Der neue Zolltarif ist veröffentlicht: Gesetzblatt für das Königreich Bayern 13 (4.8.1870), in: BayHStAM, MH 9700: „Königliche Declaration, das Zollvereinsgesetz wegen Abänderung des Vereinszolltarifs vom 1.7.1865 betr.".

Delbrück sah während der letzten Session 1870 die Zukunft des Zollparlamentes in einem düsteren Licht: Bismarck hatte sich zurückgezogen und die Leitung des Gremiums ganz seinem handelspolitischen Leiter überlassen[480]: „Schon bei dem Schluß der letzten Session des Zollparlamentes hatte ich mich mit Besorgnis gefragt, was aus dieser Institution werden solle, nachdem der Stoff für ihre gesetzgeberische Tätigkeit vollständig erschöpft, und alle Handelsverträge von Bedeutung erledigt waren". Die Ereignisse des Jahres 1871 machten eine weitere Zusammenkunft des Zollparlamentes hinfällig.

---

[480] DELBRÜCK, Erinnerungen 2, 412.

V. POLITISCHE ENTSCHEIDUNGEN UND WIRTSCHAFTLICHE VERHÄLTNISSE

1. Wirtschaftspolitische Entscheidungen der bayerischen Könige im Überblick

a) König Maximilian II. und der preußisch-französische Handelsvertrag von 1862

Maximilian II. war kein Anhänger des zeremoniellen Hoflebens, respektierte aber die strenge Etikette, seine Entscheidungen wurden jedoch weit mehr von seiner professoralen und bürokratischen Umgebung beeinflußt[1]. Neben dem bayerischen Ministerratsvorsitzenden Ludwig von der Pfordten[2] war der Nationalökonom Friedrich Benedikt Wilhelm von Hermann, dessen Kompetenz auch seine Zeitgenossen uneingeschränkt anerkannten, einer der wichtigsten Berater des Königs in volkswirtschaftlichen Fragen[3]. Darüber hinaus bat der Monarch Wilhelm Doenniges immer wieder um Gutachten[4]. Doenniges wurde 1855 in den Ruhestand versetzt, da er sich immer mehr zu einem preußenfreundlichen außenpolitischen Berater entwickelt hatte[5]. Ab diesem Zeitpunkt umgab sich Maximilian fast ausschließlich mit Personen, deren großdeutsche Haltung seine politischen Entscheidungen maßgeblich beeinflußten; aber gerade Hermann übersah selten die volkswirtschaftlichen Spielräume der bayerischen Regierung. So wies er beispielsweise 1860 – obwohl ohne Zweifel österreichfreundlich – auf die darniederliegende Wirtschaft der Donaumonarchie hin: Die dortige Staatsverschuldung

---

[1] BRUNNER, Hofgesellschaft, 354–355. Zur Person *König Maximilians* siehe u.a. DIRRIGL, Michael, Maximilian II. König von Bayern 1848–1864, 2 Bde, München 1984; König Maximilian II. von Bayern 1848–1864, hg. vom HAUS DER BAYERISCHEN GESCHICHTE, Rosenheim 1984; SING, Achim, Die Memoiren König Maximilians II. von Bayern 1848–1864. Mit Einführung und Kommentar (Schriftenreihe zur Bayerischen Landesgeschichte 112), München 1997. Zur Bewertung Maximilians: HANISCH, Manfred, Für Fürst und Vaterland. Legitimitätsstiftung in Bayern zwischen Revolution 1848 und deutscher Einheit, München 1991, 71–78 (dort auch eine Kritik zur Biographie Dirrigls).
[2] Zu *von der Pfordten* als Berater Maximilians in wirtschaftspolitischen Fragen siehe Kapitel V.2.a) *Die leitenden Minister: Ludwig von der Pfordten (1849–1859 und 1864–1866)* (S. 224).
[3] BRUNNER, Hofgesellschaft, 258. Zu *Friedrich Benedikt Wilhelm von Hermann* siehe die Kapitel II.3.a) *Die Zollunionspläne Österreichs und das Scheitern der Dresdner Konferenzen* (S. 44) und III.2.a) *Die Ablehnung des preußisch-französischen Handelsvertrages durch Bayern* (S. 92).
[4] GHAM, Kabinettsakten Maximilian II., No. 77b (Doenniges an Maximilian II., 22.3.1852).
[5] RUDSCHIES, Gesandten, 165. Doenniges war dennoch nach 1855 als persönlicher Berater Maximilians und als bayerischer Delegierter noch bei Sondermissionen tätig.

betrug den Berechnungen Hermanns zufolge 100 fl pro Kopf, in Bayern dagegen nur 48 fl und in Preußen 25 fl[6]. Diese Zahlen ließen aus wirtschaftlichen Gesichtspunkten einen engeren Anschluß an Österreich nicht ratsam erscheinen. Tatsächlich stützt die Haltung Hermanns und auch einiger weiterer Mitarbeiter Maximilians in der Deutschen Frage, die zwischen Preußen und Österreich lavierten, die These von Manfred Hanisch, „die bayerische Regierung [wäre] nicht aus reinem Herzen großdeutsch eingestellt" gewesen[7]. So ist auch bei König Maximilian in wirtschaftspolitischen Fragen zu erkennen, daß seine Haltung zur Deutschen Frage unter Berücksichtigung des Erhaltes des wirtschaftlichen Bandes nicht so dezidiert großdeutsch war, wie allgemein angenommen wird.

König Maximilians Interesse für wirtschaftliche und wirtschaftspolitische Aspekte sind bekannt[8]. Zur Prävention von Unruhen sollten die materiellen Lebensumstände der Bevölkerung mit Hilfe der Armenfürsorge sowie der Schaffung günstiger Rahmenbedingungen für Industrie und Gewerbe gehoben werden. Daneben widmete er sich der Förderung der Landwirtschaft, in der Maximilian die Grundlage des „Nationalwohlstandes" sah[9]. Der Monarch strebte die Erhaltung, aber auch die Erweiterung des Zollvereins genauso an wie den Ausbau der Verkehrswege und deren Befreiung von Zollabgaben[10]. Maximilian war sich dabei sehr wohl bewußt, daß Bayern als Binnenland des Deutschen Zollvereins weniger vom „großen Handel" profitierte, und deshalb seinen Einfluß auf den Zwischen- und Durchfuhrhandel stärker geltend machen mußte. Infolgedessen hatten die Regierungsvertreter in allen wirtschaftspolitischen Angelegenheiten auf die Einbeziehung Österreichs zu achten. Bereits Anfang der 1850er Jahre plädierte König Maximilian außerdem für die Einführung einer einheitlichen deutschen Handelsgesetzgebung.

Aufgrund seines dezidierten Interesses an wirtschaftspolitischen Zusammenhängen, ist es nicht überraschend, daß Maximilian die „erste Zollvereinskrise" zwischen 1851 und 1853 genauer verfolgte[11]. Für Maximilian II. standen bei den Streitigkeiten um die Annahme des preußisch-französischen Handelsvertrages zunächst wirtschaftliche Argumente im Vordergrund, zumal er eine Reform des gültigen Zolltarifes für unbedingt notwendig hielt. Eine Neugestaltung sollte aber nach seinen Vorstellungen unabhängig von der Annahme des Abkommens auf einer einzuberufenden Generalzollkonferenz beraten werden. Aufgrund seines

---

[6] GHAM, Kabinettsakten Maximilian II., No. 33j (Gutachten Hermanns, 8.2.1860). Siehe zur politischen Einstellung Hermanns auch dessen Korrespondenz in: GHAM, Kabinettsakten Maximilian II., No. 33k.

[7] HANISCH, Fürst, 73.

[8] Siehe dazu beispielsweise die Ethnographie Bayerns, die im Auftrag des Kronprinzen anfertigt wurde: RATTELMÜLLER, Paul E. (Hg.), Joseph Friedrich Lentner: Bavaria. Land und Leute im 19. Jahrhundert in Oberbayern, 2 Bde, München 1988. Des weiteren fand 1854 eine internationale Industrieausstellung im Münchner Glaspalast statt.

[9] BayHStAM, MH 5105 (kgl. Handschreiben an Pfordten, 4.2.1852). Dazu auch die zahlreichen kgl. Handschreiben aus den Jahren 1852/53: BayHStAM, MH 5105.

[10] Ebd. (Beilage zum kgl. Handschreiben, 4.2.1852).

[11] Zahlreiche Anfragen Maximilians in dieser Frage: GHAM, Kabinettsakten Maximilian II., No. 26. Zu dieser Krise siehe Kapitel II.3. *Der deutsche Zollverein bis zum Abschluß des preußisch-österreichischen Handelsvertrages von 1853* (S. 44).

Wankelmutes, seiner Launenhaftigkeit und Willensschwäche[12] zögerte der König jedoch ein endgültiges Votum für oder gegen den Handelsvertrag zwischen Preußen und Frankreich lange hinaus, obwohl er sich von Anfang an der Gefahren sowohl einer Verzögerung der Angelegenheit als auch einer Ablehnung bewußt war[13]: Die Verschleppung des königlichen Entschlusses konnte Preußen einerseits in der Annahme bestärken, die bayerische Regierung würde dem Abkommen stillschweigend zustimmen, eine Ablehnung andererseits hätte die Sprengung des Zollvereins zur Folge gehabt. In diesem Falle, so Maximilian II, wäre für die süddeutschen Staaten nur die Möglichkeit einer ungünstigen Zolleinigung mit Österreich übriggeblieben, in der sich die Zolleinnahmen auf 2/5 der bisherigen Gelder reduziert hätten. Dabei konnte sich Bayern – und das wußte auch der König – der Unterstützung Hannovers, Badens und Württembergs nie sicher sein; ein Zollverband ohne diese Staaten wäre jedoch sinnlos gewesen. Deshalb befürchtete Maximilian für Bayern bei einer Absage an den preußisch-französischen Vertrag die „größte Abhängigkeit von Österreich", was sich bei einer Anlehnung an Preußen nicht unbedingt ergeben müßte. Trotz dieser ungünstigen Folgen für die bayerische Wirtschaft lehnte er Anfang August den preußisch-französischen Handelsvertrag in dessen Fassung vom März 1862 ab und wies seine Minister erst Ende September dieses Jahres in einem persönlichen Handschreiben an, über den Fortgang in der Zollvereinsfrage genauer unterrichtet zu werden[14]. Schrenck hatte also bei seinem König ungeachtet aller Vorbehalte die Ablehnung des Handelsabkommens durchsetzen können[15]. Basierend auf der Triasidee wollten weder Schrenck noch Maximilian II. ihre Pläne zur Einbeziehung Österreichs in einen gemeinsamen wirtschaftlichen Verband früher als notwendig aufgeben[16].

Maximilian II. war sich darüber im klaren, daß Bayern und Württemberg den Kampf gegen die Anerkennung des Handelsvertrages und damit die Wahrung ihrer staatlichen Selbständigkeit nur dann gewinnen konnten, wenn die „deutschen Mittelstaaten (...) fest und einig sind"[17]. Deshalb verlangte der Monarch bei allen Gesprächen eine enge Zusammenarbeit mit Württemberg sowie Hessen-Darmstadt und bedauerte gleichzeitig das frühe Ausscheiden Sachsens aus der Phalanx der süddeutschen Staatengruppe[18].

Mitte 1863 beurteilte Maximilian II. die handelspolitische Situation Bayerns als kritisch, zumal er feststellen mußte, daß die süddeutschen Staaten und auch Hannover keineswegs so standhaft waren wie erhofft[19]. Die Vorstellungen des

[12] SING, Memoiren, 31–43.
[13] Das Resümee Maximilians über seine Haltung zum Handelsvertrag vom 31.7.1862: GHAM, Kabinettsakten Maximilian II., No. 26. Siehe dazu ausführlich Kapitel III.2.b) *Die Ablehnung des preußisch-französischen Handelsvertrages durch Bayern* (S. 92).
[14] BayHStAM, MH 11.968 (kgl. Handschreiben, 29.9.1862).
[15] Siehe dazu Kapitel III.3. *Die Verlängerung des Zollvereins 1864/1865* (S. 120).
[16] BayHStAM, MH 9748 (kgl. Signat, 28.10.1862).
[17] BayHStAM, MH 9749 (kgl. Handschreiben, 29.3.1863).
[18] BayHStAM, MH 9748 (kgl. Signat, 30.12.1862) bzw. ebd. (kgl. Handschreiben, 31.12.1862).
[19] GLASER, Zwischen Großmächten, 171, deutet dieses Umschwenken Maximilians als „Entschlußlosigkeit", die sich negativ auf die Handlungsfähigkeit der Regierung ausgewirkt habe.

Monarchen von einem „mittelstaatlichen Zollverein" mit Bayern, Württemberg, Hannover, Hessen-Darmstadt, Kurhessen, Nassau, Braunschweig, Oldenburg und schließlich auch mit Baden besaßen allerdings zu keinem Zeitpunkt eine reelle Chance auf Realisierung. Die endgültige Entscheidung über die Haltung des bayerischen Staates zum preußisch-französischen Zoll- und Handelsvertrag, folglich in der Zollvereinsfrage ganz allgemein und nicht zuletzt über eine engere Anlehnung an Preußen unter Zurücksetzung Österreichs mußte freilich erst sein Sohn Ludwig II. treffen; Maximilian II. starb vor Beendigung der Berliner Konferenzen im Frühjahr 1864.

b) König Ludwig II. und die bayerische Wirtschaftspolitik bis zur Reichsgründung

König Ludwig II. zeigte sich in den ersten Jahren nach seiner Thronübernahme außergewöhnlich interessiert an allen Fragen, die den Zollverein betrafen, so daß in diesem Falle Forschungsaussagen revidiert werden müssen, die schon den jungen bayerischen König als „krankhaft zwiespältig, romantisch verführt, zu politischer Entscheidung unfähig" bezeichnen[20]; Ludwigs ausführliche Signate zu wirtschaftspolitischen Problemen der Jahre 1864 bis 1867 sprechen hier eine ganz andere Sprache.

Ludwig II. schlug gegenüber seinem Vater eine neue Richtung in der Zollvereinspolitik ein, da er der Überzeugung war, daß Bayern gegen Preußen einen nutzlosen Kampf führte[21]. Infolgedessen wies der König seinen leitenden Minister von Schrenck zurecht, als er aufgrund der ministeriellen Politik befürchten mußte, unter den süddeutschen Staaten ins Abseits zu geraten. Einen Austritt aus dem Zollbund lehnte der König zu jedem Zeitpunkt ab. Sein offensichtliches Interesse an dem Resultat der Zollvereinsfrage spiegelt sich in vielen, sehr umfangreichen Signaten und einzelnen Handschreiben wider, die zwischen Mai und September 1864 immer wieder die Aufforderung nach gründlicherer Berichterstattung enthielten[22]: „Mein lieber Herr Staatsminister Freiherr von Schrenk. Ihrem Antrag vom 2ten d. Mts. ‚die Zoll- und Handelsverhältnisse betr.' habe Ich eingesehen. Derselbe enthält eine recht gut gearbeitete Überschau über den bisherigen Gang der Verhandlungen und ist deshalb von Mir zu eigenem Gebrauche zurückbehalten worden, während die Beilagen des genannten Antrages hier zurückfolgen. Bei der großen Wichtigkeit der Angelegenheit, und da Ich über dieselbe stets genau unterrichtet sein möchte, spreche Ich den Wunsch aus, es möge (...) über jede einigermassen bedeutende Maßregel, wie es z.B. die Ablehnung einer Beschickung der Conferenz in Berlin war, *vor* deren Ausführung an Mich Bericht erstattet werden." Erst als Bayern keine andere Wahl mehr blieb und alle preußischen Forderungen als Gegenleistung für die Verlängerung des

---

[20] BOSL, Mittelstaaten, 671. Nach HESSE, Horst, Die sogenannte Sozialgesetzgebung Bayerns Ende der sechziger Jahre des 19. Jahrhunderts (MBM 33), München 1971, 312, hatte der junge, unerfahrene König auch kein Interesse an innenpolitischen Entscheidungen. Wesentlich objektiver und differenzierter dagegen die Persönlichkeitsbeschreibung bei: LIEBHART, Bayern, 190–194.
[21] FRANZ, Entscheidungskampf, 365 und DERS., Kampf, 151–152.
[22] BayHStAM, MH 9693 (Kgl. Handschreiben an AM, Schloß Berg, 18.5.1864). Dort auch weitere umfangreiche Signate und Handschreiben.

Zollvereinsvertrages akzeptieren mußte, begann Ludwig, launenhaft zu wanken und immer neue Konzessionen für Bayern zu fordern[23].

Nach der Niederlage im deutsch-deutschen Krieg 1866 und den anschließenden Verhandlungen um eine Reform des Zollvereins schaltete sich Ludwig II. in die wirtschaftspolitischen Entscheidungen seiner Minister ein. Der König wehrte sich in „entschiedenster Weise" und „strengstens" gegen den Eintritt in den Norddeutschen Bund und hielt selbst die Errichtung eines – wie auch immer gearteten – Parlamentes für bedenklich, so daß er dieses „vermieden haben möchte"[24]. Ludwig fürchtete mehr noch als 1864 die Beschneidung seiner Souveränität. In diesem wichtigen Stadium der Deutschen Frage wurde sogar der alternde König Ludwig I. in die Entscheidungsfindung einbezogen[25]. Dieser unterstützte seinen Enkel in der Haltung, sich engerer Verträge mit dem Norddeutschen Bund zu widersetzen und trat statt dessen für einen Ausgleich zwischen Österreich und Preußen ein, „weil nur darin allein der Keim für eine glückliche Zukunft Teutschlands zu finden"[26] wäre.

Noch im Vorfeld der Berliner Konferenzen vom Juni 1867 widmete Ludwig II. den Beratungen über die zukünftige Verbindung der süddeutschen Staaten zum Norddeutschen Bund größte Aufmerksamkeit[27]. Er wünschte nachdrücklich, daß besonders auf die badische Regierung keine Rücksicht genommen werde, da für diese der Anschluß an den Norddeutschen Bund eine bereits beschlossene Sache wäre. Der Ministerratsvorsitzende Hohenlohe ignorierte jedoch diese Anordnung und schloß Baden erst einige Wochen später von den Gesprächen mit Württemberg aus[28]. Zu diesem Zeitpunkt konnte sich Ludwig II. der Tatsache freilich nicht mehr verschließen, daß es für Bayern, wenn auch mit „schmerzlichem Bedauern"[29] keine andere Alternative zum Zollverein gab; die Ablehnung einer Neugestaltung des Zollbundes mit einem Zollparlament und einem Zollbundesrat ohne bayerisches Vetorecht war unmöglich geworden. Daher unterschrieb der Monarch Mitte Juni 1867 ohne Verzögerung die vorgelegten Verträge[30] und setzte anschließend seine königliche Autorität für die Durchsetzung der Abkommen im bayerischen Landtag ein. Da die Zustimmung der Ersten Kammer vorübergehend ungewiß war, reiste Ludwig persönlich nach München und wies seine Familienmitglieder im Reichsrat an, den Zollvereinsverträgen vom Juli 1867 zuzustimmen[31]. König Ludwig II. hatte sich also den Empfehlungen seiner Mit-

---

[23] BayHStAM, MH 9693 (kgl. Handschreiben an AM, 24.9.1864).
[24] BayHStAM, MA 624 (kgl. Signat, 11.4.1867 auf das Schreiben AM an Ludwig II., 31.3.1867).
[25] Beispielsweise: ebd. (AM an Ludwig II., Abschrift für Ludwig I., 22.5.1867 und dessen Rückantwort, 30.5.1867).
[26] Ebd. (Ludwig I. an AM, 30.5.1867).
[27] Siehe dazu die zahlreichen und umfangreichen Signate Ludwigs: ebd.
[28] Ebd. (AM an Ludwig II., 19.7.1867).
[29] BayHStAM, MH 9701 (kgl. Signat, 11.6.1867). Siehe dazu ausführlich das Kapitel IV.1.b) *Die Neuordnung des Zollvereins 1866/1876: Die Zollvereinsverträge von 1867* (S. 160).
[30] BayHStAM, MH 9701 (Telegramm des AM, 17.6.1867).
[31] Siehe dazu Kapitel IV.2.a) *Die Ratifizierung der Zollvereinsverträge im bayerischen Landtag* (S. 166).

arbeiter im Staatsministerium des Handels und der öffentlichen Arbeiten angeschlossen und sich gegen die großdeutsch gesinnten Berater seines Vaters durchgesetzt. Zu letzteren gehörte auch Friedrich von Hermann, der den Abschluß des Vertrages mit dem Norddeutschen Bund aufgrund der politischen Komponente ablehnte, obwohl dieser „zwar im Wesentlichen, materiell betrachtet, eine Fortsetzung der früheren Zollvereinsverträge ist, allein formal im Artikel 3 eine Gemeinschaft der Gesetzgebungs- und Verwaltungs-Einrichtungen zwischen den vertragenden Theilen verabredet"[32].

Erst als 1867 die Entscheidung endgültig zugunsten Preußens gefallen war, flaute das Interesse des bayerischen Königs an wirtschaftspolitischen Regierungsgeschäften ab. Seine einstmals umfangreichen Signate wurden kürzer und beschränkten sich schließlich auf ein formloses „eingesehen"[33]. Gleichzeitig zog er sich aus dem handelspolitischen Tagesgeschehen mehr und mehr zurück und beschränkte sich auf die Wahrung seiner Souveränitätsrechte. Obwohl Ludwig noch 1868 über einzelne wirtschaftspolitische Entscheidungen „nähere Aufklärung"[34] und Berichte anforderte, gewannen nun Personen aus seinem unmittelbaren Umfeld größeren Einfluß auf die königlichen Entschlüsse, beispielsweise der Kabinettssekretär Franz Seraph von Pfistermeister[35] und später Oberststallmeister Graf Maximilian von Holnstein[36]. Das sich steigernde Desinteresse des Königs bestätigte auch der preußische Gesandte in München, Graf von Werthern, datierte jedoch den Zeitpunkt für Ludwigs Rückzugs schon auf das Jahr 1866. Werthern berichtete Bismarck, daß sich der bayerische Monarch mehr und mehr von den tagespolitischen Ereignissen zurückzog, unberechenbarer wurde und notwendige Entscheidungen weitgehend seinen Ministern und Vertrauten überließ[37].

Angesichts der Aussschreitungen im Zusammenhang mit den Zollparlamentswahlen im Februar 1868 entwickelte der bayerische Monarch trotzdem noch einmal politische Eigeninitiative. Ludwig zeigte sich über die Vorgänge sehr verärgert und wies seinen Innenminister an, „vorzüglich (...) über die wichtigeren Vorgänge, über die Beweggründe der einzelnen Bestrebungen und über die angewandten Mittel unterrichtet [zu werden], um einen höheren Einblick in die Verhältnisse zu gewinnen"[38]. Seine Signate zu dem nun wieder regelmäßig statt-

---

[32] BayHStAM, MA 63.247 (Separate Äußerung des k. Staatsraths von Hermann aus Anlaß der Beratung vom 26. November 1867 über die anzuregende Vorbereitung der bei der nächsten Pariser Münz-Konferenz zu stellenden Anträge der deutschen Staaten, 28.11.1867).

[33] BayHStAM, MA 77.100 (AM an Ludwig II., 15.5.1867 und kgl. Signat, 20.5.1867).

[34] BayHStAM, MInn 66.318.

[35] *Franz Seraph von Pfistermeister* (1820–1912): 1849–1866 königlicher Sekretär; wurde 1866 aus dem unmittelbaren königlichen Dienst aufgrund seiner Opposition gegen Richard Wagner entlassen; bis 1894/95 bayerischer Staatsrat.

[36] *Graf Maximilian von Holnstein* (1835–1895): seit 1866 Oberststallmeister, erblicher Reichsrat, 1884 Oberst à la suite. Holnstein ist nicht identisch mit dem gleichnamigen Graf Maximilian von Holnstein, der seit 1866 bei Ludwig II. als Flügeladjutant tätig war. Zu Holnstein zuletzt: LÖFFLER, Kammer, 411.

[37] PA Bonn, R 2700 (Werthern an Bismarck, 20.2.1868).

[38] BayHStAM, MInn 46.042 (Ludwig II. an IM., 15.2.1868).

findenden Rapport des Innenministeriums zeigen deutlich das Engagement Ludwigs[39]. Auch nach der Einberufung der neuen Zollvereinsgremien Bundesrat und Parlament wünschte der König weiterhin detaillierte Berichte über die Beratungen, „aus welchem Ich den Standpunkt, welchen Meine Regierung einnimmt, entnehmen kann"[40]. Außerdem wollte er „die Prinzipien (...) erfahren, auf welche die Verhandlungen [des Zollbundesrats] gegründet, welche Instructionen an den bayerischen Bevollmächtigten erteilt werden, u.s.w. (...)". Dennoch, ein königlicher Einfluß auf die Instruktionen an die Bundesratsbevollmächtigten ist nicht mehr zu erkennen. Einzig die Tatsache, daß beide Organe einer deutschen Einigung im Sinne Preußens keinen nachhaltigen Vorschub zu leisten vermochte, fand bei Ludwig äußerst positive Resonanz[41].

Die Gleichgültigkeit Ludwigs gegenüber politischen wie wirtschaftspolitischen Tagesereignissen steigerte sich mit der zunehmenden Integration Bayerns in den Norddeutschen Bund und erreichte mit der Reichsgründung ihren Höhepunkt. Der König konzentrierte sich nun ausnahmslos darauf, sich jeder nur möglichen Einschränkung seiner Souveränität zu widersetzen[42]. An den Diskussionen in Zollbundesrat und Zollparlament ist kaum ein königliches Interesse zu beobachten, im Zuge der Verhandlungen zur Reichsgründung in Versailles im Herbst und Winter 1870 beschränkten sich dann Ludwigs Forderungen auf unrealisierbare Gebietsforderungen und finanzielle Entschädigungszahlungen. Dabei konzentrierte sich Ludwig II. auf diplomatische und militärische Fragen, die wirtschaftliche Seite der Reichsgründung blendete er vollständig aus. So stellte Werthern Ende 1872 auch fest, „die feine Grenze zwischen Originalität & Verrücktheit verwischt sich immer mehr"[43]. Bereits zu diesem frühen Zeitpunkt wurde die Einsetzung einer Regentschaft in München thematisiert, die dann aber erst 1886 auch realisiert werden sollte.

2. Wirtschaftspolitisches Denken in der Reichsgründungszeit

a) Die leitenden Minister

Der Staatsminister des königlichen Hauses und des Äußern, in der Regel auch Vorsitzender im Ministerrat, stand bis 1866 gleichzeitig dem Ministerium des Handels und der öffentlichen Arbeiten vor und mußte aufgrund dieses Doppelamtes sowohl politische als auch wirtschaftspolitische Entscheidungen fällen. Dies geschah meist zum Nachteil der wirtschaftlichen Interessengruppen Bayerns, da sich den Ministern als ausgebildeten Juristen volkswirtschaftliche

---

[39] BayHStAM, MInn 66.318.
[40] BayHStAM, MH 9698 (kgl. Handschreiben an AM, HM, 23.7.1868). Das folgende Zitat ebenfalls aus diesem Schreiben.
[41] BayHStAM, MA 63.252 (kgl. Schreiben an AM, Abschrift, 9.8.1869).
[42] Dazu beispielsweise die Randbemerkung Ludwigs im Zusammenhang mit der Ausgabe von Reichskassenscheinen: BayHStAM, MA 76.980 (Randbemerkung, 31.5.1873).
[43] Über das bayerische Königshaus: PA Bonn, R 2706 und 2707, hier zit. aus einem Brief Wertherns an Bismarck vom 12.11.1872: PA Bonn, R 2707.

Zusammenhänge nur schwer erschlossen, und sie aus diesem Grunde meist aus rein politischen Erwägungen ihre Anordnungen gaben. Nicht zuletzt deshalb versuchten sie immer wieder, die politischen Entscheidungen von den volkswirtschaftlichen zu trennen: Sie übergingen zwar nicht die eingesandten Gutachten und Expertisen der Wirtschaftsverbände und Handelskammern, verlangten sogar nachdrücklich deren Stellungnahmen, ließen sich aber dann doch meist von politisch oder traditionell motivierten Sympathien leiten. So standen ihre Ansichten oftmals gegen die der Mitarbeiter im Handelsministerium, die eine Auflösung des Zollvereins als den wirtschaftlichen Ruin des bayerischen Staates bezeichneten – eine Ansicht, die sich selbst bei dem großdeutsch orientierten Personal durchgesetzt hatte. Darüber hinaus fielen trotz der Gründung des Staatsministeriums des Handels und der öffentlichen Arbeiten 1848 weiterhin wirtschaftlich und finanzpolitisch motivierte Entscheidungen in das Außenressort, da es für die Beziehungen zum Deutschen Reich und auch zu ausländischen Staaten zuständig war[44]. Die enge Verknüpfung zwischen Deutscher Frage und Zollvereinsproblematik machte deshalb nach der Abschaffung der Personalunion von Außen- und Handelsminister eine umfassende Absprache notwendig.

Ludwig Freiherr von der Pfordten (1849–1859 und 1864–1866)

Die Einschätzung der Politik von der Pfordtens fällt in der Forschung unterschiedlich aus. Während er auf der einen Seite als „außerordentlich beweglicher und ideenreicher Kopf"[45] beurteilt wird, der unter anderen Umständen Bismarck durchaus Paroli hätte bieten können, scheiterte er nach anderer Sichtweise an seinen zahlreichen politischen, vor allem wirtschaftspolitischen, Fehleinschätzungen[46]. Anders als die Minister in Sachsen und Baden fiel von der Pfordten 1866 jedoch nur zum geringeren Teil den äußeren politischen Umständen zum Opfer, wenngleich Österreich tatkräftig an der Ablösung des bayerischen Ministers mitgearbeitet hatte[47]. Sein Fall resultierte vielmehr aus einer persönlichen Entscheidung des bayerischen Königs Ludwig II., dem die „groben Oberlehrermanieren" des Ministers, der ihn 1865 zur Verbannung Richard Wagners aus München gezwungen hatte, zuwider waren[48]. Pfordten trug als bayerischer Außenminister weder die Verantwortung für die Verträge zur Zollvereinsverlängerung von 1864 noch für die Umgestaltung des Zollbundes von 1867: Die Entscheidung 1864 war auf sein Drängen hin zum Zeitpunkt seines Amtsantrittes

---

[44] Zum Aufgabenbereich des AM: SCHAPER, Uwe, Krafft Graf von Crailsheim. Das Leben und Wirken des bayerischen Ministerpräsidenten (Nürnberger Werkstücke zur Stadt- und Landesgeschichte 47), Nürnberg 1991, 85–86. HENTSCHEL, Volker, Deutsche Wirtschafts- und Sozialpolitik 1815–1945, Königstein 1980, 24, geht dagegen davon aus, daß Wirtschafts- und Sozialpolitik im Deutschen Bund nur sehr rudimentär existierte und von den Innenministerien mitbearbeitet oder in die Hand halbamtlicher Gewerbeinstitute gelegt wurde.
[45] GALL, Bismarck, 319.
[46] Siehe zu den Fehleinschätzungen Pfordtens vor allem Kapitel III.2. *Bayern zwischen Preußen und Österreich* (S. 92).
[47] FRANZ, Pfordten, 361–362.
[48] SCHIEDER, Festschrift Bußmann, 364. Zur Entlassung Pfordtens: FRANZ, Pfordten, 393–398; zu Pfordten nach 1866: ebd., 399–410.

bereits gefallen, die maßgeblichen Verhandlungen in der Zollvereinsfrage nach dem deutsch-deutschen Krieg begannen erst nach seiner Entlassung. So blieben ihm grundlegende Entscheidungen in wirtschaftspolitischen Angelegenheiten erspart.

Ludwig Karl Heinrich Freiherr von der Pfordten, geboren 1811 im bayerischen Salzachkreis, gestorben 1880, war protestantischer Abstammung[49]. Bevor er bei König Ludwig I. aufgrund seiner liberalen Grundhaltung in Ungnade fiel und nach Aschaffenburg an das Appellationsgericht versetzt wurde, bekleidete er nach seinem Jurastudium in Heidelberg das Amt eines ordentlichen Professors der Rechte an der Universität Würzburg. Im Jahre 1848 berief ihn der sächsische König zu einem seiner sogenannten Märzminister. In dieser Tätigkeit fiel er dem bayerischen König Maximilian II. als vermittelnder Politiker auf, obwohl ihn Herkunft, Konfession und seine liberale Grundhaltung für das Amt eines bayerischen Staatsministers des Königlichen Hauses und des Äußern nicht gerade prädestinierten. Als Pfordten in Sachsen an dem Versuch scheiterte, die Hegemonialansprüche Preußens gegenüber den Mittelstaaten einzudämmen, holte ihn Maximilian am 18. April 1849 für die nächsten zehn Jahre nach München, wo er das Amt des bayerischen Außenministers sowie des Vorsitzenden im Ministerrat[50] übernahm. Außerdem stand er in Personalunion auch dem Staatsministerium des Handels und der öffentlichen Arbeiten vor[51]. Gerade seine Bemühungen, in der Deutschen Frage den Einfluß der Mittelstaaten zu stärken und einen Kompromiß für die Reform des Deutschen Bundes zu finden, der sowohl für Preußen als auch für Österreich akzeptabel war, hatten den bayerischen König auf von der Pfordten aufmerksam werden lassen, da damit die Bedeutung der kleineren deutschen Staaten gestärkt worden wäre. Von der Pfordten hoffte, diese Politik von München aus erfolgreicher führen zu können als von Dresden[52].

Während der Berliner Verhandlungen 1852 stieß von der Pfordten zum ersten Mal mit seiner dezidierten Triaspolitik auf vehementen Widerstand im gesamten bayerischen Lager, so auch bei den Beratern Maximilians II.[53]. Bei der „ersten Zollvereinskrise" hatte der Minister zu lange auf der Seite Österreichs gestanden und damit den Ausschluß Bayerns aus dem Zollverein riskiert[54]. Die Situation spitzte sich so zu, daß er Anfang Mai 1852 mit seiner Entlassung rechnete. Der Minister legte jedoch sein Amt erst 1859 nieder und ging als bayerischer Gesandter am deutschen Bundestag nach Frankfurt, ohne dadurch seinen Einfluß

---

[49] Zu *Ludwig Frhr. von der Pfordten* ausführlich und noch immer grundlegend, wenn er auch im Ganzen zu positiv dargestellt wird: FRANZ, Pfordten; zu seinen biographischen Daten im besonderen: 1–70. Darüber hinaus: DERS., Persönlichkeiten um Ludwig Frhr. v.d. Pfordten. Eine Untersuchung auf Grund neuer Quellen, in: ZBLG 12 (1939), 137–162.

[50] Der Vorsitz im Ministerrat wurde 1849 ins Leben gerufen, das Amt eines Ministerpräsidenten existierte in Bayern nicht.

[51] Siehe dazu Kapitel VI.3.b) *Das Staatsministerium des Handels und der öffentlichen Arbeiten 1848 bis 1871* (S. 285).

[52] GLASER, Zwischen Großmächten, 175.

[53] WERNER, Zollvereinspolitik, 136.

[54] Siehe dazu Kapitel II.3.c) *Der preußisch-österreichische Handelsvertrag von 1853 und die Beendigung der Zollvereinskrise* (S. 64).

auf die Entscheidungen König Maximilians einzubüßen[55]. Während der Gesandtenzeit hielt er an an seiner ursprünglichen Auffassung der Führungsposition Bayerns in Süddeutschland fest und sah deshalb in einer Zollvereinsauflösung die günstige Gelegenheit, einen süddeutschen Bund und Zollverein unter bayerischer Führung zu gründen[56]: „Die Trias ist wahrscheinlich die Zukunft Deutschlands, aber nur so, daß der Norden an Preußen, der Südwesten an Bayern fällt, und die ersten Anfänge dieser Zukunft werden sich wohl im Jahr 1864 zeigen, wo über die Erneuerung oder Auflösung des Zollvereins verhandelt werden muß." Die bayerische Regierung hielt – ausgehend von diesen Überlegungen – auch unter Pfordtens Nachfolger an der Vorstellung fest, unabhängig von Preußen und Österreich eine selbständige Wirtschaftspolitik betreiben zu können.

Während der Auseinandersetzungen um die Annahme des preußisch-französischen Handelsvertrages von 1862 wurde von der Pfordten von Maximilian II. wiederholt aufgefordert, in Expertisen und Gutachten seine Meinung vorzutragen bzw. offizielle Schreiben zu verbessern[57]. Dies verwundert, begründete doch der ehemalige Minister nur am Rande seine Ansichten mit volkswirtschaftlichen Argumenten und verurteilte deshalb den preußisch-französischen Handelsvertrag als einen „Akt gothaischer [=preußisch, kleindeutsch und antiösterreichisch, Anm. der Verf.] Politik, Österreich auszuschließen und das übrige Deutschland der preußischen Hegemonie zu unterwerfen, bis es zu völliger Mediatisierung wird"[58]. In einem 20seitigen Schriftstück legte er Ende Juli 1862 seine grundsätzlichen Bedenken ausführlich dar und wirkte damit nachhaltig auf die Leitlinien der Außenpolitik des bayerischen Königs ein[59]. Obwohl er den Zollverein und dessen Bestand als durchaus positiv darstellte, wird deutlich, daß ihm generell das notwendige Verständnis für volkswirtschaftliche Zusammenhänge fehlte; für ihn standen eindeutig politische Beweggründe im Mittelpunkt. So fürchtete der ehemalige bayerische Ministerratsvorsitzende primär die hegemonialen Bestrebungen Preußens, die sich seit der Amtsübernahme Bismarcks verstärkt hatten.

Als König Maximilian II. den Kampf gegen den preußisch-französischen Handelsvertrag schon aufgeben wollte, war es Pfordten, der mit mehreren eindringlichen Briefen und Berichten den Monarchen bei seiner ablehnenden Haltung hielt, dessen Zustimmung freilich nur hinauszögern konnte. Zu diesem Zweck bagatellisierte er das grundsätzliche Einverständnis von Industrie und Gewerbe, überging die Vorteile für die meisten Branchen und hob statt dessen die zu erwartenden Nachteile für den Textilbereich hervor. Pfordten hielt damit an seiner

---

[55] Dazu die Ausführungen bei: FRANZ, Kampf, 146–147.
[56] GHAM, Kabinettsakten Maximilian II. No. 27 (Pfordten an Pfistermeister, 2.10.1859). Pfordtens Denkschriften über die Zukunft des Deutschen Bundes: GHAM, Kabinettsakten Maximilian II. No. 34.
[57] FRANZ, Kampf, 130–134. Die Schreiben von der Pfordtens liefen dabei nicht selten nur über den persönlichen Kabinettsekretär des Königs, Pfistermeister, und wurden dem damaligen leitenden Minister Schrenck nicht vorgelegt.
[58] GHAM, Kabinettsakten Maximilian II. No 26 (Pfordten an Pfistermeister, 20.6.1862).
[59] Ebd.; FRANZ, Kampf, 134–139.

politisch motivierten Argumentation fest, bei der er erst in einem zweiten Schritt die Trennung von Preußen und damit vom Zollverein als nationalen Schaden wertete[60]. So verwundert es nicht, daß er seine ablehnende Haltung auch in diesem Fall nicht mit stichhaltigen volkswirtschaftlichen Motiven begründen konnte[61]: „Ich zweifle nicht daran, daß Herr von Bismarck die Auflösung des deutschen Zollbundes, die Trennung Deutschlands von Österreich und die Unterwerfung der deutschen Staaten unter Preußen anstrebt, soweit letzteres eben möglich ist, eventuell bis an die sogenannte Mainlinie. (...) Und er ist der Mann dafür, nicht bloß zu schwatzen, wie Radowitz[62], sondern auch zu handeln." Pfordten war von der möglichen „Mediatisierung Bayerns" so gefangen, daß seine Argumentation sich immer wieder nur um diesen Punkt drehte. Da Österreich aber keine akzeptable Alternative zum deutschen Wirtschaftsgebiet vorweisen konnte oder wollte, sah er bis 1866 den einzig möglichen Ausweg in einer Einigung Mittel- und Süddeutschlands.

Vor seiner zweiten Periode als bayerischer Außenminister von 1864 bis 1866 befürwortete von der Pfordten angesichts der Einigung zwischen Preußen und Österreich in der Schleswig-Holstein-Frage als letzten Ausweg den aktiven Austritt Bayerns aus dem Zollverein und dem Deutschen Bund[63]. Der Minister war in Verkennung der Tatsachen lange Zeit davon überzeugt, daß Preußen – genauso wie 1853 – mit der Auflösung des Zollvereins nur drohte, diesen Schritt aber niemals ernstlich ins Auge fassen würde. Dabei hätte es ihm nach der gütlichen Beilegung der Krise in Schleswig-Holstein klar sein müssen, daß Österreich auch aufgrund seiner wirtschaftlichen Verhältnisse in der Deutschlandpolitik kein zuverlässiger Partner mehr war[64]. Pfordten wich dennoch erst Schritt um Schritt zurück, als es nicht mehr zu ignorieren war, daß Bismarck keine weiteren Zugeständnisse machen würde. Er gab schließlich seine unnachgiebige Haltung gegen den preußisch-französischen Vertrag auf, um aus einer gesicherten wirtschaftspolitischen Stellung in Deutschland heraus, die Triaspolitik wieder zu beleben.

Als von der Pfordten um die Jahreswende 1864/1865 erneut das Amt des leitenden Ministers übernahm, war die Frage der Zollvereinsverlängerung und damit die Annahme des preußisch-französischen Handelsvertrages sowie des neuen Zolltarifes bereits entschieden[65]. Sein anschließendes hilfloses Lavieren zwischen den beiden Großmächten verhinderte in seiner zweijährigen Amtszeit eine eigenständige Politik Bayerns im Deutschen Bund[66]. Pfordtens unschlüssige Haltung basierte auf seiner grundsätzlich österreichfreundlichen Politik, so daß er sein Urteil weiterhin persönlichen Sympathien unterordnete, unabhängig vom

---

[60] FRANZ, Kampf, 140.
[61] GHAM, Kabinettsakten Maximilian II. No. 26 (Bericht Pfordtens, 6.12.1862).
[62] *Joseph Maria von Radowitz* (1797–1853): 1850 preußischer AM.
[63] GHAM, Kabinettsakten König Ludwig II., No. 233 (Pfordten an Pfistermeister, 5.8.1864).
[64] FRANZ, Pfordten, 350–351. In einem Gutachten von 1865 bezeichnete er Österreich sogar als „finanziell bankerott, politisch in Anarchie und (..) für jetzt unfähig zu handeln": DOEBERL, Entwicklungsgeschichte III, 406.
[65] Siehe dazu Kapitel III.3.c) *Die Erneuerung der Zollvereinsverträge* (S. 129).
[66] GLASER, Zwischen Großmächten, 177.

wirtschaftlichen Nutzen oder Schaden für das bayerische Staatsgefüge. Auf seine Fürsprache hin lehnte die bayerische Regierung im Jahre 1865 den aus volkswirtschaftlicher Sicht wichtigen Handelsvertrag mit Italien ab, da dies einer Anerkennung des Königreiches gleichgekommen wäre und damit Wien in Bedrängnis gebracht hätte. Der Minister vertrat im wesentlichen eine Politik, die bei einer offenen Auseinandersetzung zwischen Österreich und Preußen folgerichtig zur Neutralität Bayerns hätte führen müssen. Diese Konsequenz zog von der Pfordten jedoch nicht und stellte sich im deutsch-deutschen Krieg 1866 auf die Seite der Donaumonarchie.

Die Ernüchterung nach der Niederlage Österreichs 1866 war bei Pfordten umso größer, als Wien bei den Friedensverhandlungen „seine Verbündeten vollständig Preis gegeben hat, und ohne Rücksicht auf das damals noch vollgiltige Bundesverhältniß, sowie ohne Rücksicht auf die spezielle Convention mit Bayern vom 14ten Juni dieses Jahres, einseitig Waffenruhe und Waffenstillstand mit Preussen abgeschlossen hat"[67]. Dennoch bekräftigte der Minister, „jeder Reform des deutschen Bundes zuzustimmen, an welcher sich Oesterreich und Preußen gleichmäßig betheiligten, aber mit einer dieser beiden Großmächte allein in kein Verfassungsbündniß einzutreten, sowohl im bayerischen als auch im allgemeinen deutschen Interesse, weil darin ebenso die Mediatisierung Bayerns als die Zerreißung Deutschlands liegen würde"[68]. Aber, so stellte Pfordten auch klar, „diese Abweisung des norddeutschen Bundes von Seiten Bayerns ist dagegen in keiner Weise eine Abwendung von Preußen oder eine Gegenstellung gegen dasselbe".

Karl Freiherr von Schrenck-Notzing (1859–1864)

Karl Freiherr von Schrenck-Notzing wurde am 9. April 1859 zum Nachfolger Ludwig von der Pfordtens im bayerischen Staatsministerium des königlichen Hauses und des Äußern sowie des Handels und der öffentlichen Arbeiten ernannt[69]. Geboren 1806 in Cham in der Oberpfalz, entstammte Schrenck einem alten Münchner Patriziergeschlecht[70] und vertrat eine katholisch-konservative Richtung und österreichfreundliche Politik, zumal er schon aus familiären Gründen der Donaumonarchie in besonderem Maße verbunden war[71]. Darüber hinaus galt Schrenck als persönlicher Freund des österreichischen Außenministers von Rechberg, der schließlich – wie der bayerische Minister – an handelspolitischen Differenzen mit dem Staatsoberhaupt scheiterte[72]. Schrenck war nach seiner Entlassung von 1866 bis zu seinem Tod im Jahr 1884 Reichsrat der Krone Bayerns

---

[67] BayHStAM, MA Gesandtschaft Berlin 1035 (AM an Montgelas, 18.9.1866).

[68] Ebd. (AM an Montgelas, 5.11.1866). Das folgende Zitat auch aus diesem Schreiben.

[69] Kgl. Entlassungsschreiben für von der Pfordten und gleichzeitiges Ernennungsschreiben für Frhr. von Schrenck vom 9.4.1859: BayHStAM, MA 70.394. Zur (nicht vorhandenen) Tätigkeit als Handelsminister siehe Kapitel VI.3.b) *Das Staatsministerium des Handels und der öffentlichen Arbeiten 1848–1871* (S. 285).

[70] Schrencks Vater Sebastian war von 1832 bis 1846 bayerischer Justizminister und lebenslänglicher Reichsrat (1840–1848): SCHÄRL, 112; RUDSCHIES, Gesandten, 166–167; LÖFFLER, Kammer, 399–400.

[71] Es existierte eine österreichische Linie des Hauses Schrenck.

[72] Rechberg reichte im Zusammenhang mit dem Handelsvertrag 1865 seine Entlassung ein: Siehe Kapitel III.3.d) *Der Handelsvertrag mit Österreich von 1865* (S. 138).

und hatte von 1872 bis 1884 das Amt des Zweiten Präsidenten der Kammer der Reichsräte inne. Von September 1870 bis Ende August 1871 übernahm er als Außerordentlicher Gesandter und Bevollmächtigter Minister interimsweise für den in München zum Ministerratsvorsitzenden ernannten Otto Graf von Bray den Gesandtschaftsposten in Wien. Schrenck gilt zusammen mit von der Pfordten und König Maximilian II. als dezidierter Vertreter einer Triaspolitik, die ein Ungleichgewicht in Deutschland zu verhindern suchte und immer wieder die Aufnahme von Verhandlungen mit Österreich forderte. So stellte Delbrück 1863 sichtlich verärgert fest[73]: „Aber in München beherrschte das Phantom der Trias immer noch die Geister." Die preußische Geschichtsschreibung urteilte trotz einer ähnlich angelegten Staatsführung über Schrenck weitaus wohlwollender als über Pfordten. Danach war Schrenck „im Grunde weder preußisch, noch österreichisch, sondern bayerisch gesinnt"[74].

Schrenck war als Staatsminister des königlichen Hauses und des Äußern und Leiter des Ministeriums des Handels und der öffentlichen Arbeiten für die Entscheidungen um die Annahme des preußisch-französischen Handelsvertrages von 1862 und der damit verbundenen Zollvereinsverlängerung von 1864 verantwortlich. In seiner Amtszeit wurden die Weichen für die spätere Anlehnung an Preußen im politischen Bereich gestellt; wirtschaftlich war eine Trennung vom Norden zugunsten Österreichs seit der Gründung des Zollvereins und dem damit aufgebauten Geflecht an Handelsbeziehungen schon lange nicht mehr vertretbar.

Schrenck gab ebenso wie sein Vorgänger zu, daß er in Wirtschaftsfragen wenig bewandert war. Er räumte ein, „diese Sache sei ihm äußerst zuwider zu behandeln, (...) weil er nichts davon verstehe"[75], richtete sich jedoch – anders als von der Pfordten – weit mehr nach dem fachmännischen Rat der Ministerialräte, die ihm in zahlreichen Gutachten ihre Meinung darlegen mußten[76]. Schrenck hielt den Zollverein für ein wichtiges Band zwischen den deutschen Staaten, dessen Auflösung nicht bedenkenlos hingenommen werden durfte[77]: „Es ist diese Frage um so wichtiger, da der Zollverein eine große nationale Schöpfung sich bei der weit überwiegenden Mehrheit der deutschen Bevölkerung einer vollkommen berechtigten und stark ausgesprochenen Vorliebe erfreut und da eine Auflösung desselben nicht nur die öffentliche Stimmung, sondern auch gewichtige materielle Interessen bedeutend verletzen würde." Die politischen Gefahren für die Selbständigkeit Bayerns hinter dem augenscheinlich rein wirtschaftlich begründeten preußisch-französischen Handelsvertrag veranlaßten Schrenck dennoch, die volkswirtschaftlichen Motive zurückzustellen und im August 1862 aus politischen

---

[73] DELBRÜCK, Erinnerungen 2, 296.
[74] SYBEL, Begründung 3, 409.
[75] Zit. nach FRANZ, Entscheidungskampf, 97.
[76] Als Beispiel das Schreiben des AM vom 5.1.1867, in dem ausdrücklich vermerkt wird, daß es im Einvernehmen mit dem Ministerialrat von Weber und dem Oberzollassessor Eggensberger erfolgte: BayHStAM, MA 63.246.
[77] BayHStAM, MH 11.966 (AM an Ludwig II. nach Entwurf Meixners, 19.5.1862).

Gründen für die Ablehnung des Kontraktes zu plädieren, um erst einmal Zeit zu gewinnen[78].

Im Grunde war Schrenck einerseits von Anfang an gegen die Repressalien Preußens, um die süddeutschen Staaten wirtschaftlich von Österreich zu entfernen und der Hegemonie Preußens unterzuordnen, fürchtete aber andererseits die Auflösung des Zollvereins[79]. So zögerte er seine endgültige Entscheidung in der Handelsfrage hinaus und beschränkte sich auf ein politisches Taktieren zwischen Preußen und Österreich, das Maximilian II. aufgrund seiner eigenen Entschlußschwierigkeiten billigte[80]: Bei dessen Sohn und Nachfolger Ludwig beschwor dieses Verhalten aber alsbald Mißfallen herauf, so daß es Schrenck Mitte 1864 fast seinen Ministerposten gekostet hätte[81]: Pfordten weigerte sich jedoch zu diesem Zeitpunkt, den Posten des bayerischen Außenministers erneut zu übernehmen[82], so daß Schrenck weiterhin im Amt blieb und am Ende die Annahme des Handelsvertrages politisch zu verantworten hatte. Bei seinen Ministerkollegen der anderen deutschen Mittelstaaten stieß die Hinhaltetaktik des bayerischen Ministerratsvorsitzenden ebenfalls auf wenig Gegenliebe[83]: „Um auf Herrn v. Schrenk zurückzukommen, so klagen alle Gesandten der deutschen Mittelstaaten bitter über seine ängstliche Verschlossenheit, über seine moralische Lahmheit. (...) Aber auch er ist ein schwacher Mann, hängt seiner persönlichen Verhältnisse wegen an seinem Posten und fürchtet nichts so, als den König in seiner Ruhe zu stören."

Chlodwig Fürst von Hohenlohe-Schillingsfürst (1866–1870)

Chlodwig Fürst von Hohenlohe-Schillingsfürst, 1819 in Rottenburg a.d. Fulda geboren und 1901 verstorben, stammte aus einem fränkischen Geschlecht, das seit 1818 einen erblichen Reichsratssitz innehatte[84]. Er wuchs in Westfalen auf, studierte wie seine beiden Vorgänger Jura, trat 1842 vorübergehend in den preußischen Staatsdienst ein, bevor er drei Jahre später den Vorstand über den Familienbesitz übernahm. 1846 wurde er Mitglied der bayerischen Kammer der Reichsräte und war fortan dem bayerischen Staat eng verbunden. Ende 1866 ernannte ihn König Ludwig II. „in Anbetracht der hervorragenden Wichtigkeit, welche den Geschäften des Staatsministeriums der auswärtigen Angelegenheiten für die nächste Zukunft und bis zur bleibenden Gestaltung der Beziehungen Bayerns zu den anderen deutschen Staaten zuerkannt ist"[85] zum Minister des königlichen Hauses und des Äußern sowie zum Ministerratsvorsitzenden. Neben

---

[78] BayHStAM, MH 9748 (AM an HM, Abschrift,10.8.1862).
[79] FRANZ, Kampf, 133.
[80] BayHStAM, MH 11.968 (kgl. Signat, 20.9.1862 auf ein Schreiben vom 20.9.1862).
[81] Dazu die Schreiben in BayHStAM, MH 9693 (kgl. Handschreiben an AM, 18.5.1864 und kgl. Signat, 24.5.1864 auf das Schreiben des AM, 21.5.1864). Siehe auch Kapitel III.3.b) *Ludwig II. und die Zollvereinsfrage 1864* (S. 124).
[82] GHAM, Kabinettsakten König Ludwig II., No. 233 (Pfordten an Pfistermeister, 21.5.1864 und 5.8.1864).
[83] Bericht des österreichischen Gesandten Schönburg, 3.12.1860, in: SRBIK, Heinrich Ritter von (Hg.), Quellen zur deutschen Politik Österreichs 1859–1866, 5 Bde, Oldenburg/Berlin 1934–1938, hier Bd. 1, 1934, Nr. 281, 441–442.
[84] Zur Biographie zuletzt: LÖFFLER, Kammer, 191–193.
[85] BayHStAM, Staatsrat 7211 (kgl. Handschreiben, 31.12.1866).

diesen beiden Ämtern, die er bis 1870 bekleidete, saß Hohenlohe 1868 bis 1870 als gemäßigt liberaler Abgeordneter im Zollparlament und von 1871 bis 1881 im Reichstag, von 1871 bis 1874 war er Vizepräsident des Gremiums[86]. 1874 bis 1885 vertrat Hohenlohe die Interessen des Deutschen Reiches als Botschafter in Paris und anschließend als kaiserlicher Statthalter in Elsaß-Lothringen. Schließlich war der Katholik Hohenlohe von 1894 bis 1900 preußischer Ministerpräsident und deutscher Reichskanzler.

Die Forschungsmeinung zur Person von Hohenlohe-Schillingsfürst ist alles andere als einhellig. Karl Bosl beschrieb den bayerischen Minister in seinem Aufsatz zur 100. Wiederkehr der Schlacht von Königgrätz als „protestantisch fränkisch" und „großdeutsch", „nährte einen bayerischen Führungsanspruch und sein Grundkonzept war trialistisch und streng bundesrechtlich-föderal"[87]. Gerechter wird man Hohenlohe aber sicherlich, wenn man ihn als politischen Pragmatiker ohne allzu großes politisches Talent charakterisiert, der sich an die Spitze liberaler Reformpolitik stellte, die zwar eine politische Annäherung an Preußen favorisierte[88], die Südbundpläne eines föderativen Zusammenschlusses der süddeutschen Staaten aber eigentlich nie ad acta legte[89].

Der preußenfreundlich und kleindeutsch eingestellte Hohenlohe, der persönlich den Eintritt Bayerns in den Norddeutschen Bund nicht als Katastrophe ansah[90], übernahm das Amt des bayerischen Außenministers und Ministerratsvorsitzenden zu einem Zeitpunkt, als die erste wichtige Etappe der wirtschaftlichen Einigung mit der Annahme des preußisch-französischen Handelsvertrages und der Verlängerung des Zollvereins im September 1864 bereits zugunsten Preußens entschieden war. Darüber hinaus waren Ende 1866 die Verhandlungen zur Reform des Zollvereins im Anschluß an den deutsch-deutschen Krieg in vollem Gange; große Handlungsspielräume für einen Trendwechsel, der freilich von Hohenlohe nicht beabsichtigt war, existierten für den neuen Minister nicht mehr.

Im Mittelpunkt der Politik Hohenlohes stand von Anfang an die Regelung der Deutschen Frage. Daher war es nur logisch, daß er seine wirtschaftspolitischen Entscheidungen von politischen Konstellationen abhängig machte; dies offensichtlich auch aufgrund der Tatsache, daß er wie seine beiden Vorgänger von wirtschaftlichen Zusammenhängen wenig verstand. Als im Dezember 1866 seine Berufung zum leitenden Minister anstand, kam er deshalb dem Wunsch des Königs nach, sich mit Handelsminister von Schlör zu verständigen, um den in wirtschaftspolitischen Fragen eher liberal eingestellten Minister in seinem Kabi-

---

[86] HOHENLOHE 2, 45–46.
[87] BOSL, Mittelstaaten, 679.
[88] LÖFFLER, Kammer, 192.
[89] Zu den Südbundplänen Hohenlohes zwischen 1866 und 1868 bietet BUSLEY, Bayern, 125–135, einen Überblick.
[90] Zu den politischen Anschauungen Hohenlohes vor 1866: MÜLLER, Bayern im Jahre 1866, 89–132: Müller charakterisiert Hohenlohe als betont kleindeutsch ohne Interesse an der Triasidee.

nett halten zu können⁹¹. Am 15. Dezember 1866 traf sich Hohenlohe mit Schlör zu einer vertraulichen Beratung. Schlör hielt „die Erstrebung eines Bundesvertrages mit Preußen im Augenblick nicht für zweckmäßig und nötig" ⁹², so daß Hohenlohe von seinem engen Vertrauten Tauffkirchen ein neues Konzept ausarbeiten ließ. Am 17. Dezember 1866 einigten sich Schlör und Hohenlohe auf dieses Regierungsprogramm, nachdem sie noch einige wenige Veränderungen vorgenommen hatten⁹³. Die beabsichtigte Anlehnung an den Norden wurde darin aber keinesfalls nur aus volkswirtschaftlichen Motiven heraus begründet⁹⁴: „Der Großstaat, an welchen sich Bayern anzuschließen und als dessen Bundesgenosse im Kriegsfalle es sich offen zu erklären hat, ist nach unsrer bestimmten Ueberzeugung Preußen." Die politische Grundhaltung Hohenlohes zielte auf eine Vereinigung Gesamtdeutschlands ohne Österreich, bewerkstelligt durch den Zusammenschluß der süddeutschen Staaten mit Preußen über eine gemeinsame Bundesverfassung mit Abtretung gewisser Souveränitätsrechte an den Bund⁹⁵. Ludwig II. lehnte jedoch das Regierungsprogramm am 9. Februar 1867 ab.

Der Zollverein fand in der Regierungserklärung Hohenlohes mit keinem Wort Erwähnung, obwohl er um die wirtschaftliche Bedeutung dieses Bundes wußte, da die Industrie Bayerns eine Abtrennung vom Norden Deutschlands nicht verkraftet hätte⁹⁶. Eine volkswirtschaftliche Selbständigkeit Bayerns war aus der Sicht Hohenlohes nicht realisierbar, stand Bayern doch „in so enger historischer nationaler und commercieller Verbindung mit dem übrigen Deutschland, daß ein Beharren in einer Isolierung, welche ein Zerreißen dieser Beziehungen und Verbindungen zur Folge haben könnte, unsere politische Stellung und unsere materiellen Interessen in gleichem Maße gefährden würde"⁹⁷. Diese Konstellation mußte demnach akzeptiert werden, selbst wenn die wirtschaftliche Abhängigkeit vom Norden auch die Gefahr der politischen Mediatisierung in sich barg⁹⁸.

---

⁹¹ HOHENLOHE 1, 182–187. Zu diesem Zeitpunkt genoß vor allem Schlör die uneingeschränkte Loyalität des Königs: HOHENLOHE 1, 192. Nach MÜLLER, Bayern im Jahre 1866, 188–189, wollte sich Hohenlohe lediglich mit einem seiner größten politischen Feinde verständigen. Später stellte sich heraus, daß Schlör und Hohenlohe weit weniger Differenzen in wirtschaftspolitischen Entscheidungen hatten, als nach ihrer Parteiensympathie zu erwarten gewesen wäre. So auch die Äußerung Hohenlohes, der Schlör im April 1867 als einen der fähigsten Minister bezeichnete: HOHENLOHE 1, 225.
⁹² HOHENLOHE 1, 183.
⁹³ Das Regierungsprogramm Hohenlohes: HOHENLOHE 1, 184–186. Es ist sicher etwas zu einseitig, wenn PREISSER, Karl-Heinz, Gustav von Schlör – Wirtschaftspolitiker und Vordenker der deutschen Einheit, in: Oberpfälzer Heimat 34 (1990), 177, unterstellt, Hohenlohe hätte allein aufgrund der Kritik Schlörs sein Programm in bezug auf eine weitgehend bedingungslose Anlehnung an Preußen entschärft. Siehe dazu auch Kapitel V.2.b) *Handelsminister Gustav von Schlör (1866–1871)* (S. 236).
⁹⁴ Zit. HOHENLOHE 1, 185.
⁹⁵ BUSLEY, Bayern, 106–108: Dazu zählten auch der militärische Oberbefehl und die Vertretung des Bundes nach außen.
⁹⁶ So ein Gegengutachten Hohenlohes auf ein Rundschreiben Pfordtens vom 5.11.1866: HOHENLOHE 1, 179–181, hier 180.
⁹⁷ BayHStAM, MA Gesandtschaft Berlin 1036 (AM an Montgelas, 24.2.1867).
⁹⁸ DOEBERL, Bayern und Deutschland, 151–154.

Hohenlohe sah in der Institution Zollverein und seiner anstehenden Umorganisation nach 1866 durchaus eine reale Chance, die nähere Anlehnung eines vereinigten Südens an den Norddeutschen Bund durchzusetzen. So trat er mehr aus politischen, denn aus wirtschaftlichen Gründen für dessen Erhalt und Ausbau ein, mußte aber bis Mitte 1867 einen Großteil seiner ursprünglichen politischen Vorstellungen aufgeben, da er sich mit der Ablehnung des Zollparlamentes nicht gegen die Wirtschaftsfachmänner in der bayerischen Regierung durchsetzen konnte[99]. De facto waren Hohenlohes Südbundpläne bereits im Frühjahr dieses Jahres am Desinteresse Württembergs, Badens und Hessen-Darmstadts gescheitert[100].

Dennoch nahm der Ministerratsvorsitzende im Winter 1867/68 seine Idee einer staatenbündischen Assoziation zwischen den süddeutschen Staaten und dem Norden wieder auf. Einerseits sollte ein „Verfassungsbündnis" die Annäherung des Südens an den Norden ermöglichen, andererseits aber die Unabhängigkeit der süddeutschen Staaten sichern[101]. Um diese Idee zu realisieren, strebte Hohenlohe erneut einen „staatenbündischen" Südbund zwischen Württemberg, Baden, Hessen-Darmstadt und Bayern an, der Justiz, Staatsbürgerrechte, Militärwesen sowie Verkehrs- und Wirtschaftsfragen, die nicht in den Kompetenzbereich des Zollvereins fielen, regeln sollte. Die Doppelfunktion – Eigenständigkeit der süddeutschen Staaten bei gleichzeitiger Annäherung an den Norden – machte das Widersprüchliche des Projektes aus. Hohenlohe konnte sich folglich weder in Württemberg, das in den Plänen eine Bedrohung der eigenen Souveränität und gleichzeitig einer möglichen bayerischen Vorherrschaft unter den deutschen Mittelstaaten argwöhnte, noch bei Baden, dem ein Südbund nicht weit genug ging, oder Hessen-Darmstadt, das die Annäherung an Preußen nicht forcieren wollte, mit seinen Vorstellungen durchsetzen. Der Versuch des Außenministers Anfang 1869, diesen Gedanken noch einmal aufzugreifen, scheiterte aus den gleichen Gründen wie die Jahre zuvor.

Als Hohenlohe am 14. Februar 1870 seinen Rücktritt einreichte, geschah dies unter anderem aufgrund der von ihm eingeschlagenen Zoll- und Handelspolitik, die darauf abgezielt hatte, unter allen Umständen eine Auflösung des Zollvereins zu verhindern. In der Abgeordnetenkammer wurde er deshalb wegen seines preußenfreundlichen Verhaltens im Zollparlament kritisiert. Hohenlohe verteidigte jedoch in seiner letzten großen Rede vor dem Landtag seine wirtschaftspolitischen Entscheidungen[102]. Bismarck, der den Rücktritt Hohenlohes bedauerte, und auch der preußische König bemühten sich in der Folge um den ehemaligen bayerischen Außenminister. So erfreute sich Hohenlohe einer beson-

---

[99] SCHÜBELIN, Zollparlament, 36. SCHMIDT, Zollparlament, 42, irrt hier, denn auch Weber und Meixner waren von einem Zollparlament nicht begeistert.
[100] Siehe dazu Kapitel IV.1.b) *Die Neuordnung des Zollvereins 1866/67: Die Wirtschaftspolitik Bayerns im Frühjahr 1867* (S. 154).
[101] NIPPERDEY, Geschichte II, 32–33.
[102] HOHENLOHE, Denkwürdigkeiten 1, 423–428. Siehe zum Rücktritt Hohenlohes auch Kapitel VI.1.a) *Die innenpolitische Entwicklung Bayerns 1866 bis 1870* (S. 252).

deren Aufmerksamkeit Preußens, die normalerweise nur führenden Regierungsmitgliedern zuteil wurde[103].

Otto Graf von Bray-Steinburg (1870/71)

Otto Graf von Bray-Steinburg[104], geboren 1807 und gestorben 1899, studierte Recht an den Universitäten Göttingen und München. Sein Eintritt in den diplomatischen Dienst ist nicht genau datierbar, kann aber zwischen 1829 und 1831 angesetzt werden[105]. 1832 Legationssekretär in Wien, war er 1833 bis 1848 mit einer Unterbrechung – 1846/47 war Bray kurzzeitig Ministerverweser des Ministerium des königlichen Hauses und des Äußern[106] – bayerischer Außerordentlicher Gesandter und Bevollmächtigter Minister in St. Petersburg. Im März 1848 ernannte ihn König Maximilian II. zum Staatsminister des königlichen Hauses und des Äußern. Bereits im April 1849 trat Bray jedoch zurück und ging wieder nach Rußland, erst nach Moskau, dann nach St. Petersburg[107]. 1858 verließ er diesen Posten, um übergangsweise das Amt des bayerischen Gesandten in Berlin zu bekleiden[108], bevor er zwei Jahre später in Wien akkreditiert wurde[109]. In dieser Funktion führte er nach dem verlorenen Krieg von 1866 die Friedensverhandlungen mit Preußen[110]. Am 8. März 1870 kehrte Bray als Staatsminister des königlichen Hauses und des Äußern sowie Ministerratsvorsitzender nach München zurück, Mitte 1871 gab er wegen unüberbrückbarer Differenzen mit dem Justizminister Johann Frhr. von Lutz[111] beide Ämter wieder auf und ging erneut nach Wien, wo er bis zu seiner Pensionierung im Jahre 1895 als bayerischer Gesandter tätig war[112].

Bray, ein Vollblutdiplomat, übernahm zwar das Amt des bayerischen Außenministers, war aber in der entscheidenden Phase der Deutschen Frage kaum der

---

[103] BayHStAM, MA 2650 (Bericht Perglas Nr. 181, 5.5.1870).

[104] Die Personalakte: BayHStAM, MF 36.411 und MInn 36.634; SCHÄRL, 89–90; WEIS, Kriegsausbruch. Siehe zu Bray auch seine, wenn auch tendenziös zusammengestellten Memoiren: BRAY, Denkwürdigkeiten.

[105] RUDSCHIES, Gesandten, 19.

[106] RUDSCHIES, Gesandten, 259–261. Bray trat im Februar 1847 als erster im Zuge der „Affäre Lola Montez" von seinem Amt zurück: GOLLWITZER, Ludwig, 676.

[107] Zur Laufbahn als Gesandter siehe: RUDSCHIES, Gesandten, 142–147.

[108] In Berlin übernahm Ludwig von Montgelas das Amt des bayerischen Gesandten.

[109] BRAY, Denkwürdigkeiten, 99.

[110] BayHStAM, MA Gesandtschaft Berlin 1035 (AM an Montgelas, 27.9.1866). Siehe dazu auch Kapitel IV.1.a) *Der Krieg von 1866* (S. 145).

[111] *Johann Freiherr von Lutz* (1826–1890): Jurist; 1857–1860 Mitarbeit an einem gemeinsamen deutschen Handelsgesetzbuch, 1860 Eintritt in das Justizministerium, 1866/67 Sekretär Ludwigs II., 1867–1871 Justizminister, 1869–1890 Staatsminister des Innern für Kirchen und Schulangelegenheiten, 1880–1890 Ministerratsvorsitzender. SCHMIDT, Walther, Dr. Johann Frhr. von Lutz (1867–1871), in: STAATSMINISTERIUM DER JUSTIZ (Hg.), Die Kgl. Bayer. Staatsminister der Justiz II, München 1931, 759–814; GRASSER, Walter, Johann Freiherr von Lutz. Eine politische Biographie 1826–1890 (MBM 1), München 1967. Zu seiner Kulturpolitik: RUMMEL, Fritz Frhr. von, Das Ministerium Lutz und seine Gegner 1871–1882. Ein Kampf um Staatskirchentum, Reichstreue und Parlamentherrschaft in Bayern (Münchener Historische Abhandlungen 1,9), München 1935.

[112] Nach SCHÄRL, 90, war Bray bis 1896 Gesandter in Wien.

Mann, der eine starke Regierung führen konnte, so daß sich das bayerische Kabinett in den Jahren 1867 bis 1870 aufgrund der innerstaatlichen Zwistigkeiten[113] auch außenpolitisch schwach zeigte. Bray wurde in Berlin lange Zeit als Kandidat Österreichs angesehen[114], seine Berufung galt aber auch „als eine neue u(nd) sichere Bürgschaft dafür (...), daß die königlich bayerisch Regierung fest entschloßen ist, in der bisherigen nationalen Richtung ihrer Politik auch dem norddeutschen Bunde gegenüber zu verharren"[115], die Bismarck grundsätzlich begrüßte. In seiner ersten Rede vor der bayerischen Kammer der Abgeordneten ließ er jedoch keinen Zweifel daran, daß er an das System Hohenlohes in allen wichtigen Punkten anknüpfen würde; allein die Südbundpläne seines Vorgängers nahm er nur sehr halbherzig auf[116]. Der katholische Bray galt als gemäßigter Großdeutscher, der für alle Parteien als Kompromiß akzeptabel war. In der Deutschen Frage wollte er zwar am preußischen Bündnis festhalten, die Selbständigkeit Bayerns sowie die Souveränität seiner Krone aber stärker betonen als sein Vorgänger. Bray war mehr Platzhalter denn politische Persönlichkeit, ein vorsichtiger Taktierer, der sich vor seinem Amtsantritt des Einverständnisses Bismarcks versicherte. Im allgemeinen zeigte er sich demnach vorsichtig-abwägend, aber immer mit dem Blick für die Realität, österreichfreundlich und auf ein gutes Verhältnis mit Württemberg bedacht.

Nach Meinung Brays hatte der endgültige Bruch zwischen Berlin und Wien bereits 1863 stattgefunden[117], so daß für ihn eine wirtschaftliche Trennung vom Norden zum Zeitpunkt seiner Amtsübernahme mehr als unrealistisch war. Die Annäherung Süddeutschlands im Zoll- und Handelswesen an Preußen unter Hohenlohe bezeichnete Bray als Erfolg; er hatte die Erneuerung des Zollvereins in verbesserter Form und die Errichtung eines Zollparlamentes befürwortet. Am meisten beruhigte ihn, daß „die Pläne für Aufrichtung einer nichtdeutschen Macht, bez(iehungsweise) die unter Führung Österreichs gestellten Südbundes unausgeführt blieben"[118]. Im wirtschaftspolitischen Bereich sah Bray deshalb keinerlei Notwendigkeit, die Politik seines Vorgängers auch nur ansatzweise zu verändern. So spielten wirtschaftliche Überlegungen in seiner Politik keine Rolle, selbst in seiner ausführlichen Rede vor der Zweiten Kammer für die Annahme der Versailler Verträge im Dezember 1870 erwähnte er, anders als sein Kollege Lutz, den Fortbestand des Zollvereins nicht[119].

---

[113] Dies betraf vor allem die Fragen der bayerischen Armee: RALL, König, 77–91.
[114] PA Bonn, R 666 (Werthern an Bismarck, 24.8.1870); BayHStAM, MA 2650 (Bericht Perglas Nr. 136, 30.3.1870). In diesem Zusammenhang wurde erstmals auch von einer Ausweitung der wirtschaftspolitischen Kompetenzen des Zollparlamentes gesprochen, was Perglas aber entschieden ablehnte. Dazu auch die Berichte des bayerischen Gesandten: BayHStAM, MA 2650 (Berichte Perglas Nr. 74 und 89, 14.2.1870; 25.2.1870).
[115] BayHStAM, MA Gesandtschaft Berlin 1040 (Bericht Perglas Nr. 100, 9.3.1870).
[116] BRAY, Denkwürdigkeiten, 121–122; KdA 1870 I, 34. Sitzung, 30.3.1870, 543–568.
[117] BRAY, Denkwürdigkeiten, 99.
[118] Ebd., 121.
[119] KdA 1870/71 IV, 66. Sitzung, 14.12.1870, 18–28: Die Rede Brays auf 19–20; die von Lutz auf 22. In den „Denkwürdigkeiten" spielen wirtschaftspolitische Überlegungen des Ministers keine Rolle.

Trotz der seit dem Frühjahr 1870 herrschenden kritischen Situation war Bray noch Ende Juni dieses Jahres der Überzeugung, es würde eine friedliche Lösung zwischen Preußen und Frankreich geben[120]. So galt seine Aufmerksamkeit weniger den zoll- und handelspolitischen Debatten der Zollvereinsgremien. Diesen gestand er zwar auch außerhalb ihrer Kompetenzen ein gewisses Mitspracherecht zu, wehrte sich gleichzeitig aber dezidiert gegen jede Erweiterung ihrer Zuständigkeiten, würde dies doch unweigerlich zu einer „analogen Erweiterung der Befugnisse des Zollbundesrathes, beziehungsweise des Vereinspräsidiums"[121] führen. Bray fürchtete die schrittweise Einbeziehung der süddeutschen Staaten in den Norddeutschen Bund, sollten die zentralen wirtschaftspolitischen Funktionen zu weit ausgebaut werden. Der bayerische Außenminister sah darin aber bei den „herrschenden Verhältnissen und speziell in Bayern bei der Zusammensetzung der Zweiten Kammer"[122] keine echte Gefahr.

b) Handelsminister Gustav von Schlör (1866–1871)

Gustav von Schlör wurde am 4. April 1820 in der Oberpfalz geboren[123]. Nach Abschluß seines Jurastudiums mit dem Schwerpunkt Nationalökonomie[124] in München, und einem anschließenden Praktikum am dortigen Stadtgericht erwarb er 1843 das Eisenwerk und Gut Plankenhammer in der Nähe von Neustadt an der Waldnaab[125]. Seine „Berufung" als Eisenwerksbesitzer sowie die Verbundenheit zu seiner oberpfälzischen Heimat und die daraus resultierende Sorge um die dort angesiedelten Industrie- und Handelsunternehmen beeinflußten maßgeblich Schlörs wirtschaftspolitische Entscheidungen. Im Jahr 1848 errang der als Vertreter des „linken Zentrums"[126] charakterisierte Schlör ein Mandat in der Frankfurter Nationalversammlung, trat aber in den nationalpolitischen Debatten nicht hervor. Im Dezember wurde er trotzdem in den dreiköpfigen volkswirtschaftlichen Ausschuß gewählt. Eine kleindeutsche Lösung lehnte Schlör ab[127]: „Kein Deutschland ohne Österreich. Die gerühmte Einigung ohne Österreich macht nicht einmal ein kleines Deutschland nur ein größeres Preußen." Noch vor Auf-

---

[120] BRAY, Denkwürdigkeiten, 125.
[121] BayHStAM, MH 9700 (AM an Weber, 21.4.1870).
[122] Ebd.
[123] Zu *Gustav von Schlör*: HÄMMERLE, Karl, Gustav von Schlör. Ein Beitrag zur bayerischen Geschichte des 19. Jahrhunderts (Wirtschafts- und Verwaltungsstudien mit besonderer Berücksichtigung Bayerns 68), Leipzig/Erlangen 1926; LENK, Leonhard, Vorkämpfer der Eisenbahngesetzgebung. Gustav von Schlör, der letzte Handelsminister des Königreichs Bayern, in: Unser Bayern (1957), 10–12; PREISSER, Schlör, 172–188, der in Schlör neben Hohenlohe einen der Wegbereiter der Deutschen Einheit sieht. Personaldaten: BayHStAM, Staatsrat 7209, BayHStAM, MInn 34.447; BayHStAM, MF 67.120; BayHStAM, Ordensakten 2093, 6037, 9105.
[124] Er hörte in diesem Bereich vor allem Vorlesungen von Friedrich Benedikt Hermann.
[125] HÄMMERLE, Schlör, 9.
[126] Ebd., 17–18. Dieser Gruppierung gehörte auch der ehemalige Lehrer Schlörs, Friedrich Benedikt Hermann, an.
[127] Parlamentsalbum der deutschen Nationalversammlung, 156, zit. nach: ebd., 22.

lösung der Nationalversammlung legte der spätere bayerische Handelsminister im März 1849 sein Mandat nieder und kehrte in die Oberpfalz zurück.

Schlör erarbeitete 1848 für die bayerische Regierung ein Gutachten über die „volkswirtschaftlichen Verhältnisse der Oberpfalz"[128] und zeichnete sich damit als profunder Kenner der regionalen Wirtschaftssituation seines Bezirkes aus. In den folgenden Jahren kämpfte der spätere Handelsminister für eine Verbesserung des Eisenstandortes Oberpfalz, da die beabsichtigte Umorientierung von Eisen- auf Textilproduktion nur partiell geglückt war[129]. Zwischenzeitlich machte er sich um die 1853 in eine Aktiengesellschaft umgewandelte Maxhütte verdient[130]. Da jedoch sein Hammergut nicht so florierte, wie Schlör es erwartet hatte[131], übernahm er 1853 den Posten eines Assessors am Landgericht in Weiden[132]. 1855 wurde er als Mitglied der Mittelpartei für die Wahlkreise Kemnath und Vohenstrauß in die Kammer der Abgeordneten des Landtages, Anfang der 1860er Jahre zum Eisenbahnreferenten und 1865 zum zweiten Präsidenten der Kammer gewählt. In dieser Funktion setzte er sich für den Ausbau des bayerischen Verkehrssystems ein, vor allem der Eisenbahnen, für ihn die wichtigste Voraussetzung wirtschaftlicher Entwicklung auch rückständiger bayerischer Gebiete[133].

---

[128] Ebd., 27.

[129] MAUERSBERG, Hans, Bayerische Entwicklungspolitik 1818–1923. Die etatmäßigen bayerischen Industrie- und Kulturfonds (Schriftenreihe zur Bayerischen Landesgeschichte 85), München 1987, 97.

[130] Zur Maxhütte in der Oberpfalz: BayHStAM, MH 5459 und 5460. Die Gründungsurkunde der Aktiengesellschaft datiert vom 26.9.1853 (BayHStAM, MH 5459), eröffnet hatten sie bereits 1851 die belgischen Fabrikanten Michiels und Goffard als Kommanditgesellschaft (BayHStAM, MH 5460: Abschrift des Gründungsvertrages, 17.4.1851).

[131] HÄMMERLE, Schlör, 11–15. Die oberpfälzische Eisenindustrie, vor allem die kleineren Betriebe, geriet ab den 1850er Jahren aufgrund der hohen Transport- und Energiekosten in eine Krise, die nicht abzufangen war: BayHStAM, MH 5430 (FM an HM, 20.5.1865). Dennoch konnte Schlör noch Mitte der 1860er Jahre mit dem Ertrag seines Hammerwerkes verhältnismäßig zufrieden sein: 1864 stand es bei der Übersicht über alle oberpfälzischen Hammerwerke und Hochöfen im Bereich der Privatwerke an zweiter Stelle: JAHRESBERICHT der Kreis-Gewerbe- und Handelskammer der Oberpfalz und Regensburg für 1865, Regensburg 1866, 11–13.

[132] LENK, Vorkämpfer, 11.

[133] Zur Entwicklung des Eisenbahnsystems in Bayern und Deutschland: FREMDLING, Rainer, Eisenbahnen und deutsches Wirtschaftswachstum 1840–1879. Ein Beitrag zur Entwicklungstheorie und zur Theorie der Infrastruktur (Untersuchungen zur Wirtschaft- Sozial- und Technikgeschichte 2), Dortmund ²1985; FREMDLING, Rainer/FEDERSPIEL, Ruth/KUNZ, Andreas (Hg.), Statistik der Eisenbahnen in Deutschland 1835–1989 (Quellen und Forschungen zur historischen Statistik in Deutschland 17), St. Katharinen 1995. Für Bayern: HAHN, Karl E., Die Territorialpolitik der süddeutschen Staaten Baden, Bayern und Württemberg und ihr Einfluß auf die Verkehrsleitung und die Linienführung der Verkehrswege insbesondere der Eisenbahnen, Diss. München 1929; LÖWENSTEIN, Theodor, Die bayerische Eisenbahnpolitik bis zum Eintritt Deutschlands in die Weltwirtschaft 1835–1890, Berlin (Diss. Frankfurt) 1927; zur Eisenbahnpolitik in Deutschland allgemein: ALBRECHT, Claudia, Bismarcks Eisenbahngesetzgebung. Ein Beitrag zur „inneren" Reichsgründung in den Jahren 1871–1879 (Rechtsgeschichtliche Schriften 6), Köln/Weimar/Wien 1994 und ZIEGLER, Dieter, Eisenbahn und Staat im Zeitalter der

Die Gründung der Aktiengesellschaft der bayerischen Ostbahnen Anfang 1856, seine Berufung in den Verwaltungsrat der Ostbahnen im Jahr 1861 und im April 1862 zum Sektionschef sowie Stellvertreter des Direktors des Betriebes unterstreichen Bedeutung und Einfluß seiner Person schon vor Eintritt in den ministeriellen Staatsdienst[134]. Schlör besaß in dem bayerischen Ministerratsvorsitzenden von Schrenck während seines beruflichen und gesellschaftlichen Aufstieges einen wichtigen Mentor.

Aufgrund seiner großdeutschen Einstellung lehnte Schlör den preußisch-französischen Handelsvertrag von 1862 ohne Modifikationen aufgrund der handelspolitischen Nachteile für einige Zollvereinswaren ab, konnte sich aber auch nicht der Tatsache verschließen, daß der Zollverein die Grundlage einer gedeihlichen wirtschaftlichen Entwicklung Bayerns war. Schlör kritisierte in erster Linie den vieldiskutierten Artikel 31, der eine Reform des bestehenden Zolltarifes mit Österreich erforderlich machte: „Ich halte den Vertrag mit Frankreich nicht nur für kein Meisterwerk, sondern ich halte ihn für ein sehr mißlungenes Werk der preußischen Handelspolitik"[135]. Dennoch, so Schlör, bestünden die Zollvereinsbande ungleich länger als die Verbindungen zur Donaumonarchie. Da die bayerische Regierung den preußisch-französischen Handelsvertrag nicht grundsätzlich ablehnte, befürwortete der spätere bayerische Minister weitere Verhandlungen mit Preußen. Diese Meinung unterstrich er im Sommer 1863 in einer Rede vor der Abgeordnetenkammer[136]: „Ich bin der Überzeugung, daß jeder Versuch, sie [= die Zollschranken, Anm. der Verf.] neu aufzurichten, ein mißglückter wäre, und daß selbst, wenn augenblicklich der Zollverein auseinanderfiele, er sofort wieder gebildet werden müßte, um die Befriedigung der Bedürfnisse der deutschen Nation zu vermitteln, die unabweislich geworden sind."

Für Schlör stand während seiner gesamten politischen Laufbahn der Erhalt des Zollvereins an oberster Stelle, er hielt aber bis 1867 gleichzeitig an einer großdeutschen Lösung der Deutschen Frage fest. Darüber hinaus trat er spätestens seit der Reform des Zollbundes von 1866/67 für die Einführung des Finanzzollsystems ein[137].

Schlörs Ansehen als Direktor der Ostbahnen veranlaßten König Ludwig II., diesem nach dem deutsch-deutschen Krieg 1866 das bayerische Staatsministerium des Handels und der öffentlichen Arbeiten anzutragen, was der Oberpfälzer zunächst ablehnte[138]. Er sah in der Übernahme eines Ministeriums keine Verbesserung seiner momentanen Situation. Trotzdem nahm er das Amt am 30. Juli 1866 an[139]. Zu Beginn seiner Amtszeit hielt sich Schlör mit politischen Äußerun-

---

Industrialisierung. Die Eisenbahnpolitik der deutschen Staaten im Vergleich (Vierteljahresschrift für Sozial- und Wirtschaftsgeschichte, Beiheft 127), Stuttgart 1996.

[134] Zu seiner Tätigkeit zwischen 1862 und 1866: HÄMMERLE, Schlör, 43–49.

[135] Die Rede Schlörs in der Debatte um den preußisch-französischen Handelsvertrag in der 2. Sitzung, 2.7.1863, in: KdA 1863 I, 43–45, zit. 45.

[136] Ebd.

[137] Berichte Zp 2, 6. Sitzung, 14.6.1869, 65–68 (Rede Schlörs vor dem Zollparlament).

[138] HÄMMERLE, Schlör, 50.

[139] BayHStAM, MA 70.394 (kgl. Ernennungsschreiben, 30.7.1866). Für seine Dienste erhielt er ein jährliches Gehalt von 12.000 fl, wovon 6000 fl ständiges Standesgehalt,

gen zur Deutschen Frage zurück und widmete sich statt dessen intensiv dem Ausbau des bayerischen Verkehrssystems[140].

Nach der Niederlage Österreichs 1866 und dem Eintritt Hohenlohes in das Ministerkollegium opferte Schlör einen Großteil seiner großdeutschen Gesinnung den Zwängen der Zeit; er akzeptierte das Regierungsprogramm des neuen Außenministers und damit eine engere Anlehnung an Preußen[141]. Die beiden Minister hatten sich auf besonderen Wunsch des bayerischen Königs auf einen Kompromiß geeinigt, damit Schlör im Amt bleiben konnte. Dementsprechend trat der Handelsminister deshalb in der Abgeordnetenkammer bei der Debatte über die Verlängerung der Zollvereinsverträge vom 8. Juli 1867 für deren Annahme ein; er sah darin die einzige Möglichkeit, den Zollverein als Handels- und Wirtschaftsunion zu erhalten[142]. Eine weitere, für Schlör ungewöhnlich emotionale Rede rief im ultramontanen Lager einen Sturm der Entrüstung hervor: Er beschimpfte massiv seine politischen Gegner, die „überall nur Unrath und Schlamm"[143] aufwühlen würden. Der Minister bemühte sich in dieser Rede zwar um die Trennung zwischen Politik und Wirtschaft, mußte aber einräumen, daß der Zollvereinsvertrag vom Juli 1867 „aus den Staaten des deutschen Zollvereins nicht nur eine wirtschaftliche Einheit, sondern auch politische Einheit"[144] gemacht hätte. Die dennoch erfolgte Zustimmung der beiden Kammern zur Verlängerung der Kontrakte und der damit verbundenen Umorganisation des Zollbundes im Oktober 1867 war ein letzter großer wirtschaftspolitischer Erfolg für die bayerische Regierung unter Hohenlohe[145].

Ungeachtet dieser Errungenschaft entfernten sich Schlör und Hohenlohe nicht nur politisch immer mehr voneinander, sondern hatten auch Schwierigkeiten im persönlichen Umgang, obwohl beide zur Zielscheibe insbesondere ultramontaner Angriffe im Landtag wurden[146]. Die Abneigung beider erreichte anläßlich der Zollparlamentswahlen im Februar 1868 einen ersten Höhepunkt, als Schlör in eine politische Krise geriet und ihm die Niederlage im ersten Wahlgang gegen seinen ultramontanen Rivalen fast das Ministeramt kostete[147]. Ludwig II., der

---

3000 fl Funktionsgehalt und weitere 3000 fl Repräsentationsgelder waren: BayHStAM, Staatsrat 7209 (Abschrift des kgl. Ernennungsschreibens, 30.7.1866).

[140] HÄMMERLE, Schlör, 55–57. So entstand am 29.4.1869 das bayerische Eisenbahngesetz.

[141] PREISSER, Schlör, 177. Das Regierungsprogramm Hohenlohes: HOHENLOHE 1, 184–186. Siehe dazu auch Kapitel V.2.a) *Die leitenden Minister: Chlodwig Fürst zu Hohenlohe-Schillingsfürst (1866–1870)* (S. 230).

[142] KdA 1866/68 II, 31. Sitzung, 8.10.1867, 9; APP IX, Nr. 212, 289–293.

[143] KdA 1866/68 II, 34. Sitzung, 22.10.1867, 78–82, zit. 81. Schlör wurde die Betitelung „Schlamm- und Unratminister" nicht wieder los: HÄMMERLE, Schlör, 63; PREISSER, Schlör, 180.

[144] KdA 1866/68 II, 34. Sitzung, 22.10.1867, 81.

[145] Fraglos war dies der Erfolg aller Minister, schließlich war auch Pfretzschner nachdrücklich für die Annahme der Verträge eingetreten. PREISSER, Schlör, 180, meint dagegen, nur Hohenlohe und sein „Sekundant" Schlör konnten einen großen Sieg feiern.

[146] PA Bonn, R 2700 (Radowitz an Bismarck, 29.5.1868). Nach HÄMMERLE, Schlör, 63–64, waren die Differenzen zwischen Hohenlohe und Schlör bis 1868 nicht offen zutage getreten. PREISSER, Schlör, 184, setzt das Zerwürfnis zwischen Hohenlohe und Schlör erst mit dem Winter 1869/70 an.

[147] Siehe dazu Kapitel IV.2.b) *Die Wahlen zum Zollparlament im Frühjahr 1868* (S. 174).

seinen Handelsminister mittlerweile ebenfalls kritisch beurteilte[148], erwog sogar, den ehemaligen Ministerratsvorsitzenden von Schrenck zum Handelsminister zu berufen, sollte sich Schlör bei der Stichwahl nicht durchsetzen[149]. Hohenlohe schien darüber nicht besonders betrübt, äußerte er doch, dessen „Entfernung aus dem Ministerium wäre kein Unglück"[150]. Nach Schlörs erfolgreicher Wahl in das Zollparlament notierte Hohenlohe[151]: „Schlör ist also gestern gewählt worden. Wäre er nicht durchgedrungen, so hätte er wahrscheinlich bald aus dem Ministerium austreten müssen; so kann er bleiben. Ob dies ein Vorteil ist, steht dahin." Die Antipathie zwischen den beiden Ministern legte sich bis zum Rücktritt Hohenlohes im März 1870 nicht, obwohl Hohenlohe angesichts der Regierungskrise im Dezember 1869 noch einmal gehofft hatte, die persönlichen Differenzen mit Schlör beilegen zu können[152]. Der Handelsminister enthielt sich am 12. Februar 1870 in der Abgeordnetenkammer über das Mißtrauensvotum gegen den leitenden Minister der Stimme und erhob auch in der entscheidenden Ministerratssitzung einen Tag später keinerlei Einspruch gegen den Rücktritt Hohenlohes[153].

So stand Schlör in den Jahren 1868 bis 1871 zwischen allen Fronten; seine gemäßigte politische Einstellung, die zwar eine wirtschaftspolitische Anlehnung an den Norddeutschen Bund befürwortete, ein Verfassungsbündnis aber ablehnte, machte ihn für alle politischen Gruppierungen suspekt[154]. Einerseits war er dem liberalen Lager, allen voran dem Ministerratsvorsitzenden Hohenlohe, zu konservativ, und andererseits mußte er sich in den Kammersitzungen immer wieder schwere Angriffe der patriotischen Partei als zu progressiv-liberal und preußenfreundlich gefallen lassen[155]. Im Zusammenhang mit seiner Eisenbahngesetzgebung warfen die Ultramontanen Schlör vor, er hätte es beim Ausbau der Verkehrswege versäumt, sich näher an Österreich anzulehnen, und statt dessen weit

---

[148] 1866 hatte sich Ludwig II. in einer Privataudienz gegenüber Hohenlohe „sehr günstig über Schlör" geäußert: HOHENLOHE 1, 192. Nach HÄMMERLE, Schlör, 54, hatten die Debatten im Zusammenhang mit der Entlassung des Justizministers von Bomhard zu dem königlichen Meinungsumschwung geführt.

[149] PA Bonn, R 2700 (Werthern an Bismarck, 20.2.1868); HOHENLOHE 1, 295.

[150] HOHENLOHE 1, 295.

[151] Ebd.

[152] Ebd., 414.

[153] HOHENLOHE 1, 436; SCHMIDT, Zollparlament, 337. Siehe zum Rücktritt Hohenlohes Anfang 1870 Kapitel VI.1.a) *Innenpolitische Entwicklung Bayerns 1866 bis 1870* (S. 252).

[154] LENK, Vorkämpfer, 11, meint dagegen, erst „durch das Zusammengehen mit Hohenlohe war Schlör, der liberal gesinnte Großdeutsche, zu einem politisch verhaßten Mann geworden".

[155] Bezeichnend dafür ist seine Rede vor der Kammer der Abgeordneten am 18.5.1870: KdA 1870 II, 35. Sitzung, 18.5.1870, 279–281. PREISSER, Schlör, 185, bezeichnet dagegen gerade Schlör als „einen der wichtigsten Lotsen der deutschen Einigung". Schlör wurde beispielsweise von Prinz Karl und Prinz Luitpold als zu preußenfreundlich angegriffen: HÄMMERLE, Schlör, 73.

mehr die Verbindung mit Sachsen und Preußen gepflegt[156]. Tatsächlich behandelten die preußische Regierung und mit ihr Bismarck den bayerischen Handelsminister lange Zeit als Verbündeten ihrer Interessen in Bayern. Erst als dieser zu Beginn des Jahres 1870 engere Verbindung mit dem patriotisch-konservativen Reichsrat von Thüngen aufnahm, wurden Werthern und Bismarck vorsichtiger[157].

Schlör entzog sich den Auseinandersetzungen um seine Person in München, indem er in Berlin sein Mandat als Zollparlamentsabgeordneter wahrnahm[158]. Seine gemäßigte Haltung im Zollparlament brachte ihm aber nur die verschärfte Gegnerschaft der Patrioten ein. Der Handelsminister hatte sich dabei aber keinesfalls der Fortschrittspartei oder der nationalliberalen Fraktion angeschlossen, sondern bildete mit 30 Gesinnungsgenossen den sogenannten Zollparlaments-Club, auch „Mainbrücke" genannt[159]. Schlör widmete der politischen Komponente des Zollparlamentes keine größere Aufmerksamkeit und ergriff in der ersten Periode zweimal, in der zweiten Periode nur noch einmal das Wort[160]. In seiner Rede zum Zolltarif 1869 bekannte sich Schlör eindeutig zur Einführung von Finanzzöllen und damit auch zum System des Freihandels, ohne allerdings die Interessen der bayerischen Landwirtschaft aus den Augen zu verlieren[161]. Hohenlohe und Schlör waren damit im Zollparlament in wirtschaftlichen Fragen grundsätzlich einer Meinung: Lediglich bei der Abstimmung über die Reform des Zolltarifes als Ganzes stimmte Schlör für deren Annahme, Hohenlohe dagegen[162].

Die während des zweijährigen Bestehens von Zollbundesrat und Zollparlament getroffenen wirtschaftspolitisch relevanten Entscheidungen konnte Schlör im bayerischen Landtag durchsetzen, maßgeblich unterstützt von seinen Minister-

---

[156] Dazu die Debatte in der Abgeordnetenkammer: KdA 1870 II, 32. Sitzung, 1.6.1870, 441–466. Weitere politische Angriffe gegen Schlör bei PREISSER, Schlör, 181–185.

[157] PA Bonn, R 2702 (Werthern an Bismarck, 15.2.1870).

[158] So auch die Briefe Schlörs an seine Frau in München; Auszüge bei HÄMMERLE, Schlör, 70–71. Zur Vertretung Schlörs als Handelsminister in München siehe Kapitel VI.3.b) *Das Staatsministerium des Handels und der öffentlichen Arbeiten 1848 bis 1871: Die Leitung des Handelsministeriums* (S. 285).

[159] Die süddeutsche Vereinigung „Mainbrücke" hatte sich im Juni 1869 mit 32 Mitgliedern gebildet: EKG 10 (1869), 98. Zur Mitgliedschaft Schlörs: SCHMIDT, Zollparlament, 186 und ihm folgend: PREISSER, Schlör, 181. Der „Mainbrücke" gehörte auch Hohenlohe an: HOHENLOHE 2, 5.

[160] Dabei handelte es sich in der ersten Parlamentssession um eine längere Rede zur Tabaksteuer (Berichte Zp 1, 12. Sitzung, 12.5.1868, 215–217) und zum Handelsvertrag mit Österreich (Berichte Zp 1, 9. Sitzung, 9.5.1868, 155). In der zweiten Session ergriff Schlör das Wort in der Zolltarifreform (Berichte Zp 2, 6. Sitzung, 14.6.1869, 65–68).

[161] Berichte Zp 2, 6. Sitzung, 14.6.1869, 65–68. Dazu auch: SCHMIDT, Zollparlament, 290, der die persönlichen Beweggründe Schlörs bei einer Ablehnung der Eisenzollreduzierung übersieht und die allgemeinen deutschen handelspolitischen Gründe in den Vordergrund stellt. Für die bayerische Landwirtschaft forderte Schlör wiederholt mäßige Schutzzölle: BayHStAM MA 63.251 (HM an AM, 19.3.1868).

[162] Dazu die Auswertung des Abstimmungsverhaltens der bayerischen Abgeordneten im Zollparlament bei: SCHMIDT, Zollparlament, 411–413.

kollegen¹⁶³. Obwohl ihm prinzipielle Standpunkte zuwider waren, und er von Fall zu Fall seine Entscheidungen traf, übertrugen sich die Angriffe der politischen Gegner aufgrund seiner weitgehend freihändlerisch-liberalen Entscheidungen mehr und mehr von seiner Person auf das gesamte Ressort, so daß er schon im Juli 1870 den Fortbestand des Staatsministeriums des Handels und der öffentlichen Arbeiten in der Kammer der Abgeordneten rechtfertigen mußte¹⁶⁴.

Für Schlör gab es bei Ausbruch des deutsch-französischen Krieges keinen Zweifel, den casus foederis anzuerkennen und auf der Seite Preußens in den Krieg einzutreten¹⁶⁵. Die schleppenden Verhandlungen in Versailles im Oktober und November 1870 machten den in München gebliebenen Minister immer nervöser, zumal Bismarck Anfang November mit der Auflösung des Zollvereins drohte. So stellte Schlör im Ministerrat den Antrag auf einen sofortigen Abschluß mit Preußen, da seiner Meinung nach „die Dinge (...) einen Punkt erreicht [hatten], daß wir nicht mehr rückwärts, sondern nur mehr vorwärts können. Jeder Tag macht unsere Position schwieriger. Möge recht bald ein Abschluß erfolgen. Denn eine Isolierung Bayerns würde ich als das Ende selbst, nicht bloß als den Anfang vom Ende betrachten"¹⁶⁶. Diese Position behielt Schlör auch in seiner Rede vor der Kammer der Abgeordneten bei der Debatte um die Annahme der Versailler Verträge im Januar 1871 bei¹⁶⁷. Trotzdem verschwieg er nicht, daß er den Eintritt Bayerns in den Norddeutschen Bund nur mit Widerwillen akzeptiert hatte¹⁶⁸. Besonders empört zeigte sich Schlör übrigens über die mangelnde Widerstandskraft Württembergs.

Schlör mußte Ende März 1871 gegen seinen Willen zu den Beratungen über die Ausarbeitung der deutschen Reichsverfassung nach Berlin reisen, obwohl es dort weniger um wirtschaftliche Fragen, als um die Forderungen König Ludwigs nach einer territorialen Vergrößerung Bayerns und um finanzpolitische Erörterungen, für die der Finanzminister von Pfretzschner zuständig war, ging¹⁶⁹. Schlör kam sich deshalb so überflüssig vor, daß er am liebsten die deutsche Hauptstadt sofort verlassen hätte; er mußte jedoch bis Juni bleiben¹⁷⁰. Der Handelsminister versuchte im Laufe der Beratungen, bayerische Eigenheiten zu schützen und durch die Reichsgründung verursachte Angleichungen an den Norddeutschen Bund so schonend wie möglich für die bayerische Bevölkerung zu vollziehen.

Am 17. Juni 1871 reichte der Ministerratsvorsitzende von Bray angesichts der kirchenpolitischen Streitigkeiten seinen Rücktritt ein¹⁷¹. Dies brachte auch Schlör in Bedrängnis, so daß er Anfang August erneut um sein Ministeramt bangen

---

[163] Dazu gehören unter anderem die Zucker-, Salz- und Tabaksteuer. Siehe dazu Kapitel IV.3.a) *Steuerharmonisierung im Zollverein nach 1867* (S. 188).
[164] KdA 1870 III, 57. Sitzung, 12.7.1870, 282–283 (Rede Schlörs); PREISSER, Schlör, 184–185.
[165] Dazu die private Korrespondenz Schlörs an seine Frau bei HÄMMERLE, Schlör, 74–79.
[166] So Schlör in einem Schreiben an Bray vom 19.11.1870: BRAY, Denkwürdigkeiten, 193.
[167] KdA 1870/71 IV, 75. Sitzung, 14.1.1870, 198–205.
[168] So Marquadsen an Lasker, 25.9.1870: BRANDENBURG, Briefe 1, 61.
[169] HÄMMERLE, Schlör, 82–86. Zunächst waren nur Pfretzschner und Lutz nach Berlin gereist.
[170] Ebd., 86.
[171] Auf den sogenannten „Kulturkampf" soll hier nicht näher eingegangen werden.

mußte, da die Möglichkeit einer erneuten Regierung Hohenlohe im Raum stand und dies mit seiner Entlassung verbunden gewesen wäre[172]. König Ludwig II. entschied sich im August 1871 zwar für Graf Friedrich von Hegnenberg-Dux[173] als neuen Leiter des Staatsministeriums des königlichen Hauses und des Äußern sowie Vorsitzenden im Ministerrat, nutzte die Kabinettsumbildung aber auch dazu, das Staatsministerium des Handels und der öffentlichen Arbeiten zum 1. Januar 1872 aufzulösen[174]. Gleichzeitig reichte Schlör seine Entlassung ein[175]. Sein Mandat in der Abgeordnetenkammer nahm er dagegen weiter wahr und widmete sich in dieser Funktion bis 1881 dem Ausbau des Eisenbahnwesens[176]. Nach der Gründung des Deutschen Reiches erschienen Bismarck allgemeine Rechtsvereinheitlichungen als besonders geeignet, die Zentralgewalt gegenüber den Partikularinteressen zu stärken. Neben Post und Telegraphie zählte dazu vor allem das Eisenbahnwesen. Zunächst behielten jedoch Bayerns Bahnen den Status bayerischer Staatsbahnen; mehrere Vorstöße, sie auch für den zivilen Bereich dem Reich zu übertragen, scheiterten bis in das 20. Jahrhundert hinein an den 1871 zugestandenen Reservatrechten[177]. Im Jahre 1875 konnte Schlör in der Abgeordnetenkammer zwar die Verstaatlichung der Ostbahnen durchsetzen, dies geschah aber nur auf Länderebene[178]. Im Anschluß an die Landtagswahlen 1873 wurde Schlör zum Vizepräsidenten der Zweiten Kammer gewählt[179]. Außerdem war er auch nach 1871 im deutschen Bundesrat vertreten und dort Mitglied der „Enquête-Kommission", die 1878 im Zusammenhang mit der Aufhebung der Eisenzölle einberufen wurde[180]. Nach 1879 übernahm er neben seinem Landtagsmandat immer wieder Arbeiten und Gutachten über wirtschaftliche Fragen. Erst mit zunehmender Krankheit zog er sich aus dem politischen Leben zurück. Gustav von Schlör starb am 25. September 1883 in Plankenhammer.

---

[172] HOHENLOHE 2, 64–65.
[173] *Graf Friedrich Adam von Hegnenberg-Dux* (1810–1872): Jurastudium in Würzburg, 1835 Übernahme der Hofmark Hofhegnenberg, 1845 Mitglied der Abgeordnetenkammer, 1847 dort 2. Präsident, 1848 Mitglied der Frankfurter Nationalversammlung, 1849–1865 Präsident der Abgeordnetenkammer, 1871/72 AM und Vorsitzender des Ministerrates, gemäßigt liberal, Führer der Mittelpartei.
[174] Siehe dazu Kapitel VI.3.c) *Die Auflösung des Staatsministeriums des Handels und der öffentlichen Arbeiten zum 1. Januar 1872* (S. 293).
[175] Vergleiche die persönlichen Aufzeichnungen Schlörs bei HÄMMERLE, Schlör, 88–89.
[176] So trat er in den Jahren 1874 bis 1876 aktiv gegen den Plan Bismarcks auf, alle Eisenbahnstrecken unter Reichsverwaltung zu stellen: HÄMMERLE, Schlör, 102–106.
[177] ALBRECHT, Eisenbahngesetzgebung, bes. 21 und 120. Für die preußischen Provinzen und allgemein: FREMDLING, Eisenbahnen.
[178] ZIEGLER, Eisenbahn, 196–197.
[179] KdA 1873/74 I, 1. Sitzung, 5.11.1873, 1–5, Dankesrede Schlörs: ebd., 4–5.
[180] HÄMMERLE, Schlör, 107. Schlör trat für eine Verzögerung der Aufhebung der Eisenzölle ein.

*c) Maßgebliche Mitarbeiter im Staatsministerium des Handels
und der öffentlichen Arbeiten nach 1862*

Die Referenten der verschiedenen bayerischen Ministerien besaßen auf die im Handelsministerium erarbeitenden Gesetzentwürfe beachtlichen Einfluß[181]. Deshalb wurden für diese Planungsarbeiten im allgemeinen Spitzenbeamte eingesetzt, die neben ihrer juristischen Ausbildung Fachkenntnisse in wirtschaftlichen Fragen und ein kritisches Urteil hinsichtlich der in den Kammern des Landtages bestehenden Mehrheitsverhältnisse besaßen. Die in den 1860er Jahren zu beobachtende Aufwertung der Stellung einzelner Ministerialreferenten beim Gesetzgebungsprozeß innerhalb Bayerns[182] ist auch auf die Behandlung von Zoll- und Handelsfragen übertragbar; dies um so mehr, als den leitenden Ministern Bayerns das Verständnis wirtschaftlicher Zusammenhänge generell fehlte. Zweifellos nutzten die Referenten diese Situation, um eigene politische Vorstellungen in Gesetzesvorlagen und Gutachtenkonzepte einzubringen. Dies ist in besonderem Maße in den Jahren 1868 bis 1870 zu beobachten, als sich die Entscheidungsträger den Berichten und Vorschlägen ihrer Fachleute in den neuen Zollvereinsgremien anschlossen. Die meisten Mitarbeiter lehnten noch im Jahre 1867 sowohl Zollbundesrat als auch Zollparlament als politische Institutionen grundsätzlich ab, da sie in ihnen die Gefahr einer zu engen Verbindung mit dem Norddeutschen Bund sahen. Diese Einstellung änderte sich, als sie feststellen mußten, daß gerade die Einführung der Majoritätsbeschlüsse die Entscheidungsfindung in wirtschaftspolitischen Angelegenheiten erleichterte.

Die Haltung des wichtigsten bayerischen Vertreters in Zoll- und Handelsfragen nach 1862, Wilhelm von Weber, zur Deutschen Frage zeigt, daß die großdeutsche Gesinnung der Mitarbeiter relativiert wurde, wenn der Bestand des Zollvereins als wirtschaftliches Band zwischen Nord und Süd in Gefahr war. Ein kurzer Blick auf einige weitere wichtige und einflußreiche Ministerialbeamte beweist darüber hinaus, daß die großdeutsche Einstellung der wirtschaftlich versierten Personen in Bayern keine Ausnahme darstellte, sondern die Regel war. Damit nahm das Personal des Handelsministeriums in ihrer grundsätzlichen politischen Einstellung eine gegensätzliche Haltung zur den Ansichten der Ministerratsvorsitzenden von der Pfordten und von Hohenlohe ein. Dennoch kam es gerade bei zoll- und handelstechnischen Fragen, die in Zollbundesrat und -parlament gelöst werden sollten, zu einer überraschend positiven Zusammenarbeit zwischen Hohenlohe, Weber, Georg Gerbig und Georg Berr[183].

Die ministeriellen Mitarbeiter waren vor allem mit den zahlreichen Eingaben von Handels- und Gewerbekammern, Fabrikräten und anderen wirtschaftlichen Interessengruppen beschäftigt, die einen wichtigen Einblick in die Stimmungslage der Bevölkerung und in die Situation der Wirtschaftsentwicklung vermitteln. Oftmals ist es aber nicht mehr nachvollziehbar, inwieweit diese Petitionen bei der

---

[181] HESSE, Horst, Gesetzgeber und Gesetzgebung in Bayern 1848–1870, Weilheim 1984, 22.
[182] GÖTSCHMANN, Innenministerium, 601.
[183] BayHStAM, MH 9700 bzw. MA 63.254 (Abschlußbericht Webers über die Tätigkeit des Zollbundesrats, 12.6.1870).

Entscheidungsfindung berücksichtigt wurden. Fest steht jedenfalls, daß manche Anfragen über Gebühr auf eine Beantwortung warten mußten, obwohl gerade der bayerische Zollbundesratsbevollmächtigte Weber immer wieder darüber Klage führte, daß es „an ausreichenden Statistiken und anderer Vernehmung der daran beteiligten Industriellen mangelte"[184].

Wilhelm von Weber

Der Ministerialrat im Außenministerium Wilhelm (von) Weber hatte in der bayerischen Regierungsriege eine Sonderstellung inne[185]. Weber, der am 14. November 1879 verstarb, war anfangs Ministerialrat im Außenministerium und wechselte im Dezember 1848 zum neuerrichteten Staatsministerium des Handels und der öffentlichen Arbeiten, wo er aufgrund seiner „genauen Bekanntschaft mit allen Zoll-, Handels-, Industrie-, Verkehrs- und Gewerbsgegenständen"[186] weitreichende Befugnisse erhielt. Gerade Weber aber faßte seine Versetzung vom Außen- in das Handelsministerium als Taktlosigkeit und Mißachtung seiner bisherigen Leistungen auf. Außerdem wollte der Außenminister nicht auf den fähigsten Mitarbeiter in seinem Ressort verzichten. Deshalb handelten Bray und Schlör einen Kompromiß aus, der bis zur Auflösung des Handelsministeriums Bestand hatte: Weber wurde in Verbindung mit seiner Versetzung in das Handelsministerium in einer höheren Gehaltsklasse geführt und zum Generalsekretär ernannt. Darüber hinaus behielt er seine Funktion als Mitarbeiter im Zoll- und Handelsreferat des Außenministeriums, so daß in erster Linie er für den wirtschaftspolitischen Austausch mit Preußen und Österreich zuständig war[187]. Weber verfaßte vor allem in der Zeit, in der das Handelsministerium noch über keinen eigenständigen Vorstand verfügte, alle Gutachten und Expertisen in zoll- und handelspolitischen Fragen, aber auch die Schreiben des Außenministers an den König. So arbeitete Weber de facto gleichzeitig für zwei Ministerien[188]. Nach der Neuorganisation des Zollvereins 1867 vertrat Weber schließlich als Staatsrat im a.o. Dienst die bayerische Regierung im Zollbundesrat[189].

Weber begründete seine Ansichten nur selten mit politischen Argumenten, verheimlichte aber dennoch seine Sympathie für eine großdeutsche Politik nicht. Den preußisch-französischen Handelsvertrag lehnte er anfangs weniger wegen der wirtschaftlichen Folgen ab, sondern verteidigte das bayerische Nein, da Preußen das Abkommen eigenmächtig abgeschlossen und damit die Souveränität Bayerns innerhalb des Zollvereins verletzt hätte; Bayern, so Weber, dürfte sich von Preußen nicht

---

[184] Ebd.
[185] BayHStAM, MF 37.551 (Personalakte): Die Vorbildung Webers ist aus diesem Akt nicht ersichtlich.
[186] BayHStAM, MA 70.394 (AM, IM, FM an Maximilian II., 28.11.1848; kgl. Signat, 30.11.1848).
[187] BayHStAM, MF 37.551 (kgl. Dekret (Abschrift), 4.12.1848); BayHStAM, Staatsrat 7215 (Staatsrat an König, 22.12.1867, genehmigt 24.12.1867).
[188] Deshalb wurde sein Gehalt von 3000 fl auch je zur Hälfte vom AM und HM getragen: BayHStAM, MA 70.934 (HM an AM, 9.2.1864 und AM an HM, 18.3.1865).
[189] Siehe zu dieser Beförderung auch Kapitel IV.2.c) *Die neuen Zollvereinsgremien Zollbundesrat und Zollparlament, ihre Organisation und Besetzung* (S. 178).

einschüchtern lassen[190]. Allerdings unterschätzte der Ministerialrat, wie auch seine vorgesetzten Minister, die potente Stellung Preußens innerhalb des Zollvereins und hielt die Berliner Drohung vom Herbst 1862, die Zollvereinsverträge aufzukündigen, als ein „bereits bekanntes Manoeuvre" und damit für ungefährlich[191]. Aus diesem Grund versuchte er, Maximilian II. darin zu bestärken, an der bayerischen Ablehnung des Handelsvertrages mit Frankreich auf jeden Fall festzuhalten[192]. Weber sah in einer möglichen Billigung des Handelsvertrages die Unterstützung preußischer Bestrebungen, das bisherige System des Zollbundes prinzipiell zu verändern. Dazu gehörte nach seiner Ansicht der Alleinvertretungsanspruch Preußens ohne Einspruchsrecht der Mittelstaaten in internationalen Fragen, die Übernahme der einzelstaatlichen Konsulate durch Preußen, die Deckung preußischer Militärausgaben durch Zahlungen aller Vereinsmitglieder und die Errichtung eines Zollparlamentes mit einem absoluten Mehrheitsverhältnis Preußens, das über die Verteilung der Zollrevenuen entschied[193]. Der bayerische Ministerialreferent blieb während seiner gesamten politischen Laufbahn bei dieser grundsätzlichen Ablehnung des preußisch-französischen Handelsvertrages[194]. Weber achtete bei wirtschaftspolitischen Entscheidungen streng auf die Wahrung bayerischer Souveränitätsrechte und mißbilligte „die praktische Durchführung der Hegemonie und die Benützung des Zollvereins zur Verwirklichung des kleindeutschen Bundes-Staates"[195], die nur darauf abzielten, Österreich aus dem Zollverein auszuschließen. Gleichzeitig kritisierte er aber auch immer wieder die kümmerlichen Zusagen Österreichs an die süddeutschen Staaten[196].

Im März 1867 fertigte Weber ein Wirtschaftsgutachten an, das die bayerische Zollvereinspolitik der nächsten drei Jahre nachhaltig prägte[197]. Im wesentlichen ging es dem Referenten um den Erhalt des Zollvereins mit größtmöglicher Selbständigkeit Bayerns im wirtschaftspolitischen Bereich. Trotzdem billigte Weber die aus seiner Sicht unabwendbaren Zollvereinsverträge vom Juli 1867. Dementsprechend kritisierte er in einer Randbemerkung auch die Rede Thüngens zur Verlängerung und Umgestaltung der Zollunion vom Oktober 1867 als fachlich inkompetent[198]. Der Reichsrat, der zukünftig für Bayern weit wichtigere Absatz-

---

[190] BayHStAM, MH 11.968 (AM an Maximilian II., Referent Weber, 2.9.1962).
[191] Ebd.
[192] BayHStAM, MH 11.968 (AM an König, 11.9.1862).
[193] Ebd.
[194] BayHStAM, MH 9700 bzw. MA 63.254 (Abschlußbericht Webers über die Tätigkeit des Zollbundesrats, 12.6.1870).
[195] BayHStAM, MH 11.968 (AM an König, 11.9.1862).
[196] BayHStAM, MA 63.246 (Weber an AM, Konzept, 7.1.1867 und Weber an AM, 21.1.1867).
[197] BayHStAM, MA 63.247 (Betrachtungen über die in Folge der Constituierung des norddeutschen Bundes nothwendigen Aenderungen in den Zollvereinsbestimmungen bezüglich der Verhältniße der süddeutschen Vereins-Staaten, München im März 1867). Konzept dieses Gutachtens vom 9.3.1867: BayHStAM, MH 9701. Siehe auch Kapitel IV.1.b) *Die Neuordnung des Zollvereins 1866/67: Die Wirtschaftspolitik Bayerns im Frühjahr 1867* (S. 154).
[198] Siehe zur Rede Thüngens Kapitel IV.2.a) *Die Ratifizierung der Zollvereinsverträge im bayerischen Landtag* (S. 166).

märkte als Preußen in Aussicht stellte, wurde von Weber abgekanzelt[199]: „Es sind dann solche [als Absatzmarkt] etwa Österreich und die Schweiz, andere gibt es wohl nicht, wenn man nicht Frankreich nehmen will? Das ist dann doch etwas leicht genommen!"

Zwischen 1868 und 1870 gewann Weber zweifelsohne als Bevollmächtigter zum Zollbundesrat bedeutenden Einfluß auf die bayerische Wirtschaftspolitik, selbst wenn er aufgrund der strengen Richtlinien Hohenlohes und Schlörs kaum eigenen Ermessensspielraum besaß[200]. Dabei übernahm Weber genausowenig wie sein Kollege Ludwig Carl Gerbig[201] dieses Amt freiwillig, hielt er doch die Stellung Bayerns nach 1867 gegenüber den nun abgeschafften Generalzollkonferenzen als zu stark eingeschränkt und dem Rang des Königreiches nicht mehr angemessen[202]. Diese Überzeugung, die er noch im März 1868 in markige Worte faßte, revidierte er jedoch bereits nach der ersten Sitzungsperiode und hob die Einführung der Majoritätsbeschlüsse gegenüber dem Vetorecht aller Mitgliedsstaaten auf den alten Zollkonferenzen lobend hervor[203]. Weber war für die Aufgabe des bayerischen Vertreters prädestiniert, wurden doch seit Jahren alle Verhandlungen mit Preußen über ihn und seinen Kollegen Gerbig abgewickelt. Weber zeichnete sich in diesen Jahren durch eine moderate, realitätsbezogene Politik aus und vertrat die wirtschaftlichen Interessen Bayerns in einem Rahmen, der gegen die preußischen Ansprüche durchsetzbar war[204]. Um die Stellung des bayerischen Bevollmächtigten im Bundesrat des Zollvereins aufzuwerten, wurde Wilhelm von Weber im Jahre 1868 gegen seinen ausdrücklichen Willen zum königlichen Staatsrat im außerordentlichen Dienst ernannt, wenn auch „unter Belaßung in seiner Stelle als Referent in dem königlichen Staatsministerium des k. Hauses und des Aeußeren" und „mit Rücksicht auf die Bestimmung der von Weber zur Vertretung Bayerns im Bundesrathe des Zollvereins" eingenommenen Stellung[205]. Trotz seines verhältnismäßig niedrigen Ranges war Weber „bei allen Zollvereinsregierungen bekannt und auch gerne gesehen"[206].

---

[199] Randbemerkung Webers zum Vortrag des Reichsrates, Freiherr von Thüngen, im II. und III. Ausschuß, die Vorlagen über Zoll- und Handelsverhältnisse betr., 23.10.1867, in: BayHStAM, MA 63.251.
[200] BayHStAM, MA 63.244 (AM, HM an Weber, 3.3.1868).
[201] Siehe zu *Georg L. Gerbig* Kapitel V.2.c) *Maßgebliche Mitarbeiter im Staatsministerium des Handels und der öffentlichen Arbeiten nach 1862: Weitere wichtige Mitarbeiter: Georg Ludwig Carl Gerbig, Karl von Meixner und Karl Kleinschrod* (S. 248).
[202] BayHStAM, MA 63.247 (Weber an AM, 19.7.1867).
[203] BayHStAM, MA 63.244 (AM, HM an Weber, Abschrift, 10.3.1868); BayHStAM, MH 9700 bzw. MA 63.254 (Abschlußbericht Webers über die Tätigkeit des Zollbundesrats, 12.6.1870).
[204] Vgl. beispielsweise seine Haltung zum Zollgesetz: BayHStAM, MA 63.252 (Weber an AM, 30.4.1869).
[205] BayHStAM, Staatsrat 7215 (AM an den Staatsrat, 9.12.1867) bzw. MH 9698 (kgl. Reskript, 7.5.1868). Die Ernennung zum Staatsrat mit einem jährlichen Gehalt von 6000 fl erfolgte zum 2.1.1868.
[206] BayHStAM, Staatsrat 7215 (AM an den Staatsrat, 9.12.1867).

Weitere wichtige Mitarbeiter: Georg Ludwig Carl Gerbig,
Karl von Meixner und Karl Kleinschrod

Ein langer Weggefährte und Kollege Webers war Oberzollrat Georg Ludwig Carl Gerbig, der als bayerischer Bevollmächtigter bei der königlich preußischen Regierung in Potsdam und gleichzeitig beim Centralbureau des Zollvereins in Berlin tätig war[207]. In der Endphase des alten Zollvereins führte er als maßgeblicher bayerischer Vertreter die Verhandlungen über die Beseitigung des Salzmonopoles und wurde deshalb 1868 auf Antrag Schlörs als zweiter Bevollmächtigter in den Zollbundesrat berufen, ohne jedoch seine bisherigen Ämter aufzugeben[208]. Gerbig schied zur zweiten Session des Bundesrates aus gesundheitlichen Gründen aus dem Staatsdienst aus und ging in den Ruhestand[209].

Karl von Meixner[210], gestorben 1880, trat nach dem Studium der Rechts- und Kameralwissenschaft 1829 in den bayerischen Zolldienst ein. Von 1840 bis 1852 war er bayerischer Bevollmächtigter in Berlin im Rang und Titel eines General-Zoll-Administrationsrates, seit 1852 im Rang eines Ministerialrates und damit für Preußen maßgeblicher Verhandlungspartner bei allen Zollvereinsfragen. In dieser Funktion vertrat er Bayern zwischen 1846 und 1863 auf den Generalzollkonferenzen des Zollvereins[211]. Im Jahre 1859 trat er darüber hinaus als Ministerialrat ins Staatsministerium des Handels und der öffentlichen Arbeiten ein, von 1863 bis 1877 fungierte er außerdem als Bankkommissär der bayerischen Hypotheken- und Wechselbank, 1865 als Generalzolladministrator, von 1868 bis 1870 als Abgeordneter des Zollparlamentes, bevor er 1875 in den Ruhestand ging. Auch Meixner verheimlichte nie seine großdeutsche Gesinnung und repräsentierte bei seinen Missionen das Königreich Bayern in diesem Sinne, zumal er meist ohne Instruktionen aus München zu Beratungen geschickt wurde. Den preußisch-französischen Handelsvertrag ablehnend beklagte er, daß auf der Generalzollkonferenz 1863 die Beratung über eine engere Zoll- und Handelsverbindung mit Österreich nicht durchgesetzt werden konnte[212]. Allerdings mußte sich auch Meixner eingestehen, daß aus wirtschaftlicher Sicht die Forderungen Bayerns in bezug auf eine Zolleinigung mit der Donaumonarchie nicht realisierbar waren[213].

---

[207] Gerbig erhielt für dieses Amt 3600 fl: BayHStAM, MA 63.251 (Verzeichniß der sämmtlichen im Zoll-Verein von den einzelnen Zollvereinsstaaten angestellten Vereinsbevollmächtigten, Vereinssekretäre und Stationskontroleire, nebst Angabe der ihnen zustehenden Gehalte und sonstigen Emolumente, nach dem Zustande von Ende des Jahres 1867).

[208] BayHStAM, MH 9697 (HM an AM, 30.11.1867). Gerbig erhielt 1000 fl für diese „Nebenbeschäftigung": ebd. (AM an HM, 10.11.1868).

[209] Siehe dazu auch Kapitel IV.2.c) *Die neuen Zollvereinsgremien Zollbundesrat und Zollparlament, ihre Organisation und Besetzung* (S. 178).

[210] Einige persönliche Angaben zu *Karl (Carl) von Meixner*: BayHStAM, MInn 41.079 (HM an Maximilian II., 5.4.1860). Siehe auch Kapitel VI.3.b) *Das Staatsministerium des Handels und der öffentlichen Arbeiten 1848 bis 1871: Die Mitarbeiter des Handelsministeriums* (S. 288).

[211] Siehe dazu Kapitel II.3. *Der deutsche Zollverein bis zum Abschluß des preußisch-österreichischen Handelsvertrages von 1853* (S. 44).

[212] BayHStAM, MH 9749 (Besonderes Protokoll die Zollverhältnisse in Oesterreich betr., verhandelt München, 17.7.1863) bzw. BayHStAM, MH 9750 (Abschrift).

[213] DELBRÜCK, Erinnerungen 2, 296.

Als Leiter der Generalzolladministration, die in alle zolltechnischen Entscheidungen des Königreiches miteinbezogen wurde, begrüßte der Ministerialrat den 1868 abgeschlossenen Handelsvertrag zwischen dem Zollverein und der Donaumonarchie, zumal die Österreich zugestandenen Zollerleichterungen einige der wichtigsten bayerischen Exportartikel betrafen[214]. Als Abgeordneter im Zollparlament für den Wahlbezirk Aichach fiel Meixner wie die meisten bayerischen Parlamentarier nicht besonders auf: In jeder Session meldete er sich gerade einmal zu Wort[215]. Sein Verhalten bei den Abstimmungen gestaltete sich angesichts seiner volkswirtschaftlichen Fachkenntnisse erstaunlich undifferenziert: Bei allen Entscheidungen stimmte er mit „Nein"[216].

Der kompromißloseste Großdeutsche war zweifellos Karl Joseph von Kleinschrod[217], geboren 1789 in Würzburg, gestorben 1869 in München, trat 1832 als Ministerialrat in das Innenministerium ein und wechselte drei Jahre später in das Finanzministerium. Vor seiner Ernennung zum Ministerialrat im Handelsministerium 1849 war er dort als Referent für Zoll- Verkehrs-, Handels- und Schiffahrtsangelegenheiten sowie für die Leitung der technischen Zweige des Berg- und Salinenwesens zuständig. Zwischen 1851 und 1860 übernahm Kleinschrod wiederholt in Vertretung des Ministerialdirektors Carl von Bever die Leitung des Handelsministeriums[218]. Als der dezidert großdeutsch und proösterreichisch eingestellte Kleinschrod im Jahre 1857 bei Maximilian II. um seine Versetzung in den Ruhestand nachsuchte, wollte der Monarch auf die Fähigkeiten seines langgedienten Mitarbeiters nicht verzichten und stellte ihn nur von den regelmäßigen Arbeiten frei. Der König behielt sich vor, ihn je nach den Erfordernissen zu notwendigen Arbeiten wieder einzusetzen. Erst drei Jahre später, im Frühjahr 1860, ging der 1850 zum Geheimen Rat ernannte Karl von Kleinschrod endgültig in den Ruhestand. Kleinschrod war in der zweiten Hälfte des 19. Jahrhundert bei den entscheidenden Meilensteinen der wirtschaftlichen Integration der einzige, der schon als bayerischer Vertreter an den Verhandlungen zur Gründung des Zollvereins 1833/34 und an dessen Verlängerung 1841 teilgenommen hatte[219]. Darüber hinaus war er auch an den Beratungen während

---

[214] BayHStAM, MH 9698 (Meixner an HM, 26.3.1868). Zu diesen Waren zählten einige Eisenwaren, Baumwoll- und Leinengarn, Papier, Leder, Glaswaren, Porzellan, Instrumente und Eisenbahnwagen.

[215] SCHMIDT, Zollparlament, 411–412.

[216] Berichte Zp 1–3; Das Abstimmungsverhalten zusammengestellt bei: SCHMIDT, Zollparlament, 412–413.

[217] Persönliche Daten zu *Karl von Kleinschrod* (1797–1866): BayHStAM, MInn 34.868 und 36.675: Die Schreibweise des Vornamens ist nicht einheitlich, man findet sowohl Carl als auch Karl. Kleinschrod ist nicht identisch mit Karl Joseph von Kleinschrod, JM von 1849–1854. Siehe zu seiner Arbeit im Staatsministerium des Handels und der öffentlichen Arbeiten auch Kapitel VI.3.b) *Das Staatsministeriums des Handels und der öffentlichen Arbeiten 1848 bis 1871* (S. 285).

[218] Siehe zu *Carl von Bever* Kapitel VI.3.b) *Das Staatsministerium des Handels und der öffentlichen Arbeiten 1848 bis 1871: Die Leitung des Handelsministeriums* (S. 285).

[219] BayHStAM, MInn 36.675 (HM an Maximilian II., 28.10.1850 und Kleinschrod an Maximilian II., 18.5.1857).

der ersten Zollvereinskrise 1853 beteiligt[220]. Sein Einfluß auf Maximilian II. prägte maßgeblich dessen Entscheidungen bezüglich der Anerkennung des preußisch-französischen Handelsvertrages, die Erneuerung des Zollvereinstarifes und damit der Verlängerung des Zollvereins im Jahr 1864. Auch nach seiner Versetzung in den Ruhestand äußerte sich Kleinschrod zu wirtschaftspolitischen Entscheidungen der bayerischen Regierung. So warf er Preußen im Zusammenhang mit den Verhandlungen um den preußisch-französischen Handelsvertrag 1861/62 eine unzulässige eigenmächtige Vorgehensweise vor, die bereits beim Handelsabkommen mit Hannover im Jahre 1851 erfolgreich angewendet worden war[221]. Auf diese Weise, so Kleinschrod, würde die Berliner Regierung die anderen Zollvereinsstaaten vor vollendete Tatsachen stellen. Er warf Berlin vor, den Februarvertrag mit Österreich vollkommen ignoriert und damit die Sprengung des Zollvereins billigend in Kauf genommen zu haben, ohne auf die wirtschaftlichen Konseqenzen zu achten.

Kleinschrod, der als ausgewiesener Kenner seines Faches galt, war keineswegs gegen einen auf der Basis des Freihandels abgeschlossenen Handelskontrakt mit anderen europäischen Staaten, da durch einen niedrigeren Zolltarif positive Wachstumseffekte auf die bayerische Industrie zu erwarten wären, lehnte aber den Zeitpunkt eines Abschlusses mit Frankreich und vor allem die von Preußen ergriffenen Mittel dazu ab[222]: „Die Frage eines Handelsvertrages mit Frankreich dagegen ist eine Frage der Opportunität, aber nicht der Nothwendigkeit, und am Allerwenigsten der Dringlichkeit." Statt dessen mahnte er zu mehr Geduld, um die Auswirkungen des Cobdenvertrages von 1860 zwischen England und Frankreich wirtschaftlich einschätzen zu können und forderte auch in Zukunft einen ausreichenden Schutz für die heimische Industrie. Wie alle wirtschaftlichen Autoritäten sträubte er sich gegen eine Verknüpfung der notwendigen Erneuerung des Zolltarifes mit der Anerkennung des preußisch-französischen Handelsvertrages. Er verlangte vielmehr die Einberufung einer Generalkonferenz, die die Umarbeitung des Tarifes übernehmen sollte. Kleinschrod lehnte den Handelsvertrag trotz seiner großdeutschen Gesinnung in erster Linie aus rein volkswirtschaftlichen Gründen ab, da die Einnahmeausfälle für den Zollverein, die er auf 2,35 Mio Tlr schätzte, aus seiner Sicht nicht zu verkraften waren. Zudem wäre die Übernahme des Wertzollsystems für den Zollverein von entschiedenem Nachteil. Seiner Ansicht nach bestand für wichtige Waren aus dem Textilsektor, der Leder- und Handschuhfabrikation sowie der Papier- und Porzellanwaren keine Reziprozität in der gegenseitigen Zollerhebung. Letztlich war Kleinschrod als proösterreichisch gesinnter Mitarbeiter des Handelsministeriums in erster Linie gegen Artikel 31 des Abkommens von 1862[223]: „Wie wäre ferner die Aufrechterhaltung des Zwischenzolltarifes für den Verkehr Oesterreichs und des Zollvereins, welcher eigentlich als die Wesenheit der Annäherung an den Zollverein, als der Uebergang zu dereinstigen wechselseitig völliger Verkehrsfreiheit zu betrachten

---

[220] BayHStAM, MH 11.966 (Kleinschrod an AM, 5.4.1862).
[221] GHAM, Kabinettsakten Maximilian II., No. 214a (Gutachten Kleinschrods, 9.6.1862).
[222] Ebd.
[223] Ebd.

ist, mit dem französischen Vertrag in Einklang zu bringen?" Damit wies er nachdrücklich auf die politische Dimension des Handelsvertrages und die damit verbundenen Gefahren für die Souveränität Bayerns hin. Dennoch sah er in dem Zoll- und Handelsabkommen mit Frankreich positive Ansätze auch für die bayerische Wirtschaftsentwicklung, so daß er als einziger einen Kompromiß vorschlug: Abschluß des Handelsabkommens nicht auf zwölf, sondern nur auf drei Jahre.

VI. DIE REICHSGRÜNDUNG

1. Allgemeiner Überblick

a) Die innenpolitische Entwicklung 1866 bis 1870

Um die Jahreswende 1866/67 hatte Fürst von Hohenlohe das Amt des bayerischen Außenministers und Ministerratsvorsitzenden übernommen, erhielt jedoch von Anfang an für seine Pläne einer allmählichen Annäherung an den Norden weder auf innenpolitischer noch auf außenpolitischer Ebene Unterstützung; im Gegenteil, die Regierung kämpfte seit 1867 mit einer stärker werdenden Opposition, aus der sich 1868 die Bayerische Patriotenpartei[1] entwickelte. Kurz nach der Niederlage im deutsch-deutschen Krieg bauten die Gegenkräfte in Süddeutschland ihre Stellung gegenüber den liberal geführten Regierungen und Landtagen aus, so daß es vor allem in Bayern für das Ministerium schwieriger wurde, Zollvereinsfragen in der Zweiten Kammer durchzusetzen. Verstärkt wurde die Konkurrenzsituation zwischen Bevölkerung und Regierung infolge der Auseinandersetzungen um die sogenannte bayerische Sozialgesetzgebung der Jahre 1866 bis 1870, wirtschaftlich und sozial motivierte Gesetze, die unter Maximilian II. eingeleitet und unter Ludwig II. abgeschlossen wurden[2]: Dazu gehörten die weitgehende Herstellung der Gewerbefreiheit durch die Gewerbeordnung 1868[3], Gesetze über Heimat, Verehelichung und Aufenthalt sowie schließlich das Gesetz zur Armenpflege. Weitere Diskussionen gab es um eine Reihe anderer Gesetze, die die Liberalen gegen das Votum der Konservativen durchsetzen konnten[4], vor allem um den Schulgesetzentwurf, dem Beginn des sogenannten Kulturkampfes. Die innenpolitischen Schwierigkeiten drängten den überraschenden Sieg der konservativ-partikularistischen Kräfte bei den Zollparlamentswahlen im Mai 1868 in den Hintergrund[5], in deren Folge allerdings die 1868 gegründete Patriotenpartei das zunehmend „explosive Gemisch aus Antiliberalismus und Antiborus-

---

[1] Zur Patriotenpartei: HARTMANNSGRUBER, Patriotenpartei.

[2] HESSE, Horst, Die sogenannte Sozialgesetzgebung Bayerns Ende der sechziger Jahre des 19. Jahrhunderts (MBM 33), München 1971.

[3] GÖTSCHMANN, Dirk, Das Bayerische Innenministerium 1825–1864. Organisation und Funktion, Beamtenschaft und politischer Einfluß einer Zentralbehörde in der konstitutionellen Monarchie (Schriftenreihe der historischen Kommission bei der Bayerischen Akademie der Wissenschaften 48), Göttingen 1993, 498–601; BayHStAM, MH 6186.

[4] Verbesserung des Wahlrechtes, Reform des Reichsrates, Zivilprozeßordnung, Überlegungen zur Einführung der Zivilehe, strengere Staatsaufsicht über die Kirche, Volksschulgesetz und Wehrpflichtgesetz.

[5] BayHStAM, MInn 66.318 (IM an Ludwig II., 4.5.1866).

sianismus"⁶ in der Bevölkerung für ihre Zwecke ausnutzte und sich anschickte, die Herrschaft der Liberalen zu stürzen. Vor den Landtagswahlen im Mai 1869 traten die Gegensätze zwischen öffentlicher Stimmung und Regierung offen zutage: deutscher Nationalismus gegen bayerischen Partikularismus, autonomer Staat gegen die internationale Hierarchie der Kirche, Liberalismus gegen katholischen Konservativismus, der städtische Mittelstand gegen die feudalen Strukturen⁷.

Im Mai 1869 gelang es den konservativen Kräften ungeachtet des Wahlrechtes, das die Patrioten benachteiligte⁸, 78 Sitze gegenüber 76 für die Liberalen zu gewinnen⁹. Die anschließenden Präsidentenwahlen in der Abgeordnetenkammer ergaben wiederholt ein Patt von 71 zu 71 Stimmen, so daß Hohenlohe am 6. Oktober 1869 die zweite Kammer auflöste¹⁰. Bei der erneuten Landtagswahl am 16. und 25. November 1869 erreichte die Opposition mit 80 zu 74 Sitzen (63 Mandate für die Fortschrittspartei und elf für unabhängige Liberale, darunter die Mittelpartei) eine komfortablere Mehrheit, obwohl die Regierung die Wahlkreise neu eingeteilt hatte, um sich Stimmenvorteile zu sichern¹¹. Hohenlohe, der als Ministerratsvorsitzender allein dem König und nicht dem Landtag verantwortlich war, bot daraufhin zusammen mit dem gesamten Ministerium den Rücktritt an, was Ludwig aber ablehnte¹²; nur Innenminister Winfried Hörmann von Hörbach¹³ und Kultusminister Franz von Gresser¹⁴ mußten am 7. Dezember 1869

---

⁶ LÖFFLER, Kammer, 419.
⁷ PFLANZE, Bismarck. Reichsgründer, 410. Zur allgemeinen, gegenüber der Regierung seit den Zollparlamentswahlen schlechten Stimmung im Land auch: BayHStAM, MInn 46.042 (IM an Ludwig II., 26.1.1869) und Berichte der Regierungspräsidenten an IM bzw. Ludwig II.: BayHStAM, MInn 66.318.
⁸ KISTLER, Helmut, Der bayerische Landtag 1871/72, Diss. masch. München 1957, 6–13.
⁹ Nach LÖFFLER, Kammer, 419 und KISTLER, Landtag, 13, in Anlehnung an die Allgemeine Zeitung. EGK 10 (1869), 178, geben 79 Patrioten und 75 Liberale an.
¹⁰ KISTLER, Landtag, 17–26; EGK 10 (1869), 205; HOHENLOHE 1, 399–400.
¹¹ EGK 10 (1869), 213. RALL, König, 7, gibt 80 Landtagsmandate für die Patrioten und nur 63 für die Fortschrittspartei an, was das politische Bild verzerrt, da damit die anderen liberalen bzw. demokratischen Parteien und Gruppierungen nicht erfaßt werden. ZORN, Wolfgang, Parlament, Gesellschaft und Regierung in Bayern 1870–1918, in: RITTER, Gerhard A. (Hg.), Gesellschaft, Parlament und Regierung. Zur Geschichte des Parlamentarismus in Deutschland, Düsseldorf 1974, 304, splittert dagegen in Übereinstimmung mit DEUERLEIN, Ernst, Bayern. Geschichte der deutschen Länder II (Territorien-Ploetz), Würzburg 1971, 381, genauer auf: 80 Mandate für die Patrioten, 7 für die Nationalliberalen, 63 für die Fortschrittspartei (insgesamt 70 für den linken Flügel) sowie 4 für die Demokraten. Zum Wahlkampf für die Novemberwahlen: SCHMIDT, Zollparlament, 306–307. Zum Wahlausgang: HOHENLOHE 1, 404–405. Zur Neueinteilung der Wahlbezirke: KISTLER, Landtag, 27–36.
¹² Zur Ministerratssitzung am 26.11.1867, in der nur Schlör einen Rücktritt des Gesamtministeriums ablehnte: HOHENLOHE 1, 404–406; das Entlassungsgesuch: HOHENLOHE 1, 407–409; die Ablehnung Ludwigs: HOHENLOHE 1, 409–413.
¹³ *Winfried Hörmann von Hörbach* (1821–1896): Jurist, 1866–1868 Regierungsdirektor der Regierung von Unterfranken, 1868/69 IM, 1870–1887 Regierungspräsident von

gehen[15]. Dafür übernahm am 20. Dezember 1869 Paul von Braun[16] das Innenressort und Johann Frhr. von Lutz neben dem Justiz- nun auch noch das Kultusministerium.

Mit der Umbesetzung der beiden Ministerien schien die Regierung Hohenlohe trotz der patriotischen Kammermehrheit vorerst gesichert. Doch bereits im Januar 1870 gingen die Patrioten gestärkt durch das Mißtrauensvotum der Kammer der Reichsräte gegen die Regierung Hohenlohe zum Angriff über[17]. Der Ministerratsvorsitzende, der wegen seiner preußenfreundlichen Politik attackiert wurde, lehnte jetzt rückblickend die politische Verantwortung für das Scheitern seiner Südbundpläne ab, da er den Grund dafür, die Erneuerung des Zollvereins 1867, nicht zu verantworten hätte[18]. Die Abgeordneten schlossen sich trotzdem mit 78 zu 62 Stimmen dem Mißtrauensvotum der Reichsräte an[19]. Im Anschluß an eine emotional geführte Debatte in der Abgeordnetenkammer reichte Hohenlohe am 14. Februar 1870 seinen Rücktritt ein[20]. Da Hohenlohe auf Dauer gegen eine Kammermehrheit und die allgemeine antiliberale Stimmung im Land nicht regieren konnte, nahm der König jetzt das Rücktrittsgesuch seines leitenden Ministers an. Er beließ jedoch den liberalen Justiz- und Kultusminister Johann von Lutz im Amt[21]. Selbst die persönliche Intervention Bismarcks für Hohenlohe blieb ohne Wirkung. Der preußische Ministerpräsident befürchtete bei einem Rücktritt Hohenlohes nicht nur Nachteile für seine deutsche Politik, sondern auch die Abdankung des bayerischen Königs[22]. Mitte Februar 1870 berichtete der bayerische Gesandte in Berlin nach München, „die Angelegenheiten in Bayern werden hier fortwährend mit gespannter Aufmerksamkeit verfolgt und kein anderer

Schwaben und Neuburg, 1871 Mitglied im Reichstag und 1871–1883 der zweiten Kammer im bayerischen Landtag.

[14] *Franz von Gresser* (geb. 1807): Jurist, 1858–1866 Regierungsdirektor der Regierung von Unterfranken, 1866–1869 IMKS. Personalakte: BayHStAM MInn 39.316.

[15] HOHENLOHE 1, 415–416. Zur Ministerkrise von 1869 auch: KISTLER, Landtag, 47–61.

[16] Braun hatte sich in einer Stichwahl gegen Pfeufer durchgesetzt. Zu *Paul von Braun* siehe Kapitel VI.3.b) *Das Staatsministerium des Handels und der öffentlichen Arbeiten 1848 bis 1871: Die Mitarbeiter des Handelsministeriums* (S. 285).

[17] Adreßverhandlung der Reichsräte am 28.1.1870: KdRR 1870 I, 24–130; LÖFFLER, Kammer, 419–422. Die Adressen der beiden Kammern an den König sind ausführlich dargestellt bei RALL, König, 8–18; SCHMIDT, Zollparlament, 316–338. Die Verteidigungsrede Hohenlohes in der Kammer der Reichsräte: HOHENLOHE 1, 418–422.

[18] Auch Hohenlohes Nachfolger Bray wird die Erneuerung des Zollvereins von 1867 dafür verantwortlich machen, daß ein Eintritt in den Norddeutschen Bund nicht mehr abgewendet werden konnte.

[19] HOHENLOHE 1, 435: Schlör enthielt sich der Stimme. Zur vorausgegangenen Debatte in der Kammer der Abgeordneten: KdA 1870 I, 2. bis 13. Sitzung, 29.1.–12.2.1870, 10–308, die Abstimmung über den Adreßantrag an Ludwig II. auf 306; SCHMIDT, Zollparlament, 319–337. Ebd., 337, gibt ein Stimmenverhältnis von 78 zu 62 an.

[20] HOHENLOHE 1, 423–428.

[21] Entlassungsgesuch Hohenlohes am 14.2.1870: ebd., 437–438; die Annahme Ludwigs II. am 7.3.1870: ebd., 440.

[22] GW VIb, Nr. 1502, 243 und Nr. 1503, 243–245; RALL, König, 42–44. Nach PFLANZE, Bismarck. Reichsgründer, 410, führte der Rücktritt Hohenlohes zu „einer Stärkung der Autorität des Königs".

Gegenstand bietet gegenwärtig mehr Interesse und erscheint ihm wichtiger als die schließlichen Entscheidungen Euerer Koeniglichen Majestät in den obwaltenden Fragen und über die künftige Haltung der Bayerischen Regierung zu der nationalen Frage"[23]. Die Nachfolge Hohenlohes übertrug König Ludwig II. auf dessen Rat hin[24] dem Wiener Gesandten, Otto Graf von Bray-Steinburg[25].

b) Bayern und der deutsch-französische Krieg

In Europa herrschte seit Sommer 1868 eine Zeit politischer Krisen, die immer wieder an den Rand einer kriegerischen Auseinandersetzung führten[26]. Allerdings bemerkte der bayerische Gesandte in Berlin im Sommer 1868, die Befürchtungen eines Waffenganges mit Frankreich, „scheinen mehr für eine Pression auf den Süden berechnet gewesen zu sein, als daß sie reell begründet gewesen wären"[27]; die Selbständigkeit Bayerns zwischen 1868 und 1870 war also weitgehend gesichert. Daneben blieb jedoch eine gewisse Kriegsgefahr existent, zumal im Oktober 1868 in Berlin das Gerücht kursierte, die Kriegslust in Frankreich wäre sehr hoch, da das Land in „politischer, finanzieller und industrieller Beziehung" am Boden liegen würde und man dem Volk bald „etwas bieten" müßte[28]. Die Situation verschärfte sich in der Folgezeit, konnte aber immer wieder ausbalanciert werden.

Seit 1866 hatten sich die europäischen Mächte, vor allem Rußland und England, auf die Bewahrung des status quo in Mitteleuropa konzentriert. Rußland interessierte sich nur am Rande für die Unstimmigkeiten der westeuropäischen Mächte, obwohl man aufgrund des beginnenden Panslavismus' Preußens politische und zollpolitische Schritte bezüglich einer möglichen Ausdehnung über den Main kritisch beobachtete[29]. England wollte einen europäischen Krieg aus Rücksicht auf Belgien nicht riskieren[30], in Wien konzentrierte man sich nach der Niederlage von Königgrätz und dem Ausgleich mit Ungarn auf die Verbesserung der Bezie-

---

[23] BayHStAM, MA 2650 (Bericht Perglas Nr. 78, 18.2.1870).
[24] HOHENLOHE 1, 439.
[25] Nach RALL, König, 35–36, favorisierte Ludwig II. zunächst *Rudolph Frhr. von Gasser* (Gaßer) (1829–1904), Gesandter in Stuttgart von 1868 bis 1871. Zu den Umständen, die dann zur Berufung Brays führten: ebd., 44–57; aus österreichischer Sicht: LUTZ, Österreich-Ungarn, 175–177. Zu den persönlichen Daten Brays siehe Kapitel V.2.a) *Die leitenden Minister: Otto Graf von Bray-Steinburg (1870/71)* (S. 234).
[26] MOSSE, Werner E., The European Powers and the German Questions 1848–1871, Cambridge 1958.
[27] BayHStAM, MA 2648 (Bericht Perglas Nr. 198, 9.6.1868). Bismarck schürte in diesem Zusammenhang durchaus die süddeutschen Ängste vor einem Krieg.
[28] Ebd. (Bericht Perglas Nr. 322, 3.10.1868).
[29] Der Bericht des bayerischen Gesandten: BayHStAM, MA 2650 (Bericht Perglas Nr. 189, 13.5.1870).
[30] VALENTIN, Veit, Bismarcks Reichsgründung im Urteil englischer Diplomaten, Amsterdam 1937, bes. 417–437; BECKER, Josef, Der Krieg mit Frankreich als Problem der kleindeutschen Einigungspolitik Bismarcks 1866–1870, in: STÜRMER, Deutschland, 75–88; HILDEBRAND, Klaus, Von der Reichseinigung zur „Krieg in Sicht" Krise. Preußen-Deutschland als Faktor der britischen Außenpolitik 1866–1875, in: SCHIEDER/DEUERLEIN, Reichsgründung, 205–234, bes. 222.

hungen zum Orient sowie innerstaatlicher Reformen. Als im Jahre 1869 eine österreichisch-französische Allianz scheiterte, nahm Wien Anfang 1870 wieder politische Beziehungen zu Berlin auf[31].

Das einstmals gute Verhältnis zwischen Preußen und Frankreich hatte sich seit 1866 aufgrund der Luxemburgkrise verschlechtert. Napoleon hatte die Erwerbung Luxemburgs nicht durchsetzen können und statt dessen die internationale Neutralisierung des Landes und dessen weitere Zugehörigkeit zum deutschen Zollverein akzeptieren müssen. Der französische Kaiser benötigte anschließend mehr denn je dringend einen außenpolitischen Erfolg, um seine Stellung innerhalb des Landes zu festigen. So stellte die gedemütigte Ehre Frankreichs zweifellos einen vorrangigeren Kriegsgrund dar als die spanische Thronkandidatur des Erbprinzen Leopold von Hohenzollern-Sigmaringen[32]. Wenige Tage bevor diese öffentlich wurde[33], schrieb noch der bayerische Gesandte in Berlin in Verkennung der angespannten Situation nach München[34]: „In politischer Beziehung herrscht eine große Stille und, abgesehen von nahe bevorstehenden großen Ereignissen in Rom, ist kein Gegenstand vorhanden, der die Kabinette ernstlich beschäftigt." In den nun folgenden Auseinandersetzungen zwischen der Berliner und der Pariser Regierung, auf die hier nicht näher eingegangen werden sollen, gelang es Bismarck mit Hilfe der sogenannten „Emser Depesche" die ursprünglich preußischdynastische Frage zu einer nationalen Angelegenheit hochzuspielen[35]. Am 19. Juli 1870 brach Preußen den diplomatischen Verkehr mit Frankreich ab, am gleichen Tag erfolgte die französische Kriegserklärung an Preußen[36]: „In derselben ist, mit sorgfältiger politischer Tendenz die Kriegserklärung nur 'an Preußen' gemacht,

---

[31] BayHStAM, MA 2650 (Bericht Perglas Nr. 5, 3.1.1870); HILDEBRAND, Reichseinigung, in: STÜRMER, Deutschland, 205–234.

[32] DITTRICH, Jochen, Ursachen und Ausbruch des deutsch-französischen Krieges 1870/71, in: SCHIEDER/DEUERLEIN, Reichsgründung, 64–94; SCHOT, Bastian, Die Entstehung des Deutsch-Französischen Krieges und die Gründung des Deutschen Reiches, in: BÖHME, Probleme, 269–295. Zur Kriegsschuldfrage, die hier nicht näher erörtert werden soll, bieten Zusammenfassungen: NIPPERDEY, Deutsche Geschichte II, 61–62; PFLANZE, Bismarck. Der Reichsgründer, 449–454. Aus der zahlreichen Literatur zur Hohenzollernkandidatur: DITTRICH, Jochen, Bismarck, Frankreich und die spanische Thronkandidatur der Hohenzollern. Die „Kriegsschuldfrage" von 1870, München 1962; BONNIN, Georges (Hg.), Bismarck and the Hohenzollern Candidature for the Spanish Throne, London 1957; MORSEY, Rudolf, Die Hohenzollernsche Thronkandidatur in Spanien, in: HZ 186 (1958), 573–588; FLETCHER, Willard A., The Mission of Vincent Benedetti to Berlin 1864–1870, Nijoff 1965; BECKER, Josef, Zum Problem der Bismarckschen Politik in der Spanischen Thronfrage 1870, in: HZ 212 (1971), 529–607.

[33] Die Kandidatur drang erst Anfang Juli 1870 an die Öffentlichkeit.

[34] BayHStAM, MA 2650 (Bericht Perglas Nr. 248, 28.6.1870).

[35] So notierte Bray in seinen Erinnerungen: „Von hier ab ändert sich die Sache. Die spanische Kandidatur verschwindet, die deutsche Frage beginnt": BRAY, Denkwürdigkeiten, 128. Zur Emser Depesche zusammenfassend: PFLANZE, Bismarck. Der Reichsgründer, 470–472. Die Emser Depesche: EGK 11 (1870), 80–83. Zu den Vorfällen im Juli 1870: KOLB, Eberhard, Der Kriegsausbruch 1870: Politische Entscheidungsprozesse und Verantwortlichkeiten in der Julikrise 1870, Göttingen 1970.

[36] BayHStAM, MA Gesandtschaft Berlin 1040 (Bericht Perglas Nr. 285, 20.7.1870); BayHStAM, MA 644 (AM an die kgl. Gesandtschaften, 26.7.1870).

vom 'norddeutschen Bund' ist nicht die Rede, und das Motiv des Krieges ist ausschließlich auf die beabsichtigte Erhebung eines preußischen Prinzen auf den spanischen Thron beschränkt."

Österreich hatte sich bereits im Vorfeld der Auseinandersetzung für neutral erklärt[37], so daß für Preußen ein erfolgreicher Ausgang des Krieges von der Anerkennung des sogenannten „casus foederis" und damit der Aktivierung der Schutz- und Trutzbündnisse von 1866 durch die süddeutschen Staaten Bayern, Baden, Württemberg und Hessen-Darmstadt abhing[38]. Aber sowohl die württembergische als auch die bayerische Regierung standen zunächst auf dem Standpunkt, daß die Verträge keinen Automatismus auslösten. Bray hatte noch im März 1870 ausdrücklich erklärt, von „einer offensiven Bedeutung der Verträge, von einem Angriff auf fremdes Gebiet" wäre in dem Vertragswerk von 1866 „nirgends die Rede"[39]. Bismarck, der folglich mit einer zögerlichen Haltung Bayerns und Württembergs rechnen mußte, nötigte mit der Veröffentlichung der Emser Depesche Frankreich zur Kriegserklärung und umging damit wenigstens äußerlich weitere Verfassungsdiskussionen um die Defensivforderung der militärischen Allianz von 1866. Baden schloß sich ohne Zögern Preußen an, Hessen-Darmstadt versuchte vergeblich, sich den Bündnispflichten zu entziehen und auch die bayerische Regierung akzeptierte den casus foederis erst nach einigem Zögern. Württemberg zögerte am längsten, hoffte man dort doch vergeblich auf die Opposition Bayerns. Theoretisch strebten Stuttgart und München eine gemeinsame Politik an, die Entscheidungen früherer Jahre und das damit verbundene latente Mißtrauen zwischen beiden Regierungen erschwerten jedoch dieses Vorhaben[40]. In München fehlte es genauso wie in Württemberg und Hessen-Darmstadt an einem eigenen politischen Konzept; lediglich die Badener Regierung hatte mit dem Vorhaben eines bedingungslosen Eintrittes in den Norddeutschen Bund seit Monaten ein klares Ziel[41]. Die bayerische Zurückhaltung lag zweifelsohne auch daran, daß die Minister trotz der seit Monaten angespannten Situation in Europa vom plötzlichen Ausbruch des Krieges überrascht wurden[42]. Die Unentschlossenheit des Kabinettes wird in einem Brief des preußischen Gesandten von Werthern an Bismarck deutlich[43]: „Ich tue was ich kann, um ihm

---

[37] LUTZ, Österreich-Ungarn, 202–237. Zur Haltung Österreichs in der deutschfranzösischen Krise die Akten aus dem Nachlaß Brays: BayHStAM, MA 644; BEUST, Erinnerungen, 392: Österreich hatte ungeachtet seiner Neutralität eine beschränkte Kriegsbereitschaft beschlossen.

[38] Siehe dazu Kapitel IV.1.a) *Der Krieg von 1866* (S. 145).

[39] BRAY, Denkwürdigkeiten, 125. Zur Diskussion um die Verbindlichkeit der Schutz- und Trutzbündnisse siehe: GRUNER, Süddeutsche Staaten, 65–68.

[40] Varnbüler wurde im August 1871 von *Adolf Graf von Taube* (1810–1899) abgelöst; Taube war vom 31.8.1870 bis 9.1.1871 mit der interimistischen Vertretung des Außenministeriums betraut, was nicht gerade zur Stimmungsverbesserung zwischen München und Stuttgart beitrug.

[41] BINDER, Reich, 13. Für Baden: BUSCH, Kämpfe, 7: Anfang 1870 hatte Bismarck den Wunsch Badens auf Eintritt in den Norddeutschen Bund abgelehnt.

[42] So Bray in einem Privatschreiben, 25.7.1870: BayHStAM, Bayerische Gesandtschaft Berlin 1245; BayHStAM, MA 2650 (Bericht Perglas Nr. 248, 28.6.1870).

[43] RALL, König, 188–189, zit. 189 (Brief Wertherns an seinen Bruder, 14.7.1870).

[Bray, Anm. der Verf.] Mut einzuflößen, der Kriegsminister allein hält sich wacker, alle übrigen Minister sind die reinen Schweinehunde; der König in Berg." Tatsächlich war die Mehrheit der Minister für eine Neutralität Bayerns, nur Kriegsminister Sigmund von Pranckh[44] und Handelsminister Gustav von Schlör stimmten für die uneingeschränkte Anerkennung des casus foederis[45]. Bray erklärte seine zögerliche Haltung im Rückblick[46]: „Gehen wir mit Preußen und gewinnt dieses den Krieg, so ist Preußen gezwungen, den Bestand Bayerns zu achten. Unterliegt Preußen, so verlieren wir vielleicht die Pfalz, aber mehr kann uns nicht geschehen, denn Frankreich muß die Selbständigkeit der deutschen Einzelstaaten immer begünstigen. Das gleiche tritt ein, wenn wir neutral geblieben sind und Frankreich siegt. Siegt aber Preußen, obwohl wir es gegen den Vertrag im Stich gelassen haben, dann erwartet uns das Schicksal Hannovers, es wäre Finis Bavariae." Am Ende unterstützte Bray in der Ministerratssitzung am 14. Juli 1870 den Entschluß zur Bewaffnung der bayerischen Truppen[47]. Nach der Bestätigung des „casus foederis" versuchte München, der Berliner Regierung wiederholt die Versicherung abzuringen, die selbständige Existenz des Königreiches nach einem preußischen Sieg nicht anzutasten. Bismarck wurde seinerseits nicht müde, diesem Verlangen nachzukommen[48].

Am 16. Juli ordnete König Ludwig II. die Mobilmachung der bayerischen Truppen an und ließ der preußischen Regierung gleichzeitig die Anerkennung des „casus foederis" übermitteln[49]. Der eingesetzte Ausschuß des Landtages genehmigte trotz der „patriotischen Mehrheit" die Bewilligung der notwendigen Gelder in Höhe von 26,7 Mio fl — allerdings nur für eine bewaffnete Neutralität Bayerns[50]. In der Nacht vom 19. auf den 20. Juli 1870 stimmte die Kammer der Abgeordneten nach einer leidenschaftlichen Debatte gegen die bewaffnete Neutralität und bewilligte mit 101 gegen 47 Stimmen einen „Credit für außerordent-

---

[44] *Sigmund Frhr. von Pranckh* (1821–1888): seit 1834 Mitglied der bayerischen Armee; 1868 lebenslänglicher Reichsrat; 1866–1875 bayerischer Kriegsminister und in dieser Funktion einer der Vertreter Bayerns bei den Verhandlungen über den Eintritt Bayerns in den Norddeutschen Bund in Versailles: GRUNER, Wolf D., Die bayerischen Kriegsminister 1805–1885, in: ZBLG 34 (1871), 300–305.

[45] HÄMMERLE, Schlör, 74–79; LIEBHART, Bayern, 209.

[46] Zit. nach DOEBERL, Bayern und die Bismarcksche Reichsgründung, 30; RALL, König, 117–125.

[47] Dazu die Rede Brays in der Kammer der Abgeordneten: BRAY, Denkwürdigkeiten, 130–133. Die angebliche Zweideutigkeit der Politik Brays bei RUVILLE, Bayern, ist bereits von KÜNTZEL, Bismarck, 33–57, widerlegt worden.

[48] BayHStAM, MA Gesandtschaft Berlin 1040 (Bericht Perglas Nr. 340, 6.8.1870 und Nr. 382, 22.8.1870). Die Versicherung erfolgte auch noch nach dem Sieg in Sedan: ebd. (Bericht Perglas Nr. 415, 3.9.1870).

[49] BayHStAM, MA 644 (kgl. Telegramm, 16.7.1870); RALL, König, 127–130. Ebenfalls am 16.7.1870 gewährte der König seinem AM und KM eine Besprechung in Berg: DOEBERL, Bayern und die Bismarcksche Reichsgründung, 34. Dazu, wenn auch aus sehr einseitiger und Ludwigs Verhaltensweise rechtfertigender, Sichtweise: KOBELL, Luise von, König Ludwig II. und Fürst Bismarck im Jahre 1870, Leipzig 1899.

[50] EGK 11 (1870), 199. Eine Zusammenfassung der Debatte auch bei: RALL, König, 131–133.

liche Bedürfnisse des Heeres" von 18,26 Mio fl[51] und leitete den Gesetzentwurf an die Kammer der Reichsräte weiter, die sich diesem Votum anschloß[52]. Daraufhin erfolgte am 20. Juli 1870 aufgrund der Schutz- und Trutzbündnisse von 1866 die Kriegserklärung Bayerns an Frankreich[53]. Die Beschaffung flüssiger Finanzmittel war jedoch schwieriger als erwartet, so daß die bayerische Regierung Ende Juli ein von dem Bankier Bleichröder vermitteltes kurzfristiges preußisches Bardarlehen in Höhe von 3 Mio fl in Silberbarren und Talern annehmen mußte[54].

Die bayerischen Truppen trugen mit 50.000 Mann Fußvolk, 5.000 Mann Kavallerie und 192 Geschützen zur süddeutschen Abteilung der Armee bei, was in etwa einem Siebtel der gesamten deutschen Streitkräfte entsprach[55]. Am 4. August 1870 errangen die süddeutschen Truppen, respektive der bayerische Teil, mit der Einnahme der Stadt Weißenburg im Elsaß einen psychologisch hochbedeutenden Teilsieg, der den Mythos von der unüberwindlichen französischen Armee beendete und die Begeisterung der Bevölkerung Bayerns für diesen „Nationalkrieg" steigerte[56]. Der Sieg bei Sedan am 1. September, in dessen Folge Kaiser Napoleon III. gefangen genommen wurde, entschied das Schicksal des französischen Kaiserreiches und läutete die zweite Phase des Krieges, den französischen Volkskrieg, ein[57]. Die folgenden Monate waren gezeichnet von schweren Verlusten auf beiden Seiten, was in der preußischen Regierung zu heftigen Auseinandersetzungen führte, und schließlich den Weg zur Beendigung des Krieges ebnete. Ende Februar schlossen Frankreich und das Deutsche Reich einen Friedenspräliminarvertrag[58], ein endgültiger Friedensvertrag kam erst im Mai 1871 zustande[59]. Die süddeutschen Staaten hatten weder bei der militärischen Planung noch bei den Friedensverhandlungen eine Mitwirkungsmöglichkeit; sie durften lediglich den Friedensvertrag von Frankfurt im Mai 1871 mitunterschreiben[60].

Der Ausbruch des deutsch-französischen Krieges hatte die bayerische Wirtschaft vollkommen unvorbereitet getroffen. Die oberbayerische Gewerbe- und

---

[51] KdA 1870 III, 32. Sitzung, 19.7.1870, 383–410; die namentliche Abstimmung auf 409.
[52] Zu den Beratungen der Reichsräte: LÖFFLER, Kammer, 427–428.
[53] BayHStAM, MA Gesandtschaft Berlin 1040 (Bericht Perglas Nr. 289, 21.7.1870).
[54] BayHStAM, Bayerische Gesandtschaft Berlin 1245 (Auszug aus einem Privatschreiben Brays, 25.7.1870): Bismarck gewährte diesen Kredit für vier Wochen. Genauso: ZORN, Integration, 319. Zu Bleichröder: STERN, Fritz, Gold und Eisen. Bismarck und Bankier Bleichröder, Reinbek ³1978 (1977).
[55] RALL, Entwicklung, in: SPINDLER, Handbuch IV/1, 275.
[56] Beispiele bei: KAUP, Satire, 67; KLOEBER, Entwicklung, 159. Die Begeisterung steigerte sich nochmals nach dem der Sieg der bayerischen Truppen bei Wörth.
[57] NIPPERDEY, Deutsche Geschichte II 1866–1918, 64–66. Zu den allgemeinen Kriegsereignissen: EGK 11 (1870), 98–145 und 12 (1871), 35–74.
[58] Der Friedenspräliminarvertrag vom 26.2.1871: HUBER, Dokumente II, Nr. 259, 380–382.
[59] Der Frankfurter Frieden vom 10.5.1871: HUBER, Dokumente II, Nr. 260, 382–383; EGK 12 (1871), 138.
[60] Die Forderungen Bayerns bereits seit August 1870, bei den Friedensverhandlungen beteiligt zu werden, waren demnach ungehört verhallt: BayHStAM, MA Gesandtschaft Berlin 1040 (Bericht Perglas Nr. 400, 29.8.1870).

Handelskammer berichtete[61]: „Im Anfange dieses Berichtsjahres [=1870, Anm. der Verf.] schien es, als ob die Nachwehen der Ereignisse von 1866 so ziemlich als verschwunden zu betrachten seien; man wiegte sich allgemein in den rosigsten Friedenshoffnungen und das gewerbliche und commerzielle Leben pulsierte in regelmäßiger Weise." Und die Verwaltung der Bayerischen Hypotheken- und Wechselbank bemerkte rückblickend auf die wirtschaftliche Situation bei Kriegsausbruch, daß „der Uebergang vom Frieden zum Krieg wie ein Blitzschlag aus heiterem Himmel erfolgte, die Friedenszuversicht vom Friedensbrecher kurz vorher noch künstlich unterhalten und genährt worden war, daher auch kein Zweig des Geschäftslebens auf einen so gewaltigen Eingriff in den gewöhnlichen Kreislauf der Dinge vorbereitet sein konnte"[62]. Unmittelbar nach der Kriegserklärung Preußens kam es zu einer „Geld- und Handelskrisis", „welche um so furchtbarer werden zu sollen schien, als Niemand an die Störung des europäischen Friedens gedacht hatte"[63]. Der Waffengang zerstörte den gerade eingetretenen Aufwärtstrend in allen Sparten der bayerischen Wirtschaft. Infolge des Krieges kündigten zahlreiche Banken bereits bewilligte Kredite, so daß Unternehmen in Geldschwierigkeiten gerieten[64]. Hinzu kamen die Einschränkungen im Transportverkehr und die Steigerung der Lebensmittelpreise[65]. Der Handel litt unter den Aus- und Durchfuhrverboten, die auch zu ernstlichen Verstimmungen mit dem neutralen Österreich führten und erst im März 1871 wieder aufgehoben wurden[66]. Die Wirtschaft erholte sich jedoch erstaunlich schnell wieder; dies sicher auch deshalb, da die deutschen Staaten kein Kriegsschauplatz waren[67]. Die engere Reichsgründungszeit fiel somit im großen und ganzen in eine Zeit günstiger Konjunktur sowohl für die Industrie als auch für die Landwirtschaft[68].

---

[61] JAHRESBERICHT der oberbayerischen Kreis-Gewerbe- und Handelskammer 1870, 8.
[62] BayHStAM, MH 11.119 (35. Rechenschafts-Bericht der Verwaltung der Bayerischen Hypotheken- und Wechselbank am Schlusse des Jahres 1870, 13.3.1871).
[63] BayHStAM, MH 11.005 (Kreis-Gewerbe und Handelskammer der Pfalz an HM, 15.11.1870). Genauso: Berichte der Regierungspräsidenten 1870: BayHStAM, MInn 66.319.
[64] JAHRESBERICHT der Kreis-Gewerbe- und Handelskammer für Oberfranken 1870, 7; JAHRESBERICHT der Kreis-Gewerbe- und Handelskammer für Unterfranken und Aschaffenburg 1870, 2; JAHRESBERICHT der Kreis-Gewerbe- und Handelskammer von Niederbayern 1870, 26.
[65] Bayerische Handelszeitung 3 (1871), 21.
[66] Zu den Verboten: BayHStAM, MH 11.583. Dort besonders den Artikel aus der „Wiener Presse" 206 (28.7.1870).
[67] JAHRESBERICHT der Kreis-Gewerbe- und Handelskammer von Niederbayern 1871, 33; JAHRESBERICHT der Kreis-Gewerbe- und Handelskammer für Schwaben und Neuburg 1871; JAHRESBERICHT der Kreis-Gewerbe- und Handelskammer für Oberfranken 1871, 5.
[68] ZORN, Zusammenhänge, 324.

2. Bayerns Weg ins Reich

a) Die Verhandlungen in Versailles und die Unterzeichnung der Versailler Verträge

Die Entwicklung der Wochen nach Sedan war zwar vorgezeichnet, mußte aber keineswegs zwangsläufig mit der deutschen Einigung enden[69]. In Bayern und vor allem in der Landeshauptstadt München forderten die Presse und die intellektuelle Elite nach den emotionalen Siegen gegen Frankreich den bedingungslosen Anschluß an den Norden[70], während sich die Landtagsmehrheit gegen jede Beschränkung der bayerischen Souveränität zur Wehr setzte. Die Regierungsmitglieder selbst hatten keine einheitliche Vorstellung über das weitere Vorgehen in der Deutschen Frage. Bray wollte zwar eine Verbindung mit dem Norden, lehnte jedoch einen vorbehaltlosen Eintritt in den Norddeutschen Bund ab. Kriegsminister Pranckh machte „vom ersten Augenblicke kein Geheimnis daraus (...), daß er kein anderes Interesse kenne als das partikularistisch-bayerische"[71]. Im Gegensatz dazu plädierte Justizminister Lutz für einen uneingeschränkten Anschluß an Preußen. König Ludwig II. selbst achtete zwar auf die Wahrung seiner Souveränität, distanzierte sich aber auch von der partikularistischen Agitation gegen Preußen[72]. Die Regierungsarbeit in diesen Wochen wurde maßgeblich dadurch erschwert, daß der König schwer zu erreichen war und dann nur über Sekretäre und untergeordnetes Personal kontaktiert werden konnte[73]. Der preußische Gesandte in München berichtete über die schwierige Ausgangslage für zu erwartende Verhandlungen, zumal sich aus seiner Sicht die Orientierungslosigkeit im bayerischen Kabinett seit Beginn des Krieges nicht verändert hatte[74]: „Von weitem mag sich die Haltung der Bayerischen Regierung wie eine schöne patriotische fata morgana präsentiert haben."

Anfang September 1870 drohte der preußische Ministerpräsident offen mit einer Isolation des Königreiches, der Kündigung des Zollvereins und der Annexion der Rheinpfalz[75], deutete zugleich aber auch die Bereitschaft zu Verhandlungen auf der Basis eines von Delbrück ausgearbeiteten Verfassungsentwurfes[76] an. Schon am 8. September 1870 stellte Bray resigniert fest, daß man sich wohl in Zukunft an ein gemeinsames deutsches Parlament und einen Kaiser gewöhnen müßte[77]. Drei Tage später teilte der Ministerratsvorsitzende dem preußischen

---

[69] Zur „Deutschen Frage" und Bayern im August 1870: BECKER/SCHARF, Ringen, 701–703.
[70] Dazu beispielsweise die Adresse Münchens: EGK 11 (1870), 208–211.
[71] PA Bonn, R 666 (Werthern an Bismarck, 24.8.1870).
[72] Dazu beispielsweise: PA Bonn, R 2702 (Werthern an Bismarck, 12.4.1870); MÜLLER, Karl A. v., Bismarck und Ludwig II. im September 1870, in: HZ 111 (1913), 89–136.
[73] Ludwig jedoch auf einen „stets geldbedürftigen, in Utopia lebenden Monarchen, der dies vor seinen Ministern völlig geheimhielt"(BOSL, Karl, Die Verhandlungen über den Eintritt der süddeutschen Staaten in den Norddeutschen Bund und die Entstehung der Reichsverfassung, in: SCHIEDER/DEUERLEIN, Reichsgründung, 155) zu reduzieren, ist zu einseitig.
[74] PA Bonn, R 666 (Werthern an Bismarck, 24.8.1870).
[75] BAUMANN, Probleme, 267.
[76] DELBRÜCK, Erinnerungen 2, 412–415.
[77] BECKER/SCHARF, Ringen, 707.

Gesandten Werthern ohne königliche Erlaubnis mit, „die Bayerische Regierung begreife, daß die kriegerischen Ereignisse eine Veränderung der politischen Gestaltung Deutschlands nach sich ziehen müssen"[78] und bat um Gespräche auf der Basis eines weiteren Bundes zwischen den süddeutschen Staaten und dem Norddeutschen Bund. Erst am 12. September[79] stellte der leitende Minister im Auftrag des gesamten Kabinettes bei Ludwig II. den Antrag, mit Preußen in Verhandlungen eintreten zu dürfen[80]. Weitere zwei Tage sagte die württembergische Regierung die Entsendung ihres Ministerpräsidenten Hermann von Mittnacht[81] zu; dieser sollte an den vereinbarten Besprechungen mit Delbrück in München teilnehmen[82].

Auf den Münchner Konferenzen vom 22. bis 26. September 1870 wurde die Grundlage für die späteren Verhandlungen in Versailles und damit für die Verträge gelegt, die Ende November 1870 den Eintritt der süddeutschen Staaten in den Norddeutschen Bund besiegelten[83]. Für Bayern nahmen Außenminister von Bray, Justizminister von Lutz, Finanzminister von Pfretzschner, Handelsminister von Schlör und Innenminister von Braun teil. Pranckh war nur am 25. September anwesend, als die militärischen Fragen erörtert wurden[84]. Während der Konferenz konnte sich Lutz die herausragende Stellung erkämpfen, die er einen Monat später in Versailles noch geschickter zu seinen Gunsten auszunutzen wußte; Lutz war der einzige, der Bismarck von bayerischer Seite annähernd gewachsen war[85]. Was das Zoll- und Handelswesen betraf, so schlugen die bayerischen Vertreter

---

[78] PA Bonn, R 666 (Werthern an Bismarck, 11.9.1870).
[79] BRAY, Denkwürdigkeiten, 136.
[80] DOEBERL, Bayern und die Bismarcksche Reichsgründung, 69–74, schreibt die Initiative zu Verhandlungen allein Bray zu, während BRANDENBURG, Erich, Der Eintritt der süddeutschen Staaten in den Norddeutschen Bund, Berlin 1910, 16–18, und auch BINDER, Reich, 14, den württembergischen Versuchen vor dem 12.9.1870 mehr Bedeutung beimessen. BOSL, Verhandlungen, in: SCHIEDER/DEUERLEIN, Reichsgründung, 154, will nach dem Sieg von Sedan von Überlegungen gehört haben, wonach sich Bayern nach der Erfüllung seiner Bündnispflicht in die Neutralität zurückziehen wollte, dies allerdings ohne Nachweis.
[81] *Hermann Frhr. von Mittnacht* (1825–1909): gemäßigter Liberaler; von 1870–1900 württembergischer Ministerpräsident.
[82] Zu den Differenzen im Vorfeld der Gespräche zwischen Bray, Delbrück und Mittnacht in München: BINDER, Reich, 15–16. Bei DOEBERL, Bayern und die Bismarcksche Reichsgründung, 93, fehlt ein derartiger Hinweis.
[83] Zu den Münchner Konferenzen u.a.: BRAY, Denkwürdigkeiten, 140–145; DELBRÜCK, Erinnerungen 2, 413–416; KÜNTZEL, Bismarck, 57–72; BUSCH, Württemberg, 174–176; DOEBERL, Bayern und die Bismarcksche Reichsgründung, 91–102; BECKER/SCHARF, Ringen, 711–718; BINDER, Reich, 16–18. BUSCH, Kämpfe, 35, datiert den Beginn der Konferenzen falsch. Werthern sandte täglich Telegramme über den Fortgang der Verhandlungen an Bismarck: PA Bonn, R 666 (Telegramme Werthern an Bismarck, 24.9./25.9.1870).
[84] BRAY, Denkwürdigkeiten, 140. BOSL, Verhandlungen, in: SCHIEDER/DEUERLEIN, Reichsgründung, 157, gibt als bayerische Vertreter nur Bray, Lutz und Pranckh an.
[85] RUMMEL, Fritz Frhr. von, Das Ministerium Lutz und seine Gegner 1871–1882. Ein Kampf um Staatskirchentum, Reichstreue und Parlamentherrschaft in Bayern (Münchener Historische Abhandlungen, 1. Reihe, 9), München 1935, 24.

vor, die entsprechenden Artikel aus dem Zollvereinsvertrag von 1867 zu übernehmen und beharrten gleichzeitig auf der einzelstaatlichen Zuständigkeit der bayerischen Regierung in Fragen des Gewerbewesens sowie der indirekten Steuern; die erste Forderung wies Delbrück nachdrücklich zurück, da er für eine gemeinsame Gewerbegesetzgebung eintrat[86]. Sowohl die bayerischen Delegierten als auch Mittnacht verweigerten sich der preußischen Forderung, die Bundesgesetzgebung auf die Besteuerung von Bier und Branntwein auszudehnen[87]. Trotzdem konnten sich Bayern und Württemberg in München nicht auf ein gemeinsames Vorgehen bei den Verhandlungen mit dem Norddeutschen Bund einigen[88]. So endeten die Konferenzen ohne konkrete Ergebnisse. Bray mußte seine Ansprüche an die Unterredungen relativieren. Er sprach rückblickend nur noch von einem „unmittelbaren Informationsaustausch zwischen bayerischer und preußischer Regierung über die Absicht der letzteren, eine deutsche Einigung herzustellen"[89]. Delbrück seinerseits bezeichnete den Ausgang der Beratungen in der bayerischen Landeshauptstadt lediglich als „nicht unbefriedigend"; offensichtlich hatte er sich konkretere Ergebnisse erwartet[90].

Nach Abschluß der Gespräche in München wurden die Verhandlungen auf Wunsch Württembergs in Versailles fortgesetzt[91]. Mitte Oktober 1870 trafen die Vertreter Badens und Württembergs, Julius Jolly[92] und Hermann von Mittnacht sowie deren Mitarbeiter, im preußischen Hauptquartier ein[93]. Daraufhin entsandte Ludwig II. am 20. Oktober seine Staatsminister Pranckh, Lutz und Bray nach Versailles, die am 23. Oktober eintrafen[94]. Im Gepäck der bayerischen Minister befand sich neben dem Protokoll der Münchner Verhandlungen über die

---

[86] BRAY, Denkwürdigkeiten, 141.
[87] PA Bonn, R 667 (Bericht über die Zusammenkunft zwischen Delbrück, Mittnacht, Bray, Pfretzschner, Schlör, Lutz und Braun vom 22.–26.9.1870 in München, 1.10.1870).
[88] BUSCH, Württemberg, 171–176.
[89] BayHStAM, MA Gesandtschaft Berlin 1040 (AM an Perglas, 4.10.1870).
[90] Ebd. (Bericht Perglas Nr. 479, 20.10.1870). Bismarck war mit den Münchner Ergebnissen noch weniger zufrieden als Delbrück: PFLANZE, Bismarck. Der Reichsgründer, 496.
[91] Schreiben Bismarcks vom 14.10.1870: BRAY, Denkwürdigkeiten, 152; DOEBERL, Bayern und die Bismarcksche Reichsgründung, 105; BINDER, Reich, 19. Nach BOSL, Verhandlungen, in: SCHIEDER/DEUERLEIN, Reichsgründung, 158, ging die Initiative von Bismarck aus.
[92] *Julius Jolly* (1823–1891): 1857 Professor der Rechte in Heidelberg; 1866–1868 badischer Innenminister, 1868–1876 leitender Staatsminister einer liberalen Regierung, nach seinem Rücktritt Präsident der Oberrechnungskammer.
[93] PFLANZE, Bismarck. Der Reichsgründer, 497.
[94] BayHStAM, Staatsrat 1200 (Sitzung, 10.12.1870); BRAY, Denkwürdigkeiten, 161. BUSCH, Württemberg, 177, datiert die Ankunft der württembergischen Vertreter auf den 22.10., die der bayerischen und badischen Vertreter auf den 23.10.1870. KRAUS, Kläre, Der Kampf in der bayerischen Abgeordnetenkammer um die Versailler Verträge 11.–21. Januar 1871, Diss. Köln 1935, 10, gibt irrtümlich an, auch Schlör wäre in Versailles dabei gewesen. Am 24.10.1870 (BUSCH, Württemberg, 177, gibt den 26.10. an) traf die Delegation aus Hessen-Darmstadt ein, am 29.10.1870 endlich auch der Sachse Friesen. Österreich bedauerte die Reise der bayerischen Vertreter nach Versailles: BayHStAM, MA 644 (Beust an den österreichischen Gesandten in München, Bruck, 17.10.1870).

zukünftige Gestaltung Deutschlands"[95] auch ein Brief Pfretzschners, der die Forderung nach preußischen Geldzuwendungen an Bayern stellte[96].

In den Versailler Verhandlungen wurden wesentliche wirtschaftspolitische Entscheidungen nicht mehr gefällt[97]: Die Vorstellung Brays nach Reservatrechten für Bayern im wirtschaftlichen Bereich war nicht nur mit einem allgemeinen Bundeskonzept unvereinbar, sondern auch für eine Zusammenarbeit mit Württemberg und Hessen-Darmstadt kontraproduktiv[98]. Die süddeutschen Staaten vermochten es in den folgenden Wochen nicht, eine gemeinsame Front gegen den Norden aufzubauen. Die Eifersüchteleien ermöglichten Bismarck, mit jeder Delegation getrennt zu verhandeln und sich damit der Notwendigkeit zu entziehen, allen die gleichen Zugeständnisse machen zu müssen[99]. Der noch vor Beginn der Versailler Gespräche geäußerte egoistische Anspruch Bayerns nach Sonderrechten, auch auf Kosten der anderen Südstaaten, eröffnete dem preußischen Ministerpräsidenten die Möglichkeit, Bray bei den Verhandlungen langsam aber stetig zu einem Eintritt in den Norddeutschen Bund unter Zusicherung einiger weniger Reservatrechte zu drängen[100]. Angesichts dieser Situation stellte der württembergische Delegierte Mittnacht am 30. Oktober 1870 den Eintritt in den Norddeutschen Bund in Aussicht[101]. Eine Woche später waren sich Mittnacht und Delbrück im wesentlichen handelseinig, der württembergische König verweigerte am 11. November jedoch einem Alleingang Württembergs seine Zustimmung[102].

---

[95] BUSCH, Württemberg, 177, glaubt dagegen, die bayerischen Delegierten hätten nur „allgemeine, mündlich verabredete Weisungen über ihre grundsätzliche Stellungnahme" im Gepäck. Die unterschiedlichen Ansichten Brays und Lutz' über die zukünftige Gestaltung Deutschlands unterstützen diese These.

[96] RALL, Bismarcks Reichsgründung, 396–400.

[97] Eine Auswahl an Quellen zu den Versailler Verhandlungen bietet u.a.: BRANDENBURG, Erich, Briefe und Aktenstücke zur Geschichte der Gründung des Deutschen Reichs (1870/71) 2: Hauptverhandlungen in Versailles (Quellensammlung zur Deutschen Geschichte 5), Leipzig/Berlin 1911. Die Berichte Brays: BRAY, Denkwürdigkeiten, 172–199. Für Bayern des weiteren noch immer grundlegend: DOEBERL, Bayern und die Bismarcksche Reichsgründung 103–135; darüber hinaus, wenn auch meist einseitig: BOSL, Verhandlungen, in: SCHIEDER/DEUERLEIN, Reichsgründung, 158–160; RALL, Entwicklung; RALL, König sowie BECKER/SCHARF, Ringen, 722–767.

[98] Das naheliegende gemeinsame Vorgehen von Bayern und Württemberg war damit schon vor Beginn der Verhandlungen in Frage gestellt, ein Dialog mit Hessen-Darmstadt oder gar mit Baden war nie näher in Erwägung gezogen worden. So auch BINDER, Reich, 20.

[99] BUSCH, Württemberg, 176–177, zweifelt diese These an.

[100] Am 11.11.1870 entschloß sich die bayerische Delegation in Versailles, auf der Basis eines engeren Bundes weiterzuverhandeln: BRAY, Denkwürdigkeiten, 188–190. Nach der Reichsgründung erwiesen sich zahlreiche Zugeständnisse als mehr oder weniger wertlos: Siehe dazu Kapitel VI.2.c) *Die Verfassung des Deutschen Reiches vom 16. April 1871 und die wirtschaftspolitischen Veränderungen* (S. 272).

[101] BINDER, Reich, 21. Dies kam Bismarck, so die Ansicht Brays, entgegen, der nun erst mit Württemberg abzuschließen gedachte, um „uns [=Bayern] als besten Brocken bis zuletzt aufzuheben": BRAY, Denkwürdigkeiten, 158–161.

[102] BUSCH, Württemberg, 185–190.

Die Unkündbarkeit des Zollvereins spielte während der Verhandlungen in Versailles nur noch eine untergeordnete Rolle, obwohl für die bayerischen Delegierten eine definitive preußische Zusicherung seines Fortbestandes von größter Bedeutung war. In einem Verfassungsentwurf Brays vom 30. Oktober 1870, der zwischen dem Norddeutschen Bund und Bayern ein „unauflösliches Verfassungsbündnis" vorschlug, hieß es in Artikel VII[103]: „In Bezug auf die Zoll- und Handels-Verhältnisse bleibt der Inhalt der bisherigen Zollverträge, insbesondere des Vertrages vom 8. July 1867, sowie der seither erlassenen Vereinsgesetze bis zu einer etwaigen verfassungsmäßigen Änderung in Kraft. (Die Kündbarkeit des Zollvereins fällt hinweg)." Am 7. November 1870 zog Bismarck jedoch sein ursprüngliches Angebot eines unkündbaren Zollvereins bei einem völkerrechtlichen Vertrag zwischen Preußen und Bayern zurück[104]. Daraufhin gaben Bray, Pranckh und Lutz am 8. November ihre Vorstellung eines weiteren Bundes auf und akzeptierten den Eintritt in den Norddeutschen Bund, wollten dafür aber die bestmöglichsten Konditionen aushandeln. Einen Tag später nahmen die bayerischen Delegierten[105] die unterbrochenen Gespräche mit den preußischen Delegierten wieder auf.

Während die württembergische Delegation am 12. November 1870 nach Stuttgart zurückreiste, um ihren König zur Unterzeichnung der Verträge zu bewegen, traten Baden und Hessen-Darmstadt am 15. November dem Norddeutschen Bund bei[106]. Darüber hinaus machte Bismarck den bayerischen Vertretern in Abwesenheit der Württemberger unerwartete Zugeständnisse. Inzwischen hatte sich laut einem Bericht Werthern an Bismarck die Stimmung der bayerischen Bevölkerung angesichts der zögerlichen Haltung der Regierung elementar verschlechtert[107]: „Täglich verliert der König Ludwig mehr an Boden, die nationale Parthei wird immer größer, ungeduldiger und verbissener & bleibt Bayern nach den Versailler Verhandlungen isoliert, so sind in der Pfalz, Franken und Nürnberg Revolutionen unvermeidlich." Nicht zuletzt aufgrund dieses wachsenden Druckes, aber auch angesichts der Aussichtslosigkeit ihrer Situation unterschrieben Bray, Lutz und Pranckh für Bayern und Bismarck für den Norddeutschen Bund am 23. November 1870 die sogenannten Versailler Verträge[108]. Um 10.50 Uhr telegraphierte Bismarck an Delbrück[109]: „Vertrag mit Baiern so

---

[103] DOEBERL, Bayern und die Bismarcksche Reichsgründung; 288–289, zit. 289.
[104] BECKER/SCHARF, Ringen, 730–731; RALL, Entwicklung, in: SPINDLER, Handbuch IV/1, 278.
[105] RALL datiert die Wiederaufnahme der Verhandlungen bereits auf den 8.11.1870: ebd.
[106] BUSCH, Kämpfe, 69. Zum Stand der Verhandlungen mit Württemberg und die unerwartete Abreise der württembergischen Gesandten: BayHStAM, MA Gesandtschaft Berlin 1040 (AM an Perglas, 21.11.1870)
[107] PA Bonn, R 2702 (Werthern an Bismarck, 14.11.1870).
[108] Die Versailler Verträge mit dem Schlußprotokoll zum Bundesvertrag mit Bayern und der Geheimen Verabredung zwischen Preußen und Bayern: Huber, Dokumente II, Nr. 220–222, 332–336. Zur Frage der Düsseldorfer Gemäldegalerie: BECKER/SCHARF, Ringen, 762–764. Im Schlußprokoll wurden die besonderen Rechte Bayerns festgelegt.
[109] PA Bonn, R 669 (Telegramm Bismarck an Delbrück, 23.11.1870; 10.50 Uhr). BRAY, Denkwürdigkeiten, 170, gibt dagegen in einem Brief an seine Frau den 24.11.1870 als Unterzeichnungsdatum an. Dies war ein Irrtum seinerseits, denn in einem Schreiben an

eben unterzeichnet. (...) Grundlage Verfassungs-Bündniß auf Basis wie Baden-Württemberg, mit mehr Reservaten. Legislative außer Heimath durchgängig angenommen. Verwaltung in Telegraphie, Post, Militair reservirt." Bray schrieb dagegen weniger enthusiastisch[110]: „Dies ist der Anfang des neuen Deutschland und, wenn unsere Entwürfe genehmigt werden, das Ende Altbayerns! Es wäre nutzlos, sich darüber täuschen zu wollen." Erst zwei Tage später, am 25. November 1870, erfolgte auch der Eintritt Württembergs in den Norddeutschen Bund.

Im Anschluß an die Unterzeichnung der Verträge erhoben König Ludwig II. und mit ihm sein Finanzminister die Forderung nach einer finanziellen Entschädigung für die 1866 gezahlten Reparationen in Höhe von 2 Mio fl[111] sowie eine Landverbindung zwischen links- und rechtsrheinischer Pfalz[112]. Dieses Ansinnen stand offensichtlich in engem Zusammenhang mit dem nachdrücklichen Wunsch Bismarcks nach der Kaiserwürde für den preußischen König. Die Gebietsforderungen Bayerns lehnte der preußische Ministerpräsident kategorisch ab[113], doch über einen finanziellen Ausgleich konnte man sich einigen: Ludwig II. erhielt in den folgenden Jahren ein jährliches Einkommen aus dem 1869 von Preußen annektierten Vermögen des Königs von Hannover, dem sogenannten Welfenfond[114]. Am 3. Dezember 1870 überreichte Prinz Luitpold dem preußischen

---

Ludwig II. datiert er die Unterzeichnung auf den 23.11.1870 abends: BRAY, Denkwürdigkeiten, 199.

[110] BRAY, Denkwürdigkeiten, 170.

[111] RALL, Bismarcks Reichsgründung, 396–497.

[112] Die Schreiben (31.10.1870; 1.11.1870) des kgl. Kabinettssekretärs zu den Territorialwünschen Ludwigs in Teilen bei: BRAY, Denkwürdigkeiten, 175–177.

[113] Dennoch stellte Prinz Ludwig, der spätere König Ludwig III., in der Kammer der Reichsräte bei der Debatte um die Annahme der Versailler Verträge Ende Dezember 1870 eine Gebietserweiterung in Aussicht: KdRR 1870/71 II, 18. Sitzung, 30.12.1870, 38–112. Auch Ludwig II. wollte sich noch im Februar 1871 mit der Absage Bismarcks nicht zufriedengeben und wünschte vom preußischen König die Abtretung des elsässischen Gebiets an Bayern: PA Bonn, R 678 (Ludwig II. an Wilhelm I., 26.2.1871).

[114] Preußen hatte sich das Vermögen nicht zuletzt zur Konsolidierung der angespannten Finanzlage des Norddeutschen Bundes angeeignet: BayHStAM, MA 2649 (Bericht Perglas Nr. 69, 20.2.1869). Auf den Zusammenhang zwischen den Geldzahlungen Bismarcks an Ludwig II. und dem sogenannten Kaiserbrief des bayerischen Königs soll hier nicht näher eingegangen werden. Ludwig erhielt bis 1885 über Schweizer Banken 5 Mio Mark, 10 Prozent davon gingen als Provision an Oberststallmeister Graf Maximilian von Holnstein; 1885 kam eine einmalige Spende von 1 Mio Mark hinzu. Während RALL, König, 159 und 173–178, und genauso HÜTTL, Ludwig II., 178–181, nicht notwendig auf einen Zusammenhang zwischen den Geldzahlungen und dem Kaiserbrief schließen, spricht BOSL,Verhandlungen, in: SCHIEDER/DEUERLEIN, Reichsgründung, 161, sogar von einem geschlossenen Geheimvertrag über die Geldzahlungen im Zusammenhang mit dem Kaiserbrief. SCHÜßLER, Wilhelm, Das Geheimnis des Kaiserbriefes Ludwigs II., in: GÖHRING, Martin/SCHARFF, Alexander (Hg.), Geschichtliche Kräfte und Entscheidungen. Festschrift zum 65. Geburtstag von Otto Becker, Wiesbaden 1954, 206–209, will anhand der Akten die Bestechung Ludwigs durch Bismarck nachgewiesen haben; genauso PHILIPPI, Hans, König Ludwig II. von Bayern und der Welfenfonds, in: ZBLG 23 (1960),

Ministerpräsidenten den „Kaiserbrief"[115] des bayerischen Königs, einen Tag später lud dieser alle anderen deutschen Fürsten dazu ein, sich seiner Initiative anzuschließen, den preußischen König zum Deutschen Kaiser zu küren[116].

b) Die Annahme der Versailler Verträge im bayerischen Landtag

Am 7. Dezember 1870 genehmigte Ludwig II. die Versailler Verträge, nicht ohne nochmals darauf hinzuweisen, daß ihm das föderative Prinzip in dem Abkommen trotz der bayerischen Sonderrechte nicht nachhaltig genug beachtet worden wäre[117]. Am 10. Dezember 1870 trat in München der bayerische Staatsrat zusammen, um über den „Vertrag den Abschluß eines Verfassungs-Bündnisses zwischen Seiner Majestät dem Könige von Bayern und Seiner Majestät dem Könige von Preußen Namens des Norddeutschen Bundes, nebst Schlußprotokoll und 2 Beilagen betreffend"[118] zu beraten. Keiner der Minister brachte Einwände gegen die Verträge vor, die im Anschluß an die Versailler Kaiserkrönung in Berlin nochmals überarbeitet worden waren[119]. Das „Deutsche Reich" sollte demnach am 1. Januar 1871 Realität werden.

Für die süddeutschen Staaten bedeuteten die Versailler Verträge jedoch eine Verfassungsänderung, die erst der Ratifikation durch die zuständigen Länderparlamente bedurfte. In Bayern war dafür sogar eine Zweidrittelmehrheit in beiden Kammern notwendig[120]. Bis Ende des Jahres 1870 ratifizierten die zuständigen Gremien fast aller deutschen Territorien die Versailler Verträge: Am 9. Dezember der Reichstag des Norddeutschen Bundes und vom 21. bis 23. Dezember die Landtage von Baden, Württemberg sowie Hessen-Darmstadt[121]. In Bayern verzögerte sich die Annahme durch den Landtag, so daß gewissermaßen ein „Interregnum" entstand: Ab 1. Januar galt zwar die neue Verfassung, obwohl weder das Reich noch der Kaisertitel legalisiert waren. Die Kaiserproklamation vom 18. Januar 1871, die Preußen nicht weiter hinausschieben wollte, hatte keine staatsrechtliche Konsequenz[122].

66–111. ALBRECHT, König, 161 und genauso LIEBHART, Bayern, 210–211, sehen dagegen nur einen berechtigten Zusammenhang zwischen dem Kaiserbrief und den Geldern.

[115] Zu den Fragen im Zusammenhang mit dem Kaiserbrief u.a.: LIEBHART, Bayern; ALBRECHT, König; RALL, König, 160–164. Des weiteren, wenn auch aus noch einseitigerer Sicht: KOBELL, König, 36–42; KOBELL, Luise von, Die bayrische Mobilisierung und die Anerbietung der Kaiserkrone im Jahre 1870. Ein Beitrag zur Geschichte, in: Deutsche Revue 24 (1899), 18–34; KOBELL, Luise von, Kaiser Wilhelm I. und König Ludwig II., in: Deutsche Revue 22,2 (1897), 1–4.

[116] EGK 11 (1870), 221.

[117] Signat Ludwigs II., 7.12.1870: BayHStAM, Staatsrat 1200 (Sitzung, 10.12.1870).

[118] Ebd. Zu dieser wichtigen Sitzung waren alle Minister erschienen: AM Bray-Steinburg, FM Pfretzschner, HM Schlör, KM Pranckh, JM und IMKS Lutz, IM Braun, außerdem die Staatsräte Fischer, Bomhard, Pfistermeister, Daxenberger, Schubert und Frhr. von Lobkowitz.

[119] Die überarbeiteten Verträge vom 8.12.1870 als Beilage V, VI, VII: Ebd. Zu den Beratungen war nur Lutz nach Berlin gereist.

[120] HUBER, Verfassungsgeschichte III, 742–745.

[121] Ebd., 745–749; BayHStAM, MA Gesandtschaft Berlin 1041 (Telegramm, 9.12.1871).

[122] EGK 12 (1871), 60–62.

Während es in der bayerischen Kammer der Abgeordneten zu langatmigen Auseinandersetzungen um die Versailler Verträge kam, nahm die Kammer der Reichsräte am 30. Dezember 1870 die Versailler Verträge mit 37 zu drei Stimmen an[123]. Referent Neumayr hob in seinem Plädoyer die Beseitigung der unvermeidlichen Zollvereinsverlängerungen hervor, so daß sich die einzelnen Länder des Reiches bei Wegfall der Unsicherheiten und unnötigen Verhandlungen wirtschaftlich besser entwickeln könnten. Ansonsten traten aber auch bei den Reichsräten die wirtschaftspolitischen Argumente gegenüber den militärischen Angelegenheiten als Grundlage staatlicher Souveränität in den Hintergrund.

Die Vertragsgegner in der Zweiten Kammer verzögerten die Beratungen über die Versailler Verträge über den 1. Januar 1871 hinaus, so daß die erste Einberufung des Reichstages nicht wie geplant Mitte Februar 1871, sondern erst Anfang März stattfinden konnte. Bray und Lutz unterbreiteten am 14. Dezember 1870, einen Tag nach Eröffnung des Landtages, die unterschriebenen Verträge der Abgeordnetenkammer[124]. Beide Minister rechtfertigten die Reichsgründung als politisches Gebot der Stunde ohne Alternative, dies auch im Hinblick auf den Erhalt des Zollvereins[125]. Die Unkündbarkeit des wirtschaftlichen Bandes mit den deutschen Staaten wurde als die große Errungenschaft für den bayerischen Staat hervorgehoben. Die „patriotische" Mehrheit[126] setzte jedoch am 15. Dezember 1870 erst einmal die Berufung eines 15köpfigen „Besonderen Ausschusses" durch, der die Prüfung des Abkommens vornehmen sollte. Mehrheitlich mit Vertragsgegnern besetzt, tagte die Kommission bis Mitte Januar 1871[127], lehnte die Versailler Kontrakte erwartungsgemäß mit zwölf zu drei Stimmen ab und forderte neue Verhandlungen mit dem Ziel eines weiteren Bundes[128].

Im Anschluß an das Votum des Ausschusses kam es in der Abgeordnetenkammer vom 11. bis 22. Januar 1871 zu einer gewaltigen Redeschlacht, in der sich 40 Redner zu Wort meldeten; die folgenden Ausführungen beschränken sich nur auf wirtschaftspolitische Äußerungen, selbst wenn sie in den Argumentations-

---

[123] KdRR 1870/71 II, 18. Sitzung, 30.12.1870, 38–112. Die eindringliche Rede Hohenlohes vor der 1. Kammer: HOHENLOHE 2, 30.12.1870. Am Ende stimmten nur Fürst Ludwig von Öttingen–Wallerstein, Graf von Schönborn und Frhr. von Franckenstein gegen die Annahme der Verträge. Die Mehrzahl der bayerischen Reichsräte hatte aufgrund der politischen, aber auch wirtschaftlichen Situation Bayerns für die Anerkennung plädiert; eine Auflösung des Zollvereins wollte man nicht riskieren: LÖFFLER, Kammer, 430–433.

[124] KdA 1870/71 IV, 66. Sitzung, 14.12.1870, 18–28: Die Rede Brays auf 19–20, die von Lutz auf 27.

[125] Ebd., 22. KRAUS, Kampf, 49–50; EGK 12 (1871), 38.

[126] Die Haltung der Patrioten zu den Versailler Verträgen: HARTMANNSGRUBER, Patriotenpartei, 366–372.

[127] Der Ausschuß unter dem Vorsitz Jörgs war mit elf Patrioten, einem Demokraten und drei Nationalen besetzt und tagte vom 28.12.1870 bis zum 4.1.1871: KdA 1870/71, Beilagen IV, No. 105 (Bericht Jörgs, Schreiben des FM, Minoritätsgutachten, Nachtrag Jörg, Protokoll des besonderen Ausschusses), 79–106.

[128] KdA 1870/71, Beilagen V, 79–106 (Referat Jörg); die wesentlichen Auszüge auch: EGK 11 (1870), 45–51; das Minderheitsgutachten Barths, Crämers und Louis': ebd., 51–58.

strängen meist eine untergeordnete Rolle spielten[129]. Zahlreiche, den Abgeordneten bekannte Eingaben aus Kreisen des bayerischen Handels, der Industrie und des Gewerbes, die in der Mehrzahl die unverzügliche Annahme der Versailler Verträge forderten, begleiteten die Debatten[130].

Neben Edmund Jörg und dem Pfälzer Friedrich Kolb[131] negierten nur die beiden Patrioten Adolph Krätzer[132] und August Wiesnet[133] jegliche wirtschaftliche Dimension der Versailler Verträge. Sie bezeichneten eine Kündigung des Zollvereins als unwahrscheinlich und ungefährlich. Vor allem Jörg ließ eine Zwangslage der Minister in Versailles nicht gelten[134]. Allerdings übersah er, daß die bayerische Regierung bereits 1867 auf wirtschaftlichem Gebiet den Ausschluß Österreichs hingenommen hatte. So widersprachen nahezu alle Redner, die in die wirtschaftspolitische Diskussion eingriffen, dem Abgeordneten Jörg mit dem Hinweis auf die Zollvereinskrisen von 1853 und 1862/64[135] und mißbilligten seinen Vortrag als politisch unklug. Einen Rückschritt in die Zeit vor 1867 und damit in eine Zeit ohne beschlußfähiges Zollvereinsgremium wollten die wenigsten hinnehmen. Sie rechneten mit der wirtschaftlichen Isolation Bayerns und der Kündigung des Zollvereins, sollten die Versailler Verträge keine Anerkennung finden. Die Auswirkungen würden sich nachteilig auf die Entwicklung von Handel und Industrie auswirken, da die Unternehmer zu weniger Investitionen bereit wären. Die liberalen Abgeordneten begrüßten ihrerseits enthusiastisch die Ablösung des Zollparlamentes, das, so Barth, „keine gesunde Einrichtung sei"[136]. Handelsminister von Schlör, der wirtschaftliche Argumente für seine Zustimmung zu den Versail-

---

[129] KdA 1870/71, IV, 72. Sitzung, 11.1.1871, 107–132, 73. Sitzung, 12.1.1871, 133–162, 74. Sitzung, 13.1.1871, 163–186, 75. Sitzung, 14.1.1871, 187–208, 76. Sitzung, 16.1.1871, 209–235, 77. Sitzung, 17.1.1871, 237–263, 78. Sitzung, 18.1.1871, 265–292, 79. Sitzung, 19.1.1871, 293–316, 80. Sitzung, 20.1.1871, 317–343, 81. Sitzung, 21.1.1871, 345–377. Die Reden der Patrioten sind als Rechtfertigungsschrift veröffentlicht: ROEDER, Elmar (Hg.), Wider Kaiser und Reich 1871. Reden der verfassungstreuen Patrioten in den bayerischen Kammern über die Versailler Verträge. Unveränderter Neudruck von 1871, München 1977. Eine Zusammenfassung bei: DOEBERL, Bayern und die Bismarcksche Reichsgründung, 176–191; EGK 11 (1871), 38–58.

[130] KdA 1870/71, IV, 79. Sitzung, 19.1.1871, 293–294 und 315–316 (68 Eingaben), 80. Sitzung, 20.1.1871, 317–318 (40 Eingaben), 81. Sitzung, 21.1.1871, 346–347 (32 Eingaben).

[131] KdA 1870/71, IV, 73. Sitzung, 12.1.1871, 133–137, bes. 136 (Rede Kolbs).

[132] *Adolph Krätzer* (1812–1881): 1875 Appellationsgerichtsrat in Passau, 1880 in München; Mitglied des Reichstages. KdA 1870/71, IV, 77. Sitzung, 17.1.1871, 247–250 (Rede Krätzers).

[133] *August Wiesnet* (1816–1897): Advokat in Passau. KdA 1870/71, IV, 79. Sitzung, 19.1.1871, 304–309 (Rede Wiesnets).

[134] KdA 1870/71, IV, 72. Sitzung, 11.1.1871, 107–113, hier 109 (Ausschußbericht Jörgs). Selbst Bray widersprach der Argumentation Jörgs in seiner Rede nicht: „Was nun die Zwangslage anbelangt in welcher wir uns befunden haben sollen, so habe ich zu erklären, daß eine solche in materieller Hinsicht in der That nicht vorhanden war": KdA 1870/71, IV, 74. Sitzung, 13.1.1871, 176–177, zit. 176.

[135] Siehe dazu Kapitel II.3. *Der deutsche Zollverein bis zum Abschluß des preußisch-österreichischen Handelsvertrages von 1853* (S. 44) bzw. III.3. *Die Verlängerung des Zollvereins 1864/1865* (S. 120).

[136] KdA 1870/71, IV, 72. Sitzung, 11.1.1871, 115–123, hier 119–120 (Rede Barths).

ler Verträgen keineswegs in den Vordergrund stellte, verurteilte in einer für ihn ungewöhnlich ausführlichen Rede die passive Haltung Österreichs in der Zollvereinsfrage. Mit dieser Gesinnung hätte sich die Donaumonarchie, so Schlör, selbst ins Abseits manövriert[137].

Im wesentlichen hörte man in der mehrtägigen Debatte Argumente, die schon in den Diskussionen um die Zollvereinsverlängerung von 1867 angeführt worden waren. So suchten einige Abgeordnete erneut nach Alternativen zu einer wirtschaftlichen Anbindung an den Norden: Ein bayerischer Alleingang war jedoch genauso utopisch wie ein engerer Anschluß an Österreich unter Ausbau des Zoll- und Handelsvertrages von 1868. Die Donaumonarchie hatte trotz zahlreicher Handelserleichterungen gerade im landwirtschaftlichen Bereich an dem System der Prohibitivzölle festgehalten, während sich Bayern für die Übernahme des Finanzzollsystems entschieden hatte. Dies machte eine wirtschaftlich begründete Verbindung mit Wien unmöglich[138]. Auch andere Redner versuchten ihre Einstellung zu den Versailler Verträgen mit nicht immer nachvollziehbarem Zahlenmaterial bezüglich der Einnahmenstatistik des deutschen Zollvereins zu begründen[139]. Diese Art der Argumentation beanstandeten allerdings einige der damaligen Parlamentarier, insbesondere Franz Frhr. Schenk von Stauffenberg[140]: „Es ist kein Anhaltspunkt vorhanden (...), daß unsere Zölle einen geringeren Ertrag liefern werden, im Gegentheile, wenn ich recht unterrichtet bin, hat sogar bei den letzten Abrechnungen eine Steigerung derselben konstatirt werden können. Warum gerade eine Million angenommen worden ist, warum nicht zwei, warum nicht fünf, warum nicht eine halbe Million, warum nicht gerade jede andere Summe, dafür geht mir jedes Verständniß ab." Schlör relativierte zwar das angeführte Zahlenmaterial, machte aber deutlich, daß sich durch eine Erhebung von Eingangszöllen in die norddeutschen Territorien der Absatzmarkt Bayerns stark verkleinern würde[141]. Dies, so Schlör, beträfe die wichtigsten Ausfuhrgüter Bayerns: Wein, Hopfen, Fett und Käse. Der Handelsminister hob deshalb das besondere Interesse der Landwirtschaft an der Aufrechterhaltung des Zollvereins hervor, wollte er doch auf diese Weise die unschlüssigen Konservativen aus dem bäuerlichen Umfeld auf die Seite der Regierung ziehen. Prinzipiell zeigte sich aber auch hier deutlich, daß die Stellung eines isolierten oder an Österreich angebundenen Königreiches Bayern wirtschaftlich mit schweren Einbußen verbunden gewesen wäre. Die meisten Mitglieder der Patriotenpartei hielten sich in der wirtschaftspolitischen Diskussion zurück, da kaum einer von ihnen fundierte Kenntnisse besaß.

---

[137] KdA 1870/71, IV, 75. Sitzung, 14.1.1871, 198–205 (Rede Schlörs). Siehe zur Zollvereinsverlängerung 1867 auch Kapitel IV.1. *Die Neuordnung des Zollvereins nach 1866* (S. 145).

[138] Dazu beispielsweise die Rede des Abgeordneten Gerstner: KdA 1870/1871, IV, 73. Sitzung, 12.1.1871, 137–143, hier 140.

[139] Beispielsweise die Rede Hafenmairs: KdA 1870/71, IV, 77. Sitzung, 17.1.1871, 250–263, bes. 252.

[140] KdA 1870/71, IV, 76. Sitzung, 16.1.1871, 209–224, zit. 217 (Rede Stauffenbergs). Dagegen die Rede von Dr. Makowiczka: KdA 1870/71, IV, 77. Sitzung, 17.1.1871, 237–241.

[141] KdA 1870/71, IV, 79. Sitzung, 19.1.1871, 296–297.

Am Ende der heftigen Debatten gelang es der bayerischen Regierung ein weiteres Mal – ähnlich wie im Juli 1870 bei der Finanzierung des deutsch-französischen Krieges –, die Patrioten zu spalten und für die Annahme der Verträge eine Mehrheit im Landtag zu sichern. Wieder führte diese Gruppe der Münchner Professor Johann Nepomuk Sepp[142] an, dem sich die gemäßigten Patrioten Max Huttler (1823–1887), Verleger der Augsburger Postzeitung, der aus Würzburg kommende Landtagspräsident Weiß sowie der ehemalige Patriot und nun den Liberalen zuneigende Jurist Karl Edel anschlossen. In der Schlußabstimmung am 21. Januar 1871 sprachen sich von 150 Abgeordneten 102 für und 48 gegen die Annahme der Versailler Verträge aus; zwei Stimmen mehr als die notwendige Zweidrittelmehrheit[143]. 70 Liberale und 32 Konservative waren für die Annahme der Verträge, 47 Patrioten und Georg Friedrich Kolb lehnten sie ab[144]: Jörg und die Mehrheit der Patrioten verließen kurz nach Bekanntgabe des Ergebnisses aus Protest den Sitzungssaal. König Ludwig II. ratifizierte am 30. Januar 1871 rückwirkend zum 1. Januar die Versailler Verträge[145].

Die deutsche Reichsgründung als solche fand bei den europäischen Staaten keine größere Beachtung. Frankreich[146] und Italien[147] hatten mit eigenen Problemen zu kämpfen, lediglich England war der Reichsgründung gegenüber insgesamt eher skeptisch eingestellt, da die dortige Regierung das neue Machtpotential in Europa fürchtete[148]. Die Bedeutung Österreichs wurde in der Forschung lange ignoriert[149]. Zu Bismarcks größten Leistungen zählt sicherlich, daß sich Öster-

---

[142] *Dr. Johann Nepomuk Sepp* (1816–1909): Historiker, Münchner Professor und Anhänger der bayerischen Triaspolitik; Mitglied der Patriotenpartei.

[143] KdA 1870/71, IV, 81. Sitzung, 21.1.1871, 361–373. Vier Abgeordnete waren entschuldigt.

[144] Von den niederbayerischen Abgeordneten stimmten 15 gegen und vier für die Annahme, von den oberpfälzischen elf dagegen und drei dafür, von den oberbayerischen acht dagegen und 16 dafür, von den oberfränkischen vier dagegen und 14 dafür, von den 19 schwäbischen nur einer dagegen. In Unterfranken hielten sich Gegner und Befürworter die Waage. Rheinpfalz und Mittelfranken traten geschlossen für die Annahme der Verträge ein.

[145] DOEBERL, Bayern und die Bismarcksche Reichsgründung, 191.

[146] Zur Haltung der europäischen Mächte allgemein: DUROSELLE, Jean-Baptiste, Die europäischen Staaten und die Gründung des Deutschen Reiches, in: SCHIEDER/DEUERLEIN, Reichsgründung, 386–421. Frankreich hatte mit dem Krieg gegen Deutschland, der Abdankung des Kaisers, der Volkserhebung, der Kämpfe mit der Pariser Kommune und der Abtretung von Elsaß-Lothringen genügend Probleme: FEHRENBACH; Elisabeth, Preußen-Deutschland als Faktor der französischen Außenpolitik in der Reichsgründungszeit, in: KOLB, Europa, 109–132; GALL, Lothar, Das Problem Elsaß-Lothringen, in: SCHIEDER/DEUERLEIN, Reichsgründung, 366–385.

[147] In Italien betrachtete man nach der Besetzung der Stadt Rom und des Kirchenstaates im September 1870 die Vorgänge in Deutschland überwiegend distanziert.

[148] HILDEBRAND, Klaus, Großbritannien und die deutsche Reichsgründung, in: KOLB, Europa, 6–92. England hatte bereits seit 1868 zusammen mit Frankreich darauf geachtet, daß das Zollparlament seine wirtschaftlichen Kompetenzen nicht überschritt und dadurch eine politische Einigung Deutschlands möglich werden könnte: BayHStAM, MA 2648 (Bericht Perglas Nr. 181, 27.5.1868).

[149] RUMPLER, Helmut, Österreich-Ungarn und die Gründung des Deutschen Reichs, in: KOLB, Europa, 139–167.

reich im deutsch-französischen Krieg neutral verhielt. Der österreichische Ministerpräsident Beust versuchte trotzdem bis November 1870 unter Berufung auf Artikel 4 des Prager Friedens, Einfluß auf die künftige Gestaltung Deutschlands zu nehmen[150]. Er hatte sich ein selbständiges Württemberg und Bayern als eine Art Pufferzone vorgestellt, sein Aktionismus kam im Spätherbst 1870 aber eindeutig zu spät. Dennoch stand Beust während der Münchner und Versailler Verhandlungen ungeachtet der offiziellen Neutralität Österreichs in enger Verbindung mit Bray, der den alten Freund in Wien kontinuierlich über die Gespräche zwischen Preußen und den süddeutschen Staaten informierte[151]. Am Ende mußte Wien, wenn auch bedauernd, das neue Deutsche Reich und den Kaiser akzeptieren, da der österreichischen Regierung ein Ausgleich zugunsten des Friedens in Europa wichtiger schien als ein Konfrontationskurs[152]. Die Donaumonarchie blieb somit „weitgehend sprachlos bei der größten Niederlage des Jahrhunderts"[153]. Die eingeschlagene Politik der Gemeinsamkeit zwischen den 1866 noch verfeindeten Staaten wurde auch nach dem Abtreten Beusts im Jahre 1871 fortgeführt und 1879 im Zweibund besiegelt.

c) Die Verfassung des Deutschen Reiches vom 16. April 1871 und die wirtschaftspolitischen Veränderungen

„Die herrschende Meinung, auch in Wirtschaftskreisen, versprach sich von einer zentralen und starken Wirtschaftspolitik des Reiches eine rasche Prosperität"[154]. Trotzdem wurden in der Reichsverfassung vom 16. April 1871[155], die am 4. Mai 1871 in Kraft trat, die Artikel, die wirtschaftliche und wirtschaftspolitische Fragen betrafen, zurückhaltend und nicht im Zusammenhang behandelt. Die Verfassung des Deutschen Reiches stimmte im wesentlichen mit der des Norddeutschen Bundes von 1867 überein, war aber in den Verhandlungen in Berlin zwischen dem 24. Februar und 1. März 1871 den seit Versailles veränderten Verhältnissen in Deutschland angepaßt worden[156]. Die Gründung des Deutschen Reiches war de facto durch den Eintritt der süddeutschen Staaten in den Norddeutschen Bund realisiert worden; Bayern war nun Gliedstaat eines Bundesstaates.

Otto Becker konnte nachweisen, daß die Verfassung des Norddeutschen Bundes keinesfalls ein unüberlegter Notbehelf war, sondern auf intensiven Vor-

---

[150] LUTZ, Österreich-Ungarn, 289–302.

[151] BEUST, Erinnerungen, 436–437; DOEBERL, Bayern und die Bismarcksche Reichsgründung, 136–142; LUTZ, Österreich-Ungarn, 293. Der sächsische Gesandte in Berlin will von dem Versuch Beusts gehört haben, Bray gegen Pfordten abzulösen: Könneritz an das sächsische AM, 14.11.1870: BRANDENBURG, Briefe 2, 69.

[152] Zur Annäherung zwischen Preußen und Österreich: LUTZ, Österreich-Ungarn, 437–466.

[153] Zit. nach: RUMPLER, Österreich-Ungarn, in: KOLB, Europa, 140.

[154] HUBATSCH, Walther, Entstehung und Entwicklung des Reichswirtschaftsministeriums 1880–1933. Ein Beitrag zur Verwaltungsgeschichte der Reichsministerien. Darstellung und Dokumentation, Berlin 1978, 28.

[155] RGBl 16 (1871), 63–86 (Verfassung des Deutschen Reiches, 16.4.1871).

[156] BRAY, Denkwürdigkeiten, 200–204.

überlegungen mit einem wohldurchdachten Konzept basierte; deren weitgehende Übernahme für das neu geschaffene Deutsche Reich schien deshalb nur logisch[157]. Obwohl das politische System von 1867 durch die liberalen Parteien, insbesondere durch die Nationalliberalen, in Ausnutzung ihrer parlamentarischen Position im Norddeutschen Reichstag einige Veränderungen erfahren hatte, blieb die weitgehend unabhängige Stellung Bismarcks als Regierungschef gegenüber dem Parlament unangetastet[158]. Der Reichskanzler (bis 1871 Bundeskanzler des Norddeutschen Bundes) trug als ausführendes Organ des Bundesrates die Regierungsverantwortung und besaß als einziges Verfassungsorgan legislative, exekutive und judikative Befugnisse[159]. Theoretisch war er zwar als Minister sowohl dem Bundesrat als auch dem Kaiser verantwortlich, agierte aber in der politischen Praxis vom Kaiser weitgehend unabhängig. Überdies hatte das neue Reich als oberstes Regierungsorgan – genauso wie der Norddeutsche Bund – keinen Ministerpräsidenten, sondern einen Bundesrat; dieser trat allerdings als konkreter Machtfaktor in der politischen Öffentlichkeit kaum hervor[160]. Das Gremium bestand aus Delegierten der 25 Bundesregierungen, um die föderative Komponente zu sichern[161]. Zusammen verfügten die süddeutschen Staaten Bayern, Württemberg, Hessen-Darmstadt und Baden im Bundesrat über 14 von 58 Stimmen[162], die für eine Sperrminorität bei Verfassungsänderungen ausreichten[163]. Das Königreich Bayern erhielt – genauso wie vor 1871 im Zollparlament – sechs Stimmen, die von der Regierung und nicht vom Landtag instruiert wurden. Bereits am 12. Februar 1871 standen mit den Ministern Lutz, Pfretzschner und Schlör drei der sechs bayerischen Delegierten fest. Dem preußischen König, der ab Januar 1871 den Titel eines „Deutschen Kaisers" trug, fiel als Präsidium des Bundes das Feldherrnamt zu, um der Hegemonie Preußens auch im Deutschen Reich den entsprechenden

---

[157] Zur Entstehung der Verfassung des Norddeutschen Bundes und damit später auch des Deutschen Reiches ausführlich: BECKER/SCHARF, Ringen, 211–289.
[158] MOMMSEN, Kaiserreich, in: BERDING, Vom Staat, 248–250.
[159] HUBER, Verfassungsgeschichte III, 820–825. Der Reichskanzler fungierte in Personalunion auch meist als preußischer Ministerpräsident.
[160] Zur verfassungsrechtlichen Bedeutung des Bundesrates: HUBER, Verfassungsgeschichte III, 848–860 und BINDER, Reich, 41–44. Der Bundesrat wurde nach 1871 nicht in Reichsrat umbenannt. Bismarck setzte sich hier, trotz eines klaren Befehls des Kaisers durch.
[161] Nach HUBER, Ernst R., Die Bismarcksche Reichsverfassung im Zusammenhang mit der deutschen Verfassungsgeschichte, in: SCHIEDER/DEUERLEIN, Reichsgründung, 174, besaß die Reichsverfassung nur mit Einschränkungen föderativen Charakter.
[162] Preußen führte 17 Stimmen.
[163] Im Norddeutschen Bund war bei Verfassungsänderungen noch eine Zweidrittelmehrheit notwendig gewesen. Jedoch von einem „Vetorecht in Reichweite der vereinten Stimmen Bayerns, Sachsens und Württembergs, oder Bayerns, Württembergs, Badens und Hessens oder einer Kombination der kleineren Staaten", wie PFLANZE, Bismarck. Der Reichsgründer, 499, zu sprechen, ist sicherlich übertrieben, da sich die süddeutschen Staaten bei wichtigeren Entscheidungen nie zu einer gemeinsamen Politik durchringen konnten.

Ausdruck zu verleihen[164]. Neben dem Bundesrat existierte der Reichstag als Einkammerparlament, das die Klammer der Einheit gegenüber dem Partikularismus der Einzelstaaten bilden sollte[165]. Das Parlament mit allgemeinem Wahlrecht und Diätenlosigkeit der Abgeordneten hatte Gesetzgebungs- und Budgetrecht, besaß jedoch kein Mitspracherecht bei der Ernennung oder Entlassung des Bundes- bzw. Reichskanzlers. Die erste Reichstagswahl fand am 31. März 1871 statt. In Bayern, das 48 Abgeordnete in den Reichstag entsandte, errangen die Liberalen 29 Sitze und lagen damit weit vor den Konservativen mit nur 19 Mandaten[166].

Bayern behielt wie alle Bundesstaaten des Deutschen Reiches nach 1871 seine eigene Verfassung und Verwaltung und besaß ein geschütztes „Recht auf Existenz"[167]; im Reich aufgegangen war dagegen die staatliche Souveränität. Die Staatlichkeit wurde in bestimmten Bereichen zugunsten des Reiches eingeschränkt, Sitz und Stimme im Bundesrat ermöglichten jedoch den Mitgliedern des Bundes die Beteiligung an der Bildung des Reichswillens und der Ausübung der Reichsgewalt. Der Vollzug von Gesetzen fiel zunächst noch in die Kompetenz der einzelstaatlichen Verwaltungen, da das Reich erst nach und nach eigene Behörden aufbaute. Das Königreich Bayern verfügte darüber hinaus über besondere Mitgliedsrechte, sogenannte Sonderrechte, so über den stellvertretenden Vorsitz im Bundesrat[168] und einen ständigen Sitz im Bundesratsausschuß für das Landheer. Zusätzlich nahm Bayern den ständigen Vorsitz im Bundesratsausschuß für auswärtige Angelegenheiten (VIII. Bundesratsausschuß) ein[169]. Dieses Sonderrecht basierte auf einer Idee Bismarcks, mit der er Ende Oktober 1870 in Versailles die Minister Bray und Lutz von weiteren Sonderwünschen des bayerischen Königs ablenken konnte. Die Bedeutung des VIII. Bundesratsausschusses war für die Außenpolitik des Deutschen Reiches denkbar gering: Bismarck gab nur ein einziges Mal seine Zustimmung zur Versammlung dieses Gremiums[170]. Die lange geheimgehaltene Konzession an Bayern[171], die der Münchner Regierung beim Abschluß von Friedensverträgen die Teilnahme an

---

[164] Der Kaiser war eigentlich nur Vorsitzender des Bundesrates mit einem repräsentativen Titel, sein Veto war allein auf den militärischen Oberbefehl beschränkt: HUBER, Verfassungsgeschichte III, 809–815.

[165] Zur verfassungsrechtlichen Stellung des Reichstages: ebd., 860–870.

[166] Das detaillierte Ergebnis bei: KISTLER, Landtag, 79–81.

[167] ALBRECHT, Dieter, Von der Reichsgründung bis zum Ende des Ersten Weltkrieges (1871–1918), in: SPINDLER, Handbuch IV/1, 284.

[168] MORSEY, Rudolf, Die öffentlichen Aufgaben und die Gliederung der Kompetenzen, in: JESERICH, Kurt G.A./u.a. (Hg.), Deutsche Verwaltungsgeschichte III: Das Deutsche Reich bis zum Ende der Monarchie, Stuttgart 1984, 137, sieht in der größeren Anzahl der Stimmen im Bundesrat, sechs anstatt vier, ebenfalls ein Sonderrecht für Bayern.

[169] DEUERLEIN, Ernst, Der Bundesratsausschuß für die auswärtigen Angelegenheiten 1870–1918, Regensburg 1955, 24–67; Würdigung des Ausschusses (207–231). Für Bayern saß der Gesandte in Berlin im VIII. Bundesratsausschuß.

[170] Nach der konstituierenden Sitzung erfolgte nur mehr eine weitere Zusammenkunft im Jahre 1879 angesichts des Bündnisses zwischen Deutschland und Österreich: ebd., 115–121.

[171] Diese Regelung wurde erst 1918 veröffentlicht: BECKER/SCHARF, Ringen, 758–759.

den Verhandlungen erlaubte, wurde ebenfalls nur ein einziges Mal in Brest-Litowsk eingelöst.

Alle Bundesmitglieder besaßen im Deutschen Reich bestimmte Hoheitsrechte (originäre Rechte)[172]. Darüber hinaus erhielten die Münchner sowie in Teilen auch die württembergische und badische Regierung in den Versailler Verträgen besondere Hoheitsrechte, sogenannte Reservatrechte[173]. In der Verfassung vom April 1871 rechtsverbindlich fixiert, stellten sich diese am Ende für die praktische Politik als weitgehend bedeutungslos heraus[174]. Bayern, und mit Einschränkungen auch Württemberg und Baden, wurde im Heimat-, Verehelichungs- und Niederlassungswesen innerhalb der eigenen Grenzen, im Eisenbahnwesen[175], abgesehen von den Belangen der nationalen Verteidigung, im Post- und Telegraphenwesen[176], im Immobilienwesen, in der Besteuerung von Branntwein und Bier sowie im Militärwesen von der Reichsgesetzgebung und der Reichsaufsicht befreit. Der bayerische König behielt den Oberbefehl über seine Armee in Friedenszeiten, nur im Krieg unterstanden die Truppen dem preußischen Oberbefehl.

Die auswärtigen Angelegenheiten fielen seit 1871 überwiegend in die Kompetenz des Reiches. Die Bundesmitglieder verfügten dennoch aufgrund ihrer völkerrechtlichen Handlungsfähigkeit über eine unabhängige auswärtige Gewalt im Rahmen ihrer Zuständigkeiten. Hierzu übte Bayern wie alle anderen deutschen Staaten das aktive und passive Gesandtschaftsrecht aus, und zwar extensiver als alle anderen[177]. Dagegen verbot Kapitel 10 der Reichsverfassung in den Amtsbezirken deutscher Konsulate die Errichtung von einzelstaatlichen Gesandtschaften. In den Verträgen zur Zollvereinsverlängerung von 1867 hatten die Mitgliedsstaaten zwar „Zollvereins-Consulaten" zugestimmt, da ihr Unterhalt keiner großen finanziellen Aufwendungen bedurfte, von einer Abschaffung der einzelstaatlichen Konsulate war jedoch noch nicht die Rede gewesen[178]. Vier Jahre später gelang es Bray nicht mehr, gegen den erklärten Willen Bismarcks den Fortbestand einiger bayerischer Konsulate außerhalb des deutschen Reichsgebietes zu sichern. Ab April 1871 wurden die Länderkonsulate im Ausland aufgelöst,

---

[172] Eine Zusammenstellung der originären Rechte: ALBRECHT, Reichsgründung, in: SPINDLER, Handbuch IV/1, 285.

[173] Schlußprotokoll zum Bundesvertrag mit Bayern, 23.11.1870: HUBER, Dokumente II, Nr. 221, 333–334. Eine Zusammenstellung der Reservatrechte: MORSEY, Aufgaben, in: JESERICH, Verwaltungsgeschichte III, 136–137.

[174] PFLANZE, Bismarck. Der Reichsgründer, 500.

[175] Kapitel VII der Reichsverfassung würdigt ausführlich das Problem der Eisenbahngesetzgebung. Eine Übernahme der Staatseisenbahnen durch das Reich konnte Bismarck auch nach einer gezielten Kampagne in den Jahren 1874 bis 1876 nicht durchsetzen. Siehe dazu kurz Kapitel V.2.b) *Handelsminister Gustav von Schlör (1866–1871)* (S. 236).

[176] Damit waren Post und Telegraphen in Bayern und Württemberg Staats- und nicht Reichsangelegenheit. Das bayerische Reservatrecht der Post war bereits 1872 schweren Angriffen im Bundesrat ausgesetzt: BayHStAM, MA 2652 (Bericht Perglas Nr. 266, 24.7.1872).

[177] ALBRECHT, Reichsgründung, in: SPINDLER, Handbuch IV/1, 286–287.

[178] BayHStAM, MA 63.247 (AM an Weber, 23.6.1867).

sobald der Reichskonsul seine Exequatur erhalten hatte[179]. Das innerdeutsche Konsulatswesen überlebte dagegen in einer „Nischenexistenz"[180].

Gemäß der neuen Reichsverfassung brach Reichsrecht Landesrecht, so daß sukzessiv eine Rechtsangleichung in den verschiedenen Bereichen für alle Länder erfolgte. Mit dem „Gesetz, betr(effend) die Einführung Norddeutscher Bundesgesetze in Bayern" vom 22. April 1871 übernahm das süddeutsche Königreich als Reichsgesetze insgesamt 24 Gesetze des Norddeutschen Bundes[181]. Darunter fielen im wirtschaftlichen Bereich die Einführung der Allgemeinen Deutschen Wechselordnung, die Beseitigung der Doppelbesteuerung und die Behandlung von Papiergeld[182]. Außerdem erhielt das Allgemeine Deutsche Handelsgesetzbuch vom 5. Juni 1869 einen weiteren Geltungsraum. Am 1. Juli 1871 eröffnete der oberste Gerichtshof für Handelssachen in Leipzig. Hinzu kam die 1868 im Norddeutschen Bund durchgeführte Vereinheitlichung der Maße und Gewichte[183]. Laut Artikel 4, Paragraph 2, der neuen Verfassung ging schließlich die gesamte Zoll- und Handelsgesetzgebung auf das Reich über.

Trotz der zahlreichen Rechtsangleichungen blieben den Einzelstaaten auch nach der Reichsgründung und der damit verbundenen Reduzierung der Staatenvielfalt weitgehende wirtschaftspolitische Zuständigkeiten erhalten[184]. Im allgemeinen berührte die neue Reichsverfassung zwar die wirtschaftliche Infrastruktur des neuen Nationalstaates, weniger aber Fragen des modernen Wirtschafts- und Soziallebens, der Landwirtschaft und des Kleingewerbes[185]. Und auch dann beinhaltete sie kaum Neuerungen gegenüber der bestehenden preußischen Gesetzgebung, neue Reichsinstitutionen für das Wirtschaftsleben wurden zunächst nicht eingerichtet. Abschnitt 6 der Reichsverfassung (Artikel 33 bis 40) betraf das Zoll- und Handelswesen. Bis auf den Zusatz in Artikel 35 und Artikel 37 wurde der Wortlaut von der Norddeutschen Bundesverfassung übernommen. Artikel 33 legte Deutschland als einheitliches Zollgebiet mit einer Zollaußengrenze fest, innerhalb dessen grundsätzlich freier Warenverkehr herrschte[186]. Die Einzelstaaten waren nur dann zur Erhebung von Einfuhrabgaben berechtigt, wenn für die Produkte im Importland eine innere Steuer existierte, d.h. die Ausgleichsabgaben überlebten auch die Gründung des Deutschen Reiches. Das deutsche Zollgebiet deckte sich nicht völlig mit dem neuen Reichsgebiet, da neben einigen kleineren Exklaven die Hansestädte Bremen und Hamburg wegen ihrer Freihäfen

---

[179] Zur Übernahme bayerischer Konsulen in den Reichsdienst: BayHStAM, MA Gesandtschaft Berlin 1026.

[180] HETZER, Gerhard, Die bayerischen Konsulate und ihre archivalische Überlieferung, in: Archivalische Zeitschrift 80 (1997) (= Festschrift Walter Jaroschka zum 65. Geburtstag, hg. von LIESS, Albrecht/RUMSCHÖTTEL, Hermann/UHL, Bodo), 139–155, zit. 148. Das Konsulatswesen und die damit verbundenen Befugnisse wurden in Art. 56 geregelt.

[181] RBl 17 (1871), 87–90.

[182] Dazu zählten die Ausgabe von Banknoten vom 27.3.1870 und die Ausgabe von Papiergeld vom 16.6.1870. Siehe dazu Kapitel VII.1. *Die Harmonisierung im Geldwesen: Die Währungsumstellung aus bayerischer Sicht* (S. 301).

[183] Siehe dazu Kapitel VII.3. *Die Vereinheitlichung von Maßen und Gewichten* (S. 344).

[184] KIESEWETTER/FREMDLING, Staat, 1.

[185] ZORN, Wirtschaft, in: SCHIEDER/DEUERLEIN, Reichsgründung, 223.

[186] HUBER, Verwaltungsgeschichte III, 947–953.

und damit aus Rücksicht auf den dort herrschenden Überseehandel nicht berücksichtigt wurden. Erst mit der Aufnahme der beiden Städte in den Zollverband am 15. Oktober 1888 erledigte sich Artikel 34. Dagegen gehörte das seit 1867 politisch selbständige und neutrale Großherzogtum Luxemburg bis 1919 zum deutschen Zollgebiet. Der deutsche Zollverein, basierend auf dem Zollvereinsvertrag vom 8. Juli 1867, erlosch mit der neuen Verfassung, seine Funktionen gingen auf das Reich über: Der Reichstag übernahm die Kompetenzen des Zollparlamentes und der Bundesrat die des Zollbundesrates[187]. Auch der freihändlerische Zolltarif wurde ohne Veränderungen vom Zollverein auf das Reich übertragen.

Die Stellung der Länder bezüglich des Finanzwesens, geregelt in Kapitel 12 der Verfassung, kennzeichnete den Gegensatz zwischen geringen Kompetenzen bei der Aufgabenzuständigkeit und weitreichenden Befugnissen auf der Einnahmenseite[188]. Das Reich verfügte über keine eigene Finanzverwaltung, da die Einzelstaaten weiterhin für die Erhebung der Abgaben zuständig waren. Bray hatte noch unmittelbar vor Unterzeichnung der Versailler Verträge die bayerische Selbstbestimmung des Finanzwesens besonders hervorgehoben[189]. Die Verfassung vom April 1871 wies der Reichskasse nur geringe direkte Steuereinnahmequellen zu (Artikel 35 und 38): Mit Ausnahme der Post- und Telegraphenverwaltung (ohne Süddeutschland), der Zölle und der Verbrauchssteuern auf Salz, Tabak, Branntwein, Bier sowie Zucker und Sirup, die aus Rüben oder anderen inländischen Erzeugnissen hergestellt worden waren, lag die Ertragshoheit über alle quantitativ bedeutsamen Steuerarten bei den Bundesstaaten. Bayern, Württemberg und Baden blieb die Besteuerung ihres Bieres und Branntweines vorbehalten, auch wenn diese Länder „ihr Bestreben darauf richten [sollten], eine Uebereinstimmung der Gesetzgebung über die Besteuerung auch dieser Gegenstände herbeizuführen"[190]. Die Besteuerung des Branntweines wurde zum 1. Oktober 1887 auf das gesamte Reichsgebiet ausgedehnt[191]; erst 1919 konnte eine einheitliche Bierbesteuerung durchgesetzt werden[192]. Darüber hinaus gingen Steuerrückvergütungen, Ermäßigungen und einige andere in Artikel 38 genauer angeführte Abgaben an die Reichskasse. Die direkten Steuern kamen somit auch nach 1871 den Einzelterritorien zugute, wollte Bismarck doch verhindern, daß diese Abgaben von der Bevölkerung als besondere Schikane des neuen Reiches empfunden wurden[193]. Die Bedürfnisse der Zentrale in Berlin sollten über sogenannte Matrikularbeiträge der Bundesmitglieder gemäß ihrer Bevölkerungszahl gedeckt werden[194]. In der Folge belasteten diese Zahlungen die wirtschaftlich unterent-

---

[187] HUBER, Verfassungsgeschichte III, 637.
[188] HANSMEYER, Karl-Heinrich/KOPS, Manfred, Die wechselnde Bedeutung der Länder in der deutschen Finanzverfassung seit 1871, in: Blätter für deutsche Landesgeschichte 125 (1989), 71.
[189] BayHStAM, MA Gesandtschaft Berlin 1040 (AM an Perglas, 21.11.1870).
[190] Zit. nach Art. 35 der Reichsverfassung.
[191] ALBER, Zollverwaltung, 75. Zur Branntweinbesteuerung: PREISSER, Steuerharmonisierung, 101–105 und 230–257.
[192] Zur Bierbesteuerung: PREISSER, Steuerharmonisierung, 105–109 und 258–285.
[193] HENNING, Wandel, in: KUNISCH, Bismarck, 245.
[194] Der Ausdruck Bismarcks, das Reich wäre ein „lästiger Kostgänger bei den Einzelstaaten" (Reichstagsrede Bismarcks, 2.5.1879), basiert auf dieser verfassungsrechtlichen

wickelten Länder aufgrund ihrer geringeren Steuerkraft genauso überproportional stark, wie sie im Zollverein durch die Zuweisungen nach dem gleichen Schlüssel begünstigt worden waren[195]. Die Bereitschaft zur Zahlung von Matrikularbeiträgen war demnach nicht besonders groß.

Im Jahre 1871 beliefen sich die Zolleinnahmen des Deutschen Reiches auf 32,5 Mio Tlr, 75 Prozent davon waren reine Finanzabgaben, die auf Lebensmittel und Tabak erhoben wurden. Die meisten Einnahmen stammten aus den Einfuhrzöllen auf Kaffee, die allein 10 Mio Tlr ausmachten. Hinzu kamen aus Abgaben auf Textilien 3,3 Mio Tlr und auf Eisen sowie Eisenwaren noch einmal 1,5 Mio Tlr[196]. Der geringe Anteil direkter Reichseinnahmen aus den Zöllen führte dazu, daß die finanzrechtlichen Regelungen der Reichsverfassung größere Bedeutung erlangten als die Reservatrechte. Der Zolltarif wurde zum 1. Oktober 1873 gegen den Willen der bayerischen Regierung geändert: Neben der umstrittenen Aufhebung des Eingangszolles auf Roh- und Brucheisen, geschmiedetes und gewalztes Eisen, Lokomotiven, Tender, Dampfkessel und andere Maschinen, der Beseitigung des Ausgangszolles für Lumpen sowie andere Abfälle der Papierfabrikation kam es zur Ermäßigung des Eingangszolles auf Fischernetze aus Baumwollgarn, Soda, Natron, Weißblech, grobe Eisen- und Stahlwaren sowie Hüte[197]. Damit sanken die Zolleinnahmen des Reiches noch einmal beträchtlich. Trotzdem scheiterten alle in Angriff genommenen Finanzreformen, zumal Delbrück noch am 7. Dezember 1875 im deutschen Reichstag erklärte, daß an die Wiedereinführung eines Zolles auf Eisen und Eisenwaren nicht zu denken wäre, weil diese Maßnahme die vorherrschende Produktionskrise nicht beseitigen könnte[198]. Die Delegierten schlossen sich diesem Votum mehrheitlich an[199]. Bismarck konnte seine Pläne für eine umfassende Steuerreform nicht durchsetzen, da vor allem die Erhöhung der indirekten Steuern am Widerstand der Liberalen scheiterte. Ab 1877 rückte die Steuer- und Zollfrage immer mehr in den Mittelpunkt der Reichstagsdebatten[200]. Als überzeugte Freihändler wollten die Liberalen aber gerade in diesem Punkt keine Zugeständnisse machen. Bismarck taktierte jedoch bei seinem Wechsel vom Freihandel zum Schutzzoll am Ende so geschickt, daß er die konservativen Parteien hinter sich bringen und wieder auf eine zuverlässige

---

Konstellation. Die Matrikularbeiträge waren bereits 1869 im Norddeutschen Bund wiederholt ein Diskussionspunkt gewesen, um die Einnahmenausfälle durch Aufhebung oder Ermäßigung von Zöllen auszugleichen: BayHStAM, MA 2649 (Bericht Perglas Nr. 86, 4.3.1869).

[195] HENNING, Wandel, in: KUNISCH, Bismarck, 244.
[196] HENDERSON, Cobden-Vertrag, 251.
[197] BayHStAM, MH 9712 (Gesetz zur Abänderung des Reichszolltarifs, Juni 1873); RGBl 23 (1873), 241–293.
[198] POSCHINGER, Bismarck als Volkswirth 1, 34. Damit stieß Delbrück vor allem im Süden auf Widerspruch: BÖHME, Großmacht (1966), 341–420.
[199] Dazu die Haltung der bayerischen Handelskammer: INDUSTRIE- UND HANDELSKAMMER MÜNCHEN, Geschichte, 128–133.
[200] Dazu ausführlich: HARDACH, Karl W., Die Bedeutung wirtschaftlicher Faktoren bei der Wiedereinführung der Eisen- und Getreidezölle in Deutschland 1879 (Schriften zur Wirtschafts- und Sozialgeschichte 7), Berlin 1967. Zur Schutzzollbewegung in Deutschland auch: GRAF, Zielsetzungen, 198–205.

Regierungskoalition bauen konnte[201]. Allerdings gelang dem Reichskanzler auch 1879 nur ein Teilerfolg, da der Reichstag mit der sogenannten „Franckensteinschen Klausel" die Einnahmen der Reichskasse aus Zöllen und Tabaksteuer auf jährlich 130 Mio Mark begrenzte und die Mehreinnahmen von geschätzten 500 Mio Mark zur Verteilung an die Einzelstaaten anwies[202]. Damit verfehlte die Finanzreform ihr eigentliches Ziel: Anstatt die Einnahmen des Reiches zu vermehren, kamen die zusätzlichen Gelder primär den Einzelstaaten zugute.

Als Folge der Reichsgründung muß man die Zerstörung alter Handelsbeziehungen zwischen dem Zollverein und den benachbarten Staaten, vor allem denen zu Österreich-Ungarn, konstatieren[203]. Nach 1871 fiel der Abschluß von Handelsverträgen, durch die seit den 1860er Jahren die außenwirtschaftlichen Verbindungen des Zollvereins immer mehr ausgedehnt wurden und damit wichtige Wachstumseffekte auf die Volkswirtschaft entstanden, in den Autoritätsbereich der Reichsführung in Berlin. Allerdings konnte sich das bayerische Königreich ein gewisses Mitspracherecht sichern, das die Teilnahme an Verhandlungen mit direkten Nachbarstaaten ermöglichte. Der deutsch-französische Krieg löste das 1862 geschlossene Abkommen mit Frankreich auf, während alle anderen Zoll- und Handelskontrakte ihre Gültigkeit behielten. Zwischen Frankreich und Deutschland galt fortan kein vereinbarter Vertragszoll mehr, sondern ein allgemeiner, für die deutsche Industrie ungünstigerer Generalzolltarif[204]. Diese handelspolitische Praxis wurde auch nach dem Friedensschluß 1871 beibehalten, was die bayerischen Handels- und Gewerbekammern zu Protesten und die bayerische Regierung zur Erstellung von Gutachten über die Neuregelung der französisch-deutschen Handelsverhältnisse veranlaßten. Die Kammern forderten zwar Überarbeitungen an dem Zoll- und Handelsvertrag von 1862, befürworteten aber grundsätzlich die Beibehaltung des Abkommens[205]. Als sich nach der Kapitulation Frankreichs abzeichnete, daß das dortige Interesse an einer Erneuerung des Vertrages mit dem Deutschen Reich merklich abgeflaut war[206], drängten die Handelskammern auf eine baldige Regelung der handelspolitischen Beziehungen[207]. Als dann in den Friedenspräliminarien vom Februar 1871 eine mögliche Erneuerung des Handelsvertrages nicht einmal erwähnt wurde, löste dies im deutschen Handelsstand allgemeine Beunruhigung aus. Trotz aller Nachteile, die dem Handelsvertrag von 1862 noch während des Krieges angelastet worden waren, forderten die Interessenvertreter jetzt dessen unveränderte Verlängerung, um keine wesentliche Verschlechterung der bestehenden Handelsbeziehungen

---

[201] WEHLER, Kaiserreich 1871–1918, 100; LAMBI, Ivo N., Die Schutzzoll-Interessen der deutschen Eisen- und Stahlindustrie 1873–1879, in: BÖHME, Probleme, 317–327.
[202] ALBRECHT, Reichsgründung, in: SPINDLER, Handbuch IV/1, 288.
[203] RUMPLER, Österreich-Ungarn, 165.
[204] INDUSTRIE- UND HANDELSKAMMER MÜNCHEN, Geschichte, 63.
[205] JAHRESBERICHT der Handels- und Gewerbekammer von Oberbayern 1870, München 1871, 18 und 214.
[206] Unmittelbar nach 1871 ging von Frankreich die Rückkehr zum Protektionismus aus: RUMPLER, Österreich-Ungarn, 163.
[207] JAHRESBERICHT der Handels- und Gewerbekammer von Oberbayern 1870, 219.

hinnehmen zu müssen[208]. Artikel 11 des Frankfurter Friedensvertrages legte die Auflösung der Handelsverträge „mit den verschiedenen Staaten Deutschlands durch den Krieg" fest[209]. An ihre Stelle trat die Klausel der „Meistbegünstigten Nation", die jedoch nur für die Vereinbarungen mit Großbritannien, Belgien, den Niederlanden, der Schweiz, Österreich und Rußland gelten sollte, da die Meistbegünstigung für die Handelsbeziehungen zu Frankreich weitaus unvorteilhafter als der 1862 geschlossene Zoll- und Handelsvertrag gewesen wäre[210].

Mitte der 1870er Jahre liefen zahlreiche Handelsverträge mit europäischen Nachbarstaaten aus. Im Mai 1876 strebte das Reichskanzleramt die Erneuerung des bestehenden Handelsvertrages mit Italien vom Dezember 1865 an, Rom verzögerte aber die Aufnahme von Verhandlungen[211]. Österreich kündigte im Dezember 1875 den 1868 abgeschlossenen Kontrakt mit dem Zollverein, den Antrag auf eine vorläufige Verlängerung um ein weiteres Jahr bis Ende 1878 lehnte die Wiener Regierung zunächst ab[212]. Die bayerischen Minister holten im Laufe des Jahres 1876 bei den Industrievertretern Meinungen und Wünsche bezüglich einer Verlängerung der bestehenden Handelsverbindung zur Doppelmonarchie ein[213]. Grundsätzlich lehnten die Kammern weitere Zollerhöhungen ab. Nach innerbayerischen Beratungen über den einzunehmenden Standpunkt wurden die Delegierten mit akkuraten Anweisungen für die geplanten reichsinternen Konferenzen versehen[214]. Anfang 1877 berieten sich Wilhelm von Weber und der Leiter des statistischen Büros, Dr. Mayr, sowie zwei weitere Mitarbeiter des Finanzministeriums mit den Berliner Verantwortlichen[215]. Die erste Sitzung mit österreichischen Delegierten fand am 16. April 1877 in Wien statt, ohne daß sich die preußischen Verhandlungsführer für den österreichischen Vorschlag erwärmen konnten[216]; sie wollten den zu erwartenden Einnahmenausfall für die deutsche Staatskasse von über 2 Mio Mark nicht akzeptieren[217]. Am 16. Mai wurden die Verhandlungen unterbrochen, im Juli zwar wieder aufgenommen, ohne daß sich allerdings bis Ende 1877 eine Einigung auch nur im Ansatz abgezeichnet hätte. Daraufhin stimmte die österreichische Regierung einer vorübergehenden Verlängerung des bestehenden Handelsvertrages zu. Als am 15. Juli 1879 der neue

---

[208] Bayerische Handelszeitung 1/14 (1871), 117–118; 1/15, 126–127; 1/16, 133–134; 1/17, 143–144.

[209] HUBER, Dokumente II, Nr. 260, 382–383, zit. 383; BayHStAM, MH 11.970. Dazu auch der JAHRESBERICHT der Handels- und Gewerbekammer für Unterfranken und Aschaffenburg 1870, 21 und JAHRESBERICHT der Kreis-Gewerbe und Handelskammer für Oberfranken 1870, 11. Zur Haltung Bismarcks zu Art. 11: HENNING, Wandel, in: KUNISCH, Bismarck, 248–249.

[210] BÖHME, Großmacht (1966), 308, sieht die Meistbegünstigung für die deutsche Wirtschaft dagegen weitaus positiver.

[211] BayHStAM, MH 11.451 (bayerischer Gesandter in Berlin, Landgraf, an FM, 16.5.1876).

[212] LÁNG, Zollpolitik, 239; BÖHME, Großmacht (1966), 432–433.

[213] Die Eingaben in: BayHStAM, MH 12.268. INDUSTRIE- UND HANDELSKAMMER MÜNCHEN, Geschichte, 133–135.

[214] BayHStAM, MH 12.269 und 12.286–12.287.

[215] BayHStAM, MH 12.268.

[216] BEER, Handelspolitik, 464–478.

[217] BayHStAM, MH 12.269 (die bayerischen Delegierten an AM, 19.4.1877).

deutsche protektionistisch angelegte Zolltarif in Kraft trat, traf dieser Umschwung die Donaumonarchie unerwartet, da man mit der Wiedereinführung der Agrarzölle in Deutschland nicht gerechnet hatte. Dennoch kehrten die Regierungen in Berlin und Wien im November 1879 an den Verhandlungstisch zurück, kamen aber erneut über einen informativen Gedankenaustausch nicht hinaus. Jetzt zeigte sich die deutsche Diplomatie an einem schnellen Abschluß mit Österreich nicht mehr interessiert und begnügte sich mit Übergangslösungen[218]. Erst am 23. Mai 1881 wurde zwischen dem Deutschen Reich und Österreich ein neuer Handelsvertrag mit gegenseitiger Meistbegünstigung abgeschlossen, dessen Bedeutung in der Beibehaltung des Zollkartelles und in einigen Erleichterungen im Grenzverkehr lag[219].

3. Das Staatsministerium des Handels und der öffentlichen Arbeiten und seine Auflösung im Zuge der Reichsgründung

a) Das Staatsministerium des Handels und der öffentlichen Arbeiten und seine Aufgaben

Seit der Konstitution von 1808 war für alle Wirtschaftsfragen das Staatsministerium des Innern verantwortlich, wenngleich die Ministerien des königlichen Hauses und des Äußern sowie der Finanzen de facto beachtliche Zuständigkeiten bei wirtschaftlichen Sachverhalten besaßen. Diese Konstellation wurde in der Verordnung über die „Formation der Ministerien" vom 17. Dezember 1825 im wesentlichen bestätigt[220]. Seit Ende der 1820er Jahre gab es jedoch Bestrebungen, im Innenministerium eine eigene Abteilung für Landwirtschaft, Gewerbe und Handel einzurichten, die aber nicht realisiert werden konnten[221].

Nach dem Thronwechsel im März 1848 forderte ein Teil der Abgeordneten in der Zweiten Kammer erneut die „Einführung eines Gewerbe-, Ackerbau- und Handelsministeriums in Bayern zum Schutze des Gewerbefleißes im teutschen Zollverein"[222]. Die neue bayerische Regierung unter König Maximilian II. schuf schließlich aufgrund der aufgeschlosseneren Einstellung des Monarchen gegenüber ökonomischen Zusammenhängen, aber auch auf verstärkten Druck der Öffentlichkeit, zum 1. Dezember 1848 eine zentrale Institution für die Behandlung volkswirtschaftlicher Fragen. Dazu integrierte man den Zuständigkeitsbereich des erst am 15. Dezember 1846 bzw. 27. Februar 1847 gegründeten

---

[218] RUMPLER, Österreich-Ungarn, 164.

[219] BEER, Handelspolitik, 478: Der Vertrag wurde am 8.12.1887 bis zum 30.6.1888 verlängert.

[220] Die „Königliche Allerhöchste Verordnung" vom 17.12.1825: RBl 52 (13.12.1825), 977–1151. Die Verordnung war in Teilen bis 1832 gültig.

[221] BORCHARDT, Knut, Zur Geschichte des Bayerischen Staatsministeriums für Wirtschaft und Verkehr (Beiträge zur Wirtschafts- und Sozialgeschichte 34), Stuttgart 1987, 12.

[222] Zitiert nach: BORCHARDT, Geschichte, 12. Die Eingaben befinden sich in: BayHStAM, MInn 41.074.

Staatsministeriums des Innern für Kirchen- und Schulangelegenheiten wieder in das Innenministerium und errichtete „zur Behandlung der bisher den Staatsministerien des Innern und der Finanzen überwiesenen staatswirthschaftlichen Gegenstände (...) ein eigenes für sich bestehendes ‚Staatsministerium des Handels und der öffentlichen Arbeiten'"[223].

Neben dem regen Interesse des bayerischen Königs Maximilian an wirtschaftlichen Zusammenhängen beeinflußten seit der Mitte des 19. Jahrhundert mehr und mehr auch ökonomische Fragestellungen politische Entscheidungen, „indem sie [=die Staatsverwaltung, Anm. der Verf.] den Regenten eine direkte selbständige Betheiligung an der Beurtheilung und legislativen Feststellung der ihre materiellen Interessen betreffenden Gegenstände zuwies"[224]. Eine Eingabe an den Ministerrat aus dem Jahre 1848 legte die Motive der Regierungsvertreter zur Bildung eines Staatsministeriums „für Agricultur, Industrie, Verkehr und öffentliche Arbeiten" offen: Die neue Ressortaufteilung erfolgte demnach nicht nur aus „Gründen formeller Zweckmäßigkeit, der Vereinfachung und Erleichterung des Geschäftsganges", sondern weil die neue Behörde „in die höheren Zwecke des Staatslebens eingreift, und zugleich die äußere Darstellung der wichtigsten Gesetzgebungs- und Verwaltungs-Prinicpien bildet". König und Minister versprachen sich von dieser Maßnahme eine Hebung der industriellen und gewerblichen Entwicklung. Außerdem verlangten die diversen Veränderungen im wirtschaftlichen Bereich, wie zum Beispiel die Beseitigung der Grundherrschaft, eine Reform der staatlichen Zuständigkeiten.

Die königliche Verordnung vom 11. November 1848, „die veränderte Formation der Staatsministerien betreffend", teilte das neue Ministerium „für Handel und öffentliche Arbeiten" in zwei große Bereiche auf. Während sich der eine Teil vorwiegend mit den verschiedenen Zweigen der Produktion und des Verkehrs beschäftigen sollte und über die Gesetzgebung unmittelbar in die materiellen Interessen der Staatsangehörigen eingriff, bezog sich der andere auf die sogenannten „öffentlichen Arbeiten, d.h. diejenigen allgemeinen Einrichtungen, welche der Staat im Interesse der Gesammtheit und zur Förderung des materiellen Wohles derselben, sowie zur Errichtung der Staatszwecke überhaupt vorzukehren und zu unterhalten hat, und welche sonach gleichsam erst durch ihre mittelbare Wirkung die Interessen der Einzelnen berühren"[225]. Dazu zählten das gesamte Staatsbauwesen, Post, Staatseisenbahnen[226], die Donaudampfschiffahrt[227] und der

---

[223] BayHStAM, MA 70.394a (Kgl. Allerhöchste Verordnung die veränderte Formation der Staatsministerien betr., 11.11.1848); RBl 61 (15.11.1848), 1105–1114. Die Verordnung trat zum 1. Dezember 1848 in Kraft.

[224] BayHStAM, MA 70.394 (Motive zur Bildung des Staatsministerium des Handels und der öffentlichen Arbeiten, o.D, Vorlage an den Ministerrat). Die folgenden Zitate ebenfalls aus dieser Vorlage.

[225] Ebd.

[226] Die Eisenbahnangelegenheiten fielen seit der Übernahme durch den bayerischen Staat zunächst in den Bereich des Innenministeriums, ab 1845 dann in die Zuständigkeit des Staatsministeriums des königlichen Hauses und des Äußern, ab 1847 in den des Finanzministeriums: Verordnung vom 7.4.1845: RBl (1845), 220 bzw. vom 27.11.1847: RBl (1847), 1021.

Ludwigskanal[228], aber auch die Regelung der im Entstehen begriffenen sogenannten sozialen Frage[229]. Der Schwerpunkt des Ressorts lag folglich auf der allgemeinen Staatsverwaltung und deren Finanzierung. Darüber hinaus stellte der Schutz mittel- und kleingewerblicher Betriebe vor ruinösem Wettbewerb sowie die Sicherung der einheimischen Erzeugung gegenüber der ausländischen Konkurrenz eine weitere wichtige Funktion dar.

Der Wirkungskreis des Staatsministeriums des Handels und der öffentlichen Arbeiten betreute also neben „allen auf die Produktion, Fabrikation und den Handel bezug habenden Gegenstände", folgende Anstalten und Aufgabenbereiche[230]:

„1) Landwirthschaft, mit Ausnahme der Forst- und Feldpolizei; Gestütsanstalten; Verwendung der Centralfonds für Cultur; landwirthschaftliche Vereine; Pferdezuchts-, Fischerei, Birnen-, Seidenzucht-, Obst- und Gartenbauvereine, landwirthschaftliche Fortbildungsanstalten, (Lese-Vereine);
2) Fabrik-, Manufaktur- und Gewerbswesen, einschließlich der Gewerbs-Polizei und der Gewerbs-Privilegien; Gewerbs-, Fabriks- und Handelsräthe; Gewerbs- und Handelskammern, Polytechnische und Gewerbsvereine, Verwendung der Centralfonds für Industrie;
3) Versicherungswesen; Leih- und Creditanstalten, insbesondere die bayerische Hypotheken- und Wechselbank; Actiengesellschaften;
4) Handel im Innern und mit dem Auslande; Handels- und Zoll-Verträge; Münze, Maß und Gewicht;
5) Alle zur Beförderung des Handels und der Schiffahrt dienenden Anstalten; insbesondere Verkehr auf den Land- und Wasserstraßen, auf Messen und Märkten, Wasserzölle, Weg-, Brücken- und Pflastergelder;
6) Postwesen, Staatseisenbahnen (Bau und Betrieb), Telegraphen, Ludwigs-Canal, Dampfschiffahrt auf dem Bodensee, Aufsicht auf den Privateisenbahnen;
7) Staatsbauwesen, einschließlich der Personalien, insbesondere a) Wasser-, Brücken- und Straßenbauten, soweit sie aus Centralstaatsfonds bestritten werden, b) Staatslandbauten im Geschäftsbereiche des Handelsministeriums;
8) Aufsicht auf die plastischen Denkmäler des Staates;
9) Technische Unterrichtsanstalten, namentlich: Polytechnische Schulen, Gewerbs-, Baugewerbs- und Handelsschulen, Landwirthschaftliche Centralschule zu Weihenstephan, Landwirthschaftliche Kreis-Erziehungs-

---

[227] Die Donaudampfschiffahrt war aufgrund privater Mißwirtschaft vom Staat übernommen worden.

[228] Der Ludwigskanal war in den Anfangsjahren ein reines Zuschußgeschäft. Durch den steigenden Verkehr nach Österreich rechnete die Staatsverwaltung jedoch mit einer Verbesserung der Verhältnisse.

[229] MÜLLER, Günther, König Max II. und die soziale Frage, Diss. München 1964, bes. 31–33 und 59–73.

[230] BayHStAM, MA 70.394 (Wirkungskreis und Gliederung des Staatsministeriums des Handels und der öffentlichen Arbeiten).

anstalt zu Lichtenhof, Wiesen und Ackerbauschulen, Centralthierarzneischule in München, Veterinäranstalt in Würzburg;
10) Zollwesen;
11) Statistik."

Direkte Weisungsbefugnis besaß das Handelsministerium für die Oberste Baubehörde[231] und das Statistische Bureau; zu den untergeordneten Stellen und Behörden zählten die einschlägigen Abteilungen der Kreisregierungen des Innern, der Landgestütsverwaltung, Bezirksämter, Magistrate, Gemeindeverwaltungen und Kreisbaubehörden, dann die Verkehrsanstalten mit der Generaldirektion der Königlichen Verkehrsanstalten und die Zollverwaltung mit der Generalzolladministration. Im Jahre 1860 wurde mit der statistischen Zentralkommission eine neue Abteilung eingerichtet, die allerdings bis zur Reichsgründung aufgrund ihres geringen Etats lediglich ein Schattendasein führte.

Seine Kompetenzen erhielt das Staatsministerium des Handels und der öffentlichen Arbeiten auf Kosten anderer Ministerien. Lediglich die Verwaltung der staatlichen Forsten, der Bergbau- und Salinenbetriebe sowie der Königlichen Bank verblieben beim Finanzressort. Aus diesem Grunde handelte es sich bei den Geschäftsbereichen nicht um ein organisch gegliedertes System, sondern um ein Konglomerat verschiedenster Arbeitsfelder, die eine einheitliche Führung erschwerten.

Neben dem Handelsministerium in Bayern wurden auch in anderen deutschen Staaten wirtschaftsspezifische Einrichtungen und Institutionen geschaffen. Dazu zählen das Reichshandelsministerium bei der Provisorischen Zentralgewalt in Frankfurt am Main vom August 1848 sowie in Württemberg die Zentralstelle für Handel und Gewerbe sowie für Landwirtschaft, die beide dem Innenministerium untergeordnet waren[232]. Preußen hatte bereits 1817 erstmals ein eigenständiges Ministerium für Handel, Gewerbe und das gesamte Bauwesen eingerichtet, das aber erst ab 1848 auf Dauer Bestand hatte. Auch die Donaumonarchie verteilte im Revolutionsjahr 1848 die Bereiche Handel, Gewerbe und öffentliche Bauten auf zwei neue Ministerien. Im Jahre 1861 schuf sie dann das Ministerium für Handel und Volkswirtschaft, das die Gebiete Handel, Gewerbe, Schiffahrt, Landwirtschaft, Verkehr, Post und Telegraphenwesen abdeckte. Der Ausgleich mit Ungarn brachte 1867 die Ausgliederung des Ackerbauministeriums[233].

---

[231] Die Unterordnung der Baubehörde erfolgte laut kgl. Verordnung vom 30.12.1848: RBl 2 (5.1.1849), 17–20.
[232] FACIUS, Friedrich, Wirtschaft und Staat. Die Entwicklung der staatlichen Wirtschaftsverwaltung in Deutschland vom 17. Jahrhundert bis 1945 (Schriften des Bundesarchivs 6), Boppard a. Rhein 1959, 51.
[233] GOLDINGER, Walter, Geschichte der Organisation des Handelsministeriums, in: BUNDESMINISTERIUM FÜR HANDEL UND WIEDERAUFBAU (Hg.), Hundert Jahre im Dienste der Wirtschaft 1, Wien 1961, 301–363.

b) Das Staatsministerium des Handels und der öffentlichen Arbeiten 1848 bis 1871

Die Leitung des Handelsministeriums

Die personelle Besetzung des bayerischen Staatsministeriums für Handel und öffentliche Arbeiten gestaltete sich schwieriger als erwartet. So wurde das Ministerium trotz des besonderen Interesses von seiten des Königs[234] nicht von einem eigenen Minister geleitet. Anfangs war dies zwar geplant gewesen, da aber der Direktor der königlichen Regierungsfinanzkammer von Unterfranken und Aschaffenburg, Carl Friedrich von Bever[235], seine Ernennung zum Handelsminister ablehnte[236], übertrug Maximilian II. statt dessen dem Minister des königlichen Hauses und des Äußern, Otto Graf von Bray-Steinburg, provisorisch die Leitung des neugeschaffenen Ministeriums[237]. Diese in aller Eile getroffene Übergangslösung hatte während der gesamten Regierungszeit Maximilians Bestand, obwohl Bray von Anfang an um eine zeitliche Begrenzung der Doppelbelastung gebeten hatte. Der bayerische König entband Bray am 18. April 1849 „auf wiederholtes, von ihm gestelltes Ansuchen" von seinen Verpflichtungen als Minister des königlichen Hauses und des Äußern sowie des Handels und der öffentlichen Arbeiten[238]. Ihm folgte in beiden Ämtern der bisherige königlich-sächsische Staatsminister und neue Vorsitzende im bayerischen Ministerrat, Ludwig Frhr. von der Pfordten, nach[239]. Er übte zehn Jahre lang maßgeblichen Einfluß auf die bayerische Wirtschaftspolitik zwischen den beiden Machtblöcken Preußen und Österreich aus. Während seiner gesundheitsbedingten Abwesenheit übernahmen andere Staatsminister die Führung des Handelsministeriums[240]. Auch der folgende Außenminister und Vorsitzende im Ministerrrat, Karl Frhr. von Schrenck-Notzing verwaltete seit Oktober 1859 „vorläufig und bis auf Unsere weitere Verfügung auch die Leitung" des Handelsministeriums[241]. Folglich stand bis 1865 der Minister des königlichen Hauses und des Äußern in Personalunion auch dem Handelsressort vor, so daß für den Regierungsetat der positive Nebeneffekt ent-

---

[234] Dazu beispielsweise das kgl. Handschreiben, in dem um eine detaillierte Aufstellung der Zuständigkeiten des Staatsministeriums des Handels und der öffentlichen Arbeiten gebeten wird: BayHStAM, MA 70.394 (kgl. Handschreiben, 3.10.1849).

[235] Personalakte: BayHStAM, MInn 36.634; SCHÄRL, 160.

[236] BayHStAM, MInn 36.634 (Bever an das Präsidium der kgl. Regierung von Unterfranken und Aschaffenburg, 10.5.1848).

[237] BayHStAM, MA 70.394 (AM an Maximilian II., 29.11.1848, kgl. Signat vom 30.11.1848), die Ernennungsurkunde vom 1.12.1848: BayHStAM, MA 70.394a. Ein Schreiben des AM gab der Hoffnung Ausdruck, Bever könnte doch noch das Handelsministerium übernehmen: ebd. (Schreiben des AM, 30.11.1848).

[238] BayHStAM, MA 70.394 (kgl. Verordnung, 18.4.1849).

[239] Ebd.: Pfordten bezog ein Salär von 17.800 fl und 34 Schäffel Getreide. Siehe zu *von der Pfordten* auch Kapitel V.2.a) *Die leitenden Minister: Ludwig von der Pfordten (1849–1859 und 1864–1866)* (S. 224).

[240] BayHStAM, MInn 41.074 (Zwehl an Reigersberg, 20.10.1854 und 27.2.1856). Zur physischen Verfassung Pfordtens: FRANZ, Pfordten, 205.

[241] BayHStAM, MA 70.394 (kgl. Ernennungsschreiben, 9.4.1859).

stand, ein Ministergehalt in Teilen einsparen zu können[242]; dies allerdings mit dem Nachteil, daß die erhoffte Wirkung des Ressorts für Handel und öffentliche Arbeiten auf die wirtschaftliche Entwicklung Bayerns nur in Ansätzen verwirklicht wurde. Faktisch übernahm der erste Ministerialrat und gleichzeitige Ministerialdirektor die Geschäftsleitung, die mit weitreichenden Unterzeichnungsbefugnissen verbunden war.

Carl Friedrich von Bever füllte dieses Amt unabhängig von den jeweiligen Ministerwechseln von November 1848 bis zu seinem überraschenden Tod am 1. Dezember 1860 aus[243]. In seiner Abwesenheit – seit 1851 war Bever wiederholt krank – führte Karl von Kleinschrod[244] die Geschäfte. Bever hatte sich zur Leitung des Ministeriums nur unter folgenden Bedingungen bereit erklärt: Einmal wehrte er sich gegen eine Rangerhöhung, die über den Posten eines Ministerialrates hinausging und wünschte keine höheren Bezüge als die, die er bereits als Generalzolladministrator erhalten hatte. Schließlich forderte er eine Rücktrittsklausel, sollte er sich der Aufgabe nicht gewachsen fühlen[245]. Bever kann aufgrund seiner Erfahrungen auf dem Gebiet der Zoll- und Handelsfragen als einer der bayerischen Wirtschaftsfachmänner gelten: Nach dem Studium der Rechts- und Kameralwissenschaften, war er ab 1828 als Assessor bei der Generalzolladministration, ab 1834 als königlicher Rat und bayerischer Generalbevollmächtigter für den Zollverein in Berlin, ab 1836 als General-Zolladministrationsrat und von 1840 bis 1845 schließlich als General-Zolladministrator auf den Generalzollkonferenzen tätig gewesen. Seine Ernennung zum ersten Ministerialrat im neugegründeten Handelsministerium hatte zwar kurzfristig zu Unmut bei anderen Mitarbeitern geführt[246], sein entgegenkommender Umgang gegenüber den Kollegen ließ diesen aber bald verstummen. 1858 schilderte Pfordten den Ministerialdirektor als „fähigen, fleißigen und bescheidenen Geschäftsmann"[247]. Bever, dessen ausgleichender Charakter schon bei den Verhandlungen über die Gründung des deutschen Zollvereins manche Schwierigkeit überwinden half, gelang es immer wieder, bei den oftmals verbissen geführten Beratungen in besonders umstrit-

---

[242] Ebd. (Spezialetat des k. Staatsministeriums des Handels und der öffentlichen Arbeiten für das Verwaltungsjahr 1848/49, Februar 1849).

[243] BayHStAM, MInn 36.634 (kgl. Schreiben, 31.1.1849) bzw. BayHStAM, MInn 41.079 (AM an Maximilian II., 3.12.1860). *Carl Friedrich von Bever* war als Ministerialdirektor im Staatsministerium des Handels und der öffentlichen Arbeiten für den „Inneren Dienst" zuständig: BayHStAM, MA 70.394 (Maximilian II. an Bever, 5.12.1848 bzw. kgl. Verordnung, 11.12.1848 mit genaueren Anweisungen seiner Pflichten und Befugnisse). Bever bezog 1848 ein Jahressalär von etwas mehr als 4044 fl.

[244] Zu *Karl Kleinschrod* siehe Kapitel V.2.c) *Maßgebliche Mitarbeiter im Staatsministerium des Handels und der öffentlichen Arbeiten nach 1862: Weitere wichtige Mitarbeiter: Georg Ludwig Carl Gerbig, Karl von Meixner und Karl Kleinschrod* (S. 248) und Anlage 4: Kurzbiogramme der wichtigsten Mitarbeiter des Staatsministeriums des Handels und der öffentlichen Arbeiten.

[245] BayHStAM, MInn 36.634 (Bever an Maximilian II., 15.1.1849).

[246] BayHStAM, MInn 36.675 (umfangreicher Briefwechsel 1848/49): Kleinschrod hatte Beschwerde gegen die Bevorzugung Bevers eingelegt, da er der Dienstältere war.

[247] BayHStAM, MInn 36.634 (AM an Maximilian II., 19.11.1858).

tenen Punkten eine vielversprechende Entscheidung herbeizuführen[248]. Mit dem überraschenden Tod Bevers 1860 verlor der bayerische Staat eine integrationsfördernde Persönlichkeit, die nur schwer zu ersetzen war. König Maximilian II. beförderte schließlich im Januar 1861 auf Vorschlag seines Ministerratsvorsitzenden von Schrenck den bisherigen Generalsekretär im Handelsstaatsministerium, Eduard von Wolfanger, zum neuen Ministerialdirektor[249]. Schrenck machte den König erneut unmißverständlich darauf aufmerksam, daß eine weitere Leitung des Handels- und des Außenministeriums in Personalunion nur in Verbindung mit einem tüchtigen und fähigen Direktor möglich wäre[250]. Daraufhin stellte König Maximilian aufgrund der aus seiner Sicht wachsenden Bedeutung des Handelsressorts die baldige Berufung eines eigenständigen Ministers in Aussicht. Deshalb übernahm Wolfanger die Position des Ministerialdirektors vorerst nur für ein Jahr, wurde aber noch vor Ablauf seiner Amtszeit um ein weiteres Jahr verlängert[251].

Erst König Ludwig II., der zu Beginn seiner Regierungszeit wirtschaftlichen Fragen und Zusammenhängen besondere Beachtung schenkte, änderte die unbefriedigende Lösung im Staatsministerium des Handels und der öffentlichen Arbeiten. Die zahlreichen Verhandlungen um die Annahme des preußisch-französischen Handelsvertrages von 1862 und den Verbleib im deutschen Zollverein hatten deutlich gemacht, daß das Ministerium unbedingt einen eigenen Vorstand benötigte. Trotzdem übertrug der Monarch nach der Entlassung des leitenden Ministers von Schrenck im Oktober 1864 die Verwesung des Ressorts für Handel und öffentlichen Arbeiten erst einmal Finanzminister Benno von Pfeufer, dessen Vertretung übernahm der Staatsrat im Innenministerium, Dr. Anton von Fischer[252].

In Verbindung mit der erneuten Berufung Ludwig von der Pfordtens zum Staatsminister des königlichen Hauses und des Äußern im Jahre 1864 erhielt das Handelsressort mit dem bisherigen Ministerialrat im Finanzministerium, Adolph von Pfretzschner, zum 1. Januar 1865 endlich eine eigenständige Leitung[253]. Pfretzschner, der nur ein Jahr dem Handelsministerium vorstand, hinterließ nicht zuletzt aufgrund seines zurückhaltenden, manchmal sogar blassen Charakters keine nennenswerten Spuren.

---

[248] WEBER, Zollverein, 190.

[249] BayHStAM, MA 70.394 (ministerielle Bekanntmachung, 6.1.1861); BayHStAM, MInn 36.673 (Cetto an Maximilian II., 9.1.1861). Siehe dazu Anlage 4: Kurzbiogramme der wichtigsten Mitarbeiter des Staatsministeriums des Handels und der öffentlichen Arbeiten.

[250] BayHStAM, MInn 41.079 (AM an Maximilian II., 7.12.1860).

[251] Ebd. (kgl. Signat, 7.12.1860).

[252] Siehe dazu Anlage 4: Kurzbiogramme der wichtigsten Mitarbeiter des Staatsministeriums des Handels und der öffentlichen Arbeiten.

[253] BayHStAM, MA 70.394 (kgl. Ernennungsschreiben, 26.12.1864); BayHStAM, Staatsrat 7204 (Abschrift des kgl. Ernennungsschreibens, 26.12.1864). Die Einführung im Staatsrat erfolgte am 20.1.1865: BayHStAM, Staatsrat 1115.

Als Pfretzschner im Juli 1866 ins Staatsministerium der Finanzen wechselte[254], löste ihn zum 1. August der bisherige „Betriebsdirektor der k.b. privilegirten Ostbahnen und II. Präsidenten der Kammer der Abgeordneten" und nunmehriger „Staatsrath i(m) o(rdentlichen) D(ienst)", Gustav (von) Schlör, als bayerischer Handelsminister ab[255]. Während der ersten Session des Zollparlamentes 1868 übernahm wieder Staatsrat Anton von Fischer die Geschäfte in München. Als Schlör Mitte 1869 erneut zu den Verhandlungen des Zollparlamentes nach Berlin reiste, vertrat der Minister des Innern für Kirchen- und Schulangelegenheiten, Franz von Gresser[256], bzw. Staatsrat von Fischer das Ressort[257].

Mit Gustav von Schlör, der vom 1. August 1866 bis zum 23. August 1871 dem Ressort vorstand, endete auch schon wieder die Reihe der bayerischen Handelsminister des 19. Jahrhunderts. Am 23. August 1871 übernahm Staatsrat Heinrich von Schubert[258] nur noch vorübergehend und provisorisch für die letzten vier Monate des Jahres die Leitung des vakanten Ministeriums[259]. Schubert war seit 1846 Vorstand der Donau-Dampfschiffverwaltung, ein Jahr später dann Direktor bei der Regierung der Oberpfalz, Kammer des Innern, von 1847 bis 1849 bei der Regierung von Unterfranken. Im August 1849 trat er als Ministerialrat in das Innenressort ein, von 1869 bis zu seiner Pensionierung 1876 fungierte er dort als Staatsrat. In der Ministerkrise Ende 1869 war Schubert kurzfristig als Minister des Innern für Kirchen- und Schulangelegenheiten im Gespräch gewesen, konnte sich aber gegen Lutz nicht durchsetzen[260].

Die Mitarbeiter des Handelsministeriums

Machte die Leitung des Staatsministeriums des Handels und der öffentlichen Arbeiten von Beginn an den Eindruck eines Provisoriums, so kann dies auch bei der Bezahlung und Auswahl der weiteren Mitarbeiter beobachtet werden. Ihre Zahl sollte aus Sparsamkeitsgründen möglichst niedrig gehalten werden. Die

---

[254] Nach HÄMMERLE, Schlör, 52, war Pfretzschner froh, das Amt des Handelsministers abzugeben.
[255] BayHStAM, MA 70.394 (kgl. Ernennungsschreiben, 30.7.1866). Die Einführung in den Staatsrat erfolgte am 9.8.1866: BayHStAM, Staatsrat 7209 (Programm zur Einführung in den Königlichen Staatsrat der neuen Minister Frhr. von Pechmann, Gresser, Schlör und Frhr. von Pranckh); genauso: Staatsrat (Protokoll, 9.8.1866). Siehe zu *Gustav von Schlör* Kapitel V.2.b) *Handelsminister Gustav von Schlör (1866–1871)* (S. 236).
[256] BayHStAM, MA 70.394 (HM an Ludwig II., 29.5.1869; kgl. Genehmigung, 30.5.1869).
[257] BayHStAM, MInn 41.074 (Schreiben, 4.5.1868); weitere Vertretungen: BayHStAM, MA 70.394a und MInn 41.074.
[258] Zu *Heinrich von Schubert* (geboren 1805): BayHStAM, MInn 36.928; SCHÄRL, 140–141. Schubert gehörte zu den Gründungsmitgliedern der Aktiengesellschaft der bayerischen Ostbahnen, mit der Schlör in enger Verbindung stand: HÄMMERLE, Schlör, 39.
[259] BayHStAM, MA 70.394 (HM an Ludwig II., 23.8.1871; kgl. Kenntnißnahme, 24.8.1871). Die Übergabe und endgültige Auflösung des Ministeriums durch Schubert erfolgte Ende 1871: BayHStAM, MInn 41.074 (Schubert an Ludwig II., 31.12.1871 mit kgl. Signat, 31.12.1871).
[260] HOHENLOHE 1, 308.

Formationsurkunde vom 11. November 1848 legte für das höhere, unmittelbar dem Minister unterstellte Verwaltungspersonal die Beschränkung auf fünf Ministerialräte, zwei Ministerialassessoren und vier Geheime Sekretäre fest, die sich ausschließlich aus dem Personal der anderen Ministerien rekrutieren sollten[261]. Zusammen mit den Kanzlisten und Büroboten verfügte das Handelsministerium gerade einmal über 20 Bedienstete, so daß man bald die „Vermehrung der ständigen Arbeitskräfte" anforderte[262]. Die Behörde wurde in den freigewordenen Räumen des ehemaligen Staatsministeriums des Innern für Kirchen- und Schulangelegenheiten untergebracht und die Einrichtungsgegenstände übernommen[263]. Die mangelhafte Entlohnung der Mitarbeiter machte ebenso den Eindruck einer Übergangsregelung wie die Tatsache, daß das Staatsministerium des Handels und der öffentlichen Arbeiten im ersten Jahr seines Bestehens über keinen eigenständigen Etat verfügte. Außerdem wurde die ohnehin geringe Zahl der vorgesehenen Stellen nicht vollständig besetzt. Tatsächlich rekrutierte sich das zukünftige Personal – meist Juristen und keine Wirtschaftsfachkräfte – aus Mitarbeitern der anderen Ministerien. Lediglich einige Sparten übertrug die bayerische Regierung ausgewiesenen Fachkräften, so das Zollwesen dem erfahrenen Ministerialrat Karl von Kleinschrod[264], das Verkehrswesen Ministerialrat Ludwig Frhr. von Brück[265] und die allgemeinen Industrie- und Verkehrsgegenstände zusammen mit dem Eisenbahnbauwesen dem bisherigen Ministerialrat im Innenministerium, Bernhard (Benno) Heinrich Pfeufer[266].

Karl von Kleinschrod zählt zu den dezidiert großdeutsch und proösterreichisch eingestellten Mitarbeitern im Handelsministerium. Auch der ausgewiesene Kenner wirtschaftlicher Zusammenhänge im innenpolitischen wie im außenpolitische Bereich, Frhr. von Brück, gehörte zu den konservativen Kräften und wurde deshalb nach der Amtsübernahme des liberal eingestellten Handelsministers Gustav Schlör 1866 erst in das zweite Glied zurückgedrängt, 1869 sogar auf Betreiben des Ministers entlassen. Bernhard (Benno) Heinrich von Pfeufer kann dagegen als „Ziehkind" Schlörs gelten. Bereits 1849 bescheinigte der spätere Handelsminister Pfeufer Fähigkeiten, die ihn „für das Referat in den Gegenständen der Industrie, der Gewerbe und des Verkehrs, so wie der Eisenbahnbau-

---

[261] BayHStAM, MInn 41.074 (Registratur, Sitzung des AM, IM, FM, 21.11.1848). Zur Besetzung der Stellen: Übersicht aus dem HOF- UND STAATSHANDBUCH 1848–1872: Mitarbeiter des Staatsministeriums des Handels und der öffentlichen Arbeiten. Dazu auch Anlage 3: Mitarbeiter des Staatsministeriums des Handels und der öffentlichen Arbeiten.
[262] Zit. nach BORCHARDT, Geschichte, 15.
[263] BayHStAM, MInn 41.074 (Übergabeprotokoll, 20.12.1848).
[264] Siehe Anlage 4: Kurzbiogramme der wichtigsten Mitarbeiter des Staatsministeriums des Handels und der öffentlichen Arbeiten.
[265] BRUNNER, Hofgesellschaft, 268; VEH, Otto, Ludwig Freiherr von Brück. Generaldirektor der bayerischen Verkehrsanstalten 1851–1859, in: Archiv für Postgeschichte in Bayern 2 (1950), 46–53; HOF- UND STAATSHANDBUCH 1849 (Ernennung Brücks zum Ministerialrat). Siehe Anlage 4: Kurzbiogramme der wichtigsten Mitarbeiter des Staatsministeriums des Handels und der öffentlichen Arbeiten.
[266] Personalakte: BayHStAM, MInn 36.637. Siehe Anlage 4: Kurzbiogramme der wichtigsten Mitarbeiter des Staatsministeriums des Handels und der öffentlichen Arbeiten.

Verwaltung"[267] in seinem Ressort besonders qualifiziert erscheinen ließen. Schlör hielt den späteren Finanzminister „begünstigt durch große Fähigkeiten sowie beseelt von unermüdlichem Fleiß und Diensteifer"[268] für eine verantwortungsvolle Tätigkeit im Handelsressort als besonders geeignet. Zum 1. Juli 1859 wurde Pfeufer bayerischer Finanzminister, vom 5. Oktober 1864 bis zum 1. Januar 1865 war er zudem in Personalunion Ministerverweser im Staatsministerium des Handels und der öffentlichen Arbeiten[269].

Zu den Mitarbeitern des neugegründeten Staatsministeriums des Handels und der öffentlichen Arbeiten zählte auch der Ministerialassessor Eduard von Wolfanger[270], der seit 1844 im Innenministerium für das Referat für Landwirtschaft, einschließlich Viehzucht und Seidenbau, zuständig war. Er zählte zu den Fachkräften, die sich auf der innenpolitischen Ebene mit wirtschaftlichen Fragen bestens auskannten. Genauso wie Wolfanger wechselte auch der Ministerialsekretär Franz Xaver Richard Messerschmidt[271] vom Innen- zum Handelsministerium. Sein Einfluß als Ministerialassessor auf die bayerische Wirtschaftspolitik kam erst nach 1861 zum Tragen, da er als Referent des Handelsressorts während der Sitzungsperiode des Landtages einer Doppelbelastung ausgesetzt war[272]. Die beiden Ministerialsekretäre Adolph von Cetto[273] und Michael von Suttner kamen dagegen vom Außen- bzw. Finanzministerium. Suttner beeinflußte nach 1860 als Leiter der Verkehrsanstalten[274] die dort gefällten Entscheidungen auf diesem Gebiet.

Als außerordentlicher Mitarbeiter nahm Wilhelm (von) Weber[275] eine Zwitterstellung im Staatsministerium des Handels und der öffentlichen Arbeiten ein. Da Außenminister Graf von Bray-Steinburg auf die herausragenden Kenntnisse Webers in wirtschaftlichen sowie zoll- und verkehrstechnischen Fragen nicht verzichten wollte, handelten Bray und Schlör einen Kompromiß aus, der bis zur Auflösung des Handelsministeriums Bestand hatte: Weber wurde zwar in das Handelsministerium versetzt, arbeitete jedoch auch für das Zoll- und Handels-

---

[267] BayHStAM, MInn 36.637 (Schlör an IM, 3.3.1849).
[268] Ebd. (Schlör an Maximilian II., 27.3.1849).
[269] BayHStAM, MA 70.394 (kgl. Entlassungs- und gleichzeitiges Ernennungsschreiben, 5.10.1864).
[270] Personalakte: BayHStAM, MInn 36.974; SCHÄRL, 144. Siehe Anlage 4: Kurzbiogramme der wichtigsten Mitarbeiter des Staatsministeriums des Handels und der öffentlichen Arbeiten.
[271] Personalakte: BayHStAM, MInn 36.836; SCHÄRL, 185–186. Siehe Anlage 4: Kurzbiogramme der wichtigsten Mitarbeiter des Staatsministeriums des Handels und der öffentlichen Arbeiten.
[272] BayHStAM, MInn 41.079 (HM an Maximilian II., 14.1.1861)
[273] Personalakte: BayHStAM, MInn 36.673; SCHÄRL, 184. Siehe Anlage 4: Kurzbiogramme der wichtigsten Mitarbeiter des Staatsministeriums des Handels und der öffentlichen Arbeiten.
[274] BayHStAM, MInn 41.079 (AM an Maximilian II., 5.4.1860).
[275] Zu *Wilhelm von Weber* siehe Kapitel V.2.c) *Maßgebliche Mitarbeiter im Staatsministerium des Handels und der öffentlichen Arbeiten nach 1862: Wilhelm von Weber* (S. 245).

referat im Staatsministerium des königlichen Hauses und des Äußern[276]. Eine weitere außerplanmäßige Stelle besaß der Akademiker und Konservator Dr. Carl August Steinheil (1801–1870)[277]. Obwohl er ab Juni 1852 das Amt eines Ministerialrates bei der mathematisch-physikalischen Sammlung des bayerischen Staates bekleidete, widmete er einen Großteil seiner Arbeitszeit den Aufgaben eines technischen Beirates im Handelsministerium.

Das Ministerium hatte um die Jahreswende 1848/49 mit dem zugewiesenen Konglomerat an Mitarbeitern aus den verschiedensten Ministerien zu kämpfen; darüber hinaus blieb auch ein Teil der im Etat vorgesehenen Stellen – ein Ministerialrat, ein Assessor und ein Sekretär – unbesetzt. Die bayerische Regierung erachtete es nämlich als notwendig, „vor Allem das Ergebniß der Erfahrung darüber abzuwarten, wie sich die verschiedenen Geschäfts-Aufgaben des Ministeriums gestalten, welches Maas von Arbeitskräften zur Lösung dieser Aufgaben erforderlich sey und wo die geeigneten Individualisten hiezu sich finden"[278]. Die Doppelbelastung der beiden Ministerialräte Weber, der zeitweise als Vertreter Bayerns in Zoll- und Handelsfragen nach Frankfurt abgeordnet wurde, und Kleinschrod, der bei der Kammer der Abgeordneten zusätzliche Aufgaben übernommen hatte, machten allerdings eine schnelle Besetzung der freien Posten erforderlich.

Die Ministerial-Sekretärsstelle wurde am 12. Februar 1849 mit dem Ratsanwärter bei der Regierung von Unterfranken und Aschaffenburg, Dr. Johann Michael Diepolder[279] besetzt. Er war zwischen 1850 und 1851 im Zollreferat für den Verwaltungsapparat im Zusammenhang mit den Beratungen über die Zukunft des Zollvereins zuständig[280]. Im August 1870 wurde Diepolder in den Ruhestand versetzt und seine Stelle angesichts der geplanten Auflösung des Ministeriums nicht wieder besetzt. Der Grund der vorzeitigen Pensionierung lag im Verhalten Diepolders, das aus Sicht des Handelsministers regierungsschädliche Züge angenommen hatte. So bezeichnete Diepolder, der in der letzten Phase des Zollvereins zwischen 1867 und 1870 die bayerische Handelspolitik maßgeblich repräsentierte, „die Vertretung des Handelsministeriums im Zollbundesrathe als überflüssig und schädlich (…)"[281]. Ferner stellte er öffentlich die Existenz des Staatsministeriums des Handels und der öffentlichen Arbeiten in Frage, wenn er die bayerische Wirtschaftspolitik „ausschließlich dem jeder technischen Beihilfe entbehrenden Staatsministerium des Koenigl(ichen) Hauses und des Aeußeren übertragen wissen" wollte. Abgesehen von diesen Angriffen gegen die bayerische Regierung ging Diepolder auch als Abgeordneter beim Zollparlament mit den

---

[276] BayHStAM, MF 37.551 (kgl. Dekret, Abschrift, 4.12.1848); BayHStAM, Staatsrat 7215 (Staatsrat an Ludwig II., 22.12.1867).

[277] Personalakte: BayHStAM, MInn 40.805; Nekrolog, in: Bayerisches Industrie- und Gewerbeblatt, hg. vom Ausschuße des polytechnischen Vereins in München 2 (1870), 341–342.

[278] BayHStAM, MInn 39.247 (HM an Maximilian II., 8.2.1849).

[279] Personalakte: ebd.; SCHÄRL, 184. Siehe Anlage 4: Kurzbiogramme der wichtigsten Mitarbeiter des Staatsministeriums des Handels und der öffentlichen Arbeiten.

[280] BayHStAM, MInn 39.247 (kgl. Schreiben, 12.2.1849 bzw. Diepolder an Maximilian II., 1.9.1850).

[281] Ebd. (Schreiben des HM, August 1870).

Entscheidungen seines Arbeitgebers nicht konform und stimmte gegen den in seinem Referat ausgearbeiteten Entwurf zur Tabaksteuer. Schlör war anfangs noch der Meinung gewesen, Diepolder nicht zu maßregeln, änderte jedoch seine Einstellung, als er dessen Verhalten für nicht mehr tragbar hielt[282].

Im April 1860 sah die Besetzung des Staatsministeriums des Handels und der öffentlichen Arbeiten folgendermaßen aus[283]: Vier Ministerialratsstellen waren mit Eduard von Wolfanger, Michael Suttner, Carl von Meixner[284] und Andreas Nüßler[285] besetzt, die fünfte erhielt der dienstälteste Ministerialassessor Franz Xaver Messerschmidt bei seinem Wiedereintritt in das Ministerium Anfang 1862[286]. Die zwei Assessorenposten hatten Adolph von Cetto und Johann Michael Diepolder inne. Des weiteren war Paul von Braun[287], bayerischer Innenminister von 1869 bis 1871, ab 1852 Mitarbeiter und ab Mai 1859 Ministerialassessor im Handelsministerium[288]. Das Amt eines Ministerialsekretäres bekleideten der Regensburger Landgerichtsassessor Adolph Nies[289], Matthäus Jodlbauer[290] und Dr. Karl Leopold Seuffert[291], Kanzleisekretäre im sogenannten Kanzlei- und Expeditionsdienst waren Georg Scheuerlein (geb. 1802), Friedrich Arnold sowie Karl Grundler[292]. Hinzu kamen einige Registratoren und Hilfsarbeiter, meist als „Funktionäre" bezeichnet. Schließlich werden noch der Ingenieur Friedrich August von Pauli (1802–1883)[293] und F.J. von Schierlinger als Mitarbeiter genannt[294].

---

[282] Ebd. (HM an Ludwig II., 13.8.1870).

[283] BayHStAM, MInn 41.079 (HM an Maximilian II., 5.4.1860), ergänzt durch Angaben aus den jeweiligen Biographien sowie HOF- UND STAATSHANDBUCH 1860. Siehe zu den Einzelpersonen Anlage 4: Kurzbiogramme der wichtigsten Mitarbeiter des Staatsministeriums des Handels und der öffentlichen Arbeiten.

[284] Siehe Kapitel V.2.c) *Maßgebliche Mitarbeiter im Staatsministerium des Handels und der öffentlichen Arbeiten nach 1862: Weitere wichtige Mitarbeiter: Georg Ludwig Carl Gerbig, Karl von Meixner und Karl Kleinschrod* (S. 248). Anlage 4: Kurzbiogramme der wichtigsten Mitarbeiter des Staatsministeriums des Handels und der öffentlichen Arbeiten.

[285] Personalakte: BayHStAM, MInn 36.861; SCHÄRL, 186. Siehe auch Anlage 4: Kurzbiogramme der wichtigsten Mitarbeiter des Staatsministeriums des Handels und der öffentlichen Arbeiten.

[286] BayHStAM, MInn 41.079 (HM an Maximilian II., 12.3.1862).

[287] Zu den persönlichen Daten: BayHStAM, MInn 36.655 und BayHStAM, MInn 41.079. SCHÄRL, 89. Siehe auch Anlage 4: Kurzbiogramme der wichtigsten Mitarbeiter des Staatsministeriums des Handels und der öffentlichen Arbeiten.

[288] HOF- UND STAATSHANDBUCH 1860.

[289] SCHÄRL, 186. Siehe auch Anlage 4: Kurzbiogramme der wichtigsten Mitarbeiter des Staatsministeriums des Handels und der öffentlichen Arbeiten.

[290] SCHÄRL, 185. Siehe auch Anlage 4: Kurzbiogramme der wichtigsten Mitarbeiter des Staatsministeriums des Handels und der öffentlichen Arbeiten.

[291] Nies wird im HOF- UND STAATSHANDBUCH erst 1861, Jodlbauer und Dr. Seuffert erst 1863 als Ministerialsekretäre 1. Klasse geführt.

[292] BayHStAM, MInn 41.079 (HM an Maximilian II., 7.7.1860). Grundler schied 1862 wegen Untreue aus dem Amt aus und wurde von Max Gerstl ersetzt, Nikolaus Fritz (geb. 1815) folgte 1865 Gerstl als Kanzleisekretär nach.

[293] BRUNNER, Hofgesellschaft, 407.

[294] Ebd.

Der fraglos wichtigste Mitarbeiter des Handelsministeriums war seit 1859 Karl von Meixner, der seit 1840 die bayerische Zoll- und Wirtschaftspolitik entscheidend mitbestimmte, vertrat er doch bei zahlreichen Verhandlungen mit Preußen die bayerischen Interessen[295]. Weit weniger in Erscheinung trat dagegen Andreas Nüßler, obwohl ihm 1865 kurzzeitig der gesamte formelle Dienst und die „Hauspolizei" innerhalb der Behörde unterstand und er 1869 sogar Vertreter des Ministerialdirektors war. Darüber hinaus übernahm Nüßler das Kredit- und Versicherungswesen, im Koreferat auch das Staatsbauwesen und bekleidete nach der Gründung der Ostbahngesellschaft das Amt eines Regierungsvertreters im dortigen Verwaltungsrat. Nüßler fiel wie Messerschmidt 1873 Einsparungsmaßnahmen im Bereich des Innenministeriums zum Opfer. Paul von Braun konnte dagegen über die Laufbahn „Handelsministerium" Karriere machen. 1856 als Geheimer Sekretär eingestellt, wurde er zehn Jahre später zum Ministerialrat und Referenten für Industrie, Handel und Gewerbe befördert. In dieser Funktion richtete er den bayerischen Beitrag für die Pariser Weltausstellung 1867 zur höchsten Zufriedenheit König Ludwigs II. aus[296], nachdem er bereits wesentliche Teile der bayerischen Gewerbeordnung von 1862 ausgearbeitet hatte. Aufgrund seiner Verdienste um die wirtschaftliche Förderung Bayerns ernannte ihn Ludwig II. Ende 1869 zum Staatsminister des Innern[297].

Während der Amtszeit Schlörs traten zwei, für die bayerische Regierung der folgenden Jahre wichtige Personen in das Staatsministerium des Handels und der öffentlichen Arbeiten ein: Georg von Berr[298], 1872 bis 1877 Finanzminister, und Friedrich Frhr. Krafft von Crailsheim[299], von 1880 bis 1903 bayerischer Staatsminister im Ministerium des königlichen Hauses und des Äußern sowie Vorsitzender im Ministerrat. So bildete das Handelsministerium trotz seines nie ganz abgelegten provisorischen Charakters für einige Politiker das „Sprungbrett" für eine politische Karriere.

c) Die Auflösung des Staatsministeriums des Handels und der öffentlichen Arbeiten zum 1. Januar 1872

König Ludwig II. nutzte im August 1871 eine grundlegende Kabinettsumbildung dazu, die Zuständigkeitsbereiche der Ministerien neu zu ordnen. Die Besetzungsliste der bayerischen Ministerien sah danach wie folgt aus[300]: Zum Außenminister und Vorsitzenden im Ministerrat ernannte der König Graf Friedrich von Hegnenberg-Dux, zum Innenminister den bisherigen Regierungspräsidenten der

---

[295] Siehe dazu Kapitel II.3. *Der deutsche Zollverein bis zum Abschluß des preußisch-österreichischen Handelsvertrages von 1853* (S. 44).
[296] BayHStAM, MInn 36.655 (kgl. Handschreiben, 4.8.1867).
[297] BayHStAM, MH 4908: Im Zuge der Kabinettsumbildung im August 1871 ging Braun auf eigenen Wunsch einen Monat später als Regierungspräsident in die Pfalz.
[298] BayHStAM, MInn 41.079; SCHÄRL, 88. Siehe auch Anlage 4: Kurzbiogramme der wichtigsten Mitarbeiter des Staatsministeriums des Handels und der öffentlichen Arbeiten.
[299] SCHÄRL, 91. Siehe auch Anlage 4: Kurzbiogramme der wichtigsten Mitarbeiter des Staatsministeriums des Handels und der öffentlichen Arbeiten.
[300] BayHStAM, MInn 36.655 (kgl. Anordnung, 21.8.1871); BayHStAM, Staatsrat 7204; BayHStAM, Staatsrat 1205 (Sitzung, 6.9.1871).

Pfalz, Sigmund von Pfeufer[301], Adolph von Pfretzschner blieb Finanzminister, Generalleutnant Sigmund Frhr. von Pranckh Kriegsminister, Johann von Lutz Staatsminister des Innern für Kirchen- und Schulangelegenheiten und Johann Nepomuk von Fäustle[302] Justizminister. Die bisherigen Minister Gustav von Schlör und Paul von Braun wurden auf eigenen Wunsch ihrer bisherigen Aufgaben entbunden und zu Staatsräten im außerordentlichen Dienst ernannt[303]. Ludwig II. verzichtete auf die Neubesetzung des Staatsministeriums des Handels und der öffentlichen Arbeiten und begnügte sich mit der interimistischen Vertretung bis zum Jahresende 1871, am 1. Januar 1872 wurde das Ressort aufgelöst, eine Entscheidung, die der Ministerrat einstimmig unterstützte. Fraglos hatte die persönliche Antipathie des Königs und seiner Berater gegen Schlör mitgeholfen, das Handelsministerium zu beseitigen[304]. Interessengruppen des Handels und der Industrie vertraten deshalb die Meinung, das Ressort wäre den persönlichen Meinungsverschiedenheiten zwischen König und Minister zum Opfer gefallen[305]. Ein Verbleiben Schlörs war in einer Regierung Hegnenberg-Dux nicht denkbar, hatten sie sich doch schon in den 1860er Jahren aufgrund unterschiedlicher politischer Ansichten bekämpft. Tatsächlich war auch die Existenz des Ministeriums an sich schon längere Zeit umstritten gewesen. Die angespannte Lage des bayerischen Staatshaushaltes im Jahr 1870, die Sparmaßnahmen erforderte, tat ein übriges[306]. Die Handelskammer in München hatte Ende 1869 gegenüber dem bayerischen König zwar die Bitte ausgesprochen, das Ministerium zu erhalten, da es für die Förderung der gewerblichen Interessen unverzichtbar wäre, am Ende hielten sich jedoch die Proteste der Kammern in Grenzen[307]. Im Namen aller

---

[301] *Sigmund Heinrich Frhr. von Pfeufer* (1824–1894): Jurist; 1854–1858 Sekretär im IM; 1858–1862 Mitarbeiter der Münchner Polizeibehörde (1862–1867 Direktor); 1867–1871 Regierungspräsident der Pfalz; 1871–1881 IM; ab 1881 Regierungspräsident von Oberbayern. Durch die Namensgleichheit mit Benno von Pfeufer kommt es auch in den Akten immer wieder zu Verwechslungen (beispielsweise: BayHStAM, Staatsrat 7222).

[302] *Dr. Johann Nepomuk von Fäustle* (1828–1887): Jurist; 1862 Stadtrichter in München; 1865–1870 Ministerialassessor, 1870–1871 Ministerialrat im JM; 1871–1887 JM, 1875–1881 Abgeordneter der bayerischen Abgeordnetenkammer: DRESCHER, Friedrich, Dr. Johann Nepomuk von Fäustle, Staatsminister der Justiz vom 23. August 1871 bis 17. April 1887, in: STAATSMINISTERIUM DER JUSTIZ (Hg.), Die Kgl. Bayer. Staatsminister der Justiz II, 820–897.

[303] BayHStAM, MA 70.393 (Entwurf einer Ausscheidung der Beamten des bisherigen Staatsministeriums des Handels und der öffentlichen Arbeiten, o.D. [angefertigt von Fischer, Oktober 1871]); BayHStAM, Staatsrat 7209 (kgl. Handschreiben, 21.8.1871).

[304] HÄMMERLE, Schlör, 73–74: Danach wollte Schlör bereits im Juli 1870 sein Amt angesichts der Widerstände gegen seine Person niederlegen. Siehe dazu auch Kapitel V.2.b) *Handelsminister Gustav von Schlör (1866–1871)* (S. 236).

[305] Bayerische Handelszeitung 49 (1871), 285; INDUSTRIE- UND HANDELSKAMMER MÜNCHEN, Geschichte, 45–46.

[306] BayHStAM, MH 4849 (FM an HM, 5.8.1870): Pfretzschner forderte darin Schlör auf, angesichts der angespannten Haushaltslage nur noch die vordringlichsten Maßnahmen durchzuführen.

[307] BORCHARDT, Geschichte, 17. Dies lag vor allem an den Meinungsverschiedenheiten der einzelnen Kammern untereinander, die sich nicht auf ein gemeinsames Vorgehen einigen konnten: INDUSTRIE- UND HANDELSKAMMER MÜNCHEN, Geschichte, 45.

bayerischen Handelskammern reichte die oberbayerische Sektion am 22. August 1871 zwar noch eine Protestnote an die Regierung ein, in ihrer öffentlichen Sitzung beschränkte sich der Vorsitzende aber lediglich darauf, die Auflösung des Ministeriums als eine Verletzung und Schädigung der Interessen der Handels- und Gewerbekreise zu bezeichnen[308]. In ihrem Jahresbericht für 1871 heißt es darüber hinaus[309]: „Unser Wunsch kann und will nur der sein, es möchte nie die Zeit kommen, die uns irgendwie fühlen lassen könnte, dass wir in dieser Centralstelle mehr verloren haben, als jenes Ministerium, welches, wie von competenter Seite behauptet werden sollte, weil jüngstes Ministerium, zuerst den Bestrebungen nach Vereinfachung im bayerischen Staatsorganismus zum Opfer gebracht werden musste." Auch andere wirtschaftliche Interessengruppen protestierten weit weniger heftig gegen die Beseitigung des Ministeriums als zu erwarten gewesen wäre. Lediglich die Landwirte sahen in der Neuorganisation der Regierung eine Vernachlässigung ihrer Anliegen gegenüber denen der Industrie[310].

Die schwachen Proteste bestätigten die Ansichten des bayerischen Staatsrates, der lapidar feststellte[311]: „Das Land fühlte zu lebhaft das wiederholte und nachdrücklichst geäußerte Bedürfniß einer durchgreifenden Ersparung im Beamtenorganismus." Ganz offensichtlich erhofften sich die Staatsräte, durch die Auflösung des Handelsministeriums öffentliche Gelder einsparen zu können, zumal der Landtag der geplanten Erhöhung der Beamtenbesoldungen nur bei gleichzeitigen Kürzungen in anderen Bereichen zustimmen wollte. Außerdem strebten Staats- und Ministerrat aus „inneren Gründen" eine organisatorische Neuordnung der Ministerien an, da „der Wirkungskreis dieses Ministeriums [des Staatsministeriums des Handels und der öffentlichen Arbeiten, Anm. d. Verf.] als des jüngsten aus Competenzen der übrigen Ministerien zugesammengestellt worden ist, und (...) diese Theile auch während ihrer Vereinigung eine innere Verbindung nicht eingegangen sind"[312]. Das Handelsministerium wäre somit „von Anfang an (...) ein Aggregat, vielleicht gleichartiger, aber verschiedener Bestand-

---

[308] BayWiA, XV A 3 (Protestvorstellung der oberbayerischen Gewerbe- und Handelskammer, 22.8.1871). Die Protestnote: Bayerische Handelszeitung I/34 (1871), 293; LUEBECK, Julius, Die wirtschaftliche Entwicklung Bayerns und die Verwaltung von Handel, Industrie und Gewerbe. Denkschrift der Handelskammer München über die zukünftigen Aufgaben des Staatsministeriums für Handel, Industrie und Gewerbe, München-Leipzig 1919, 198–199.

[309] JAHRESBERICHT der Handels- und Gewerbekammer für Oberbayern 1871, München 1872, 20–21.

[310] BayHStAM, MA 70.394 (Generalkomité des landwirtschaftlichen Vereins in Bayern an HM, resp. Ludwig II., 5.10.1871): Allerdings ist hier die Rede von der Eingliederung des ehemals landwirtschaftlichen Bereiches des HM in das AM.

[311] BayHStAM, Staatsrat 1210 (Protokoll zum Entwurf einer allerhöchsten Verordnung „die Formation der Königl. Staatsministerien betr.", 29.11.1871). Anwesend waren: Prinz Luitpold v. Bayern, AM Hegnenberg-Dux, KM Pranckh und JM Fäustle sowie die Staatsräte Fischer, Bomhard, Pfistermeister, Daxenberger, Schubert und Frhr. von Lobkowitz; Pfeufer war entschuldigt.

[312] BayHStAM, MA 70.393 (Motive zum Verordnungsentwurf die Formation der k. Staatsministerien betr., o.D. [angefertigt von Fischer im Oktober 1848]). Die folgenden Zitate ebenfalls aus diesem Schreiben.

theile geblieben". Seit der Gründung des Ministeriums 1848 war es tatsächlich nie gelungen, die Kompetenzstreitigkeiten vor allem mit dem Außenressort unter Kontrolle zu bringen. Weitere Beweggründe für die Beseitigung des Handelsministeriums stellten die angestrebte Einheitlichkeit im Unterrichtswesen dar, das zwischen 1848 und 1871 auf die Ministerien des Innern und des Handels aufgeteilt war, sowie die geschlossene Überwachung von Landwirtschaft, Handel und Gewerbe durch ein einziges Ressort. Auch hier war es immer wieder zu Kontroversen zwischen dem Innen- und Handelsministerium gekommen[313].

Obwohl die bayerische Regierung die Auflösung des Handelsministeriums in erster Linie mit rein verwaltungstechnischen Motiven, d.h. mit einer Neuorganisation der Regierung und den damit verbundenen Einsparungsmöglichkeiten, zu erklären versuchte, ist der Zusammenhang mit den Neuerungen infolge der Reichsgründung sichtbar. Die Verfassung des Deutschen Reiches vom April 1871 übertrug in Artikel 4 die gesamte Zoll- und Handelsgesetzgebung, die Ordnung von Maß-, Münz- und Gewichtssystem, die allgemeinen Direktiven zum Bank-, Versicherungs- und Patentwesen und schließlich die Bestimmungen über den Gewerbebetrieb der Alleinverantwortlichkeit des Reiches. Diese Zentralisierung verstärkte die bestehende Zwitterstellung einiger Verwaltungsgebiete in Bayern, in deren Folge Administration und Bearbeitung zu den größten Schwierigkeiten führen mußten. Darüber hinaus hatte der Entwurf einer bayerischen Verordnung vom Oktober 1871, der die Umgestaltung der Staatsministerien ankündigte, den internationalen Charakter des Verkehrswesens hervorgehoben[314]. Die Eigenständigkeit Bayerns im Eisenbahn-, Post- und Telegraphenwesen nach 1871 machte gerade in diesem Bereich die Vertretung gegenüber ausländischen Staaten und damit die Zuordnung zum Staatsministerium des königlichen Hauses und des Äußern unerläßlich. Der Staatsrat unterstrich dies in seinen Beratungen Ende November 1871[315]: „Das Verkehrswesen, an sich ein internationales Gebiet, (...), habe durch das Verhältniß Bayerns zum deutschen Reiche eine neue Beziehung von solcher Wichtigkeit erlangt, daß hierin geradezu der Schwerpunkt der obersten Leitung des bayerischen Verkehrswesens zu suchen sei." Auch im Zollwesen mußte Bayern nach der Reichsgründung entscheidende Veränderungen akzeptieren. So ging die gesamte Gesetzgebung einschließlich der Unterzeichnung von Handels- und Schiffahrtsverträgen sowie der Festlegung von Tarifen an das Reich. Den einzelnen Bundesstaaten verblieb nur die Erhebung der Zölle, ein Zuständigkeitsbereich des Finanzministeriums[316]: „Die Zölle unterliegen fortan in den einzelnen Bundesstaaten der gleichen Behandlung wie die übrigen Verbrauchssteuern, insbesondere wie die Abgabe von Salz; und da die letzteren dem Finanzministerium bereits unterstellt sind, ist nicht einzusehen, warum wegen der Zölle noch ein anderes Ministerium mit derselben Sache befaßt sein soll."

[313] Dazu Beispiele in: BayHStAM, MA 70.394 (IM an AM und HM an AM, April/Mai 1856).
[314] BayHStAM, MA 70.393 (Entwurf einer Königlich Allerhöchsten Verordnung, die Formation der k. Staatsministerien betr., o.D. [angefertigt von Fischer, Oktober 1871]).
[315] BayHStAM, Staatsrat 1210 (Protokoll zum Entwurf einer allerhöchsten Verordnung „die Formation der Königl. Staatsministerien betr.", 29.11.1871).
[316] BayHStAM, MA 70.393 (Entwurf einer Königlich Allerhöchsten Verordnung, die Formation der k. Staatsministerien betr., o.D. [angefertigt von Fischer, Oktober 1871]).

Dennoch plädierte der Staatsrat für die Zuordnung der Zollfragen zum Außenministerium, um der aus seiner Sicht herausragenden Stellung des Landes im Reich besser Rechnung zu tragen[317]. Letztendlich, so das Argument, war der gesamte politische Verkehr Bayerns mit dem Reich Aufgabe des Außenministeriums, dem deshalb auch das Verkehrs- und Zollwesen unterstehen sollte.

Schließlich besaß die Aufhebung des Staatsministeriums des Handels und der öffentlichen Arbeiten auch eine rein innerbayerische Dimension, die die Hauptfragen der Innenpolitik in der politischen Krise des Liberalismus berührten und deshalb eine Neuordnung der Zuständigkeitsbereiche verlangte[318]. Sie betrafen in erster Linie das Problem der „sozialen Frage". So war die Armenverwaltung seit 1848 zwischen Handels- und Innenministerium aufgeteilt, was Lösungsvorschläge aufgrund bürokratischer Verwicklungen im Keim erstickte. Eine Zusammenlegung der Verantwortung von sozialen Problemen und innerer Sicherheit, die ausschließlich dem Staatsministerium des Innern unterstand, schien deshalb unumgänglich.

Am Ende beschleunigten die Kompetenzüberschneidungen bei den bayerischen Regierungsgremien Mitte 1871 die längst notwendig gewordene Reform der obersten Staatsverwaltung. Die königliche Verordnung vom 1. Dezember 1871[319] löste „das durch Verordnung vom 11. November 1848 gebildete Staatsministerium des Handels und der öffentlichen Arbeiten" auf und verteilte dessen Zuständigkeiten auf die klassischen Ministerien. Damit wurde aus verwaltungstechnischer Sicht die vor der Revolution von 1848 bestehende Behördenaufteilung wiederhergestellt. Das Staatsministerium des königlichen Hauses und des Äußern erhielt die Aufsicht über das Eisenbahn,-, Post- und Telegraphenwesen, die Leitung der Staatsanstalten für Verkehr (Post, Eisenbahnen, Telegraphen, Dampfschiffahrt, Ludwigskanal), des Staatseisenbahnenbaues und die Kontrolle über die privaten Eisenbahnen sowie Dampfschiffahrtsunternehmen. Um etwaigen Protesten seitens der Landwirtschaft und der Handelstreibenden den Wind aus den Segeln zu nehmen, wurde gemäß Artikel 4 im Innenministerium eine neue Abteilung für Landwirtschaft, Gewerbe und Handel eingerichtet, die im wesentlichen für die ehemaligen Aufgabengebiete des Handelsressorts zuständig war, und an deren Spitze ein alleinverantwortlicher, höherer Ministerialbeamter stand. Außerdem gingen an das Staatsministerium des Innern alle Sachverhalte, die neben der Landwirtschaft die Landgestütsanstalt betrafen, dann die Aufsicht über Handel und Gewerbe, die Förderung aller damit verbundenen Angelegenheiten, die Beaufsichtigung über das Münz-, Versicherungs- und Kreditwesen, die Festlegung und Eichung von Maßen und Gewichten und schließlich die Zuständigkeit für den Verkehr auf Land- und Wasserstraßen. In diesem Bereich wurde eine enge Zusammenarbeit mit dem Außenministerium angestrebt, da alle Verhandlungen

---

[317] BayHStAM, Staatsrat 1210 (Protokoll zum Entwurf einer allerhöchsten Verordnung „die Formation der Königl. Staatsministerien betr.", 29.11.1871).

[318] Dazu ausführlicher: BORCHARDT, Geschichte, 18.

[319] BayHStAM, MA 70.393 (Entwurf einer Königlich Allerhöchsten Verordnung, die Formation der k. Staatsministerien betr., o.D.[angefertigt von Fischer, Oktober 1871]); veröffentlicht: RBl 79 (4.12.1871), Sp. 1833–1840. Dazu auch: PA Bonn, R 2703 (Werthern an Bismarck, 4.12.1871).

mit den Reichsbehörden über dieses Ressort führten. Weiter war das Innenministerium fortan verantwortlich für den Vollzug des Berggesetzes, die Schaffung einer landesweiten Statistik sowie für die Organisation der Staatsbaubehörden und der staatlichen Wasser-, Brücken- und Straßenbauten.

Auch die dem bisherigen Handelsministerium untergebenen Behörden wurden neu organisiert und auf die verschiedenen Ressorts aufgeteilt: An das Innenministerium ging das Generalkomitee der landwirtschaftlichen Vereine, die Landgestütsverwaltung, die Handels- und Gewerbekammern, die Normal-Eichungskommission mit dem statistischen Büro und schließlich die oberste Baubehörde mit dem Kunstbauausschuß. Dem Staatsministerium des Innern für Kirchen- und Schulangelegenheiten übertrug man das gesamte Unterrichtswesen[320]. Damit erhielt es die Aufsicht über die polytechnische Schule in München, alle Industrieschulen, die landwirtschaftliche Zentralschule in Weihenstephan sowie die zentrale Tierarzneischule in München. Das Außenministerium übernahm die Generaldirektion der königlichen Verkehrsanstalten mit ihren vier Abteilungen. Ursprünglich sollte dem Finanzressort in Absprache mit dem Innenministerium die Beaufsichtigung über das Zollwesen und damit auch der Generalzolladministration zufallen. Der Ministerrat lehnte diese Regelung jedoch mit der Begründung ab, die finanzielle Bedeutung dieses Ressorts nicht überbewerten zu wollen, so daß die Verordnung vom 1. Dezember 1871 das Zollressort nicht dem Finanz-, sondern dem Außenministerium zuwies. Entgegen früherer Planungen wechselten demnach Oberzollrat Max Joseph Eggensberger und Oberzollassessor Franz Felser nicht ins Finanz-, sondern ins Außenministerium[321].

Die bisherigen Mitarbeiter des Handelsministeriums wurden zunächst gemäß ihren fachlichen Eignungen auf die bestehenden Ministerien verteilt, obwohl Ludwig II. neben der Auflösung des Ministeriums „durch entsprechende Organisation und Verwendung der Kräfte, eine baldige Verminderung der übergroßen Zahl von Ministerialbeamten"[322] forderte. Zum Staatsministerium des königlichen Hauses und des Äußern gingen Ministerialrat Michael von Suttner, der Geheime Registrator Christian Roeder, Generaldirektionsassessor Karl Oswald, Kanzleisekretär Johann Mery und der mittlerweile zum Regierungsassessor beförderte Frhr. Krafft von Crailsheim. Dem Innenministerium wurden Ministerialdirektor Wolfanger, die Ministerialräte Messerschmidt, Cetto sowie Nußler, Oberregierungsrat Nies, Archivar Joseph Schaumberger, die Geheimen Sekretäre Georg Scheuerlein, Otto Schmalix und Franz Tretter und Kanzleisekretär Conrad Bergmann zugeteilt. Die Mitarbeiter der Baubehörde, der Universitätsprofessor Dr. Mayr sowie der Oberbaudirektor von Pauli unterstanden fortan zusammen mit ihrem gesamten Personal dem Innenministerium. In das Staatsministerium des Innern für Kirchen- und Schulangelegenheiten wurden Ministerialassessor

---

[320] BORCHARDT, Geschichte, 18, sieht gerade darin weniger eine logische Neuverteilung der Zuständigkeitsbereiche als Folge der Anpassung an die neue Verfassungslage als eine Neuordnung der Ministerien.
[321] BayHStAM, MA 70.393 (Ludwig II. an den Ministerrat, Abschrift, 6.12.1871).
[322] Ebd. (IM an AM, 10.12.1871).

Matthäus Jodlbauer, Regierungsrat Karl Zeitlmann, Ministerialrechnungskommissar Gottlieb Holler und der Kanzleisekretär Nikolaus Fritz beordert.

Im Jahre 1871 verfügte das Handelsministerium über einen Etat von über 4,5 Mio fl[323]. Die größten finanziellen Zuweisungen konnte nach der Verteilung dieser Gelder auf die Ministerien mit mehr als 4 Mio fl das Staatsministerium des Innern für sich verbuchen, fast 400.000 fl gingen an das Innenressort für Kirchen- und Schulangelegenheiten und nur etwa 15.000 fl erhielt das Außenressort.

Mitte Dezember 1871 begann der Umzug, am 31. Dezember gab Heinrich von Schubert dem Ministerratsvorsitzenden die Auflösung des Ministeriums für Handel und öffentliche Arbeiten bekannt[324]: „Der ergebenst unterzeichnete beehrt sich, Seine des kgl. Staatsministers des kgl. Hauses und des Äußern Herrn Grafen von Hegnenberg-Dux Excellenz in Kenntniß zu setzen, daß er heute die ihm allergnädigst übertragene Leitung des Staats-Ministeriums des Handels und der öffentlichen Arbeiten abgeschlossen, die Siegel dieses Staatsministeriums an das Kgl. Reichsarchiv zur Aufbewahrung übergeben und die Fascikel über die Bildung und Auflösung des gedachten Staatsministeriums an das Staatsministerium des kgl. Hauses und des Äußern extradirt hat." Noch am gleichen Tag unterrichtete er auch König Ludwig, „daß hiemit die Auflösung des Staatsministeriums des Handels und der öffentlichen Arbeiten vollständig vollzogen ist."[325]

Die unzulängliche Behandlung des Zollwesens beim Außenministerum veranlaßte den Ministerrat Mitte 1873, die Eingliederung in das Staatsministerium der Finanzen zu beantragen, die mit Zustimmung des Staatsrates zum 1. Juli 1874 auch genehmigt wurde[326]. Ludwig II. gestattete erwartungsgemäß den Wechsel des zuständigen Beamten, Oberzollrat Max Joseph Eggensberger, in das Finanzministerium[327]. Die anschließenden Diskussionen zwischen den beteiligten Ministerien über die zukünftige Etats- und Inventarverteilung zogen sich jedoch bis in den Sommer 1875 hin und wurden von beiden Seiten auf höchster Ebene erbittert geführt.

Bis zum Ende der Monarchie 1918 wurde in Bayern kein Handelsministerium mehr eingerichtet[328]. Damit kam die Regierung den Ansichten Bismarcks entgegen, der „die Pflege des deutschen Handels stets [als] Aufgabe des Reiches und nicht der Einzelstaaten"[329] ansah. Baden löste sein Handelsministerium zum Jahre 1881 auf, während Württemberg seine Zentralstelle für Handel und Gewerbe (gegründet 1848) und Hessen das Handelsministerium (1867 ebenfalls als Zentralstelle ins Leben gerufen) erst 1920 aufgaben. In Sachsen kam es nie zur

[323] Ebd. (Ausscheidung des Voranschlages der Staatsausgaben auf den Etat des Staatsministerium des Handels und der öffentlichen Arbeiten für die XI. Finanzperiode).
[324] Ebd. (Schubert an AM, 1.1.1872).
[325] BayHStAM, MInn 41.074 (Schubert an Ludwig II., 31.12.1871).
[326] BayHStAM, Staatsrat 1236 (Sitzung, 6.6.1874).
[327] BayHStAM, MA 70.393 (FM an Ludwig II., Abschrift, 12.6.1874; kgl. Signat, 15.6.1874 bzw. FM an AM, 20.7.1874).
[328] Erst mit der Bekanntmachung der Regierung des Freistaates Bayern vom 3. April 1919 erhielt Bayern wieder ein eigenes Ministerium für Handel, Industrie und Gewerbe, am 24.4.1933 wurde dieses in das neuerrichtete Wirtschaftsministerium eingegliedert: LUEBECK, Entwicklung.
[329] Zit. nach FACIUS, Wirtschaft, 67.

Errichtung eines Wirtschaftsministeriums, hier war seit 1835 das Innenministerium für diesen Sachbereich zuständig. Die preußische Regierung hatte dagegen seit der ersten Hälfte des 19. Jahrhunderts immer wieder spezifische Einrichtungen für Gewerbe und Handel installiert. Da diese jedoch nie lange bestanden, konnten sie keinen maßgeblichen Einfluß auf die wirtschaftliche Entwicklung nehmen[330]. Im Jahre 1844 gründete König Friedrich Wilhelm das sogenannte Handelsamt, das unter seinem Vorsitz als beratende Instanz in wirtschaftlich relevanten Sachverhalten tätig werden sollte[331]. 1879 kam es zu einer Auffächerung der wirtschaftlichen Zuständigkeiten im staatlichen Behördenapparat. Aus dem 1848 geschaffenen Ministerium für Handel, Gewerbe und öffentliche Arbeiten entstanden drei Einzelministerien für Handel und Gewerbe, dann öffentliche Arbeiten (im wesentlichen die Verkehrsanstalten) sowie für Landwirtschaft, Domänen und Forsten. Am 13. September 1880 übernahm Bismarck persönlich das preußische Ministerium für Handel und Gewerbe (in Personalunion mit dem Ministerium für Auswärtige Angelegenheiten).

Der Rücktritt Delbrücks im Jahre 1876 leitete auf Reichsebene die Neuordnung des Reichskanzleramtes ein, wirtschaftspolitisch markierte er den Übergang vom Freihandel zum Schutzzoll und damit zu einer entschiedeneren wirtschafts- und sozialpolitischen staatlichen Tätigkeit. Bismarcks Überlegungen gingen dabei auf das Jahr 1874 zurück, als er aus dem Reichskanzleramt das Handelsministerium auszugliedern und Reichsämter für Handel und Zollwesen einzurichten gedachte, dies aber nicht verwirklichen konnte. So verfügte das Reich bis kurz vor dem Ersten Weltkrieg über keine Zentralbehörde, die für Wirtschaftsangelegenheiten zuständig war[332]. Statt dessen löste Bismarck Ende der 1870er Jahre im Rahmen einer behördlichen Neuorganisation das bisherige Reichskanzleramt auf und trennte es in eine Reichskanzlei und ein Reichsschatzamt. Im Oktober 1880 nahm die Abteilung für wirtschaftliche Angelegenheiten im Reichsamt des Innern seine Arbeit auf[333]. Borchardt führt diese Verwaltungsreform unter anderem auf die eifersüchtige Politik der deutschen Bundesstaaten zurück, bei der im Vordergrund stand, alle Tendenzen einer Ausweitung von Reichskompetenzen abzuwehren.

---

[330] JAEGER, Geschichte, 63.
[331] ZIMMERMANN, Geschichte, 192.
[332] BORCHARDT, Geschichte, 20.
[333] FACIUS, Wirtschaft, 58.

VII. HARMONISIERUNG DES GELD-, MASS- UND GEWICHTSWESENS NACH 1871

1. Die Harmonisierung im Geldwesen: Die Währungsumstellung aus bayerischer Sicht

Unter dem Begriff „Währung" versteht man einerseits das Geldsystem und andererseits die Geldeinheit eines Landes. Die Geldordnung des 19. Jahrhunderts gliederte sich in die zwei großen Bereiche des Münz- und Papiergeldwesens. Letzteres besaß bis zur Reichsgründung eine ergänzende Funktion, zumal das Papiergeld bis zur Jahrhundertwende lediglich als Bargeldsurrogat fungierte[1]. Bereits im Deutschen Bund regten verschiedene Kreise immer wieder die Koordination, ja sogar die Vereinheitlichung des unübersichtlichen Geldwesens an. Einzelstaatliche, aber auch machtpolitische Interessen machten jedoch viele der Initiativen undurchführbar. Erst nach der Gründung des Deutschen Reiches konnten die in vielen Bereichen begonnenen Reformen weitgehend abgeschlossen werden. Das Bankgesetz vom März 1875, in dessen Folge die Reichsbank ihre Geschäfte als zentrale deutsche Noten- und Währungsbank aufnahm, bildete den Abschluß der Neuordnung im Währungswesen.

a) Das Münzwesen bis zur Reichsgründung

Die Währungsverhältnisse vor 1834

Während es beim Kurantgeld, also den vollwertigen Münzsorten, seit dem 18. Jahrhundert immer wieder Harmonisierungsbestrebungen gegeben hatte, war der Bereich der Scheidemünzen[2] niemals Gegenstand der Verhandlungen ge-

---

[1] SPRENGER, Bernd, Währungswesen und Währungspolitik in Deutschland von 1834 bis 1875 (Kölner Vorträge und Abhandlungen zur Sozial- und Wirtschaftsgeschichte 33), Köln 1981, 8. Art. „Papiergeld", in: KLIMPERT, Richard, Lexikon der Münzen, Maße, Gewichte, Zählarten und Zeitgrößen aller Länder der Erde, Berlin ²1896 (unveränderter Nachdruck, Graz 1972), 263–265. Auf die Bereiche des Wechsels und anderer Geldsurrogate wird nicht näher eingegangen, da sie in Bayern während des Untersuchungszeitraumes kaum Bedeutung hatten.

[2] HALKE, H., Handwörterbuch der Münzkunde und ihrer Hilfswissenschaften, Berlin 1909, 311–312: Scheidemünzen unterscheiden sich von den Währungs- oder Kurantmünzen dadurch, daß ihr wirklicher Wert in der Regel unter dem ihnen vom Staate beigelegten Wert (=Nennwert) liegt. Sie dienen dem Kleinverkehr sowie dem Ausgleich von Bruchteilen. Bei Goldwährung gelten Silber-, Nickel- und Kupfermünzen als Scheidemünzen. Goldwährung besteht dann, wenn zwischen Geldeinheit und Gold eine feste Beziehung durch Gesetz festgelegt wird: SCHWARZER, Oskar, Goldwährungssysteme und internationaler Zahlungsverkehr zwischen 1870 und 1914, in: SCHREMMER, Eckart (Hg.), Geld und

wesen. In Süddeutschland basierte die Währungseinheit „Gulden", unterteilt in 60 Kr zu je 4 Pf, bis um 1800 auf dem Konventionsfuß[3]. Ausgeprägt wurden als Kurantgeld 2 fl, 1 fl und ½ fl, als Silberscheidemünzen 6 Kr, 3 Kr und 1 Kr[4]. In der ersten Hälfte des 19. Jahrhunderts nahm das Übergewicht an Silbergeld so zu, daß die herrschende Goldwährung in den Hintergrund gedrängt wurde und spätestens mit der Gründung des deutschen Zollvereins der Übergang zu einer faktischen Silberwährung vollzogen war[5].

Als der Zollverein am 1. Januar 1834 in Kraft trat, existierten in den deutschen Ländern zwölf Münz- und Rechnungssysteme: mindestens sieben, sich teilweise überschneidende Währungsgebiete und vier verschiedene Währungssysteme. Darüber hinaus bedienten sich städtische Kaufleute in Augsburg oder Nürnberg eigener Rechnungsarten[6]. Gemeinsame Grundlage aller Münzfüße stellte die Kölnische Mark (Gewichtseinheit 233,856 g) dar. Nur der preußische Taler, der Konventionstaler und der Kronentaler besaßen überregionale Bedeutung. Der preußische Taler als 14-Talerfuß (Silber), unterteilt in 30 Silbergroschen zu je 12 Pf, avancierte nach der Revolution 1848/49 zur wichtigsten Münzsorte in Deutschland, konnte sich aber in Bayern nicht durchsetzen. Die wichtigsten Goldmünzsorten stellten die Pistolen und Dukaten dar, die sich jedoch im Feingewicht und -gehalt von Land zu Land unterschieden[7]. Herrschte also in der ersten Hälfte des 19. Jahrhunderts beim Kurantgeld bereits eine unübersichtliche Vielfalt, so stößt man im Scheidemünzwesen auf einen noch größeren Mißstand, da die Kleinmünzen auch über die Landesgrenzen hinaus in Gebrauch waren. Die Gründung des Zollvereins brachte folglich keinesfalls die Beseitigung der bestehenden unübersichtlichen Münzverhältnisse, selbst wenn die abgeschlossenen Verträge deren Verbesserung anstrebten und sich die Bemühungen um Vereinheitlichung in der Folgezeit verstärkten[8]. Bereits auf der ersten Generalzollkon-

---

Währung vom 16. Jahrhundert bis zur Gegenwart (VSWG, Beihefte 106), Stuttgart 1993, 194.

[3] SPRENGER, Bernd, Harmonisierungsbestrebungen im Geldwesen der deutschen Staaten zwischen Wiener Kongreß und Reichsgründung, in: SCHREMMER, Geld, 123: Bayern und Österreich hatten im Jahre 1753 den Konventionstaler (23,4 g Silber) zu 2 fl und 24 Kr als gemeinsame Währungseinheit gewählt.

[4] HELFFERICH, Carl, Die Reform des deutschen Geldwesens nach der Gründung des Reiches II, Leipzig 1898, 74. Dies entsprach einem 24-Guldenfuß (Silber), der sich seit der zweiten Hälfte des 18. Jahrhunderts zu einem 24 ½-Guldenfuß weiterentwickelte.

[5] HELFFERICH, Reform I, 15–20 und 60–62. HENNING, Friedrich W., Deutsche Wirtschafts- und Sozialgeschichte im 19. Jahrhundert (Handbuch der Wirtschafts- und Sozialgeschichte Deutschlands 2), Paderborn/München/Wien/Zürich 1996, 590.

[6] SPRENGER, Harmonisierungsbestrebungen, 126 (Übersicht).

[7] HELFFERICH, Reform II, 84: In Bayern wurden 1764 bis 1871 an Goldmünzen nur die Goldkrone zu 9 ⅙ Tlr, von 1806 bis Mai 1857 zusätzlich der Dukat zu 3 ⅙ Tlr geprägt. Der neben dem Silbergeld in Preußen, Kurhessen und Sachsen geprägte Friedrichsdor wurde zu 5 ⅔ Tlr Silber gerechnet.

[8] Über die Vorteile eines einheitlichen Münzfußes in den Staaten des Deutschen Zollvereins in bezug auf den zwischenstaatlichen Handelsverkehr aus der Sicht eines Zeitgenossen: NEBENIUS, Zollverein, 184–189. Nebenius unterstützte nachdrücklich eine Vereinbarung mit Österreich in der Münzfrage: NEBENIUS, Zollverein, 186.

ferenz stellten Bayern und Baden den Antrag für eine allgemeine Münzeinheit, ohne daß man sich jedoch auf eine gemeinsame Lösung hätten einigen können. Im Protokoll der Sitzung vom 6. September 1836 heißt es, „daß dieser Gegenstand, der nach den hierin gewiß übereinstimmenden Ansichten der Regierungen aller Vereins-Staaten zu den wichtigsten Aufgaben gehöre, deren Erledigung das so glücklich zu Stande gebrachte Vereinsverhältniß hätte erwarten lassen, für den Augenblick, der obwaltenden Meinungsverschiedenheiten wegen, noch nicht die Aussicht zu einer baldigen Regulirung darbiete"[9].

Abstimmungsversuche im Zollverein

Die desolaten Münzverhältnisse zu Beginn des 19. Jahrhunderts im Deutschen Bund verlangten nach einer Regulierung. Am 29. August 1837 gründeten Bayern, Württemberg, Baden, Hessen-Darmstadt, Nassau sowie die Freie Stadt Frankfurt am Main zur Neuordnung ihres Münzwesens in der Münchner Konvention den süddeutschen Münzverein[10]. Sachsen-Meiningen, Hohenzollern-Sigmaringen und -Hechingen, Schwarzburg-Rudolstadt und Hessen-Homburg, die ebenfalls über eine Guldenwährung verfügten, schlossen sich aus verhandlungstechnischen Gründen erst ein bzw. zwei Jahre später an. Die Münchner Konvention bestätigte für alle Vertragsstaaten den 24 ½-Guldenfuß als Währungs- und Rechnungseinheit. Als Ersatz für die Kronentaler zu 162 Kr, die ab 1845 allmählich aus dem Verkehr gezogen wurden, führte man Gulden- (9,5 g Silber) und Halbguldenstücke zu 60 bzw. 30 Kr ein, die als „Hauptmünzen für die süddeutschen Vereinsstaaten" eingeführt wurden[11]. Als gemeinsame Scheidemünzen sah der Vertrag 3- und 6-Kreuzerstücke in einem 27-Guldenfuß vor, kleinere Scheidemünzen unterlagen keinen Direktiven. Jedes der an der Münchner Konvention beteiligten Länder verpflichtete sich zum Umtausch von Scheidemünzen ab 100 fl in vollwertiges Silbergeld und zur Einziehung abgenutzter Münzen zum Nennwert. So erhielt Süddeutschland ein übersichtlicheres Münzwesen[12]. Darüber hinaus versuchte man zwar eine engere Verbindung an das in Norddeutschland vorherrschende 14-Talerfuß-System zu erreichen, ein Verzicht auf die eigene Guldenwährung stand jedoch zu keinem Zeitpunkt zur Debatte[13].

Das Problem der verschiedenen Goldmünzen spielte beim Abschluß der Münchener Konvention keine Rolle. Dies blieb auch das Defizit der Dresdner Münzkonferenz, die mit der Unterzeichnung des Dresdner Münzvertrages durch nahezu alle Zollvereinsstaaten am 30. Juli 1838 beendet wurde[14]. Nur die Hansestädte Bremen, Hamburg und Lübeck, Mecklenburg-Schwerin, Mecklenburg-Strelitz und Holstein sowie Österreich und Luxemburg schlossen sich nicht an. Der Kontrakt brachte neben der Bestätigung des Münchner Vertrages für alle

---

[9] VERHANDLUNGEN der ersten General-Conferenz, Beilage V, 1–12, zit. 5.
[10] Bekanntmachung über die Münzconvention: RBl 54 (6.11.1837), 745–756.
[11] BayHStAM, Gesandtschaft Berlin 798 (AM an die Gesandtschaft in Berlin, 10.3.1865).
[12] So zumindest SPRENGER, Währungswesen, 45.
[13] BISSING, W. Frhr. von, Der Deutsche Zollverein und die monetären Probleme, in: Schmollers Jahrbuch für Gesetzgebung, Verwaltung und Volkswirtschaft im Deutschen Reich 79 (1959), 83.
[14] RBl 5 (13.2.1839), 129–147.

Zollvereinsstaaten die Anlehnung des in Bayern herrschenden 24 ½-Guldenfußes an den preußischen Taler: 1 fl entsprachen zukünftig ½ Tlr. Um den Handel untereinander zu erleichtern, verständigten sich die Partner auf die Ausprägung einer gemeinsamen Zollvereinsmünze im Wert von 2 Tlr, die dem Gegenwert von 3 ½ fl entsprach[15]. Abgenutzte Münzen sollten auf Kosten des Ausgabelandes und nicht mehr zu Lasten des Münzbesitzers eingezogen werden.

In den Jahren 1848/49 kämpfte die Frankfurter Nationalversammlung vergebens um den Erlaß eines Münz- und Bankgesetzes. Während sich König Maximilian II. für die „Gleicheit der Maaße, Münzen und Gewichte"[16] stark machte, bezeichnete das bayerische Staatsministerium des Handels und der öffentlichen Arbeiten eine mögliche Vereinheitlichung der verschiedenen deutschen Münzsysteme zu diesem Zeitpunkt weder als wünschenswert noch als erstrebenswert, da man dazu den Gulden hätte aufgeben müssen[17]. Eine engere Verbindung zum österreichischen Währungssystem wollte man darüber hinaus von den zukünftigen Valuta-Verhältnissen des Nachbarstaates abhängig machen. Indessen versuchte gerade Wien verstärkt, über den Zollverein die politische Vormachtstellung im Deutschen Bund zu erlangen und drängte deshalb auf eine engere Kooperation in der Währungsfrage[18]. Im preußisch-österreichischen Handelsvertrag vom Februar 1853, Artikel 19, verpflichteten sich die Partner tatsächlich zur Aufnahme von Verhandlungen über eine allgemeine Münzkonvention[19]. Der Krimkrieg und die damit verbundene Instabilität der österreichischen Währung machten das Vorhaben jedoch zunichte.

Die Unzulänglichkeiten der Münchner und Dresdner Münzverträge glich erst der Wiener Münzvertrag vom 27. Januar 1857 aus, abgeschlossen zwischen den Zollvereinsstaaten, Österreich und Liechtenstein[20]. Vorderhand reduzierte das

---

[15] Die Vereinsmünze besaß 33,4 g Silber, sieben Stück gingen auf eine feine Mark Silber. Die neue Vereinsmünze, aufgrund ihrer Größe auch abschätzig „Champagnertaler" genannt, blieb in der Bevölkerung unbeliebt: PROBSZT, Günther, Österreichische Münz- und Geldgeschichte. Von den Anfängen bis 1918, Wien/Köln/Graz 1973, 538.

[16] BayHStAM, MH 5105 (Beilage zum kgl. Handschreiben, 4.2.1852).

[17] Ebd. (Antwort des HM auf das kgl. Handschreiben vom 4.2., 21.2.1852).

[18] KITTLER, Karl, Deutsche Währungsgeschichte von 1866 bis 1875, Diss. Nürnberg 1953, 26.

[19] Handels- und Zollvertrag zwischen Preußen und Oesterreich, vom 19ten Februar 1853 mit Separatartikeln, Schlußprotokoll und Anlagen, in: VERTRÄGE und Verhandlungen IV, 227–269.

[20] LOEHR, August, Die deutsch-österreichische Münzkonvention von 1857, in MIÖG 45 (1931), 154–183; DELBRÜCK, Lebenserinnerungen 1, 38; BORN, Ausbau, 259. KELLENBENZ, Hermann, Zahlungsmittel, Maße und Gewichte seit 1800, in: AUBIN, Hermann, ZORN, Wolfgang (Hg.), Handbuch der deutschen Wirtschafts- und Sozialgeschichte, Bd. 2, Stuttgart 1976, 937 datiert die Wiener Konvention auf den 4.1.1857. Zuletzt auch: BRANDT, Harm-Hinrich, Der österreichische Neoabsolutismus: Staatsfinanzen und Politik 1848–1860, 2 Bde (Schriftenreihe der Historischen Kommission bei der Akademie der Wissenschaften 15), Göttingen 1978, 723–726. Zu den Beratungen im österreichischen Ministerrat siehe auch: ÖSTERREICHISCHES OST- UND SÜDOSTEUROPA-INSTITUT (Hg.), HEINDL, Waltraud (Bearb.), Die Protokolle des österreichischen Ministerrates 1848–1867. III. Abt. Das Ministerium Buol-Schauenstein V: 16.4.1856–5.2.1857, Wien 1993, 131–137.

ursprünglich bis 1878 gültige Abkommen die Zahl der Münzsysteme auf sechs verschiedene Ordnungen[21]: In Norddeutschland waren dies der Taler im 30-Talerfuß (Silber), entweder unterteilt in 30 Groschen zu 12 Pf bzw. 10 Pf oder in 48 Schillinge zu je 12 Pf, dann die Mark im 75-Markfuß unterteilt in 16 Schillinge zu 12 Pf und als Goldwährung der Bremer Pistolenfuß. In Bayern, Württemberg, Baden, Hessen, Hohenzollern, Frankfurt, Sachsen-Meiningen, Sachsen-Coburg und Schwarzburg-Rudolstadt beherrschte der 52 ½ Guldenfuß unterteilt in 60 Kr zu je 4 Pf das Währungssystem[22]. Der norddeutsche 30-Talerfuß (bislang 14-Talerfuß) wurde sowohl dem süddeutschen 52 ½ Gulden- als auch dem österreichischen 45-Guldenfuß gleichgestellt. Damit konnte der Taler sein Umlaufgebiet auf Süddeutschland ausdehnen. Tatsächlich erhöhte sich in Bayern der Anteil der Vereinsmünzen am gesamten Münzumlauf bis zur Münzreform von 1873 von 9,3 Prozent vor 1857 auf knapp 90 Prozent[23]. Darüber hinaus einigte man sich neben Doppeltaler und 3 ½-Guldenstück von 1838 auf die Einführung einer weiteren Vereinsmünze zu 1 Tlr im Wert von 1 ¾ fl bzw. 105 Kr süddeutscher Währung. Außerdem behielt der Zollverein auf Drängen Preußens und gegen den Einspruch Österreichs die Silberwährung bei, verwarf somit die Goldwährung, ersetzte aber das traditionelle Münzgewicht der Mark durch das Zollpfund zu 500 g. Zur Einschränkung der Scheidemünzen begrenzte der Wiener Vertrag die Ausprägung von Scheidemünzen auf 1 ¼ fl pro Kopf der Bevölkerung. Die öffentlichen Kassen mußten Silberscheidemünzen ab 40 fl und Kupferscheidemünzen ab 10 fl in Kurantgeld umtauschen. Schließlich bestimmte Artikel 21, „daß die im Landesmünzfusse festzuhaltende Grundlage der reinen Silberwährung in keiner Weise erschüttert oder beeinträchtigt"[24] werden dürfte. Damit wären alle Vertragsstaaten mit Ausnahme Österreichs dazu verpflichtet gewesen, abgesehen von der ganzen und halben Krone zu 10 g bzw. 5 g keine weiteren Goldmünzen zu prägen und gleichzeitig deren Umlauf einzuschränken; ein Vorhaben, das sich im täglichen Geldverkehr nicht durchsetzen ließ. Die bisherigen Goldmünzen blieben weiterhin im Umlauf, in Süddeutschland vor allem das französische 20-Francstück, das im allgemeinen zu 9 ½ fl getauscht wurde, und der Friedrichsdor.

Mit dem Wiener Münzvertrag gewann der preußische Taler in Bayern an Bedeutung und trat als gleichberechtigte Münze neben den Gulden[25]. Die angestrebte Verringerung der zahlreichen Münzsorten im Königreich wurde aber im großen und ganzen nicht erreicht, zumal alle Abkommen des 19. Jahrhunderts zwar das Silbermünz- und Scheidemünzwesen regelten, die Goldmünzen aber außer Acht ließen. Diese blieben in ihrer Vielfalt bis über die Reichsgründung

[21] Siehe dazu Anlage 5: Münzsysteme in Deutschland 1871 vor Einführung der Reichswährung.
[22] SPRENGER, Harmonisierungsbestrebungen, 134. Zum Münzwesen vor 1871: HELFFERICH, Reform II, 73–83.
[23] HELFFERICH, Reform II, 89: in Württemberg stieg der Anteil von 8,1 % auf fast 91 %, in Baden von 15,8 % auf 79 % und in Sachsen-Meiningen von 14,5 % auf 100 %.
[24] Art. 21 der Münzkonvention vom 27.1.1857.
[25] SPRENGER, Bernd, Geldmengenveränderungen in Deutschland im Zeitalter der Industrialisierung (1835–1913) (Kölner Vorträge und Abhandlungen zur Sozial- und Wirtschaftsgeschichte 36), Köln 1982, 16, 122, 126–128.

hinaus gesetzliches Zahlungsmittel. Ferner hielt sich Österreich nicht an das freiwillige Ausgabeverbot von Papiergeld, an dessen verbindliche Regelung nicht gedacht wurde. Das großdeutsche politische Lager war dennoch mit dem Abschluß des Wiener Münzvertrages nicht unzufrieden. Österreich hatte über das Münzproblem erstmals seit der Gründung des Zollvereins wieder die Möglichkeit ergriffen, sich an wirtschaftlichen Fragen innerhalb des Deutschen Bundes zu beteiligen.

Die Wirtschaftsvertreter waren jedoch mit den Errungenschaften des Wiener Münzvertrages nicht zufrieden. Sie artikulierten seit der Mitte des 19. Jahrhunderts immer unmißverständlicher die Forderung nach Vereinheitlichungsmaßnahmen im Münzwesen[26]. Die bayerische Staatsregierung mußte des öfteren auf Beschwerden der verschiedenen Gewerbe- und Handelskammern beschwichtigend reagieren und verwies meist einfach auf die schwebenden Verhandlungen[27]. Auf dem 3. Deutschen Handelstag von 1865 stellte sich neben der Diskussion um eine Münzeinigung auch die Frage nach dem anzustrebenden Währungssystem[28]. Hatte man sich bis dahin für die Silberwährung ausgesprochen und die Goldwährung als „Zukunftsprojekt" bezeichnet, verfochten nun immer mehr Länderdelegierte die Goldwährung, so daß ab 1868 offen für ihre Einführung votiert wurde[29]. Verfechter der Silber-, Gold- bzw. Doppelwährung kämpften im Zuge einer Vereinheitlichung des Münzsystems fortan gegeneinander[30]. Einen Anschluß an die „Lateinische Münzunion"[31] mit ihrem dezimalen Frankensystem und damit die Einführung einer Doppelwährung versäumte man zu diesem Zeitpunkt[32]. Eine endgültige Entscheidung erfolgte weder im Zuge der Reichsgründung, noch in den unmittelbar danach einsetzenden ersten Harmonisierungsmaßnahmen; erst das Münzgesetz von 1873 entschied die Kontroverse zugunsten der Goldwährung.

Der Sieg Preußens im Krieg von 1866 und die anschließenden Annexionen machten den Taler de facto zur Währungseinheit in Norddeutschland[33]. Dies hatte jedoch auf die Wirtschaft Bayerns weniger Einfluß als der von Preußen am 13. Juni 1867 erzwungene Austritt Österreichs und Liechtensteins aus dem

---

[26] Im JAHRESBERICHT der oberbayerischen Kreis-Gewerbe und Handels-Kammer für 1862, 13, wird bereits 1861 die Einführung der Markwährung gefordert.

[27] BayHStAM, MH 5430 (Erwiderung auf eine Anfrage der Kreis-Gewerbe- und Handelskammer von Oberfranken, Abschrift, 1858/1859).

[28] BayHStAM, MH 11.015 (Augsburger Abendzeitung 290 vom 22.10.1871); HANDELSTAG, Handelstag 1, 217–219.

[29] Ebd., 218–223.

[30] KITTLER, Währungsgeschichte, 74–100, bes. 93–100; BETTGES, Addy, Die Meinungen über die Münz- und Zettelbankreform von 1857 bis zu den Gesetzentwürfen von 1871 bzw. 1874, Diss. Köln 1926, 13. Vor allem der Deutsche Handelstag bekämpfte in der Folgezeit die Doppelwährung: HANDELSTAG, Handelstag 1, 237–249.

[31] THEURL, Erfolgs- und Misserfolgsfaktoren, 140–141.

[32] BORCHARDT, Knut, Währung und Wirtschaft, in: BUNDESBANK, Deutsche (Hg.), Währung und Wirtschaft in Deutschland 1876–1975, Frankfurt 1976, 5.

[33] BÖHME, Großmacht (1866), 211.

Wiener Vertrag[34]. In der Folgezeit strömten große Mengen österreichischer Vereinstaler nach Deutschland, da sie in der Donaumonarchie mit Verlusten für die Inhaber aus dem Verkehr gezogen wurden. So blieb auch nach diesem deutlichen preußischen Erfolg das Münzwesen im Zollverein unübersichtlich. Außenminister Fürst zu Hohenlohe-Schillingsfürst regte deshalb Ende 1867 auf der Grundlage des Münzvertrages von 1857 eine Konferenz der Regierungsvertreter an, die einerseits die Vereinheitlichung des Währungsgefüges, andererseits aber auch die Abschaffung der Silberwährung zugunsten der Goldwährung zum Inhalt haben sollte[35]. Preußen unterstützte zwar die bayerische Initiative, wollte aber „wegen der Einfachheit des Gegenstandes" die Verhandlungen auf dem schriftlichen Wege abwickeln „und die schließliche Vereinbarung in die Form von Ministerialerklärungen"[36] zusammenfassen; eine Konferenz war zunächst nicht vorgesehen. Berlin ignorierte bis in den Sommer 1870 hinein die wiederholten bayerischen Appelle, in der Währungsfrage endlich aktiv zu werden; Delbrück blieb dem auf eine Antwort drängenden Gesandten Pergler von Perglas über Jahre hinaus eine Stellungnahme schuldig. Die Möglichkeit, über das Zollparlament zu einer preußischen Erklärung zu gelangen, lehnte Perglas jedoch im „Sinne der Sache" entschieden ab, da er dieses Vorgehen für „nicht opportun"[37] hielt, ungeachtet entsprechender Verhandlungen im Bundesrat des Norddeutschen Bundes, die außer Zweifel ließen, daß man eine Münzreform ins Auge faßte. Statt dessen begnügte sich die bayerische Regierung weiterhin damit, förmliche Anträge zu stellen, obwohl die im Wachsen begriffene Industrie in der Rheinpfalz als isoliertem Guldenland unter den verschiedenen deutschen Münzsystemen litt und der gesamtbayerische, „einheimische Handelsstand" auf eine Reform drängte[38].

Im Juli 1870 lud Preußen die Mitglieder des Norddeutschen Bundes zur Beratung einer Enquête ein, die das Dezimalsystem einzuführen gedachte; von einer Mitarbeit der süddeutschen Staaten, respektive Bayern, das seit Jahren auf eine Reform gedrängt hatte, war nicht die Rede[39]. Die Mitarbeiter der bayerischen Ministerien befürworteten trotzdem „die Beteiligung an der fraglichen Enquête, soferne sie unter einer, für Bayern nicht verletzenden Form erreicht werden

---

[34] BayHStAM, Gesandtschaft Berlin 1250 (AM an die bayerische Gesandtschaft in Berlin, 20.7.1867). Paragraph 13 des Prager Friedens hatte noch über den Fortbestand der Wiener Münzkonvention neue Verhandlungen vorgesehen: KITTLER, Währungsgeschichte, 69–70; HELFFERICH, Karl, Die Folgen des deutsch-österreichischen Münz-Vereins von 1857. Ein Beitrag zur Geld- und Währungstheorie (Abhandlungen aus dem staatswissenschaftlichen Seminar zu Straßburg 12), Straßburg 1894, 27–40. Die Außerkurssetzung der österreichischen Vereinstaler erfolgte aber erst auf der Basis eines Bundesratsbeschlusses vom 8.11.1900: Bundesratsprotokolle, Session 1900, 11.10.1900, in: BayHStAM, MJu 16.338.
[35] BayHStAM, MA 77.606 (AM an Perglas, 31.12.1867).
[36] BayHStAM, Gesandtschaft Berlin 1250 (Werthern an AM, Abschrift, 14.5.1867).
[37] BayHStAM, MA 77.606 (Perglas an AM, 12.5.1870 bzw. Bray an Perglas, 10.6.1870). Dazu auch: BayHStAM, Gesandtschaft Berlin 1250 (AM an Perglas, 10.6.1870).
[38] BayHStAM, MA 77.606 (AM, Daxenberger, an Perglas, 19.8.1869); BayHStAM, Gesandtschaft Berlin 1250 (AM an Perglas, 19.8.1869, 26.3.1870 und 10.6.1870).
[39] Ebd. (AM an Perglas, 10.6.1870); Protokolle des Bundesrates des Norddeutschen Bundes, Session 1870, 1.6.1870; HANDELSTAG, Handelstag 1, 231.

könne (...)"⁴⁰. München versuchte in der Folge, am Wiener Münzvertrag von 1857 festzuhalten, da dieser eine eigenständige Münzänderung in Nord- oder Süddeutschland ausschloß. Neben Sachverständigen, die zum Teil von den Gewerbe- und Handelskammern vorgeschlagen werden sollten, beabsichtigte die Regierung, offizielle Vertreter nach Berlin zu entsenden, damit „die staatsrechtliche Stellung Bayerns zu der Münzfrage in keiner Weise compromittirt"⁴¹ würde. Die Münzhoheit wäre schließlich seit Jahrhunderten ein souveränes Recht der bayerischen Krone, die trotz aller wirtschaftlichen Zwänge und vor allem aus Rücksicht auf die Gefühle und Ansichten Ludwigs II. gewahrt werden müßte. Die ausschließlich informative Teilnahme Bayerns an den Beratungen sollte sowohl das Mitspracherecht an der geplanten Münzreform in Norddeutschland sichern als auch die Möglichkeit offenhalten, in Verhandlungen über eine Ausweitung auf die süddeutschen Staaten eintreten zu können. Außerdem wollte man keine Möglichkeit versäumen, das Recht auf die Münzhoheit zu dokumentieren und möglichen Ängsten einer Einverleibung in den Norddeutschen Bund entgegenzutreten⁴². Die Ereignisse des Sommers und Herbstes 1870 machten jedoch alle Pläne hinfällig.

b) Die Währungsvereinheitlichung im Zuge der Reichsgründung

Die Frage des Währungssystems

Die Hoffnung auf eine umfassende Münzreform unter Einbindung der Donaumonarchie bestand demnach nur zwischen 1857 und 1866. Trotzdem ließ die Einführung des Vereinstalers infolge des Wiener Vertrages als faktische Münzeinheit für Deutschland, Österreich und Liechtenstein in Bayern kurzzeitig die Hoffnung auf eine großdeutsche Lösung in diesem wirtschaftlich bedeutenden Bereich aufkeimen. Die Reform des Zollvereins nach 1866 vereitelte jedoch alle Aussichten. Mehrere Anträge in Zollbundesrat⁴³ und Zollparlament, das dezimale Münzsystem einzuführen, brachten im Sommer 1869 nicht den erhofften Erfolg⁴⁴. Trotzdem folgten im April und Mai 1870 weitere Vorlagen, obwohl sich beide Institutionen in der Münzfrage als nicht „competent" bezeichneten⁴⁵. Die endgültige Abstimmung des Münz-, Währungs- und Papiergeldwesens mit einem harmonisierten Geldumlauf unter Ausschluß ausländischer Geldsorten erfolgte erst zwischen 1871 und 1876, wobei die Reichsregierung zuerst die Ord-

---

⁴⁰ BayHStAM, MA 77.606 (Ministerkonferenz, 19.7.1870).
⁴¹ Ebd. (AM an Perglas, 19.9.1870).
⁴² BayHStAM, Gesandtschaft Berlin 1250 (AM an bayerische Gesandtschaft in Berlin, 19.9.1870).
⁴³ BayHStAM, MH 9699 (Tagesordnung des Zollbundesrates, 2.7.1869): Der Antrag wurde abgelehnt, da er zu wenig konkret gefaßt war. Berichte Zb 2, §122 und §138 der 9. Sitzung (2.7.1869).
⁴⁴ BayHStAM, Gesandtschaft Berlin 1250 (AM an die bayerische Gesandtschaft in Berlin, 19.8.1869). Die Petition für eine Münzreform nach dem Dezimalsystem, war vom Deutschen Handelstag eingebracht worden: EGK 10 (1869), 101.
⁴⁵ Berichte Zp 3, 7. Sitzung, 23.4.1870 und Antrag des Zollbundesrates, 14.5.1870: BayHStAM, Gesandtschaft Berlin 1250. Siehe auch: Berichte Zb 3, §59 der 6. Sitzung, 14.5.1870: Herstellung der Münzeinheit im ganzen Deutschen Zollgebiet.

nung des Münzwesens und dann die des Bankwesens in Angriff nahm. Als Beauftragte der bayerischen Regierung für die Münzreform hielten sich die Mitarbeiter des Handelsministeriums Wilhelm von Weber, Karl von Meixner und Adolph Nies zusammen mit Oberrechnungsrat Hoeß, Obermünzmeister von Haindl[46] und dem Leiter des statistischen Büros Dr. Mayr in Berlin auf, um die Verhandlungen in den Jahren nach 1871 zu führen[47]. Die Spezialisten waren dabei fraglos Hoeß und Nies, Weber schaltete sich ausschließlich bei den Fragen ein, die die Eigenstaatlichkeit Bayerns betrafen. Dabei kam es zwischen den Delegierten immer wieder zu Meinungsverschiedenheiten: Die großdeutsch geprägte Sichtweise Webers und auch Meixners, Österreich im Blickfeld ihrer Vorstellungen zu behalten, prallte auf die betont kleindeutsche Haltung ihres Kollegen Nies.

Die Grundlage für die spätere Währungsunion in Deutschland bildete Artikel 4 der Reichsverfassung vom 16. April 1871, der die bisher von den Einzelstaaten beanspruchte Währungshoheit der „Beaufsichtigung seitens des Reichs und der Gesetzgebung desselben" übertrug[48]. Dies beinhaltete sowohl die „Ordnung des Münzsystems" als auch die „Feststellung der Grundsätze über die Emission von Papiergelde". Die französischen Reparationen, die nur zu einem geringen Teil in Gold und Silber und hauptsächlich in Wechseln ausgezahlt wurden, bewirkten einen starken Anstieg der Wechselkurse. Die dadurch verursachte Instabilität der deutschen Währungen machte sofortige Maßnahmen notwendig: Bereits am 3. Juli 1871 stoppte die Berliner Münze den Silberankauf und damit de facto die Silberausprägung in Preußen[49].

Im Oktober 1871 kursierten erste ernstzunehmende Gerüchte einer baldigen Münzreform in der Öffentlichkeit, Beratungen wurden aufgenommen und Gesetzentwürfe ausgearbeitet, die angeblich den Übergang zur Goldwährung mit der Währungseinheit von 1 Mark gleich 35 Kr zum Inhalt hatten[50]. In der Anfangsphase war jedoch von einem bestimmten Währungssystem noch nicht die Rede. Offenkundig war lediglich, daß die Guldenwährung aufgegeben werden mußte. Mit dem preußischen Gesetzentwurf vom 10. Oktober 1871[51] rückte die Markwährung in den Mittelpunkt zukünftiger Verhandlungen, auch wenn Haindl

---

[46] *Von Haindl* war von 1853 bis 1875 Obermünzmeister in München. Das Hauptmünzamt war direkt dem Finanzministerium unterstellt: STÜTZEL, Theodor, Das bayerische Münzwesen im Hinblick auf seine finanziellen Ergebnisse, Diss. München 1912, 74–80.

[47] BayHStAM, MA 77.607 (Beauftragte für die Münzreform, 1871–1873).

[48] Art. 4 der Reichsverfassung vom 16.4.1871: Bundesgesetzblatt des Deutschen Bundes 16 (1871), 63–85, bes. 66. Die folgenden Zitate ebenfalls aus Art. 4.

[49] ZELLFELDER, Friedrich, Die Einführung der Reichsmark, in: SCHNEIDER, Jürgen/u.a. (Hg.), Währungen der Welt I/1: Europäische und nordamerikanische Devisenkurse 1777–1914 (Beiträge zur Wirtschafts- und Sozialgeschichte 44/I), Stuttgart 1991, 140–142.

[50] BayHStAM, MA 77.606 (Perglas an AM, 5.10.1871); BayHStAM, MH 11.015 (Schreiben des Handelsvereins von Ulm, 10.10.1871).

[51] Ebd. (AM an FM und den bayerischen Bevollmächtigten im Bundesrat, Pfretzschner, 11.10.1871). Ausführlicher zum Reichsgesetz von 1871 und seine Beratung im Reichstag: KITTLER, Währungsgeschichte, 113–118.

noch Ende dieses Monates davon ausging, daß selbst Eingeweihte keine Prognose über die zukünftige Währung abgeben könnten, da die Standpunkte zu stark differierten[52]. Offensichtlich zu spät versuchten in München Außen-, Finanz- und Handelsministerium durch die Veröffentlichung eines gemeinsamen Memorandums auf die neu zu bestimmende Währung Einfluß zu nehmen. Als die Denkschrift verfaßt wurde, wußten die bayerischen Vertreter bereits, daß sich die preußische Führung für den „⅓ Tlr - die Mark"[53] als Münzeinheit entschieden hatte, um die Umstellungsnachteile für den Norden Deutschlands so gering wie möglich zu halten. Ihrer Meinung nach gehörten „die deutschen Münzverhältnisse (...) notorisch zu den schlimmsten Zuständen Deutschlands"[54], die bisherigen Münzverträge hätten keine Abhilfe geschaffen. Nun verlangten die französischen Entschädigungszahlungen, so die Berliner Regierung, eine Harmonisierung der bestehenden Systeme, da gerade Süddeutschland unter den in Verbindung mit den Reparationen einströmenden Fremdwährungen litt, deren Annahme von einigen Banken verweigert wurde[55].

Die bayerischen Minister ließen trotz der zu erwartenden Probleme die Bereitschaft erkennen, im Rahmen einer Währungsvereinheitlichung auf den Guldenfuß zu verzichten. Sie verwarfen aufgrund der schlechten wirtschaftlichen Stellung Frankreichs und der angespannten politischen Lage zum Nachbarland von Anfang an den Franken als zukünftige Währung und plädierten für die Übernahme des Talers. Die Minister wandten sich gegen die bereits beschlossene Einführung der Mark, 100 Mark zu ⅓-Tlr mit einer Einteilung in 10 Groschen und 100 Pf gleich einem Pfund Silber, die in Bayern aufgrund des verhältnismäßig großen Verkehrs kleinerer Münzsorten „bei kleinsten Einkäufen und Theilzahlungen zu einer erheblichen Vertheuerung aller Preise" geführt hätte[56]. Bei dieser Währung entsprachen nicht mehr 60 fl einem Pfund Silber, sondern lediglich 58 fl 20 Kr, so daß die Verschlechterung des Münzfußes in den Gebieten des süddeutschen 52 ½-Guldenfußes Preissteigerungen mit sich brachten[57]. Der Ministerratsvorsitzende Graf von Hegnenberg-Dux legte im Oktober 1871 in einem Schreiben die zu befürchtende Ablehnung der Bevölkerung gegenüber der Mark dar[58]: „(...) namentlich in Folge der allgemeinen Bier-Consumtion [hätte] eine radikale Aenderung in dem Werthe der kleinsten Münzsorten in dem täglichen Verkehre des gesamten Publikums die tiefgreifendsten Folgen." Aufgrund seiner begründeten

[52] BayHStAM, MH 11.015 (Haindl an AM, HM, 20.10.1871).
[53] Ebd. (AM an FM und den bayerischen Bevollmächtigten im Bundesrat, Pfretzschner, 11.10.1871). Für den ⅓ Taler hatte sich der Deutsche Handelstag bereits 1865 ausgesprochen: HANDELSTAG, Handelstag 1, 218.
[54] BayHStAM, MA 77.606 (Memoria AM, FM, HM, die Münzreform betr., 15.10.1871).
[55] BayHStAM, MA 77.614 (FM an Reichskanzleramt, 22.9.1871). Dies war der Fall, da bei einem geplanten Umrechnungskurs, der jetzige Groschen auf 3 ½ Kr und der Pfennig um 40% erhöht werden würde.
[56] BayHStAM, MA 77.606 (Memoria des AM, FM, HM, die Münzreform betr., 15.10.1871).
[57] BayHStAM, MJu 16.320 (Protokoll einer Sitzung im JM, 17.2.1873).
[58] BayHStAM, MH 11.015 (AM an den bayerischen Bevollmächtigten im Bundesrat, Pfretzschner, 11.10.1871). Folgende Zitate aus diesem Schreiben.

Bedenken, daß daraus eine „entschiedene und wahrscheinlich auch dauernde Mißstimmung der gesammten Bevölkerung" entstehen könnte, plädierte der Minister zusammen mit Sachsen und Württemberg nachdrücklich für das ⅔-Talersystem, da dieses auch mit dem österreichischen Gulden weitaus besser harmonierte. Entgegen der Regierungsmeinung machten sich die Vertreter des Handels aus Rücksicht auf die Verbindungen zu Frankreich und aufgrund der geringeren Umstellungsschwierigkeiten für den Franken stark. Im schlimmsten Falle waren die bayerischen Handels- und Gewerbevertreter jedoch bereit, alle Vorbehalte gegen die neue Währungseinheit zugunsten einer Vereinheitlichung aufzugeben. Diese Meinung brachte die Handels- und Gewerbekammer für Mittelfranken in einem Schreiben vom Oktober 1871 deutlich zum Ausdurck[59]: „Für den Fall, daß höhere politische Rücksichten die der Einführung der Frankenwährung entgegenstehen sollten, halten wir der lang erstrebten Einigung das Opfer werth, auf ein anderes, wenngleich uns nachtheiliges System überzugehen."

Ende Oktober 1871 schaltete sich auch König Ludwig II. in die laufenden Verhandlungen ein, allerdings weniger aufgrund finanz- oder wirtschaftspolitischer Bedenken, sondern aus Angst um mögliche Einschränkungen seiner Münzhoheit. Gleichzeitig mit dem bayerischen König drängten auch die Souveräne von Sachsen, Württemberg, Hessen und Mecklenburg auf die Einhaltung ihrer Münzrechte. Kabinettssekretär Eisenhart machte darauf aufmerksam, daß auf die Einhaltung der Versailler Verträge vom November 1870 und damit auf die Beteiligung der Münchner Münzstätte an der Prägung von Reichsmünzen geachtet werden müßte. Gerade dies würde aber der Schlußparagraph des von Preußen vorgelegten Gesetzentwurfes für eine Münzreform nicht gewährleisten[60]. Finanzminister Adolph von Pfretzschner, der als Bundesratsbevollmächtigter bei den Verhandlungen über die Münzreform die bayerischen Interessen vertrat, wurde angewiesen, auf keinen Fall Einschränkungen der königlichen Souveränitätsrechte hinzunehmen. Pfretzschner setzte durch, daß die Münzfrage sowohl im Handels- als auch im Rechnungsausschuß zur Verhandlung kam, und er damit als Mitglied des Rechnungsausschusses direkten Einfluß auf die Beratungen nehmen konnte. Dennoch bot sich in dem kleinen Gremium, geschweige denn im Bundesrat, kaum eine Möglichkeit, die Forderungen des bayerischen Königs durchzusetzen. Der Rechnungsausschuß regte sogar an, „daß die Münzhoheit ausschließlich beim Reich seyn soll, und Landesmünzstätten nur im Auftrag des Reichs betheiligt werden können"[61]. Dennoch wies der bayerische Außenminister seinen Kollegen von Pfretzschner an, unter allen Umständen den königlichen Wünschen zu entsprechen, selbst wenn er in der Minderheit bleiben sollte. Dazu gehörte neben der Wahrung der Münzhoheit Bayerns auch die Einführung der Mark als ⅔-Tlr zu 100 Kr. So stimmte Pfretzschner bei den abschließenden Ausschußverhandlungen, genauso wie die Vertreter von Württemberg und

---

[59] BayHStAM, MH 11.015 (Schreiben der Handels- und Gewerbekammer für Mittelfranken, 27.10.1871). So auch die Handels- und Gewerbekammer von Oberbayern, in: Bayerische Handelszeitung (1871), 308, 352.
[60] BayHStAM, MH 11.015 (Eisenhart an AM, 26.10.1871).
[61] Ebd. (Dechiffriertes Telegramm Pfretzschners, 26.10.1871).

Hessen gegen die Mehrheit, die sich für die Einheit des ⅓-Tlr aussprach[62]. Auch der Ausschuß für Handel einigte sich mehrheitlich auf die Mark zu ⅓ Tlr gleich 35 Kr als neue Rechnungseinheit. Die Forderung einiger süddeutscher Mitglieder, auch im Hinblick auf Österreich den Gulden beizubehalten, lehnte die Mehrheit kategorisch ab[63]. Pfretzschner erreichte im Ausschuß für Rechnungswesen am Ende nur die Beibehaltung des Hellers als halben Pfennig, was finanzpolitisch keinerlei Bedeutung hatte und kaum mehr als ein vordergründiges Zugeständnis an Ludwig II. war.

Die Generaldebatte im Bundesrat über das Münzgesetz war Anfang Oktober 1871 abgeschlossen, die Spezialdebatten standen aber noch bevor[64]. Art. 4, Ziff. 3 der Reichsverfassung wurde insoweit bestätigt, daß dem Reich zwar die Münzhoheit, d.h. die Gesetzgebung und Oberaufsicht über das Münzwesen, zugesprochen wurde, nicht aber das Regal, das zum Prägen von Münzen berechtigte[65]. Die Ergebnisse waren folglich nicht dazu angetan, Ludwig II. im Hinblick auf seine königlichen Rechte zu beruhigen[66]. Allerdings hatten sich die süddeutschen Länder in den Spezialdebatten wenigstens bei der Bildnisfrage durchsetzen können[67]: „Den Patrioten der Einzelstaaten, die hier gewöhnlich als ultramontane Partikularisten nicht in Ansehen sind, ist gestern endlich eine erfreuliche Genugthuung, bis zu einem gewissen Grade geworden, als bei den Beratungen über das Münzgesetz der Austausch des Bildnisses des Landesherrn gegen das des Kaisers auf der Reichsmünze abgelehnt wurde." Damit prägten die Münzanstalten auf die Reichsgoldmünzen nicht das Portrait des Deutschen Kaisers, sondern das des jeweiligen Landesherrn.

Das Reichsgesetz vom 4. Dezember 1871

Die bayerischen Vertreter, die Minister von Pfretzschner und von Lutz, Staatsrat Max von Neumayr, Ministerialrat von Berr und Oberst Fries, stimmten im Bundesrat dem Gesetzentwurf für das Münzwesen zu. Die süddeutschen Staaten mußten sich damit abfinden, den ⅔-Tlr als Rechnungseinheit nicht durchsetzen zu können, so daß Teuerungen infolge der Währungsumstellung für die Bevölkerung in Kauf zu nehmen waren[68]. Der Reichstag schloß sich dem Bundesratsbeschluß nach geringfügigen Änderungen an. Das Gesetz, „betr. die Ausprägung

---

[62] Ebd. (Pfretzschner an AM, 27.10.1871).

[63] BayHStAM, MJu 16318 (Bericht des Ausschusses für Handel und Verkehr und für Rechnungswesen betr. den Entwurf eines Gesetzes über die Ausprägung von Reichsgoldmünzen, 29.10.1871).

[64] BayHStAM, Gesandtschaft Berlin 2651 (Bericht Perglas Nr. 588, 6.11.1871).

[65] Zur Frage der Münzhoheit und des Münzregals im Überblick: STÜTZEL, Das bayerische Münzwesen, 76–77. Und darüber hinaus auch die Debatten im Reichstag: Reichstag, Protokolle, Stenographische Berichte II (1871), 241, 257, 260, 335–337.

[66] BayHStAM, MH 11.015 (Eisenhart an AM, 16.11.1871). Zum Münzregal Bayerns: BayHStAM, Gesandtschaft Berlin 2651 (Berichte Perglas Nr. 600, 14.11.1871, Nr. 609, 18.11.1871).

[67] BayHStAM, Gesandtschaft Berlin 1041 (Bericht Perglas Nr. 609, 18.11.1871).

[68] BayHStAM, MJu 16.318 (Protokoll des Bundesrates, 39. Sitzung, Session 1871, 4.11.1871).

von Reichsgoldmünzen" vom 4. Dezember 1871[69] legte die Doppelwährung unter Beibehaltung der Länderwährungen mit einem Gold zu Silber-Verhältnis von 15 ½:1 sowie das Dezimalsystem – die Mark zu 100 Pf – als neue Währungseinheit fest. 1 Mark entsprach 35 Kr süddeutscher Guldenwährung. Zunächst nur als Rechnungseinheit verbindlich, ging das Reich erst ab 1873 dazu über, 1-Markstücke in Silber auch zu prägen[70]. Diese Verzögerung ist eindeutig als preußisches Zugeständnis an die süddeutschen Staaten zu werten, da in Norddeutschland fast alle Scheidemünzen in der Zeit des Norddeutschen Bundes ihre Gültigkeit verloren hatten, im Süden aber gerade die kleineren Einheiten noch über eine größere Verbreitung verfügten. Dennoch begannen nahezu alle Bundesländer unmittelbar nach der Veröffentlichung der Verordnung, ihre Landessilbermünzen auf Kosten des Reiches einzuziehen.

Das Gesetz von 1871 leitete zwar den Übergang zur Goldwährung und einer einheitlichen staatlichen Organisation des deutschen Münzwesens ein, die halbherzige Währungsvereinheitlichung stieß jedoch vor allem in Handelskreisen auf Widerspruch. Das Reichsgesetz untersagte den Einzelstaaten die Ausprägung von Gold- und Silberkurantmünzen, nicht aber die von Scheide- und Gedenkmünzen. Darüber hinaus ergänzten bis 1873 nur zwei Reichsmünzen im Wert von 10 und 20 Mark in Gold das Spektrum an Landesmünzen. Das 10-Markstück wurde in Bayern mit 5 fl 50 Kr, das 20-Markstück zu 11 fl 40 Kr bewertet. Selbst wenn sie in einem festen Kursverhältnis zu den Ländermünzen standen, wurde ihr Gepräge nicht näher festgelegt, um die Partikulargewalten zu schonen und ihnen ein eigenes Münzbild einzuräumen[71]. Bayern hatte die neuen Reichsgoldmünzen bereits seit Monaten als „unbedingt notwendig" und „selbstverständlich" gefordert[72]. Schon bald konnte selbst die forcierte Prägung den Bedarf an Reichsgoldmünzen nicht decken, da Banken und Kassen infolge der stagnierenden Wirtschaftssituation und dem damit verbundenen Goldexport Münzen zurückhielten, um auf diese Weise ihren Silbermünzbestand zu verringern. Zu Beginn des Jahres 1873 waren dennoch 600 Mio Mark in 10- und 20-Markstücken hergestellt, so daß sich nach Abzug von 120 Mio Mark für den Reichskriegsschatz 480 Mio Mark im Umlauf befanden. Anfang 1873 begann das Reichskanzleramt mit der Außerkurssetzung von landesherrlichen Goldmünzen, die sich mit der neuen Markwährung nur schwer vereinbaren ließen. Dies betraf auch die süddeutschen 2- und 1-Guldenstücke[73], so daß die Münchner Regierung neben der administrativen Einschränkung ausländischer Währungen auch die 2-Guldenstücke entwertete.

---

[69] RBl 47 (1871), 404–406. Entscheidend sind die Art. 1, 3, 8 und 11. Ausführlicher zum Reichsgesetz von 1871 und seine Beratung im Reichstag: KITTLER, Währungsgeschichte, 113–118.

[70] JAEGER, Kurt, Die deutschen Münzen seit 1871. 100 Jahre Markwährung mit Prägezahlen und Bewertungen, Basel ⁹1971, 42–43.

[71] GRASSER, Walter, Deutsche Münzgesetze 1871–1971, München 1971, 15: Die Reichsgoldmünzen im Nennwert von 10 und 20 Mark besaßen einen Goldwert von 3,584 g bzw. 7,168 g.

[72] BayHStAM, MH 11.015 (AM an den Bevollmächtigen beim Bundesrat, Pfretzschner, 11.10.1871).

[73] BayHStAM, MA 77.614 (Schreiben Delbrücks, 4.12.1872).

Das Finanzministerium erklärte sich bedingungslos dazu bereit, innerhalb kürzester Zeit 2-Guldenstücke in Höhe von 18,5 Mio fl und 1-Guldenstücke bis zu 15 Mio fl aus dem Verkehr zu nehmen. Die zweite Zusage konnte jedoch nicht eingehalten werden, die Außerkurssetzung der 1-Guldenstücke mußte wiederholt verschoben werden, da die benötigte Menge an kleineren Münzen nicht vorrätig war[74].

Um die ersten Schritte der geplanten Währungsumstellung nicht zu verzögern, wollte der Ministerrat zunächst sogar auf die übliche Befragung der bayerischen Handels- und Gewerbekammern verzichten. Dieser Schritt wurde wohl aufgrund der Befürchtung ins Auge gefaßt, eine Erhebung unter den Kammern hätte die getroffene ministerielle Entschließung mißbilligen können. Die dann doch durchgeführte Erhebung ergab bei den Institutionen in Oberbayern und Mittelfranken eine unerwartet positive Resonanz für eine möglichst schnelle und reibungslose Umstellung auf die Mark. Als „Übergangswährung" wurde von Teilen sogar die Ausgabe von preußischen Silbertalern – nicht aber die ⅓- und ⅙-Talerstücke – als Ersatz für eingezogene Guldenstücke akzeptiert[75]. Die Kreisgewerbe- und Handelskammer von Unterfranken wehrte sich allerdings gegen eine Übergangswährung und warnte vor der Einziehung der kleinen, als Scheidemünzen fungierenden Guldenstücke vor der vollständigen Einführung der Reichswährung[76]. Auch die schwäbische Kammer stand der schnellen Umstellung aus Angst vor einem möglichen Anwachsen schweizerischen und österreichischen Geldes eher skeptisch gegenüber[77]. Als die Ausprägung der Reichssilbermünzen Mitte 1874 nicht mit dem Bedarf Schritt halten konnte, tauchte der Plan auf, vorübergehend ⅓- und ⅙-Talerstücke als Umstellungserleichterung herzustellen. Die bayerischen Handels- und Gewerbekammern lehnten dies jedoch ab, um eine zusätzliche „Verwirrung und Belästigung des Verkehrs"[78] zu vermeiden. Nur die Handelskammer der Pfalz hielt aufgrund ihrer Währungsverhältnisse die Einführung eines ⅓-Talerstückes für unbedenklich.

Die Beratungen zum Münzgesetz von 1873

Der nach 1871 erreichte Übergangszustand zwischen Doppel- und Goldwährung erlaubte es dem Reich, den zweiten Schritt der Münzreform in Angriff zu nehmen, der auch im Süden des Reiches immer wieder gefordert worden war. Wilhelm von Weber hatte in diesem Zusammenhang dem Ministerrat ein ausführliches Gutachten „von dem Standpunkte der Verkehrs-Interessen"[79] vorge-

---

[74] Ebd. (FM an Reichskanzleramt, 4.2.1873); BayHStAM, MH 11.008 (Schreiben des FM, 28.10.1873 und 20.11.1873).

[75] BayHStAM, MA 77.614 (Schreiben der Handels- und Gewerbekammer von Oberbayern, 9.12.1872, von Mittelfranken und Nürnberg, 30.12.1872).

[76] Ebd. (Schreiben der Handels- und Gewerbekammer von Unterfranken, 30.12.1872).

[77] Ebd. (Schreiben der Handels- und Gewerbekammer von Schwaben, 10.1.1873).

[78] Ebd. (Actenauszug zur Befragung der bayer. Handels- und Gewerbekammern „zur Ueberführung größerer Mengen von ⅓ und ⅙-Thalerstücken in die bayerischen Gebietstheile lt. einem Schreiben Delbrücks vom 6. Mai 1874, auch in Süddeutschland als Übergang die kleinen Talermünzen einzuführen", Mai 1874).

[79] BayHStAM, MA 11.008 (Bemerkungen des Referats I zum Gesetzentwurf, gez. Weber, o.D.). Das folgende Zitat ebenfalls aus diesem Gutachten. Zu *Wilhelm von Weber*

legt. Auf diese Weise vermied er eine Stellungnahme zu der heiklen Frage der Münzhoheit der einzelnen Bundesländer, die er persönlich als Ursache der „leidigen deutschen Münzzustände" betrachtete. Weber sah es als unumgänglich an, die Rechte der einzelnen Staaten auf eine eigene Münzprägestätte für Reichsmünzen mit dem Bildnis des jeweiligen Landesherrn und auf die Herstellung von Gedenkmünzen und Medaillen zu beschneiden. Aus wirtschaftlichen Gründen tadelte er in seiner Expertise die unzulängliche Einschränkung des Talers und forderte die explizite Aufnahme eines Gesetzartikels, der eine zeitliche Beschränkung seiner vollen Umlaufsberechtigung zum Inhalt haben sollte. Weber begrüßte die Einführung der ½-Markstücke, die ein Zwischenglied zwischen dem bisherigen ½-Gulden- und dem 6-Kreuzerstück bildeten und damit dem Mangel an Scheidemünzen in Süddeutschland abhalf. Ferner wollte er die Grenze von 2 ½ Mark an Scheidemünzen pro Kopf der Bevölkerung erhöht wissen. Am 21. Februar 1873 eröffnete der Bundesrat die Beratungen über den Entwurf des neuen Münzgesetzes[80]; Bayern wurde von Justizminister von Fäustle, Finanzminister von Berr, dem bayerischen Gesandten in Berlin Pergler von Perglas, Ministerialrat Riedel, Oberst Fries und Oberzollrat Felser vertreten.

Parallel zur Eröffnung des Bundesrates suchte der Ministerrat bei Ludwig II. um die Genehmigung des Gesetzentwurfes nach. Ohne die zu erwartenden Umstellungsschwierigkeiten zu leugnen, versuchten die Minister auf die unbefriedigende Situation im deutschen Münzsystem trotz zahlreicher Münzkonventionen aufmerksam zu machen und dadurch den König zur Annahme der Richtlinien zu bewegen. Um Ludwig zur Aufgabe des eigenen Guldensystems zu bewegen, betonten die Regierungsvertreter, „es muß anerkannt werden, daß das Reichsgesetz vom 4. Dezember 1871 nicht die Währung des in Deutschland weit überwiegenden Thalergebietes, sondern die Mark als Rechnungs-Einheit gewählt und dadurch den Norden ebenso wie den Süden vor die Nothwendigkeit gestellt hat, die altgewohnten Werthzeichen der einheitlichen nationalen Münze zum Opfer zu bringen"[81]. Außerdem stellten sie das bayerische Sonderrecht zur Ausprägung des Hellers in den Vordergrund. Dennoch genehmigte Ludwig II. den Antrag nur mit Einschränkungen, die sich auf seine königlichen Hoheitsrechte bezogen. Er verlangte unter anderem, auf die in Bayern hergestellten Nickel- und Kupfermünzen das bayerische Wappen prägen zu dürfen. Pfretzschner riet trotzdem dem Bundesratsbevollmächtigten Berr, im Bundesratsplenum nur dann auf die königlichen Wünsche einzugehen, wenn die Möglichkeit einer Allianz mit anderen Ländern bestehen würde. Der Finanzminister sah gerade in dem Versuch, diese Kennzeichen herrschaftlicher Machtausübung durchzusetzen, erhebliche Schwierigkeiten, da niemand im Deutschen Reich ähnliche Forderungen gestellt hatte. Dennoch nahm er bezüglich der Gestaltung von in den Einzelstaaten ge-

---

siehe auch Kapitel V.2.c) *Maßgebliche Mitarbeiter im Staatsministerium des Handels und der öffentlichen Arbeiten nach 1862: Wilhelm von Weber* (S. 245).

[80] BayHStAM, MJu 16.320 (Sitzung im Bundesrat, Session 1873, 21.2.1873). Der Gesetzentwurf: BayHStAM, MH 11.008 und BayHStAM, MA 77.607. Zahlreiche Reichstagsabgeordnete hatten die Ausarbeitung eines Münzgesetzes seit 1871 gefordert: KITTLER, Währungsgeschichte, 118–120.

[81] BayHStAM, MA 11.008 (AM, JM, IM und FM an Ludwig II., 28.2.1873).

prägten Nickelmünzen unverzüglich Kontakt mit den anderen süddeutschen Staaten auf. Sachsen, Württemberg und Hessen wollten allerdings jede Diskussion vermeiden, um nicht noch in letzter Minute andere Zusagen zu gefährden. Dazu zählte auch das Recht, auf Silbermünzen das Bildnis des jeweiligen Landesherren prägen zu dürfen. Obendrein regte sich bei den preußischen Ministerien Widerstand, sollten die Landessilbermünzen auf Kosten des Reiches eingezogen werden, die neuen Münzen aber kein einheitliches Aussehen erhalten. Bismarck vertrat dennoch wieder einmal die Ansicht, daß „den süddeutschen Staaten eine Concession gemacht werden müsse"[82]. Am Ende akzeptierte die Mehrheit des Bundesrates gegen die Vorstellungen Delbrücks, der die Bildnisfrage nach den Debatten vom November 1871 als abgeschlossen angesehen hatte, den ursprünglichen Vorschlag, der auf die Vorstellungen des Reichstagsabgeordneten Ludwig Bamberger[83] zurückging: Alle Silbermünzen über 1 Mark zierte auf der einen Seite der Reichsadler mit der Umschrift „Deutsches Reich" und der Wertangabe, die andere Seite zeigte das Bildnis des jeweiligen Landesherrn, in dessen Territorium die Münze geprägt worden war. Nickel- und Kupfermünzen besaßen nur den Reichsadler sowie die Wertangabe mit Umschrift; dies allerdings nicht aus politischen, sondern aus rein praktischen Gründen[84]. Die bayerischen Bevollmächtigten stimmten der Vorlage mit dem Wissen zu, gegen die Forderungen des Königs zu handeln. Sie konnten für Bayern lediglich die weitere Ausprägung des Hellers für den alltäglichen Geschäftsverkehr sichern. Daneben setzten sie die reichsweite Herstellung einer 20-Pfennigmünze als zusätzliche Scheidemünze durch, ohne Aussicht freilich, daß diese das Herrscherbild des bayerischen Königs tragen würde[85].

Im Anschluß an die Bundesratsverhandlungen versuchte der Ministerrat Ludwig II. zu besänftigen, zumal ihm bewußt war, daß sich die Bildnisfrage nur für den bayerischen König zum Kernproblem ausgeweitet hatte, die anderen Regierungen bei den Beratungen darauf aber keinen größeren Wert legten. Sie hoben entgegen besseren Wissens in einem Schreiben an Ludwig hervor, daß die silberne 20-Pfennigmünze als „voraussichtlich beliebteste und gangbarste Münze"[86] das Bildnis Seiner Majestät tragen, und ihr gegenüber die verhältnismäßig geringe Anzahl von Nickel- und Kupfermünzen nicht mehr ins Gewicht fallen würde. Ende April gab der Monarch seinen aussichtslos gewordenen Widerstand auf und akzeptierte den vom Bundesrat angenommenen Gesetzentwurf[87]: „Da nach vorliegendem Berichte leider keine Aussicht besteht, daß in der Bildnißfrage der von

[82] Ebd. (AM, JM, IM und FM an Ludwig II., 28.2.1873).
[83] *Ludwig Bamberger* (1823–1899): Zollparlamentsmitglied für Mainz; während des deutsch-französischen Krieges enger Mitarbeiter Bismarcks. HELFFERICH, Reform I, 140–141. Zu Bamberger: NATHAN, Paul (Hg.), Bamberger, Ludwig: Erinnerungen, Berlin 1899.
[84] BayHStAM, MH 11.008 (Berr an Ludwig II. über die ursprünglichen Vorstellungen Bambergers, 26.4. 1873).
[85] BayHStAM, MA 77.607 (Schreiben der Beauftragten der bayerischen Regierung für die Münzreform, 21.2.1873).
[86] BayHStAM, MA 11.008 (AM, JM, IM und FM an Ludwig II., März 1873).
[87] BayHStAM, MA 11.008 (kgl. Signat auf ein Schreiben des FM vom 26.4.1873, 30.4.1873).

Meiner Regierung bisher eingenommene Standpunkt zur Geltung gelange, so ermächtige Ich den Finanzminister Berr, den von Dr. Bamberger und Genossen zu Art. 2 §2 des Münz-Gesetz-Entwurfes gestellten Amendement zuzustimmen, insofern demselben auch von der preussischen Regierung beigestimmt wird." Während der Gesetzentwurf bei den politisch Verantwortlichen in Bayern generell auf Zustimmung stieß, zeigten Eingaben verschiedener Handelsvertreter Vorbehalte gegen die neuen Direktiven[88]. Sie forderten im wesentlichen eine größere Anzahl und Vielfalt an Scheidemünzen. Die meisten Petitionen standen jedoch im Widerspruch zu den Vorstellungen der Regierungsvertreter und fanden deshalb bei den weiteren Beratungen weder im Reichstag noch im Bundesrat Berücksichtigung. In diesem Falle setzte sich die bayerische Regierung über die Anliegen der Gewerbetreibenden hinweg.

c) Abschluß der Währungsfrage im Deutschen Reich

Das Münzgesetz vom 9. Juli 1873 und seine Folgen für Bayern

Ende März 1873 wurde der Gesetzentwurf für ein Münzgesetz als Bundesratsbeschluß dem Reichstag vorgelegt. Dieser billigte die Vorlage mit einigen Änderungen[89]. Dazu zählten die Einführung von 2-Mark, 50- und 20-Pfennigstücken und weiterreichendere Zuständigkeiten des Bundesrates bei der Außerkurssetzung ausländischer Münzen. Außerdem forderte die Mehrheit der Abgeordneten die Aufnahme eines zusätzlichen Artikels (18), der den Umlauf von Banknoten und Staatspapiergeldern beschränken sollte. Anfang Mai begannen die Beratungen im Bundesrat, der am 9. Mai 1873 der überarbeiteten Vorlage zustimmte, am 23. Juni erfolgte das endgültige Einverständnis des Reichstages. Die bayerischen Vertreter hatten im Bundesrat nicht zuletzt dem neuen Gesetzentwurf zugestimmt, da der lange umstrittene Artikel 18 „kein Hinderniß für die gleichzeitige Regelung der Papiergeld- und Bankfrage enthält, worauf die bayerische Regierung ihrerseits besonderen Werth legt (...)"[90]. Somit war die von der Münchner Regierung und den Gewerbe- und Handelsvertretern des Königreiches begrüßte Einführung eines 2-Markstückes mit 130 zu 102 Stimmen angenommen worden[91].

Das am 9. Juli 1873 veröffentlichte Münzgesetz[92] fixierte für das Deutsche Reich die Goldwährung, ohne jedoch für deren Realisierung einen genauen Zeit-

---

[88] BayHStAM, MA 77.607 (Eingabe der Handels- und Gewerbekammer von Oberfranken zum Münzgesetz, 16.4.1873).

[89] BayHStAM, MA 2653 (Berichte Perglas Nr. 180, 9.5.1873; Nr. 231, 21.6.1873); BayHStAM MA 2654 (Bericht Perglas Nr. 156, 25.4.1874); BayHStAM, MJu 16.320 (Entwurfsvergleich, April 1873). Zu den verschiedenen Stadien des Münzgesetzes (Bundesratsvorlage, Reichstagsvorlage und endgültiges Gesetz): HELFFERICH, Reform II, 194–216.

[90] Protokolle des Bundesrates, 28. Sitzung, Session 1873, 40. Sitzung, 24.6.1873.

[91] Protokolle des Bundesrates, 28. Sitzung, Session 1873, 6.5.1873; JAHRESBERICHT der oberbayerischen Kreis-Gewerbe und Handels-Kammer für 1872/73, 41, 91; BayWiA XIII/2 (Handelskammer von Oberfranken an Handelskammer von Oberbayern, 10.4.1873).

[92] RGBl 22 (1873), 233–240.

punkt zu bestimmen. Strenggenommen handelte es sich bis zur Jahrhundertwende um eine sogenannte „hinkende Goldwährung". Das Münzgesetz vom 1. Juni 1909 erklärte dann die 1873 konzipierte Goldwährung als vollständig eingeführt. Taler und Doppeltaler (Silber) deutschen und österreichischen Gepräges im Wert von 3 bzw. 6 Mark blieben genauso gültig wie Silberkurantmünzen süddeutscher Währung. Eine „reine Goldwährung" bestand erst ab 1907, als das 1-Talerstück als gesetzliches Zahlungsmittel seine Gültigkeit verlor: Artikel 1 des Münzgesetzes von 1873 legte fest, daß die neue Valuta erst „durch eine mit Zustimmung des Bundesrathes zu erlassende, mindestens drei Monate vor dem Eintritt dieses Zeitpunktes zu verkündende Verordnung des Kaisers" verbindlich war, stellte den Landesregierungen jedoch frei, sie auch früher einzuführen. Die kaiserliche Verordnung erging schließlich am 22. September 1875, so daß zum 1. Januar 1876 im gesamten Deutschen Reich das neue Währungssystem galt[93].

Bereits mit dem Reichsgesetz vom Dezember 1871 waren neben die geltenden Sorten zwei weitere Goldmünzen getreten, ohne jedoch ein ausgereiftes Münzsystem zu determinieren. Dies holte die Verordnung von 1873 nach und legte die Bestimmungen für die künftige Währung fest. Das Umrechnungsverhältnis von alter zu neuer Währung betrug in Norddeutschland bei 3 Mark 1 Tlr und bei 10 Pf 1 Silbergroschen, in Bayern kamen auf 1 fl 1 $^5/_7$ Mark[94]. Die durch den Wechselkurs entstehenden Verluste nahm die Münchner Regierung billigend in Kauf: Beispielsweise betrug der Wert von sieben einzelnen Groschen 63 Pf, beim Umtausch erhielt man aber lediglich 60 Pf. Der Wechselkurs wurde im Dezember 1873 nochmals geringfügig angepaßt, so daß bei den kleinen Wechselbeträgen weitere Nachteile akzeptiert werden mußten[95]:

fl-Währung		eigentlicher Wert		urspr. Umstellung	Umstellung 12/1873
1 fl	=	(1 M 71 $^3/_7$ Pf)	=	1 M 71 Pf	1 M 80 Pf
6 Kr	=	(17 $^1/_7$ Pf)	=	17 Pf	17 Pf
3 Kr	=	(8 $^4/_7$ Pf)	=	9 Pf	9 Pf
1 Kr	=	(2 $^6/_7$ Pf)	=	3 Pf	3 Pf
½ Kr	=	(1 $^3/_7$ Pf)	=	1 Pf	1 Pf
¼ Kr	=	($^5/_7$ Pf)	=	1 Pf	1 Pf

Den Kurs für die Verbindlichkeiten legte man ebenfalls auf 1 fl auf 1 $^5/_7$ Mark fest, da eine andere Lösung für den überlasteten Staatshaushalt nicht tragbar erschien. 20- und 10-Markstücke wurden in Gold, 5-[96], 2[97]- und 1-Markstücke

---

[93] SPRENGER, Währungswesen, 33; ZORN, Wirtschaft, in: SCHIEDER/DEUERLEIN, Reichsgründung, 216, gibt dagegen unpräzise die Einführung der reinen Goldwährung bereits für 1873 an.

[94] BayHStAM, MA 77.608 (IM, FM an Ludwig II., 15.6.1875).

[95] BayHStAM, MA 77.614 (FM an IML, 29.10.1875); Amtsblatt des k. Staatsministeriums des Innern 50 (4.12.1875). Die in Klammern gesetzten Zahlen bezeichnen den tatsächlichen Wert der Guldenwährung, während davon abweichend andere Geldsummen bar ausgezahlt wurden, ganz rechts der Umwechselkurs vom Dezember.

[96] 5-Markstücke wurden sowohl in Silber als auch in Gold ausgeprägt.

sowie 50- und 20-Pfennige in Silber, 10- und 5-Pfennigstücke in Nickel sowie 2- und 1-Pfennigmünzen in Kupfer geprägt; Silber-, Nickel- und Kupfermünzen galten fortan als Scheidemünzen. Der Gesamtbetrag an umlaufendem Silbergeld durfte 10 Mark, der des Nickel- und Kupfergeldes 2,5 Mark pro Kopf der Bevölkerung nicht überschreiten. Auf diese Weise schränkte man die Ausgabe von zu vielen unterwertigen Scheidemünzen ein, eine strenge Regelung, die in Europa zu diesem Zeitpunkt einzigartig war.

Der Bundesrat erhielt die Vollmacht, fremde Gold- und Silbermünzen aus dem Verkehr zu nehmen und ihren Umwechselkurs bei Reichs- und Landeskassen festzulegen (Artikel 13 des Münzgesetzes). Diese Klausel war im Vorfeld von Bayern, Württemberg, Baden und Lübeck beanstandet worden, ohne daß sich die Länder hätten durchsetzen können[98]. Die Regierungen Süddeutschlands hatten für einen festen Einwechselkurs ausländischer Münzen plädiert, da gerade in ihren Staaten größere Summen des lateinischen Münzgebietes im Umlauf waren. Diesem Argument schlossen sich auch die bayerischen Handelskammern an, die vor Erlaß des Münzgesetzes massive Beschwerden formulierten, waren doch bereits seit 1871 große Mengen ausländischer Münzen, vor allem österreichische und niederländische Silbergulden, nach Bayern eingeströmt[99], da sowohl Norddeutschland als auch Württemberg und Baden deren Annahme mittlerweile verweigerten. Die Kammern befürchteten eine Überschwemmung des bayerischen Geldmarktes mit ausländischem Geld, das vom Staat zu keinem festen Kurs gewechselt wurde, aber weiterhin gültig blieb[100]. Dazu zählten auch die in Metallgeld geleisteten Reparationen Frankreichs. Deshalb ersuchte die Reichsregierung im Juli 1873 die Einzelstaaten, ihren öffentlichen Kassen die Annahme der ausländischen Gulden ganz zu verbieten[101]. Kurz nach Erlaß des Münzgesetzes wagten die bayerischen Minister jedoch einen neuen Vorstoß und forderten einen festen Wechselkurs für ausländische Münzsorten, fanden im Bundesrat aber nur Unterstützung bei Württemberg, Baden und Lübeck[102]. Noch im Dezember 1873 versuchte das bayerische Finanzministerium, das rigorose Verbot der österreichischen Gulden abzuwenden, zumal es sich „für den privaten Verkehr namentlich an der österreichischen Grenze als eine sehr belästigende Maßnahme erweisen würde"[103]. Als Gegenleistung wollte man der sofortigen Außerkurssetzung der niederländischen 1- und 2 ½-Guldenstücke zustimmen. Delbrück ließ sich aber

---

[97] Die 2-Markstücke wurden auf Druck der süddeutschen Staaten als Ersatz für den österreichischen Silbergulden eingeführt und erst nach Ausschluß des österreichischen Silberguldens geprägt: BayHStAM, Gesandtschaft Berlin 1035 (Bericht Perglas Nr. 180, 9.5.1873). Dies war in allen Bundesstaaten ab 1876 der Fall: JAEGER, Münzen, 70, 74, 120.

[98] BayHStAM, MA 77.607 (Bericht, 8.7.1873).

[99] SPRENGER, Geldmengenveränderungen, 23; INDUSTRIE- UND HANDELSKAMMER MÜNCHEN, Geschichte, 91–93.

[100] BayHStAM, MH 11.008 (IML an FM, 31.7.1873). Bereits 1870 hatte sich die Handels- und Gewerbekammer von Oberfranken wiederholt über die Überschwemmung mit österreichischen Scheidemünzen beschwert: BayWiA XIII/1 (Handels- und Gewerbekammer von Oberfranken an Handelskammer von Oberbayern, 19.2.1870).

[101] HELFFERICH, Reform II, 398.

[102] BayHStAM, MH 11.008 (FM an AM, 6.8.1873 und IML an AM, 9.8.1873).

[103] Ebd. (FM an IML, 4.12.1873).

von einem Verbot beider Münzsorten nicht abbringen[104]. Schließlich verloren die niederländischen Gulden auf dem Gebiet des Deutschen Reiches ihre Gültigkeit im Januar 1874, die österreichischen, mit Ausnahme des Vereinstalers der Münzkonvention von 1857, folgten im April dieses Jahres[105]. Ein vom bayerischen Finanzministerium zugesagter fester Umtauschkurs konnte die Bevölkerung nicht beruhigen, befürchtete man doch erhebliche finanzielle Nachteile für den Fall, daß der Umtauschkurs unter dem Verkehrswert lag[106].

Die aufgrund des Münzgesetzes notwendige Anordnung zur Außerkurssetzung der Ländergoldmünzen oblag also dem Bundesrat. Da 1873 noch keine ausreichende Menge an Reichsmünzen zur Verfügung stand, verloren die alten Währungen erst nach einer Übergangsfrist ihre Gültigkeit. Die für eine möglichst schnelle Umstellung notwendige Goldmenge stammte dabei weniger aus eingeschmolzenen alten Landesgoldmünzen, als vielmehr aus Ankäufen in London und dem deutschen Edelmetallmarkt, was erst durch die französischen Reparationen möglich geworden war[107]. An bayerischen Goldmünzen waren Ende 1873 noch Dukaten, geprägt zwischen 1806 und 1857, in Höhe von etwa 1,8 Mio fl und Goldkronen von 1858 für 46.000 fl im Umlauf, die meisten anderen waren bereits vor 1871 eingeschmolzen worden. Ferner kursierte noch eine geringe Anzahl an preußischen Friedrichsdors. Die verhältnismäßig geringe Menge an Landesgoldmünzen in Bayern ermöglichte ohne Probleme ihre angestrebte Außerkurssetzung zum 1. April 1874 mit einer dreimonatigen Einwechselfrist[108]. Mitte Mai waren in Süddeutschland über 8,7 Mio Mark an Landesgoldmünzen aus dem Verkehr gezogen worden[109]. Dennoch befanden sich vor allem in abgelegeneren Gegenden bis mindestens 1878 Münzsorten im Umlauf, die offiziell keine Gültigkeit mehr besaßen. Sie mußten am Ende an Bankiers zu willkürlichen Preisen und damit hohem Verlust verkauft werden. Die ungeordneten Währungsverhältnisse veranlaßten deshalb vor allem Geschäftsleute, mit Wechseln zu arbeiten[110].

Von 1874 bis Mitte 1875 drohte die Währungsumstellung zu scheitern, da die Reichsgoldvorräte knapp wurden. Die Bundesländer konnten bei der Preußischen Bank[111], der späteren Reichsbank, ihre eingezogenen Silbermünzen nicht mehr reibungslos in Gold umtauschen[112]. In Bayern kam es vor vor allem bei den kleineren Münzsorten aus Silber, Nickel und Kupfer zu Ausprägungsengpässen. In der Münchner Prägestätte sollten aber nur 16 Prozent aller Reichsmünzen hergestellt werden; 41 Prozent entfielen auf die süddeutschen Prägeanstalten, 59 Prozent

---

[104] Ebd. (Landgraf an AM, 21.12.1873).
[105] Amtsblatt des k. Staatsministeriums des Innern 9 (20.2.1874) bzw. 18 (2.4.1874).
[106] BayWiA XIII/2 (Handelskammer von Oberfranken an Handelskammer von Oberbayern, 10.4.1873). BayHStAM, MA 77.614 (Schreiben des FM, 16.3.1874). Weitere Außerkurssetzungen von ausländischen Münzen siehe beispielsweise: Amtsblatt des k. Staatsministeriums des Innern 38 (24.7.1874) sowie 11 (15.3.1875); Gesetz- und Verordnungsblatt für das Königreich Bayern 1 (7.1.1875). GRASSER, Münzgesetze, 41–43.
[107] HELFFERICH, Reform II, 252–283.
[108] BayHStAM, MH 11.008 (FM an AM, 14.11.1873).
[109] BayHStAM, MA 77.614 (FM an den Bevollmächtigten im Bundesrat, 5.5.1874).
[110] Ebd. (Magistrat v. München an Reg. v. Obb., 23.5.1874).
[111] Zur Preußischen Bank eine knappe Übersicht bei: BORN, Ausbau, 264.
[112] BORCHARDT, Währung, 34.

auf die sächsischen und die drei preußischen Anstalten. Die bereits Ende 1873 absehbare Misere brachte die bayerische Bevölkerung gegen die Mark auf, zumal die 1867 eingestellte Ausprägung neuer Scheidemünzen im täglichen Bedarf einen fühlbaren Mangel an Kleingeld verursachte[113]. Deshalb, so die Handels- und Gewerbevertreter, wäre aufgrund weiterer Außerkurssetzungen von kleinen Münzsorten eine Verteuerung der Grundnahrungsmittel zu befürchten[114]. In diesem Falle half es auch nicht, daß die endgültige Außerkurssetzung der Ländermünzen so lange wie möglich verschoben wurde, obwohl das Bundeskanzleramt ab Mitte 1873 auf die Einziehung der groben Silbermünzen drängte, da das Metall für die Ausprägung der neuen Währung knapp wurde[115]. Ersatz für Silber-, Nickel- oder Kupfermünzen in Reichswährung gelangten aber erst mit dem Münzgesetz vom Juli 1873 in Umlauf[116]. Die bayerische Regierung sah dessenungeachtet die Einführung der neuen Währung zu keiner Zeit gefährdet, selbst wenn Finanzminister von Berr im Herbst 1873 Vorkehrungen gegen einen möglichen Mangel an Silbermünzen forderte[117]. Die Anregung, Münzen alter und neuer Währung nebeneinander kursieren zu lassen, fand zwar offiziell keine Zustimmung, wurde aber bis zur endgültigen Außerkurssetzung der Ländermünzen im Jahre 1876 praktiziert. Darüber hinaus stellte die Reichsregierung ab Ende 1873 alle in der Münchner Anstalt geprägten neuen 20-Pfennig- und 1-Markstücke ausschließlich Bayern zur Verfügung, um dem eklatanten Mangel an Scheidemünzen abzuhelfen[118]. Dennoch scheiterte die „eigentliche Einlösung von Scheidemünzen süddeutschen Gepräges"[119] an der unzureichenden Zuteilung von Ersatzmünzen in Reichswährung. Die Landbevölkerung kümmerte sich wenig darum, welche Münzen außer Kurs gesetzt wurden. Auf diese Weise waren in Oberfranken innerhalb kürzester Zeit alle Reichsmünzen wieder aus dem Verkehr verschwunden. Daraufhin befürwortete selbst das Finanzministerium, die Ausgabe der Reichswährung in Außenbezirken einzustellen, um ihr Abfließen nach Österreich zu vermeiden.

Der Mangel an Scheidemünzen nahm im Frühjahr 1874 groteske Formen an: Beförderungsgelder in den Eisenbahnen konnten aufgrund fehlenden Wechselgeldes nicht mehr gezahlt werden, und Einzelhändler gingen dazu über, Metallmarken anstelle kleiner Münzen als Bezahlung anzunehmen[120]. Unter den herrschenden Umständen beschränkte sich die bayerische Regierung im Herbst 1874 auf die Außerkurssetzung des 2-Guldenstückes süddeutscher Währung, erst im März 1875 folgten 30- und 15-Kreuzerstücke sowie ½-Guldenstücke, während 1-Guldenstücke

---

[113] BayHStAM, MA 77.614 (FM an Reg. v. Obb., 27.4.1874); JAHRESBERICHT der oberbayerischen Kreis-Gewerbe und Handels-Kammer für 1872/73, 42. Zu den Umstellungsschwierigkeiten auch: INDUSTRIE- UND HANDELSKAMMER MÜNCHEN, Geschichte, 89–95.
[114] BayHStAM, MA 77.614 (Handels- und Gewerbekammer von Mittelfranken an AM, 14.3.1874).
[115] BayHStAM, MH 11.008 (Reichskanzleramt an FM, 17.8.1873).
[116] HELFFERICH, Reform II, 385; BayHStAM, MA 77.614 (FM an IML, 6.12.1873).
[117] BayHStAM, MH 11.008 (FM an das Reichskanzleramt, 29.10.1873).
[118] BayHStAM, MA 77.614 (Reichskanzleramt an FM, 22.11.1873).
[119] Ebd. (FM an HM, 3.4.1875).
[120] Ebd. (Auszug aus dem Bericht der pfälz. Reg., 19.1.1875).

ihre Gültigkeit behielten[121]. Der bestehende Mangel an Scheidemünzen konnte dennoch nicht aufgefangen werden, im Gegenteil, Ende 1875 schien er sich nochmals zu verstärken. In manchen Gegenden mußte sich die Bevölkerung abermals mit Briefmarken und anderen Tauschmitteln bei der Bezahlung kleinerer Beträge behelfen. Kurz vor der endgültigen Einführung der Markwährung konnte sich das bayerische Finanzministerium gegenüber der Reichsregierung durchsetzen: Man stoppte eigenmächtig die Einziehung süddeutscher Scheidemünzen und verlängerte die Gültigkeit von Teilen der alten Landeswährung[122]. Berlin lenkte ein und erhöhte die Münzlieferungen nach Bayern, um den Umtausch zu forcieren. Seit dem 20. Dezember 1875 lief die Umstellung von Landes- auf Reichswährung auf vollen Touren[123]. In den Ortschaften, in denen sich keine Einlösestelle befand, sammelten Vertrauensmänner die ungültigen Münzen ein und brachten sie gesammelt zur nächsten Umtauschstelle. Dabei stellte sich die Befürchtung der Bevölkerung als grundlos heraus, zusätzliche Verluste mangels Einlösungsmöglichkeiten für abgegriffene und Knopfmünzen hinnehmen zu müssen. Sie wurden vom Staat großzügig ausgeglichen: lediglich durchlöcherte, verfälschte oder sonst im Gewicht verringerte Münzen waren vom Umtausch ausgeschlossen.

Die endgültige Einführung der Reichswährung in Bayern zum Jahre 1876

Obwohl das Reichskanzleramt Ende 1875 nicht zusichern konnte, eine ausreichende Menge an kleinen Münzen der neuen Währung zur Verfügung zu stellen, beugte sich Bayern dem Druck aus Berlin und führte die Markwährung zum 1. Januar 1876 ein; theoretisch erfolgte damit die Außerkurssetzung aller alten Guldenmünzen[124]. Die Regierung hoffte, das Problem der Scheidemünzen ebenfalls in Kürze bewältigen zu können.

Anfangs hatten sich Württemberg und Bayern noch auf ein gemeinsames Vorgehen bei der Übernahme der Mark verständigt. Württemberg führte sie aber schon zum 1. Januar 1875 ein, Bayern, das sich seit Anfang 1874 gegen diesen Termin vehement gewehrt hatte, ging als einziges Land des Deutschen Reiches diesen Schritt erst ein Jahr später[125]. Nicht zuletzt der Widerstand des Finanzministeriums, des obersten Rechnungshofes sowie aller Kreisregierungen hatte den einjährigen Aufschub bewirkt[126]. Selbst die bayerischen Unterhändler in Berlin sprachen sich gegen den ursprünglich festgelegten Termin zum 1. Januar 1875 aus, da die Gewährleistung einer ausreichenden Geldmenge nicht gegeben wäre und damit der „volle Uebergang zur Reichswährung zu den größten Unzu-

---

[121] Gesetz- und Verordnungsblatt für das Königreich Bayern 35 (28.7.1874). Ihre Gültigkeit verloren sie endgültig zum 1. Juli 1875, ihre Einlösung war aber bis zum 31. Oktober möglich: Gesetz- und Verordnungsblatt für das Königreich Bayern 32 (17.6.1875).

[122] BayHStAM, MA 77.614 (FM an IML, 5.12.1875).

[123] Gesetz- und Verordnungsblatt für das Königreich Bayern 64 (23.12.1875); Amtsblatt des k. Staatsministeriums des Innern 56 (22.12.1875).

[124] Siehe dazu Artikel 1 des Münzgesetzes vom 9. Juli 1873.

[125] BayHStAM, MA 63.296 (Schreiben vom 19.2.1875, die Ausführung des Reichsmünzgesetzes in Bayern, hier die Umrechnung der durch Gesetz und Verordnung festgesetzten Geldbeträge süddeutscher Währung in Marken und deren Theile betr.); BayHStAM, MA 63.296 (Schreiben des FM, 8.12.1874).

[126] BayHStAM, MA 63.297 (Bericht des Münchener Magistrates, 27.2.1874).

träglichkeiten führen"[127] müßte. Kanzleramtsminister Delbrück verweigerte Bayern aber zunächst einen Sonderweg und hielt am 1. Januar 1875 als Stichtag fest. Die bayerischen Regierungsstellen begannen deshalb ohne Verzögerung öffentliche Gehälter, Geldstrafen, Gebühren, Bezugspreise von Amtsblättern, Medizinaltaxordnung, Brandversicherungswesen, den Haushaltsplan und selbst neue Kredite auf „Mark und Pfennige"[128] umzustellen, um einerseits einen möglichst schonenden Währungsübergang zu gewährleisten, andererseits Preußen vordergründig zufriedenzustellen.

Nach der öffentlichen Bekanntmachung, daß Preußen und Baden planten, die neue Reichswährung zum 1. Januar 1875 einzuführen, kam es zu zahlreichen Eingaben an das Münchner Finanzministerium, die um Aufklärung über das weitere Vorgehen baten[129]. Die fehlende offizielle Stellungnahme der bayerischen Regierung nährte im Handelsstand die begründete Befürchtung, daß Bayern zu einem späteren Zeitpunkt die Reichswährung übernehmen und damit alle, im restlichen Deutschen Reich ungültigen Münzen, nach Bayern strömen könnten. Namentlich die Rheinpfälzer erwarteten mit Ungeduld die Einführung der Mark zu einem möglichst frühen Termin. Sie unterhielten mit dem rechtsrheinischen Bayern weniger Handelsbeziehungen als mit Preußen, Baden und Hessen, so daß sich ihre Isolierung durch eine Hinauszögerung verschärft hätte. Um dieser Zwangslage zu entgehen, beantragten mehrere Handelsverbände eine Sonderregelung für die Rheinpfalz, um die Einführung der Mark notfalls im Alleingang zu verwirklichen. Dieses Gesuch wurde vom Finanzressort jedoch abgelehnt, um Mißstimmungen in anderen bayerischen Gebieten zu vermeiden[130]. Die Minister hielten an ihrer anfänglichen Haltung fest und baten am 15. Juni 1875 König Ludwig II. um die Genehmigung, die Reichsmarkwährung zum 1. Januar 1876 einzuführen; dieser schloß sich der Auffassung seiner Regierung umgehend an[131].

Ab Mitte 1875 intensivierte die bayerische Führung die Einziehung ungültiger Geldstücke und entzog allen landesherrlichen Münzen ihre Gültigkeit. Bis zum Januar 1876 sollten auf diese Weise die noch immer im Umlauf befindlichen bayerischen Landesgoldmünzen (Dukaten, Louisdor, Maxdor), preußische Friedrichsdor, kurhessische Pistolen, Kronentaler, Konventionstaler, 2-Guldenstücke, 1-Guldenstücke, ½-Guldenstücke, 30-, 15-, 6-, 3- und 1-Kreuzerstücke (Silber) sowie 1-Kreuzerstücke (Kupfer), 2- und 1-Pfennigstücke aus dem Geldverkehr genommen werden. Pfretzschner hoffte unterstützend auf die „Selbstreinigungskräfte" des Marktes[132]: „Mit dem 1. Januar 1876, zu welchem Zeitpunkte die Reichswährung gemäß der Kaiserlichen Verordnung vom 22. September d(es)

---

[127] BayHStAM, MA 77.607 (FM an den Bevollmächtigten im Bundesrat, Pfretzschner, 9.6.1874).

[128] BayHStAM, MA 63.296 (Schreiben des FM, 8.12.1874).

[129] Beispielsweise: BayHStAM, MA 77.607 (Schreiben der Handels- und Gewerbekammer von Oberfranken, 1.8.1874 und des Direktors der pfälzischen Genossenschaften, 1.8.1874).

[130] Ebd. (FM an IM, 18.9.1874).

[131] BayHStAM, MA 77.608 (IM und FM an Ludwig II., 15.6.1875); Amtsblatt des k. Staatsministeriums des Innern 49 (2.12.1875).

[132] BayHStAM, MA 77.614 (Pfretzschner an AM, 23.10.1875).

J(ah)r(e)s in Kraft tritt, wird gemäß Artikel 6 des Münzgesetzes vom 9. Juli 1873 die sämmtlichen Scheidemünzen des Guldenfußes von selbst außer Kurs gesetzt werden." Ausgenommen davon war nur der bayerische Heller. Um den Andrang an den Einlösestellen in den Griff zu bekommen, nahmen diese ab Oktober 1875 einige kleinere Scheidemünzen in jeder Betragshöhe an. Die Einlösungfrist mußte auf Druck der Reichsregierung auf den 31. März 1876 beschränkt werden, um die Währungsumstellung nicht noch länger zu verzögern. Der Protest Bayerns, bis dahin unmöglich alle Scheidemünzen einzuziehen, verhallte ungehört. Das Bundeskanzleramt weigerte sich sogar, eine Fristverlängerung bis Ende Juni 1876 zuzugestehen und forderte die bayerische Regierung statt dessen dazu auf, den Einzug der Scheidemünzen nicht mutwillig zu verzögern, sondern zügig voranzutreiben[133].

2. Die Reform des Papiergeld- und Bankwesens[134]

a) Das Papiergeld- und Bankwesen vor 1871

Einführung

Das folgende Kapitel strebt keine Darstellung der Papiergeld- und Bankverhältnisse in Bayern oder gar im Deutschen Reich an, so daß auch die Weiterentwicklung des bayerischen Bankwesens durch die Gründung von Aktienbanken genauso wie der Ausbau der Privatbanken[135] im letzten Drittel des 19. Jahrhunderts nur am Rande eine Rolle spielen. Vielmehr soll ein Einblick gewährt werden, mit welchen Mitteln die bayerische Regierung nach der Reichsgründung seine staatlichen Interessen im Bankenbereich einerseits wahren konnte, andererseits aber auch fundamentale Rechte an das Reich abtreten mußte. Die Neuregelungen trafen Bayern keinesfalls unerwartet, vielmehr war man im Bankwesen von Anfang an bereit gewesen, auf einige Souveränitätsansprüche zugunsten einer Vereinheitlichung zu verzichten.

Für die Entwicklung des deutschen Währungswesens von 1834 bis 1875 ist die rapide Zunahme des Papiergeldumlaufes und seine allmähliche Einbürgerung als gefragtes Zahlungsmittel charakteristisch. Obwohl die Bedeutung des Papiergeldes seit den fünfziger Jahren des 19. Jahrhunderts zunahm, spielte es bis 1913 im täglichen Zahlungsverkehr nur eine zweitrangige Rolle[136]. Erst im Jahre 1910 wurden Banknoten als gesetzliches Zahlungsmittel in Deutschland zugelassen. Bis dahin galt Papiergeld jeder Art ausschließlich als Geldsurrogat oder symboli-

---

[133] Ebd. (Gesandter Landgraf an AM, 28.11.1875).

[134] Fragen des Giro- und Wechselverkehrs werden im Rahmen dieser Arbeit nicht behandelt, da er zwar für den Zahlungsverkehr im 19. Jahrhundert durchaus eine wichtige Rolle spielte, aber bei den Fragen der Harmonisierung im Geldwesen nach der Reichsgründung keine Bedeutung hatte.

[135] Dazu gehörten auch Makler- und Baubanken, die während der Börsenkrise in großer Zahl in Konkurs gingen.

[136] BUNDESBANK, Deutsche (Hg.), Das Papiergeld im Deutschen Reich 1876–1948, Frankfurt a. Main (1965), 12; SPRENGER, Währungswesen, 85 (Tab. 14).

sches Geld und drückte damit lediglich ein Zahlungsversprechen aus[137]. Von dem Begriff der „Banknote", zeitgenössisch auch „Zettel", muß sowohl die Bezeichnung des „Papiergeldes" bzw. „Staatspapiergeldes" als auch die des „Reichskassenscheines" (seit 1874 im Umlauf) getrennt werden. Bei letzteren handelte es sich um vom Staat in Umlauf gegebene Geldscheine, die in erster Linie zur Beschaffung unverzinslicher Finanzierungsmöglichkeiten im Kriegsfall, zur Deckung laufender Staatsausgaben oder Befriedigung des Handels nach bequemen Zahlungsmitteln dienten[138]. Die Reichskassenscheine ersetzten im Zuge der Harmonisierung des Papiergeldwesens in den einzelnen Bundesländern nach 1874 das bis dahin umlaufende eigenstaatliche „Staatspapiergeld"[139]. Von beiden ist das in Deutschland weitgehend bedeutungslose Privatpapiergeld zu unterscheiden. Im 19. Jahrhundert emittierten Privatnotenbanken oder staatlich gebundene Geldinstitute ein festgelegtes Kontingent an Banknoten und schufen auf diese Weise den Kredit nach zusätzlichen Zahlungsmitteln, der von der expandierenden Wirtschaft gefordert wurde. Sie mußten ihre Noten auf Verlangen in Münzen eintauschen, Staatspapiergeld war dagegen in der Regel ungedeckt, sein Besitzer besaß keinen Anspruch auf Umtausch in Bargeld. Nur der Staat, der sich durch die Ausgabe von Staatspapiergeld zinslose Kredite von der Bevölkerung organisierte, nahm sein Papiergeld wieder an Zahlungsstatt an[140].

In Bayern liefen erst seit dem deutsch-deutschen Krieg 1866 Banknoten und Staatspapiergeld parallel um[141]. Das Gesetz vom 4. September 1866 gestattete aufgrund der hohen Reparationszahlungen, 15 Mio fl unverzinsliche staatliche Kassenscheine auszugeben. Eine weitere Verordnung vom 21. Juli 1870 stockte diesen Betrag unter Berücksichtigung der Bestimmungen von 1866 um weitere 6 Mio fl auf[142]. Schließlich ermöglichte ein 1866 geschlossener Vertrag zwischen dem Nürnberger Großindustriellen Theodor von Cramer-Klett und der bayerischen Regierung der Nürnberger Staatsbank, im Bedarfsfall 9,3 Mio fl in Wechseln bei der Österreichischen Nationalbank in Wien zu diskontieren. Auf dieser

---

[137] SPRENGER, Bernd, Das Geld der Deutschen. Geldgeschichte Deutschlands von den Anfängen bis zur Gegenwart, Paderborn/München/Wien/Zürich 1991, 176. Heute wird Papiergeld als Bargeld behandelt.

[138] Bayern gab aufgrund der Kriege von 1866 und 1870/71 insgesamt 21 Mio fl an Staatspapiergeldern aus: SPRENGER, Währungswesen, 124 (Anlage 10); HELFFERICH, Reform I, 53.

[139] Siehe dazu Kapitel VII.2.b) *Die Reformen im Zuge der Reichsgründung: Die Ordnung des Staatspapiergeldes nach 1871* (S. 330).

[140] Der sogenannte „Wiener Vertrag" verpflichtete die Staatsregierungen aber auch, für ausgegebenes Papiergeld ein entsprechendes Deposito in Silber zu dessen Einlösung anzulegen: JAHRESBERICHT der oberbayerischen Handels- und Gewerbekammer für 1864, 9.

[141] Artikel in der Allgemeinen Zeitung 141 (21.5.1873), in: BayHStAM, MA 76.980.

[142] BayHStAM, MA 76.980 (FM an AM, 16.10.1872); BUNDESBANK, Deutsche (Hg.), Deutsches Papiergeld 1772–1870, Frankfurt a. Main (1963), o.S.; HELFFERICH, Reform II, 100.

Grundlage konnte die Bank für zwei der drei Raten der Kriegsentschädigung von 1866 in Höhe von 30 Mio fl mit ihrer Unterschrift bürgen[143].

Das bayerische Bankwesen vor der Reichsgründung

Die Bayerische Hypotheken- und Wechselbank[144] mit Sitz in München war seit 1834 in Bayern berechtigt, Banknoten im Wert von 8 Mio fl. zu emittieren. Obwohl sich seit der Mitte des 19. Jahrhunderts das Zettelbankwesen durch die Zulassung von Aktienbanken gewandelt hatte, verfügte die Hypotheken- und Wechselbank bis 1876 als privilegierte Notenbank über ein Monopol in Bayern[145]. Interessengegensätze zwischen Bayern und Preußen blieben nicht aus, da die bayerische Regierung hier besonders darauf bedacht war, ihre Rechte zu wahren.

Neben der Hypotheken- und Wechselbank existierte die weitaus schwächer dotierte Königliche Bank in Nürnberg als Depositenanstalt. 1780 als „Hochfürstlich-brandenburgisch-ansbach-bayreuthische Hof-Banco" gegründet, erhielt sie 1791 das Notenbankprivileg. Nach der Angliederung Ansbach-Bayreuths an Bayern verlegte man den Sitz des in „Königlich Baierische Banco" umbenannten Institutes 1807 nach Nürnberg[146]. Erst mit der Erweiterung ihrer Betriebsmittel durch das Gesetz vom 25. Juli 1850 steigerte sie ihre Bedeutung, zumal sich nun der bayerische Staat in Geldangelegenheiten häufiger der Nürnberger Bank bediente. Mitte des 19. Jahrhunderts verständigte man sich mit der Leitung der Hypotheken- und Wechselbank auf die sogenannte „Bayerische Bankengeometrie". Sie beinhaltete das stillschweigende Übereinkommen, daß die Münchner Bank ausschließlich in Süd- und jene in Nürnberg in Nordbayern und in der Rheinpfalz Filialen gründen würden[147]. Die Ablehnung, auch in Südbayern Zweigstellen der Nürnberger Bank zu etablieren, stieß beim Handelsstand auf

[143] STAATSBANKDIREKTORIUM (Hg.), STEFFAN, Franz/DIEHM, Walter (Bearb.), Die Bayerische Staatsbank 1780–1955. Geschichte und Geschäfte einer öffentlichen Bank, o.O. (1955), 162–163.

[144] Zu den Anfangsjahren der mit dem Gesetz „die Errichtung einer bayerischen Hypotheken- und Wechselbank betr." vom 1. Juli 1834 errichteten Institution: JUNGMANN-STADLER, Franziska, Die Anfänge der Bayerischen Hypotheken- und Wechselbank, München 1985; POSCHINGER, Heinrich von, Bankgeschichte des Königreichs Bayern 1498–1876, 4. Lieferung, Erlangen 1876, 14–30.

[145] Von den Privatzettelbanken sind die 1869 auf der Basis einer Aktiengesellschaft gegründete „Bayerische Vereinsbank" und die „Bayerische Handelsgesellschaft" zu unterscheiden. Auf ihre Entwicklung wird hier nicht näher eingegangen. Beide legten ihren Geschäftsschwerpunkt auf das allgemeine Kredit- und Depositen- sowie Hypotheken- und Pfandbriefgeschäft.

[146] Einen Überblick zur Geschichte der Königlichen Bank in Nürnberg bieten lediglich: POSCHINGER, Bankgeschichte, 3. Lieferung, Erlangen 1875, 1–35, 4. Lieferung, 2–14; die Festschriften von Franz STEFFAN, die sich inhaltlich für den Abschnitt über das 19. Jahrhundert trotz ihrer Erscheinungsdaten nicht unterscheiden: STAATSBANKDIREKTORIUM (Hg.), STEFFAN, Franz (Bearb.), Die Bayerische Staatsbank 1780–1930. Geschichte und Geschäfte einer öffentlichen Bank, München/Berlin 1930 bzw. STAATSBANKDIREKTORIUM, Die Bayerische Staatsbank (1955).

[147] GUTSCHMIDT, Hans-Ulrich, Der Aufbau und die Entwicklung des Notenbankwesens in Bayern (1834–1881) unter Berücksichtigung der wirtschaftlichen Verhältnisse, Diss. Köln 1969, 90. BayHStAM, MH 11.005 (FM an HM, 2.4.1861).

wachsendes Unverständnis, da die Königliche Bank anders als die Hypotheken- und Wechselbank aufgrund ihres gemeinnützigen Charakters die Förderung von Handel und Industrie vor einen möglichen Gewinn stellte[148]. Dennoch eröffnete vor der Reichsgründung lediglich eine einzige südbayerische Filiale der Königlichen Bank im Zusammenhang mit der Eröffnung der Brennerbahn (1866/1867) in Rosenheim. Ihr folgten erst nach dem Bankgesetz von 1875 weitere Vertretungen in München und Augsburg. Der Hypotheken- und Wechselbank gelang es ihrerseits auch nach 1871 kaum, ihren Einfluß in der Rheinpfalz auszudehnen. Während sich also das rechtsrheinische Bayern neben der Königlichen Bank in Nürnberg auch der Hypotheken- und Wechselbank bedienen konnte, litt die Pfalz unter dem Mangel an Geldinstituten und damit auch an verfügbaren bayerischen Banknoten[149].

In Bayern entwickelte sich das industrielle und kommerzielle Kreditwesen langsamer als in anderen deutschen Staaten, so daß die Königliche Bank und die Hypotheken- und Wechselbank in Verbindung mit den Privatbankiers bis zur Reichsgründung zwar den Bedürfnissen der Bevölkerung weitgehend genügen konnten[150], sich aber immer wieder Beschwerden von Handels- und Gewerbekreisen ausgesetzt sahen[151]. Im Rückblick beurteilte die Zeitschrift für Bank- und Börsenwesen die Schwächen des bayerischen Bankwesens sogar als Stärken, denn, so das Organ, „vor Erlass des Bankgesetzes [waren] Ausschreitungen des Zettelbankwesens schon deshalb nicht vorgekommen, weil der zweitgrösste deutsche Bundesstaat zu jener Zeit eine irgendwie leistungsfähige Notenbank überhaupt nicht besessen hatte"[152]. Vor allem die Frankfurter und die Darmstädter Bank, eine Gründung der Kölner Bank, wußten die Schwachstellen in den Statuten der Hypotheken- und Wechselbank auszunützen. Sie konnten in Bayern neben anderen preußischen und mitteldeutschen Banken ein beachtliches Absatzgebiet erobern[153]. Im Winter 1855 verbot die bayerische Regierung unter Androhung eines Bußgeldes die Annahme fremden Staatspapiergeldes des 14-Talerfußes[154]. Am 18. Januar 1857 traf diese Vorschrift unter Vorbehalt auch auf „fremdes Privatpapiergeld ohne Unterschied des Nominalbetrages bei Zahlungen" mit Ausnahme der Noten der österreichischen Nationalbank zu, um die zunehmende Expansion fremden Papiergeldes und ausländischer Banknoten im bayerischen Wirtschaftsraum zu bekämpfen[155]. Handelsvertreter aus Ludwigshafen baten

---

[148] Artikel der Ausgburger Abendzeitung vom 8.3.1863: BayHStAM, MH 11.005.

[149] BayHStAM, MH 11.005 (Kreis-Gewerbe- und Handelskammer der Pfalz an HM, 15.10.1870). Auch die oberbayerische Handels- und Gewerbekammer klagte bereits 1865 über einen Mangel an Geld- und Kreditinstituten: JAHRESBERICHT der oberbayerischen Handels- und Gewerbekammer für 1865, 7–8.

[150] LOTZ, Walther, Geschichte und Kritik des deutschen Bankgesetzes vom 14. März 1875, Leipzig 1888, 123.

[151] JAHRESBERICHT der oberbayerischen Handels- und Gewerbekammer für 1862, 17–18.

[152] STROLL, Moritz, Reichsbank und Notenbank in Bayern, in: Bankarchiv. Zeitschrift für Bank- und Börsenwesen V/7 (1.1.1906), 77–81: BayHStAM, Gesandtschaft Berlin 1226.

[153] GUTSCHMIDT, Aufbau, 144.

[154] Beispielsweise: RBl 54 (20.11.1855), 1181–1184 und RBl 56 (27.11.1855), 1253–1254.

[155] BayHStAM, MH 15.357 (Allerhöchste Anordnung, 18.1.1857).

daraufhin um eine Ausnahmegenehmigung für die Annahme von Zetteln der Frankfurter Bank; diese wurde erst im Mai 1861 gewährt[156].

Die Hypotheken- und Wechselbank verfügte als Privatnotenbank, die zwar unter Staatsaufsicht gestellt, aber ohne direkten staatlichen Einfluß, Haftung oder Beteiligung arbeitete, über ein Banknotenemissionsrecht, das auf Vierzehntel des Stammkapitales bzw. 8 Mio fl beschränkt war[157]. Im Jahre 1865 kursierten in Bayern nach einer Schätzung des Direktoriums der Bank neben diesen 8 Mio fl weitere 15 Mio fl außerbayerische Banknoten[158]. Eine Erhöhung der Zettelausgabe für die Hypotheken- und Wechselbank lehnte die Regierung trotzdem wiederholt ab[159]. Erst die durch den Krieg 1866 vorübergehend eintretende Wirtschaftsstockung und die damit verbundene Kapitalknappheit ließ die Minister einlenken[160]. Die gesetzliche Regelung vom 24. Juni 1866 erlaubte der Hypotheken- und Wechselbank die Ausgabe weiterer 4 Mio fl in Banknoten unter der Voraussetzung, daß bei der Unterstützung der darniederliegenden Industriebetriebe auf alle Regierungsbezirke, unabhängig von der Existenz einer Filiale, Rücksicht zu nehmen war[161]. Der wirtschaftliche Schaden infolge des deutsch-deutschen Waffenganges wirkte sich trotzdem negativ auf das Geschäft der Bank aus[162]. Von den Auswirkungen und der in der Zukunft schwelenden Befürchtung einer neuerlichen kriegerischen Auseinandersetzung erholte sich Bayern erst wieder im Jahre 1870.

Trotz der Erweiterung des Emmissionsrechtes für die Hypotheken- und Wechselbank machte sich während des deutsch-französischen Krieges die fehlende Elastizität des Notenumlaufes erneut bemerkbar. Die auf energischen Druck der

---

[156] BayHStAM, MH 15.358 (HM an FM, 25.5.1861).

[157] Dies legte die Handels- und Gewerbekammer für Oberbayern als Schwachstelle aus und warf der Bank vor, zu wenig Filialen errichtet zu haben: Bayerische Handelszeitung 1/11 (1871), 85–86.

[158] BayHStAM, MH 11.117 (Direktorium der Hypotheken- und Wechselbank an HM, 17.3.1865).

[159] Die Erhöhung der Zettelabgabe wurde von der oberbayerischen Handels- und Gewerbekammer wiederholt gefordert: JAHRESBERICHT der oberbayerischen Handels- und Gewerbekammer für 1865, 9.

[160] Dieser Forderung schlossen sich auch die bayerischen Handels- und Gewerbekammern an: StAM, RA 35.155 (Schreiben des HM auf die Jahresberichte der Handels- und Gewerbekammern von 1865, 5.11.1867).

[161] BayHStAM, MH 11.117 (FM und HM an Ludwig II., 27.6.1866; die kgl. Genehmigung vom 30.6.1866); RBl 4 (28.6.1866), Sp. 17–20; Königlich Bayerisches Kreisamtsblatt 78 (24.8.1866), 1732. Die Verteilung zusätzlicher Noten betr.: BayHStAM, MF 58.433 (FM an den Kommissar der bayerischen Hypotheken- und Wechselbank, Meixner, 25.6.1866). Tatsächlich befanden sich bis 1875 fast 12 Mio fl im Umlauf, die durchschnittliche Metalldeckung belief sich auf rund 55 %: GUTSCHMIDT, Aufbau, 158. Bereits 1864 hatte die Bank über die mangelhafte Notenausgabe geklagt: BayHStAM, MH 11.116 (28. Rechenschafts-Bericht der Verwaltung der Bayerischen Hypotheken- und Wechselbank am Schlusse des Jahres 1863, 14.3.1864).

[162] BayHStAM, MH 11.118 (32. Rechenschafts-Bericht der Verwaltung der Bayerischen Hypotheken- und Wechselbank am Schlusse des Jahres 1867, 9.3.1868); BayHStAM, MF 48.434 (33. Rechenschaftsbericht der Verwaltung der Bayerischen Hypotheken- und Wechselbank am Schlusse des Jahres 1868, 8.3.1869).

Öffentlichkeit erfolgte Ausgabe von 3 Mio fl fünfprozentigen, auf sechs Monate gültigen Kassenscheinen für das Diskont- und Lombardgeschäft deckten nur die dringendsten Kreditbedürfnisse[163]. Ein erneuter Genehmigungsversuch, die bestehende Notenemission zu erhöhen, konnte dennoch nicht durchgesetzt werden.

Bis zum Ende der 1860er Jahre war die Errichtung einer Aktiengesellschaft aufgrund des Aktienrechtes von der staatlichen Genehmigung genauso abhängig wie allgemeine Bankgeschäfte vom Bayerischen Gewerberecht. Die 1868 eingeführte Gewerbefreiheit steigerte den Kreditbedarf der Wirtschaft und führte in Bayern zur Gründung von Banken in Form von Aktiengesellschaften[164]. Inzwischen war auch die königliche Bank in Nürnberg immer weniger in der Lage, die wachsenden Bedürfnisse von Industrie und Landwirtschaft nach Kapital zu befriedigen. Darüber hinaus fühlte sich die Hypotheken- und Wechselbank für die finanzielle Unterstützung von Handel und Gewerbe nur zweitrangig verantwortlich. Die zuständigen bayerischen Minister der Finanzen und des Handels versuchten deshalb, Ludwig II. zur Bewilligung von Aktienbanken zu bewegen, um dem drohenden Kapitalmangel abzuhelfen. München könnte sich, so Schlör und Pfretzschner, nur dann als Handelsplatz gegenüber dem übermächtig erscheinenden Frankfurt am Main behaupten, wenn man das Bankwesen ausbauen würde. Gleichzeitig sprachen sich beide Ressortleiter für eine „Vermehrung der Bankanstalten in Bayern"[165] aus. Petitionen aus Handels- und Wirtschaftskreisen unterstrichen um die Jahreswende 1868/1869 die Notwendigkeit, das „verhältnismäßig rückständige Bankwesen" Bayerns zu liberalisieren und das bestehende Monopol abzuschaffen, um nicht jede fruchtbringende Konkurrenz im Keim zu ersticken[166]. Dennoch ließ sich Ludwig II. mit der Genehmigung der ersten, auf Aktienbasis zu gründenden Institution, der Bayerischen Vereinsbank, viel Zeit. Einem Antrag vom Dezember 1868 stimmte er erst am 11. April 1869 mit dem Vorbehalt zu, alle ministeriellen Genehmigungen persönlich absegnen zu wollen[167]. Am gleichen Tag erfolgte auch die königliche Bewilligung für die Bayerische Handelsbank[168]. Beide konnten nur aufgrund ihrer engen Verbindung zu

---

[163] Ebd. (35. Rechenschaftsbericht der Verwaltung der Bayerischen Hypotheken- und Wechselbank am Schlusse des Jahres 1870, 13.3.1871); Jahrbuch der Handels- und Gewerbekammer für Oberbayern 1870, München 1871, 124.

[164] POSCHINGER, Bankgeschichte, 4. Lieferung, 34.

[165] BayHStAM, MH 11.136/1 (FM, HM an Ludwig II., 10.4.1869).

[166] Ebd. (Augsburger Kaufmannsconsortium an HM, 14.2.1869).

[167] BayHStAM, MH 11.125 (FM, HM an Ludwig II., 1.4.1869; Signat vom 11.4.1869). Die bayerische Vereinsbank verfügte laut Statuten über ein Aktienkapital von 21 Mio fl, unterteilt in 60.000 Aktien à 350 fl. Zur Gründung der Vereinsbank: BAYERISCHES INDUSTRIE- UND GEWERBEBLATT 1 (1869), 124. Zur Geschichte der Vereinsbank unter anderem: STEFFAN, Franz, Bayerische Vereinsbank 1869–1969. Eine Regionalbank im Wandel der Jahrhunderte, München 1969.

[168] BayHStAM, MH 11.136/1 (FM, HM an Ludwig II, 10.4.1869; Signat vom 11.4.1869); BAYERISCHES INDUSTRIE- UND GEWERBEBLATT 1 (1869), 133–134. Die bayerische Handelsbank verfügte laut Statuten über ein Grundkapital von 12 Mio fl, unterteilt in 60.000 Aktien à 200 fl. 125 Jahre Bayerische Handelsbank in München

österreichischen Großbanken in Wien eröffnen[169]. Während die Vereinsbank von Anfang an als Kredit- und Hypothekeninstitut, also gemischte Hypothekenbank, gegründet worden war, stieg die Handelsbank erst im Mai 1871 mit der Einrichtung einer „Bodencreditanstalt" in das Hypothekengeschäft ein[170]. Als drittes Institut nahm 1869 die Vereinsbank in Nürnberg ihre Geschäfte auf[171]. Dieser Anstalt folgten unmittelbar nach der Reichsgründung, die Süddeutsche Bodenkreditbank (Gründungsdatum 1871), die Landwirtschaftliche Kredit-Anstalt in Regensburg (1871), der Bankverein Aschaffenburg (1872), die Pfälzische Provinzialbank (1872) und schließlich die Bayerische Baugesellschaft (1872). Bei allen Bankengründungen behielt sich der König alle zukünftigen Entscheidungen persönlich vor, selbst jene, die gewöhnlich nur der Genehmigung der Ministerien bedurften.

Am Vorabend der Reichsgründung existierten im gesamten Deutschland 81 Banken, davon 33 mit Banknotenemissionsrecht und 14 Pfandbriefinstitute; 27 davon waren nach 1848 gegründet worden, 19 in den 1850er Jahren[172]. In Bayern waren gerade einmal fünf Institute ansässig. Dies lag vor allem daran, daß bis zur deutschlandweiten Einführung der Gewerbeordnung des Norddeutschen Bundes vom 21. Juni 1869 zum 1. Januar 1873[173] die Regierung in München für die Zulassung von Banken zuständig gewesen war und diese Vollmacht äußerst restriktiv gehandhabt hatte. Nach 1873 kam es dann zu einer Gründungswelle von Aktiengesellschaften in Bayern, die in überwiegendem Maße mit österreichischen Banken in enger Verbindung standen. Zu ihnen zählten die Bank für Bauten und Industrie in Aschaffenburg sowie die Bayerische und Fränkische Centralbank.

b) Die Reformen im Zuge der Reichsgründung

Die Ordnung des Staatspapiergeldes nach 1871

Seit den fünfziger Jahren plädierten Vertreter des Handels und der preußischen Regierung für eine Notenbankreform[174]. Die Reform des Papiergeldwesens scheiterte aber immer wieder an der Weigerung der Einzelstaaten, Privilegien in diesem Bereich aufzugeben. Verstärkt wurde die Zurückhaltung dadurch, daß sich gerade die süddeutschen Staaten nicht für die wirtschaftliche Stagnation im Deutschen Reich verantwortlich fühlten, denn, so die Hypotheken- und Wechselbank im Jahre 1873, „in Süddeutschland war man weniger leichtsinnig in der

---

1869–1994. Festschrift. Geschichten aus der Geschichte der Bayerische Handelsbank, München 1994.

[169] Zu den österreichischen Banken u.a.: MATIS, Wirtschaft, 161–170.

[170] BayHStAM, MH 11.142: Die Genehmigung Ludwigs II. am 9.5.1871 erfolgte, um dem aus seiner Sicht vorhandenen Mangel an Hypothekendarlehen abzuhelfen.

[171] BAYERISCHES INDUSTRIE- UND GEWERBEBLATT 1 (1869), 134. Im Jahre 1921 fusionierten die drei 1869 gegründeten Banken zur „Vereinigung Bayerische Handelsbank – Bayerische Vereinsbank – Vereinsbank in Nürnberg": 125 Jahre Vereinsbank. Das Entstehen einer Bankengruppe, o.O. o.J., 30–40.

[172] SOMBART, Werner, Die deutsche Volkswirtschaft im neunzehnten Jahrhundert, Berlin ³1913 (1. Aufl. 1903), 173.

[173] RGBl 17 (1872), 170–171 (Gesetz vom 12.6.1872).

[174] BORCHARDT, Währung und Wirtschaft, 4; HELFFERICH, Reform I, 109–114.

Gründer-Epoche gewesen und darin liegt auch zunächst die Ursache, warum die Krise dortselbst weniger empfindlich als anderwärts aufgetreten ist"[175].
Die durchgreifende und längst erforderliche Zentralisierung des Banknotensystems konnte deshalb erst nach der Reichsgründung auf deutschlandweiter Ebene verwirklicht werden, die Berliner Regierung führte diese konsequent durch. Die Verfassung von 1871 beinhaltete erste reichsweite Bestimmungen über die Neuordnung der „Emission von fundirtem und unfundirtem Papiergelde"[176], nachdem bereits 1870 im Norddeutschen Bund erste Neuerungen im Papiergeld- und Notenbankwesen durchgeführt wurden. Während das Gesetz „über die Ausgabe von Banknoten" vom 16. Juni 1870[177] die Notenemission einschränken sollte, verbot das Gesetz „über die Ausgabe von Papiergeld" vom 16. Juni 1870[178] die weitere Ausgabe von Staatspapiergeld. Beide Verordnungen wurden nach der Reichsgründung zum 1. Januar 1872 auf Süddeutschland ausgedehnt, allerdings mit dem Zugeständnis an Bayern, weiterhin 21 Mio fl an verzinslichen Kassenscheinen im Umlauf halten zu dürfen[179]. Das zunächst nur für die dem Norddeutschen Bund angeschlossenen Territorien verbindliche sogenannte Banknotensperrgesetz vom 27. März 1870 hatte die Gründung neuer Zettelbanken unter Berücksichtigung einzelstaatlicher Konzessionen von der Bundesgesetzgebung abhängig gemacht und den Ländern die Ausweitung der Privilegien bereits bestehender Notenbanken untersagt[180]. Das bayerische Außenministerium wehrte sich gegen die Übernahme dieser Verordnung und beanstandete im Juni 1872, wenn auch vergeblich, die Monopolisierungsbestrebungen Preußens im Papiergeldwesen, ohne gleichzeitig die vollständige Münzeinheit für das Reich realisiert zu haben[181].
Abgesehen von diesen Maßnahmen, die in erster Linie auf Initiativen im Norddeutschen Bund zurückgingen, unternahmen die Verantwortlichen im Reich erst wieder angesichts der Beratungen zum Münzgesetz vom Juli 1873 ernsthafte Schritte zur Vereinheitlichung des Staatspapiergeldes. Am Ende regelte der lang umstrittene, und erst vom Reichstag durchgesetzte Artikel 18 des Münzgesetzes sowohl die Neugestaltung der Banknotenemission als auch die Handhabung des landesherrlichen Staatspapiergeldes und beschränkte die Ausgabe des neuen Reichspapiergeldes auf 1 Tlr pro Kopf[182]. Gegen diese Bestimmung hatten sich

---

[175] BayHStAM, MF 58.435 (38. Rechenschaftsbericht der Hypotheken- und Wechselbank 1873, 9.3.1874).
[176] Art. 4, Abs. 3 der Reichsverfassung vom 16.4.1871.
[177] Bundesgesetzblatt des Norddeutschen Bundes 7 (1870), 51–52; BayHStAM, MA 76.980 (Instruktion an den bayerischen Bundesratsbevollmächtigten, o. Datum); LOTZ, Geschichte, 129.
[178] Bundesgesetzblatt des Norddeutschen Bundes 22 (1870), 507.
[179] RGBl 17 (1871), 88.
[180] BETTGES, Meinungen, 64; HECHT, Felix, Bankwesen und Bankpolitik in den süddeutschen Staaten 1819 bis 1875. Mit statistischen Beilagen, Jena 1880 (nur für Württemberg, Baden und das Großherzogtum Hessen). Das Banknotensperrgesetz war ursprünglich nur 2 ¼ Jahre gültig.
[181] BayHStAM, MH 10.949 (AM an FM, 11.6.1872).
[182] RGBl 22 (1873), 233–240, hier: 239–240 (Art. 18 des Münzgesetzes). Die Neuregelung sollte demnach bis zum Juli 1875 abgeschlossen sein.

vor allem die Mittelstaaten lange gewehrt, bei denen der bisherige pro-Kopf-Umlauf an Staatspapiergeld oftmals weitaus höher lag[183]. Für Bayern legte das Finanzministerium folgende Zahlen vor[184]: „Wird von dem Staatspapiergelde der Betrag von 1 Tlr auf den Kopf der Bevölkerung in Reichspapiergeld umgewandelt und das Übrige eingezogen, so werden von 12.000.000 Thlrn = 21 Millionen Gulden Staatspapiergeld 4.862.904 Thlrn zur Umwandlung gelangen, 7.137.096 Thlr dagegen von Seite Bayerns einzuziehen sein." Die Allgemeine Zeitung errechnete eine noch ungünstigere Relation[185]: „Nun soll das gesamte Staatspapiergeld eingezogen werden und gegen ein Reichspapiergeld nach Maßgabe der Bevölkerungszahl und zwar höchstens im Betrag von 2 Mark pro Kopf ausgegeben werden. Bayern würde demnach bei einer Bevölkerung von 4.852.026 Personen die Summe von 9.704.052 Mark, d.i. 5.660.697 Gulden in Reichspapiergeld ersetzt bekommen, der übrige Betrag von 15.339.303 fl. müßte Bayern aber selbst tragen." Aufgrund der angespannten Haushaltslage sah sich die Münchner Regierung außerstande, den Vorgaben der Reichsregierung zuzustimmen. Am Ende drohte sogar die Annahme des Münzgesetzes im Juni 1873 zu scheitern, da sich im Bundesrat neben Bayern auch Hessen gegen eine getrennte Regelung der Papiergeld- und Bankfrage aussprachen[186]. Die Verhandlungen in Berlin gestalteten sich für die bayerischen Vertreter doppelt schwer, da Ludwig II. großes Mißtrauen gegen alle Vorhaben hegte, die möglicherweise mit Einschränkungen seiner Hoheitsrechte verbunden waren[187]. Allein das Wissen um eine notwendige Reform ließ Bayern nach mehreren, von Bismarck erzwungenen Vertagungen in der Papiergeldfrage einlenken und einen leicht modifizierten Artikel 18 des zukünftigen Münzgesetzes vom Juli 1873 akzeptieren, dem sich auch Württemberg und Baden anschlossen. Sachsen stimmte der Regelung nicht zu, da „die finanziellen Interessen des Königreichs Sachsen empfindlich geschädigt werden, ohne daß ausreichende Sicherheit dafür geboten ist, daß die den sächsischen Steuerpflichtigen erwachsenden Nachtheile erleichtert oder auch nur theilweise werden ausgeglichen werden"[188]. Im Zusammenhang mit der Münzreform bestand der Reichstag zwar auf der Beseitigung aller nicht auf Reichswährung lautenden Banknoten und Staatspapiergelder unter 100 Mark bis zum 1. Januar 1875, der Bundesrat verlängerte diese Frist jedoch um ein Jahr[189].

Die Reichsregierung hatte sich die Zustimmung Bayerns mit dem Entgegenkommen erkauft, in Artikel 3 des Münzgesetzes die finanziellen Verluste des Königreiches aus der Reichskasse zu bestreiten, die der Regierung durch das

---

[183] HELFFERICH, Reform I, 246: In Bayern waren etwa 3 Tlr pro Kopf der Bevölkerung im Umlauf, in Sachsen sogar 4 bis 5 Tlr.
[184] BayHStAM, MH 10.951 (Promemoria, 1.1.1874).
[185] Zit. nach Allgemeine Zeitung 141 (21.5.1873): BayHStAM, MA 76.980.
[186] HEIL, Karl, Die Reichsbank und die bayerische Notenbank in ihrer gegenseitigen Entwicklung in Bayern 1876–1899 (Wirtschafts- und Verwaltungsstudien mit besonderer Berücksichtigung Bayerns IX), Leipzig 1900, 10.
[187] BayHStAM, MA 76.980 (Signat Ludwigs, 31.5.1873).
[188] BayHStAM, MJu 16.320 (Protokoll der 43. Sitzung, Session 1873, 30.6.1873).
[189] Ebd. (Protokoll der 21. Sitzung, Session 1873, 21.2.1873).

Gesetz „betreffend die Ausgabe von Reichskassenscheinen"[190] vom 30. April 1874 erwuchsen[191]. Die Verordnung verbot den öffentlichen Kassen ab Mitte Oktober 1875 die Annahme von Staatspapiergeld der Einzelstaaten und reduzierte gleichzeitig rigoros den neuen Umlauf von Reichskassenscheinen auf 120 Mio Mark gegenüber geschätzten 184 Mio Mark im Umlauf befindlicher Staatspapiergelder[192]. Da bis Anfang 1876 alle länderspezifischen Kassenscheine aus dem Verkehr zu nehmen waren, mußte die Reichsregierung bzw. ihre dafür zuständige Behörde, die Reichsschuldenverwaltung, für einen rechtzeitigen und ausreichenden Ersatz an Reichsscheinen Rechnung tragen. Diese waren gemäß dem Anteil der jeweiligen Bevölkerungszahl auf die Bundesstaaten zu verteilen und ersetzten somit die bisherigen Emissionen. Länder, wie beispielsweise Bayern, die mehr Staatspapiergeld in Umlauf hatten als ihnen nach dem neuen Verteilungsschlüssel zustand, erhielten zwei Drittel des überschüssigen Betrages als Vorschuß, der im Laufe von 15 Jahren beim Reich zu tilgen war. Gleichzeitig mit der Einstellung der Ausgabe von länderspezifischem Staatspapiergeld erfolgte die Reduzierung der zukünftigen Reichskassenscheine. Diese Maßnahme sollte bis spätestens 1891 abgeschlossen sein. Fortan mußten die Kassen des Reiches und sämtlicher Bundesstaaten die in 5, 20 und 50 Mark gestückelten Scheine zu ihrem Nennwert in Zahlung nehmen, während private Händler die Annahme auch weiterhin verweigern konnten. Die Reichshauptkasse war darüber hinaus verpflichtet, die Scheine in Bargeld einzulösen. Die Bedeutung des Gesetzes wurde im Reichstag überschätzt; eine maßgebliche Einschränkung der Reichskassenscheine konnte nicht durchgesetzt werden. Das Gesetz führte demnach kaum zu einer Reduzierung umlaufender Kassenscheine, sondern lediglich zu deren Vereinheitlichung. Bis zur Inflationszeit nach dem Ersten Weltkrieg blieben sie ein wichtiges Zahlungsmittel: Erst im Jahre 1923 waren die Reichskassenscheine so wertlos geworden, daß Zahlungen mit ihnen nicht mehr geleistet werden konnten.

Das Bankgesetz von 1875

Auch die Bankenfrage rückte nicht erst mit der Reichsgründung in das Blickfeld von Handels- und Gewerbegremien; sowohl der Deutsche Handelstag als auch die Handels- und Gewerbekammern Bayerns beschäftigten sich seit 1869 wiederholt mit dieser Materie[193]. Beide Gremien sprachen sich 1871 für die Schaffung einer Reichsbank und die Kontigentierung der Notenausgabe aus, letzteres wurde aber wieder ad acta gelegt[194]. Die Verfassung des Deutschen Reiches, Artikel 4, Absatz 4, wies der Berliner Zentralregierung und ihrer Gesetzgebung die allgemeine Aufsicht über das Bankwesen zu. Während Württemberg und Baden unmittelbar darauf ihr System mit der Gründung der

---

[190] BayHStAM, MH 10.952 (Schreiben des FM, Abschrift, 29.10.1875): Das Verbot galt auch für Banknoten auswärtiger Zettelbanken in Taler- und Guldenwährung.
[191] RGBl 13 (1874), 40–41.
[192] Der Betrag von 120 Mio Mark wurde 1913 auf das Doppelte aufgestockt und bereits 1915 um weitere 120 Mio Mark vergrößert.
[193] INDUSTRIE- UND HANDELSKAMMER MÜNCHEN, Geschichte, 96–100; HANDELSTAG, Handelstag 1, 255–269.
[194] Bayerische Handelszeitung (1871), 244.

Württembergischen Notenbank bzw. der Badischen Bank neu organisierten, verschob die bayerische Regierung diesen Schritt bis zur Verabschiedung einer allgemeinen deutschen Bankreform[195]. Von bayerischer Seite befürchtete man von Anfang an eine Monopolisierung des Banknotendruckes und -ausgabe[196]. Weiterführende Maßnahmen in diesem Bereich wurden deshalb so lange abgelehnt, bis die Währungseinheit im Reich hergestellt war. Während Bayern einen zeitlichen Aufschub der Bankenfrage erwirken konnte, war eine getrennte Behandlung der Staatspapiergeld- und Bankreform nicht durchsetzbar[197]. Eine Resolution des Reichstages im November 1871, die auf die Vorlage eines Bankgesetzes drängte, verhallte, ohne vielversprechende Reaktionen. So waren Münz- und Papiergeldreform gesetzlich geregelt, bevor die Bankenfrage in Angriff genommen wurde.

Das Banknotensperrgesetz des Norddeutschen Bundes von 1870, das unter anderem die einheitliche Neugestaltung der Zettelausgabe geregelt hatte, verlor zum 1. Juli 1872 seine Gültigkeit, mußte jedoch aufgrund fehlender Reformvorschläge immer wieder bis zum 31. Dezember 1875 verlängert werden[198]. Im Mai 1874 forderte der Bundesrat das Reichskanzleramt nachdrücklich zur Ausarbeitung einer Neuregelung auf. Der daraufhin präsentierte Bankgesetz-Entwurf verzichtete auf die Einführung einer zentralen Reichsbank[199]. Im September 1874 berieten die Bundesratsausschüsse für Handel und Verkehr sowie für das Rechnungswesen über das vorgelegte Konzept[200]. Für die bayerische Hypotheken- und Wechselbank hatte bereits dieser Vorschlag weitreichende Folgen: Der nicht bar gedeckte Notenumlauf von 8 Mio fl sollte fortan einer einprozentigen Steuer zur Reichskasse unterliegen, des weiteren verlor die Bank aufgrund des neuen Zweigstellensystems ihr ausschließliches Recht in Bayern, Noten in den Umlauf zu bringen. Endlich wurde ihr Notenausgaberecht zum Jahre 1886 gekündigt, obwohl es ihr in den Gründungsvereinbarungen von 1834 bis 1935 eingeräumt worden war[201]. Die bayerische Regierung wehrte sich – wie nicht anders zu

---

[195] LOTZ, Geschichte, 139.

[196] Die Regierungsvertreter wurden darin von den bayerischen Gewerbetreibenden, die sich im Mai 1871 gegen eine Umwandlung der preußischen in eine Reichsbank vehement gewehrt hatten, unterstützt: BayWiA XIV/1 (Handelsbank an Handelskammer von Oberbayern, 22.5.1871).

[197] BayHStAM, MH 10.949 (Protokoll des IM, 24.3.1872 und AM an den bayerischen Bevollmächtigten in Berlin, 11.6.1872); BayHStAM MA 76.980 (AM an den Bundesratsbevollmächtigten, o.D.). Die zentrale Ausgabe von Banknoten sollte erst zum Jahre 1881 verwirklicht werden: BayHStAM, MH 10.950; HELFFERICH, Reform I, 258–276; LOTZ, Geschichte, 141.

[198] BayHStAM, MH 10.951 (Promemoria des AM, 1.1.1874 und dann wieder vom 20.8.1874).

[199] BORN, Karl E., Der Ausbau der Reichsinstitutionen und das Notenbankproblem: Die Herstellung einer Währungseinheit und die Entstehung der Reichsbank, in: KUNISCH, Bismarck, 267–276. Der Entwurf ging auf Otto Michaelis zurück.

[200] BayHStAM, Bayerische Gesandtschaft Berlin 1669 (AM an den Gesandten Perglas, 9.9.1874): Bayern war durch die Ministerialräte von Riedel und Landgraf vertreten.

[201] Ebd. (Äußerung [des AM] zum Entwurf eines Bankgesetzes betr., September 1874).

erwarten – im Sinne des Bankdirektoriums[202] gegen jede Rechtseinschränkung in Notenbankfragen und warf der Reichsleitung vor, die bestehenden Länderbanken durch nahezu unerfüllbare Bedingungen zur Aufgabe zwingen zu wollen. Die Minister bestanden auf einem uneingeschränkten Notenemissionsrecht – vergleichbar der Preußischen Bank – für weitere zehn Jahre sowie auf einen Betrag von 8 Mio fl ungedeckter Banknoten anstelle der zugesagten 3 Mio fl, so daß sich der Notenumlauf bayerischer Provenienz auf insgesamt 40 Mio Mark erhöht hätte. Unter diesen Voraussetzungen erklärte sich auch König Ludwig zunächst bereit, den Gesetzentwurf zu billigen, beanspruchte aber kurz darauf vollkommen unerwartet für seine Verhandlungsführer weitere Rücksichten auf die Hypotheken- und Wechselbank[203]. Aufgrund der bekannten Empfindlichkeiten des Monarchen mußten die bayerischen Unterhändler wieder einmal auf das Entgegenkommen des Reichskanzleramtes vertrauen, zumal sie sich der Tatsache nicht verschließen konnten, daß eine Reform unabdingbar und unausweichlich war. Schließlich erkaufte sich Delbrück vor der Abstimmung im Bundesrat das bayerische Einverständnis mit der Zusage, die Gesetzesvorlage zu Gunsten Bayerns und damit der Hypotheken- und Wechselbank zu modifizieren[204]: Er gewährte ohne Umschweife die Erhöhung des Emissionsrechtes von Banknoten auf 40 Mio Mark und behielt sich lediglich die Entscheidung über ein unbeschränktes Emissionsrecht der Hypotheken- und Wechselbank vor[205]. Damit hatten sich König Ludwig und seine Minister in wichtigen Teilbereichen gegenüber Berlin durchsetzen können.

Daraufhin erteilte der Ministerratsvorsitzende von Pfretzschner ungeachtet offensichtlicher Differenzen dem bayerischen Vertreter im Bundesratsausschuß, Ministerialrat von Riedel, Ende Oktober 1874 die Order, dem Entwurf zuzustimmen. Dieser passierte Anfang November den Bundesrat, so daß am 16. November im Reichstag die Debatten über den Entwurf des Bankgesetzes begannen; Stimmführer für Bayern war Justizminister Johann Nepomuk von Fäustle[206]. Der preußische Finanzminister von Camphausen sprach sich auch weiterhin gegen die Einrichtung einer Zentralbank unter Beseitigung der bestehenden Preußischen Bank aus[207]: „Es ist hiebei wohl an die Ablösung der Preußischen Bank gedacht, welche dem Reiche wohl nicht wohlfeil zu stehen kommen dürfte!" Die Umwandlung der Preußischen in eine zentrale Reichsbank war jedoch von Teilen des Reichstages gefordert sowie von der Mehrheit des Bundesrates befürwortet worden[208]. Außerdem drang der Deutsche Handelstag

---

[202] BayHStAM, MH 15.358/2 (Hypotheken- und Wechselbank an FM, 13.7.1874).
[203] BayHStAM, MH 10.951 (Abschrift des auf den alleruntertänigsten Antrag von IM und FM vom 11.9.1874 „den Entwurf eines deutschen Bankgesetzes betr." erlassenen Allerhöchsten Signates, 17.9.1874 bzw. Schreiben des Königs, 6.10.1874).
[204] BayHStAM, MH 10.951 (Promemoria der bayerischen Regierung, 20.8.1874).
[205] BayHStAM, Gesandtschaft Berlin 2654 (Bericht 382, 17.11.1874).
[206] BayHStAM, Bayerische Gesandtschaft Berlin 1669 (Telegramm, 26.10.1874).
[207] BayHStAM, Gesandtschaft Berlin 2654 (Bericht 382, 17.11.1874).
[208] LOTZ, Geschichte, 163–198; BayHStAM, Bayerische Gesandtschaft Berlin 1669 (Antrag im Reichstag vom 16.11.1874 sowie Auszug aus dem Bundesratsprotokoll der 47. Sitzung, 5.12.1874, beschlossen am 16.12.1874).

auf eine Zentralisierung der Notenbankgeschäfte[209]. Am 19. November 1874 wurde das Bankgesetz nach heftigen Wortgefechten im Reichstag einer 21köpfigen Kommission übergeben. Der bayerische Gesandte in Berlin berichtete darüber nach München[210]: „Die gestrige Debatte war eine der lebhaftesten und erregtesten, der ich bisher im Reichstage angewohnt habe. (...) Aus der hiebei bekundeten Stimmung aber dürfte der Schluß gezogen werden, daß die centralistische Strömung in Deutschland und im Reichstage die „Reichsbank" mit aller Macht anstrebt."

Im Dezember 1874 billigte der Bundesrat parallel zu den Beratungen der Reichstagskommission ohne Einsprüche eine von Delbrück vorgelegte Ergänzung des Bankgesetzentwurfes mit Bestimmungen zur Errichtung einer Reichsbank[211]. Die Reichstagskommission beendete ihrerseits am 19. Januar 1875 die Beratungen und trat dem Reichstag gegenüber vorbehaltlos für den Übergang der Preußischen Bank in eine Reichsbank ein. Im wesentlichen hatte das Gremium dem Delbrückschen Vorschlag zugestimmt und präzisierte lediglich die Aufgaben der neu zu schaffenden Reichsbank[212]. Am 30. Januar 1875 ging der vom Reichstag überarbeitete Entwurf erneut dem Bundesrat zur Beschlußfassung zu. Dieser stimmte bereits am 10. Februar „dem Entwurfe eines Bankgesetzes in der vom Reichstage angenommenen Fassung"[213] zu; auch Bayerns stimmführender Bevollmächtigter Frhr. Pergler von Perglas akzeptierte auf Anweisung das neue Gesetz ohne Vorbehalte.

Das endgültige Bankgesetz vom 14. März 1875 „betr. die Neuordnung und Vereinheitlichung des Notenbankwesens"[214], mit dem die Länder die Notenhoheit an das Reich abgaben, schloß die Reform des gesamten Geldwesens ab. Es basierte im wesentlichen auf einem Kompromiß zwischen Reichsbankanhängern, Befürwortern der Ländernotenbanken und jenen, die den Notenbanken möglichst weitgehende Beschränkungen auferlegen wollten. Am Ende konnten sich jedoch selbst die Vertreter Bayerns der Notwendigkeit einer Zentralisierung des Bankwesens nicht verschließen. Während Bismarck die umkämpfte Notenbankfrage aus fiskalischen und staatspolitischen Gründen als weniger wichtig eingestuft hatte[215], setzten sowohl seine Mitarbeiter, allen voran Rudolf von Delbrück, als auch die Delegierten im Reichstag hohe Erwartungen an die einheitliche Ordnung infolge des Bankgesetzes. Sie alle hofften auf einen wirtschaftlichen Auf-

---

[209] BayHStAM, MH 10.951 (Schreiben des Deutschen Handelstages, 28.9.1874). HANDELSTAG, Handelstag 1, 269–274: Der Bankgesetzentwurf entsprach damit keinesfalls den Vorstellungen des deutschen Handelstages.

[210] BayHStAM, Gesandtschaft Berlin 2654 (Bericht 384, 19.11.1874). BORN, Ausbau, 272, datiert die Einberufung der Kommission erst auf den 22.11.1874.

[211] BORN, Ausbau, 274.

[212] Kommissionsbericht und Gegenüberstellung des ursprünglichen Entwurfes mit dem des Bundesrates bzw. der Kommission: BayHStAM, Bayerische Gesandtschaft Berlin 1669.

[213] Bundesrat, Protokoll der 9. Sitzung, Session 1874/75, Sitzung vom 10.2.1875, 84: BayHStAM, Bayerische Gesandtschaft Berlin 1669.

[214] RGBl 15 (1875), 177–198; LOTZ, Geschichte, 163–328. Zur Bedeutung des Bankgesetzes vgl. die Thronrede des Deutschen Kaisers zur Eröffnung des Reichstages 1875: BayHStAM, Bayerische Gesandtschaft Berlin 2655 (Bericht 366, 26.10.1875).

[215] BORCHARDT, Währung, 13–14.

schwung, der sich besonders im Bereich von Handel und Verkehr niederschlagen sollte[216].

Als zentrale Instanz stand an der Spitze des deutschen Bankwesens in Zukunft die Reichsbank als Nachfolgeinstitut der Preußischen Bank mit einem Grundkapital von 120 Mio Mark[217]. Die Leitung der als Aktiengesellschaft geführten Institution wurde von der Reichsregierung eingesetzt, ihr Gesamteinfluß auf das Geschäftsgebaren blieb jedoch gering. Während der Reichsbank ein Kontingent an ungedeckten Noten in Höhe von 250 Mio Mark zugestanden wurde, verfügten alle Ländernotenbanken zusammen nur über 135 Mio Mark[218]. Darüber hinaus gingen alle Banknotenquoten der Länderbanken, die freiwillig auf ihr Notenemissionsrecht verzichteten, automatisch an die Reichsbank über. Die Kontingente mußten durch diskontierte Wechsel mit höchstens drei Monaten Laufzeit gedeckt sein, eine Notenausgabe über den jeweiligen Anteil hinaus war nur dann möglich, wenn diese Noten mit fünf Prozent versteuert wurden. Die damit verbundene Gewinnminderung sollte eine unkontrollierte Ausdehnung der Geldmenge verhindern, diente aber gleichzeitig auch als mögliche Elastizitätszone[219]. Schließlich verfügte das Bankgesetz, daß sich ab dem 1. Januar 1876 nur Marknoten im Wert von mehr als 100 Mark im Umlauf befinden durften[220]. Diese Bestimmung galt bis 1906 und schränkte den Notenumlauf fast vollständig auf den größeren Geschäftsverkehr ein[221].

Das Bankgesetz von 1875 legte auch die Bedingungen für den Übergang der Preußischen Bank an das Reich fest. Berechtigt, überall im Reichsgebiet Zweigstellen zu errichten, übernahm die Reichsbank anders als alle anderen Notenbanken auch währungspolitische Aufgaben[222]. Dazu zählten die Wahl des Währungsmetalles, die Festlegung des Münzsystems, die Ordnung des Scheidemünzwesens, der Ankauf von Metallen für die Münzprägung, die Regelung des

---

[216] BayHStAM, Bayerische Gesandtschaft Berlin 2656 (Bericht zum Schluß des Reichstages 384, 28.12.1876).

[217] „Vertrag mit Preußen über die Abtretung der Preußischen Bank an das Deutsche Reich": RGBl 18 (1875), 215–219; Die Statuten der Reichsbank vom 21. Mai 1875: BayHStAM, MH 10.952 (Statuten der Reichsbank) bzw. RGBl 18 (1875), 203–210. Zu den Beratungen im Bundesrat: BayHStAM, Bayerische Gesandtschaft Berlin 1675. Zur Politik der Reichsbank allgemein: SEEGER, Manfred, Die Politik der Reichsbank von 1876–1914 im Lichte der Spielregeln der Goldwährung (Volkswirtschaftliche Schriften 125), Berlin 1968; HETTLAGE, Karl M., Die Reichsbank 1876–1918, in: JESERICH, Verwaltungsgeschichte III, 263–274.

[218] Der ungedeckte Notenumlauf erhöhte sich bis um die Jahrhundertwende auf 470 Mio Mark: STROLL, Reichsbank, 80 (BayHStAM, Gesandtschaft Berlin 1226). SOMBART, Volkswirtschaft, 175–176, kritisierte die Beschränkungen der Reichsbank als hinderlich und „nicht gerechtfertigt".

[219] HENNING, Wirtschafts- und Sozialgeschichte, 1019.

[220] BayHStAM, MH 11.119 (Bericht des kgl. Kommissars, 28.4.1875). Seit Februar 1875 brachte die bayerische Hypotheken- und Wechselbank die ersten Banknoten in Reichswährung im Austausch gegen die eingehenden Guldennoten in Umlauf.

[221] BORCHARDT, Währung, 26.

[222] BayHStAM, MH 10.952 (Statuten der Reichsbank vom 21. Mai 1875) bzw. RGBl 18 (1875), 203–210.

Banknoten-, Staats- und Privatpapiergeldwesens, Bestimmungen über den Umlauf von ausländischen Münzen und Papiergeld sowie schließlich entsprechende Absprachen über Vereinheitlichungen im Währungswesen mit Nachbarländern.

Viele Bestimmungen des Bankgesetzes nahmen auf die im Bereich von Bankkonzessionen bestehenden Privilegien der Einzelstaaten Rücksicht, ohne ihnen einen allzu großen Spielraum einzuräumen. So mußten sich alle Banken verpflichten, Noten anderer Geldinstitute anzunehmen. Die neuen Auflagen nötigten faktisch zwölf von 32 Notenbanken, ihr Notenrecht aufzugeben[223], bis 1905 folgten weitere 16 Banken, so daß um die Jahrhundertwende neben der bayerischen nur noch die badische, sächsische und württembergische Notenbank existierten. So verlor das länderspezifische Notenbankwesen durch das Bankgesetz von 1875 immer mehr seinen Einfluß auf die Geldgeschäfte im Deutschen Reich. Lediglich in der Anfangszeit bestand noch eine gewisse Vielfalt der Notenbanken, neben der die aus der Preußischen Bank hervorgegangene Zentralnotenbank, die Reichsbank, mit den Jahren immer stärker dominierte.

Die Gründung der Bayerischen Notenbank

Der Geschäftskreis der öffentlich-rechtlichen Hypotheken- und Wechselbank hatte sich seit 1835 so stark erweitert, daß ihre Leitung bereits vor den im Zuge der Reichsgründung zwingend notwendig gewordenen Reformen eine Neufassung der Statuten für wünschenswert gehalten hatte[224]. Zunächst dachte man an die Möglichkeit, die Banknotenemmission der bestehenden Hypotheken- und Wechselbank erheblich zu steigern und weitere Filialen zu errichten[225]. Als nun einerseits der Abschluß eines Bankgesetzes mit seinen strengen Richtlinien für Zettelbanken in nahe Zukunft rückte, und die bayerische Regierung andererseits ihr Bankensystem vor den Zentralisationsbestrebungen Berlins schützen wollte, änderte das Finanzressort seine ursprünglichen Pläne und nahm umgehend Kontakt mit dem Direktorium der Hypotheken- und Wechselbank auf, um die Gründung einer neuen Zettelbank zu erörtern. Im Anschluß an die von Ministerium und Bank verbissen geführten Verhandlungen schlossen die Parteien am 20. März 1875 einen Vertrag, der die Gründung einer neuen Zettelbank, der Bayerischen Notenbank, unter Berücksichtigung der Paragraphen 9 und 47 des Bankgesetzes fixierte[226]. Die bayerische Gesamtregierung billigte am 15. Juni 1875 nach geringfügigen Änderungen die ausgearbeiteten Statuten und ernannte Karl von Meixner zum staatlichen Bankkommissar[227]. Ludwig II. genehmigte die Satzung der Baye-

---

[223] Nach KITTLER, Währungsgeschichte, 207, verzichteten 14 Banken sofort auf ihr Notenemissionsrecht, 16 behielten es bei, davon sechs ohne Begrenzung ihres Notenumlaufes.

[224] BayHStAM, MF 58.435 (39. Rechenschaftsbericht der Verwaltung der bayerischen Hypotheken- und Wechselbank 1874, 8.3.1875).

[225] BayHStAM, MF 58.434 (FM an Kgl. Bank in Nürnberg, 31.1.1875).

[226] BayHStAM, MH 10.996 (Statuten der Bayerischen Notenbank), veröffentlicht: GVBl (1875), 363; BayHStAM, MH 11.120 (40. Rechenschaftsbericht der Verwaltung der bayerischen Hypotheken- und Wechselbank 1875, 13.3.1876). Zur Gründung der Bayerischen Notenbank: GUTSCHMIDT, Aufbau, 181–192.

[227] BayHStAM, MH 10.996 (Schreiben der Hypotheken- und Wechselbank, 20.4.1875): Die von der Hypotheken- und Wechselbank gewünschte Bezeichnung „Bayerische Lan-

rischen Notenbank am 3. August 1875. Berr und Hohenlohe hatten ihm die Zustimmung mit dem Argument des verhältnismäßig großen staatlichen Einflusses auf die neue Bank abgerungen[228]. Am 18. Oktober fand die konstituierende Generalversammlung statt, die Bayerische Notenbank eröffnete am 3. November 1875. Ihre Tätigkeit beschränkte sich im wesentlichen auf das vergleichsweise risikolose Diskont-, Lombard-, Giro-, Depositen- und Notenemissionsgeschäft. Ihr Schwerpunkt lag auf dem Ankauf von Wechseln, um kurzfristige Kreditbedürfnisse des Gewerbes und der Landwirtschaft decken zu können. Der Erwerb von Hypotheken oder anderem liegenden Eigentum war ihr dagegen grundsätzlich untersagt[229].

Die Notenbank verfügte über ein Stammkapital in Höhe von 15 Mio Mark, eingeteilt in 30.000 Aktien zu je 500 Mark, wovon 50 Prozent bar eingezahlt werden mußten[230]. Zwei Drittel der Aktien standen den Aktionären der Hypotheken- und Wechselbank zu, das restliche Drittel sicherten sich zum Nennwert je zur Hälfte die Hypotheken- und Wechselbank und die Staatsregierung. Die Aktiengesellschaft mit Hauptsitz in München besaß ein steuerfreies und ungedecktes Notenkontigent von 32 Mio Mark, während die Hypotheken- und Wechselbank nur über ein Notenausgaberecht von 12 Mio fl bzw. 21 Mio Mark verfügt hatte. Ferner gestattete Paragraph 47 Abs. 3 des Bankgesetzes eine Maximalgrenze von 70 Mio Mark im Umlauf befindlicher Banknoten; den darüber hinaus notwendigen Bedarf an Banknoten deckte die Reichsbank[231]. Schon im ersten Geschäftsjahr war diese Freigrenze mit über 67 Mio Mark nahezu ausgeschöpft. Sowohl Finanz- als auch Innenministerium forderten von Anfang an eine indirekte Beteiligung des Staates an der neuen Notenbank, um ihr Mitspracherecht in Notenfragen zu sichern und eine umfassende Zentralisation des Notenbankwesens zu vermeiden: Ein möglicher Verzicht auf das Notenemissionsrecht durch

des-Bank" wurde von der Regierung abgelehnt. Zu den Verbindungen *Meixners* zur bayerischen Regierung siehe Kapitel V.2.c) *Maßgebliche Mitarbeiter im Staatsministerium des Handels und der öffentlichen Arbeiten nach 1862: Weitere wichtige Mitarbeiter: Georg Ludwig Carl Gerbig, Karl von Meixner und Karl Kleinschrod* (S. 248).

[228] BayHStAM, MH 10.996 (Genehmigung, 14.6.1875 und Übersendung der Statuten an Ludwig II., 27.7.1875; königliche Genehmigung, Hohenschwangau, 3.8.1875).

[229] BayHStAM, Staatsrat 1241 (Sitzung, 24.3.1875): Aufgrund des Bankgesetzes durfte die Hypotheken- und Wechselbank ihre Betriebsmittel in Zukunft nur für Versicherungs- und Bodenkreditgeschäfte verwenden.

[230] BayHStAM, MH 10.996 (Statuten der Bayerischen Notenbank). BayHStAM, MH 11.119 (FM an Ludwig II., 6. März 1875): Das Notenemissionsrecht der Notenbank wurde zunächst bis 1891 beschränkt.

[231] BayHStAM, MH 10.996 (Entwurf des Vertrages zwischen Hypotheken- und Wechselbank und Bayerischer Notenbank, 19.10.1875). HELFFERICH, Reform I, 287; HEIL, Reichsbank, 41 und 53: Die sächsische Bank verfügte über ein unbeschränktes Banknotenemissionsrecht, die Württembergische Notenbank über knapp 26 Mio Mark, die Bank für Süddeutschland über knapp 37 Mio Mark und die Badische Bank über 27 Mio Mark. HENNING, Wirtschafts- und Sozialgeschichte, 1020, gibt dagegen für die sächsische Bank 16,771 Mio Mark, für die Württembergische und die Badische Notenbank jeweils 10 Mio Mark Notenausgaberecht an.

den Bankvorstand konnte deshalb ohne Zustimmung der Staatsregierung nicht erfolgen[232].

Die Bayerische Notenbank arbeitete auf der Basis einer Aktienbank, während sich die Hypotheken- und Wechselbank vollständig auf das Hypothekengeschäft zurückzog und die Ausgabe ihrer Banknoten mit dem 3. November 1875 einstellte[233]. Die noch umlaufenden Guldennoten der Hypotheken- und Wechselbank sollten bis zum 31. Dezember 1875, die Marknoten ein Jahr später aus dem Umlauf genommen werden[234]. Der staatliche Kommissar der Hypotheken- und Wechselbank Riedel konnte zum Mai 1876 vermelden, daß die Guldennoten bis auf einen kleinen Bruchteil sowie die Marknoten bis auf 6 Mio Mark eingezogen waren[235]. Allerdings kam es wie bei der Umstellung des Münzgeldes zu Schwierigkeiten. Die Gültigkeit der Noten der Hypotheken- und Wechselbank mußte verlängert werden, um „Verwirrung" unter der Bevölkerung zu vermeiden, „welche in wirthschaftlicher Hinsicht kaum wünschenswerth ist, u(nd) der Notencirculation der bayer. Notenbank nachtheilig sein könnte"[236]. Ähnlich wie bei der Regelung des Münzwesens konnte sich die Bevölkerung nur langsam an das neue Geld gewöhnen. Trotzdem beschlossen die bayerischen Ministerien im Frühjahr 1877, daß die grünen Marknoten der Hypotheken- und Wechselbank spätestens bis zum 1. Januar 1878 gegen die blauen der Bayerischen Notenbank auszutauschen waren.

Mit der Gründung der Bayerischen Notenbank beschränkte sich der Wirkungskreis der Hypotheken- und Wechselbank weitgehend auf München. Dennoch waren die Regierungsverantwortlichen bemüht, ihren Bestand zu sichern. Deshalb wurde die Bank beispielsweise der Verpflichtung enthoben, Dreifünftel ihres Stammkapitales gegen einen Zins von höchstens vier Prozent auf Grund und Boden in Hypotheken anzulegen[237].

Die Bedeutung der Bayerischen Notenbank lag von Anfang an in ihrer Dezentralisation, denn um mit der Reichsbank konkurrieren zu können, war sie gezwungen, ein dichtes Netz an Filialen und Agenturen zu errichten[238]. Nur so konnte sie eine gleichbleibende Notenzirkulation garantieren. Die Notenbank eröffnete 1875 mit sechs Filialen und 28 Agenturen, Ende 1877 existierten in 41 bayerischen Städten Zweigstellen, die sich bis 1881 auf 46 erhöhten[239]. Wie

---

[232] BayHStAM, MF 58.435 (Beratung des FM und IM, 20.2.1875).

[233] BayHStAM, MH 11.119 (Direktorium der Hypotheken- und Wechselbank an IM, 11.2.1875).

[234] GVBl 55 (15.11.1875), 668.

[235] BayHStAM, MH 10.996 (staatlicher Kommissar der bayerischen Hypotheken- und Wechselbank, Riedel, an IML, 28.4.1876).

[236] Ebd. (Kommissar Riedel an IML, 28.4.1876).

[237] In diesen Zusammenhang fällt auch die erweiterte Ausgabe von Pfandbriefen in Höhe von 260 Mio Mark: BayHStAM, MF 58.435 (IML an FM, 15.11.1875).

[238] Als Agenturen fungierten Privatbankiers, die im Auftrag der Bank für eine Provision kommissionsweise das Noten- und Diskontgeschäft abwickelten: GUTSCHMIDT, Aufbau, 190–192.

[239] Die bayerische Regierung legte großen Wert auf die Gründung zahlreicher Filialen der Notenbank: BayHStAM, MH 10.952 (IM an Bundestagsbevollmächtigten Riedel, 18.5.1875). Filialen bestanden in Augsburg, Kempten, Lindau, Ludwigshafen, Nürnberg

wichtig die dezentrale Anordnung in Verbindung mit einer weitgehenden Vereinheitlichung des Bankwesens für die Entwicklung von Gewerbe, Industrie und Handel war, zeigt eine Eingabe der pfälzischen Regierung an das Innenministerium vom Juli 1875. Das Schreiben reagierte unmittelbar auf das Gerücht, daß im bayerischen Ludwigshafen zugunsten des „gegenüberliegenden und mit diesem pfälzischen Handelsplatze rivalisirenden Mannheim" keine Zweigstelle der Bayerischen Notenbank eingerichtet werden sollte und wies in aller Deutlichkeit darauf hin, daß „die Ausführung eines solchen Planes, wenn er je bestanden oder etwas anderes als eine vorübergehende Idee war, die Interessen nicht allein der Stadt Ludwigshafen, sondern auch der ganzen Pfalz in diesem ihrem Haupthandelsplatze schädigen und der Staats-Regierung, welche mit der Verwaltung des fraglichen privilegirten Bankinstitutes identificirt wird, die Mißstimmung eines großen Theiles unseres Handelsstandes einbringen würde"[240]. Man forderte eine Gleichstellung mit dem rechtsrheinischen Bayern in Geld- und Finanzierungsangelegenheiten und erinnerte die Münchner Regierung nachdrücklichst an die bisherige Benachteiligung des Landesteiles durch die staatlich unterstützte Hypotheken- und Wechselbank. Eine zukünftige Vernachlässigung des Bezirkes durch die Notenbank wollte man nicht mehr akzeptieren. Obwohl die bayerische Hypotheken- und Wechselbank diesem Vorwurf widersprach, ist doch unbestreitbar, daß sie für die Pfalz immer eine untergeordnete Rolle gespielt hatte. Um auch einer zukünftigen Zurücksetzung des Regierungsbezirkes im Bankenbereich vorzubeugen, stellte der pfälzische Handelsrat bei den bayerischen Staatsministerien des königlichen Hauses und des Äußern sowie des Innern, Abt. für Landwirtschaft, Gewerbe und Handel, bereits Anfang 1876 einen Antrag auf Errichtung einer Zweigstelle der Reichsbank in Kaiserslautern. Das Gesuch wurde genehmigt, da weder die Nürnberger Staatsbank noch die Bayerische Notenbank Interesse an einer Außenstelle in der Pfalz zeigten[241]. Weitere Filialeröffnungen der Zentralbank wollte die Münchner Regierung aber aus Rücksicht auf die Bayerische Notenbank und die Empfindlichkeiten des Königs, der darin einen Eingriff Berlins in sein Hoheitsgebiet hätte argwöhnen können, nicht fördern und befürwortete lediglich die Einrichtung jeweils einer Zweigstelle in den drei Hauptlandesteilen Bayerns[242]. Diese Zurückhaltung in bezug auf die Eröffnung von Reichsbankfilialen in Bayern geht auch aus einem Beschwerdeschreiben des Reichskanzleramtes vom September 1875 hervor. Die Kaiserliche Führung appellierte darin nachdrücklich, die „drei bayerischen Landestheile, Altbayern, Franken und die Pfalz wenigstens durch Errichtung je Einer Bank-

und Würzburg, Agenturen in Amberg, Ansbach, Aschaffenburg, Bamberg, Bayreuth, Erlangen, Freising, Fürth, Hof, Kaiserslautern, Kaufbeuren, Kitzingen, Kulmbach, Landau/Pfalz, Landshut, Memmingen, Neustadt/H., Nördlingen, Neu-Ulm, Ochsenfurt, Passau, Pirmasens, Regensburg, Rosenheim, Schweinfurt, Speyer, Straubing, Zweibrücken: BayHStAM, MH 10.996 (gedruckter Geschäftsbericht von 1876). Ein Jahr später kamen hinzu: Cham, Frankenthal, Grünstadt, Ingolstadt, Kirchheimbolanden, Kusel, Neustadt/Donau: BayHStAM, MH 10.997 (gedruckter Geschäftsbericht, 1877).
[240] BayHStAM, MH 10.996 (Pfälzische Regierung an IML, 8.7.1875).
[241] BayHStAM, MH 10.952 (FM an Reichskanzleramt, Konzept, 15.6.1875).
[242] Ebd. (IML an AM, 21.5.1875 bzw. IML an AM, 28.8.1875).

stelle"²⁴³ zu berücksichtigen sowie in München eine „Reichsbank-Hauptstelle und in einer der größeren Städte Frankens, sowie in Kaiserslautern und Neustadt a.H. oder wenigstens in einer dieser beiden Städte weitere Zweiganstalten" zu errichten. Gerade die Pfälzer forderten aber aufgrund ihrer schlechten Erfahrungen und der nach wie vor kritischen Bankensituation in ihrem Regierungsbezirk weitere Filialen, zumal sie aus ihrer Sicht aufgrund der industrieller geprägten Wirtschaftsstruktur als im restlichen Bayern auf mehr Kapital angewiesen waren. Schließlich konnten sie für Ludwigshafen eine Zweigstelle der Bayerischen Notenbank durchsetzen, für Neustadt a. H. und Kaiserslautern anfangs nur Agenturen, die aber im Oktober 1875 bereits als Filialen registriert waren.

Im Januar 1876 verfügte die Reichsbank neben der Hauptstelle in München über zwei Bank- und acht Nebenstellen in Bayern. Während sie vor allem ein Institut für das Großkapital war, schenkte die Bayerische Notenbank in erster Linie der Individualisierung des lokalen Kreditlebens Beachtung. Obwohl die Notenbanken der Länder die Reichsbank unterstützen sollten, und diese ihrerseits den Notenumlauf im gesamten Reich zu regeln hatte, entstand schon bald eine verhängnisvolle Konkurrenz zwischen der Zentralbank in Berlin und der Notenbank in München. Von der Bevölkerung als „Preußenbank"²⁴⁴ gemieden, fürchtete die Reichsbank um ihren Einfluß in Bayern. Daran war die bayerische Regierung nicht ganz unschuldig, denn bereits im Mai 1875 hatte Innenminister Sigmund von Pfeufer das Ansinnen geäußert, „im Interesse der Bayer. Notenbank und auch vom politischen Standpuncte (...) die Concurrenz der Reichsbank möglichst ferne zu halten oder wenigstens auf das unabweichbare Bedürfniß einzuschränken"²⁴⁵. Noch Anfang der 1880er Jahre schürte deshalb die preußische Presse das Gerücht einer absichtlichen Benachteiligung der Reichs- gegenüber der Bayerischen Notenbank in Süddeutschland²⁴⁶. Eine Übersicht über den Gesamtumsatz beider Institute beweist jedoch schon für die Anfangsjahre, daß die Gerüchte um eine Zurücksetzung der Reichsinstitution unbegründet waren, obwohl sich die Bayerische Notenbank nicht scheute, die Diskontpolitik der Zentralbank mit einem eigenen, niedrigeren Diskontsatz zu untergraben: Hatte die Berliner Zentralbank 1876 in Bayern einen Umsatzanteil von 45,2 Prozent, so konnte sie diesen im nächsten Jahr auf fast 60 Prozent steigern, ab 1880 waren es dann weit über 60 Prozent²⁴⁷. Mitte der 1870er Jahre gab die Bayerische Notenbank dennoch nicht ohne Genugtuung bekannt, daß „nach wie vor (...) die bayerische Banknote innerhalb Bayerns das beliebteste Creditzahlungsmittel" darstellte²⁴⁸. Die Stimmung zwischen den beiden Anstalten verschlechterte sich daraufhin erheblich. Auf dem Höhepunkt des Konfliktes im Jahre 1879 hielt die Reichsbank hohe Summen bayerischer Banknoten zurück und legte diese nicht mehr, wie vereinbart, in regelmäßigen Abständen zur Einwechslung gegen Reichsbanknoten

---

²⁴³ BayHStAM, Bayerische Gesandtschaft Berlin 1675 (Reichskanzleramt an AM, 14.9.1875).
²⁴⁴ GUTSCHMIDT, Aufbau, 195.
²⁴⁵ BayHStAM, MH 10.952 (IM an Bundestagsbevollmächtigten Riedel, 18.5.1875).
²⁴⁶ BayHStAM, MH 10.953 (Riedel an AM (Abschrift), 21.11.1882).
²⁴⁷ HEIL, Reichsbank, 17.
²⁴⁸ BayHStAM, MH 10.997 (gedruckter Geschäftsbericht, 1877).

vor, so daß sie die Länderbank ihrer Betriebsmittel beraubte. Während der Tagesdurchschnitt normalerweise etwa 0,5 Mio Mark betrug, schränkte die Reichsbank ihre Präsentation an bayerischen Scheinen im Juni 1879 auf cirka 360.000 Mark ein, im Juli waren es gar nur 150.000 Mark, um den Betrag im August schlagartig auf 3 Mio Mark anschwellen zu lassen[249].
Diese drastischen Maßnahmen, die gegen mehrere Privatnotenbanken im Deutschen Reich ergriffen wurden, hatten ihren Ursprung nicht nur im Konkurrenzverhalten, sondern beruhten auch auf der Furcht, eine verstärkte Notenausgabe der einzelnen Länderbanken würde den Umlauf von Goldmünzen beschneiden. In Bayern keimte freilich das Mißtrauen auf, die Reichsbank wollte durch das inkonziliante Verhalten ihren Einfluß auf das Notengeschäft erhöhen. Auf längere Sicht gefährdete die Reichsbank mit ihren Zwangsmaßnahmen die Existenz der bayerischen Bank, so daß das Bankdirektorium das Innenministerium aufforderte, beim Reichskanzleramt zu intervenieren[250]. Daraufhin suchte der bayerische Gesandte in Berlin um eine Änderung der Geschäftspolitik der Reichsbank nach, ohne daß zunächst eine Besserung und damit eine regelmäßige Vorlage von Banknoten stattgefunden hätte. Das Reichskanzleramt begründete seine Maßnahmen damit, daß die Bayerische Notenbank ihrerseits auf der einen Seite das Notenprivileg voll ausnützen und auf der anderen Seite durch die Unterbietung des Reichsdiskontsatzes schädigend auf die Aktivitäten der Zentralbank einwirken würde[251]. Die Bank wehrte sich gegen diese Vorwürfe, da die Reichsbank von der Konkurrenz in Süddeutschland von Anfang an gewußt hätte, und griff Reichsbank und Reichsregierung an, sie versuchten lediglich, die Ländernoten zugunsten der Reichsbankzettel zu verdrängen.
Der Streit zwischen den beiden Instituten konnte erst im Frühjahr 1880 beigelegt werden, in dessen Folge die Reichsbank, die sich seit diesem Zeitpunkt auf eine gesicherte Geschäftsbasis stützen konnte, wieder zu einer regelmäßigen Einlösung der Länderbanknoten überging[252]. Die Banknovellen von 1889 und 1899 festigten die Vormachtstellung der Reichsbank gegenüber der Bayerischen Notenbank, die – im Aktivgeschäft benachteiligt durch ihr eingeschränktes Notenausgaberecht – unter schärfere Kontrolle gestellt wurde[253].
Die Zentralisierung des Notenbankwesens in Deutschland kann als Glied in der Kette der vielfältigen Konzentrationsprozesse vor und besonders nach der Reichsgründung gesehen werden, auch wenn im Zusammenspiel zwischen Berlin und München in den Anfangsjahren Zwistigkeiten nicht zu vermeiden waren. Dennoch konnte die Bayerische Notenbank ihre angestrebte territoriale Vorrangstellung sichern; eine überregionale Bedeutung über Bayern hinaus war niemals beabsichtigt[254]. Sie mußte erst im Jahre 1935 ihre Tätigkeit einstellen, als sie von

---

[249] Ebd. (Bayerische Notenbank an IML, 15.7.1879).
[250] Ebd. (Bayerische Notenbank an IML, 4.8.1879).
[251] Ebd. (Reichsbankdirektorium an Reichskanzleramt, 25.9.1879).
[252] Ebd. (Bayerische Notenbank an IML, 15.5.1880).
[253] HEIL, Reichsbank, Schlußbetrachtung.
[254] Anders: GUTSCHMIDT, Aufbau, 224.

der Nationalsozialistischen Führung gezwungen wurde, ihren gesamten Goldbestand an die Reichsbank zu verkaufen[255].

3. Die Vereinheitlichung von Maßen und Gewichten

a) Maßnahmen vor der Reichsgründung bis zur Maß- und Gewichtsordnung von 1869

Die Vereinheitlichung von Maßen und Gewichten fand in der Publizistik des 19. Jahrhunderts weit weniger Berücksichtigung als die des Geldwesens. So ist es nicht verwunderlich, daß sich auch die Forschung dieser für Handel und Industrie wichtigen Angelegenheit bisher kaum näher beschäftigt hat. Der Reichsdeputationshauptschluß 1803 und das Ende des Alten Reiches kennzeichnen den Beginn der letzten Epoche des alten Maßwesens, die mit der Einführung des metrischen Systems für alle deutschen Staaten zum 1. Januar 1872 endet. Bis dahin herrschte bei den Maßen und Gewichten genauso wie im Münzwesen große Konfusion, da jeder Staat auf seinen Souveränitätsrechten bestand und dementsprechend kaum zu Konzessionen bereit war. Bezeichnend für den unhaltbaren Zustand im Maß- und Gewichtswesen ist ein Artikel der „Allgemeinen Sonntagspost" von Lemgo[256]: „Das schlimmste war, daß die Maßsysteme der verschiedenen Länder ohne Bezugnahme auf die anderwärts angewandten Systeme aufgestellt waren und daher die Umrechnung eine nicht nur lästige, sondern auch ungenaue wurde, da die großen Brüche nicht realisiert werden konnten."

Zwischen 1809 und 1811 sollten einige bayerische Verordnungen für allgemein verbindliche Maße und Gewichte in allen Regierungsbezirken diesseits des Rheins sorgen[257], da die Uneinheitlichkeit der Maße und Gewichte als hemmend für die wirtschaftliche Entwicklung des Königreiches eingeschätzt wurde[258]. Bayern bediente sich dabei wie alle anderen deutschen Staaten des sogenannten Maßvergleiches mit Hilfe ganzer Zahlen, um Abweichungen infolge notwendiger Umrechnungen so gering wie möglich zu halten[259]. Die Verordnung vom 28. Februar 1809 legte den altbaierischen Fuß, eingeteilt in 12 Zoll, den Zoll zu 12 Linien, als Grundeinheit fest. Weitere Längeneinheiten bildeten der Klafter zu 6 Fuß, die geometrische Ruthe zu 10 Fuß à 12 Zoll und die „baierische" Elle zu 2 Fuß

---

[255] ZORN, Wolfgang, Bayerns Gewerbe, Handel und Verkehr (1806–1970), in: SPINDLER, Max (Hg.), Handbuch der bayerischen Geschichte IV/1, München ²1979, 829.

[256] „Das neue Maß und Gewicht", in: Die Sonntagspost (1871), 177, zitiert nach: VERDENHALVEN, Fritz (Bearb.), Alte Maße, Münzen und Gewichte aus dem deutschen Sprachgebiet, Neustadt/Aisch 1968, 6.

[257] WITTHÖFT, Harald, Deutsche Maße und Gewichte des 19. Jahrhunderts nach Gesetzen, Verordnungen und autorisierten Publikationen deutscher Staaten, Territorien und Städte (Handbuch der Historischen Metrologie 2), 3 Bde, St. Katharinen 1993, hier Bd. 2, 602–603.

[258] Die kgl. Verordnung vom 28.2.1809 „Die Einführung eines gleichen Maß=, Gewicht= und Münz=Fußes im Königreiche Baiern betr.": RBl 20 (11.3.1809), 473–478.

[259] WITTHÖFT, Maße 1, 2–3.

10 ¼ Zoll[260]. Beim Flächenmaß galt fortan der Quadratfuß zu 144 Quadratzoll als Grundeinheit, der Quadratklafter entsprach 36 Quadratfuß, die Quadratruthe 100 Quadratfuß und ein Tagwerk, Morgen oder auch Juchert genannt, 400 Quadratruthen oder 40.000 Quadratfuß. Für Flüssigkeiten bestimmte das Dekret die Maßkanne zu 43 baierischen Dezimal-Kubikzoll, ein Eimer zu 64 Maß oder 752 baierische Dezimal-Kubikzoll. Schließlich setzte man das bisherige Münchner oder baierische Pfund zu 32 Lot dem französischen Gewicht von 560 g gleich sowie ein Centner 100 Pfund. Für das Getreidemaß bildete der altbaierische „Mezen" zu 34 ⅔ baierischen Maßkannen (6 Mezen waren 1 „Schäffel") die grundlegende Einheit. Eine der Verordnung beigefügte, allerdings fehlerhafte Umrechnungstafel der bayerischen Maßeinheiten in das metrische bzw. französische System sollte der unproblematischeren Umrechnung im internationalen Verkehr dienen.

Die allgemein für Bayern verbindlichen Normalmaße und Gewichte sollten zum 1. Januar 1810 eingeführt und gleichzeitig alle anderen Einheiten verboten werden; die Frist mußte jedoch bis zum 1. Oktober 1810 verlängert werden[261], damit sich die Gewerbetreibenden die erforderlichen Gerätschaften für die neuen Maße und Gewichte besorgen konnten. An diesen Termin wurde in der Verordnung vom 7. Juni 1811[262] nochmals erinnert, da die Realisierung offensichtlich auf Schwierigkeiten stieß. Gleichzeitig legte der Erlaß die Richtlinien für Holz- bzw. Kalkmaß fest[263]. Danach war die Maßeinheit für das Kalkmaß der bereits 1809 verbindlich festgelegte Schäffel zu 208 Maß bzw. 8 Kubikfuß und 944 Dezimal-Kubikzoll. Die Verordnung vom 25. Oktober 1811 bestimmte schließlich den Kubikinhalt des Klafters für Holz auf 126 Kubikfuß[264]. Die verwirrenden Anordnungen erschwerten jedoch den Gebrauch der neuen Maße und Gewichte im alltäglichen Handel; in der Tat blieben die in den Jahren 1809 bis 1811 annullierten Maße bis zur umfassenden Neuordnung im Jahre 1868 in Gebrauch[265].

Die linksrheinische Pfalz verwendete statt dessen seit 1812 das von den Franzosen eingeführte metrische, das heißt französische, Maß- und Gewichtssystem[266]. Im Juli 1819 gewährte die Regierung dessen Beibehaltung so lange, bis „eine nähere Verbindung zur Pfalz mit den übrigen Theilen des Königreiches hergestellt wird"[267], da sie keine Möglichkeit sah, die altbayerischen Maße auch in

---

[260] M. Mendelsohn's Handbuch der Münz-, Maß- und Gewichtskunde, Potsdam 1855 (Reprint Neustrelitz 1994), 34–35.

[261] Allgemeine Verordnung, 30.3.1810: RBl XIV (4.4.1810), 225–227.

[262] RBl XL (19.6.1811), 785–786.

[263] RBl XLII (3.7.1811), 819–820.

[264] RBl LXXII (13.11.1811), 1667.

[265] Ludwig I. verfügte 1834/1835 nochmals erfolglos die Einhaltung der neuen Getreidemaße: RBl 40 (22.8.1834), 985–988 und 47 (16.9.1835), 809–812.

[266] Frankreich hatte zwischen 1790 und 1799 die metrischen Maße beruhend auf dem Dezimalsystem eingeführt: HAUSSCHILD, Johann F., Zur Geschichte des deutschen Maß- und Gewichtswesens in den letzten sechzig Jahren, Frankfurt a. Main 1861, 38; WITTHÖFT, Maße 2, 603.

[267] BayHStAM, MA 63.260 (Schreiben des HM, 19.7.1864); BayHStAM, MA 63.262 (Motive zum Gesetzentwurf, die Maß- und Gewichte Ordnung für das Königreich Bayern betr., o.D.).

diesem, weniger an Altbayern denn an Frankreich und Baden orientierten Regierungsbezirk durchzusetzen. So entsprach in der Rheinpfalz 1 Fuß ⅓ Meter und 1 Elle 1 ⅕ Meter[268]: Der pfälzische Kleinhandel verwendete außerdem bis 1868 die sogenannten „Poids et mesures usuelles" als offizielles Maß.

Mit der Gründung des deutschen Zollvereins einigten sich die Vertragspartner in Artikel 14 darauf, „daß in ihren Landen ein gleiches Münz-, Maaß- und Gewichtssystem in Anwendung komme, hierüber sofort besondere Unterhandlungen einleiten lassen, und die nächste Sorge auf die Annahme eines gemeinschaflichen Zollgewichtes"[269] gelegt werden sollte. Ein erster Schritt stellte die Einführung des Zollgewichtes auf metrischer Grundlage dar, obwohl die Umstellung auf das nicht-metrische preußische Zollpfund weniger kompliziert gewesen wäre. Die Vereinheitlichung von Maßen und Gewichten beschäftigte die Mitglieder seit der ersten Generalzollkonferenz im Jahre 1836, ohne daß man zu einer Einigung gekommen wäre. Auf der Versammlung von 1838 legte der sächsische Zollvereinsbevollmächtigte ein Konzept vor, das für die Übernahme des französischen Systems plädierte, konnte sich aber bei den Kollegen nicht durchsetzen[270]. Eine Einigung erfolgte 1839 nur beim Zollgewicht. Fortan galt für den „internationalen" Verkehr das Zollpfund zu 500 g bzw. 50 französischen kg[271]. 100 Zollpfund à 32 Lot entsprachen einem Zoll-Centner. Ein Nachteil blieb, daß das Zollpfund nicht in 30, sondern in 32 Lot geteilt wurde, die gewünschte und vom Handelsstand geforderte Abstimmung auf einige Nachbarländer war damit nicht möglich.

Im rechtsrheinischen Bayern mußte ab 1840 das Zollgewicht zu 500 g beim Warenverkehr im Bereich von Post und Eisenbahn sowie bei den Zollbehörden verwendet werden[272]. Die Einführung brachte Probleme mit sich, da man für das auf metrischer Grundlage basierende Gewicht entgegen den Großherzogtümern Baden und Hessen neue Urmaße herstellen lassen mußte. Gleichzeitig erschwerte die parallele Verwendung zweier verschiedener Gewichtssysteme mit gleicher Bezeichnung in Bayern den allgemeinen Umgang[273]. Unter diesen Voraussetzungen lehnte insbesondere der bayerische Bevollmächtigte Carl von Bever[274] auf der vierten Zollvereinskonferenz 1841 die Annahme des Zollgewichtes als Landes-

---

[268] M. Mendelsohn's Handbuch, 34.

[269] VERTRÄGE und Verhandlungen I, 6.

[270] VERHANDLUNGEN der zweiten General-Conferenz in Zollvereins-Angelegenheiten, Dresden 1838, Beilage I, 1–26.

[271] VERHANDLUNGEN der dritten General-Conferenz in Zollvereins-Angelegenheiten, Berlin 1839, Protokoll, 1–2; WITTHÖFT, Maße 2, 595.

[272] Die Verordnung datiert vom 14.5.1839: Fortgesetzte Sammlung der im Gebiete der inneren Staatsverwaltung des Königreichs Bayern bestehenden Verordnungen von 1835 bis 1852, aus amtlichen Quellen bearb. von Friedrich Frhr. von STRAUß, NF 8 (=Döllinger'sche Sammlung XXVIII/1), München 1854, 424–426.

[273] 1 Zollpfund = 32 Lot = 500 g. In Bayern entsprach dagegen 1 bayerisches Pfund = 32 Lot = 560 (sic!) g. Damit entsprach 1 bayerisches Lot 1,1200 Lot des Zollpfundes, im Gebrauch 1 ⅛ Lot.

[274] Zu *Carl von Bever* siehe Kapitel VI.3.c) *Die Leitung des Staatsministeriums des Handels und der öffentlichen Arbeiten bis 1865* (S. 285).

gewicht ab[275]. Vor allem der Großhandel, der zum Gebrauch des Zollpfundes verpflichtet war, drängte jedoch anders als die kleineren Verbraucher auf die Benutzung des für alle Zollvereinsstaaten verpflichtenden Zollgewichtes[276]. Handel, Gewerbe und Industrie Bayerns forderten deshalb wiederholt eine Verständigung über ein einheitliches Landesgewicht; die Regierung verweigerte aber über Jahre hinaus den verbindlichen Gebrauch des Zollpfundes auf Landesebene[277]. Im Deutschen Bund war dagegen der Siegeszug des Zollgewichtes nicht aufzuhalten, zumal es auch in Österreich ab dem Februar 1852 eingeführt worden war[278].

Das Revolutionsparlament von 1848 konnte die Einführung des metrischen Systems in allen deutschen Staaten aufgrund seiner schwachen Position nicht durchsetzen[279]. In der Folge intensivierte allerdings König Maximilian II. die Bemühungen um ein einheitliches Gewichtssystem: Vier Jahre nach seinem Regierungsantritt forderte er von seinen Ministern eine Stellungnahme, „welche Schritte zunächst gethan werden könnten, um ein gemeinsames Münz, Maaß und Gewichtssystem für ganz Deutschland oder wenigstens für die norddeutsche und süddeutsche Staatengruppe anzubahnen?"[280] Der Monarch war in dieser Angelegenheit seiner Zeit voraus, denn der Ministerrat lehnte Vereinheitlichungsmaßnahmen aufgrund der bestehenden Spannungen zwischen Preußen und Österreich ab. Der ausbrechende Krimkrieg unterbrach auch hier, wie im Münzwesen, alle begonnenen Aktivitäten.

Die Industrieausstellung in München im Jahre 1854 ermöglichte die Aufnahme neuer Kontakte. Auf der Veranstaltung setzte sich ein Teil der aus den Zollvereinsstaaten stammenden Aussteller für die Einführung einer gleichen „Elle" und eines einheitlichen Handelsgewichtes für „Deutschland und Österreich" ein[281]. Infolgedessen machte Ludwig von der Pfordten den Vorschlag, die Frage zusammen mit der Beratung über eine mögliche Münzkonvention zu verbinden. Gleichzeitig lud die Donaumonarchie zu Gesprächen ein, zu denen die bayerische Regierung den königlichen Obermünzmeister von Haindl entsandte. Der ein Jahr zuvor abgeschlossene Handelsvertrag zwischen Österreich und dem deutschen Zollverein sowie die damit zu erwartenden steigenden Handelsbeziehungen vor allem nach Bayern ließen an den ernsthaften Bemühungen der Wiener Regierung kaum Zweifel aufkommen.

Die Verhandlungen mit der Donaumonarchie gestalteten sich so positiv, daß die bayerische Regierung im Frühjahr 1855 bei ihren Bezirksregierungen um ein Gutachten in der Frage einer einheitlichen Maß- und Gewichtsordnung nach-

---

[275] VERHANDLUNGEN der vierten General-Conferenz in Zollvereins-Angelegenheiten, Berlin 1840 1841, 53.

[276] BayHStAM, MA 63.262 (Gesetzentwurf, die Maß- und Gewichte Ordnung für das Königreich Bayern betr., o.D.).

[277] BayHStAM, MA 63.254 (Schreiben des HM, 2.4.1855).

[278] HAUSSCHILD, Geschichte, 56; WITTHÖFT, Maße 2, 595.

[279] HALLGARTEN, Georg W.F./RADKAU, Joachim, Deutsche Industrie und Politik von Bismarck bis heute, Frankfurt a. M./Köln 1974, 30.

[280] BayHStAM, MA 63.254 (Schreiben des AM, 29.10.1854).

[281] Ebd. (Schreiben des HM, 4.10.1854).

suchte. Die Mehrzahl sprach sich für den ausschließlichen Gebrauch des Zollpfundes zu 500 g aus, der preußische Vorschlag einer Unterteilung desselben in 30 Lot wurde allerdings abgelehnt. Ungeachtet dieser positiven Reaktionen zog es das Handelsministerium vor, vorerst „keine Maßregel zu treffen"[282], da sich die Zollvereinsstaaten untereinander nicht auf eine gemeinsame Einteilung des Zollpfundes einigen konnten. Während sich Württemberg, Kursachsen und Hannover der Vorstellung Bayerns anschlossen, die Gliederung in 32 Lot beizubehalten, plädierten die meisten für 30 Lot, Braunschweig behielt seine Einteilung in 10 Lot. Überdies befürchtete man in Bayern, daß den weniger Begüterten und damit der Mehrzahl des bayerischen Volkes bei einer Umstellung Nachteile entstehen könnten. Der Übergang zu einer leichteren Gewichtseinteilung hätte zwangsläufig Preissteigerungen im täglichen Bedarf nach sich gezogen. An dieser Meinung hielt die Regierung auch noch Anfang 1856 fest, als für Baden, Hessen-Darmstadt, Luxemburg und Nassau, aber auch für die bayerische Rheinpfalz das Zollpfund zu 30 Lot als Landesgewicht eingeführt wurde. Die Münchner Ressortleiter lehnten diesen Schritt für die altbayerischen Gebiete so lange ab, bis die Gewichtseinheit in allen Zollvereinsstaaten verpflichtend war, blieben also bei der bestehenden Unterteilung des Zollpfundes in 32 Lot. Kurz darauf, im Mai, mußte sich jedoch auch Bayern dem allgemeinen Druck beugen und verordnete zum 1. Juli 1858 das Zollpfund mit folgender Unterteilung als allgemeines Landesgewicht[283]: 1 Centner entsprach 100 Pfund, 1 Pfund 30 Lot, 1 Lot 30 Quentchen, 1 Quentchen 10 Zent und 1 Zent 10 Korn.

Weitere Beratungen, die von Maximilian II. ausdrücklich gewünscht wurden und die Einführung des Zollpfundes mit einer einheitlichen Unterteilung im nationalen und internationalen Handelsverkehr vorbereiten sollten, verliefen im Sande. Wie wichtig aber einheitliche Regelungen für den Handel waren, zeigt der erste Beratungspunkt des 1861 gegründeten Deutschen Handelstages, der sich intensiv mit der Vereinheitlichung der Maße und Gewichte auseinandersetzte[284]. Ein Jahr zuvor hatten Bayern, Sachsen, Württemberg, Kurhessen, Großherzogthum Hessen, Nassau, Sachsen-Meiningen und Sachsen-Altenburg beim Bundestag des Deutschen Bundes Gespräche über die Einführung gleicher Maße und Gewichte in allen Bundesstaaten beantragt. Der Vorschlag stieß bei Preußen auf wenig Gegenliebe, obwohl Gewerbe- und Handelskammern sowie andere Fachorganisationen den handelspolitischen Nutzen nachdrücklich betonten. So forderte beispielsweise die oberbayerische Handels- und Gewerbekammer die Einführung des „Meters" als Rechnungsgrundlage für alle Maßeinheiten und den Liter für Hohlmaße, da dies in vielen europäischen Staaten schon länger Usus war[285]. Lediglich das bayerische Tagwerk zu 40.000 Quadratschuhen sollte zunächst beibehalten und das metrische Flächenmaß nur sukzessive eingeführt werden. Ein Alleingang Bayerns wurde am Ende freilich abgelehnt und eine Reform nur in Verbindung mit den deutschen Staaten als sinnvoll angesehen. Eine

---

[282] Ebd. (Schreiben des HM, 2.4.1855).
[283] Das Zollpfund war bereits zuvor in Bayern überwiegend in Gebrauch gewesen: JAHRESBERICHT der oberbayerischen Handels- und Gewerbekammer für 1861, 20.
[284] HENNING, Wirtschafts- und Sozialgeschichte, 841.
[285] JAHRESBERICHT der oberbayerischen Handels- und Gewerbekammer für 1861, 16–20.

1860 in Frankfurt am Main tagende, länderübergreifende Kommission mit Vertretern aus Bayern, Österreich, Sachsen, Hannover, Württemberg, Baden, Nassau, dem Großherzogtum Hessen, Oldenburg und der Hansestädte wollte die Harmonisierung des Maß- und Gewichtssystems forcieren. Das Komitee wählte den französischen Meter als Basis, was auch bei den bayerischen Handels- und Gewerbekammern allgemeinen Anklang fand[286]. Darüber hinaus plädierten die Kammern für die staatenübergreifende Einteilung des Zollpfundes nach dem Dezimalsystem, die bisherige Einteilung zu 32 Lot sollte nur mehr im Kleinverkehr Gültigkeit haben[287]. Preußen beteiligte sich erst ab April 1865 an den Beratungen und damit an der Ausarbeitung des Gesetzentwurfes vom 1. Dezember dieses Jahres. Dieser, im Februar 1866 an alle deutschen Regierungen versandte Vorschlag trat für gleiche Maße und Gewichte „unter Aufhebung aller früheren allgemeinen oder örtlichen, auf ausdrücklichen Vorschriften oder auf Herkommen beruhenden Bestimmungen"[288] nach französischem Vorbild, also dem Dezimalsystem, ein. Allerdings war ein längerer Übergangszeitraum bis zur Einführung geplant, um „eine genügende Kenntniß des neuen Maß- und Gewichtssystems im Volke zu verbreiten, da dessen Einführung sehr umfangreiche Verwaltungs-Maßregeln erheischt". Deshalb sprach man sich zunächst für die gleichzeitige Verwendung der alten und neuen Längenmaße aus.

Der Zerfall des Deutschen Bundes im Sommer 1866 beendete die Verhandlungen mit Österreich und fror erstaunlicherweise auch alle Gespräche zwischen den deutschen Bundesstaaten ein[289]. Ersatzweise versuchten nun die bayerischen Minister, wenigstens auf bayernweiter Ebene zu einer einheitlichen Maß- und Gewichtsordnung zu kommen. Zu diesem Zweck übernahm nicht nur Bayern, sondern auch Österreich und der Norddeutsche Bund, die Vorschläge, die auf bilateraler Ebene erarbeitet worden waren, um ihre Maß- und Gewichtssysteme auf metrischer Grundlage zu reformieren[290]. König Ludwig II. erteilte im Januar 1867 seine Zustimmung zur Ausarbeitung eines Gesetzentwurfes. Allerdings sprach sich der Landtag zwei Monate später für eine Vertagung der Frage aus, da sowohl Württemberg als auch Baden und Hessen erst nach der Verlängerung der

---

[286] BayHStAM, MH 14.190 (Jahresbericht der Oberbayerischen Kreis-Gewerbe und Handels-Kammer für 1861, München 1862, hier: Gutachten über Einführung gleichen Maßes und Gewichtes in den deutschen Bundesstaaten).

[287] Das Urteil, „das Dezimalsystem wurde ohne weiteres angenommen", ist zu pauschal: HOCQUET, Jean-Claude, Harmonisierung von Maßen und Gewichten als Mittel zur Integrierung in Deutschland im 19. Jahrhundert, in: SCHREMMER, Eckart (Hg.), Wirtschaftliche und soziale Integration in historischer Sicht. Arbeitstagung der Gesellschaft für Sozial- und Wirtschaftsgeschichte in Marburg 1995 (Vierteljahrsschrift für Sozial- und Wirtschaftsgeschichte, Beihefte 128), Stuttgart 1996, 111.

[288] BayHStAM, MA 63.262 (Gesetzentwurf, die Maß- und Gewichte Ordnung für das Königreich Bayern betr., o.D.). Das folgende Zitat ebenfalls aus diesem Schreiben.

[289] Ebd. (Schreiben des HM, 28.2.1868).

[290] Ebd. (Motive zum Entwurf eines Gesetzes die Maß- und Gewichtsordnung betr., nach Dezember 1868): Die Maß- und Gewichtsordnung für den Norddeutschen Bund, die das Zollpfund durch das Kilogramm als Gewichtseinheit ersetzte, trat am 17.8.1868 in Kraft: Bundesgesetzblatt des Norddeutschen Bundes 28 (27.8.1868), 473–478.

Zollvereinsverträge weitergehende Maßnahmen ergreifen wollten[291]. In den Zollvereinsverträgen vom 8. Juli 1867, Art. 27, einigten sich die Vertragspartner schließlich auf folgende Vereinbarung[292]: „Die vertragenden Theile werden gemeinschaftlich dahin wirken, für das Maßsystem und soweit nöthig für das Gewichtssystem ihrer Gebiete die zur Förderung des Verkehrs wünschenswerthe Uebereinstimmung herbeyzuführen." Gleichzeitig hatte auch der Norddeutsche Bund die Reform seines Maß- und Gewichtssystems beschlossen, so daß Bayern nun ein einseitiges Vorgehen vermeiden wollte. Auf Anfrage bestätigte das Bundeskanzleramt, daß Norddeutschland zwar die Vereinheitlichung seiner Maße und Gewichte anstreben und einen Gesetzenwurf vorbereiten würde, das Ende der Bundesratssession 1867/68 aber vertagt worden wäre. Die preußische Regierung ging selbstverständlich davon aus, daß sich die süddeutschen Staaten aus wirtschaftlichen Gründen der metrischen Ordnung anschließen würden. Das bayerische Handelsministerium verkündete daraufhin im Februar 1868, die Einführung des Zollgewichtes zu 500 g hätte im rechtsrheinischen Bayern den Bedürfnissen von Handel und Industrie bei weitem nicht genügt, so daß endlich das metrische System übernommen werden müßte[293]. Die Regierungsvertreter legten nach eigenen Aussagen großen Wert auf eine, mit den übrigen Zollvereinsstaaten abgestimmte Vorgehensweise, „zumal auch die neuen Zollvereinsverträge die Herbeiführung einer Uebereinstimmung in Bezug auf das Maß- und soweit nöthig auch das Gewichtssystem in Aussicht genommen haben"[294].

Dennoch normierten Bayern und auch die anderen süddeutschen Staaten zunächst jeweils im Alleingang ihre unübersichtlichen Systeme. In Bayern fixierte das Gesetz vom 29. April 1868 eine neue Maß- und Gewichtsordnung auf der Basis des Dezimalsystems, dessen Basiseinheit der „Meter" darstellte[295] und fakultativ ab dem 1. Januar 1870, obligatorisch ab dem 1. Januar 1872 in Kraft trat[296]. König Ludwig II. genehmigte am 8. Januar 1869 die Einführung eines metrischen Maß- und Gewichtssystems mit der Einschränkung, daß weder Staatsrat noch die Kammern des Landtages wesentliche Änderungen an der Gesetzesvorlage vornehmen durften. Lediglich der ehemalige Justizminister Eduard Peter von Bomhard[297] hatte im Staatsrat zu bedenken gegeben, „die fremdartigen Bezeichnungen würden den Eingang des vorliegenden Gesetzentwurfes beim Volke sehr erschweren"[298]. Wenngleich dieser Einwand vordergründig unbedeutend erscheinen mag, so stellte sich dies in der Realität tatsächlich für weite Teile

---

[291] BayHStAM, Staatsrat 1171 (Sitzung, 18.1.1869).
[292] Bundesgesetzblatt des Norddeutschen Bundes 9 (1867), 81–124.
[293] BayHStAM, MA 63.262 (Schreiben des HM, 5.2.1868).
[294] BayHStAM, Gesandtschaft Berlin 1251 (Hohenlohe an bayerische Gesandtschaft in Berlin, 11.2.1868).
[295] RBl 59 (19.8.1869), 1521–1530 (Gesetz „die Maß- und Gewichtsordnung betr.").
[296] Von den bayerischen Vertretern wurde die Übernahme der neuen Maße und Gewichte bereits vor dem offiziellen Termin befürwortet: BayWiA XII/1 (Gewerberat von Schweinfurt an Handelskammer von Oberbayern, 30.12.1869; Handelskammer von Niederbayern an Handelskammer von Oberbayern, 15.2.1870).
[297] *Eduard Peter von Bomhard* (1809–1886): 1864–1867 JM, ab 1867 Reichsrat. Bomhard lehnte es sowohl 1867 als auch 1869 ab, Kabinettschef des Königs zu werden.
[298] BayHStAM, Staatsrat 1171 (Sitzung, 18.1.1869).

der Bevölkerung als großes Problem heraus. Die Handels- und Gewerbekammer für Oberbayern begrüßte die Einführung der „längst ersehnten Mass- und Gewichts-Ordnung" und stellte deren Übernahme durch Industrie und Gewerbe binnen kurzem in Aussicht[299]: „In der That ist es auch gelungen, dass verschiedene Geschäftsbranchen auf jene Anregung hin sich entschlossen, den 1. Juli 1870 zum Anfangszeitpunkt [der neuen Ordnung, Anm. der Verf.] zu machen." Die Institution beanstandete alle Kompromisse zugunsten alter Maße und Gewichte, da die Vorteile die Probleme, die unbestreitbar mit der neuen Ordnung verbunden waren, ausgleichen würden[300].

Fortan galt also auch im rechtsrheinischen Bayern das metrische System. Das halbe Kilogramm zu 500 g erhielt die Bezeichnung Pfund, 100 Pfund ergaben 1 Centner. Für den Kleinhandel wurden Viertel- und Achtelliter sowie Halb-, Viertel- und Achtelpfundstücke geeicht und gestempelt. Alles in allem erfolgte die Umrechnung aller Maße und Gewichte grundsätzlich auf der Basis der Größen, die mit den Verordnungen von 1809 bis 1811 in Bayern festgelegt worden waren. Im August 1869 veröffentlichte das Staatsministerium des Handels und der öffentlichen Arbeiten eine entsprechende Umrechnungstabelle[301]:

	Neues Maß	**altes Maß**	
Längenmaße			
	1 Meter	3,42631	bayerische Fuß
	1 Centimeter	0,41116	Zoll
	1 Millimeter	0,4934	Linie
	1 Kilometer	0,269724	Stunde
	1 Meter	0,57105	Klafter
	1 Meter	0,34263	Ruthe
	1 Meter	1,20046	Elle
Flächenmaße			
	1 Quadrat-Meter	11,7396	Quadratfuß
	1 Quadrat-Centimeter	0,16905	Quadratzoll
	1 Quadrat-Millimeter	0,24343	Quadratlinie
	1 Ar	32,610	Quadratklafter
	1 Ar	11,7396	Quadratruthen
	1 Hektar	2,9349	Tagwerk

---

[299] JAHRESBERICHT der Handels- und Gewerbekammer für Oberbayern 1869, München 1870, 16.

[300] Dazu beispielsweise: JAHRESBERICHT der Handels- und Gewerbekammer für Oberbayern 1870, München 1871, 13; JAHRESBERICHT der Handels- und Gewerbekammer für Oberbayern 1872/73, München 1874, 89.

[301] RBl 59 (19.8.1869), 1521–1530 (Angabe von gerundeten Zahlen). Nicht aufgeführt werden in der nachfolgenden Tabelle die Medicinal- und Apotheker- sowie Edelmetallgewichte. GREBENAU, Heinrich, Tabellen zur Umwandlung des bayerischen Masses u. Gewichtes in metrisches Maß und Gewicht und umgekehrt nebst dazugehörigen Preisverwandlungen. Auf Grund der mit allerhöchster Verordnung vom 13. August 1869 amtlich bekannt gemachten Verhältnißzahlen, München 1870.

Körpermaße

1 Kubik-Meter	40,2235	Kubikfuß
1 Kubik-Centimeter	0,069506	Kubikzoll

Hohlmaße für Flüssigkeiten

1 Liter	0,93543	Maßkanne
1 Hektoliter	1,46161	bayer. Eimer

Getreidemaße

1 Liter	2,69836	Metzen
1 Hektoliter	5,3967	Viertel
1 Hektoliter	10,79342	halbe Viertel
1 Hektoliter	21,58685	Maßl
1 Hektoliter	43,17370	halbe Maßl
1 Hektoliter	86,34739	Dreißiger
1 Hektoliter	0,44973	Schäffel

Handelsgewicht

Kilogramm/1000 Gramm/2 Zollpfund	1,785715	bayer. Pfund
1 Gramm	0,22857	Quentchen
1 Dekagramm	2,2857	Quentchen

Altes Maß — **Neues Maß**

Längenmaße

1 bayer. Fuß zu 12 Zoll	0,2918592	Meter
1 bayerischer Duodecimal-Zoll	2,43216	Centimeter
1 bayerische Duodecimal-Linie	2,0263	Millimeter
1 bayer. Klafter zu 6 Fuß	1,751155	Meter
1 geometrische Ruthe	2,918592	Meter
1 bayer. Elle	0,833015	Meter
1 geometrische Stunde zu 12,703 Fuß	3,70749	Kilometer

Flächenmaße

1 bayer. Quadratfuß	0,085182	Quadratmeter
1 Quadratlinie	4,1079	Millimeter
1 Quadratzoll	5,9154	Quadrat-Centimeter
Quadratklafter zu 36 Quadratfuß	3,0665	Quadratmeter
Quadratruthe zu 100 Quadratfuß	8,5182	Quadratmeter
Tagwerk/Morgen zu 400 Quadratruthen	34,07272	Quadratmeter

Körpermaße

1 Kubikfuß	0,024861	Kubikmeter
1 Kubik-Zoll	14,38721	Kubikcentimeter

Hohlmaße
    1 bayer. Maßkanne
        zu 43 Dezimal-Kubikzoll   1,06903   Liter
    1 bayer. Eimer zu 64 Maß   68,4177   Liter

Getreidemaße
    1 bayer. Metzen
        zu 34 ⅔ Maßkannen   37,0596   Liter
    1 bayer. Schäffel
        zu 6 Metzenmaß   222,358   Liter[302]
    ½ bayer. Metzen,
        Viertel genannt   18,5298   Liter
    ¼ bayer. Metzen
        = ½ Viertel genannt   9,2649   Liter
    ⅛ bayer. Metzen,
        Maßl genannt   4,6325   Liter
    1/16 bayer. Metzen
        = ½ Maßl genannt   2,3162   Liter
    1/32 bayer. Metzen,
        Dreißiger genannt   1,1581   Liter

Handelsgewicht
    1 bayer. Pfund zu 32 Lot   560   Gramm
    1 Lot à 4 Quentchen   17,5   Gramm
    1 Quentchen   4,375   Gramm
    1 Centner zu 100 Pfund   1 Ct. 12 Pfd   Zollgewicht

Während für Bayern und den Norddeutschen Bund die Einführung des metrischen Systems spätestens zum Januar 1872 festgelegt wurde, näherte sich Baden diesem Prinzip nur an, Württemberg befand sich 1869 erst in den Beratungen über die Einführung des metrischen Systems[303]. So war die bayerische Rheinpfalz vollkommen isoliert und die Handelsverbindungen zu den Nachbarländern zusätzlich erschwert. Deshalb klagten die Pfälzer noch Anfang 1870, daß mit dem 1. Januar 1872 im gesamten Norddeutschen Bund und auch in Südhessen eine einheitliche Maß- und Gewichtsordnung, beruhend auf dem metrischen System, ins Leben gerufen wurde, diese aber mit den anderen Ländern des Zollvereins nicht deckungsgleich war[304]: „Nichts liegt näher, als zu wünschen, daß mit dem gleichen Zeitpunkt auch ein für den ganzen Zollverein giltiges einheitliches Münzsystem Geltung erhalte."

---

[302] WITTHÖFT, Maße 2, 76. Die Kommasetzung im RBl ist falsch: dort werden nur 2,22358 Liter angegeben.
[303] GREBENAU, Tabellen (1872), Kap. Flächenmaße, Einleitung.
[304] BayHStAM, MA 77.606 (Artikel des Pfälzer Kuriers, 14.1.1870).

b) Die Vereinheitlichung des Maß- und Gewichtssystems nach 1871

Urmaß und Urgewicht in Bayern waren mit dem Gesetz vom April 1868 mit den Normen des Norddeutschen Bundes weitgehend identisch. Aus diesem Grunde wollte der Staatsrat nicht auf den Hinweis verzichten, „daß es [das bayerische Maß- und Gewichtssystem, Anm. d. Verf.] sich nicht um Uebertragung einer norddeutschen Einrichtung, sondern um Einführung eines Maß- und Gewichtssystems handle, welches nach dem Gutachten der von der vormaligen Bundesversammlung nach Frankfurt/M. berufenen Kommißion von Fachmännern allein die Aussicht habe, von sämmtlichen Culturvölkern der Erde endlich angenommen zu werden, eines Systems, das Frankreich, Italien, Belgien, die Niederlande, Spanien, Portugal, Griechenland, Theile der Schweiz, mehrere nordamerikanische Staaten schon angenommen hätten, und das in der Pfalz schon seit Dezimen gesetzliche Giltigkeit habe"[305].

Faktisch war damit die bayerische Maß- und Gewichtsordnung von 1868 in der Mehrzahl ihrer Artikel mit der des Norddeutschen Bundes identisch. Abweichend davon führte das bayerische Gesetz nur bei den Längenmaßen die Untereinheit „Dezimeter" auf, verzichtete dagegen aber auf alle anderen alten Benennungen; Ausnahmen bildeten nur Pfund, Centner und Tonne. Diese wenigen Abweichungen erschwerten dennoch den Handelsverkehr zwischen Nord und Süd. Deshalb gedachte die bayerische Regierung im Mai 1870, also zu einem Zeitpunkt, als eine engere politische Verbindung zwischen Nord- und Süddeutschland noch nicht zur Debatte stand, nicht zuletzt aufgrund der unhaltbaren Situation für die linksrheinischen Gebiete, die Maß- und Gewichtsordnung des Norddeutschen Bundes vom 17. August 1868 nahezu vollständig zu übernehmen, ausgenommen werden sollten nur die bayerischen Feldmaße[306]. Aber ähnlich wie bei der Vereinheitlichung des Münzwesens ließ sich das Präsidium des Norddeutschen Bundes Zeit, diesen Antrag näher in Betracht zu ziehen. Erst in der Verfassung des Deutschen Reiches legte man in Artikel 4,3 in Anlehnung an die Verfassung des Norddeutschen Bundes die „Ordnung des Maaß-, Münz- und Gewichtssystems" fest[307]. Trotzdem verschleppte Preußen auch weiterhin die notwendigen Beratungen. Mitte November 1871 wies der bayerische Ministerratsvorsitzende von Hohenlohe den Bevollmächtigten im Bundesrat an, gegen diese Verzögerungstaktik offiziell Einspruch zu erheben. Außerdem wurde Pfretzschner instruiert, an der „Giltigkeit der in Bayern geaichten Maße und Gewichte im ganzen Bundesgebiet möglichst festzuhalten; wenn nicht erreichbar in sämmtlichen Punkten (zu)zustimmen"[308]. Wenige Tage später verabschiedete der Bundesrat endlich den „Entwurf eines Gesetzes, betreffend die Einführung der Maß- und Gewichtsordnung für den Norddeutschen Bund vom 17. August 1868 in Bayern"[309]. Demnach trat in Bayern das norddeutsche System zum

---

[305] BayHStAM, Staatsrat 1171 (Sitzung, 18.1.1869).
[306] BayHStAM, MA 63.262 (Antrag Bayerns im Bundesrat des Zollvereins, 7.5.1870).
[307] Bundesgesetzblatt des Deutschen Bundes 16 (1871), 63–85, bes. 66.
[308] BayHStAM, MA 63.262 (Telegramm AM an Pfretzschner, 8.11.1871).
[309] Ebd. (Entwurf eines Gesetzes, betreffend die Einführung der Maß- und Gewichtsordnung für den Norddeutschen Bund vom 17. August 1868 in Bayern, 12.11.1871); Bayerische Handelszeitung 1/21 (1871), 177 und 1/47 (1871), 411–412.

1. Januar 1872 in Kraft, lediglich die bayerischen Feldmaße behielten bis zum 1. Januar 1878 ihre Gültigkeit. Außerdem sollten anstelle der Artikel 15 bis 20 der Norddeutschen Verordnung die Artikel 11 und 12 der bayerischen Maß- und Gewichtsordnung vom 29. April 1868 weiterhin verbindlich bleiben. Diese betrafen jedoch lediglich die Eichungskommissionen und ihre Zuständigkeitsbereiche. Der bayerische Bevollmächtigte mußte Kompromisse eingehen, da er eine Übergangsfrist von neun bis zehn Jahren nicht durchsetzen konnte. Deshalb holte das Handelsministerium noch im Februar 1872 von der Normal-Eichungs-Kommission[310] und der Generaldirektion der Staatlichen Eisenbahnen Gutachten hinsichtlich der Übernahme der norddeutschen Maß- und Gewichtsordnung ein. Beide Institutionen sprachen sich bei Gewährung einer entsprechenden Übergangs- und Umstellungszeit für die Übernahme aus, obwohl der Gesetzentwurf alle in bayerischer Oberhoheit befindlichen Rechte bezüglich des Eichens von Maßen und Gewichten dem Reich übertragen hatte. Der Reichstag akzeptierte schließlich den Gesetzentwurf, der am 26. November 1871 als Reichsgesetz veröffentlicht wurde[311]. Bayern mußte Modifikationen zu seinem bisherigen Maß- und Gewichtssystem nur bei den Längenmaßen hinnehmen[312]. Darüber hinaus fixierte das Gesetz in Artikel 4 in Anlehnung an die Ordnung des Norddeutschen Bundes die Meile zu 7500 Meter und ließ den ¼-Hektoliter als Hohlmaß (Artikel 14) auch künftig zu, obwohl beide Größen mit dem Dezimalsystem nicht zu vereinbaren waren[313]. Weitere Abweichungen zur Norddeutschen Maß- und Gewichtsordnung bestanden in den Artikeln 12, 13, 19, 20, von denen aber nur die Artikel 12 und 13 in Bayern Gesetzeskraft erhielten. So konnte München eine eigene Normaleichungskommission durchsetzen, während für die anderen deutschen Staaten Berlin zuständig war. Damit trat die Norddeutsche Eichordnung vom 16. Juli 1869 in Bayern nicht in Kraft[314]. Die Handels- und Gewerbekammer von Oberbayern kritisierte die Sonderrechte und empfahl der Regierung „die strikteste Durchführung des metrischen Maßes und Gewichtes"[315]. Nachteilig wirkte sich die äußerst kostenintensive Umarbeitung der Grundsteuerkataster, der auf der Vermessung jedes einzelnen Grundstückes nach bayerischen Tagwerken zu 40.000 Quadratfuß beruht, aus – die bayerische Staatsregierung bezifferte die Ausgaben bereits im Vorfeld auf mehrere Mio fl[316].

Nicht zuletzt aufgrund der oben angesprochenen Sonderrechte Bayerns gab es bei der Umstellung auf das Dezimalsystem im alltäglichen Bedarf weniger

---

[310] Die Normal-Eichungskommission wurde 1869 gegründet.

[311] RGBl 46 (1871), 397–398. Das Gesetz ist datiert auf den 22.11.1871.

[312] HOCQUET, Harmonisierung, in: SCHREMMER, Integration, 113 und 123, tadelt die Sonderrechte Bayerns als „Partikularismus", der erst 1908 beseitigt werden konnte.

[313] Das Längenmaß der Meile wurde im Juli 1873 aufgehoben, das Gesetz trat aus Rücksicht auf die Eisenbahngesellschaften zum 1.1.1874 in Kraft: BayHStAM, MA 77.621 (Erlaß des Königreichs Bayern, 12.7.1873).

[314] Ebd. (AM an Ludwig II., 19.9.1875). Die Eichordnung des Norddeutschen Bundes vom 16.7.1869 in: Besondere Beilage No. 32 des Bundesgesetzblattes des Norddeutschen Bundes (1869), I–XXXIX.

[315] JAHRESBERICHT der Handels- und Gewerbekammer für Oberbayern 1872/73, München 1874, 88.

[316] BayHStAM, MA 77.621 (HM an AM, 3.3.1872).

Schwierigkeiten als befürchtet. Lediglich bei der Schiffahrt und den Eisenbahnen ergaben sich Probleme. Die meisten Gemeinden und Bezirke beriefen umgehend neue Normal-Eichungs-Kommissionen, so daß sich Anfang 1875 auch Gewerbezweige auf das neue System umgestellt hatten, denen es vom Gesetz her noch nicht vorgeschrieben war[317]. Parallel dazu blieben die alten Größen weiterhin in Gebrauch, „wo nicht der Zwang des Gesetzes sich geltend machen kann, (...) theils aus Bequemlichkeitsliebe Derer, die mit ihnen umgehen, theils auch, und aus dem entschuldbaren Grunde, weil es immerhin für den Betreffenden mit einiger Geistesanstrengung verbunden ist, sich mit einem ganz neuen Maß- und Gewichtssystem bekannt machen zu müssen"[318]. In Fachkreisen rechnete man deshalb mit einer Übergangszeit von einer Generation.

Erst im März 1877 legte der Bundesrat Abkürzungen für das dezimale Maß- und Gewichtssystem fest. Im wesentlichen folgte man den Vorschlägen der bayerischen Staatsregierung, auch wenn die Zahl der Kürzungen stark eingeschränkt wurden[319]. Bayern konnte sich beispielsweise mit der Forderung nach einer Abkürzung für den „Decimeter" nicht durchsetzen[320]. Für Längenmaße galten fortan: Kilometer (km), Meter (m), Centimeter (cm), Millimeter (mm), für Flächenmaße Quadratkilometer (qkm), Hektar (ha), Ar (a), Quadratmeter (qm), Quadratcentimeter (qcm), Quadratmillimeter (qmm), für Körpermaße Kubikmeter (cbm), Hektoliter (hl), Liter (l), Kubikcentimeter (ccm), Kubikmillimeter (cmm) und für Gewichte Tonne (t), Kilogramm (kg), Gramm (g) und Milligramm (mg).

---

[317] Ebd. (IML an AM, 20.2.1875).
[318] GREBENAU, Tabellen zur Umwandlung (1872), Kap. Flächenmaße, Einleitung.
[319] BayHStAM, MA 77.621 (Bundesratsbeschluß, 3.3.1877).
[320] Ebd. (IML an AM, 22.4.1877).

VIII. ZUSAMMENFASSUNG:
DIE WIRTSCHAFTSPOLITISCHEN SPIELRÄUME
BAYERNS IM 19. JAHRHUNDERT

Am 23. November 1870 unterschrieben die bayerischen Minister von Bray-Steinburg, von Lutz und von Pranckh in Versailles die aus ihrer Sicht unvermeidlich gewordenen Verträge mit Preußen, die den Eintritt des Königreiches in den Norddeutschen Bund besiegelten. Ein vorbehaltloser Eintritt Bayerns in das Deutsche Reich ist aber selbst 1870 nicht erfolgt, obwohl die Novemberverträge für viele einen Bruch mit der Vergangenheit bedeuteten. So schrieb Bray Ende November 1870 aus dem preußischen Hauptquartier an seine Frau[1]: „Dies [=Der Abschluß der Versailler Verträge am 23.11.1870, Anm. d. Verf.] ist der Anfang des neuen Deutschland und (...) das Ende Altbayerns! Es wäre nutzlos, sich darüber täuschen zu wollen (...). War wir thun konnten, ist schon geschehen; und ich habe das Bewußtsein, die feste Überzeugung, daß wir alles erlangt haben, was an staatlicher Selbständigkeit, vorbedungenen Sonderrechte und gesicherter Einflußnahme in jenem Staatenbunde zu erreichen möglich war, welcher jetzt noch der Deutsche Bund genannt wird, in naher Zukunft aber das Deutsche Reich heißen wird." Die Reichsgründung von 1870/71 ist zweifelsohne ein Markstein der politischen Geschichte des 19. Jahrhunderts, für die wirtschaftliche und wirtschaftspolitische kann dies, wie dargelegt, jedoch nur bedingt gelten. Hier wurden die Weichen schon vor dem deutsch-französischen Krieg gestellt.

Mit der Gründung des deutschen Zollvereins zum Januar 1834 entfalteten sich fraglos auch auf nationalstaatlicher Ebene ökonomisch-marktintegrative Kräfte[2], die zwar auf einen Zusammenschluß der deutschen Länder unter Ausschluß Österreichs hindrängten, diesen aber nicht selbstverständlich bedingten. Bis zur Mitte des 19. Jahrhunderts hatten nur jene Regionen von den zoll- und handelspolitischen Entscheidungen der Generalzollkonferenzen Vorteile, deren gewerbliche Güterproduktion groß genug war, um durch Exporte industriefördernde Effekte auszulösen. Demzufolge profitierten in Bayern von der Zoll- und Handelsunion vor allem die nördlichen Gebiete sowie mit Einschränkungen auch die Pfalz: Um 1870 gehörten Oberfranken, Mittelfranken und die Rheinpfalz zu den am stärksten industrialisierten Gebieten Süddeutschlands[3]. Allerdings erschienen den Zeitgenossen die positiven Auswirkungen des Zollbundes auf die

---

[1] BRAY, Denkwürdigkeiten, 170.
[2] ZORN, Integration, 38–76; KIESEWETTER, Industrialisierung, 39.
[3] KIESEWETTER, Industrialisierung, 55, Tabelle 2 (Industrialisierungsgrade ausgewählter deutscher Staaten und Regionen 1871).

Wirtschaftsentwicklung des Landes größer als sie es tatsächlich – insbesondere in den Jahren bis zur Jahrhundertmitte – waren[4].

Hinter der Fassade der eifrig bewachten souveränen Stellung der Klein- und Mittelstaaten vollzogen sich bereits vor der Revolution 1848 Prozesse, die Preußen auch ohne rechtlich sanktioniertes Entscheidungsmonopol als dominierende Großmacht im deutschen Zollverein begünstigten[5]. So konnte die preußische Regierung gegenüber den kleineren Vereinsmitgliedern sowohl bei der Verlängerung der Kontrakte als auch während der laufenden Vertragsperioden ihre Vorstellungen und Wünsche weit besser durchsetzen als dies umgekehrt der Fall war. Einen ersten wichtigen Einschnitt in der Handels- und Zollpolitik im Deutschen Bund und damit auch für die Entscheidungsbasis der deutschen Mittelstaaten stellten einerseits die Darmstädter Konferenz im April 1852 und andererseits der damit zeitlich zusammenfallende Tod des österreichischen Ministerpräsidenten Fürst Felix zu Schwarzenberg dar[6]. Während Schwarzenberg noch in der Lage gewesen war, die politischen Wünsche der Mittelstaaten und die Interessen der österreichischen Handelspolitik zu koordinieren, verstand sein Nachfolger Karl Friedrich Graf von Buol-Schauenstein zu wenig von dieser im Rahmen der Deutschen Frage so wichtigen Problematik, um mögliche wirtschaftspolitische Faktoren für die Donaumonarchie nutzen zu können. Im Gegenteil, Österreich verlor bereits zu diesem frühen Zeitpunkt gegenüber der Berliner Regierung entscheidend an Boden, obgleich in Wien der Wechsel vom Prohibitiv- zum gemäßigteren Schutzzollsystem primär aus außenpolitischen Gründen erfolgte. Ein Übergang zum völligen Freihandel lag indessen außerhalb des Möglichen, da Österreichs Industrie zu lange in einem „wohl gewärmten Treibhaus"[7] verharrt hatte. Der Verzicht Wiens auf einen möglichen Eintritt in den Zollverein und der Abschluß des Handelsvertrages von 1853 mit Preußen machte den deutschen Mittelstaaten deutlich, daß sich die beiden Großmächte im Deutschen Bund gegebenenfalls auch ohne ihre Mitwirkung zu einigen wußten. Die sich im wirtschaftspolitischen Tagesgeschäft bereits Mitte der 1850er Jahre manifestierende Vorherrschaft Preußens veranlaßte die süddeutschen Länder, sich von Österreich abzuwenden und 1853 die preußischen Bedingungen für eine Verlängerung des Zollvereins zu akzeptieren. Bereits die Zollvereinsverlängerung von 1841 und mehr noch die „erste Zollvereinskrise" von 1853 zeigen damit deutlich, daß es die kleineren Partnerländer aus ökonomischen Gründen nicht mehr vertreten konnten, die zeitlich befristete Kooperation mit Preußen in Frage zu stellen oder gar aufzukündigen. Deshalb ermöglichten die Mittelstaaten der preußischen Staatsführung, zahlreiche für die weitere Entwicklung des Zollvereins hin zum Freihandel notwendige, oftmals umstrittene, Entscheidungen gegen den Widerstand der weniger bedeutenden Mitglieder durchzusetzen. So konnte Preußen bei dem Dauerkonflikt um Schutzzoll und Freihandel, der schon einige Jahre nach Gründung des Zollvereins offen zutage getreten war, und der das wirtschaftspolitische Ringen

---

[4] Ausführlich dazu DUMKE, Economic, 31–41.
[5] HAHN, Integration, 309.
[6] WERNER, Zollvereinspolitik, 102.
[7] GRAF, Zielsetzungen, 153.

zwischen Preußen, den deutschen Mittelstaaten und Österreich bis 1865 prägte, bereits vor der Jahrhundertmitte bedeutende Erfolge aufweisen.

Nach dem Krimkrieg traten unabhängig vom politisch sozialen System zunehmend „nationalstaatliche, nationalistische und – je mehr industriewirtschaftliche Gesichtspunkte in den Vordergrund rückten – auch bereits imperialistische Tendenzen aus der Gesellschaft in die Sphäre der Staatspolitik"[8]. Anfang der 1860er Jahre zerbrach darüber hinaus der politische Zusammenhalt im Deutschen Bund; zu einem Zeitpunkt, als die ökonomischen Wachstumsimpulse im Zollverein dominierten[9]. Mittelstaatliche Einigungsversuche waren stets an den bestehenden Interessengegensätzen gescheitert, die einen tragbaren zoll- und handelspolitischen Kompromiß verhinderten und dem System einer dominierenden Macht nichts Gleichwertiges entgegensetzen konnten[10]. Der preußischen Regierung gelang es dagegen, die Mittelstaaten mit materiellen, fiskalischen und politischen Zugeständnissen gegeneinander auszuspielen[11]. Um 1860 bildete der Zollverein dann ein derart festes Interessengefüge, daß ein Ausbrechen oder eine Auflösung zugunsten anderer Bündnispartner aus wirtschaftlichen Gesichtspunkten nur Nachteile mit sich gebracht hätte. Gleichzeitig scheiterten die letzten ernsthaften Versuche der Donaumonarchie, sich unter Berufung auf den Februarvertrag von 1853 in den Zollverein hineinzudrängen an der entschiedenen Abwehrhaltung Preußens. Trotzdem konnte Wien, für das aus strukturwirtschaftlichen Gründen der Übergang zum Freihandel nach wie vor undenkbar war[12], Ende der 1850er Jahre die süddeutschen Mittelstaaten nochmals für seine Politik gewinnen.

In dieser Phase, in der sich die bayerische Regierung unter König Maximilian II. und dem leitenden Minister Karl Freiherr von Schrenck-Notzing für die Einbeziehung der Donaumonarchie stark machten und zeitweilig sogar einen Zollsonderbund mit Österreich ins Auge faßten, schloß die Berliner Regierung im März bzw. August 1862 einen Zoll- und Handelsvertrag mit Frankreich, der mit seiner eindeutigen Hinwendung zum Freihandel die Endphase um die wirtschaftliche Vorherrschaft im Deutschen Bund einläutete. Mit der Übernahme des preußischen Ministerpräsidentenamtes durch Otto von Bismarck verschärfte sich spürbar der wirtschaftspolitische Druck auf die Klein- und Mittelstaaten. Bismarck verfolgte weitaus rigoroser als seine Vorgänger das erfolgreich eingesetzte Druckmittel einer drohenden Zollvereinskündigung, um seine Ziele durchzusetzen. Bei seinem Amtsantritt hatte Preußen im Kampf um die Kräfteverteilung im Deutschen Bund einen nicht zu unterschätzenden Vorteil herausgearbeitet[13].

---

[8] Zit. nach: HILLGRUBER, Außenpolitik, 20–21. GRUNER, Süddeutsche Staaten, 51.
[9] KIESEWETTER, Dynamik, 90.
[10] HAHN, Integration, 310.
[11] Der erste geglückte Versuch in diese Richtung war zweifelsohne der mit Hannover und Oldenburg abgeschlossene Handelsvertrag vom September 1851. Siehe dazu Kapitel II.3.b) *Rückschläge und erneute Annäherung* (S. 56).
[12] BRANDT, Neoabsolutismus, 409.
[13] Ob beim Amtsantritt Bismarcks als preußischer Ministerpräsident der Kampf um die Kräfteverteilung im Deutschen Bund bereits gefallen war, wie TAYLOR, Bismarck, 92, behauptet, muß für den wirtschaftspolitischen Bereich in Frage gestellt werden.

Allerdings gedachte Österreich 1862 noch nicht, sich mit einer Niederlage abzufinden, und glaubte aus einer vermeintlichen Position der Stärke heraus, mit Preußen und Bismarck mithalten zu können und eine Hegemonieteilung im Deutschen Bund zu erreichen[14].

Die Donaumonarchie wurde zunächst von den süddeutschen Mittelstaaten darin unterstützt, der Berliner Regierung Paroli zu bieten, da sie die von Preußen ausgehende Gefahr für ihre eigenstaatliche Souveränität argwöhnten. Deshalb versuchte vor allem München mit allen Mitteln, die „Alternative Österreich" lebendig zu halten, weniger weil die württembergische und bayerische Regierungen dezidiert großdeutsch dachten, sondern sich von dieser Seite mehr Schutz für die eigene Unabhängigkeit erhofften. Selbst ein erheblicher Teil der „großdeutschen" Politiker in München wußte nur zu genau, daß eine echte großdeutsche Lösung der Deutschen Frage niemals wirklich in Betracht kam. Trotzdem agierte die Wiener Regierung mit ihrem Ministerpräsidenten Johann Bernhard von Rechberg-Rothenlöwen bei den süddeutschen Zollvereinsstaaten anfangs erfolgreich gegen die Annahme des preußisch-französischen Handelsvertrages. Rechberg versuchte Berlin zu zwingen, einer Erweiterung des Zollvereins zuzustimmen oder einen eigenen süddeutschen Zollbund unter österreichischer Führung zu provozieren[15]. Daß sich Bismarck 1864 dann doch ein zweites Mal mit der Drohung einer Zollvereinskündigung behaupten konnte, lag einerseits daran, daß sich Preußen und Österreich in der Schleswig-Holstein-Frage ohne Rücksicht auf die Staaten des Deutschen Bundes einigten und damit die süddeutschen Mittelstaaten verprellten. Andererseits waren sich vor allem Sachsen und Hannover, in geringerem Maße aber auch Württemberg und Bayern, der Tatsache bewußt, daß die eigene Wirtschaftsentwicklung von den Handelsverbindungen zum Norden abhängig war. So setzten die deutschen Länder, insbesondere Sachsen, keinesfalls ihre ganze Kraft dafür ein, die Donaumonarchie in den Zollverein zu integrieren, so daß es dem Wiener Ministerpräsidenten von Rechberg an der notwendigen, bedingungslosen Unterstützung durch die süddeutschen Zollvereinsstaaten fehlte.

In Bayern, dem letzten Aktivposten Österreichs im Zollverein, gingen während dieses „Entscheidungskampfes um die wirtschaftliche Führung Deutschlands"[16] die Fronten quer durch alle Parteigruppierungen und Regierungsmitglieder. Die gütliche Einigung zwischen Berlin und Wien in der Schleswig-Holstein-Frage und die nur halbherzigen Versuche der österreichischen Staatsführung, Württemberg und Bayern auf wirtschaftlichem Gebiet demonstrativer entgegenzukommen, leiteten bei den Münchner Verantwortlichen die Wende zugunsten Preußens ein. Österreich war weder auf politischer noch auf handelspolitischer Ebene in der Lage, in der Krise 1862/64 Alternativen anzubieten sowie rasch und entschlossen zu agieren. Statt dessen wichen die österreichischen Minister im Kampf um die Annahme des preußisch-französischen Handelsvertrages immer weiter zurück, so

---

[14] KAERNBACH, Konzepte, 239.
[15] Ebd., 163–164.
[16] So der Titel des Buches von Eugen FRANZ über die bayerischen Entscheidungen im wirtschaftspolitischen Bereich zwischen 1856 und 1867.

daß Bayern und Württemberg am Ende keine andere Wahl hatten, als der Zollvereinsverlängerung und damit auch dem Handelsabkommen zuzustimmen[17].

Dabei hatte sich der Konflikt zwischen Bismarck und der bayerischen Regierung um die Annahme des preußisch-französischen Handelsvertrages seit der Kündigung der Zollvereinsverträge im Dezember 1863 zusehends verschärft. Hinzu kamen die verbissen geführten Diskussionen um eine Reform des veralteten Zolltarifes und damit die Vereinsverlängerung über das Jahr 1865 hinaus. Gaben am Anfang und am Ende der zahllosen Verhandlungen volkswirtschaftliche Argumente den Ausschlag, so beschränkten sich die Auseinandersetzungen zwischenzeitlich auf politisch motivierte Vorwürfe und traditionelle Sympathieäußerungen für die Donaumonarchie. Die Beratungen zogen sich, so Lothar Gall, „zäh und langwierig" hin, so daß sie mehr und mehr zu „einem Pokerspiel um Einzelheiten"[18] degenerierten. Am Ende beschleunigten der Tod König Maximilians II. und die Thronübernahme durch seinen Sohn Ludwig den endgültigen Ausschluß Österreichs aus dem Zollverein, und verbauten Wien für alle Zukunft eine Annäherung an den „kleindeutschen" Zollbund oder auch nur eine Vorzugsstellung gegenüber anderen europäischen Staaten.

Die bayerische Regierung gab im September 1864 dem Druck Preußens nach und akzeptierte den preußisch-französischen Handelsvertrag als Voraussetzung für eine Verlängerung des Zollvereins. Damit hatte man in München weniger aus politischer denn aus volkswirtschaftlicher Not kapituliert[19]. Dies war König Ludwig II. weitaus deutlicher bewußt als seinem Vater Maximilian II. Die These einer „rein politisch motivierte[n], von partikularistischen Emotionen bestimmte[n] Politik"[20] Bayerns in der Deutschen Frage ist deshalb spätestens mit der Thronbesteigung Ludwigs nicht mehr haltbar. Es war in erster Linie ein Sieg des diplomatischen Geschickes und entsprechenden Druckes von seiten Preußens, 1864 die Anerkennung eines eigenmächtig abgeschlossenen Handelsvertrages mit Frankreich durchzusetzen. Gleichzeitig war „das außen-, finanz- und wirtschaftspolitisch angeschlagene Österreich" nicht in der Lage, „die erhoffte Unterstützung"[21] zu geben. Realistisch gesehen besaßen allerdings weder Württemberg noch Bayern eine echte Wahlmöglichkeit zum kleindeutschen Zollverein. Die Ablösung des leitenden Ministers von Schrenck-Notzing zum Oktober 1864 folgte darüber hinaus ein Machtzuwachs der Liberalen, was indirekt auch eine gewisse Bereitschaft erkennen ließ, die Vormachtstellung Preußens im Deutschen Bund anzuerkennen.

Die Annahme des preußisch-französischen Handelsvertrages durch die deutschen Mittel- und Kleinstaaten wird vor allem in der österreichischen Geschichtsschreibung als Finale der wirtschaftspolitischen Auseinandersetzungen zwischen Österreich und Preußen um die Hegemonie im Deutschen Bund gesehen und deshalb aus der Sicht des 20. Jahrhunderts auch als „handelspolitisches König-

---

[17] EICHMANN, Zollverein, 13.
[18] Dazu u.a. die Beurteilung von GALL, Bismarck (1980), 319.
[19] Vor allem die ältere Literatur ist hier anderer Meinung. Beispielsweise: SCHNEIDER, Bismarck und die preußisch-deutsche Freihandelspolitik, 1062.
[20] Zit. nach BÖHME, Großmacht (1966), 241–242.
[21] HAHN, Integration, 300.

grätz"²² bezeichnet²³. Fraglos bildet die Erneuerung der Zollvereinsverträge im Herbst 1864 bzw. Frühjahr 1865 einen gewaltigen Einschnitt in der Frage um die wirtschaftspolitische Vorrangstellung. Für die Zeit danach ist zu beobachten, daß sich Bayern weniger um eine Integration Österreichs in den deutschen Wirtschaftsverband kümmerte, als vielmehr um die Wahrung der eigenen Rechte innerhalb des Zollvereins. Die zoll- und handelspolitische Niederlage Wiens gab trotzdem keinesfalls automatisch den Weg zur politischen Einheit unter Ausschluß Österreichs vor²⁴. Selbst nach dem preußischen Sieg im deutsch-deutschen Krieg von 1866 blieb der Ausgang in der Deutschen Frage offen, zumal die Donaumonarchie nach dem österreichisch-ungarischen Ausgleich von 1867 und dem Übergang zum liberaler orientierten, parlamentarisch regierten Staatssystem aus politisch-wirtschaftlichen Motiven ihren „Wiedereintritt in Deutschland" betrieb²⁵. Obgleich der Zollverein aus sich heraus keine politische Einheit unter Ausschluß Österreichs herstellen konnte, so dürfen seine Auswirkungen auf den nationalen Einigungsprozeß nicht unterschätzt werden²⁶.

Auf politischer Ebene zerstörte das Jahr 1866 unwiderruflich das mitteleuropäische Gleichgewicht im Deutschen Bund. Das politisch-staatlich bestimmte deutsche Nationalprinzip siegte über die ältere Reichsidee und das traditionelle großdeutsche, volksnationale Prinzip²⁷. Der Norddeutsche Bund war ein Modell für die Gestaltung eines künftigen gesamtdeutschen Bundes mit einer Hegemonie Preußens, die allerdings das Überleben der Kleinstaaten und auch einiger, im deutsch-deutschen Krieg feindlich gesinnten Länder sicherstellte. Die Gründung des Norddeutschen Bundes erforderte zudem eine grundlegende Reform des Zollvereins. Die süddeutschen Staaten Bayern, Württemberg und Hessen-Darmstadt wehrten sich jetzt nur noch halbherzig gegen die preußischen Vorstellungen einer parlamentarischen Vertretung aller Zollvereinsmitglieder. Die Vorherrschaft auf dem wirtschaftlichen Sektor nutzte Bismarck obendrein als wichtigen Faktor seiner Integrationspolitik, ohne daß er über die wirtschaftspolitische auch die politische Einigung geplant hätte. Das Ausnutzen klein- und mittelstaatlicher Abhängigkeiten und die Drohungen, bisherige Vorteile nicht weiter zu gewähren, waren die wichtigsten Instrumente preußischer Hegemonialpolitik, die Bayern und Württemberg in die Arme des Nordens drängten. Und je mehr sich der Integrationsprozeß mit den steigenden wirtschaftlichen Transaktionen vertiefte, desto erfolgreicher konnten Bismarck und sein wichtigster Mitarbeiter, Rudolf von Delbrück, diese Mittel für ihre Absichten einsetzen²⁸. Ihren Höhepunkt hatte diese Politik im Zusammenhang mit der Anerkennung des preußisch-französischen Handelsvertrages 1865 erreicht. Bismarck gelang es

---

[22] BENEDIKT, Entwicklung, 58.
[23] BONDI, Vorgeschichte, 32.
[24] GRUNER, Frage (1985), 98; GRUNER, Frage (1993), 144.
[25] LUTZ, Österreich-Ungarn, 62–73, zit. 62.
[26] ZORN, Zusammenhänge, 257.
[27] BUSSMANN, Walter, Preußen und das Jahr 1866, in: ENTSCHEIDUNGSJAHR 1866, 26; SCHIEDER, Theodor, Das Jahr 1866 in der deutschen und europäischen Geschichte, in: ENTSCHEIDUNGSJAHR 1866, 3–17.
[28] HAHN, Hegemonie, 68.

jedoch, das Druckmittel einer Zollvereinskündigung 1866/67 ein weiteres Mal erfolgreich gegen die widerspenstigen süddeutschen Staaten einzusetzen[29]. Die Zollvereinsverträge bildeten seit der ersten Hälfte des 19. Jahrhunderts die Klammer, die Nord und Süd miteinander verband und selbst im preußenfeindlichen Lager nur von wenigen in Frage gestellt wurde. Dementsprechend war den Verhandlungen im Anschluß an den deutsch-deutschen Krieg auch nicht mehr die Verbissenheit eigen, die in den langwierigen Beratungen von 1862 bis 1865 beobachtet werden konnte. Eine nachdrückliche Weigerung der bayerischen Regierung gegen die Zollvereinsverlängerung zu preußischen Konditionen ist nicht mehr feststellbar. Der Ministerratsvorsitzende Ludwig Frhr. von der Pfordten und die Mitarbeiter des Staatsministeriums des Handels und der öffentlichen Arbeiten versuchten lediglich, möglichst viele Zugeständnisse für die Selbständigkeit in wirtschaftspolitischen Fragen zu erreichen. Fadenscheinige Vorbehalte glichen demnach mehr nutzlosen Scheingefechten[30].

Mit der Annahme der Zollvereinsverträge am 8. Juli 1867 war der Kampf um die wirtschaftspolitische Führung in Deutschland endgültig entschieden; der bisherige Zollverein veränderte seinen Charakter eines Zoll-Staatenbundes in den eines Zoll-Bundesstaates[31]. Die Einzelstaaten verloren in einigen wichtigen Punkten in Zoll- und Handelsfragen ihr Selbstbestimmungsrecht, die fortan in die Kompetenz von Zollbundesrat und Zollparlament fielen. Trotzdem kann von einer vollständigen wirtschaftlichen Integration der süddeutschen Staaten Bayern, Württemberg, Hessen-Darmstadt und Baden zum Jahre 1867 keine Rede sein, behielten diese Länder doch bei zahlreichen fiskalischen Fragen weiterhin ihre volle Souveränität. Außerdem war für die Durchsetzung der Beschlüsse der Zollvereinsgremien die Zustimmung des jeweiligen Monarchen genauso notwendig wie die der einzelstaatlichen Landtage.

Mit sichtlicher Befriedigung stellten bayerische Historiker in der ersten Hälfte des 20. Jahrhunderts fest, daß „die Hoffnungen Bismarcks auf die Weiterentwicklung des deutschen Zollparlaments zum Deutschen Reichstag auf normalem Wege" gescheitert waren[32]. Im Gegensatz dazu bewertete Ernst R. Huber den deutschen Zollverein als „logische Vorstufe des politischen Zusammenschlusses", da die „Wirtschaft eine der existentiellen Bedingungen für die Politik ist"[33]. Die Bedeutung des Zollparlamentes lag jedoch weniger auf politischer Ebene[34]. So relativierten die Vertreter Bayerns sehr schnell die anfängliche äußerst negative Einstellung zu den beiden Zollvereinsgremien, als ihnen bewußt

[29] GALL, Süddeutschlandpolitik, 30.
[30] Die Einschätzung bei SCHÜBELIN, Zollparlament, 59, „Der Zollverein war trotz Bayerns hartnäckiger Weigerung unterzeichnet worden", ist demnach zu bayernfeindlich, war doch der Widerstand Bayerns gegen die neuen Verträge nicht mehr besonders groß.
[31] FRANZ, Entscheidungskampf, 434; HUBER, Verfassungsgeschichte III, 635. Von einer „Oktroierung des Freihandelssystems" (SCHMIDT, Zollparlament, 372–373) durch den Zollvereinsvertrag von 1867 kann nicht die Rede sein, war dies doch bereits mit der Anerkennung des Handelsvertrages von 1862 und der Zollvereinsverlängerung von 1865 entschieden worden.
[32] Zit. nach: FRANZ, Entscheidungskampf, 435.
[33] HUBER, Verfassungsgeschichte III, 637.
[34] SCHMIDT, Zollparlament, 384.

wurde, daß Bismarck und seine Mitarbeiter entweder nicht gewillt waren oder durch den Widerstand der süddeutschen Staaten daran gehindert wurden, das Gremium für nationalpolitische Interessen zu mißbrauchen[35]. Obwohl nationalpolitische Grundsatzfragen in den Debatten des Zollparlamentes immer wieder vorkamen, hinderte dies die Parlamentarier nicht daran, bereits in der ersten Session effektive, wirtschaftspolitische Arbeit zu leisten[36]. Mit der zweiten Sitzungsperiode traten die Diskussionen über eine nationale Fortentwicklung der Zollvereinsgremien hinter die konkreten volkswirtschaftlichen und wirtschaftspolitischen Sachfragen zurück. So konstatierte der bayerische Gesandte in Berlin 1870 rückblickend, daß die wenigen politischen Diskussionen schon 1868 im Sande verlaufen waren und weitere in den beiden folgenden Jahren keine wesentliche Rolle mehr spielten: „Das Parlament", so Perglas, „ist unter diesen Umständen ohne politische Wichtigkeit gewesen"[37]. Trotzdem darf auch die wirtschaftspolitische Bilanz des Zollparlamentes keinesfalls unterschätzt werden. Aufgrund des beseitigten Vetorechtes (mit Ausnahme Preußens) und der Einführung von Mehrheitsbeschlüssen einigten sich die Abgeordneten auf wichtige Vereinbarungen, die durch das schwerfällige Verfahren der Generalzollkonferenzen vor 1866 nicht realisiert werden konnten. Der wesentliche Erfolg von Zollbundesrat und Zollparlament bestand in der Verabschiedung der Zolltarifreform, die Industrie und Handel wesentliche Vorteile brachte. Ferner machten sich die Gremien um die Fortführung der schon vor 1866 begonnenen Integration der deutschen Länder auf dem Weg zu einem einheitlichen Wirtschaftsgebiet verdient. Dazu zählte auch die Harmonisierung der einzelstaatlichen Verbrauchssteuern: Aus Partikularsteuern, zu denen vor allem die Monopole gehörten, wurden allgemeine Landessteuern, so daß die Wettbewerbsverzerrung beseitigt wurde[38]. Neben den genannten Integrationsmaßnahmen konnte nach 1867 das Vereinsgebiet bis zur Ostsee und weiter nach Norden erweitert, der freie Verkehr von Tabak sowie die Reform der Zuckerbesteuerung bewerkstelligt werden. Hinzu kam die Umgestaltung des Zollgesetzes und der Abschluß zahlreicher Handels- und Schiffahrtsverträge, die die internationalen Handelsbeziehungen ausweiteten und positive Anstöße für die einheimische Wirtschaftsentwicklung gaben[39]. Die wirtschaftspolitische Wirksamkeit des Zollparlaments wurde freilich entscheidend dadurch eingeschränkt, daß das Gremium zwar über die Einnahmen des Zollvereins zu entscheiden hatte, nicht aber über die Deckung der Bedürfnisse in den Einzelstaaten[40].

---

[35] Ob allerdings ein Zusammenhang zwischen Bismarcks Desinteresse am Zollparlament und der Tatsache, daß eine politische Dimension in der Einigungsfrage von diesem Gremium kaum ausgehen konnte, besteht, bedarf einer eingehenderen Untersuchung. Alle bayerischen Untersuchungen von FRANZ, Entscheidungskampf bis SCHMIDT, Zollparlament gehen von dieser, wohl zu einseitig angelegten, Sichtweise aus.
[36] HUBER, Verfassungsgeschichte III, 636.
[37] BayHStAM, MA 2650 (Bericht Perglas Nr. 186, 9.5.1870).
[38] PREISSER, Steuerharmonisierung, 114–115.
[39] BayWiA XVIII/5 (Bericht der oberbayerischen Gewerbekammer, 21.10.1875 bzw. Kreis-Gewerbe und Handelskammer von Oberbayern an IML, 10.11.1875).
[40] SCHÜBELIN, Zollparlament, 135.

Die bayerische Regierung scheute sich in der letzten Phase des Zollvereins zwischen 1867 und 1870 nicht, gegen eigene fiskalischen Interessen Vereinheitlichungsmaßnahmen auf wirtschaftlichem Gebiet zuzustimmen. Mittlerweile waren die Verantwortlichen in München zu einer von der realen Durchsetzbarkeit bestimmten Politik übergegangen. Die bayerischen Abgeordneten traten mit einigen wenigen Ausnahmen im Zollparlament nur selten in den Vordergrund, obwohl sich unter ihnen, vor allem in den Reihen der Liberalen, fraglos einige volkswirtschaftlich versierte Personen befanden[41]. Auch Handelsminister Gustav von Schlör meldete sich in drei Jahren gerade dreimal zu Wort[42]. Die Jahre zwischen 1866 und 1870 waren für Bayern eine Zeit wichtiger außenpolitischer Entscheidungen, aber auch eines innenpolitischen Richtungswechsels. Beide Kammern des Landtages standen gegen die preußische Politik. Aus diesem Grunde kam es nicht selten zu heftigen Debatten, wenn es darum ging, für die Beschlüsse von Zollbundesrat und Zollparlament die notwendige länderrechtliche Zustimmung zu erhalten. So vermischten sich bei der Debatte um den Handelsvertrag mit Österreich von 1868 nationalpolitische mit finanziellen oder handelspolitischen Argumenten. Die patriotisch-konservativen Abgeordneten waren aber selten in der Lage, mit wirtschaftlich fundierten Reden ihren Standpunkt darzulegen[43]. Dies lag meist auch daran, daß sie für die Materie an sich kaum Verständnis aufbringen wollten und konnten.

Bei den Einheitsverhandlungen in Versailles im Oktober und November 1870 spielten wirtschaftspolitische Fragen keine Rolle mehr, potentielle Unstimmigkeiten in diesem Bereich waren in den „Vorkonferenzen" zwischen Preußen, Württemberg und Bayern in München geklärt worden. So sah Ludwig II. auch keine Notwendigkeit, Handelsminister von Schlör mit Bray, Lutz und Pranckh in das preußische Hauptquartier zu entsenden. Dennoch schwebte kurzzeitig abermals die Drohung Bismarcks, den Zollverein nicht zu erneuern, wie eine dunkle Wolke über den bayerischen Delegierten. Seine zukünftige Unkündbarkeit durch den Eintritt Bayerns in den Norddeutschen Bund fand bei den Debatten um die Annahme der Versailler Verträge im bayerischen Landtag jedoch nur noch am Rande Erwähnung.

Zollbundesrat und Zollparlament schufen in den drei Jahren ihres Bestehens zweifellos wichtige Grundlagen für eine deutsche Wirtschaftseinheit, die mit der Reichsverfassung von 1871 ihre staatsrechtliche Form erhielt. Weitere Vorteile, die sich vom Freihandelsstandpunkt aus nach 1867 von einer politischen Einigung zwischen Norddeutschem Bund und süddeutschen Staaten noch erwarten ließen, waren gering[44]. Dennoch ist es sicherlich nicht unangemessen zu behaupten, „daß das Zollparlament der psychologischen Vorbereitung des deutschen Volkes auf

---

[41] SCHMIDT, Zollparlament, 381.
[42] Ebd., 411–413. Intensiver beteiligten sich die liberalen Abgeordneten Feustel und Stauffenberg.
[43] Dies zeigte sich in besonderem Maße in der Debatte um die Aufhebung des Salzmonopoles.
[44] ZORN, Zusammenhänge, 332.

die Einheit gedient habe"[45]. Bis 1867 basierte der Zollverein als wirtschaftliche Union zwischen souveränen Staaten auf der Basis multilateraler Verträge. Der Norddeutsche Bund, dessen rechtlicher Status einem Bundesstaat identisch war und gleichzeitig einen Zollverband bildete, assoziierte die noch souveränen Staaten Bayern, Württemberg, Hessen-Darmstadt und Baden für den alleinigen Zweck einer Zollunion. Die Reichsgründung löste dieses Stadium ab; das Deutsche Reich stellte einen Bundesstaat mit einheitlichem Zollgebiet dar. Allerdings trat Luxemburg als Zollbundmitglied dem Bundesstaat nicht bei, und mit Hamburg sowie Bremen blieben zwei Mitglieder des Bundesstaates bis 1888 außerhalb der Zollunion. Die Verfassung wies bei der Finanzierung des Reiches entscheidende Fehler auf, obwohl die Finanzmisere des Norddeutschen Bundes die Engpässe bei der Finanzierung der zentralen Einrichtungen bereits aufgezeigt hatten[46]. Bismarck versuchte bis 1879 vergeblich, in diesem Bereich Abhilfe zu schaffen, scheiterte aber an den Partikulargewalten. Der Reichskanzler selbst wechselte die Partei mit der politisch-finanzwirtschaftlichen Nebenabsicht, durch Zollerhöhungen die Staatseinnahmen des Reiches zu steigern. Die zollpolitische Abwehrhaltung von 1879 bedeutete – positiv gesehen – einen wichtigen Bestandteil der „inneren Reichsgründung"[47] bzw. „zweiten Reichsgründung"[48].

Während das Finanzwesen in der bundesstaatlichen Ordnung nach dem Subsidiaritätsprinzip entwickelt und dem Reich im Vergleich zu den Ländern nur ein geringes Maß an Funktionen übertragen wurde, drängte das Geld-, Maß- und Gewichtswesen von Anfang an auf eine einheitliche Ordnung[49]. Mitte des 19. Jahrhunderts hatten im späteren Deutschen Reich noch sieben verschiedene Münzsysteme existiert. Darüber hinaus besaßen 20 Länder Staatspapiergeld und bis 1871 emittierten 33 Notenbanken ihre eigenen Zettel. In den Münzkonventionen von 1837 und 1857 einigte sich ein Teil der deutschen Staaten zusammen mit Österreich auf verbindliche Grundsätze bei der Münzprägung und der gegenseitigen Anerkennung von Zahlungsmitteln, ohne daß es jedoch zu einer durchgreifenden Reform gekommen wäre[50]. Dennoch nährte diese Regelung des Währungssystems auf „großdeutscher" Ebene in Bayern die Hoffnung, dies auch in anderen wirtschaftlichen Bereichen durchsetzen zu können. Aufgrund der wirtschaftlich begründeten Vorherrschaft Berlins zerschlugen sich aber alle bayerischen Erwartungen. Preußen konnte sich auch in der Währungsfrage gegen Österreich durchsetzen und bis zur Reichsgründung die von der Donaumonarchie angestrebte Goldwährung vereiteln. Nach der Gründung des kleindeutschen Reiches ging man umgehend an die Reform des Währungswesens, die in drei Etappen durchgeführt wurde[51]: Im Jahr 1871 bestimmte das Reich die Mark zur Währungseinheit und ließ erste Goldmünzen in einem festen Verhältnis zu

---

[45] PFLANZE, Bismarck. Der Reichsgründer, 400; zeitgenössische Einschätzungen: ebd., 401.
[46] HENNING, Wandel, in: KUNISCH, Bismarck, 243.
[47] ZORN, Zusammenhänge, 338.
[48] LAMBI, Trade.
[49] BORCHARDT, Währung, in: BUNDESBANK, Währung, 3.
[50] SPRENGER, Harmonisierungsbestrebungen, 121.
[51] STOLPER, Wirtschaft, 23.

den umlaufenden Silbermünzen ausprägen. Zwei Jahre später folgte die Einführung des Goldstandards und die Beschränkung des Silbers auf Kleinmünzen. 1875 kam es zur Umwandlung der Preußischen Bank in die Reichsbank und damit zu einer Zentralisierung des Bank- und Notenbankwesens. 1876 war damit die Währungsumstellung weitgehend abgeschlossen. In den oft langwierigen Debatten über die Harmonisierung des Währungssystems, die von zahlreichen Ängsten der Bevölkerung begleitet wurden, konnten die bayerischen Verantwortlichen nur in wenigen Teilbereichen ihre Vorstellungen durchsetzen. Es ist auffallend, daß die Regierungsmitglieder ihre Standpunkte weitaus seltener artikulierten als dies noch vor 1871 der Fall gewesen war. Offensichtlich einigten sie sich schon im Vorfeld der Beratungen darauf, nur realisierbare Forderungen auch tatsächlich zur Sprache zu bringen. Bei der Vereinheitlichung der Maße und Gewichte, die in Bayern schon 1868 auf das Dezimalsystem umgestellt worden waren, übernahmen die süddeutschen Staaten die einschlägigen Gesetze des Norddeutschen Bundes.

Die Auflösung des Staatsministeriums des Handels und der öffentlichen Arbeiten per Dekret vom August 1871 zum 1. Januar 1872 erfolgte dagegen nicht ausschließlich aufgrund der Reichsgründung. Durch die Beschneidung eigenstaatlicher wirtschaftspolitischer Entscheidungsfreiheiten durch die neue Verfassung bot sich zwar eine Umstrukturierung des Kabinettes an, die Beseitigung des Handelsressorts entsprang aber auch innenpolitischen Reformbestrebungen und persönlichen Motiven König Ludwigs II., dem vor allem Gustav von Schlör ein Dorn im Auge war.

Die Reichsgründung selbst bedeutete wirtschaftlich gesehen eine Befreiung von unnötigen Fesseln und eine Verminderung des politischen Elementes beim Investitionsrisiko, wodurch das unternehmerische Risiko geringer und die Produktion angekurbelt wurde. Ein unmittelbarer volkswirtschaftlicher Vorteil Bayerns aus dem Beitritt zum Norddeutschen Bund ist jedoch – wie zu erwarten – nicht feststellbar. 1875 existierten im Deutschen Reich 8500 Betriebe mit mehr als 50 Beschäftigten: In Preußen befanden sich 87 Großbetriebe mit mehr als 1000 Mitarbeitern, in Bayern gerade fünf und in Württemberg lediglich zwei[52]. Die geringe Zahl an Großbetrieben in Bayern war vor allem eine Folge der schlechten Rohstofflage des Königreiches, entfielen von diesen im Gesamtreich fast 75 Prozent auf Bergbau, Hütten- und Salinenwesen, gerade einmal sechs Prozent auf Maschinen- und Werkzeugindustrie und fünf Prozent auf die Textilindustrie. Wolfgang Zorn bestreitet sogar die These, die Reichsgründung hätte zu einer Förderung des deutschen Wirtschaftswachstums geführt[53]. Der „unerhörte, treibhausartige Wirtschaftsaufschwung"[54] der deutschen Gründerzeit nach dem Einströmen der französischen Entschädigungszahlungen schien

---

[52] ZORN, Wirtschaft, in: SCHIEDER/DEUERLEIN, Reichsgründung, 203. Als Grundlage: ENGEL, Ernst, Die Deutsche Industrie 1875 und 1861. Statistische Darstellung der Verbreitung ihrer Zweige über die einzelnen Staaten des Deutschen Reiches mit Hervorhebung Preussens (Soziologie und Sozialphilosphie 4), Berlin 1880.
[53] ZORN, Zusammenhänge, 339–340.
[54] Ebd., 333.

dennoch der Politik der Freihändler Recht zu geben[55]. Die sogenannte Gründerzeit, eine Zeit der wirtschaftlichen Prosperität, erleichterte darüber hinaus fraglos das Zusammenwachsen der einzelnen Bundesstaaten im Deutschen Reich. Eine wichtige Rolle spielte die von Frankreich in kürzester Zeit aufzubringende Kriegsentschädigung von 5 Mrd Franc, die als Gesamtsumme alle Budgets der deutschen Staaten um das Dreifache überstieg und größer war als das umlaufende Bargeld in Deutschland und England. Die wirtschaftliche Bedeutung der Zahlungen wird in der Forschung zwar immer öfter und begründeter in Frage gestellt, die französische Entschädigung bildete aber zweifellos eine Klammer für die Reichseinheit, da ein erheblicher Teil der Summe den Ländern zugute kam: Bayern konnte mit den ausgezahlten 90 Mio Mark seine gesamten Kriegskosten einschließlich der im Juli 1870 aufgenommenen preußischen Kredite decken und damit den verschuldeten Staatshaushalt sanieren.

In der zweiten Hälfte des Jahres 1873 griff die sogenannte „Gründerkrise" von Wien aus auf das deutsche Gewerbe über. Besonders betroffen war die Großindustrie, deren Entwicklungsstand jedoch nicht so stark erschüttert wurde, daß sie hinter den Stand von vor 1865 zurückgefallen wäre[56]. Neben der Überspekulation infolge der französischen Reparationszahlungen machte man auch die neue Währung und die Bankordnung für die stagnierende Wirtschaftsentwicklung verantwortlich[57]. In vielen Bereichen Bayerns besserte sich jedoch die Lage bereits im Jahre 1875 wieder[58]. Insgesamt wird man auch für den wirtschaftspolitischen Bereich sagen können, daß in den Jahren 1871 bis 1876, zum Teil auch noch bis 1879, die großen nationalstaatlichen Reformen im Sinne der deutschen Einheit als Bindemittel für das preußisch-deutsche Kaiserreich abgeschlossen werden konnten, wie sie der Liberalismus angestrebt hatte und wie sie seit etwa 1860 im Zollverein in Angriff genommen worden waren.

Die Entscheidungskämpfe um die politische und ökonomische Vormachtstellung in Deutschland zeigen deutlich, daß der Zollverein nicht in der Lage war, eine politisch-kleindeutsche Lösung der Deutschen Frage herbeizuführen, obwohl er die mitteleuropäischen Modernisierungsprozesse auf vielfache Weise vorangetrieben hatte. In wirtschaftlicher Hinsicht begünstigte er moderne Branchen und erleichterte somit den Übergang von der kleingewerblich-agrarischen Wirtschaft zu einer moderneren kapitalistischen Erwerbsgesellschaft. In wirtschaftspolitischer Beziehung förderten die innerhalb der wirtschaftlichen Integration notwendigen Aufgaben die Tendenz zur Bürokratisierung von Entscheidungsprozessen und „stellten eine wichtige Etappe auf dem Weg zur Ausbildung des künftigen Interventionsstaates dar"[59]. Es ist unbestreitbar, daß

---

[55] LAMBI, Trade; BÖHME, Großmacht (1966), 321–333.

[56] BayWiA XVIII/5 (Bericht des Fabrik-, Handels- und Gewerberates von Oberbayern, 24.10.1875).

[57] BayHStAM, MH 9712 (Auszug aus dem Jahresbericht des k. Consuls Einhorn in Leipzig pro 1874).

[58] BayWiA XVIII/5 (Bericht der oberbayerischen Gewerbekammer, 21.10.1875 bzw. Kreis-Gewerbe und Handelskammer von Oberbayern an IML, 10.11.1875). Dazu auch die Jahresberichte der bayerischen Handelskammern von 1875/76.

[59] HAHN, Integration, 307.

der Zollverein mit seinen ineinander verschränkten ökonomischen und politischen Folgen die Herausbildung des kleindeutschen Nationalstaates in hohem Maße begünstigte. Darüber hinaus war Preußen spätestens mit dem Beginn der 1860er Jahre zu einer ökonomischen und militärischen Macht aufgestiegen, die eine Entscheidung in der Deutschen Frage in ihrem Sinne auf dem Schlachtfeld suchen konnte[60]. Währenddessen wurden die Möglichkeiten eigenständiger bayerischer Wirtschaftspolitik zwischen den beiden Hegemonialmächten im Deutschen Bund von Zollvereinskrise zu Zollvereinskrise geringer und mußte sich seit 1864/65 auf die Wahrung verbliebener Rechte beschränken. Preußen verdankte seinen wirtschaftspolitischen und dann auch politischen und militärischen Sieg vor allem dem diplomatischen Geschick seines Ministerpräsidenten Otto von Bismarck und dessen maßgeblichen Mitarbeitern, die dem österreichischen Ministerpräsident Rechberg und seiner zerstrittenen Ministerriege in Wien weit überlegen waren[61]. Ob Bismarck aber die enge Verzahnung von Politik und Wirtschaftspolitik bewußt wahrnahm und die bis weit in das 19. Jahrhundert hinein betriebene Trennung zwischen Politik im Deutschen Bund, Wirtschaftspolitik im Zollverein unter Ausschluß Österreichs aus dem seit 1834 bestehenden „kleindeutschen Wirtschaftsverband" und strukturwirtschaftlichen Voraussetzungen, Zwängen und Möglichkeiten negierte, um den Weg für eine kleindeutsche Einigung zu ebnen, muß zukünftigen Forschungen vorbehalten bleiben.

---

[60] KIESEWETTER, Hubert, Preußens Strategien gegenüber Vorläufern des Deutschen Zollvereins 1815–1835, in: POHL, Auswirkungen, 173.
[61] HENDERSON, Cobden-Vertrag, 245.

ANHANG

Anlage 1:
Bevölkerungszahlen der Zollvereinsstaaten
(Stand Dezember 1864)

Nach BIENENGRÄBER, Alfred, Statistik des Verkehrs und Verbrauchs im Zollverein für die Jahre 1842–1864, nach den veröffentlichten amtlichen Kommerzial-Übersichten etc. dargestellt, Berlin 1868, 9.

Königreich Preußen inkl. Hohenzollersche Lande:	19.642.954
Herzogtum Luxemburg	202.937
Königreich Bayern	4.813.076
Königreich Sachsen	2.343.994
Königreich Hannover	1.943.772
Königreich Württemberg	1.748.328
Großherzogtum Baden	1.426.218
Kurfürstentum Hessen	716.889
Großherzogtum Hessen-Darmstadt	871.839
Thüringische Vereins-Staaten	1.103.530
Herzogtum Braunschweig	268.523
Herzogtum Oldenburg	244.407
Herzogtum Nassau	468.311
Freie Reichsstadt Frankfurt/Main	92.244

Anlage 2:
Verzeichnis der bayerischen Abgeordneten zum
deutschen Zollparlament (Wahl am 20.2.1868)

Regierungsbezirk

Wahlbezirk   *Name des gewählten Abgeordneten*
         Wahlberechtigte   *gültige Stimmen*   *Stimmenzahl*   *Wahlgang*[*]

Oberbayern

Wahlbezirk	Name / Wahlberechtigte / gültige Stimmen / Stimmenzahl / Wahlgang
München I	Gustav von Schlör, k.b. Staatsminister in München
	16.549 8.703 5.035 b
München II	Franz Kester, Fabrikdirektor und Handelsgerichtsassessor in München
	23.454 11.517 6.832 a
Aichach	Karl von Meixner, k.b. Ministerialrat u. Generalzolladministrator in München
	16.172 11.507 11.171 a
Ingolstadt	Karl Frhr. von Aretin, Gutsbesitzer auf Heidenburg/Nby., k.b. Kämmerer und Reichsrat
	15.000 12.392 10.021 a
Wasserburg	Andreas Freytag, k. Rechtsanwalt in München
	16.290 13.452 9.924 a
Weilheim	Karl Frhr. von Eichthal, k.b. Kämmerer und Gutsbesitzer in München
	16.606 12.295 7.584 a
Rosenheim	Max von Neumayr, k.b. Staatsrat im ao. Dienst in München
	16.254 11.965 7.843 a
Traunstein	Wilhelm Frhr. von Thüngen, k.b. Kämmerer und Reichsrat zu Roßbach
	17.285 13.857 7.890 a

[*] a = gewählt in der ersten Wahl
   b = gewählt in der engeren Wahl
   c = gewählt in der Nachwahl
   d = gewählt in der engeren Nachwahl

Niederbayern

Landshut	Karl Frhr. von Ow, k. Kämmerer und Regierungsrat in Landshut			
	14.379	9.795	7.530	a
Straubing	Joseph Lukas, Militärprediger in Regensburg			
	16.523	13.235	11.142	a
Passau	Dr. Adolph Krätzer, k. Appellationsgerichtsrat in Passau			
	14.401	9.941	8.052	a
Pfarrkirchen	Joseph Bucher, Redakteur in Passau			
	14.971	10.152	7.424	b
Deggendorf	Alois Frhr. von Hafenbrädl, k. Bezirksgerichtsrat in Regensburg			
	13.502	7.869	6.923	c
Kelheim	Dr. Johann Nepomuk Sepp, k. quisi. Universiätsprofessor in München			
	13.224	11.251	9.064	a

Pfalz

Speyer	Ludwig Römmich, k.b. Regierungsrat und Bezirksamtmann in Speyer			
	16.350	10.853	5.819	a
Landau	Andreas Ludwig Jordan, Gutsbesitzer in Deidesheim			
	22.009	11.227	9.701	a
Germersheim	Ferdinand von Soyer, k.b. Oberzollinspektor in Ludwigshafen			
	16.653	13.141	6.863	a
Zweibrücken	Adolph Schwimm, Fabrikant in Zweibrücken			
	15.852	13.892	7.603	b
Homburg	Joseph Benzino, Rentier in Landstuhl			
	15.408	8.993	5.256	a
Kaiserslautern	Georg Friedrich Kolb, Privatier in Speyer			
	18.995	7.760	7.217	a

Oberpfalz

Regensburg	Dr. Johann Diepolder, k.b. Ministerialrat in München			
	16.349	12.253	9.884	a
Amberg	Joseph Güster, k.b. Appellationsgerichtsrat in Amberg			
	14.432	10.631	5.643	a

Neumarkt	Dr. Edmund Jörg, k.b. Archivar in Landshut				
	14.379	11.708	10.599		a
Neunburg/ v.W.	Karl Frhr. von Schrenk, k.b. Kämmerer und Staatsrat im ordentlichen Dienst				
	14.290	11.804	10.345		a
Neustadt a.W.	Dr. Albert Wild, Banquier in München				
	14.756	11.204	7.223		a

Oberfranken

Hof	Friedrich Jansen, Fabrikant in Hof				
	16.605	10.631	8.518		a
Bayreuth	Friedrich Feustel, Banquier in Bayreuth				
	15.446	9.010	8.753		a
Forchheim	Chlodwig Fürst von Hohenlohe-Schillingsfürst, Staatsminister des k. Hauses und des Aeusseren				
	18.841	11.233	9.587		a
Kronach	Karl Pfretzschner, Kaufmann in Kronach				
	17.196	9.984	6.425		a
Bamberg	Dr. Eugen Schneider, rechtskund. Bürgermeister in Bamberg				
	16.860	9.785	7.302		a

Mittelfranken

Nürnberg	Karl Crämer, Fabrikbesitzer in Doos				
	18.046	10.623	7.322		a
Erlangen/ Fürth	Dr. Heinrich Marquardsen, k. Universitätsprofessor in Erlangen				
	17.225	6.661	5.952		a
Ansbach/ Schwabach	Franz Frhr. von Stauffenberg, Gutsbesitzer in Augsburg				
	15.484	9.397	7.248		a
Eichstädt	Georg Frhr. von Frankenstein, k.b. Reichsrat und Rittergutsbesitzer in Frankenstein				
	14.876	10.949	5.682		c
Dinkelsbühl	Dr. Otto Erhard, Advokat in Nürnberg				
	15.776	11.719	8.786		a
Rothenburg a.d. T.	Dr. Marquard Barth, k. Advokat in Kaufbeuren				
	18.284	10.808	10.197		c

Unterfranken

Aschaffenburg	Dr. Karl Kurz, k. Bezirksgerichtsdirektor in Aschaffenburg				
	18.254	12.166	9.688		a
Kitzingen	Hermann Frhr. von Guttenberg, Rittergutsbesitzer auf Weißendorf				
	17.400	14.439	7.296		b
Lohr	Dr. Karl Edel, k. Universitätsprofessor in Würzburg				
	20.981	10.351	5.535		d
Neustadt/S.	Friedrich Graf von Luxburg, k.b. Legationsrat in Berlin				
	19.792	12.405	11.288		a
Schweinfurt	Kaspar Meder, Gemeindevorsteher in Hirschfeld				
	15.669	12.818	6.521		b
Würzburg	Friedrich Frhr. von Zu-Rhein, k. Reichsrat und Staatsrat, Regierungspräsident von Würzburg				
	11.776	7.861	5.819		a

Schwaben

Augsburg	Dr. Karl Barth, k. Advokat in Augsburg				
	16.107	12.315	7.523		a
Donauwörth	Alois Graf von Arco-Steppenberg, k. Kämmerer und Gutsbesitzer in München				
	17.374	14.553	7.475		a
Dillingen	Max Graf von Arco-Valley, k. Reichsrat in München				
	16.371	13.800	8.286		a
Illertissen	Karl Maria Frhr. von Aretin, k. Reichsrat und Geheimrat in München				
	18.103	13.562	6.957		a
Kaufbeuren	Dr. Jakob Miller, k. Oberzollinspektor in Pfronten				
	15.287	11.839	8.702		a
Immenstadt	Dr. Joseph Völk, k. Advokat in Augsburg				
	14.265	8.124	6.051		a

Anlage 3:
Mitarbeiter des Staatsministerium des Handels
und der öffentlichen Arbeiten

(Zusammenstellung nach Hof- und Staatshandbuch 1848–1872)

Leitung des Staatsministeriums des Handels und der öffentlichen Arbeiten
1848–1849   Otto Graf von Bray-Steinburg
1849–1859   Dr. Ludwig Freiherr von der Pfordten
1859–1864   Karl Freiherr von Schrenck-Notzing
1864–1865   Benno von Pfeufer
1865–1866   Adolph von Pfretzschner
1866–1871   Gustav von Schlör

Ministerialdirektor und faktischer Leiter bis 1866
1848–1860   Carl Friedrich von Bever
1861–1871   Eduard von Wolfanger, Ministerialrat
zeitweise
1864–1866   Dr. Anton von Fischer, Staatsrat

Ministerialräte
Ludwig Freiherr von Brück (1849–1860)
Carl von Kleinschrod (1849–1860)
Bernhard Heinrich Pfeufer (1849–1860)
Wilhelm (von) Weber (1849–1861)
Andreas Nüßler (1860–1871)
Michael von Suttner (1860–1871)
Eduard von Wolfanger (1861–1871)
Franz Xaver Richard Messerschmidt (1863–1867, ab 1867 Generalsekretär)
Paul von Braun (1866–1871)
Adolph von Cetto (1866–1871)

Ministerialassessoren
Eduard von Wolfanger (1859–1861)
Franz Xaver Richard Messerschmidt (1861–1862)
Paul von Braun (1860–1866)
Adolph von Cetto (1860–1866)
Johann Michael Diepolder (1860–1866)
Adolph Nies (1866–1871)
Matthäus Jodlbauer (1866–1871)

Geheime Sekretäre
Karl von Vollmar (1849–1860)
Friedrich Arnold (1860–1863)

Adolph Nies (1864–1866)
Matthäus Jodlbauer (1864–1866)
Georg Scheuerlin (1866–1871)
Otto Schmalix
Carl Schneider

Ministerialsekretäre 1. Klasse
Adolph von Cetto (1849–1859)
Michael von Suttner (1849–1859)
Franz Xaver Richard Messerschmidt (1849–1861)
Adolph Nies (1861–1863)
Dr. Karl Leopold Seuffert (1863–1865)
Matthäus Jodlbauer (1863–1865)
Otto Schmalix (ab 1866)

Ministerialsekretäre 2. Klasse (Position ab 1863 gestrichen)
Johann Michael Diepolder (1849–1860)
Dr. Karl Leopold Seuffert (1861–1863)
Matthäus Jodlbauer (1861–1863)

Ministerialreferenten und außerordentliche Mitarbeiter
Dr. Heinrich Alexander (1849–1867)
Georg von Berr (ab 1867)

Weitere Mitarbeiter zwischen 1849 und 1871:
   Geheime Registratoren: Joseph Schaumberger, Heinrich Wild, Carl Schneider, Christian Röder
   Rechnungskommissare und Etatsbuchhalter: Philipp Raab, Michael Preißler, Friedrich Arnold, Gottlieb Holler, Franz Tretter
   Kanzleisekretäre, Kanzlisten: Bernhard Seiz, Jakob Matthäus Kammerlander, Jakob Uhlmann, Karl Grundler, Georg Scheuerlein, Maximilian Gerstl, Max von Krempelhuber, Otto Schmalix, Christian Röder, Joseph Schaumberger, Nikolaus Fritz, Conrad Bergmann, Johann Adam Merch

Mitarbeiter untergeordneter Behörden:
Konservator: Dr. Carl August Steinheil
Baubehörde: Franz Joseph Schierlinger, Friedrich August Ritter von Pauli
Statistisches Büro: Friedrich W. Hermann, Dr. Georg Mayr

Mitarbeiter neuer Abteilungen nach 1867:
Oberzollrat Max Joseph Eggensberger
Archivar Joseph Schaumberger
Statistische Zentralkommission: Eduard von Wolfanger
Normal-Eichungskommission: Adolph Nies

Anlage 4:
Kurzbiogramme der wichtigsten Mitarbeiter des Staatsministeriums des Handels und der öffentlichen Arbeiten

Georg von Berr (1830–nach 1917): 1860–1862 Zollrechnungskommissar bei der Generalzolladministration; 1862–1864 Oberzollassessor im Zollreferat des Handelsministeriums (Generalzolladministration); 1866 Zollrat; gleichzeitig bayerischer Bevollmächtigter zum Bundesrat; 1869 Mitarbeiter im Staatsministerium der Finanzen; 1872–1877 bayerischer Finanzminister; Ende 1877 aus gesundheitlichen Gründen Rücktritt.

Paul von Braun (1820–1892): ab 1852 Mitarbeiter im Staatsministerium des Handels und der öffentlichen Arbeiten; 1856 Geheimer Sekretär; Mai 1859 Ministerialassessor; 1866 Ministerialrat und Referent für Industrie, Handel und Gewerbe (in dieser Funktion verantwortlich für den bayerischen Beitrag zur Pariser Weltausstellung 1867); 1869–Juli 1871 bayerischer Staatsminister des Innern; August 1871–1892 (auf eigenen Wunsch) Regierungspräsident in die Pfalz.

Ludwig Frhr. von Brück (1812–1893): Postbeamter im staatlichen Dienst; ab 1841 Mitarbeiter im Staatsministerium des kgl. Hauses und des Äußern (Bereich des Postwesens, der Eisenbahn und Telegraphen); Vertreter Bayerns bei den Dresdner und Berliner Konferenzen; ab 1849 Ministerialrat im Staatsministerium des Handels und der öffentlichen Arbeiten; 1851 Vorstand der Generaldirektion der königlich bayerischen Verkehrsanstalten; 1858 Generaldirektor der königlich bayerischen Verkehrsanstalten und gleichzeitig Ministerialkommissar und Referent für Verkehrsangelegenheiten im bayerischen Landtag; 1869 auf Betreiben des Handelsministers Gustav von Schlör entlassen.

Adolph von Cetto (1819–1892): ab 1847 Ministerialsekretär dritter Klasse im Staatsministerium des kgl. Hauses und des Äußern, 1848 Beförderung zum Ministerialsekretär erster Klasse und Wechsel in das Staatsministerium des Handels und der öffentlichen Arbeiten; 1853 Geheimer Sekretär, 1857 Ministerialassessor; 1866 Generalsekretär und Ministerialrat; 1872 Wechsel in das Staatsministerium des Innern; 1879 Ruhestand.

Dr. Johann Michael Diepolder (1820–1903): Ratsanwärter bei der Regierung von Unterfranken und Aschaffenburg; 1849 Ministerialsekretär im Zollreferat im Staatsministerium des Handels und der öffentlichen Arbeiten (ab 1850 zuständig für die Beratungen über die Zukunft des Zollvereins); 1851–1857 Oberzollassessor und Zollvereinskontrolleur in Stettin; August 1857 Ministerialassessor im Staatsministerium des Handels und der öffentlichen Arbeiten (Referent für das Zollwesen, dann für die pfälzischen Eisenbahnen); 1867 Beförderung zum Ministerialrat; 1868–1870 bayerischer Abgeordneter im Zollparlament; August 1870 zwangsweise Versetzung in den Ruhestand.

Dr. Anton von Fischer (1792–1877): 1843–1849 Regierungspräsident von Schwaben und Neuburg; 1849–1875 Staatsrat; 1858/59 Vertreter des bayerischen Staatsministers der Finanzen; 1864–1866 Ministerialdirektor im Staatsministerium des Handels und der öffentlichen Arbeiten; 1867 Vertreter des bayerischen Staatsministers der Justiz.

Matthäus Jodlbauer (geb. 1831): 1859 Ministerialsekretär im Staatsministerium des Handels und der öffentlichen Arbeiten; 1867 Ministerialassessor; 1872 Wechsel in das Staatsministerium des Innern, Abteilung für Landwirtschaft, Gewerbe und Handel.

Karl von Kleinschrod (1789–1866): 1832 Ministerialrat im Staatsministerium des Innern; 1835 Referent für Zoll- Verkehrs-, Handels- und Schiffahrtsangelegenheiten sowie Leiter der technischen Zweige des Berg- und Salinenwesens im Staatsministerium der Finanzen; 1849 Mitarbeiter im Staatsministerium des Handels und der öffentlichen Arbeiten; 1850 Ernennung zum Geheimen Rat; 1851–1860 wiederholt vertretungsweise Leiter des Staatsministeriums des Handels und der öffentlichen Arbeiten. Kleinschrod suchte als dezidiert großdeutsch und proösterreichischer Mitarbeiter 1857 um seine Versetzung in den Ruhestand nach, wurde aber von König Maximilian II. nur von den regelmäßigen Arbeiten freigestellt; 1860 endgültiger Ruhestand.

Friedrich Frhr. Krafft von Crailsheim (1824–1926): 1870–1871 Gehilfe im Staatsministerium des Handels und der öffentlichen Arbeiten; 1880–1903 bayerischer Staatsminister des kgl. Hauses und des Äußern und Vorsitzender im Ministerrat.

Karl von Meixner (1814–1880): 1826 Abschluß des Studiums der Rechts- und Kameralwissenschaft; 1829 Eintritt in den bayerischen Zolldienst; 1840–1852 bayerischer Bevollmächtigter in Berlin in Rang und Titel eines General-Zoll-Administrationsrates, seit 1852 im Rang eines Ministerialrates; 1846 und 1863 Vertreter Bayerns auf den Generalzollkonferenzen des Zollvereins; 1859 Ministerialrat im Staatsministerium des Handels und der öffentlichen Arbeiten; gleichzeitig 1863–1877 Bankkommissär der bayerischen Hypotheken- und Wechselbank und 1865 Generalzolladministrator, 1868–1870 Abgeordneter des Zollparlamentes; 1875 Ruhestand.

Franz Xaver Richard Messerschmidt (1815–1878): 1846–1848 Regierungssekretär im Staatsministerium des Innern und 1849–1850 im Staatsministerium des Handels und der öffentlichen Arbeiten; 1850 Geheimer Sekretär; 1856–1861 Regierungsrat zur Regierung von Schwaben und Neuburg, Kammer des Innern; 1861 Ernennung zum Ministerialassessor und Wiedereintritt in das Staatsministerium des Handels und der öffentlichen Arbeiten; 1862 Ministerialrat; 1867–1872 „Generalsekretär" im Staatsministerium des Handels und der öffentlichen Arbeiten; 1872 Wechsel in das Staatsministerium des Innern; 1873 Ruhestand infolge notwendiger Einsparungsmaßnahmen.

Adolph Nies (1823–1900): Landgerichtsassessor; 1860 Ministerialsekretär im Staatsministerium des Handels und der öffentlichen Arbeiten; 1866 Ministerialassessor; 1872 Wechsel in das Staatsministerium des Innern, Abteilung für Landwirtschaft, Gewerbe und Handel.

Andreas Nüßler (1807–1881): 1852 Sekretär im Staatsministerium des Innern; 1852 Ministerialassessor, 1855 Ministerialrat und Wechsel in das Staatsministerium des Handels und der öffentlichen Arbeiten; 1865 Generalsekretär (Beaufsichtigung des gesamten formellen Dienstes und Aufsicht über die „Hauspolizei" innerhalb der Behörde); gleichzeitig Mitarbeiter am Oberappellationsgericht und Verwaltungsrat bei den bayerischen Ostbahnen und beim Unterstützungsverein für Hinterbliebene von Staatsdienern; 1865 vom ministeriellen Generalsekretariat entbunden; später zuständig für das Kredit- und Versicherungswesen, dann im Koreferat für das Staatsbauwesen; nach der Gründung der Ostbahngesellschaft dort Regierungsvertreter im Verwaltungsrat; 1869 Vertreter des Ministerialdirektors im Staatsministerium des Handels und der öffentlichen Arbeiten; 1872–1873 Wechsel in das Staatsministerium des Innern; Anfang 1873 Ruhestand.

Bernhard (Benno) Heinrich von Pfeufer (1804–1871): ab 1847 Ministerialrat im Staatsministerium des Innern (zuständig für das Verkehrswesen); 1849 Ministerialrat im Staatsministerium des Handels und der öffentlichen Arbeiten; 1859–1866 Staatsrat im ordentlichen Dienst und leitender Minister des bayerischen Staatsministeriums der Finanzen; 5.10.1864–1.1.1865 Ministerverweser im Staatsministerium des Handels und der öffentlichen Arbeiten; 1866 Ruhestand.

Dr. Carl August Steinheil (1801–1870): königlicher Akademiker und Konservator; 1849 Ablehnung des Amtes eines technischen Referenten bei der Telegraphenverwaltung im Ministerium des Handels und der öffentlichen Arbeiten, 1852 Ministerialrat bei der mathematisch-physikalischen Sammlung des bayerischen Staates.

Michael von Suttner (1815–1880): 1848 Mitarbeiter im Staatsministerium der Finanzen; 1848 Wechsel in das Staatsministerium des Handels und der öffentlichen Arbeiten; 1850 Geheimer Sekretär, 1857 Ministerialassessor, 1860 Ministerialrat (Leitung der Verkehrsanstalten); 1872 Wechsel in das Staatsministerium des kgl. Hauses und des Äußern.

Eduard von Wolfanger (um 1807–1887): 1839 Sekretär im Staatsministerium des Innern; 1844 Ministerialassessor; 1849 Wechsel in das Staatsministerium des Handels und der öffentlichen Arbeiten; 1849 Ministerialrat; 1861–1871 Ministerialdirektor im Staatsministerium des Handels und der öffentlichen Arbeiten; 1871–1879 Ministerialdirektor und Vorstand der Abteilung für Landwirtschaft, Handel und Gewerbe im Staatsministerium des Innern; 1879 Geheimer Rat und Ruhestand.

Anlage 5:
Die Münzsysteme in Deutschland 1871
vor der Einführung der Reichswährung

(nach: SPRENGER, Währungswesen, 55)

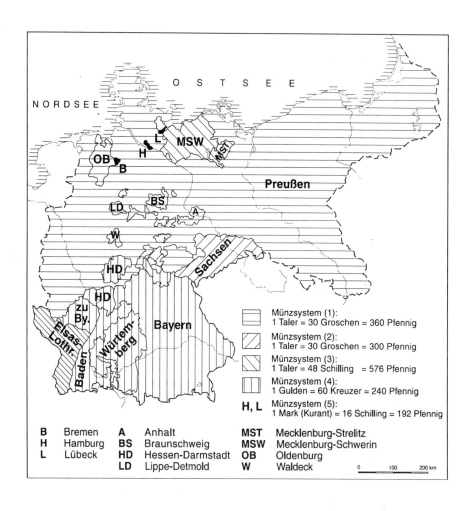

PERSONENREGISTER

Alexander II. (1818–1881), Zar von Rußland (1855–1881) 64
Albrecht, Dieter 22
Aretin, Karl Maria Frhr. von (1796–1868), Diplomat 54f.
Armansperg, Joseph Ludwig Graf von (1787–1853), Innen-, Finanz- und Außenminister 37
Arnold Friedrich, Kanzleisekretär 292

Bamberger, Ludwig (1823–1899), Reichstagsmitglied 316f.
Barth, Marquard (1809–1885), Landtagsmitglied 169, 268, 269f.
Becker, Otto 5, 272f.
Belcredi, Richard Graf von (1823–1902), österreichischer Ministerpräsident 136
Benaerts, Pierre 11f.
Benzino, Joseph (1819–1903), Landtagsmitglied 199
Bergmann, Conrad, Kanzleisekretär 298
Berks, Franz (1792–1873), Ministerverweser 185
Bernstorff, Albrecht Graf von (1809–1873), preußischer Außenminister 83, 84ff., 95, 97–100, 102ff.
Berr, Georg von (1830–nach 1917), Finanzminister 179, 182ff., 210, 244, 293, 312, 315, 317, 321, 339
Beust, Friedrich Ferdinand Graf von (1809–1886), sächsischer und österreichischer Ministerpräsident 21f., 49f., 55f., 59, 64, 71f., 77, 84, 90, 141, 143, 152, 162, 173, 178, 202ff., 224, 272
Bever, Carl Friedrich von (gest. 1860), Ministerialdirektor 41, 60, 249, 285ff., 346f.
Bibra, Alfred Ludwig Frhr. von (1827–1880), Legationsrat und Gesandter in Berlin 97, 100, 153

Bismarck-Schönhausen, Otto Fürst von (1815–1898), deutscher Reichskanzler 3–8, 20f., 52, 54, 63, 66, 74, 76, 102–109, 113ff., 120, 126, 133ff., 138ff., 146f., 149ff., 153–156, 158, 159–163, 165f., 171–174, 178, 182, 184, 187f., 197, 206ff., 211ff., 216, 222, 224, 226f., 233, 235, 241ff., 256ff., 259, 261f., 264–267, 271–275, 277ff., 299f., 316, 322, 336, 359–366, 369
Bleichröder, Gerson von (1822–1893), preußischer Bankier 259
Bodelschwingh, Karl von (1800–1873), preußischer Finanzminister 76, 104
Böhm, Max 17
Böhme, Helmut 12–13
Bomhard, Eduard P. von (1809–1886), Justizminister 167, 189, 193, 201, 215, 240, 267, 295ff., 350
Borchardt, Knut 13, 300
Bosl, Karl 20, 231
Brandenburg, Erich 4f.
Braun, Paul von (1820–1892), Innenminister 215, 262, 267, 292ff.
Bray-Steinburg, Otto Graf von (1807–1899), Ministerratsvorsitzender 21f., 29, 123, 125f., 147, 150, 152f., 189, 215, 229, 234ff., 242, 245f., 254f., 257f., 261–269, 272–275, 277, 290, 357, 365
Bruck, Karl Ludwig Frhr. von (1798–1860), österreichischer Handels- und Finanzminister 48, 52–56, 65ff., 75
Brück, Ludwig Frhr. von (1812–1893), Generaldirektor der königlich bayerischen Verkehrsanstalten 289
Brunner, Ernst, Zollinspektor 185
Bucher, Joseph (1838–1909), Zollparlamentsmitglied 209

Buol-Schauenstein, Karl Ferdinand von Graf (1797–1865), österreichischer Ministerpräsident 61f., 358

Camphausen, Otto von (1812–1896), preußischer Finanzminister 104, 212, 335
Cavour, Camillo Benso Graf von (1810–1861), Ministerpräsident von Piemont-Sardinien und Italien 70
Cetto, Adolph von (1819–1892), Ministerialrat 210, 290, 292, 298
Crämer, Karl (1818-1902), Landtagsmitglied 199, 268
Cramer-Klett, Theodor von (1817–1884), Industrieller und Reichsrat 171, 325

Daxenberger, Sebastian Franz von (1809–1878), Ministerial- und Staatsrat 167, 193, 201, 215, 267, 295ff.
Delbrück, Rudolf von (1817–1903), Präsident des Reichskanzleramtes 52, 58, 62, 65ff., 73, 76ff., 82f., 87, 90ff., 95f., 99, 104, 108, 111f., 114, 118ff., 122–125, 131, 135, 143, 160, 162, 166, 184, 203, 207, 208, 211, 213–216, 229, 261, 263–266, 278, 300, 307, 309, 316, 319f., 323, 335ff., 362
Diepolder, Dr. Johann Michael (1820–1903), Ministerialrat und Zollparlamentsmitglied 77, 77, 291f.
Doeberl, Michael 19f.
Doenniges, Wilhelm von (1814–1872), Ministerialrat 54f., 92, 94f., 106, 217
Dresch, Leonhard von (1786–1836), Ministerialrat 40

Edel, Carl von (1806–1890), Universitätsprofessor und Landtagsmitglied 169, 271
Eggensberger, Max Joseph, Oberzollrat 182f., 202, 229, 298f.
Eisenhart, Johann August von (1826–1905), Kabinettssekretär 311
Engels, Friedrich (1820–1895), sozialistischer Theoretiker 11

Erhard, Otto Dr. (1829–1888), Landtagsmitglied 199
Ewald, Wilhelm (geb. 1836), hessischer Obersteuerrat 111, 162

Faber-Castell, Lothar Johann Frhr. von (1817–1896), Landtagsmitglied 171
Falkenstein, Johann Paul Frhr. von (1801–1882), österreichischer Ministerpräsident 152
Fäustle, Dr. Johann Nepomuk von (1828–1887), Justizminister 294–297, 315f., 322, 335
Felser, Franz, Oberzollrat 298, 315f., 322, 335
Feustel, Friedrich, liberaler Landtagsmitglied 168, 194, 206, 209, 211f., 214
Fischer, Dr. Anton von (1792–1877), Ministerialdirektor und Ministerverweser 161, 167, 189f., 193, 201, 207, 215, 267, 287f., 295ff.
Fischer, Wolfram 13
Franckenstein, Georg Frhr. von (1828–1919), Reichstagsmitglied 168, 279
Franz Joseph I. (1830–1918), Kaiser von Österreich (1848–1918) 65, 120, 139, 149, 228
Franz, Eugen 18f., 92
Freytag, Dr. Andreas (1818–1905), Zollparlamentsmitglied 206
Friedrich August II. (1797–1854), König von Sachsen (1836–1854) 225
Friedrich VII. (1848–1863), dänischer König (1848–1863) 120–124, 133, 139f.
Friedrich Wilhelm III. (1770–1840), König von Preußen (1797–1840) 45, 151
Friedrich Wilhelm IV. (1795–1861), König von Preußen (1840–1858/61) 45, 71, 73, 300
Fries, Theodor von (1823–1909), Generalmajor und Reichsrat 312, 315f., 322, 335
Friesen, Richard Reichsfrhr. von (1808–1884), österreichischer Ministerpräsident 45, 90, 184, 263
Fritz, Nikolaus, Kanzleisekretär 298

Gall, Lothar 7, 361
Gasser (Gaßer), Rudolph Frhr. von (1829–1904), Gesandter in Stuttgart 254
Georg V. (1819–1878), König von Hannover (1851–1866) 266
Gerbig, Georg Ludwig von (gest. 1869), Oberzollrat und Zollbundesratsvertreter 77, 138, 160, 162f., 179–184, 192f., 197
Geßler, Ernst von (1818–1884), württembergischer Ministerpräsident 118f.
Gombart, Rudolph von (1825–1879), Ministerialrat 95
Gresser, Franz von (geb. 1807), Minister des Innern für Kirchen- und Schulangelegenheiten 167, 189f., 193, 201, 253f., 288
Grundler, Karl, Kanzleisekretär 292
Guttenberg, Hermann Frhr. von (1816–1882), Zollparlamentsmitglied 212

Hafenbrädl, Franz Xaver von (1818–1900), Landtagsmitglied 206
Haindl, von Franz Xaver, Münzdirektor 309f., 347
Hanisch, Manfred 218
Hänle, Siegfried (1814–1889), Rechtsanwalt und Landtagsmitglied 77, 169
Hansemann, David, Vorsitzender des deutschen Handelstages 151
Hasselbach, Gustav (gest. 1898), preußischer Oberfinanzrat 12, 33, 139f.
Haushalter, Ludwig, Zollinspektor 185
Hegnenberg-Dux, Graf Friedrich Adam von (1810–1872), Ministerratsvorsitzender 243, 293–299, 310f.
Henderson, William Otto 11, 13f.
Henning, Eugen (1834–1913), preußischer Oberfinanzrat 111ff.
Hermann, Friedrich Benedikt von (1795–1868), Nationalökonom 4689, 54f., 58, 77, 91–96, 116, 201, 207, 217f., 222, 236
Herzog von, Roman, württembergischer Oberfinanzrat und später Alt-Bundespräsident 111ff.

Heydt, August Frhr. von der (1801–1874), preußischer Finanzminister 76, 104, 160ff., 212
Hillgruber, Andreas 7
Hock, Karl Frhr. von (1808–1869), österreichischer Zollvereinsbevollmächtigter 58, 64ff., 73, 86, 123, 139–142
Hoeß, Joseph Bernhard von (1825–1906), Oberrechnungsrat und Präsident des obersten Rechnungshofes 309
Hohenadel, Ernst, Landtagsmitglied 169
Hohenlohe-Schillingsfürst, Chlodwig Fürst zu (1819–1901), Ministerratsvorsitzender und deutscher Reichskanzler 22, 29, 145, 147, 152–163, 166ff., 170–173, 175–178, 181f., 184f., 190–193, 202–205, 207, 209, 212f., 221, 230–236, 239ff., 243–245, 247, 252–255, 268, 307, 339, 354
Höher, Joseph, Zollinspektor 185
Holler, Gottlieb, Ministerialrechnungskommissar 298
Holnstein, Maximilian Graf von (1835–1895), Oberststallmeister und Reichsrat 222, 266
Hörmann von Hörbach, Winfried (1821–1896), Innenminister 189f., 253f.
Huber, Ernst 164, 363
Hügel, Karl Eugen von (1805–1870), württembergischer Außenminister 136
Hüttl, Ludwig 22
Huttler, Max (1823–1887), Landtagsmitglied (Patriotenpartei) 271

Jansen, Friedrich (geb. 1813), Landtagsmitglied 212
Jodlbauer, Matthäus (geb. 1831), Ministerialassessor 292, 298f.
Jolly, Julius (1823–1891), badischer Ministerpräsident 263ff.
Jörg, Edmund Joseph (1819–1901), Landtagsmitglied (Patriotenpartei) 101, 168f., 206, 268–271

383

Kalchberg, Josef Frhr. von (1801–1882), österreichischer Handelsminister 116f.
Karl I. (1823–1891), König von Württemberg (1864–1891) 124, 264f.
Karl Theodor, Prinz in Bayern (1839–1909), Reichsrat 240
Kester, Franz (geb. 1803), Zollparlamentsmitglied 176, 209, 212
Keynes, John Maynard 8, 11
Kleinschrod, Karl Joseph (1797–1869), Justizminister 249
Kleinschrod, Karl von (1789–1866), Ministerialrat und Ministerverweser 94, 249ff., 286, 289, 291
Kolb, Eberhard 7
Kolb, Georg Friedrich (1808–1884), Landtags- und Zollparlamentsmitglied 58, 176, 199, 269, 271
Kollmer-Oheim-Loup, Gert von 36
Könneritz, Léonce Robert Frhr. von (1835–1890), sächsischer Gesandter in Berlin 272
Krafft von Crailsheim, Friedrich Frhr. (1824–1926), Ministerratsvorsitzender 293, 298
Krätzer, Adolph (1812–1881), Landtagsmitglied und Reichstagsmitglied 199, 209, 269
Kurz, Dr. Karl Heinrich, Zollparlamentsmitglied 199, 206

Lambi, Ivo N. 12
Landgraf, Ministerialrat und Vertreter des Gesandten in Berlin 334f.
LeClercq, Alexandre, Wirtschaftsfachmann im französischen Außenministerium 77, 83
Lenz, Max 5
Leopold, Fürst von Hohenzollern-Sigmaringen (1835–1905) 256–257
Lerchenfeld, Maximilian Frhr. von (1778–1843), Gesandter in Wien 53
Liebe, Alte, preußischer Verhandlungsvertreter 162, 183
List, Friedrich (1789–1846), Nationalökonom 33
Lobkowitz, Franz, Staatsrat 189–190, 215, 267, 295–297

Ludwig Hofreiter, Zollinspektor 185
Ludwig I. (1786–1868), König von Bayern (1825–1848) 35, 37ff., 54, 221, 225, 345
Ludwig II. (1745–1886), König von Bayern (1864–1886) 21f., 28f., 97, 99, 124, 126–129, 133ff., 157f., 160ff., 164f., 171ff., 177, 180, 187, 191, 193, 196, 204–207, 220–225, 228, 230–234, 238ff., 242f., 252–255, 258, 261–267, 269, 287, 293f., 298f., 308, 311f., 315ff., 323, 330, 332, 335, 338f., 342, 349f., 361, 365, 367
Ludwig, Prinz von Bayern (1845–1921), König von Bayern (1912–1918) 266,
Luitpold, Prinz von Bayern (1821–1912), Prinzregent von Bayern (1886–1912) 189, 240, 266f., 295ff.
Lukas, Joseph (1834–1878), Zollparlamentsmitglied 206
Lutz, Johann von (1826–1890), Ministerratsvorsitzender 189, 207, 215, 234f., 242, 254, 261–265, 267ff., 273f., 288, 294, 312, 315f., 357, 365
Luxburg, Friedrich Graf von (1829–1905), Legationsrat 209

Manteuffel, Otto Theodor Frhr. von (1805–1882), preußischer Ministerpräsident 62f., 68, 76
Marcks, Erich 5f.
Marquardsen, Heinrich (1826–1897), Landtagsmitglied 199
Marx, Karl (1818–1883), sozialistischer Theoretiker 11
Mathy Karl (1807–1868), badischer Ministerpräsident 152, 162, 173, 224
Maurer, Georg von (1790–1872), Ministerverweser 128
Maximilian II. (1811–1864), König von Bayern (1848–1864) 18, 22, 29, 48, 53f., 56f., 60–63, 92–103, 107ff., 111, 113, 116, 120, 124, 127, 217–220, 222, 225f., 229f., 234, 246, 249f., 252, 281f., 285, 287, 304, 347f., 359, 361

Maximilian IV. (I.) Joseph (1756–1825), Kurfürst (1799–1806) und König von Bayern (1806–1825) 35, 74
Mayr, Dr. Georg von (1841–1925), Leiter des statistischen Büros und Rektor der Universität München 280f., 298, 309
Meiboom, Siegmund 18
Meixner, Karl von (1814–1880), Generalzolladministrator und Zollparlamentsmitglied 5, 41, 63, 73f., 77f., 91, 94ff., 111f., 116, 118–124, 126, 128, 175, 233, 248f., 292f., 309, 338
Mensdorff-Pouilly, Alexander Graf von (1813–1871), österreichischer Außenminister 136, 140
Mery, Johann, Kanzleisekretär 298
Messerschmidt, Franz Xaver Richard (1815–1878), Ministerialrat 290, 292f., 298
Metternich-Winneberg, Klemens Fürst von (1773–1859), österreichischer Ministerpräsident 74
Michaelis, Otto (1826–1890), Präsident der Verwaltung des Reichsinvalidenfonds 334
Miller, Franz (geb. 1783), Kaufmann und württembergischer Steuerrat 33
Mittnacht, Hermann Frhr. von (1825–1909), württembergischer Ministerpräsident 262–265
Mohl, Dr. Moritz von (1802–1888), württembergisches Zollparlaments- und Reichstagsmitglied 194f.
Montgelas, Ludwig de Garnerin Graf von (1814–1892), außerordentlicher Gesandter und Bevollmächtigter Minister in Berlin 78f., 83, 97, 102, 124f., 128, 140, 145, 152f., 161, 233
Montgelas, Maximilian Graf von (1759–1838), Leiter der bayerischen Politik unter König Maximilian I. 79
Motz, Friedrich von (1775–1839), preußischer Finanzminister 37f.
Müller, Karl Alexander von 19–20

Napoleon III. (1808–1873), Kaiser der Franzosen (1852–1870) 70, 76, 83, 113, 156, 256, 259

Neumayr, Max von (1810–1881), Innenminister 134, 136, 268, 312
Nies, Adolph (1823–1900), Ministerialassessor 292, 298, 309
Niethammer, Friedrich (1766–1848), Schulreformator 152
Nüßler, Andreas (1807–1881), Vertreter des Ministerialdirektors 292f., 298

Oswald, Karl von (1832–1905), Generaldirektionsassessor 298
Öttingen-Wallerstein, Ludwig Fürst von (1791–1870), Reichsrat 168
Ow, Karl Frhr. von (1818–1898), Reichsrat 206

Patow, Erasmus Robert Frhr. von (1804–1890), preußischer Finanzminister 214
Paul, Lorenz, Zollinspektor 185
Pauli, Friedrich August von (1802–1883), Ingenieur 292, 298
Pechmann, Johann Nepomuk Frhr. von (1801–1868), Innenminister 167, 175ff., 193, 222f.
Pergler von Perglas, Maximilian Joseph Frhr. von (1817–1893), Gesandter in Berlin 118f., 174, 177f., 181f., 184, 186, 209, 233, 254ff., 307, 315f., 322, 335f., 343, 364
Pfeufer, Bernhard (Benno) Heinrich von (1804–1871), Finanzminister 287, 289f.
Pfeufer, Sigmund von (1824–1894), Innenminister 293ff., 342
Pfistermeister, Franz Seraph von (1820–1912), Kabinettssekretär und Staatsrat 189f., 201, 207, 215, 222, 226, 267, 295ff.
Pflanze, Otto 7
Pfordten, Ludwig von der (1811–1880), Ministerratsvorsitzender 18, 22, 29, 48f., 60, 62f., 71, 74, 95, 100, 111f., 128, 132–136, 145f., 147, 152, 156, 217, 224–230, 232, 244, 272, 285ff., 347, 363
Pfretzschner, Adolph von (1820–1901), Ministerratsvorsitzender 78, 161, 168, 189–194, 207, 215, 238, 242,

385

262, 264–267, 269, 273, 287, 294, 311f., 315f., 323f., 329, 335, 354f.
Philipsborn, Max von, Ministerialdirektor und Mitarbeiter Bismarcks 91, 99, 104, 118f., 122, 124, 162
Plener, Dr. Ignaz von (1810–1908), österreichischer Finanzminister 87
Pommer-Esche, Johann Friedrich von (1803-1870), leitender Jurist im preußischen Finanzministerium 65, 118f., 162
Poschinger, Heinrich Ritter von 8
Pranckh, Sigmund von (1821–1888), Kriegsminister 161, 189, 261–265, 267, 269, 294–297, 357, 365
Preißer, Karl-Heinz 21

Radowitz, Joseph Maria von (1797–1853), preußischer Außenminister 78, 227
Rall, Hans 21f.
Ranke, Leopold von 4
Rechberg-Rothenlöwen, Johann Bernhard von (1806–1899), österreichischer Ministerpräsident 74, 82f., 86ff., 92, 94, 97, 101, 102, 108, 110, 113–117, 123f., 128, 132f., 136, 139f., 228, 360f., 369
Reichert, Moritz von (1813–1865), Oberzollrat 118
Riecke, Karl Viktor (1830–1898), württembergischer Finanzminister 162f., 118f., 183
Riedel, Emil Frhr. von (1832–1906), staatlicher Kommissar der Hypotheken- und Wechselbank und Finanzminister 315ff., 322, 334f., 340
Riezler, Sigmund 20
Roeder, Christian, Geheimer Registrator 298
Römmich, Ludwig (geb. 1816), Zollparlamentsmitglied 199
Rosenberg, Hans 12
Ruland, Anton (1809–1874), Landtagsmitglied 168
Rumpler, Helmut 21–22

Schaller, Dr. Herrmann, Zollinspektor 185

Schaumberger, Joseph, Archivar 298
Schenk von Stauffenberg, Franz Frhr. von (1834–1901), Landtags-, Zollparlaments- und Reichstagsmitglied 199, 270
Scheuerlein, Georg (geb. 1802), Kanzleisekretär 292, 298
Schieder, Theodor 6, 18
Schierlinger, Franz Joseph, Mitarbeiter im Handelsministerium 292
Schießl, Georg, Zollinspektor 185
Schleinitz, Alexander Gustav Adolf Frhr. von (1807–1885), preußischer Außenminister und Minister des Königlichen Hauses 78f.
Schlör, Gustav von (1820–1883), Minister für Handel und öffentliche Arbeiten 29, 155f., 159, 161, 163, 167ff., 176, 180f., 189f., 191–194, 199ff., 204–207, 209–212, 214, 215, 232f., 235–242, 245, 247, 253, 254, 258, 262f., 267, 26f., 273, 288–294, 365, 367
Schmalix, Otto, Geheimer Sekretär 298
Schmerling, Anton Ritter von (1805–1893), österreichischer Ministerpräsident 136
Schmidt, Jochen 21
Schmoller, Gustav 10–11
Schnell, Johann Jakob 33
Schönborn-Wiesentheid, Clemens August Graf von (1810–1877), Reichsrat 268
Schönburg-Hartenstein, Alexander Fürst von (1826– 1896), österreichischer Gesandter in München 92, 101, 230
Schremmer, Eckart 17
Schrenck-Notzing, Karl Freiherr von (1806–1884), Ministerratsvorsitzender 22, 29, 71, 77–83, 85, 91–94, 96ff., 99, 100, 102, 106–111, 113 118–123, 125–130, 132–136, 171, 218f., 226, 228ff., 240, 285ff., 357, 361
Schrenck-Notzing, Sebastian (1774–1848), Justizminister 228
Schübelin, Walter 19
Schubert, Heinrich von (geb. 1805), Staatsrat und Gründungsmitglied

der Aktiengesellschaft der bayerischen Ostbahnen 189f., 215, 267, 288, 295ff., 299
Schwarzenberg, Fürst Felix zu (1800–1852), österreichischer Ministerpräsident 47, 49f., 55, 57, 54, 61, 75, 358
Sepp, Johann Nepomuk (1816–1909), Landtagsmitglied (Patriotenpartei) 206, 271
Seuffert, Dr. Karl Leopold 292
Simson, Martin Eduard (1810–1899), Präsident des Reichstages des Norddeutschen Bundes 184
Spilker, Ernst M. 17
Spitzemberg, Karl Hugo Frhr. von (1826–1880), württembergischer Gesandter in Berlin 162ff., 214
Srbik, Heinrich Ritter von 5f.
Stabel, Anton von (1806–1880), badischer Ministerpräsident 152
Steinheil, Dr. Carl August (1801–1870), Ministerialrat 291
Suttner, Michael von (1815–1880), Ministerialrat 290, 292, 298f.
Sybel, Heinrich von (1817–1895) 3ff., 82

Taube, Adolf Graf von (1810–1899), Vertreter des württembergischen Außenministers 257
Tauffkirchen-Guttenburg, Karl Graf von (1826–1895), Gesandter in Petersburg und Vertreter Bayerns beim Vatikan 158f., 161f., 172f., 232
Thile, Ludwig Gustav von (1791–1852), preußischer Schatzminister 152, 177
Thon von Dittmer, Gottlieb von (1802–1853), Innenminister 162
Thümmel, Hans von (1824–1895), sächsischer Finanzminister 111, 118f., 162, 183
Thun und Hohenstein, Leo Graf von (1811–1888), österreichischer Gesandter in München und Minister für Unterricht 47, 50
Thüngen, Wilhelm August Frhr. von (1805–1871), Reichsrat und Zollparlamentsmitglied 170ff., 185, 195ff., 241, 246f.

Tilly, Richard H. 13
Treitschke, Heinrich von 3f., 38
Tretter, Franz, Geheimer Sekretär 298
Treue, Wilhelm 36

Varnbüler von und zu Hemmingen, Friedrich Gottlob Karl Frhr. von (1809–1889), württembergischer Außenminister 136, 152, 158ff., 166, 173, 257
Völk, Joseph (1819–1882), Landtagsmitglied 168, 207

Wagner, Richard (1813–1883), Komponist 222, 224
Weber, Wilhelm von (gest. 1879), Ministerialrat 10, 43, 78, 92, 95, 116, 121, 128, 155f., 160–164, 170, 172, 179–187, 197f., 203, 205, 207–210, 213ff., 229, 233, 244–248, 289ff., 309, 314f.
Wehler, Hans-Ulrich 14
Weinlig, Dr., württembergischer Ministerialdirektor 183
Weis, Eberhard 20–21
Werthern-Beichlingen, Georg Graf von (1816–1895), preußischer Gesandter in München 156, 171, 174, 177f., 184, 222–223, 241, 257f., 261f., 265
Widmann, Georg Anton, Oberzollrat 184f.
Wiesnet, August (1816–1897), Landtagsmitglied 269
Wilhelm I. (1791–1864), König von Württemberg (1816–1864) 50, 124
Wilhelm I. (1797–1888), König von Preußen (1858/61–1871) und Deutscher Kaiser (1871–1888) 45, 83, 94, 99, 102f., 109, 113f., 185, 214, 233, 266f., 272
Wilhelm III. (1817–1890), König von Holland (1849–1890) 155
Wilhelm Liebhart 22
Wolfanger, Eduard von (um 1807–1887), Ministerialrat 91, 287, 290, 292, 298

Zeitlmann, Karl, Regierungsrat 298
Zentner, Georg Friedrich von (1752–1835), Justizminister 17, 34

Ziebland, Adolph, Zollinspektor 185
Zorn, Wolfgang 6, 12, 17, 367

Zu-Rhein, Friedrich Frhr. von (1802–1870), Landtags- und Zollparlamentsmitglied 206